Revolución y dictadura

Steven Levitsky y Lucan Way

Revolución y dictadura

Los orígenes violentos del autoritarismo

Traducción de Guillem Gómez Sesé

Ariel

Obra editada en colaboración con Editorial Planeta – España

Título original: *Revolution and Dictatorship*

Bajo el sello editorial ARIEL M.R.
Avenida Presidente Masarik núm. 111,
Piso 2, Polanco V Sección, Miguel Hidalgo
C.P. 11560, Ciudad de México
www.planetadelibros.com.mx
www.paidos.com.mx

Primera edición impresa en España: mayo de 2025
ISBN: 978-84-344-3863-7

Primera edición impresa en México: marzo de 2026
ISBN: 978-607-639-185-3

Impreso en los talleres de Impresora Tauro, S.A. de C.V.
Av. Año de Juárez 343, Col. Granjas San Antonio,
Iztapalapa, C.P. 09070, Ciudad de México
Impreso y hecho en México / *Printed in Mexico*

Steve le dedica este libro a Liz Mineo
y a Alejandra Mineo-Levitsky

Lucan le dedica este libro a
Victor (dziadzio) Erlich (1914-2007)

Sumario

Capítulo 1

Una teoría sobre la persistencia de las revoluciones

En junio de 1941, el poder soviético pendía de un hilo. Desbordada ante la invasión de las tropas nazis, la Unión Soviética cedió inmensas extensiones de territorio, al tiempo que divisiones rusas enteras perdían el contacto con sus superiores. A lo largo y ancho del país, el Ejército Rojo se iba descomponiendo en hordas de fugitivos que intentaban sortear el cerco alemán. En las altas esferas del Gobierno reinaban el pánico y la confusión.[1]

Cualquiera habría anticipado que el régimen soviético iba a derrumbarse, víctima de un alzamiento por parte de una ciudadanía que llevaba años padeciendo la hambruna y la represión, o bien a manos de un golpe de oficiales del Ejército, enfurecidos contra las brutales purgas de Iósif Stalin y su catastrófica injerencia en cuestiones militares. Sin ir más lejos, había sido el desastre de las fuerzas armadas durante la Primera Guerra Mundial lo que precipitó la caída del régimen zarista. Del mismo modo, se podían atribuir las demoledoras primeras semanas de la invasión al liderazgo de Stalin. Este se negó a prepararse para una invasión, a pesar de la gran cantidad de informes de inteligencia que advertían que el ataque sería inminente. De hecho, ordenó que se desmantelaran las fortificaciones defensivas que se hallaban en el este, dejando a gran parte de la retaguardia soviética a su suerte.[2] Varios días después de la invasión alemana, Stalin se retiró a su dacha mientras dejaba en la estacada al resto de los mandatarios. Un pequeño grupo de miembros del Politburó se atrevieron a visitarlo sin que él los hubiera invitado —una decisión arriesgada en la Rusia estalinista—.[3] Según un testimonio, los líderes soviéticos encontraron a Stalin a solas en la penumbra, hundido en un sillón y, según parece, esperando a que lo arrestaran.[4] Reconoció más adelante que «cualquier otro Gobierno que hubiera sufrido semejantes pérdidas territoriales [...] habría sucumbido».[5] No obstante, el Gobierno de Stalin sobrevivió, y el comunismo soviético todavía resistiría medio siglo.

La supervivencia del régimen soviético a pesar de las calamidades extremas pone de manifiesto un fenómeno más general y de una enorme trascendencia. Las autocracias revolucionarias —aquellas que nacen de una revolución social violenta— tienen una capacidad extraordinaria de perdurar. El comunismo soviético subsistió setenta y cuatro años; el régimen del Partido Revolucionario Institucional (PRI) de México gobernó durante ochenta y cinco; los regímenes revolucionarios de China, Cuba y Vietnam permanecen todavía en el poder tras más de seis décadas. Del conjunto de los Estados modernos, solo un puñado de monarquías del golfo Pérsico gozan de una longevidad comparable.

Las autocracias revolucionarias no se contentan con resistir al embate del tiempo. Como la Unión Soviética, la mayoría de ellas ha sobrevivido a la hostilidad exterior, a malos resultados económicos y a la enorme incapacidad de sus políticas. El Partido Comunista de China logró aferrarse al poder a pesar del catastrófico Gran Salto Adelante y del «Gran Caos» que la Revolución Cultural desencadenó. El régimen comunista de Vietnam soportó la devastación a la que abocaron treinta años de guerra; el régimen revolucionario de Cuba sobrevivió a una invasión auspiciada por Estados Unidos, a un bloqueo comercial desgarrador y a la debacle económica que supuso el colapso de la Unión Soviética. También la República Islámica de Irán ha resistido a cuatro décadas de hostilidad internacional, que incluyen ocho años de guerra sanguinaria con Irak.

Por otro lado, la mayoría de los regímenes revolucionarios sobrevivieron al colapso global del comunismo. Durante la década de 1990, la desaparición del patrocinio extranjero, una crisis económica y una promoción sin precedentes de la democracia a escala internacional comprometieron a las autocracias de todo el mundo.[6] Aun así, muchos regímenes revolucionarios —incluyendo a los que en su día fueron comunistas en China, Cuba y Vietnam— permanecieron incólumes. De hecho, todos aquellos regímenes comunistas que han subsistido hasta el siglo XXI se originaron en una revolución violenta.* De modo parecido, en el África subsahariana, los únicos Estados clientelares de los soviéticos que sobrevivieron al fin de la Guerra Fría fueron Angola y Mozambique. Ambos surgidos tras violentas revoluciones sociales.

Estos casos no representan una anomalía. En un análisis estadístico de todos los regímenes autoritarios instaurados desde 1900 —que hemos llevado a cabo junto con Jean Lachapelle y Adam E. Casey—[7] descubrimos que los regímenes autoritarios nacidos de una revolución social violenta resistían, de media, casi el triple que sus homólogos no revolucionarios.[8] Los regímenes revolucionarios se desintegran a un ritmo anual que apenas llega a una quinta parte de los no revolucionarios.[9] A modo de ilustración de estas diferencias, la figura 1.1 confronta en el estimador de Kaplan-Meier las probabilidades de sobrevivir que tienen ambos tipos de régimen, junto con intervalos de confianza del 95 por ciento. Resulta ser que un 71 por ciento de los regímenes revolucionarios han sobrevivido treinta años o más, en contraste con el exiguo 19 por ciento en el caso de los regímenes no revolucionarios.[10] Lo más importante es que los orígenes tienden a facilitar que un régimen acabe siendo longevo, incluso cuando controlamos variables estándar como pueden ser el nivel de desarrollo económico, el aumento del producto interior bruto o PIB, la riqueza procedente del petróleo o el tipo de régimen autoritario (que esté fundamentado en un partido, o que sea militar, monárquico o personalista).[11]

* Se trata de China, Cuba, Laos, Corea del Norte y Vietnam. Laos y Corea del Norte son casos ambiguos. Ambos, regímenes comunistas surgidos de un conflicto violento, pero debido a que el acceso al poder fue asistido en gran medida por una potencia extranjera (Vietnam en el caso de Laos, la Unión Soviética en el caso de Corea del Norte), no los listamos como revolucionarios. Con todo, las dinámicas del régimen en estos casos fueron paralelas a las de los casos revolucionarios.

FIGURA 1.1. Curvas de supervivencia de Kaplan-Meier

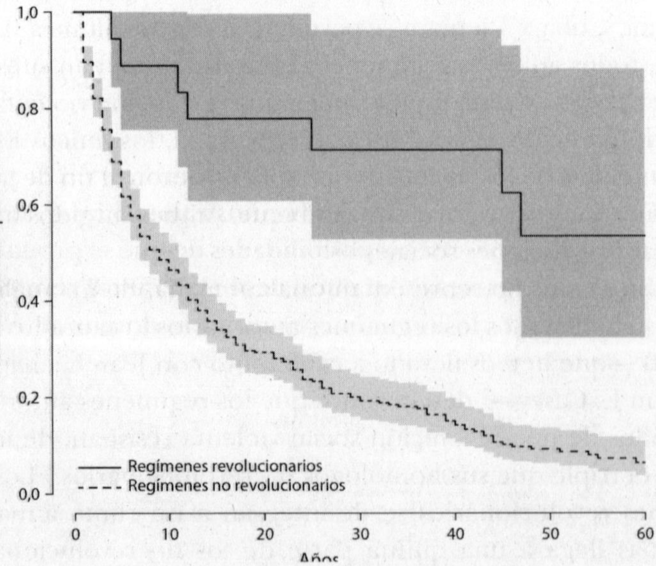

Lo mucho que llegan a perdurar los regímenes revolucionarios ha tenido consecuencias de largo alcance. Aunque en conjunto sean solo un puñado (hemos contabilizado veinte desde 1900), las autocracias revolucionarias han ejercido un impacto exorbitado en la política internacional moderna. Las revoluciones intensifican el poder estatal, a veces de manera drástica. Como observó Theda Skocpol,[12] la destrucción de las antiguas élites, junto con la movilización de enormes recursos humanos y demás recursos sociales, posibilita un veloz progreso industrial y militar. Este facilita que dichos Estados se adelanten a otros en la cola jerárquica de la geopolítica. Así es como la Revolución rusa transformó una sociedad de carácter agrario en una potencia industrial moderna capaz de derrotar a Alemania en la Segunda Guerra Mundial, y logró la paridad nuclear con Estados Unidos. La revolución sacudió el sistema capitalista global y propició la rivalidad de la Guerra Fría, que reorganizaría la geopolítica a partir de 1945. De modo similar, la Revolución china conllevó la centralización de un Estado que había sido endeble y fragmentado, y consiguió que el país llegara a ser una superpotencia. La Revolución de Cuba transformó un Estado periférico en otro que logró intervenir con su Ejército en África.

Las revoluciones también comportan guerra.[13] Los bruscos cambios en el poder nacional tienden a desestabilizar el orden regional, e incluso el internacional, aumentando las probabilidades de un conflicto militar.[14] Los Gobiernos revolucionarios provocan un incremento en la incertidumbre y en la percepción de amenaza entre Estados vecinos y potencias globales, lo que a su vez acrecienta las posibilidades de que se produzca un conflicto entre países.[15] Así pues, desde la Francia revolucionaria a la Rusia o la China comunista, pasando por el Vietnam poscolonial, hasta el Irán o el Afganistán del siglo XXI, los Gobiernos revolucionarios a menudo se han encontrado inmersos en guerras. En conjunto, los regímenes de signo revolucionario presentan casi el doble de probabilidades que los no revolucionarios de enzarzarse en un conflicto bélico.[16]

Estos también engendran nuevos modelos ideológicos y políticos que trascienden las fronteras nacionales. Con la Revolución Bolchevique apareció un modelo económico (el socialismo de Estado) y un modelo político (el leninismo) que se esparció por todo el planeta durante el siglo XX. Del mismo modo, la Revolución cubana produjo una nueva estrategia de guerrillas que transformó la izquierda latinoamericana y que polarizó la política de la región durante una generación.[17] La Revolución iraní creó un nuevo modelo de teocracia moderna.

Los regímenes revolucionarios, además, han sido responsables tanto de algunas de las tragedias humanas como de la violencia más horrenda de la historia moderna, incluyendo la hambruna de 1932-1933 en Ucrania, el Gran Terror de Stalin, el Gran Salto Adelante de China o el genocidio de los Jemeres Rojos en Camboya.

Por último, los regímenes revolucionarios han supuesto un enorme quebradero de cabeza diplomático para las democracias occidentales. Pocos Estados se asocian más con la ineficacia de la política exterior estadounidense —cuando no con su rotundo fracaso— que los revolucionarios Vietnam, Cuba, Irán y Afganistán.

Este libro trata de explicar la extraordinaria perdurabilidad de los regímenes modernos surgidos de una revolución.* Basándonos en análisis comparativos históricos, argumentamos que las revoluciones sociales desencadenan una *secuencia de reacción* que moldea con intensidad la trayectoria del propio régimen a largo plazo.[18] Los intentos de transformar de forma radical el orden social y geopolítico existente por Gobiernos revolucionarios desembocan a menudo en una guerra, sea civil o con otros países. La reacción de los contrarrevolucionarios desempeña un papel crítico en la perdurabilidad del régimen. Las guerras contrarrevolucionarias suponen una amenaza para la existencia de estos regímenes recién formados y, en algunos casos (por ejemplo, Afganistán o Camboya), los destruyen. No obstante, aquellos regímenes revolucionarios que sobreviven a períodos tempranos de violencia y amenaza militar acaban desarrollando tres pilares fundamentales en los que se apoyará su fuerza: (1) una élite cohesionada, (2) un aparato coercitivo muy desarrollado y leal, y (3) la destrucción de las organizaciones rivales y de otros centros de poder en la sociedad. Estos tres pilares contribuyen a vacunar a los regímenes revolucionarios contra la deserción de las élites, los golpes militares y las protestas en masa: las tres causas principales de la caída de los autoritarismos. De la implantación de tales medidas casi siempre se cosechan autocracias duraderas.

Definamos qué es un régimen autoritario

> Hacer la revolución no es ofrecer un banquete, ni escribir una obra ni pintar un cuadro o hacer un bordado; no puede ser tan elegante, tan pausada y fina, tan apacible, amable, cortés, moderada y magnánima.
>
> Mao Zedong[19]

* Nos centramos en regímenes revolucionarios surgidos tras la aparición de la política de masas en el siglo xx.

Las autocracias revolucionarias son regímenes políticos que surgen de revoluciones sociales. Definimos revolución social como el derrocamiento violento desde abajo de un régimen existente, acompañado de la movilización de masas y del colapso estatal, y que desencadena una veloz transformación del Estado y el orden social vigentes.[20]

Las revoluciones sociales poseen cuatro características que, en conjunto, las distinguen del resto de las tipologías de cambio de régimen. En primer lugar, estas se producen de abajo a arriba. Con ello queremos decir que las dirigen movimientos que no pertenecen al Estado o al régimen.[21] Estos pueden encarnarse en guerrillas armadas (China, Cuba, Eritrea o Vietnam), partidos políticos (Rusia) o movimientos sociales militantes (Irán) que se hacen con el poder mientras reina el desorden entre las masas. En todos los casos, la élite revolucionaria se adquiere del exterior del Estado preexistente. Un golpe militar no fundamentaría una revolución social.

En segundo lugar, las revoluciones sociales conllevan la expulsión violenta del antiguo régimen.[22] Puede suceder en forma de una guerra civil (México o Ruanda), una lucha guerrillera (China, Cuba, Eritrea o Mozambique) o de una rápida y violenta toma del poder (Rusia, Bolivia en 1952 o Irán).

Tercero: las revoluciones sociales producen una transformación fundamental del Estado.[23] En principio, se requiere que el aparato coercitivo preexistente se desplome o deje de funcionar.[24] Se hacen añicos las cadenas de mando militar mediante un amotinamiento o la deserción en masa, y ello impide a las fuerzas de seguridad que funcionen como organizaciones cohesionadas. Es habitual que las estructuras de coerción preexistentes se acaben disolviendo (como sucedió en México, Cuba, Camboya, Nicaragua o Rusia) o, como es el caso de las revoluciones anticoloniales (en los ejemplos de Argelia, Mozambique y Vietnam), se batan en retirada. En el momento en que asumen el poder, las fuerzas revolucionarias con frecuencia disuelven las estructuras que quedan en pie y organizan nuevos Ejércitos, policías y burocracias; a menudo, desde cero.[25]

En cuarto lugar, en las revoluciones sociales viene implícita la puesta en marcha de cambios socioeconómicos o culturales radicales.[26] Los Gobiernos revolucionarios tratan de imponer, a la fuerza, medidas que atacan los principales intereses de los actores domésticos e internacionales, o los de segmentos importantes de la sociedad. Dichas medidas incluyen la apropiación sistemática de la propiedad y un nuevo tipo de reparto; intentos de eliminar clases sociales al completo (por ejemplo, en China y Rusia); campañas para destruir las culturas, religiones u órdenes étnicos preexistentes (como en Irán o Ruanda); tentativas de imponer nuevas normas con las que regir la conducta social (Afganistán o Irán); e iniciativas en política exterior que busquen expandir la revolución y transformar el orden regional o internacional (es el caso de Hungría en 1919, Cuba, Irán o Rusia). Ya que estos proyectos radicales que buscan transformar la sociedad desencadenan una notable resistencia —que suele proceder de los aledaños del poder—, es inevitable que los acompañe una fuerte dosis de coerción. Este es el motivo por el que las revoluciones sociales son antagónicas al desarrollo de una democracia liberal.

Nuestro modo de definir revolución social es restrictivo.[27] Excluye, por lo menos, tres tipos de cambio de régimen que algunos expertos a veces describen como revolucionarios. Para empezar, no incluimos casos donde el cambio de régimen se fundamenta en las masas, pero donde las estructuras sociales y del Estado permanecen intactas —como se produjo en las llamadas «Revoluciones de Colores» de Serbia, Georgia, Ucrania y Kirguistán. Otra instancia son las transiciones de la Primavera Árabe en Egipto y Túnez, o las democratizaciones de la Tercera Ola en las Filipinas (1986) y Sudáfrica (1994).

Además, quedan fuera de nuestra definición los cambios radicales que puedan iniciar actores del interior del Estado. Las llamadas «revoluciones desde arriba»,[28] como la de Turquía con Kemal Atatürk, en Egipto con Gamal Nasser o Etiopía con Mengistu Haile Mariam, incumplen nuestros requisitos para considerarlas revoluciones, puesto que las dirigieron miembros del Estado y no masas que no formaban parte de su estructura. Lejos de inducir al colapso o a la transformación del Estado, las revoluciones desde arriba son obra del propio Estado.

También excluimos aquellos casos que surgen de un cambio violento de régimen, pero que no conllevan transformaciones sociales radicales. Estas —que incluyen la China gobernada por el Kuomintang (1927-1949), la Indonesia poscolonial y las contemporáneas Etiopía, Sudán del Sur y Uganda— pueden considerarse *revoluciones políticas*, que oponemos a las *revoluciones sociales*.[29] Los regímenes nacidos de revoluciones políticas a veces comparten características importantes con los regímenes social-revolucionarios, como pueden ser sus Ejércitos de nuevo cuño. A resultas de ello, a menudo las revoluciones políticas gozan también de una larga vida. Sin embargo, solo las de signo social vienen seguidas de una secuencia de revolución-reacción de la que llega a surgir la extraordinaria capacidad de perdurar que vemos en países como México, la Unión Soviética, la China comunista o Vietnam. Por ende, al emplear el término *régimen revolucionario* nos referimos a sistemas nacidos tras una revolución *social*.

Nuestra definición no engloba ciertos casos de renombre que se han denominado «revolucionarios», como pueden ser las *refoluciones** poscomunistas de 1989 a 1991.[30] Debido a que en Europa del Este tuvieron lugar alzamientos populares y que tras la caída del comunismo se produjeron transformaciones socioeconómicas de mucho calado, sus transiciones han sido descritas como revolucionarias.[31] Ahora bien: no cumplen con nuestros criterios. Con la excepción de Rumanía,** las transiciones poscomunistas estuvieron marcadas por la paz, en tanto que las impulsaron manifestaciones no violentas (en Europa del Este) o, en el caso soviético, elecciones (en 1990) o protestas pacíficas (tras el golpe de 1991).*** Además, la mayoría de

* Este término es el resultado de unir las palabras *revoluciones* y *reformismo*. En el original *refolutions*, que es un término algo humorístico, ya que se puede interpretar como *refauxlutions*. *(N. del T.)*

** La caída del comunismo en Rumanía no se considera un caso de revolución porque el Estado rumano permaneció intacto y porque el nuevo Gobierno de Ion Iliescu, antiguo oficial comunista, no realizó transformaciones sociales radicales.

*** Los regímenes poscomunistas también entraron en el poder mediante elecciones en la antigua Yugoslavia.

las transiciones poscomunistas dejaron intactas importantes estructuras estatales, como los Ejércitos preexistentes.[32]

De nuestra definición se escapan también los regímenes fascistas. Aunque tanto la Alemania nazi como la Italia de Benito Mussolini se hayan tildado de revolucionarias,[33] nazis y fascistas italianos alcanzaron el poder a través de las instituciones, y con respaldo de oficiales estatales.[34] Nunca colapsaron sus Estados.

El modo en que definimos revolución resulta, así pues, más exigente que las que buena parte de la bibliografía contemporánea maneja. Las definiciones minimalistas, como las de Mark R. Beissinger, Jack Goldstone o Jeff Goodwin, entre otros, categorizan como revoluciones todas aquellas sumas de «cambios irregulares, extraconstitucionales y, a veces, violentos, del régimen político y del control del poder estatal ocasionados por movimientos populares».[35] Al descuidar criterios como la transformación del Estado y de la sociedad, estas definiciones ensanchan el concepto de revolución hasta englobar una amplia gama de casuísticas: sean las violentas revoluciones sociales de China y Rusia o el derrocamiento de autócratas mediante protestas —como en la caída de Ferdinand Marcos en las Filipinas, Slobodan Milošević en Serbia o Zine el-Abidine Ben Ali en Túnez. Nuestra definición solo es pertinente para una serie más delimitada —aunque sí más uniforme— de casos.

Para identificar los regímenes revolucionarios, elaboramos un listado de la totalidad de 355 autocracias que ha habido desde 1900, basándonos en los datos que Barbara Geddes, Joseph Wright y Erica Frantz ofrecen en «Autocratic Breakdown and Regimes Transitions» ('Colapso autocrático y regímenes de transición') (GWF).[36] A continuación, estrechamos aún más nuestra lista para centrarnos en los Gobiernos que alcanzaron el poder de modo irregular (es decir: ni por vía sucesoria ni a través de elecciones) y por parte de gente ajena al Estado (no a través de un golpe militar, en otras palabras).[37] Por último, dejamos fuera aquellos casos en que los nuevos Gobiernos no promovieron la transformación radical del Estado o el orden social. (Nuestros criterios de clasificación y el motivo por el que excluimos cada una de las instancias no revolucionarios pueden consultarse en los apéndices II y III.)[38]

Para no dejarnos en el tintero a ningún Gobierno revolucionario que hubiera colapsado antes de llegar a su primer año natural de vida —con lo que no cumpliría con los criterios de GWF sobre qué constituye un régimen—,[39] indagamos también acerca de los 219 líderes autocráticos que ocuparon el poder por lo menos durante un día, pero menos de un año.[40] Identificamos dos Gobiernos revolucionarios que murieron en su primera infancia: Finlandia en 1918 y Hungría en 1919.[41] Tras no haber sabido identificar más que dos casos de este tipo confiamos en que no quedarán por detectar otros Gobiernos revolucionarios de corta existencia.*

TABLA 1.1. Regímenes revolucionarios desde 1900

Afganistán, 1996-2001
Albania, 1944-1991
Argelia, 1962-
Angola, 1975-
Bolivia, 1952-1964
Camboya, 1975-1979
China, 1949-
Cuba, 1959-
Eritrea, 1993-
Finlandia, 28 de enero-13 de abril, 1918
Guinea-Bisáu, 1974-1999
Hungría, 21 de marzo-29 de julio, 1919
Irán, 1979-
México, 1915-2000
Mozambique, 1975-
Nicaragua, 1979-1990
Rusia, 1917-1991
Ruanda, 1994-
Vietnam, 1954-
Yugoslavia, 1945-1990

Así pues, en conjunto, encontramos veinte autocracias revolucionarias desde el año 1900; son las que enumeramos en la tabla 1.1. En términos de longevidad de los regímenes, nuestros casos abarcan desde los que sobrevivieron menos de un año (Finlandia o Hungría) hasta aquellos que duraron más de se-

* Así, 217 de los 219 líderes que llegaron al poder de forma irregular y sobrevivieron menos de un año no eran revolucionarios (según el conjunto de datos Archigos).

tenta (China, México o Rusia). Incluyen tanto a regímenes que surgieron de revoluciones sociales clásicas, como las de China, Cuba, México y Rusia, como aquellas fundamentadas en las luchas de liberación nacional radical, como en Argelia, Camboya, Mozambique y Vietnam. El listado también menciona algunos casos posteriores a la Guerra Fría que no siempre son tratados como revoluciones sociales. Es el caso de Ruanda, donde el Gobierno del Frente Patriótico Ruandés promulgó medidas con las que revocar el orden étnico preexistente,[42] o el de Eritrea, donde el Frente de Liberación Popular Eritreo intentó reorganizar de manera radical la estructura rural de su sociedad.[43]

Diecisiete de los veinte regímenes que aparecen en la tabla 1.1 son de izquierdas. Esta tendencia se puede atribuir a la mayor probabilidad de que, en los siglos XX y XXI, fueran las fuerzas de izquierdas (y, más adelante, las islamistas) las que buscaran poner patas arriba el orden social existente de forma radical —una característica con la que se define a una revolución social—. En general, lo que quieren las fuerzas conservadoras o derechistas es preservar el orden social existente.[44]

Por último, todos los regímenes que abarca nuestra definición son autoritarios. A nadie le debería sorprender. Ya que cualquier proyecto para transformar a fondo la sociedad va a atacar a los intereses vitales o al modo de vida de poderosos actores del país, así como a grandes capas de la sociedad, estos requieren un nivel de violencia y coerción que resulta incompatible con la democracia liberal.[45] Las revoluciones sociales pueden contribuir a una democratización a largo plazo, por ejemplo, si destruyen instituciones o clases sociales que impiden el cambio democrático, como Barrington Moore concluye que sucedió en Francia.[46] Pero, en cualquier caso, en todos nuestros ejemplos de revoluciones su régimen inicial ha sido autoritario.

Una teoría sobre la durabilidad de los regímenes revolucionarios

Este libro pretende explicar la durabilidad de los regímenes autoritarios. Los regímenes autoritarios duraderos son aquellos en que un partido único, una coalición o una camarilla permanecen en el poder de forma continua, en general alargándose tras la vida de sus líderes fundadores y, a menudo, a pesar de condiciones adversas.[47] Es menos probable que las autocracias resistentes lleguen a ser cuestionadas de verdad, sea desde dentro (en forma de golpe, por ejemplo) o por parte de la sociedad (protestas de gran magnitud), incluso si se dan el tipo de circunstancias —como pueden ser una crisis económica, un enorme incumplimiento de sus políticas o la sucesión del líder— con las que dichas disputas suelen aflorar. Asimismo, cuando sí aparecen amenazas al régimen, las autocracias duraderas cuentan con más tablas para contrarrestarlas.

A principios del siglo XXI, hemos visto cómo se indaga cada vez más sobre los motivos de la perdurabilidad autoritaria. Algunos expertos señalan que las causas económicas influyen en la estabilidad de un régimen. Una de ellas es el crecimiento. Las investigaciones han demostrado que el crecimiento de la economía puede contribuir a mantener una autocracia, ya que se limita el descontento público. Este brinda al Gobierno recursos suficientes para aunar fuerzas a favor del régimen y, a la vez, absorber a sus adversarios potenciales.[48] Otros estudios apuntan al papel de la riqueza en recursos naturales —y al petróleo en particular— a la hora de sostener una autocracia.[49] No obstante, ha habido pocos regímenes revolucionarios que hayan logrado un crecimiento económico continuado (en un principio, por lo menos) o que contaran con una ingente cantidad de recursos naturales. De hecho, la mayoría de los regímenes han sufrido crisis económicas severas que pueden asociarse con su colapso.

Buena parte de los escritos contemporáneos sobre la perdurabilidad autoritaria hacen hincapié en el papel de las instituciones políticas.[50] Los investigadores sostienen que las instituciones pseudodemocráticas como las elecciones, las legislaturas y los partidos de gobierno ayudan a los autócratas a recabar información,[51] captar a los opositores,[52] o bien proporcionar mecanismos que sirven para coordinar y cohesionar a la élite gobernante.[53]

Los razonamientos que se centran en las instituciones se fijan en el papel de los partidos políticos.[54] Se suele decir que las formaciones de gobierno incrementan la estabilidad autoritaria al crear incentivos para que las élites cooperen en lugar de desertar. Al ofrecer mecanismos institucionales que regulan el acceso al saqueo público y al alargar los horizontes temporales de sus actores a través de futuras posibilidades de escalar, tener un partido fomenta la lealtad a largo plazo.[55] Quienes, a corto plazo, salen perdiendo en las luchas de poder mantienen su fidelidad, ya que esperan acceder en los siguientes asaltos. Así, los partidos minimizan la posibilidad de que a alguien le salga a cuenta pensar en la deserción. Esta se suele considerar uno de los principales motivos por los que el autoritarismo llega a descomponerse.[56]

Puesto que la mayoría de los regímenes revolucionarios son gobernados por partidos fuertes, en apariencia, los casos revolucionarios parecen adecuarse a dichas teorías. Aun así, lo que los razonamientos institucionalistas consiguen explicar es limitado. Como nos muestra Benjamin Smith, los regímenes autoritarios que tienen un partido en su centro pueden tener avatares muy diversos.[57] Mientras que algunos de ellos sobreviven décadas, incluso si se enfrentan a una intensa oposición o a crisis económicas severas (como Malasia o Zimbabue), otros (Pakistán en 1958 o Ghana en 1966) no tardan en colapsar; esto ocurre, a menudo, en el momento en que son puestos a prueba. Lo que es más: como demostramos en este libro, que sobre el papel exista un partido al frente nos dice poco sobre el poder que ostenta.[58]

Por otra parte, bien puede ser que los partidos, por sí mismos, en realidad no ejerzan el poder causal que los estudios les adjudican.[59] Si volvemos al origen de muchas autocracias con partidos en su centro, comprobaremos como estos muchas veces eran débiles o inexistentes en sus inicios. La élite revolucionaria no creó el partido que gobernó México hasta quince años después de la toma del poder; el Partido Comunista de Cuba solo se estableció seis años después de la revolución, y este permaneció inoperante durante la década posterior a su fundación. Incluso el Partido Bolchevique —que se convirtió en modelo para los regímenes de partido leninistas— en un principio fue endeble, y estaba asolado por los conflictos internos. Como en otros casos, los partidos fueron acumulando poder de forma paralela a los procesos de construcción del Estado y de consolidación del régimen. Esta secuencia sugiere que tal vez otros factores, más externos, también influyan. Dicho de otra manera, los partidos fuertes pueden contribuir a que un autoritarismo dure. Sin embargo, debemos entender antes de dónde salen.

Nuestro análisis estadístico añade pruebas de que tener un origen revolucionario se vincula con autoritarismos de partido más duraderos.[60] Hemos concluido que, de entre los regímenes autoritarios que han surgido desde 1900, aquellos que se sedimentaron a partir de una revolución poseen una mayor robustez que otros. Un régimen revolucionario tiene menos de la mitad de posibilidades de colapso, en el año que sea, que otro de orígenes no revolucionarios.[61]

Varias teorías académicas para explicar la variación en cuanto a la longevidad de los sistemas autoritarios se basan en la historia, y examinan el papel de sus orígenes.[62] Este planteamiento se remonta a Samuel Huntington. Hace más de medio siglo, subrayó que los partidos fuertes están anclados en «la disputa y la violencia».[63] Según Huntington, la fuerza de los regímenes de partido único se fundamenta en «la duración y la intensidad de la lucha para obtener o consolidar el poder tras haber tomado el gobierno».[64] Por ende, los partidos que surgen de una revolución violenta o de una larga pugna nacionalista resultan ser los más duraderos, mientras que aquellos que logran el control del Estado y lo consolidan «con facilidad, sin grandes forcejeos», tenderán a «marchitarse en el poder».[65] Katharine Chorley[66] señaló ya una generación antes de Huntington el papel crucial de las revoluciones sociales a la hora de facilitar la construcción de organismos coercitivos fuertes y leales. Este libro profundiza en sus observaciones y las pone a prueba.

Existe un abundante acervo de estudios acerca de las revoluciones sociales.[67] Gran parte de las investigaciones se centran en las *causas* de la revolución. Los investigadores llevan largo tiempo debatiendo sobre la función causal de la modernización, la estructura de clases, la cultura, la ideología y el liderazgo.[68] Ahora bien, desde que se publicó el rompedor *States and Social Revolutions* [Estados y revoluciones sociales],[69] de Theda Skocpol, existe un consenso —al que nos adherimos en este ensayo— en cuanto a que la debilidad de un Estado es condición necesaria para una revolución.[70] Las revoluciones solo tienen lugar cuando los Estados se encuentran incapacitados por la guerra, la descolonización o el deterioro de un régimen sultanístico.*[71]

Menos conocemos, en cambio, acerca de las *consecuencias* de la revolución, en particular en lo que afecta a los regímenes políticos. Los investigadores han analizado el impacto de la revolución sobre la cultura,[72] la redistribución y la igualdad sociales,[73] así como sobre la construcción del Estado.[74] Se han vinculado las revoluciones con el desarrollo de fuertes estructuras de coerción,[75] el aumento de la represión y el terror[76] y la guerra.[77] De todos modos, han existido menos intentos de teorizar sobre el modo en que las revoluciones sociales moldean los regímenes políticos.[78]

La secuencia revolución-reacción

Basándonos en Huntington,[79] así como en resultados más recientes de especialistas como James Mahoney,[80] Benjamin Smith[81] o Dan Slater,[82] opinamos que lo acontecido durante el período de fundación de un régimen revolucionario a la larga tendrá un profundo impacto en su trayectoria. Haberse originado en una revolución conduce a lo que Mahoney denomina una «secuencia de reacción»:[83] es decir, una serie de conflictos violentos que, en caso de no destruir el régimen durante sus primeras etapas, fortalecen de manera espectacular sus instituciones estatales y, a la vez, debilitan a las demás que existen en su sociedad. Con ello sientan las bases para un autoritarismo duradero.

* Según Juan Linz, politólogo de referencia en varias obras de Steven Levitsky, el sultanismo es una forma de autoritarismo que se caracteriza por la centralidad del personalismo y donde el intercambio de favores a título individual garantiza el funcionamiento del sistema. Estos regímenes poseen un escaso fundamento ideológico: tienden a ser descritos como ejemplos de rapacidad personal donde el poder en sí mismo es el objetivo. *(N. del T.)*

FIGURA 1.2. La secuencia de revolución y reacción de tipo ideal

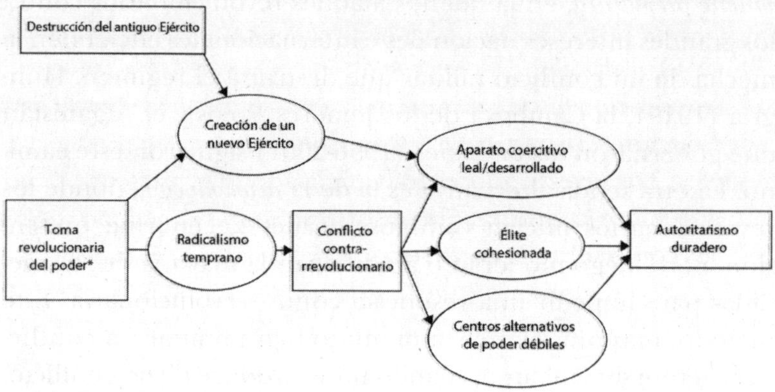

* En algunos casos (por ejemplo, China) la secuencia de reacción tiene lugar antes de la toma del poder.

En la secuencia revolución-reacción de tipo ideal, que resumimos en la figura 1.2, un radicalismo temprano generará una reacción contrarrevolucionaria violenta, que a menudo facilitarán potencias extranjeras. Esta respuesta contrarrevolucionaria resulta crucial a la larga para que el régimen logre sobrevivir, dado que supone una amenaza existencial que obliga a las élites a cohesionarse, anima al desarrollo de un aparato de coerción poderoso y fiel y facilita la destrucción de entidades rivales y centros independientes de poder que existan en la sociedad. Este proceso de construcción del Estado y debilitamiento social prepara las bases de un Gobierno autoritario de larga duración. En los ejemplos clásicos (como son Rusia, Cuba o Irán), o lo que Huntington llama el tipo «occidental» de revolución,[84] la secuencia de reacción empieza tras producirse la toma del poder nacional. En algunos de estos (China, Vietnam o Yugoslavia), sin embargo, buena parte del conflicto y la transformación tienen lugar *antes* de que tomen el poder nacional (Huntington nombró como «oriental» este tipo de revolución). Más allá de producirse en secuencias distintas, este libro muestra cómo las sendas revolucionarias «occidental» y «oriental» siguen trayectorias equiparables y dan origen a regímenes de duración parecida.

Dos sendas revolucionarias alternativas conducen a regímenes menos duraderos. Una es una senda radical que lleva a una *muerte prematura*, en la que los ataques revolucionarios contra los grandes intereses nacionales e internacionales encienden la mecha de un conflicto militar que destruirá el régimen. Hungría (1919), la Camboya de los Jemeres Rojos y el Afganistán que gobernaron los talibanes (1996-2001) siguieron este camino. La otra senda alternativa es la de la *acomodación*, donde los revolucionarios inician cambios sociales de enorme pretensión, pero luego moderan o abandonan la mayoría de sus medidas para impedir una respuesta contrarrevolucionaria. Este método, más pragmático, a menudo logra limitar un conflicto violento; sin embargo, cuando no se produce dicho conflicto, los Gobiernos revolucionarios son menos proclives a formar una élite cohesionada, construir un aparato coercitivo potente y leal, o destruir los centros independientes de poder. Este tipo de regímenes en un principio tienden a sobrevivir, pero, al no tener bases duraderas, son proclives a inestabilizarse. Las amenazas que les plantea la oposición —desde dentro o fuera de la sociedad— suceden con más frecuencia y más fuerza. Por ende, tienen más probabilidades de socavar el régimen. Este fue el recorrido de regímenes como el de Argelia, Bolivia y Guinea-Bisáu.

La toma del poder: radicalismo temprano y el rol de la ideología

> No se puede llevar a cabo el cambio fundamental sin cierta dosis de locura.
>
> THOMAS SANKARA[85]

Cuando observamos la fuerza de los regímenes de México y de la Unión Soviética durante las décadas de 1950 y 1960, o de la China y el Vietnam contemporáneos, resulta fácil olvidar que la mayoría de las autocracias revolucionarias nacen siendo débiles. Los revolucionarios toman el poder cuando implosiona el Estado: cuando Ejércitos, fuerzas policiales y burocracias ya existentes han sido destruidos en parte o del todo. Es inevitable, pues, que las nuevas élites revolucionarias hereden Estados débiles. Los Ejércitos rebeldes a menudo son demasiado pequeños, con escasa dotación e insuficiente experiencia para mantener el orden en todo el territorio nacional.[86] En Rusia, por ejemplo, a fecha de octubre de 1917, las fuerzas bolcheviques tenían muy poca presencia aparte de en las principales ciudades. Los revolucionarios albaneses carecían casi por completo de estructuras de Estado cuando Enver Hoxha declaró la victoria a finales de 1944.[87] Los de Irán, por su parte, controlaban como mucho una «milicia unida a toda prisa, desorganizada y mal entrenada» en el momento en que se hicieron con el poder en 1979.[88]

Los partidos tienden también a poseer poca entidad durante el período que sigue a la revolución. En Cuba, por ejemplo, Fidel Castro estuvo en el poder sin un partido entre 1959 y 1965. Incluso tras su establecimiento formal en 1965, al Partido Comunista de Cuba se le dio pocas funciones.[89] Ni siquiera llegó a celebrar un solo congreso antes de 1975, permitiendo así a Castro el mando en medio de un «vacío institucional».[90] De modo similar, los revolucionarios mexicanos carecieron de partido propio durante sus primeros doce años al mando. Incluso en Rusia, la cuna del modelo leninista de partidos, los bolcheviques se vieron asediados por los conflictos internos y una escasa disciplina.[91]

La ausencia de un partido fuerte o de un aparato de coerción hace vulnerables a los Gobiernos revolucionarios frente a amenazas de actores variopintos, desde las élites del antiguo régimen a vestigios del Ejército anterior, pasando por organizaciones políticas rivales que buscan el poder tras el colapso del sistema precedente. Por ejemplo, el Gobierno revolucionario de México se tuvo que enfrentar a lo que quedaba del antiguo Ejército Federal, a los terratenientes y a los Ejércitos rivales de Francisco (Pancho) Villa y Emiliano Zapata durante casi una década tras la toma del poder. Los bolcheviques se enfrentaron a la oposición de los Ejércitos Blancos y a la de otras reliquias del zarismo, además de a dos partidos socialistas rivales: los mencheviques y los socialistas revolucionarios.

Al no contar con un ejército eficiente ni un partido, y rodeados por multitud de enemigos reales y potenciales, los nuevos Gobiernos revolucionarios son dados a la vulnerabilidad. Como ha observado George Pettee con agudeza, los revolucionarios que se hacen con la victoria no toman el poder «como jinetes a caballo [...], sino como niños asustados que exploran una casa vacía sin saber con certeza si lo está de verdad».[92]

Lo que sucede tras conseguir el poder puede comprenderse como una coyuntura crítica.[93] Durante esta, cómo se comporte la élite revolucionaria puede tener consecuencias a largo plazo para el régimen. Los Gobiernos no revolucionarios tienden a responder con pragmatismo a las condiciones de extrema vulnerabilidad, e intentan ampliar sus apoyos en el país, hacerse con la confianza de inversores y cultivar una legitimidad internacional con el objeto de atraer respaldo extranjero. En la Indonesia poscolonial, por ejemplo, Sukarno trató de formar una amplia coalición de gobierno que incluía facciones de nacionalistas, marxistas y conservadores religiosos.[94] A modo de comparación, cuando el Movimiento de Liberación Popular se hizo con el control de Sudán del Sur en 2011 empezó a otorgar poder a los jefes tradicionales y se reconcilió con los demás grupos competidores de todo el país.[95]

Lo que hacen la mayoría de los Gobiernos revolucionarios es justo lo contrario. Con la toma del poder, sus élites se embarcan en iniciativas políticas radicales que resultan amenazantes para los intereses de agentes domésticos y extranjeros, y trastocan el *modus vivendi* de gran parte de la sociedad.[96] Por ejemplo, los bolcheviques abolieron la propiedad privada, paralizaron el abono de pagos y rechazaron la deuda extranjera de Rusia, provocando «ondas sísmicas» en el sistema financiero internacional.[97] Algo parecido les sucedió a los revolucionarios cubanos, que ignoraron el consejo de sus patrocinadores soviéticos e intentaron exportar la revolución armada por toda América Latina en la década de 1960.[98] Este «mesianismo revolucionario» situó a Cuba en el punto de mira del Gobierno estadounidense, que empezó a representar una amenaza directa a la supervivencia del régimen.[99]

Siendo estrictos, esta actitud radical no se puede entender en términos de maximización del poder. Iniciativas como pueden ser la reforma agraria radical, la expropiación a gran escala de empresas de titularidad extranjera, enfrentarse con las potencias vecinas u occidentales o incluso intentar borrar del mapa la cultura laica ponen en jaque los grandes intereses y alteran las vidas de millones de personas. Para los nuevos Gobiernos que presiden Estados débiles, dichas estrategias son de altísimo riesgo. A veces, son el motivo de su defunción (como en Hungría, Afganistán o Camboya). Esta conducta propensa al riesgo se vehicula mediante la ideología.[100] Las revoluciones «sitúan a idealistas extremos [...] en posiciones de poder que no habrían tenido de forma habitual».[101] Como ha argumentado Stephen E. Hanson, los compromisos ideológicos fuertes ensanchan los horizontes temporales con los que estos planean sus acciones. Los líderes ideológicos actúan «con la seguridad de "saber" que tendrán éxito a la larga»; de este modo, «renuncian a las ventajas del comportamiento egoísta y cortoplacista con el objeto de promover la causa del colectivo ideológico».[102] Sin duda, se puede demostrar que para los líderes revolucionarios como Vladímir Lenin, Béla Kun, Mao Zedong, Pol Pot, el mulá Mohammed Omar, Ho Chi Minh, el ayatolá Ruhollah Jomeini o Samora Machel la ideología tenía un peso inusual, si consideramos su notable énfasis en visiones utópicas o escatológicas de un nuevo orden mundial.[103]

Reacción contrarrevolucionaria

Forrest D. Colburn observó que «del mismo modo que Newton demostró que toda acción acarrea una reacción, también toda revolución suscita una contrarrevolución».[104] Es un hecho casi invariable que las iniciativas radicales de los nuevos Gobiernos revolucionarios generarán sus reacciones violentas correspondientes, sea en el propio país o en el extranjero.[105] La expropiación de bienes privados a gran escala, los asaltos a instituciones culturales o religiosas y el intento de poner en tela de juicio el orden geopolítico existente casi siempre desencadenan movimientos contrarrevolucionarios nacionales, una agresión militar externa, o ambos.[106]

A la mayoría de las revoluciones les sigue el surgimiento de movimientos armados contrarrevolucionarios, avalados con frecuencia por países extranjeros, y que se deben derrotar para que el nuevo régimen prospere.[107] Los bolcheviques se vieron abocados a una guerra civil contra la Guardia Blanca, respaldada por fuerzas británicas, francesas, japonesas y estadounidenses. El Gobierno de Castro se enfrentó a una campaña contrarrevolucionaria que culminó en la invasión de la bahía de Cochinos en 1961. En el caso de Mozambique, los experimentos radicales en el mundo agrario, junto con el apoyo de insurgentes en Rodesia por parte del Frente de Liberación de Mozambique (Frelimo), condujeron a la aparición de una insurgencia apoyada por Rodesia y Sudáfrica.

Las revoluciones también provocan guerras *externas*, a menudo con Estados colindantes cuyos Gobiernos se sienten amenazados por el Gobierno revolucionario, o bien buscan su oportunidad tras el colapso del Estado.[108] Por ejemplo, la sanguinaria guerra entre Irán e Irak (1980-1988) fue consecuencia directa de la Revolución iraní, ya que Sadam Husein veía en el Gobierno de Jomeini un peligro.[109] El Gobierno revolucionario de Vietnam se embarcó en una guerra asoladora con Estados Unidos, mientras que a la Revolución camboyana le siguieron hostilidades con Vietnam. En la década de 1990, Eritrea se enzarzó en un conflicto militar con todos y cada uno de los países con los que compartía fronteras terrestres. Un balance notable, de diecisiete entre veinte revoluciones, condujo a guerras civiles o con el exterior.*

Los conflictos posrevolucionarios generan amenazas existenciales de larga duración, a menudo por parte de enemigos poderosos.[110] Vietnam, por ejemplo, vivió en un estado ininterrumpido de guerra —contra Francia y más tarde contra Estados Unidos— durante treinta años. El Gobierno revolucionario de Cuba se enfrentó a décadas de hostilidad sin tregua estadounidense y sus dirigentes persistieron en su «mentalidad de asedio» incluso hasta el principio de los dos mil.[111]

* Se trata de Afganistán, Albania, Angola, Camboya, China, Cuba, Eritrea, Finlandia, Hungría, Irán, México, Mozambique, Nicaragua, Rusia, Ruanda, Vietnam y Yugoslavia. En Albania, China y Yugoslavia, el grueso de la guerra contrarrevolucionaria tuvo lugar antes de la toma del poder nacional.

Legados revolucionarios: los tres pilares del autoritarismo duradero

A veces, las amenazas existenciales que representa la reacción contrarrevolucionaria terminan siendo letales para algunos regímenes. Como mostraremos en el capítulo 7, por ejemplo, el colapso llegó a la República Soviética de Hungría al cabo de solo cinco meses, a manos de las tropas rumanas apoyadas por los aliados. Del mismo modo, las dictaduras revolucionarias de Camboya y Afganistán acabaron destruidas tras una respuesta militar extranjera a sus belicosas maniobras.

Cuando los regímenes sobreviven a sus consiguientes reacciones contrarrevolucionarias, no obstante, en el propio conflicto militar se gestan procesos de construcción de Estado y transformación social de índole revolucionaria; ambos cementan el autoritarismo a largo plazo. El conflicto violento al que abocan las transformaciones radicales del orden social o geopolítico conduce a una percepción prolongada de extremada amenaza. Esta refuerza la cohesión entre las élites, contribuye al desarrollo de organismos coercitivos fuertes y leales y facilita la destrucción de centros alternativos de poder social. Estos tres legados funcionan como pilares clave de la perdurabilidad del régimen, ya que promueven que el Gobierno revolucionario se vacune contra la deserción de sus élites, los golpes militares y las protestas masivas: las tres principales causas del colapso de las dictaduras.

Una élite gobernante cohesionada

Un conflicto contrarrevolucionario tiende a producir una élite cohesionada para el régimen, o bien una en que la deserción entre los altos cargos del Gobierno o del partido resulta extraña, incluso en tiempos de crisis. Las revoluciones aumentan la cohesión de las élites porque polarizan la sociedad, con frecuencia durante décadas. Una polarización intensa agudiza las distinciones entre un «nosotros» y un «ellos», lo que fortalece los lazos entre los miembros de un grupo y fomenta la sensación de un «destino unido» entre los dirigentes.[112] La polarización revolucionaria a menudo viene acompañada de una percepción duradera de amenaza existencial. Debido a la tenacidad con la que los contrarrevolucionarios los ponen a prueba, la mayoría de los regímenes revolucionarios se deben enfrentar a incesantes obstáculos para su supervivencia. Dichas amenazas tienden a fomentar una mentalidad de asedio entre las élites de la revolución, generando así un fuerte incentivo para cerrar filas. Cuando se percibe que la continuidad del régimen está en juego, que alguien de la élite lo abandone —o incluso que discrepe sin tapujos— suele verse como una traición. Lo que implica es que el precio de desertar será caro.

Debemos puntualizar que la cohesión que genera un conflicto entre revolucionarios y contrarrevolucionarios no elimina las luchas de facciones por el poder, puesto que estas son endémicas en todos los grandes entes políticos. Sin embargo, el conflicto posrevolucionario obstaculiza la deserción, en especial cuando hay crisis o la supervivencia del régimen pende de un hilo. Así pues, a los líderes revolucionarios se les permite competir por el poder y mostrar desacuerdo sobre políticas y estrategias, pero en casi ningún caso pueden atacar al régimen en sí. Debido al elevado precio de la deserción, los cismas entre las élites resultan menos frecuentes en los regímenes revolucionarios que en otras autocracias. En Rusia, China, Yugoslavia, Vietnam, Cuba, Albania, Mozambique o Nicaragua —e incluso en la hiperfracturada República Islámica de Irán (véase el capítulo 6)—, las autocracias revolucionarias apenas si padecieron deserciones, incluso durante décadas.

Puede que aseverar que en las revoluciones se genera cohesión entre las élites se dé de bruces contra la realidad de lo que aconteció en la Rusia estalinista, la China maoísta o la Camboya de los Jemeres Rojos, cuyos Gobiernos revolucionarios llevaron a cabo purgas masivas entre sus dirigentes. En efecto, desde la época del Terror jacobino, se ha dicho de las revoluciones que «devoran a sus propios hijos». Sin embargo, las purgas revolucionarias no son tan comunes como a veces se cree; no las hubo, por ejemplo, en Cuba, Mozambique, Nicaragua ni Vietnam. Por otra parte, es crucial darnos cuenta de que las purgas no tienen por qué indicar que la cohesión es baja. Entre los investigadores existe un amplio consenso en que los líderes de Rusia, China y Camboya se sirvieron de las purgas para concentrar poder, y poco más. En otras palabras, las purgas de Stalin o de Mao no fueron su respuesta a las amenazas de fugas y oposición.[113] Del mismo modo, años después de la caída de los Jemeres Rojos, el ministro de Exteriores camboyano Ieng Sary reconoció que los numerosos rumores durante su mandato sobre las élites conjuradas contra Pol Pot eran meras fabricaciones para justificar las purgas.[114] Cuando las élites se encuentran cohesionadas, los oficiales disidentes cierran filas (o por lo menos callan), incluso en las peores circunstancias. Así pues, que Stalin, Mao y Pol Pot pudieran salirse con la suya purgando de manera desenfrenada, y *sin que ello derivara en cismas,* sugiere un grado altísimo de cohesión.

Una élite cohesionada es uno de los pilares importantes de un Gobierno autoritario duradero. Los cismas internos a menudo suponen una amenaza grave a la supervivencia de la dictadura.[115] Los mejor situados para destituir a los autócratas son los propios miembros de su círculo íntimo porque tienen acceso a los recursos coercitivos, administrativos, mediáticos y de clientelismo que harían falta para hacer tambalear al dictador. En las autocracias que se enfrentan a crisis económicas o de otra índole, que haya señales de vulnerabilidad en el régimen puede convencer a los más antiguos aliados para abandonar el barco, con el peligro de colapso que conlleva.[116] Por ejemplo, el régimen unipartidista de Zambia cayó en 1991 después de que una crisis económica y el aumento de las protestas provocaran una oleada de ceses en el Partido Unido de la Independencia Nacional (PUIN). Como expresó un miembro del partido que estaba en proceso de deserción, «solo una mosca idiota [...] seguiría a un cadáver a la tumba».[117]

Por el contrario, las élites revolucionarias tienden a seguir fieles incluso tras las crisis más severas. En Rusia, por ejemplo, las aparentes amenazas de las potencias occidentales disuadieron a Trotski y a otros dirigentes bolcheviques de enfrentarse a Stalin tras la invalidez de Lenin, o de desertar en un momento en que su oposición habría servido de algo. En su lugar, Trotski, héroe de guerra revolucionario y a quien se preveía sucesor natural de Lenin (con una aversión personal hacia Stalin), juró lealtad al triunvirato gobernante de Stalin incluso después de que este lo excluyera.[118] Aunque su considerable prestigio les habría valido para oponerse a Stalin, Trotski y otros disidentes se vieron «paralizados por el miedo» ante la perspectiva de crear un partido rival.[119] Asimismo, no hubo deserciones entre los cuadros del Partido Comunista de Vietnam durante toda la guerra contra Estados Unidos,[120] como tampoco las hubo entre los altos cargos del Partido Comunista de Cuba, a pesar de sufrir una crisis económica catastrófica tras el derrumbe soviético.[121]

Un aparato coercitivo fuerte y leal

Una revolución social y sus secuelas tienden a producir entes coercitivos fuertes y leales. Mientras que el colapso y la reconstrucción del Estado permiten a los revolucionarios crear nuevas organizaciones militares, policiales y de inteligencia, muy controladas por la élite dominante y fusionadas con ella, las amenazas continuadas por parte de contrarrevolucionarios o Ejércitos en el exterior casi sin excepción conducen a desarrollar un aparato coercitivo de gran tamaño y eficacia.

Fusión político-militar. Puesto que las revoluciones sociales vienen acompañadas de la parálisis o el colapso de los Estados precedentes, los líderes revolucionarios deben construir nuevos organismos coercitivos, a menudo desde cero.[122] De hecho, en casi todos los casos, las élites revolucionarias crean Ejércitos, fuerzas policiales y servicios de inteligencia completamente nuevos.*

Los Ejércitos revolucionarios se distinguen de los no revolucionarios en varios e importantes sentidos. En primer lugar,

* Irán (capítulo 6) y Bolivia (capítulo 8) son excepciones en parte. Los revolucionarios de Irán hicieron enormes purgas, pero no eliminaron al antiguo Ejército, sino que construyeron nuevas estructuras poderosas más fuertes. En Bolivia, la élite revolucionaria purgó e inhabilitó durante un tiempo al antiguo Ejército, pero no formó uno nuevo.

tienden a una casi fusión con el partido gobernante, creando lo que Amos Perlmutter y William M. LeoGrande denominan una «élite dual».[123] Las fuerzas armadas, policiales y de inteligencia revolucionarias son dirigidas y atendidas por mandos provenientes de la lucha de liberación, y los oficiales militares ocupan puestos elevados en el Gobierno y el partido. En algunos casos, «no tiene sentido preguntarnos si la élite dual funciona como agente del partido en el Ejército o como agente del Ejército en el partido. Es ambas cosas».[124] Por ejemplo, la enseña del régimen revolucionario de Cuba era un solapamiento casi completo entre las élites civiles y las militares.[125] El control civil del Ejército no tenía siquiera lugar porque los líderes civiles «*eran* las fuerzas armadas».[126] De modo paralelo, en Vietnam, donde las guerrillas comunistas fueron la base del Ejército Popular de Vietnam en la década de 1940, fusionando en efecto las jefaturas de partido y Ejército,[127] el mando militar «no era más que un segmento de la dirección del partido».[128] Se podría observar un nivel de fusión parecido entre los mandos del Ejército y el partido en China, México, Mozambique, Nicaragua o Yugoslavia, entre otros países.

La fusión entre partido y Ejército incrementa la autoridad de los líderes políticos, muchos de los cuales dirigieron la lucha armada. Así pues, en Albania, Angola, China, Cuba, Eritrea, México, Mozambique, Nicaragua o Yugoslavia, como en otras partes, los líderes del partido fueron antes comandantes de la guerrilla durante los conflictos revolucionarios. Sus logros militares y su demostrada voluntad de compartir riesgos en el campo de batalla los dotaron de «prestigio marcial».[129]

Crear Ejércitos desde cero permite asimismo a las élites revolucionarias infiltrar en ellos a comisarios políticos y otros cuerpos de control y supervisión del partido.[130] La infiltración del partido aumenta la capacidad de la élite dominante para vigilar a los militares e identificar a potenciales conspiradores. En la mayoría de los casos, esta infiltración es extremadamente difícil de llevar a cabo. La interferencia partidista a menudo es recibida con resistencia por los ejércitos tradicionales, cuyos líderes aprecian la autonomía.[131] Por ejemplo, hubo una fuerte reticencia cuando Kwame Nkrumah trató de introducir comisarios políticos y células del partido en el Ejército ghanés. Fue uno de los factores que influyeron en el golpe que lo derribó en 1966. Una politización de este tipo se ve facilitada si los partidos de gobierno crean Ejércitos nuevos.[132] En Albania, China, Cuba, Nicaragua, Ruanda, la Unión Soviética, Vietnam, Yugoslavia y en otros casos, los líderes revolucionarios lograron con éxito situar a comisarios políticos, células del partido y otros mecanismos institucionales en todos los niveles de las fuerzas armadas para asegurarse el control por parte del partido gobernante.

La fusión entre el partido revolucionario y las estructuras militares fomenta un grado inusual de fidelidad militar. En la mayoría de las autocracias no revolucionarias, los Ejércitos mantienen identidades corporativas fuertes y, por lo tanto, perciben sus intereses como aparte de los del Gobierno. En la Birmania poscolonial, por ejemplo, los líderes militares creían que los políticos «no eran de fiar» para la integridad del país.[133] El Ejército pakistaní, del mismo modo, se veía como principal custodio del interés nacional y más capaz de administrar con eficiencia el Estado que los civiles.[134] En los regímenes revolucionarios, en cambio, las élites civiles y militares comparten identidad.[135] Los comandantes del Ejército se ven a sí mismos como parte de la lucha revolucionaria y, por lo tanto, suelen exhibir una acérrima lealtad hacia la revolución y su ideología.[136] Así es como en China existió un riesgo tan exiguo de que el Ejército traicionara la revolución, puesto que este «se había *convertido* en la revolución».[137] En Nicaragua, de modo parecido, los oficiales militares sandinistas se autopercibían como «defensores de un proyecto político revolucionario»,[138] y en Irán, la Guardia Revolucionaria se veía a sí misma como el «principal bastión y garante de la pureza revolucionaria».[139]

La fusión entre partido y Ejército reduce las posibilidades de un golpe militar de modo espectacular.[140] Fueron los golpes los que hicieron caer a la mayoría de los regímenes, autoritarios o democráticos, durante la Guerra Fría.[141] Los Ejércitos se hacían con el poder a lo largo y ancho de los países en vías de desarrollo durante las décadas que siguieron a la Segunda Guerra Mundial.[142] Según Naunihal Singh,[143] se intentaron golpes en el 80 por ciento de los Estados africanos subsaharianos, en el 76 por ciento de los de Oriente Medio y del norte de África, en el 67 por ciento de países latinoamericanos y en el 50 por ciento de los asiáticos durante la segunda mitad del siglo XX.*

Aun así, es dificilísimo que se produzca un golpe contra un régimen revolucionario. De entre los veinte casos de los que nos ocupamos, solo dos regímenes —los de Bolivia y Guinea-Bisáu— cayeron a manos del Ejército.** En un análisis llevado a cabo junto con Jean Lachapelle y Adam E. Casey, descubrimos que en los Gobiernos revolucionarios resulta mucho más complejo padecer intentonas de golpe que en los regímenes no revolucionarios.[144] De hecho, los Ejércitos revolucionarios se han mantenido leales incluso bajo circunstancias que con frecuencia conducen al intervencionismo. En China, por ejemplo, el Ejército siguió siendo fiel a Mao durante la Revolución Cultural, incluso cuando Mao avivó un conflicto violento entre facciones que llevó al país al borde de una guerra civil. En la Rusia soviética, Stalin jamás se vio cuestionado por el Ejército; ni siquiera tras purgar al 90 por ciento de los oficiales de alto rango entre 1937 y 1938. En Mozambique, el Ejército no se propuso dar ningún golpe pese a los acuerdos de paz de 1992 que requerían al Frelimo que disolviera el Ejército y creara unas nuevas fuerzas en las que integrar a su rival, la Resistencia Nacional de Mozambique (Renamo).[145] Los regímenes de Cuba, Irán y Nicaragua tampoco tuvieron que lidiar con golpes a pesar de sus graves crisis económicas.

En resumen, la fusión entre el Ejército y el partido tiene un potente efecto de prevención de golpes. Ya que los golpes de Estado son una de las principales causas del colapso de estos sistemas,[146] la construcción revolucionaria del Estado contribuye de manera esencial a que perdure el régimen.

* La estimación de Singh incluye tanto los golpes militares como los no militares.

** Ocurrieron golpes palaciegos —obra de miembros del régimen que no aplicaron cambios sobre este o la élite— en Argelia en 1965 y 1992, y en México en 1920. En este último país, no hubo más levantamientos de éxito tras el año 1920.

Un aparato coercitivo fuerte. Las revoluciones sociales a menudo incrementan el poder y el radio de acción del Estado.[147] Las amenazas existenciales militares imponen a los Gobiernos revolucionarios hacerse con un grandioso aparato de seguridad. Ante la violencia contrarrevolucionaria y, en muchos casos, una invasión desde el extranjero real o factible, los Gobiernos revolucionarios con frecuencia deben hacer una fuerte inversión en el desarrollo de sus Ejércitos y fuerzas de seguridad interiores.[148] En Vietnam, las varias décadas de guerra tuvieron como resultado uno de los mayores y más eficientes Ejércitos del mundo.[149] En Cuba, la amenaza de una invasión financiada por Estados Unidos llevó al Gobierno de Castro a transformar su «harapienta soldadesca» de 5.000 soldados en una fuerza de 300.000 miembros capaces de disuadir a Estados Unidos.[150] En Eritrea, el conflicto contrarrevolucionario de la década de 1990 transformó el país de un Estado débil a una de las autocracias más militarizadas del orbe; la segunda solo después de Corea del Norte.[151]

Un aparato coercitivo desarrollado —en especial, uno muy alineado con la élite gobernante— incrementa la capacidad represiva de un régimen. Además de cismas entre las élites y los golpes, los autócratas se enfrentan a amenazas potenciales que vienen de abajo.[152] Para abordarlas, confían en métodos represivos de baja y alta intensidad.[153] La represión de alta intensidad se refiere a actos de alta visibilidad entre una gran cantidad de gente, personalidades conocidas e instituciones importantes. Un ejemplo es la represión violenta de las manifestaciones de masas, como en la Ciudad de México en 1968, en la plaza de Tiananmén en la China de 1989 o el Irán de 2019. La represión de baja intensidad se refiere a formas de coerción menos visibles pero más sistemáticas, como el control, el acoso discreto o la detención por parte de las fuerzas de seguridad, así como la intimidación por las fuerzas paramilitares.

Los orígenes revolucionarios aumentan la capacidad de los autócratas de ejercer represión de baja y alta intensidad. La enorme implantación de aparatos estatales centrales, a menudo en un contexto de movilización en tiempos de guerra, incrementó la capacidad de los regímenes revolucionarios para vigilar y reprimir con otros métodos de baja intensidad. La KGB soviética colocaba a oficiales en toda empresa, fábrica o institución gubernamental de cierta importancia, y llegó a recurrir a unos once millones de confidentes infiltrados en casi todos los bloques de viviendas del país.[154] La agencia de inteligencia de Vietnam (Cong an) movilizó hasta un millón de agentes[155] que le permitieron infiltrarse en la sociedad «hasta la más estrecha callejuela».[156] Contando con informantes en los puestos de trabajo, en las aulas y colocando «guardas» encargados de todos los barrios, el Estado vietnamita tenía la capacidad de seguir los movimientos de cualquier disidente activo del país.[157]

Los Gobiernos revolucionarios también poseen una capacidad inusual para la represión. Reprimir a gran escala y en público las protestas en masa conlleva un riesgo considerable. No solo es probable que incurran en la condena internacional, sino que pueden dañar la legitimidad de las fuerzas de seguridad en casa, mermando la moral y la disciplina internas.[158] Debido al miedo a la persecución y a otras formas de castigo público, tanto los oficiales de seguridad como la tropa pueden resistirse a las órdenes de reprimir. Por este motivo, los Gobiernos a menudo recelan de las órdenes de coerción de alta intensidad y, cuando se quieren aplicar, los oficiales dedicados a la seguridad a menudo se niegan a hacerlo. De hecho, numerosos regímenes autoritarios se han venido abajo a causa de la indisposición —o la incapacidad— para reprimir las protestas de un modo constante y duradero. (Entre los ejemplos del siglo XXI se encuentran Serbia en el 2000, Madagascar en el 2002 y el 2009, Georgia en 2003, Ucrania en 2004, Kirguistán en 2005 y 2010 y Egipto y Túnez en 2011.)

Por el contrario, los Estados que surgen del conflicto revolucionario están más que equipados para acabar con las manifestaciones. De años de lucha militar surge una generación de élites y dirigentes con experiencia en la violencia. Las élites gobernantes que han sido partícipes de conflictos violentos tienen más probabilidades de hermanarse tras medidas coercitivas y, lo más importante, los oficiales de seguridad que pertenecen a estas élites revolucionarias son más proclives a obedecer órdenes polémicas relacionadas con la represión de alta intensidad. Así pues, los vínculos revolucionarios entre el Gobierno y las fuerzas de seguridad facilitaron la brutal represión del Partido Revolucionario Institucional (PRI) a las protestas estudiantiles de Ciudad de México en 1968; la mano dura del Gobierno comunista chino contra los manifestantes de la plaza de Tiananmén en 1989 y las severas medidas del Ejército argelino contra los islamistas en los años noventa. En Irán, la Guardia Revolucionaria y el Basich —organizaciones creadas por las fuerzas revolucionarias que se vieron fortalecidas tras años de contrainsurgencia y guerra— llevaron a cabo con uniformidad las órdenes de reprimir, tanto durante las protestas de la Revolución Verde de 2009 como en los levantamientos de 2019.

La destrucción de las organizaciones rivales y los centros independientes de poder en la sociedad

En último lugar, el conflicto revolucionario y contrarrevolucionario facilita la destrucción tanto de los rivales existentes como de las instituciones sociales que pudieran servir de base a cuestionamientos futuros.[159] Las guerras permiten que los Gobiernos hagan cosas que las dictaduras corrientes a menudo no pueden hacer. Por ejemplo, facilitan a las élites revolucionarias tanto una justificación como un medio para destruir a los rivales políticos. La guerra civil rusa permitió que los bolcheviques se quitaran de en medio a las demás formaciones socialistas, incluyendo a los mencheviques y al popular Partido Social-Revolucionario.[160] En Yugoslavia, la guerra revolucionaria permitió a los partisanos destruir a los chetniks nacionalistas, con quienes competían por el control del país. Hacia el final de la contienda, casi todos los rivales en potencia de los revolucionarios habían sido eliminados.[161] De manera paralela, los comunistas vietnamitas se ocuparon de la destrucción violenta de las organizaciones nacionalistas y religiosas rivales durante su lucha contra los franceses.[162] En el momento en que el Partido Comunista había logrado el control sobre Vietnam del Norte en 1954, ya se habían eliminado a todos los principales contrincantes.[163]

Además, las guerras revolucionarias y posrevolucionarias posibilitan el debilitamiento o la destrucción de los centros independientes de poder en la sociedad: las instituciones o clases sociales cuyo poder, recursos o legitimidad puedan ejercer de oposición. Pueden incluir a las élites locales, las clases con propiedades, los Ejércitos preexistentes o las autoridades tradicionales monárquicas y religiosas cuyo «poder simbólico» pudiera ser enarbolado para encabezar una oposición al régimen.[164] Así pues, la sangrienta guerra civil que tuvo lugar entre 1913 y 1915 en México debilitó a los terratenientes y destruyó el antiguo Ejército,[165] mientras que la guerra civil de Rusia diezmó lo que quedaba de las fuerzas zaristas y las clases propietarias. En Yugoslavia, el conflicto militar durante la Segunda Guerra Mundial sacudió las estructuras locales de autoridad, debilitando a los jefes de las aldeas que habían dominado el país hasta entonces,[166] mientras que en China la guerra revolucionaria y la reforma agraria borraron del mapa la tupida red de señoríos locales, iglesias extranjeras y nacionales, caudillos, bandas criminales, sociedades secretas y clanes que habían dificultado al Estado prerrevolucionario ejercer su potestad.[167]

La destrucción de los centros de poder independientes debilita las bases estructurales de la oposición futura. La movilización de los sindicatos, las instituciones religiosas y otras asociaciones cívicas socavaron las dictaduras de Argentina, Brasil, Filipinas, Polonia, Sudáfrica, Corea del Sur y otros países durante la tercera ola de democratización. Los regímenes revolucionarios tienen menos probabilidades de enfrentarse a tales movilizaciones en el conjunto de la sociedad. Careciendo de fuentes independientes de financiación, infraestructura o legitimidad, las bases organizativas de la oposición en efecto desaparecen. En China, la eliminación de las bandas criminales y de los feudos locales —que habían dado al Partido Comunista refugios francos durante la contienda revolucionaria— privó a los opositores de capacidad para resistir ataques por parte del Estado central. A principios del siglo XX, China tenía una sociedad civil bastante más endeble que muchos otros países con niveles parecidos de desarrollo económico. En Vietnam, la destrucción de la clase terrateniente y el debilitamiento de la Iglesia católica eliminaron potenciales fuentes de oposición al Gobierno comunista.[168] Hacia la década de 1960, todas las fuentes de poder independientes del Estado habían sido aniquiladas, dejando sin bases propias a sus opositores.[169] Como veremos en los casos de China y de Irán, la destrucción de los centros de poder alternativo no vacuna a los regímenes contra las protestas a gran escala; sin embargo, la ausencia de estructuras de movilización dificulta que se puedan mantener.

En resumen, consideramos que en la mayoría de los regímenes revolucionarios emergen instituciones autoritarias y robustas a partir de una secuencia reactiva. A pesar de la debilidad inicial de muchos Gobiernos revolucionarios, unas élites revolucionarias en un principio movidas por la ideología fomentan iniciativas radicales que ponen en jaque los intereses internacionales y domésticos, con el resultado de la guerra civil (Angola, México, Mozambique, Nicaragua o Rusia), una guerra externa (Afganistán, Camboya, China, Eritrea, Irán o Vietnam) o amenazas militares a su existencia (Albania o Cuba). Dicho conflicto a veces resulta en un colapso prematuro del régimen. Sin embargo, cuando sobreviven los regímenes, el conflicto contrarrevolucionario lleva al desarrollo de una élite cohesionada, un Ejército fuerte y leal y la destrucción de centros de poder alternativo. Debido a que los cismas entre las élites, los golpes y las protestas de masas son tres de las principales causas del colapso autoritario, la revolución y sus secuelas vacunan con efectividad a los regímenes contra estas causas de muerte.

Medimos los tres pilares de la durabilidad de un régimen del siguiente modo.[170] En primer lugar, una élite cohesionada es aquella en que será difícil contemplar la deserción y la oposición por parte de oficiales de alto nivel, hasta en períodos de crisis.[171] Cuando sí se producen deserciones, pocos actores del régimen las siguen. Aunque puede existir un conflicto extenso (e incluso violento) entre las élites, aquellos que pierden las batallas de las facciones y otras élites disidentes cierran filas o permanecen en silencio —en lugar de obrar contra el régimen— durante la crisis.

En segundo lugar, distinguimos la fuerza y la lealtad del aparato coercitivo en sus dos partes constituyentes. Un aparato coercitivo fuerte es aquel en que el sector securitario —que incluye el Ejército, la policía, las agencias de inteligencia y otras entidades especializadas en seguridad interna— es lo bastante grande y eficaz para tener vigilada a la disidencia y frustrar las protestas en todo el territorio nacional, hasta niveles de aldeas y barrios. Un aparato coercitivo leal es aquel que apoya al régimen revolucionario por sistema, incluyendo las épocas de crisis. Los Ejércitos leales se caracterizan por la ausencia (o casi) de intentonas de golpe o de rebeliones militares con el objetivo de cambiar el régimen o eliminar a su élite.

Tercero, cuando evaluamos la destrucción de los centros alternativos de poder social, distinguimos entre destrucción completa y parcial. Valoramos como completos aquellos casos de destrucción en que todas las instituciones significativas de la sociedad, los actores económicos y grupos organizados son destruidos o mermados para abandonarlos a la dependencia del Estado. Este fue el caso, por ejemplo, de las revoluciones comunistas de Rusia, China, Vietnam y Cuba. Valoramos como casos de destrucción parcial aquellos en que los Gobiernos revolucionarios destruyen o merman algunos centros independientes de poder social, pero donde uno o más de ellos sobrevive y mantiene la capacidad de movilizarse en contra del régimen. Ejemplos de este tipo incluyen las redes de mezquitas en Argelia, la Iglesia católica en Nicaragua y los sindicatos en Bolivia. Como veremos, esta diferencia puede ser sustancial. Mientras que los regímenes revolucionarios que solo destruyen de manera parcial estos centros independientes de poder a menudo se enfrentan a niveles de discordia social más elevados (como en la Bolivia de los primeros años de los sesenta y Argelia a principios de los noventa), en los ejemplos en que fueron destruidos por completo, como son la Unión Soviética, Cuba o Vietnam, los movimientos opositores suelen tenerlo muy crudo.

Sendas que se bifurcan

Aunque la secuencia de revolución-reacción que hemos descrito puede ser considerada como la trayectoria ideal de los regímenes revolucionarios (figura 1.2), esta no es la única que existe. Las otras dos sendas posrevolucionarias por lo general llevan a autoritarismos menos duraderos. La figura 1.3 las sintetiza.

FIGURA 1.3. Las tres sendas de los regímenes revolucionarios

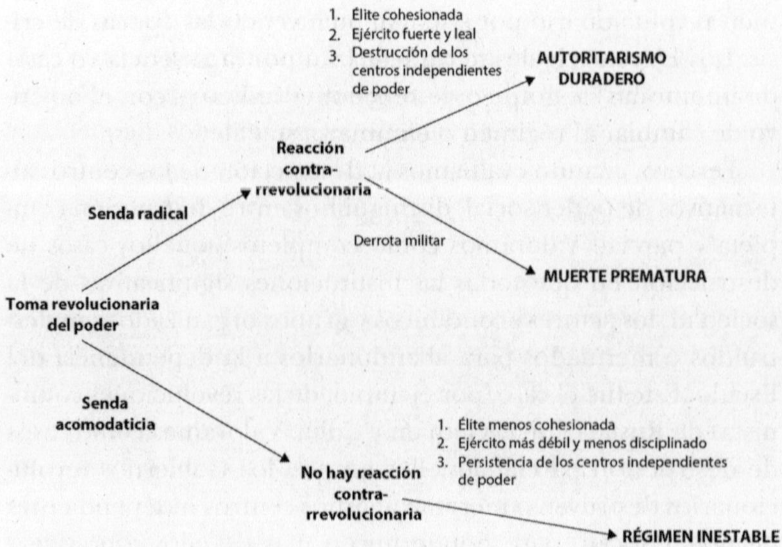

En la secuencia de tipo ideal, un radicalismo primerizo despierta una secuencia de revolución-reacción, y esta lleva a un régimen autoritario robusto. Sin embargo, la secuencia reactiva se puede cancelar de dos maneras; si así sucede, tiene como resultado regímenes menos estables. La primera es que este primer radicalismo invite a una reacción militar exterior que acabe en derrota violenta, provocando una *muerte prematura*. Hay cuatro casos de regímenes revolucionarios incipientes que sufrieron una derrota militar: Finlandia (1918),* Hungría (1919), Camboya (1975-1979) y Afganistán (1996-2001). En Camboya, por ejemplo, el Gobierno de los Jemeres Rojos provocó con temeridad una guerra con Vietnam, lo que condujo a la caída

* Como se menciona en el capítulo 9, el caso finlandés fue menos radical y más acomodaticio que el de otras autocracias revolucionarias.

del régimen en medio de una derrota militar. En Afganistán, la negativa por parte de los talibanes de romper con Al Qaeda tras los ataques al World Trade Center en 2001 llevó a una intervención militar estadounidense que acabó con su régimen. Desafiar a entidades y Estados de mucho poder conlleva mucho riesgo, y a veces consecuencias fatales para los regímenes.

Los ejemplos con los que contamos resultan demasiado escasos para poder generalizar sobre cómo un radicalismo temprano conducirá al colapso acelerado de un régimen. No obstante, donde a menudo sucede es en Estados pequeños y vulnerables frente a la geopolítica. Los cuatro casos de muerte prematura —Finlandia, Hungría, Camboya y Afganistán— tuvieron lugar en Estados pequeños y expuestos sobremanera a una intervención exterior. En el caso de Estados más grandes (China, Irán y Rusia), los Gobiernos revolucionarios tienen más probabilidades de sobrevivir a su radicalismo inicial, permitiendo que se desarrolle la secuencia reactiva sobre la que hemos teorizado.

En segundo lugar, puede ocurrir que las élites revolucionarias no sean lo bastante radicales como para llevar a cabo una secuencia completa de reacción. Esta es la senda acomodaticia que hemos descrito en la figura 1.3. En Argelia, Bolivia y Guinea-Bisáu, tres casos liminares de revolución, los partidos que las lideraron emprendieron reformas radicales (si no lo hubieran hecho, no se habrían considerado revolucionarios), pero luego rebajaron o dieron marcha atrás a muchas de esas iniciativas para no entrar en conflicto con intereses del país o con potencias extranjeras. Puesto que esta vía más pragmática amenazaba a menos intereses en el país y en el extranjero, provocaba respuestas contrarrevolucionarias más diluidas. Aquellos regímenes revolucionarios que confiscan menos propiedades de entes nacionales y extranjeros, que inician transformaciones culturales menos invasivas y que evitan políticas exteriores que amenazan al orden regional o geopolítico suelen encontrarse con menos resistencia contrarrevolucionaria potente y minimizan las posibilidades de agresión externa. Como resultado, tienden a evitar la clase de conflicto militar destructivo que amenazó a los regímenes revolucionarios embrionarios de Rusia, Cuba e Irán, y que destruyó los de Afganistán y Camboya. Sin embargo, justo porque no se enfrentan a amenazas militares que actúan contra su existencia, los regímenes acomodaticios construyen estructuras más débiles. Es menos probable que en ellos se desarrollen élites cohesionadas o poderosos Estados acuartelados, y suelen carecer de la voluntad o capacidad para acabar con sus rivales y con los centros independientes de poder. Dicho de otra manera, en estos no se logra asentar lo que requieren para sobrevivir a largo plazo. El régimen resultante es menos estable porque los peligros internos y la contestación social son más frecuentes, tienen más fuerza y es más probable que logren producir una descomposición del régimen revolucionario.

En última instancia, así pues, donde las élites revolucionarias eran menos extremistas durante su período inicial, los regímenes evitaban la reacción contrarrevolucionaria que, o bien los destruía, o los hacía más fuertes. Los de carácter acomodaticio tendían a sobrevivir más allá del primer período revolucionario, pero sus regímenes todavía corrían el riesgo de fracturarse y de que la oposición se movilizara. En Bolivia, el Gobierno del Movimiento Nacionalista Revolucionario (MNR) fue víctima de un golpe apenas iniciado su duodécimo año. En Guinea-Bisáu, el régimen sufrió numerosos intentos de golpe y al final colapsó ante tamaña rebelión militar después de veinticinco años. Aunque el régimen argelino sobrevivió, padeció crisis recurrentes, entre las que se incluyen un golpe palaciego y el desgaste producido por una serie de escisiones en la década de 1960, así como protestas multitudinarias, otro golpe de palacio y un ocaso que condujo a la guerra civil de finales de los años ochenta y principios de los noventa.

¿Qué explica la preferencia entre una estrategia radical o una acomodaticia? Quien ocupa el mando tiene un papel. Las estrategias radicales a menudo las imponen líderes de carácter singular y dispuestos al riesgo, a pesar de la resistencia interna y unas exiguas probabilidades de éxito. Es plausible argumentar, por ejemplo, que líderes de férrea voluntad como Lenin y Stalin, Mao, Castro y Jomeini impulsarían iniciativas radicales que sus Gobiernos, en otra tesitura, podrían no haber adoptado. En

Irán, por ejemplo, la voluntad unívoca de Jomeini de lograr una república islámica fue crucial para que se fundara, ya que la estrategia se enfrentaba a la feroz resistencia de muchos de sus aliados revolucionarios.[172] Del mismo modo, el costoso propósito de los comunistas vietnamitas de lograr la revolución en el Vietnam del Sur —lo que provocó una importante intervención de Estados Unidos— estuvo dirigido por el secretario general Le Duan, cuya «tenaz persistencia» dio luz verde a la estrategia de poner «toda la carne en el asador» en lugar de a la más cautelosa «el Norte primero» que priorizaban otros líderes del partido.[173] En último lugar, fueron decisivos tanto el voluntarismo de Castro como su «mesianismo revolucionario»[174] para redirigir al Gobierno revolucionario de Cuba hacia una estrategia de confrontación «inequívoca, inquebrantable y temeraria» con Estados Unidos.[175] Resultaría también plausible que diferentes líderes en casos acomodaticios optaran por estrategias más radicales. Por ejemplo, el presidente y fundador de Guinea-Bisáu, Luís Cabral, era más moderado que sus colegas lusófonos de Angola y Mozambique, aunque el Partido Africano para la Independencia de Guinea y Cabo Verde (PAIGCV) tenía una situación militar más ventajosa que el Movimiento Popular para la Liberación de Angola (MPLA) o el Frelimo en Mozambique.[176]

Más allá de cuestiones de liderazgo, parece ser que existen dos factores relevantes a la hora de inclinarse a favor del radicalismo o la acomodación. El primero es el de la ideología. Donde las élites revolucionarias comparten su entrega a una ideología revolucionaria bien definida, antes de la toma del poder,[177] como fue el caso de los bolcheviques en Rusia; los comunistas chinos, vietnamitas y camboyanos; o los líderes chiitas de Irán, tienen más probabilidades de adoptar estrategias radicales o dispuestas al riesgo.[178] Un compromiso ideológico en común —para con el marxismo, el antiimperialismo o el fundamentalismo religioso— distorsiona la comprensión del mundo por parte de los líderes e induce a la creencia (a menudo infundada) de que las estrategias radicales o bien son inevitables, o bien acabarán por funcionar.[179]

En aquellos casos donde los líderes carecían de una ideología en común, como en Argelia, Bolivia, Guinea-Bisáu y México, es más probable que imperen estrategias pragmáticas. En estos, la presión desde abajo, en forma de movilización obrera o campesina, puede llevar a que revolucionarios sin ideología adopten estrategias radicales. Fue lo que sucedió tras la Revolución boliviana y durante momentos críticos para el México revolucionario. No obstante, mientras que los líderes de Rusia, China, Vietnam e Irán, comprometidos con una ideología, respaldaban estrategias radicales, a menudo de un gran coste, los pragmáticos de Bolivia y México las abandonaron cuando les pareció políticamente conveniente.

Por otro lado, el apoyo extranjero facilita la introducción de medidas radicales. Tener como comprador a una superpotencia expande la capacidad de maniobra de los Gobiernos revolucionarios, ofreciendo a la élite revolucionaria una mayor confianza en que les sacarán las castañas del fuego si sus políticas radicales no funcionan, o en que les protegerán si el modo en que actúan conduce a conflictos. La radical política de exteriores cubana, por ejemplo, fue posible gracias al apoyo soviético.[180] En Bolivia, por el contrario, la ausencia del apoyo de una superpotencia hizo que el gobierno del MNR dependiera de Estados Unidos, que sugirieron la vía acomodaticia.[181]

En resumen, los regímenes revolucionarios duraderos surgen de una secuencia reactiva. La mayoría nace débil. Las élites revolucionarias que no instituyen Ejércitos poderosos y aniquilan a sus rivales en enfrentamientos guerrilleros prolongados (como en China y Vietnam) deberán hacerlo después de alcanzar el poder. Este modelo de construcción de Estado y partido por lo general solo tiene lugar como respuesta a una amenaza existencial militar. Las medidas radicales llevadas a cabo por los Gobiernos revolucionarios, que crean enemigos poderosos en casa y en el exterior, tienden a generar este tipo de amenazas. A veces, los conflictos contrarrevolucionarios de este tipo terminan por ser fatídicos, y en ocasiones no bastan para generar una verdadera secuencia reactiva. Sin embargo, cuando los Gobiernos revolucionarios *sobreviven* a conflictos violentos contrarrevolucionarios, como ocurrió en dos terceras partes de nuestros casos, la rápida construcción del Estado y el partido y la destrucción de los centros independientes de poder forman una sólida base para un autoritarismo duradero.

Las estrategias moderadas abogadas por algunos revolucionarios pueden tener, así pues, un efecto paradójico. Es posible que medidas pensadas para satisfacer a actores internacionales y locales de peso ayuden a salvaguardar la supervivencia del régimen a corto plazo, pero no son muy útiles para vacunar a la revolución contra las amenazas (escisiones entre las élites o golpes) que con más frecuencia ponen en peligro a los regímenes autoritarios.

Por supuesto, una revolución social no es ni de lejos lo único que da origen a instituciones autoritarias robustas. Los investigadores han identificado varios fenómenos adicionales que generan uno o más de los pilares del autoritarismo duradero que hemos descrito en este capítulo. Por ejemplo, como demuestran los estudios de Dan Slater y otros, el conflicto violento *contrarrevolucionario* también puede aumentar la cohesión entre las élites, fortalecer a los partidos de gobierno y animarlos a desarrollar un aparato coercitivo fuerte.[182] De modo parecido, una revolución política, en la que los insurgentes victoriosos crean nuevos ejércitos pero no se ocupan de una transformación social radical, puede dar lugar a partidos de gobierno y fuerzas armadas leales bastante cohesionados.[183] Por último, la reforma a gran escala del campo debilita un importante centro alternativo de poder al acabar con las clases terratenientes tradicionales.[184] Aun así, mientras que la contrarrevolución, la revolución política y la reforma agraria potencian uno o dos de los pilares del autoritarismo duradero, una revolución social fortalece *los tres*. Dicho de otro modo: la secuencia de revolución-reacción no es la única vía para que perviva un sistema autoritario, pero tiene una particular importancia porque vacuna a los autócratas contra las *tres* principales razones por las que caen los regímenes: la fractura entre las élites, el golpismo y la movilización social.

El papel del contexto internacional

La trayectoria de un régimen está en sumo grado condicionada por su contexto internacional.[185] La geopolítica de la Guerra Fría —y que la Unión Soviética irrumpiera como una de las superpotencias globales— tuvo un enorme peso sobre el destino de varios regímenes en el siglo XX,[186] en particular de los regímenes revolucionarios. La Unión Soviética inspiró movimientos revolucionarios por todo el orbe, promovió un modelo (el leninismo) para organizar regímenes revolucionarios y acabó siendo una importante fuente de asistencia económica y militar, tanto para aspirantes a movimientos revolucionarios como para regímenes revolucionarios ya existentes. Con o sin intermediarios aliados, los soviéticos contribuyeron a la victoria de los movimientos revolucionarios en Angola, Camboya, China, Guinea-Bisáu, Mozambique y Nicaragua. La asistencia del bloque soviético también contribuyó a apuntalar los regímenes revolucionarios de Angola, Cuba, Mozambique y Vietnam,[187] y, en algunos casos, como el de Cuba, es posible que fomentara su radicalización. Al mismo tiempo, la polarización de la Guerra Fría intensificó la alerta doméstica e internacional en los regímenes revolucionarios,[188] incrementando tanto las probabilidades de un conflicto contrarrevolucionario como su intensidad. La exacerbación de lo que estaba en juego, junto con las amenazas creadas por la competición geopolítica de la Guerra Fría, parece haber endurecido los regímenes de Angola, Cuba, Mozambique y Vietnam al reforzar la cohesión entre sus élites. Por el contrario, los regímenes posteriores a la Guerra Fría, como los de Eritrea y Ruanda, se encontraron con un entorno internacional menos polarizado y menos amenazante desde el exterior, lo que parece haber resultado en una menor cohesión entre sus élites.

En última instancia, empero, el contexto internacional es un factor secundario entre los que determinan las trayectorias de los regímenes revolucionarios. En nueve de nuestros casos, que incluyen dos de los más duraderos, México y Rusia, los regímenes revolucionarios surgieron antes o después de la Guerra Fría.[189] Cuatro revoluciones más (Argelia, Bolivia, Cuba e

Irán) tuvieron lugar durante la Guerra Fría, pero sin que el bloque comunista las asistiera. Además, es notable que de entre los casos revolucionarios que describimos, los cuatro mayores beneficiarios de asistencia soviética (Angola, Cuba, Mozambique y Vietnam) hayan aguantado más de tres décadas después del colapso de la Unión de Repúblicas Socialistas Soviéticas (URSS). En definitiva, puede que las élites revolucionarias de Eritrea y Ruanda, una vez pasada la Guerra Fría, exhibieran menos cohesión que las de otros regímenes durante la época del telón de acero, pero, pese a todo, como mostramos en la conclusión del libro, con las secuencias reactivas en ambos países se produjeron autocracias duraderas. Los regímenes revolucionarios sólidos no son, por lo tanto, patrimonio exclusivo de la Guerra Fría.

La duración del legado revolucionario

Los legados revolucionarios son duraderos, pero no permanentes. Los pilares del autoritarismo se desgastan con el tiempo, aunque de manera lenta e incompleta, dejando en última instancia a los regímenes más vulnerables ante el colapso. Este proceso de decadencia se vio con mayor claridad en México y la URSS, los casos más antiguos y longevos que tratamos en este libro.

Las bases de la pervivencia de un régimen revolucionario se erosionan a velocidades y grados dispares. La cohesión de las élites parece ser la más rápida en deteriorarse. La mentalidad de asedio típica de la mayoría de las élites revolucionarias tiende a desvanecerse cuando decaen las amenazas, internas o externas. Este proceso varía según cada caso. Donde las amenazas externas duran décadas, como en Cuba, Irán, la Unión Soviética y Vietnam, la cohesión se desgasta con más lentitud. Con el relevo generacional también se va apagando la cohesión de las élites. La generación fundacional de los líderes revolucionarios tiende a ser más comprometida en lo ideológico y asentada en una mentalidad de asedio, mientras que el prestigio de los líderes fundadores como Stalin, Mao, Josip Broz Tito, Castro y Jomeini puede tener un efecto unificador incluso después de la desaparición de la amenaza contrarrevolucionaria. Por ejemplo, casi todos los veteranos en China de la Larga Marcha en la década de 1930 (los «mayores») vieron las protestas de 1989 en la plaza de Tiananmén desde un punto de vista polarizado, de todo o nada, y tuvieron un papel decisivo a la hora de lograr que los dirigentes del partido fueran a la una y respondieran usando la represión.[190] Es de esperar, así pues, que la desaparición de esta generación fundacional conduzca a una menor cohesión entre las élites.

Al rebajarse las amenazas existenciales y con el desvanecimiento de la primera generación, las bases inmateriales que cohesionaban a la élite revolucionaria se difuminan. La ambición y el clientelismo reemplazan a la ideología y al sentimiento de amenaza como argamasa que unifica a las élites del régimen.[191] Así se transforman de forma gradual los partidos revolucionarios en aquellas maquinarias partidistas del montón en las que se centra la bibliografía sobre partidos y autoritarismo.[192] Por ejemplo, durante las crisis, los partidos parecen volverse más vulnerables a la deserción de sus élites,[193] haciendo que el crecimiento económico gane importancia como fuente de estabilidad para un sistema autoritario.[194]

Ahora bien, incluso al desaparecer las bases originales de la cohesión de las élites, la mayoría de los regímenes revolucionarios siguen beneficiándose de las ventajas que brinda tener partidos institucionales. En la Unión Soviética, China, México, Vietnam y Mozambique, por ejemplo, las instituciones formales e informales del partido que regían la toma de decisiones colectivas, la selección de líderes y la sucesión contribuyeron a regular el conflicto interno y limitaron la huida de las élites una vez la generación revolucionaria desapareció de escena. Además, llevar varias décadas en el poder a menudo refuerza la percepción de hegemonía del propio partido, lo que desincentiva también la deserción.[195]

Parece ser que la parte de coerción que fundamenta la durabilidad de los regímenes revolucionarios se desmorona con más lentitud e irregularidad. En general, por poner un ejemplo, las dimensiones y eficacia del aparato coercitivo no se ven afectadas por el relevo generacional. Sin duda refleja lo que vemos en China, donde el régimen comunista no solo ha preservado su capacidad de vigilancia y control sobre la disidencia hasta entrado el siglo XXI, sino que en muchos sentidos —muy en particular la capacidad de vigilancia— la ha mejorado.[196] Los regímenes de Vietnam y Cuba, asimismo, han mantenido enormes infraestructuras represivas —con una demostrada capacidad para la coerción de baja intensidad— hasta nuestro siglo.

A la vinculación institucional entre partido y Ejército también le lleva su tiempo cambiar. Décadas de fusión entre partido y Ejército contribuyen a que los regímenes revolucionarios mantengan a raya una trampa: la de los golpes que se retroalimentan, donde cada instancia de golpismo refuerza los patrones de intervención militar, y con ellos aumenta la posibilidad de golpes futuros.[197] La mayoría de los regímenes revolucionarios crean esquemas institucionales de control ciudadano que logran persistir incluso después del deterioro de la fusión entre partido y Ejército, cuando en su lugar se establecen fuerzas armadas profesionales.* De modo paralelo, la infiltración del partido en las fuerzas armadas tiende a sobrevivir, aportando mecanismos duraderos de vigilancia política que refuerzan el control político. Por estos motivos, incluso después de que la generación revolucionaria pasara el relevo en México, la Unión Soviética, China, Vietnam y Cuba, las fuerzas de seguridad mantuvieron una sorprendente obediencia a las autoridades civiles. Aunque muchas de las explicaciones iniciales sobre la lealtad del Ejército, como son la amenaza existencial, los liderazgos solapados o el «prestigio marcial» de la generación fundadora,[198] se debiliten o desaparezcan con el tiempo, se ha demostrado que existe poca deslealtad en los Ejércitos de los regímenes revolucionarios más longevos.

Un ámbito en que la capacidad coercitiva revolucionaria sí se desvirtúa con el tiempo es la represión de alta intensidad. A medida que desaparece la generación revolucionaria, la ca-

* Argelia, donde el Ejército siempre llevó la voz cantante en la alianza revolucionaria, es una excepción.

pacidad del régimen para reprimir de manera intensiva —como en la Masacre de Tlatelolco en el México de 1968, la mano dura en la plaza de Tiananmén de 1989 en China, la represión antiislamista de 1992 en Argelia o el aplastamiento de las protestas de la Revolución Verde de 2009 en Irán— desaparecerá casi con absoluta certeza. Mientras que los oficiales militares de la generación fundacional tienden a estar comprometidos con la ideología, cuentan con la experiencia violenta, y poseen especial prestigio entre los soldados rasos, las generaciones posteriores, formadas por militares profesionales ordinarios con menor compromiso revolucionario, experiencia en tiempos de guerra y prestigio, puede que no tengan el aplomo o el «estómago» para disparar contra multitudes o formar parte de otros grandes actos represivos. Fue evidente dicho cambio generacional, por ejemplo, en la Unión Soviética a finales de los años sesenta y en los setenta. Según un estudio por publicar de Liudmilla Alexeyeva y Valery Chalidze,[199] el uso de la coerción de alta intensidad contra las manifestaciones cayó de forma drástica a mitades de la década de 1960; después de que la generación fundacional de líderes soviéticos hubiera muerto.[200] En parte, esto explica que los líderes soviéticos se vieran con dificultades para que sus fuerzas armadas se avinieran a aplastar las protestas de finales de los ochenta y principios de los noventa. Así, puede que una erosionada capacidad de coerción intensa haga que los regímenes revolucionarios más veteranos sean más vulnerables ante grandes protestas de la oposición.

En último lugar, también tardan en desvanecerse, si es que alguna vez lo hacen, las asimetrías entre Estado y sociedad fruto de la destrucción de los centros de poder independiente. En México, por ejemplo, un país de renta media en una región que fue testigo del surgimiento de grandes movimientos democráticos a finales de los setenta y en los ochenta, la oposición organizada siguió muy debilitada hasta finales de los años noventa.[201] A principios de siglo XXI en Cuba y Vietnam, los grupos opositores raramente llegaban a movilizar a unas cuantas decenas de seguidores y en gran medida se veían confinados a internet.[202] Como motivo añadido, puede que (re)surjan agentes sociales, económicos o culturales independientes (asociaciones empresariales en el norte de México, organizaciones nacionalistas en Yugoslavia, la Iglesia en México y Yugoslavia). Sin embargo, la celeridad y el alcance de este surgimiento son variables. En los países más ricos con economías más abiertas, como son el México de finales del siglo XX y Yugoslavia, la aparición de entidades independientes tiende a ir más deprisa. Sin embargo, en naciones dotadas de un control estatal más amplio (China y Vietnam), las organizaciones sociales han seguido siendo endebles tras décadas de rápido desarrollo económico y no muestran señales de consolidación.

En suma, los pilares de la durabilidad de los regímenes revolucionarios sufren con el paso del tiempo, pero su desgaste es lento y desigual. Aunque las bases gracias a las que perduran en un principio —una élite fundacional prestigiosa y comprometida con su ideología— desaparezcan, y con ello la cohesión de las élites y la capacidad coercitiva de alta intensidad pierdan su fundamento, otros legados de la revolución, como las grandes estructuras de coerción o las asimetrías extremas de poder entre el Estado y la sociedad, tienden a seguir mucho tiempo en pie tras el desvanecimiento de las amenazas contrarrevolucionarias y la defunción de las generaciones fundacionales.

Explicaciones alternativas

En el análisis estadístico que hemos resumido anteriormente (y que detallamos en el apéndice I), demostramos que haberse originado en una revolución es un componente determinante para la durabilidad autoritaria, incluso si en el análisis controlamos varios de los factores adicionales que se conoce que afectan a la estabilidad de los regímenes, como el desempeño económico, tener petróleo o el tipo de régimen autoritario.[203]

Como en cualquier otro estudio de observación, no podemos saber a ciencia cierta si hemos controlado todas las potenciales explicaciones confusas. Podría darse el caso, por ejemplo, de que los orígenes revolucionarios fueran endógenos a algún otro factor que sea tanto causa de la revolución social como de la duración del régimen al que esta da lugar. Tal vez la durabilidad de un régimen no sea una función de los orígenes revolucionarios, sino más bien de alguna condición antecedente que favorezca tanto la revolución como el poder autoritario.

No obstante, existen motivos de peso para considerar que la revolución social es exógena a la pervivencia de un sistema autoritario. Al fin y al cabo, los factores que se cuentan como principales causas de la revolución social —un Estado frágil o a punto del colapso, una derrota en una guerra, o un Gobierno neopatrimonial o sultanístico que ha saqueado las instituciones—[204] son todos ellos condiciones que socavan, y no fortalecen, la durabilidad autoritaria. Las revoluciones sociales siempre vienen acompañadas de un debilitamiento o colapso del Estado.[205] Es casi imposible que unos revolucionarios ajenos a un régimen irrumpan en el poder e inicien una transformación del orden social a menos que, en lo esencial, se haya debilitado a las antiguas fuerzas armadas.[206] Como apunta Jack Goldstone,[207] «es hoy en día una perogrullada, aunque merece la pena repetirlo, que los Estados fiscal y militarmente estables que disfrutan del apoyo de élites unidas son en gran medida invulnerables a revoluciones desde abajo».

De hecho, casi todos los regímenes que examinamos en este libro proceden de Estados débiles o desmoronados. En Argelia, Angola, Guinea-Bisáu, Mozambique y Vietnam, las potencias coloniales habían socavado las estructuras de autoridad indígenas, pero que no fueron capaces de construir (o, en el caso de Argelia, mantener) un Estado central eficaz. En Afganistán, Albania, Camboya, China, Finlandia, Hungría, México, Rusia y Yugoslavia, una guerra civil o externa despedazó el Estado antes de que los revolucionarios se hicieran con el poder. En Irán y Ruanda, donde los Estados preexistentes eran más robustos, el aparato coercitivo se desintegró en cuanto los líderes abandonaron el poder. A su vez, el colapso de un Estado complica sobremanera construir una autocracia que vaya a perdurar. Por ende, en estos ejemplos es más bien improbable que surgiera un autoritarismo duradero sin producirse una revolución social. Hasta que los estudiosos identifiquen un factor plausible que explique tanto las revoluciones sociales como la perdurabilidad autoritaria, seguiremos viendo con escepticismo la endogeneidad como un problema para nuestro análisis.

No obstante, hay explicaciones alternativas para la perdurabilidad de los regímenes revolucionarios. Estas incluyen las explicaciones *institucionalistas*, que ponen el foco sobre el papel de las instituciones comunistas o totalitarias, y las *sociocéntricas*, que se fijan en cómo las medidas de redistribución económica o la transformación sociocultural pueden cristalizar en un apoyo duradero a sus regímenes revolucionarios.

Las instituciones comunistas

Debido a que la mayoría (once de veinte) de los casos que estudiamos pueden caracterizarse como comunistas,[208] bien podría ser que en las instituciones comunistas (o totalitarias), y no en los orígenes revolucionarios, se halle la causa primera de que un régimen perdure. En efecto, algunos estudios anteriores sugerían que era la gran infiltración estatal y el control de la sociedad en los regímenes comunistas, junto con la penetración del partido en el Estado, lo que frustraba la mayoría de los intentos de organización opositora o lo que los obstaculizaba desde dentro, convirtiendo a estos regímenes en muy difíciles de derrocar.[209] Ahora bien, este argumentario cuenta al menos con dos problemas. En primer lugar, no explica cómo llegaron a crearse instituciones comunistas tan sólidas. En la mayoría de los casos, el establecimiento de instituciones comunistas y leninistas efectivas fue posible gracias a condiciones —guerra, colapso estatal y conflicto contrarrevolucionario— con origen en la revolución social.* Por ejemplo, la guerra civil revolucionaria de China —donde se destruyeron la mayoría de las estructuras de poder anteriores— permitió al Partido Comunista crear nuevas estructuras de autoridad que se infiltraron en el medio rural.[210] En segundo lugar, los regímenes revoluciona-

* En Europa del Este, el establecimiento de estas instituciones se hizo realidad a través de la imposición extranjera tras la Segunda Guerra Mundial.

rios no comunistas, como los de Eritrea, Irán, México y Ruanda, ofrecen bastantes indicios de que en efecto son las revoluciones sociales, y no las instituciones comunistas, las que mejor explican su gran durabilidad. De hecho, nuestro análisis estadístico muestra que los regímenes comunistas con origen en una revolución social, como Rusia, China, Cuba y Vietnam, sobrevivieron más del doble que aquellos instalados por fuerzas externas, como son la mayoría de los regímenes comunistas de Europa del Este (véase apéndice I).

Explicaciones sociocéntricas

Los expertos también han dado explicaciones para la durabilidad de los regímenes revolucionarios que podríamos denominar «sociocéntricas». Nuestra teoría es descendente y centrada en el Estado. La sociedad aparece en la explicación solo en tanto que los revolucionarios destruyen las organizaciones e instituciones sociales desde las que se pueda movilizar la oposición. Aun así, como escribe Eric Selbin: «Las revoluciones básicamente tratan de personas: son quienes las inician, quienes las dirigen; en ellas, luchan y mueren personas».[211] Así pues, una explicación alternativa para la perdurabilidad de los regímenes revolucionarios podría hacer hincapié en la aprobación que tiene un régimen entre las bases sociales. Para Selbin, el apoyo popular es una «condición esencial para la supervivencia del proceso social-revolucionario [...]. Sin apoyo popular la revolución no puede de ninguna manera consolidarse».[212]

Hay dos planteamientos sociocéntricos que merecen nuestra atención. Uno se centra en la redistribución y el apoyo popular. De las revoluciones surgen numerosos actores que obtienen beneficios materiales del nuevo sistema y, por ello, desarrollan un interés en que este sobreviva. Los beneficiados de la transformación revolucionaria incluyen a aquellos campesinos que sacan rédito de la reforma agraria, que a menudo apoyan a los Gobiernos o a los regímenes que la llevan a cabo.[213] El cambio revolucionario puede beneficiar también a una amplia variedad de personas que logran acceso a una vivienda y a otras formas de propiedad que se reparte tras la revolución,[214] a los campesinos de escasas rentas y a los trabajadores que acceden a la movilidad social gracias al partido, el Ejército revolucionario o la burocracia estatal.

La mayoría de las revoluciones sociales también conllevan un crecimiento de las prestaciones sociales repartidas a grupos hasta entonces excluidos. Algunos estudiosos han considerado, por ejemplo, que los regímenes comunistas creaban un «contrato social» según el cual estas sociedades intercambiaban una tácita conformidad popular por seguridad laboral, sanidad y demás servicios, como vivienda subsidiada y acceso a productos básicos de consumo.[215] Se ha utilizado este planteamiento para explicar el colapso de muchos regímenes comunistas a finales de los ochenta, cuando la escasez y la crisis económica del momento pusieron en jaque la capacidad gubernamental de cumplir con su parte del contrato social.[216] Respecto a la República Islámica de Irán, esta se sirvió de la riqueza petrolífera para financiar un «estado del bienestar de los mártires» que aseguraba la sanidad y otros beneficios a grandes cantidades de iranís que habían sido excluidos con el sah.[217] Según se dice, estas políticas sociales distributivas —que llevaron a grandes avances en cuanto a la mortalidad infantil y la esperanza de vida femenina— han contribuido a que el régimen tenga todavía un considerable apoyo popular (o connivencia, cuanto menos), sobre todo en zonas rurales.[218]

Un segundo planteamiento sociocéntrico, y que vemos en los estudios de Richard R. Fagen y Eric Selbin,[219] puede nombrarse como «sociocultural». En lugar de fijarse en las ventajas materiales, este otro enfoque se centra en el cambio de actitudes culturales o populares. Según Selbin, las revoluciones prosperan (y duran) cuando la masa ciudadana llega a «aceptar el proyecto social-revolucionario».[220] Por lo tanto, la clave para que perdure un régimen no es la cohesión de sus élites o la capacidad coercitiva, sino más bien la transformación cultural y la consecución de un «hombre nuevo». Para Selbin, la connivencia popular «no puede ser fruto de la coerción; debe ser voluntaria».[221] Así pues, las revoluciones que han funcionado se ganaron «el alma del pueblo», de modo que la población en su mayoría «adopta la esencia del proyecto social-revolucionario no solo en palabras, sino en hechos».[222]

Se han utilizado enfoques socioculturales para explicar el éxito de los regímenes revolucionarios de Cuba e Irán,[223] además del fracaso del régimen revolucionario de Bolivia.[224] En Irán, por ejemplo, se ha atribuido la longevidad de la República Islámica al compromiso de las familias rurales más religiosas, así como a cierto «componente extremista en la población iraní».[225] Llegar a perder apoyo entre tan entregados defensores podría amenazar al régimen. En la Rusia bolchevique, por ejemplo, cuando Lenin introdujo la Nueva Política Económica decenas de miles de activistas rompieron sus carnés del partido a modo de protesta.[226] Uno de los grupos fundamentales de adeptos al régimen, la Armada de Kronstadt, inició una rebelión contra lo que veían como una traición de los fines revolucionarios por parte de los bolcheviques.

Es difícil poner a prueba los enfoques sociocéntricos; en gran medida, porque la información acerca de la opinión pública suele ser escasa o inexistente. Sin datos fiables de la opinión pública resulta difícil cuantificar el respaldo social a los regímenes revolucionarios; más difícil incluso es calcular hasta dónde internalizan las personas los objetivos de la revolución. Sin embargo, tanto los planteamientos materiales como los socioculturales entrañan ciertos aspectos destacables. Si el enfoque material es correcto, deberíamos contar con pruebas de que lograr el apoyo popular es crítico para que sobreviva el régimen en tiempos de crisis. Los regímenes revolucionarios, además, debieron pasar muy malos momentos en épocas de descontento popular general. Por ejemplo, en el caso de las crisis económicas, en las que no hay abastecimiento. Si la perspectiva sociocultural está en lo cierto, deberíamos encontrar pruebas de que el apoyo de los ciudadanos que compartían su ideología fue clave para la supervivencia del régimen. Sería fundamental, además, demostrar que los intentos del Gobierno de abandonar el proyecto original de la revolución o sus objetivos generaron resistencia entre personas corrientes.

Como mostramos en los siguientes capítulos, existen escasos indicios que justifiquen las teorías sociocéntricas. Se cuestiona que el respaldo social ocupe el centro por el hecho de que muchos regímenes revolucionarios pasaron por períodos de gobernanza desastrosa, y en los que es casi indudable que el apoyo popular decayó: la Unión Soviética a principios de los años veinte y en los treinta; México a finales de los años veinte y principios de los treinta; China a finales de los cincuenta; Vietnam a finales de los setenta, y tanto Cuba como Mozambique a finales de los ochenta y principios de los noventa. En efecto, algunos regímenes han sobrevivido a pesar de evidentes demostraciones de descontento, como una derrota electoral aplastante (Argelia en 1991-1992), protestas multitudinarias (China en 1989, Irán en 2009 y 2019) o emigración a gran escala (Cuba en 1980). Así pues, aunque la ausencia de datos válidos sobre la opinión pública nos impide descartar del todo la distribución material y el respaldo popular como explicaciones alternativas, la estabilidad de los regímenes revolucionarios, a pesar de lo variado de sus resultados —en algunos casos, períodos de extrema escasez—, sugiere que no es necesario un gran apoyo social para que un régimen sobreviva.

Las pruebas que dan la razón al enfoque sociocultural son todavía más dudosas. En varios de nuestros casos, los Gobiernos han abandonado parte de sus fundamentos revolucionarios sin provocar una considerable resistencia entre las multitudes. Por poner el ejemplo más drástico, los regímenes de Angola, China, Mozambique y Vietnam desecharon el socialismo en los ochenta y los noventa sin que se produjera una importante resistencia interna. A su vez, la moderación del Partido Revolucionario Institucional (PRI) mexicano en los cuarenta y los cincuenta, o la transición de Tito desde el estalinismo a un más blando «socialismo de autogestión» en Yugoslavia no condujo a ninguna crisis grave. En general, pues, nuestros casos generan pocas pruebas de que los factores sociocéntricos sean los que expliquen mejor la durabilidad de los regímenes revolucionarios que el marco centrado en el Estado que empleamos en este libro.

Implicaciones teóricas

Los argumentos que desarrollamos en este libro tienen varias implicaciones importantes para los debates teóricos sobre el autoritarismo y la longevidad autoritaria.

Repensar las instituciones autoritarias

Nuestro estudio subraya la importancia de trascender la concepción de las instituciones autoritarias y prestar más atención a su fuerza, especialmente a los orígenes de esta última.[227] Los estudios contemporáneos sobre autoritarismo rara vez tienen en cuenta la variación en la fuerza de las instituciones autoritarias ni los motivos por los que varía.[228] Como mostramos en este libro, muchas de las autocracias de partido y las que más han perdurado se fraguaron con la lucha violenta.[229] A menudo, sus partidos son tanto producto de la durabilidad autoritaria como una causa de ella.[230] En muchos de nuestros casos revolucionarios, incluyendo Rusia, los partidos empezaron siendo débiles y faltos de disciplina. Los que dominarían en México y Cuba *ni siquiera existieron* durante los primeros años de sus revoluciones. Estos se crearon años más tarde, *una vez* que los regímenes se hubieron consolidado. Así pues, parece ser que en gran medida los robustos partidos serían endógenos de un proceso revolucionario de construcción estatal provocado por guerras revolucionarias y contrarrevolucionarias.

Los orígenes revolucionarios y los golpes militares

De nuestras pesquisas también se extraen notables implicaciones sobre las causas de los golpes militares. La bibliografía sobre golpes ha identificado varios factores que incrementan la probabilidad de que tengan lugar. Estos incluyen: instituciones endebles,[231] crisis económicas y otros fracasos de gestión gubernamental,[232] y la percepción de amenazas al Ejército en cuanto a institución, a menudo por interferencias civiles.[233]

Sheena Chestnut Greitens ha propuesto que los autócratas se enfrentan a tener que equilibrar la prevención de golpes y la capacidad de coerción.[234] Así pues, los autócratas suelen socavar las capacidades de sus propias instituciones de seguridad —por ejemplo, ascendiendo a los fieles en lo político en lugar de a profesionales militares y fragmentando el Ejército a través de la creación de varias agencias con responsabilidades solapadas— con la intención de reducir la probabilidad de un golpe.

Nuestro estudio hace hincapié en la importancia de los orígenes militares en la probabilidad de un golpe.[235] Ya que crean sus propios Ejércitos muy ligados al partido de gobierno, las autocracias revolucionarias se enfrentan a una cantidad muy menor de intentos de golpes que los regímenes no revolucionarios.[236] Regímenes revolucionarios como Albania, Cuba, Irán, México, la Unión Soviética y Vietnam sobrevivieron a décadas sin apenas intentos de golpe. De hecho, solamente cuatro de los veinte regímenes revolucionarios (Argelia, Bolivia, Guinea-Bisáu y México) han sufrido golpes exitosos, y solo los de Bolivia y Guinea-Bisáu tuvieron golpes que acabaron con el régimen (y no solamente golpes de palacio).

La protección revolucionaria frente a los golpes es, en gran medida, producto de la fusión político-militar. Los Ejércitos fundados por revolucionarios que trabajan en ellos están demasiado vinculados con la élite gobernante para derrocarla. Las élites revolucionarias también tienen la capacidad de infiltrarse en las fuerzas armadas y obstaculizar los golpes. Asimismo, debido a la fusión partido-Ejército, los Gobiernos revolucionarios no tienen necesidad de ocuparse de otras medidas de detección de golpistas, como la fragmentación o la promoción de leales a puestos que pertenecen a profesionales, métodos que podrían dañar la eficiencia militar. Por lo tanto, los regímenes revolucionarios no se ven forzados a perder capacidad militar para poder prevenir golpes. Tienden a desarrollar fuerzas de seguridad que son lo bastante poderosas para eliminar amenazas desde abajo, pero que sin embargo carecen de autonomía para tramar un golpe.

El papel de la ideología

En nuestro estudio se enfatiza el papel crucial que la ideología puede desempeñar en la creación de regímenes autoritarios duraderos. La mayoría de las discusiones teóricas clásicas de la revolución —desde tiempos de Marx— desprecian o ignoran la importancia de la ideología.[237] Es célebre la afirmación de Skocpol de que las ideologías no nos dan «esquemas» predictivos sobre los resultados de una revolución.[238] Del mismo modo, la mayoría de los estudios contemporáneos sobre el autoritarismo tratan a los autócratas, usando una definición muy restringida, como «maximizadores del poder».[239] Ya que los líderes «no necesitan mantener su cargo para cumplir sus fines»,[240] la que según estos vehicula sus decisiones institucionales es la lógica de la supervivencia política, y no la ideología.

Aunque la maximización del poder resulta con frecuencia útil para analizar las dinámicas de un Gobierno autoritario, no se entienden las decisiones iniciales de los líderes revolucionarios —y, en consecuencia, de las trayectorias revolucionarias a largo plazo— sin referencia a la ideología. Puesto que, por la fragilidad extrema del Estado, las élites revolucionarias tienden a estar en una posición vulnerable tras alcanzar el poder, se esperaría de ellas que contentaran los intereses de los poderosos para asegurarse la pervivencia. Aun así, como los estudios de caso de Rusia, China, Vietnam y Cuba nos demuestran, aquellos líderes revolucionarios a quienes guían fuertes adherencias ideológicas son los más proclives a estar dispuestos al riesgo y a tomar decisiones que acaban conduciendo a la secuencia de revolución-reacción sobre la que habla este libro. Al actuar «convencidos de la "certeza" de que tendrán éxito a la larga»,[241] los líderes ideológicos exhiben una inusual «voluntad de [...] sacrificar su paz y seguridad»[242] y a menudo disposición a «perseverar pese a enormes dificultades».[243] Así pues, la ideología ayuda a justificar por qué los revolucionarios se obcecan con decisiones extremistas o de alto riesgo que contribuyen (aunque no fuera su intención) a la estabilidad del régimen a largo plazo. Un político corriente e interesado en su poder tomaría decisiones que conllevan menos riesgo, y carería de la amplitud de miras que requiere adoptar la suerte de estrategias radicales que en última instancia darán forma a un longevo régimen revolucionario.

Estructura del libro

Las autocracias revolucionarias se encuentran entre los tipos de régimen más duraderos del mundo. Este libro explora las razones de su perdurabilidad. Nuestro argumento es que los orígenes de un régimen en una revolución desencadenan una secuencia reactiva que, de llegar a desarrollarse, acaba engendrando los tres pilares que sustentan su longevidad: élites cohesionadas, estructuras y coerción poderosas y leales, y la destrucción de los centros independientes de poder en la sociedad. Estas condiciones los vacunan frente a aquellos obstáculos (escisiones internas, golpes o protestas multitudinarias) que más daño les suelen hacer. Resulta paradójico que sean decisiones arriesgadas (e incautas) las que desencadenarán una violencia contrarrevolucionaria que, a su vez, alimentará la construcción efectiva del Estado y el partido. A veces, estas políticas comportan la autodestrucción precoz de un régimen (Camboya). No obstante, cuando los revolucionarios sobreviven a los conflictos violentos que surgen de sus estrategias radicales, se sientan las bases de un autoritarismo duradero. Los Gobiernos revolucionarios que dan marcha atrás e intentan contentar a los poderosos y sus intereses establecen en última instancia regímenes más frágiles.

Para presentar este argumento, nos basamos en casos de estudio en profundidad sobre trece regímenes revolucionarios. Hemos elegido casos en los que es más grande la divergencia tanto en variables independientes como en dependientes. Así, pueden transitar de una permanencia en el poder de unos pocos meses (Hungría en 1919) a más de siete décadas (China, México o la URSS), junto a varias posiciones intermedias (Bolivia, Guinea-Bisáu o Nicaragua). Investigamos casos en que los Gobiernos revolucionarios siguieron estrategias tanto radicales (Cuba, Irán o Vietnam) como acomodaticias (Argelia y Bolivia). Nuestros casos también son diversos en cuanto a su localización, período histórico, dimensiones e importancia geopolítica. Esta variedad nos ofrece cierta ventaja para juzgar otros planteamientos teóricos, como también identificar la relativa importancia de los diferentes mecanismos causales que mostramos en las figuras 1.2 y 1.3. (Ya que nos centramos en los mecanismos causales, y como demostramos aquí la importancia de los orígenes revolucionarios en el análisis estadístico [que abarca todos los regímenes autoritarios, revolucionarios y no revolucionarios, desde 1900; véase el apéndice I], los análisis de caso se limitan en gran medida a los regímenes revolucionarios.)*

Los casos de estudio exploran el impacto de los orígenes revolucionarios en la duración del régimen. Cada caso se evalúa en términos de la secuencia de revolución-reacción sobre la que hemos teorizado en este capítulo. Nos preguntamos hasta qué punto las élites revolucionarias buscaron estrategias radicales, si estas acarrearon reacciones contrarrevolucionarias, y hasta qué punto; si las reacciones contrarrevolucionarias contribuyeron al surgimiento de los tres pilares del autoritarismo duradero que hemos descrito, y de qué manera. Al examinar la capacidad de perdurar de estos regímenes, se estudian tanto las crisis *reales* —cuando las élites de un régimen se enfrentan a serias amenazas para su poder—, como las *crisis potenciales que acaban siendo sorteadas* (por ejemplo, cuando las condiciones que amenazarían a la mayoría de las autocracias, como las crisis económicas, el fracaso de las políticas o la muerte del fundador, se encuentran presentes pero no llegan a poner en jaque al régimen). Evaluamos entonces el grado en que nuestros mecanismos hipotéticos contribuyen a la estabilidad o al colapso de un régimen: ¿cerró filas la élite? Y, ¿está probado que su respuesta estuviera vinculada a la magnitud de la amenaza contrarrevolucionaria? ¿Siguió siendo fiel el Ejército, incluso en episodios de muy alta coerción? ¿Existen pruebas de que la fusión entre el partido y el Ejército contribuyera a evitar

* Una excepción la constituye el capítulo 5, en el que se examina el caso de la Ghana poscolonial, que sirve para ilustrar a través del contraste la naturaleza de los regímenes de liberación nacional revolucionarios de Argelia y Vietnam.

aquel resultado? Finalmente, ¿llegó el descontento popular a una movilización colectiva y persistente contra el régimen? En caso de que no, ¿existen pruebas de que haber destruido los centros alternativos de poder o una coerción de baja intensidad inhibieran dicha movilización?

En cada análisis contrastamos nuestro enfoque teórico con explicaciones alternativas, centradas en condiciones antecedentes, el papel independiente del partido y demás instituciones, así como el que juegan los factores sociales. En general, consideramos que los orígenes revolucionarios explican mejor la durabilidad de los regímenes que los enfoques alternativos. Sin embargo, también tenemos en cuenta que, ya que el legado de las revoluciones se diluye con el tiempo, y con la muerte de la generación que hizo la revolución en particular, tanto las instituciones como el respaldo público a veces pasan a tener una importancia mayor.

Los capítulos están organizados de la siguiente manera. Del segundo al cuarto se examina la evolución de los regímenes revolucionarios clásicos en «revoluciones clásicas»: Rusia, China y México. Rusia (capítulo 2) y China (capítulo 3) ilustran muy claramente la secuencia de revolución-reacción de tipo ideal: un radicalismo temprano dispara una guerra contrarrevolucionaria a gran escala que fomenta el surgimiento de un partido estrechamente cohesionado, la construcción de un aparato de coerción poderoso y leal, y la destrucción de las estructuras de poder alternativas. Estos legados permiten que los regímenes se prevengan ante crisis potenciales, y que logren sobrevivir a verdaderas crisis usando la coerción de alta intensidad (las protestas de Tiananmén en la China de 1989). México (en el capítulo 4) ejemplifica lo que llamaremos «radicalismo segmentado». Aunque su radical ataque a la Iglesia desencadenó una guerra civil de tres años, las políticas acomodaticias hacia Estados Unidos y el capital extranjero limitaron la amenaza contrarrevolucionaria, impidiendo que se internacionalizara. Así pues, aunque de la (tardía) formación de un partido en 1929 surgiría un Estado-Partido, el régimen mexicano jamás desarrolló un aparato coercitivo poderoso, y no destruyó más que en parte los centros de poder independiente. Por ende, en la supervivencia del régimen tuvo que ver también un crecimiento económico estable.

El capítulo 5 explora cómo los orígenes revolucionarios marcan las trayectorias autoritarias de tres regímenes arquetípicos de liberación nacional nacidos de su victoria en las luchas anticoloniales: Vietnam, Argelia y Ghana. Vietnam sigue la senda revolucionaria de tipo ideal que hemos examinado antes. Una guerra violenta contra la dominación francesa, seguida de un largo conflicto con Estados Unidos, generó un partido cohesionado, un Ejército poderoso y fiel y la destrucción casi total de los centros alternativos de poder; legados que afianzaron décadas de estabilidad para el régimen. Argelia es un caso de acomodación revolucionaria. El Frente de Liberación Nacional (FLN) llegó al poder a través de la lucha violenta y formó su propio ejército, pero moderó muchas de sus políticas al poco de acceder al poder. Al no enfrentarse a una amenaza contrarrevolucionaria, la élite del FLN se cohesionó menos, mientras que los centros independientes de poder de la sociedad —en particular, asociaciones islámicas y redes de mezquitas— no llegaron a verse comprometidos. Aunque el régimen de liberación sobrevivió más de medio siglo, fue mucho menos estable que el de Vietnam. Para terminar, la Ghana no revolucionaria no logró establecer un Ejército vinculado al partido. Por ello, al poco menos de una década el régimen se desmoronó.

Los capítulos del 6 al 8 exploran las trayectorias divergentes que hemos resumido en la figura 1.3. En el capítulo 6, mostramos cómo la secuencia revolución-reacción de tipo ideal, en Cuba e Irán, llevó a la creación de regímenes fuertes y cohesionados capaces de sobrevivir a graves vaivenes económicos y amenazas de Estados Unidos. El capítulo 7 se centra en casos de prematuro fracaso revolucionario. La República Soviética de Hungría (1919), los Jemeres Rojos en Camboya (1975-1979) y los talibanes en Afganistán (1996-2001) viraron hacia el radicalismo tras asumir el poder, para ser destruidos tras la invasión de Estados más poderosos. El capítulo 8 explora las consecuencias de la acomodación. Aunque el Partido Africano para la Independencia de Guinea y Cabo Verde (PAIGCV) de Guinea-Bisáu, el Movimiento Nacionalista Revolucionario (MNR) de Bolivia y los sandinistas de Nicaragua se enmarcan en nuestro criterio de qué constituye un régimen revolucionario, estos adoptaron estrategias de acomodación para intentar evitar o (en el caso de Nicaragua) atajar conflictos contrarrevolucionarios. Como resultado, desarrollaron partidos-Estado menos cohesionados (en Guinea-Bisáu y Bolivia) o no pudieron destruir los centros independientes de poder (Bolivia y Nicaragua), limitando la durabilidad de los nuevos regímenes.

Por último, la conclusión hace un repaso a las pruebas que dan razón a nuestro argumentario, para luego hacer un breve análisis de los siete casos de revoluciones no estudiados en el libro. Estos casos adicionales contribuyen a la base empírica de sus argumentos centrales, pero también arrojan luz sobre nuevos puntos de vista. Por ejemplo, aunque el radicalismo revolucionario dio origen a autocracias duraderas en Eritrea y Ruanda, estos dos casos recientes sugieren que la cohesión de las élites puede ser más difícil de mantener en el entorno geopolítico menos polarizado de la era pos-Guerra Fría. Concluimos preguntándonos si la era de las revoluciones sociales ha llegado a su fin, planteando que si bien las revoluciones marxistas pueden ser algo del pasado, es probable que las revoluciones en sí continúen propagándose en el siglo XXI.

I

REVOLUCIONES CLÁSICAS

Capítulo 2

Los orígenes revolucionarios de la longevidad soviética

Hacia el atardecer del 24 de octubre de 1917, Vladímir Lenin se apeó de un tranvía de Petrogrado, se quitó la peluca con que ocultaba su identidad, se encaminó hacia el segundo congreso de los sóviets,* y, varias horas después, proclamó la creación del primer Estado socialista del mundo. La declaración no solo conmocionó a los partidarios del viejo orden zarista, sino que resultó también impactante para el resto de los socialistas. Al anunciar la toma del poder en nombre de los sóviets, los bolcheviques acababan de excluir a casi todos los demás partidos socialistas —muchos de los cuales disponían de mayor respaldo popular—. Henryk Erlich, un líder judío socialista, manifestó su esperanza antes de abandonar furioso el pleno: «Ir[se] hará entrar en razón a los locos y a los criminales».[1] De hecho, la mayoría de los presentes no esperaban que los bolcheviques sobrevivieran más allá de unas cuantas semanas.

Por supuesto, los bolcheviques jamás «entraron en razón», Trotski acertó al predecir que aquellos socialistas que abandonaran el barco estarían destinados al «vertedero de la historia», y que la Unión Soviética se convertiría en uno de los regímenes autoritarios más duraderos de la modernidad. No solo llegó a resistir setenta y cuatro años, sino que sobrevivió a múltiples y graves crisis, fueran disturbios populares de grandes dimensiones, un temprano conflicto sucesorio tras la muerte

* El Congreso de los Sóviets de Todas las Rusias era una cuasilegislatura surgida durante la revolución.

de Lenin, el asalto de Iósif Stalin al Estado-Partido soviético o la invasión extranjera.

La historia de la Unión Soviética demuestra cómo lo que podía parecer un desafío irracional por parte de un Gobierno revolucionario débil contra grandes intereses internacionales y del propio país generaría una secuencia de reacción que derivaría en instituciones autoritarias. Los empeños de Lenin por eliminar a la clase dominante y atacar el orden capitalista global desataron una guerra civil brutal y décadas de aislamiento internacional. El conflicto condujo a la destrucción del resto de los centros de poder, promovió la cohesión del partido gobernante y motivó que se formaran unos servicios de seguridad poderosos y leales. Estos legados que dejaron contribuyeron a la durabilidad del régimen frente a las cinco grandes crisis con las que tuvieron que lidiar los bolcheviques tras la guerra civil: disturbios populares y un motín naval en Kronstadt en 1921; la pelea sucesoria tras la muerte de Lenin, 1922-1929; la colectivización de 1929-1933; el Gran Terror de 1937-1938; y la invasión nazi de 1941. El régimen lograría subsistir durante cincuenta años más; en parte, porque el Estado-Partido que surgió de la revolución eliminó la práctica totalidad de formas de oposición.

El argumento que presentamos aquí ofrece una mejor comprensión de la perdurabilidad soviética que los relatos institucionales habituales. Los debates acerca de la longevidad de la URSS han tendido a centrarse, por un lado, en el cometido del partido como administrador de una férrea disciplina entre su dirigencia, o bien en el papel de las instituciones totalitarias para barrer a los opositores.[2] Estos planteamientos, sin embargo, son insuficientes para explicar la extraordinaria durabilidad de la Unión Soviética. En primer lugar, las instituciones del partido estaban menos en el centro de lo que se suele creer. Aunque el Partido Bolchevique llevaba años existiendo antes de la revolución, solo se convertiría en la disciplinada organización vertical de vanguardia que imaginaba Lenin *después* de la guerra civil rusa. Como mostramos más adelante, la disciplina de partido era menos un producto de las normas institucionales que una extensión de la violenta lucha revolucionaria. En segundo lugar, la práctica destrucción del partido durante el Gran Terror de los años treinta apenas afectó la capacidad del régimen de destruir la invasión nazi unos años después. Tercero, aunque en general es sin duda cierto que la oposición fue aniquilada por las instituciones totalitarias del Estado-Partido, los orígenes revolucionarios son esenciales para entender cómo, para empezar, surgieron dichas instituciones.

La toma revolucionaria del poder

En vísperas de la revolución, Rusia era una potencia europea de gran tamaño con una política retrógrada y una economía subdesarrollada. A diferencia de sus homólogos en Occidente, Rusia seguía teniendo una monarquía absoluta con una dócil nobleza y pocos controles formales sobre la potestad del zar. La economía rusa permanecía en el infradesarrollo y predominaban enormes latifundios. La servidumbre no se había abolido hasta 1861 y no encontró reemplazo en una agricultura comercial, sino en modelos tradicionales de tenencia colectiva, basados en la subsistencia.[3] La renta per cápita era una cuarta parte de la del Reino Unido.[4] Los campesinos seguían usando arados de madera y, en la guerra de Crimea, naves rusas también de madera se habían enfrentado a los acorazados de los británicos. La derrota militar persuadió al Gobierno de poner en marcha la industrialización. Hacia la década de 1890, Rusia estaba viviendo un veloz crecimiento industrial. Surgió con ella una pequeña pero significativa clase obrera que se fue radicalizando cada vez más frente a la brutal represión del Estado.[5]

Los grupos marxistas empezaron a movilizar a esa clase obrera militante y crearon el Partido Socialdemócrata de los Trabajadores de Rusia —con el Partido Socialdemócrata Alemán en mente— en 1898. Sin embargo, de inmediato se abrieron fisuras sobre la cuestión de si era posible una revolución marxista en una sociedad ante todo agrícola. De un bando, la facción menchevique se adhería a la posición marxista ortodoxa, según la cual la revolución socialista solo podía tener lugar después de una revolución burguesa.* El otro bando, los bolcheviques, encabezados por Lenin, estaban a favor de la toma inmediata del poder, aun si con ello se arriesgaban a una guerra civil.[6] Los bolcheviques, de hecho, entendían la guerra como un producto inevitable del desarrollo capitalista.[7] Lenin también hacía hincapié en la importancia de una organización conspiradora, pequeña, formada en la teoría y sujeta a una estricta disciplina. Desarrollaría esta idea en *¿Qué hacer?*, publicado en 1902. Los bolcheviques esperaban de sus compañeros de partido que fueran revolucionarios profesionales con un conocimiento técnico y profundo del marxismo, cosa que a menudo les parecía más importante que familiarizarse con tácticas revolucionarias concretas.[8] Los mencheviques, por el contrario, creían que la membresía en el partido debería estar abierta a todos los obreros, sin importar que conocieran los pormenores del marxismo. Los mencheviques eran más partidarios del gradualismo, de los procedimientos democráticos y de las iniciativas para fortalecer la clase obrera. Los bolcheviques preferían el radicalismo, las acciones clandestinas y que fuera un reducido grupo de intelectuales quienes liderasen el movimiento revolucionario desde la verticalidad.[9] Estos solían atraer a militantes —como es el caso de Lenin— fanáticos y con una «predisposición impaciente a la lucha callejera».[10] Estaban dispuestos a recurrir a la delincuencia —como el gran robo a un banco de Tiflis al que asistió un joven activista llamado Stalin— para sufragar sus actividades.[11]

Al mismo tiempo, el Partido Bolchevique prerrevolucionario era harto diferente al que Lenin había imaginado (como también de aquello en que se acabaría convirtiendo). Más allá de la obsesión por la disciplina de partido que caracterizaba a Lenin, la desobediencia entre dirigentes era la norma.[12] Durante el período revolucionario, Lenin fue incapaz de lograr que los bolcheviques cooperaran en varias cuestiones clave.[13] La cotidianeidad en el partido estaba repleta de trifulcas por

* Puede que como posición marxista fuera correcta, pero resultaba incómoda políticamente porque sugería que, para obtener la victoria, los revolucionarios primero debían esperar a que sus opositores vencieran.

recónditas cuestiones ideológicas que sentaron las bases de la mayoría de las divisiones internas antes de 1917.[14] Por ejemplo, en 1909 tuvo lugar una acalorada polémica sobre concepciones divergentes de la epistemología; una disputa que contribuyó al abandono de uno de los principales líderes bolcheviques, Aleksándr Bogdánov.[15] Por último, aunque el propósito de su carácter conspirador era evitar ser infiltrados por el Gobierno, la Policía zarista logró colocar a un agente, Román Malinovksi, como mano derecha de Lenin.[16] La consecuencia fue que los bolcheviques estuvieron sumidos en el caos a las puertas de la revolución.[17]

La entrada de Rusia en la Primera Guerra Mundial fue la mecha que prendió la revolución. La guerra en un principio gozaba de popularidad (solo Lenin osó hacer la locura de oponerse a ella desde el inicio), pero no tardó en resultar desastrosa para el zar Nicolás II. Rusia sufrió enormes bajas y no tardó en quedarse sin soldados cualificados. Miles llegaron al frente descalzos, hambrientos, y sin munición ni abrigo de invierno. A muchos se les obligó a recoger el fusil de un compañero muerto y a luchar con bayonetas adheridas a rifles vacíos. La consecuencia fue el colapso de la disciplina militar y cada vez más soldados que huían del frente.[18] El Ejército ruso se había convertido en una «ingente masa revolucionaria».[19] La constante escasez de alimentos también sirvió para catalizar la insurrección. A finales de febrero de 1917, unas mujeres que hacían cola para conseguir pan en Petrogrado desencadenaron una oleada de huelgas y protestas contra el régimen. Nicolás II, dirigiendo la estrategia bélica desde las afueras de la ciudad, ordenó a los militares que reprimieran a los manifestantes. No obstante, la policía y el Ejército se resistieron y empezaron a ponerse del lado de quienes protestaban. El sistema colapsó al poco tiempo, y el zar se vio obligado a abdicar.

La Revolución de Febrero resultó en un vacío de poder que al principio llenó un Gobierno provisional no electo que consistía en burócratas exzaristas. El control *de facto* del país, sin embargo, no tardó en caer en manos de sóviets (consejos) elegidos de forma espontánea y que iban apareciendo en los lugares de trabajo de todo el país. Los sóviets estaban dominados por varios partidos socialistas, con los mencheviques y los socialistas revolucionarios, asentados en el campo, a la cabeza.* En aquel momento, los bolcheviques todavía eran marginales y tenían escaso respaldo popular.

Tanto por motivos ideológicos como por miedo a una guerra civil, los mencheviques y los socialistas revolucionarios decidieron compartir el poder con el Gobierno provisional.[20] Este sistema dualista llevó a la descomposición casi al completo del viejo Estado. Según la Orden n.º 1 del sóviet de Petrogrado, publicada en marzo, los soldados debían seguir el mandato del Gobierno provisional solo si no contradecía los decretos del sóviet. Al mismo tiempo, el Gobierno provisional disolvió los antiguos servicios policiales y de seguridad (la Ojrana), creando nuevas milicias ciudadanas que en gran medida eran ineficaces. «La Rusia imperial fue hundiéndose trozo a trozo como un iceberg en el mar.»[21]

La Revolución de Febrero también conllevó cambios fundamentales en el medio rural.[22] Los soldados-campesinos, desilusionados, volvían a sus aldeas, a menudo con las ideas socialistas adquiridas en el frente.[23] Las vigorizadas asambleas rurales y las comunas autogestionadas empezaron a desbaratar la estructura social del campo, encabezada por grandes terratenientes ausentistas. Un testigo ocular describió a los campesinos de una aldea cercana a Moscú reunirse en una casa solariega donde «empezaron a asestar hachazos [...], hicieron pedazos las ventanas, las puertas, los suelos, destrozaron los espejos y dividieron las habitaciones, y así sin parar. A las tres de la tarde [los campesinos] incendiaron la casa».[24] No habría modo de volver al antiguo orden. Hacia 1919, la práctica totalidad de los latifundios se habían eliminado, y la agricultura quedaba en manos de pequeños propietarios agrícolas.[25]

En las ciudades, las bases de apoyo a los bolcheviques aumentaron, ya que el Gobierno provisional insistía en proseguir la guerra contra Alemania. Aunque en un principio la oposición bolchevique al conflicto se había considerado extrema, ahora la guerra era de una impopularidad tremenda. Debido a

* Los socialistas revolucionarios procedían de los movimientos radicales del siglo XIX anteriores a los marxistas.

ello, en parte, los bolcheviques lograron una mayoría en el sóviet de Petrogrado y tuvieron una notable presencia en otras ciudades rusas.

En octubre de 1917, Lenin empezó a presionar a los bolcheviques para que se hicieran con el poder sin la participación de los demás partidos socialistas. Según Lenin, crear un Gobierno de coalición sería equivalente a «acoplar en el carro soviético al cisne, al lucio y al cangrejo, crear un Gobierno incapaz de trabajar en armonía o incluso de moverse de su sitio».[26] Pero los bolcheviques carecían de disciplina, y la decisión de Lenin fue objeto de gran controversia.[27] Dos de los bolcheviques de más rango, Lev Kámenev y Grigory Zinóviev, rompieron con el partido y denunciaron su decisión; «una indiscreción [que] habría sido considerada traicionera en cualquier partido en circunstancias similares».[28]

La revolución se retrasó hasta finales de octubre porque Lev Trotski insistía en que los bolcheviques necesitaban el pretexto del Segundo Congreso de Sóviets de Todas las Rusias. El 24 y el 25 de octubre, paramilitares de la Guardia Roja, secundados por la flota naval rusa de Kronstadt, ocuparon el banco estatal, la central de teléfonos y, por último, el Palacio de Invierno, presentando ante el congreso de los sóviets unos hechos ya consumados, con lo que debían aceptar el dominio bolchevique. Los mencheviques y otros moderados salieron del congreso, pero no pudieron impedir la toma del poder de los bolcheviques. Multitudes de soldados rasos se unieron a los bolcheviques, mientras que los oficiales desaparecieron o bien se unieron a la contrarrevolución que se estaba formando.[29]

En las elecciones posteriores de la Asamblea Constituyente, los bolcheviques fueron derrotados por los socialistas revolucionarios, quienes eligieron a Víctor Chernov como presidente al reunirse la Asamblea en enero de 1918. Nada de ello tuvo importancia. Un día después de la inauguración de la Asamblea, los guardias probolcheviques la clausuraron. Aunque eran populares, los socialistas revolucionarios estaban demasiado desorganizados para defender su poder.

El nuevo Gobierno revolucionario exhibía una debilidad extraordinaria.[30] Lenin y Trotski habían burlado por el momento al Gobierno provisional y al resto de los partidos socialistas, pero ahora apenas «tenían bajo su control unas pocas mesas y sofás andrajosos».[31] Con la excepción de la capital y unas pocas ciudades más, los rusos seguían ajenos al control bolchevique. El antiguo Imperio ruso fue cuarteado en treinta Gobiernos distintos, veintinueve de los cuales se oponían a la gestión de Lenin.[32] Sumado a todo ello y como respuesta a la toma bolchevique del poder, la burocracia zarista inició una huelga de inmediato, negando a los bolcheviques un aparato estatal eficaz.

Los bolcheviques tampoco tenían nada que se pareciera a un ejército disciplinado. La Guardia Roja, recién formada, y la que atacó el Palacio de Invierno en octubre de 1917, se componía de agrupaciones improvisadas que a menudo se desbandaban a la mínima que veían sangre.[33] La primera crisis de gobierno fue consecuencia de la ingesta por parte de los guardias rojos de una gran cantidad de vino almacenado en los sótanos del Palacio de Invierno. El Gobierno bolchevique se estrenó entre multitudinarias bacanales de embriaguez en las calles de Petrogrado. Sin embargo, muchos guardias rojos se veían a sí mismos como la conciencia revolucionaria encarnada y, por lo tanto, se sentían justificados para ignorar órdenes centrales con las que no estaban de acuerdo.[34]

Por último, los bolcheviques se encontraron con una concurrida competición para llegar al poder. Los mencheviques y los socialistas revolucionarios se opusieron al nuevo Gobierno.[35] También encontraron oposición entre poderosos vestigios del antiguo régimen, incluyendo a un Ejército zarista fragmentado pero todavía numeroso, los restos de la burocracia zarista, los propietarios de tierras, la familia real y la Iglesia ortodoxa, que seguía teniendo gran capacidad de influencia entre los rusos étnicos.[36] En aquel momento, casi nadie tenía expectativas de que el régimen tuviera recorrido.

Ante semejantes desafíos, los bolcheviques no retrocedieron. Todo lo contrario: iniciaron un asalto contra el orden capitalista, en el país y en el mundo. El Gobierno revolucionario declaró el fin de la propiedad privada mediante decretos que confiscaban las propiedades y las tierras de los hacendados, la

Iglesia y la familia real.[37] Hacia diciembre de 1918, el Gobierno puso fin a los bonos y a los dividendos en acciones.[38] Al cabo de pocos meses, había nacionalizado todos los bancos.[39] Lenin animó a los trabajadores a «saquear a los saqueadores», hacerse con las fábricas y asaltar a los miembros de la clase alta.[40] Los aristócratas y la burguesía se convirtieron en «exhombres» despojados de sus posesiones a manos de delincuentes y activistas del partido.* Las clases pudientes sufrieron ataques espontáneos a manos de turbas. Más tarde serían parte institucionalizada del Terror Rojo bolchevique.[41] En una ocasión, ataron a cerca de cincuenta cadetes militares de clase media, los condujeron a una metalúrgica y los arrojaron, uno por uno, al interior de los altos hornos.[42]

De pronto, la estructura social estaba patas arriba. Los hogares de los ricos fueron confiscados. Los comités de antiguos sirvientes y porteros de casas recibieron autoridad para partir y distribuir las habitaciones entre sus antiguos patrones y los pobres.[43] Los representantes del viejo orden —aristócratas, directores de fábricas, corredores de bolsa, abogados, exsacerdotes y oficiales zaristas— fueron acorralados y se les forzó a realizar trabajos serviles, como recoger basura y quitar nieve de las calles, mientras los antiguos trabajadores los observaban de pie. Tales prácticas satisfacían un deseo generalizado de venganza social.[44]

Las medidas bolcheviques también tuvieron repercusión más allá de las fronteras de Rusia. Con la decisión de cancelar los bonos y de cerrar los bancos se ganaron importantes adversarios entre las entidades extranjeras de crédito.[45] El nuevo Gobierno abandonó a los aliados de Rusia en tiempo de guerra. Los bolcheviques se desentendieron del conflicto y dejaron de reconocer las deudas de Rusia, provocando «ondas sísmicas» en el sistema financiero internacional, al tiempo que aislaban a Rusia del préstamo extranjero.[46] El Gobierno también nacionalizó fábricas de titularidad británica y francesa.[47] Lenin transformó Rusia en un Estado paria al negarse a la menor conce-

* Esta denominación (Бывшие люди), «personas pretéritas» o «antaño personas», procede de un relato de Máksim Gorki de 1897. *(N. del T.)*

sión a las potencias occidentales, a quienes veía como hostiles hasta la médula.[48] Según la famosa metáfora mixta de Lenin, el Estado soviético se convirtió en «un oasis en medio del turbulento mar imperialista».[49]

Su conducta incendiaria engendró una reacción; de hecho, era lo que *pretendía* incitar. A Lenin y otros bolcheviques les atraía la perspectiva de una guerra civil, y veían la violencia como «partera» del nuevo orden.[50] Los ataques contra el capitalismo global y las élites del viejo régimen condujeron a una formidable contrarrevolución que, a su vez, hizo necesario crear servicios de seguridad leales y poderosos, como también destruir los centros alternativos de poder. Estos legados formarían las bases de la supervivencia de los soviéticos durante los setenta años siguientes.

Contrarrevolución y los orígenes del Estado-Partido soviético

> La república soviética es asediada por el enemigo. Debe convertirse en un solo campamento armado.
>
> Vladímir Lenin, 9 de julio de 1919[51]

Cinco días después de la revolución soviética del 30 de octubre, el general Mijaíl Alekséyev, el jefe de Gabinete del zar, huyó con un grupo de sus seguidores hasta Novocherkask en la región del Don para establecer una alianza con los cosacos de ese territorio, defensores tradicionales del antiguo régimen.[52] A sus espaldas iba un largo número de partidarios del Gobierno anterior, humillados y despojados de su poder y propiedades —aristócratas, generales, oficiales del Ejército, banqueros, hombres de negocios, profesores o abogados— que se dirigían al sur de Rusia en busca de protección y con intención de prepararse para disputar el nuevo orden.[53] Juntando restos del Ejército zarista con las unidades cosacas que encabezaba el general Antón Denikin se creó el nuevo Ejército Voluntario. Se trataba de una formación de clase alta muy característica. De entre las 3.000 personas que se alistaron en un principio, apenas una docena pertenecía a la tropa.[54] Este Ejército más bien pequeño incluía en sus inicios a 36 generales y a casi 200 coroneles.[55]

Algunos miembros de los socialistas revolucionarios que escaparon de Petrogrado tras la clausura de la Asamblea Constituyente crearon otro frente antibolchevique. Junto con los 35.000 hombres de la legión checoslovaca formaron el Comité de Miembros de la Asamblea Constituyente (Komuch) en Samara. Komuch se hizo con las poblaciones de Ufá y Simbirsk, ciudad natal de Lenin.[56] Surgieron una ristra de Gobiernos antibolcheviques por toda la Rusia del sur y del este. Entre ellos, el izquierdista Gobierno Provisional de la Siberia Autónoma en Vladivostok, el liberal Gobierno Regional Provisional de los Urales en Ekaterimburgo y el derechista Gobierno Regional Provisional Siberiano en Omsk.[57] A este desigual conjunto de monárquicos a ultranza, socialistas radicales, oficiales zaristas y reformistas liberales se los conocía por el vago nombre de «blancos». Estos recibían el apoyo de más de 50.000 tropas de los aliados de Estados Unidos, Canadá, Japón, Francia y Gran Bretaña.[58] El Gobierno revolucionario también se enfrentaba a revoluciones nacionalistas en el Báltico, Ucrania, el Cáucaso y Asia Central. Menos de un año después de la toma de poder por los bolcheviques, las fuerzas nacionalistas y blancas habían reducido a la Rusia soviética al tamaño del Estado moscovita medieval.[59]

En verano de 1918, los socialistas revolucionarios de izquierda, facción del partido que en un principio había apoyado la revolución, se desencantaron con las políticas bolcheviques y lideraron un alzamiento en Moscú. En julio asesinaron al embajador alemán (en un intento de socavar las negociaciones de paz entre Rusia y Alemania), secuestraron a Félix Dzerzhinski, el jefe de la recién creada Policía secreta (Cheka), y por un tiempo se hicieron con el Telégrafo Central de Moscú.[60] En agosto, el jefe de la Cheka de Petrogrado fue asesinado por un antiguo cadete del Ejército zarista. Aquel mismo mes, un activista de los socialistas revolucionarios de izquierda disparó a

Lenin tres veces, y casi lo mató. «Todo se estaba viniendo abajo», se lamentaba Trotski.[61]

Aquellas amenazas se amplificaron todavía más —en las mentes de los líderes bolcheviques— por la ideología marxista. Para los bolcheviques, la revolución socialista implicaba la destrucción literal de las antiguas clases dominantes. Se daba por sentado que aquellos grupos harían todo cuanto tuvieran en su mano para destruir el nuevo orden, una creencia que se autocumplió.[62] Los bolcheviques también creían que las potencias capitalistas no «repararían en gastos» para destruir el primer y único Estado socialista del mundo, visión que sería reafirmada por la intervención aliada.[63] El miedo a un «cerco capitalista» motivaba una brutalidad extrema contra toda oposición.[64] La guerra civil no era un conflicto militar sin más que se decidiría en el campo de batalla, sino una guerra total en la que ambos bandos estaban amenazados con la aniquilación.[65]

Estos problemas existenciales fueron la motivación para construir un poderoso Estado-Partido. Las amenazas contrarrevolucionarias transformaron el Partido Bolchevique de una organización poco estructurada a una institución más centralizada y disciplinada.[66] El conflicto militar convirtió la unidad en un valor supremo, por temor a que los enemigos foráneos se aprovecharan de la discordia. El carácter de la lucha, a vida o muerte, convenció de abandonar las exigencias de autonomía a muchos oficiales locales del partido, y a empezar a subordinarse al centro.[67] Aunque los conflictos locales no desaparecieron, los dirigentes de menor rango aceptaron de buena gana una centralización extrema ante las amenazas existenciales procedentes de las fuerzas blancas.[68] El miedo a la contrarrevolución también fue un ingrediente que intensificó, militarizó y convirtió en casi místico el compromiso para con la disciplina de partido.[69]

La guerra también motivó la construcción de estructuras coercitivas fuertes. Los bolcheviques, en tiempos de la revolución, como la mayoría de los socialistas entonces, pensaban que la creación de una sociedad sin clases eliminaría la necesidad de un Estado y un Ejército permanente. El problema principal no era reclutar soldados, sino formar unas fuerzas disciplinadas y profesionales. La Guardia Roja, ingobernable y muy dada a la bebida, había bastado para tomar un Palacio de Invierno que apenas estaba defendido, pero resultaba insuficiente para enfrentarse al muy entrenado Ejército Voluntario.[70] Trotski, cuya única experiencia militar procedía de una temporada como corresponsal de guerra en las guerras de los Balcanes, se encargó de crear un Ejército profesional y disciplinado.[71] Pronto se dio cuenta de que requería mano experta, y tomó la polémica decisión de reclutar a 22.000 exoficiales zaristas para conducir el esfuerzo bélico.[72] A pesar de su sospechoso pasado, estos oficiales aportaron su crucial pericia para dotar de disciplina al Ejército y emprender campañas militares con eficacia.[73]

Al mismo tiempo, crear un ejército desde cero permitió a los bolcheviques instalar a comisarios políticos y células del partido por toda la jerarquía militar. La implicación del partido en asuntos militares borró la distinción entre tareas del partido y del Ejército;[74] por lo que parece, también consolidó la disciplina militar.[75] A partir de 1918, el partido se convirtió en «la columna vertebral del armazón del Ejército Rojo».[76] La infiltración por parte del partido en el Ejército sirvió para probar la fidelidad de los antiguos oficiales zaristas y se cree que aumentó la moral y la cohesión del Ejército Rojo, decisivas para la victoria bolchevique.[77] Hacia finales de 1919, los dos millones de hombres del Ejército Rojo habían pasado a ser una fuerza más o menos disciplinada con una línea de mando funcional,[78] en fuerte contraste con los blancos, que habían degenerado en el caudillismo y el bandidaje.[79]

Mientras que el partido se convirtió en parte integral del Ejército, el propio Partido Bolchevique se militarizó por la llegada de una generación de cuadros militares más rudos, menos educados y más dóciles.[80] El partido empezó a admitir a pelotones enteros, creando una abundante cartera de miembros acostumbrados a obedecer y que no se interesaban por los debates ideológicos que consumieron al partido antes de 1917.[81] Los dirigentes más intelectuales e independientes se sintieron abrumados por esta nueva generación, con valores más propios del Ejército.[82] Para esta nueva hornada, el Partido Bolchevique era ante todo una organización militar y una defensa armada de la revolución.[83]

El legado más imperecedero de la revolución —que ha durado hasta el siglo XXI— fue la creación de una Policía política eficaz. Al lidiar con las huelgas de burócratas zaristas a finales de 1917, Lenin urgió a que se creara la Cheka para combatir a los huelguistas «con las medidas revolucionarias más enérgicas».[84] Mientras se incrementaba la amenaza militar de las fuerzas blancas en 1918 y 1919, las dimensiones y las prerrogativas de la Cheka aumentaron de forma considerable.[85] Más adelante llamada KGB, la Cheka se convirtió en una de las fuerzas de seguridad más extensas y más poderosas de la historia moderna, contando con oficiales en todas las instituciones sociales, económicas y gubernamentales, e informantes en casi cada bloque de pisos del país.[86]

La Cheka empezó ocupándose de actos aislados de violencia masiva para acabar instituyendo el Terror Rojo. Su objetivo era la aristocracia y el clero, además de la «burguesía» —término impreciso que se aplicaba a todo aquel que pudiera oponerse al régimen—.[87] La Cheka también se dedicó a los secuestros en masa para imponer a los ricos el pago de impuestos al nuevo régimen. Durante el verano de 1918, al levantamiento de socialistas revolucionarios de izquierda y un intento de asesinato de Lenin los siguió un repunte de violencia gubernamental. El periódico del Ejército Rojo declaró que «a partir de ahora, el himno de la clase obrera será un himno de odio y venganza».[88] En el transcurso de la guerra civil, la Cheka disparó a decenas de miles de personas en sótanos, patios y terrenos vacíos en las afueras de las ciudades.[89] Puede que murieran hasta cien mil personas durante el Terror Rojo, un número mucho mayor que el de todos los asesinados por el régimen zarista en el siglo previo a la revolución.[90]

Obra de los líderes del partido, la Cheka era minuciosa en su lealtad hacia el nuevo régimen.[91] A diferencia de otras fuerzas de seguridad de la historia (incluyendo al Ejército Rojo), los reclutas de la Cheka eran ajenos a las fuerzas de coerción existentes.[92] Buena parte procedía de las filas del partido.[93] Los oficiales de seguridad se veían a sí mismos como leales servidores o, en expresión de Dzerzhinski, «el brazo armado del partido».[94] La dirección de la Cheka era muy ideológica,[95] y estaba poseída de un gran espíritu de unión vinculado a su papel de defensores de la revolución.[96]

En parte a causa de este acertado establecimiento de instituciones, en 1919 los bolcheviques pasaron a tener una ventaja decisiva en la guerra. Aunque los blancos a veces eran más numerosos y estaban mejor armados, la desunión hizo daño a su causa.[97] A diferencia de los bolcheviques, unificados en torno a una ideología única, los blancos incluían a los socialistas revolucionarios, reformistas liberales y acérrimos monárquicos.[98] A falta de algo que se pareciera a un programa común o a una organización política, estaban siempre cercados por las luchas internas. Incapaces de obtener un apoyo prolongado de los aliados occidentales, exhaustos por la Primera Guerra Mundial, los blancos se hallaban casi siempre sin armas ni dinero. Con el tiempo, el protagonismo de los líderes que se oponían a la redistribución de las tierras les costó el respaldo de los campesinos. En consecuencia, el Ejército Rojo pudo movilizar a un número sustancial de gentes del campo que temían perder sus tierras.[99] Los blancos sufrieron grandes deserciones y, a principios de 1920, los rojos los superaban en número por tres a uno.[100] Al final, en noviembre de 1920, el general Piotr Wrangel, el último de una dinastía de líderes militares blancos, condujo hacia el exilio a las fuerzas de Crimea. Al final de la guerra, los rojos prácticamente habían logrado la derrota de todas las fuerzas armadas del país.

La victoria tuvo un coste enorme. Empeñado en asegurar el suministro adecuado de comida a las ciudades, el nuevo régimen inició un sistema brutal de racionamiento y control estatal sobre los alimentos, conocido como «Comunismo de Guerra». El partido mandó brigadas armadas al campo en una «batalla por el grano» que desembocó en una hambruna que se cobraría centenares de miles de vidas.[101] Entre 1914 y 1921, el rendimiento agrícola cayó en un 57 por ciento, y el industrial hasta un 85 por ciento.[102] En conjunto, 1,2 millones de personas murieron durante la guerra, además de una estimación de 7 millones de civiles muertos por la hambruna y las enfermedades.[103]

Una de las consecuencias de esta violencia fue la destrucción de casi todas las alternativas políticas organizadas. Para 1920, la familia real yacía muerta y se había despojado de sus recursos a la clase dominante, a la que ya se había asesinado o mandado al exilio.* A las fuerzas blancas les llegó la derrota y los que quedaron fueron desterrados. La Iglesia también se vio mermada (aunque no destruida) por el hostigamiento de la Cheka.[104]

Por último, la guerra civil permitió al Gobierno bolchevique destruir sin cuartel a los otros partidos socialistas, incluyendo a los socialistas revolucionarios, que en sus inicios habían sumado mayor apoyo popular que los bolcheviques.[105] Aunque los socialistas eran mejor tolerados que los otros partidos,[106] los bolcheviques los marginaron durante la guerra. Así pues, los socialistas revolucionarios de izquierda fueron «acosados para que dejaran cualquier organismo local en el que hubieran sido elegidos».[107] Hacia julio de 1918, el nuevo régimen había clausurado la prensa socialdemócrata por completo.[108] A principios de los años veinte, ni los mencheviques ni los socialistas revolucionarios tenían una presencia eficaz en el país, dejando a los bolcheviques como «únicos dueños del Estado soviético».[109]

El complejo Estado-Partido soviético

Durante las décadas que siguieron a la guerra civil, la Unión Soviética pasó por enormes transformaciones sociales y políticas, que incluyeron una rápida industrialización y la creación de una economía planificada central. No obstante, incluso *antes* de que se llevaran a cabo estos cambios, la guerra civil ya había producido los grandes baluartes de la durabilidad soviética: un partido de gran cohesión, un aparato coercitivo poderoso y leal y la destrucción de todos los centros alternativos de poder.

* La familia real fue asesinada en julio de 1918 por oficiales del Gobierno a quienes les aterraba que Nicolás II fuera liberado por las fuerzas blancas.

En primer lugar, la guerra civil fortaleció a un partido cada vez más disciplinado y que se fundamentaba en una mentalidad de asedio muy interiorizada.[110] Como se demuestra en el debate a continuación, la unidad procedía menos de las normativas institucionales que de un miedo profundo a que las divisiones pondrían en peligro la revolución social que los militantes tanto se habían esforzado por hacer realidad.[111] La angustia por la supervivencia, además del ingreso de personal militar al partido, sentó fuertes bases para una centralización vertical que facilitaría la cohesión del partido. Después de tres años de lucha violenta e ideológica, los bolcheviques se encontraban más cerca del ideal de Lenin en *¿Qué hacer?* de lo que habían estado en 1917. La guerra hizo que el partido de Lenin se convirtiera en «leninista».

Está claro que la guerra civil no logró poner fin al faccionalismo. Entre 1918 y 1921, varias facciones abiertas (los comunistas de izquierda, los centralistas democráticos y la oposición obrera) se enfrentaron en debates públicos sobre políticas del partido, como la paz con Alemania y la autonomía de los sindicatos.[112] Aun así, las facciones tendían a ser cosa de las élites y por lo general eran vistas con indiferencia por la mayoría de los miembros del partido, que temían por que estas escisiones dieran alas a la contrarrevolución.[113] Lo más significativo fue que, a pesar de la existencia de las facciones, a ningún líder importante se le pasó por la cabeza abandonar el partido o crear un cisma. Tres años de conflicto brutal contra enemigos internos y externos crearon un partido de creciente disciplina con una «histérica inquietud por la unidad».[114]

La guerra también fortaleció la organización del partido. Al principio del conflicto, al partido le bastaban dos despachos con cinco empleados; era tan pequeño que se decía de su secretario, Yákov Sverdlov, que se sabía de memoria su archivo.[115] El partido creció de forma considerable durante la guerra civil.[116] Durante el conflicto, además, las exigencias de la supervivencia animaron a crear nuevas instituciones centralizadas que sobrepasarían su horizonte vital. Entre estas se encuentra el Politburó, convertido en centro efectivo del poder soviético hasta 1990.[117] El aparato central del partido sufrió una enorme expansión. Aunque la organización todavía exhibía poco desarrollo,[118] se fue institucionalizando en el decurso de la guerra. El papel del partido en la labor de gobierno también aumentó de forma significativa. Entre 1919 y 1921, el partido empezó a convertirse poco a poco en la principal institución del régimen.[119]

En segundo lugar, la guerra fue responsable directa de la creación de un aparato coercitivo de grandes dimensiones, poderoso y leal. Tras la paz, el Ejército y la Cheka sufrieron pérdidas presupuestarias y de empleados.[120] Ahora bien, incluso tras la reducción de personal, ambas seguían siendo enormes. Los servicios de seguridad mantuvieron un número sustancial de trabajadores, 125.000, a mitad de los años veinte.[121] A pesar de algunos intentos de frenar los abusos de la Cheka, la agencia siguió obrando en gran medida igual que antes.[122] Tiempo después de que la motivación para crear la Cheka desapareciera, sus siguientes encarnaciones —GPU, OGPU, NKVD, MGB, MVD y, al final, el KGB— siguieron teniendo el mismo poder y la significativa autoridad que obtuvieron durante la guerra.[123] Aunque pocos bolcheviques habían imaginado la creación de algo parecido a la Cheka en 1917, la guerra civil justificó la institución de un aparato de seguridad gigantesco, leal y «siempre efectivo»,[124] que seguiría siendo un pilar central del régimen soviético hasta su colapso.

La creación desde cero de fuerzas militares y de seguridad reducía de forma drástica las posibilidades de que se produjera un golpe, en parte debido a la extensa infiltración de células del partido y comisarios políticos, pero también porque el Ejército tenía los mismos objetivos revolucionarios que el partido.[125] Creado por el partido e infiltrado por él, es posible que el Ejército careciera de autonomía para llevar a cabo un golpe. De hecho, la Unión Soviética no padeció *ni un solo* intento de golpe durante setenta años hasta la descomposición del régimen en 1991. Del mismo modo, los servicios de seguridad internos eran, según todos los indicios, de una disciplina extraordinaria.[126] Incluso en lo más álgido del Gran Terror de los años treinta, cuando los servicios de seguridad fueron responsables de cientos de miles de muertes e incluso acabaron purgándose a sí mismos, la Policía secreta permaneció subordinada y sin rechistar al liderazgo central del partido.[127] Es reseñable, y muy diferente del caso de Adolf Hitler, que Stalin no tuvo ningún intento de asesinato, a pesar de sus desastrosas iniciativas y ataques directos contra los intereses del Ejército y de los servicios de seguridad.

En tercer lugar, al final de la guerra civil toda la oposición organizada «se encontraba exhausta y postrada o bien pulverizada».[128] Los aristócratas, la familia real y los vestigios del Ejército zarista estaban muertos o en el exilio. La Iglesia había quedado muy debilitada. Y los campesinos, con su importante papel en la revolución de 1917, no disponían de ninguna organización propia. Los partidos socialistas que habían llegado a competir con los bolcheviques habían sido destruidos o marginados. Dzerzhinski, el jefe de la Cheka, dijo jactancioso: «Nuestros enemigos [...], ¿dónde están ahora? Llevan tiempo arrojados en el reino de las sombras».[129]

La durabilidad del régimen revolucionario

> La idea de la contrarrevolución fue el regalo con el que seguíamos contando.
>
> Stephen Kotkin[130]

En los años que siguieron al fin de la guerra civil, los bolcheviques se enfrentarían a cinco crisis relevantes que amenazaron la supervivencia de su régimen: rebeliones campesinas y militares a gran escala en 1921, la muerte de Lenin en 1924, la colectivización y la hambruna en 1929-1932, el Gran Terror (1936-1938) y la invasión nazi de 1941. Algunas de estas (las rebeliones populares, la muerte de Lenin y la invasión nazi) eran en gran medida exógenas. Otras —la colectivización, la hambruna y el Gran Terror—, endógenas a la revolución.

Tres fueron los legados de la guerra civil que resultaron críticos para la durabilidad del régimen durante sus tres primeras décadas en el poder. El primero fue una poderosa mentalidad de asedio y la casi permanente expectativa de guerra, que facilitaron los empeños de los dirigentes por mantener la unidad y la disciplina, y que también propiciaron que el régimen fomentara una rápida industrialización y el terror. La durabilidad del régimen era reafirmada por otro legado: un aparato de seguridad de un tamaño excepcional, eficaz y leal, nacido durante la guerra civil. El tercero, la ausencia de centros alternativos de poder social, impidió que la oposición transmutara el descontento generalizado en amenaza efectiva. De hecho, la Unión Soviética no se enfrentó a casi ninguna forma de oposición organizada hasta finales de los años ochenta.

Las rebeliones de Kronstadt y de los campesinos, 1920-1921

A finales de 1920, los bolcheviques habían derrotado a los Ejércitos Blancos y habían expulsado a los enemigos occidentales de territorio soviético. Sin embargo, la guerra civil había dejado el país en ruinas y al partido aislado de su propia población. El Comunismo de Guerra y el Terror Rojo provocaron desafección entre buena parte de la población urbana y rural.[131] En particular, la requisición obligatoria del grano por el Estado creó descontento y hambre generalizados. Estas medidas contribuyeron a una grave hambruna concentrada en la región del Volga, que se saldó en hasta cinco millones de muertes en 1921 y 1922.[132]

Como respuesta a tales condiciones, las rebeliones estallaron en Rusia a poco de la derrota final de las fuerzas blancas en 1920.[133] Organizadas a veces por líderes supervivientes de los socialistas revolucionarios y blandiendo eslóganes como «poder soviético sin bolcheviques», las tropas campesinas del sureste y otras partes del país se enfrentaron a los líderes bolcheviques y lograron controlar partes del campo a finales de 1920 y principios de 1921.[134] A inicios de ese año, quedaban provincias enteras que ya no estaban bajo el mando del régimen.[135] Los líderes soviéticos en Minsk y Smolensk se vieron obligados a huir ante los ejércitos campesinos que se acercaban.[136] Los rebeldes invadieron casi todo Petrogrado y bloquearon por un tiempo el ferrocarril transiberiano que conectaba la Rusia occidental con Siberia.[137] Para marzo de 1921, el poder soviético había dejado de existir en gran parte del ámbito rural, mientras que Moscú, Petrogrado y otras ciudades fueron golpeadas por una oleada de huelgas.[138]

A principios de 1921, y de forma todavía más trascendental, el régimen soviético se vio sacudido por una rebelión de la Armada del Kronstadt, cuya sede estaba junto a Petrogrado. Los marineros de Kronstadt habían estado entre los primeros en apoyar a los bolcheviques en 1917 y se convirtieron en símbolos del poder bolchevique. Una salva disparada desde el navío Aurora del Kronstadt fue la señal de la Revolución de Octubre en 1917. Pero tres años de guerra, hambre y represión habían fomentado el descontento por todas partes, que seguía hirviendo tras la derrota de los Ejércitos Blancos. La mitad de los bolcheviques del Kronstadt quemaron sus carnés del partido.[139]

El rechazo del poder bolchevique por parte de los propios símbolos de la Revolución de Octubre conllevó una seria crisis de identidad en el régimen. Kronstadt en sí mismo era demasiado pequeño para amenazar al Gobierno bolchevique. Aun así, debido al descontento generalizado, es plausible creer que el levantamiento podría haber llevado a una rebelión mucho más extendida contra los bolcheviques.[140] La generalizada desafección popular y el impecable pedigrí revolucionario de los soldados podrían haber convencido a algunos líderes bolcheviques para apoyarlos, generando grietas letales en el régimen.

Dos productos de la guerra civil ayudaron a los bolcheviques a ganarle la partida a estas amenazas populares: una intensa mentalidad de asedio y un aparato de coerción poderoso que se había curtido en la guerra. En primer lugar, tres años de guerra civil habían generado un miedo enorme entre los líderes soviéticos a la contrarrevolución.[141] Un «pánico blanco» tuvo en trance a las tropas del partido.[142] Debido al aislamiento internacional e interno del régimen, no hacía falta ser un fanático bolchevique para creer que la rebelión amenazaba con ser útil para las fuerzas contrarrevolucionarias del extranjero. De hecho, muchos soldados pensaron que la revuelta «traicionaba» a la revolución. Si apoyaban a los líderes bolcheviques era porque su miedo a una restauración blanca superaba con creces su oposición al bolchevismo.[143]

Lenin sacó provecho de la rebelión del Kronstadt para prohibir las facciones en el décimo congreso del partido.[144] Aunque la ilegalización fue por lo general ignorada, era representativa de la obsesión del partido por la unidad. Algunos líderes bolcheviques habían acertado al predecir que tamañas exigencias de unidad abrían la puerta a los abusos. Sin embargo, todos estuvieron de acuerdo en que pesaba más el riesgo del disenso en el partido, al abrir las puertas a la contrarrevolución.[145]

En segundo lugar, la guerra también dejó al régimen con un Ejército y una Policía política disciplinados y curtidos en la batalla. Los bolcheviques supieron acallar la revuelta de Kronstadt sirviéndose de 35.000 a 100.000 hombres, liderados por el héroe de guerra y comandante Mijaíl Tujachevski.[146] Marchando a través de aguas congeladas, las tropas superaron a unos rebeldes cada vez más aislados, y la revuelta fue sofocada en los últimos días de marzo de 1921. A finales de aquel año, el Ejército y la Cheka aplastaron las rebeliones campesinas más importantes.[147] Aunque con estos actos perdieron la fe de muchos socialistas internacionales,[148] salvaron el régimen.

Al mismo tiempo, una intensa insatisfacción sumada al desarraigo económico provocado por el Comunismo de Guerra convencieron a Lenin de que debía suavizar la actitud del régimen hacia los campesinos y el comercio privado. La Nueva Política Económica (NEP), que fue inaugurada en 1921 durante el décimo congreso del partido, instaba a reemplazar la requisición del grano por un tributo en especie, otorgando libertad a los campesinos para que vendieran sus excedentes previo pago de la tasa. Como consecuencia de la NEP, la actividad comercial volvió a las ciudades y la economía empezó a crecer. Con todo, solo tres años después de la guerra civil, otra crisis empezó a aquejar el régimen, causada por la muerte de su líder fundador.

La muerte de Lenin

Incapacitado por un ictus en 1922, Lenin murió el 21 de enero de 1924. Su traspaso creó una situación de peligro para el régimen, y cundió el pánico entre los dirigentes mientras llegaban informes desde el campo de que los campesinos se preparaban para la revuelta.[149] Aunque jamás se materializaron disturbios a gran escala, el partido estaría vulnerable ante un conflicto mientras se decidía quién iba a liderar a los bolcheviques. Stalin, comisario de Nacionalidades, había sido nombrado por Lenin secretario general del partido en 1922, y en última instancia debía reemplazar a Lenin.[150] Sin embargo, había sido una decisión poco anticipada. El cargo de secretario general, creado apenas meses antes de que la salud obligara a Lenin a abandonar sus funciones,[151] no era visto como un puesto de particular importancia.

En efecto, la mayoría de los observadores de la época daban por sentado que Lenin sería sucedido por Trotski, orador y teórico marxista brillante que había organizado la toma del poder por los bolcheviques mientras Lenin seguía en su exilio, y que dirigió la lucha militar durante la guerra civil.[152] Aparte de Lenin, el pueblo no asociaba tanto a alguien con la revolución como Trotski. Sus números siguieron aumentando gracias a la declaración de Lenin en su lecho de muerte, conocida como su último testamento, en que sin ambages pedía destituir a Stalin del cargo de secretario general.[153] Poco antes de su muerte, Lenin escribió a Trotski para exhortarlo a oponerse a Stalin.[154] Trotski, que sentía un odio visceral hacia Stalin, tampoco habría necesitado que le animaran a hacerlo.

De hecho, aunque más adelante se convertiría en un virulento crítico de Stalin, Trotski «acató de manera escrupulosa la disciplina del partido» y guardó una asombrosa pasividad durante las primeras y cruciales etapas de la lucha sucesoria.[155] Abjurando de la campaña contra Stalin que Lenin le había solicitado protagonizar,[156] Trotski se negó a hacer pública su oposición y juró lealtad a la alianza de Stalin, Zinóviev y Kámenev, de la que quedaba excluido. Obedeciendo a la disciplina de partido y evitando la oposición abierta, negó en público que el testamento de Lenin existiera.[157] Durante el crítico duodécimo congreso del partido de 1923, Trotski declaró su «inquebrantable» lealtad al triunvirato de Stalin, Kámenev y Zinóviev.[158] Durante el decimotercer congreso del partido, un año más tarde, Trotski de nuevo renunció al manto de la oposición, y declaró en su lugar que «el partido tiene siempre la razón».[159] En las reuniones del Comité Central, se podía ver a Trotski ignorando los actos y leyendo novelas francesas; como provocación, tal vez, pero no como desafío evidente al liderazgo del partido.

Cuando Trotski se decidió a desafiar a Stalin, lo hizo con escasos ánimos. En 1925, el triunvirato de Stalin, Kámenev y Zinóviev se vino abajo, tras lo que Trotski se unió a Zinóviev y Kámenev en la Oposición Unida contra Stalin. Durante un pleno del partido en 1926, el pequeño grupo de opositores trató en vano de utilizar argumentos contrastados con los que atraer a miembros del Comité Central a su bando, pero los acusaron de estar conspirando de forma clandestina para hacer caer el partido. Dzerzhinski amenazó a la oposición con «pólvora fresca».[160] En un acto de desesperación, los seguidores de la oposición organizaron una serie de manifestaciones en las reuniones de células del partido en las fábricas, solo para renegar de ellos por infringir la disciplina de partido y renunciar a actividades sectarias futuras.[161]

De hecho, durante toda la disputa por la sucesión, Trotski, Kámenev y Zinóviev mantuvieron su férrea oposición al faccionalismo en el partido.[162] Cualquier señal de oposición era vista entre los miembros del partido como potencial riesgo existencial para la revolución. Complicaron a la Oposición Unida su apuesta por el poder. Así pues, una concentración para protestar contra la deportación de un aliado de Trotski en 1927 atemorizó a la mayoría de los miembros del partido, a quienes inquietaba mostrar en público el disenso y que pudiera ser utilizado por las fuerzas contrarrevolucionarias para poner en jaque al poder bolchevique.[163] En palabras de Stalin: «Había llegado la hora de cerrar filas en nombre de un peligro común».[164]

La Oposición Unida tenía las horas contadas. Después de que Trotski y Zinóviev fueran expulsados del Comité Central, estos intentaron a la desesperada concentrar opositores a Stalin el 7 de noviembre. Tanto Zinóviev como Kámenev renunciaron al faccionalismo y obedecieron a Stalin.[165] Durante el decimoquinto congreso del partido, a finales de 1927, Kámenev declaró que el faccionalismo debía ser frenado antes de que llegara a crear un segundo partido. La única opción era «someterse del todo al partido».[166] Trotski se exilió en Kazajistán en 1927 y se le expulsó del país en 1929. En el exilio, se hizo famoso por su denuncia a Stalin. Sin embargo, su pasividad y compromiso a la disciplina del partido le costaron la ocasión de derrotarle cuando tuvo la oportunidad.

Después de la caída de Kámenev, Zinóviev y Trotski, la Oposición de Derecha, liderada por Nikolái Bujarin, surgió como reacción a la creciente oposición de Stalin a la NEP (véase p. 100 y ss.). Como anteriores facciones, la Oposición de Derecha se vio limitada por su propio compromiso con la unidad del partido y su negativa a hacer público su desacuerdo, una decisión que Robert V. Daniels califica como una «metedura de pata enorme».[167] Después de que Stalin los marginara, los líderes derrotados de la Oposición de Derecha publicaron una confesión completa de sus errores y se comprometieron a «luchar contra todas las desviaciones de la línea general».[168] Hacia mediados de 1929, todo bando dentro del partido había desaparecido.[169] Stalin había ascendido hasta ocupar la única figura dominante del régimen.

Se ha explicado a menudo el fracaso de la oposición —incluyendo los en principio inexplicables accesos de pasividad de Trotski— en términos de liderazgo fallido, como la excesiva confianza de Trotski y su arrogante actitud hacia las «luminarias menores» del partido.[170] Sin embargo, resulta difícil comprender por qué unos revolucionarios tan experimentados —con décadas de disputas intrapartidistas— de repente pasaban a ser tan irresolutos. ¿Cómo se puede explicar este repentino achaque de incompetencia?

En gran medida, estos fracasos reflejan los dilemas de una oposición de partido opuesta a la propia idea de «oposición de partido».[171] Trotski y el resto de los opositores habían expresado una y otra vez su voluntad de castigar el disenso en el partido y, de hecho, se presentaban como guardianes de su unidad.[172] Defendieron con vehemencia la prohibición de facciones que aprobó el décimo congreso del partido.[173] A pesar de su odio hacia Stalin, todos los disidentes descartaban *a priori* la posibilidad de crear un segundo partido desde el que cuestionarlo.[174] En consecuencia, sus iniciativas siempre estuvieron envueltas en el secretismo, por si les llamaban la atención por infringir los propios valores que ellos mismos seguían defendiendo.[175]

En un contexto de auténtico miedo a la contrarrevolución, también resultaba casi imposible que la oposición interna sumara apoyos del partido o de socialistas internacionales. La Oposición Unida estuvo respaldada por una «diminuta minoría» de la élite del partido.[176] Entre los potenciales seguidores estaban los comunistas internacionales a quienes Trotski conocía bien, mientras que la viuda de Lenin, Nadezhda Krúpskaya, cuya relación con Stalin era turbulenta,[177] daba escaso crédito a la oposición. El momento era «demasiado grave para un cisma» y amenazaba a la victoria del comunismo en Rusia.[178]

En resumen, el triunfo de Stalin en la batalla sucesoria no fue un mero producto de su astucia, su control sobre el aparato de partido o el fracaso de los líderes de la oposición, sino que derivaba del aislamiento internacional del régimen y de años de contrarrevolución, con lo que se disuadía a cualquier opositor de romper el partido y destruir la revolución. El miedo a la contrarrevolución y la devoción a la unidad del partido hicieron que empezara a importar ser el primero en llegar para los conflictos internos. Una vez Lenin hubo otorgado a Stalin el máximo puesto, incluso las figuras de mayor poder tenían grandes dificultades para enfrentarse a Stalin sin producir la impresión de dividir el partido o amenazar con socavarlo.[179] En un contexto de ubicuas amenazas existenciales de contrarrevolución, hasta la menor señal de oposición organizada a Stalin era denunciada como inductora de la contrarrevolución y podía conducir rápidamente al desplome de la primera revolución socialista del mundo.[180]

La victoria de Stalin marcaría la entrada de la Unión Soviética en un período de conmoción social y política que a menudo se describe como la «segunda revolución» de Rusia. Mediante una política de colectivización (la transferencia de las propiedades campesinas al Estado), el régimen tuvo controlado al campesinado y logró transformar Rusia de un país de carácter rural a una potencia industrial —a costa de un sufrimiento, muerte y desarraigo social inimaginables—. Los orígenes revolucionarios crearon el ímpetu, los medios y la oportunidad para llevar a cabo dicha profunda transformación social. El miedo a ser invadidos por potencias capitalistas propició una urgente necesidad de industrialización acelerada con que reforzar al Ejército. El poderoso aparato coercitivo del régimen fue esencial para sojuzgar el mundo rural, donde poco faltaba para que estallara una guerra civil. Por último, la destrucción de los centros alternativos de poder social implicaba que no existían fuerzas que pudieran servirse del enorme descontento que creó Stalin con su asalto a la sociedad soviética.

La colectivización surgió a partir de una creciente tensión internacional y el miedo a una invasión desde el exterior. A finales de los años veinte, se persuadió a los líderes soviéticos de que la guerra estaba al caer. En Polonia, en 1926, el mariscal Józef Piłsudski, quien había derrotado a los Ejércitos soviéticos durante la guerra civil, llegó al poder por un golpe de Estado, despertando la preocupación de que Polonia pudiera unirse a otros Estados centroeuropeos en un frente antibolchevique.[181] Entonces, en mayo de 1937, los británicos rompieron todas las relaciones diplomáticas como respuesta a la implicación soviética en una huelga general.[182] Un mes más tarde, el embajador soviético en Polonia, quien había participado en el asesinato de los Romanov, recibió un disparo de un joven monárquico en Varsovia. Estos acontecimientos convencieron a los líderes del partido de que la Unión Soviética estaba a punto de ser atacada.[183] El recuerdo de la intervención occidental durante la guerra civil seguía fresco. Las tensiones confirmaban la creencia marxista de los líderes según la cual la guerra con los

Estados capitalistas era inevitable.[184] En opinión de Viacheslav Mólotov, segundo de a bordo de Stalin, «la guerra se dibujaba en el horizonte».[185] El asedio de Rusia iba avanzando.[186]

Los dirigentes del partido desesperaron ante la lentitud de la industrialización. Diez años después de la revolución, Rusia seguía siendo una economía sobre todo agraria con una capacidad limitada de producción de armamento. Ello convertía en vulnerable al régimen ante las potencias capitalistas y un campesinado que podía llegar a ser hostil. Ya que los banqueros capitalistas no iban a financiar el desarrollo del comunismo,[187] las exportaciones de grano se convirtieron en una de las pocas fuentes disponibles de divisa extranjera. Sin la cooperación campesina, el régimen bolchevique sería incapaz de industrializarse o de alimentar a la clase obrera urbana. De hecho, el campo era el que mantenía secuestrado al régimen.[188]

Por el primordial carácter urbano de su partido, los bolcheviques apenas habían penetrado en el campo, donde vivía el 80 por ciento de la población de Rusia.[189] Instituciones conservadoras como la Iglesia mantenían una activa presencia en muchas aldeas. Parecía ser que los campesinos también sentían cada vez mayor hostilidad hacia el régimen.[190] Los informes policiales muestran a campesinos rechazando la moneda soviética y renegando del movimiento pionero y de las organizaciones juveniles del Komsomol.[191] A finales de 1927, el Gobierno empezó a encontrar cada vez más dificultades para obtener grano, con el correspondiente miedo a que el régimen no pudiera alimentar las ciudades y al Ejército Rojo.[192] Los campesinos, por su parte, pasaron a ser vistos como amenaza inminente para la supervivencia bolchevique.

El miedo a la guerra, una aparente hostilidad campesina y la escasez de alimentos provocaron un serio debate en el seno del partido. ¿Debía la NEP, que había otorgado a los campesinos autonomía sustancial sobre la producción y la distribución, seguir en pie?[193] En 1928, Stalin empezó a presionar para acabar con la NEP e introducir medidas mucho más coercitivas para financiar la industrialización.[194] Desde su punto de vista, mantener la NEP significaba «frenar la industrialización» al reducir la cantidad de cereal disponible para exportar, limitando a su vez las divisas extranjeras disponibles para los proyectos de construcción industrial.[195]

La confiscación y exportación de grano a la fuerza prometía tanto aplastar a los campesinos como financiar un programa masivo de industrialización y expansión militar, además de crear reservas de grano con las que alimentar al Ejército.[196] La industrialización de los años treinta tendría un importante componente militar, al permitir un drástico incremento de las fuerzas armadas de 586.000 hombres en 1927 a 1.433.000 una década más tarde.[197]

La colectivización transformó la sociedad soviética a un ritmo sin parangón en la historia.[198] La población urbana dobló en tamaño, del 18 al 32 por ciento.[199] El Gobierno instauró un sistema de planificación económica centralizada que se planteaba objetivos cada cinco años para la producción de casi todos los bienes y servicios, y que empezó con el Primer Plan Quinquenal de 1928-1933. Los objetivos para la industrialización y otros ámbitos no eran realistas, y los informes estaban plagados de inexactitudes, de modo que dificulta el que podamos valorar cuánto cumplieron. Sin embargo, los cálculos de los investigadores sugieren que la producción industrial aumentó en un 80 por ciento en seis años.[200] Estos tremendos esfuerzos de industrialización acabarían siendo un apoyo crítico para la producción militar en la Segunda Guerra Mundial.[201]

Estos cambios socioeconómicos fueron posibles a través de un ataque violento contra el campesinado. El régimen expropió las propiedades de los campesinos y los obligó a unirse a granjas colectivas estatales, donde el Gobierno esperaba tener acceso al grano.[202] Mandaron a miles de trabajadores urbanos al campo para contribuir a la transformación. Los ataques se centraban en la eliminación de los llamados *kulaks* —un término que denota al campesinado rico y que se utilizaría para cualquier supuesto desafecto al régimen—. La «deskulakización» conllevó la deportación de más de dos millones de campesinos a lugares remotos de Siberia y otros sitios. A muchos los mandaron al gulag, un sistema de campos de trabajos forzados que acabaron siendo un sinónimo de la represión estalinista. Cientos de miles de personas murieron durante el trayecto.[203] Estas medidas también implicaban un asalto generalizado contra la cultura de los campesinos y el modo en que vivían.[204] La colectivización iba de la mano de un violento ataque contra lo que quedaba de la Iglesia. A finales de 1930, un 80 por ciento de las iglesias de las aldeas habían sido clausuradas.[205]

Estos ataques generaron una crisis mayúscula para el régimen en el medio rural.[206] La colectivización unió a la inmensa mayoría de los campesinos y provocó la resistencia más sanguinaria y prolongada al régimen bolchevique desde la guerra civil.[207] El campo se sumió en la violencia, con incendios y linchamientos de oficiales locales.[208] En 1929 tuvieron lugar más de 3.200 ataques terroristas contra funcionarios soviéticos.[209] En 1930 hubo más de 13.000 disturbios con más de dos millones de participantes.[210]

Sin embargo, a pesar de estas cifras, los rebeldes campesinos tenían ínfimas probabilidades de enfrentarse al régimen. De entrada, la destrucción de los centros alternativos de poder durante la guerra civil —en especial, los socialistas revolucionarios con su base en el campo— suponía que no existía fuerza política nacional que encauzara el intenso descontento campesino y las revueltas espontáneas hacia una disputa nacional por el Gobierno revolucionario.[211]

Además, la guerra civil dotó a la Unión Soviética de un poderoso aparato de seguridad. Teniendo en cuenta tanto la magnitud de la represión como la violencia que suscitó, parece improbable que el régimen pudiera haber llevado a cabo una operación tan grande si no poseyera ya un poder coercitivo considerable. De hecho, la OGPU —sucesora de la Cheka— desempeñó un importante papel en planificar e implementar la deskulakización.[212]

La guerra civil fue un prerrequisito importante para la colectivización. Muchos de los mismos grupos de personas se encontraron «en el corazón» de la violencia durante la guerra civil, la colectivización y, más adelante, el terror estatal de los años treinta (véase el apartado siguiente).[213] Como ha señalado Andrea Graziosi,[214] la experiencia en la guerra civil fomentó la creación de redes de miles de mandos unidos y curtidos en la batalla que llevaban a cabo la colectivización.

Estas operaciones también produjeron una drástica expansión de los servicios de seguridad y estimularon la construcción de un gigantesco sistema de vigilancia y control rural que sentaría las bases del Estado totalitario.[215] A principios de los años treinta, el Estado soviético no solo se preocupaba por los oficiales del régimen, sino que empezó a vigilar a la población al completo.[216]

El coste humano de todo aquello fue inimaginable. Al imponer a las granjas colectivas cuotas muy difíciles de cumplir, la colectivización contribuyó a una hambruna creada por el hombre en las zonas productoras de grano de Ucrania, el Cáucaso Norte y Kazajistán. Millones de personas murieron de hambre en una de las peores catástrofes humanitarias de la historia moderna.[217]

En resumen, los orígenes de la Unión Soviética en la lucha revolucionaria violenta ayudan a explicar por qué una medida tan radical como la colectivización fue aprobada y llegó a implementarse con éxito. El «cerco capitalista» y las supuestas amenazas de invasión otorgaban cierto trasfondo crítico a las políticas de Stalin.[218] Al crear un servicio de seguridad poderoso y leal y destruir los centros alternativos de poder, la guerra civil posibilitó que el régimen subyugara tal ingente proporción del campo y que realizara una de las transformaciones sociales más dramáticas en la historia moderna.

El Gran Terror, 1937-1938

El 1 de diciembre de 1934, Leonid Nikoláev, un antiguo funcionario que sufría de inestabilidad mental y estaba sin trabajo, entró en el cuartel general del partido en Leningrado, con un arma oculta. Furioso por su expulsión del partido meses antes, Nikoláev disparó y mató a Serguéi Kírov, jefe del partido en Leningrado y confidente de Stalin.[219] El asesinato de un oficial de tan alto rango habría sobresaltado a los líderes de cualquier autocracia, pero en el contexto soviético dio paso al inaudito Gran Terror, dirigido a los cimientos del Estado-Partido soviético. Desde 1917, el Gobierno se había ocupado de eliminar amenazas contrarrevolucionarias de la aristocracia, la burguesía, los Estados capitalistas y los campesinos. Ahora, de repente se obsesionó con encontrar y exterminar a sus enemigos *dentro* del Estado-Partido. En el proceso, los bolcheviques casi llegaron al suicidio.[220] El Gran Terror se saldó con 2,5 millones de arrestos y más de 800.000 ejecuciones en 1937 y 1938.[221] Durante este período, las autoridades soviéticas ajusticiaban a más de mil personas al día.[222] Mientras que la mayoría de los asesinados eran ciudadanos corrientes, una porción considerable eran veteranos defensores de Stalin y «viejos bolcheviques» que habían colaborado con Lenin para fundar el Estado soviético.[223] Nada parecido se había visto desde que los jacobinos se devoraron a sí mismos en el Reinado del Terror francés de 1794. Los orígenes soviéticos en una guerra civil revolucionaria explican tanto por qué fue posible aquel terror como por qué el Gobierno sobrevivió a tal ataque contra las instituciones centrales del régimen bolchevique.

El asesinato de Kírov tuvo lugar en un contexto internacional hostil. A finales de los años veinte, los bolcheviques habían recibido amenazas extranjeras que poco tenían de real. Sin embargo, a principios de los treinta, no podían ser más verdaderas. En Europa, los nazis, virulentos anticomunistas, se hicieron con el poder en 1933 y el fascismo empezó a arraigarse en países de toda Europa. La razón de ser de aquellos regímenes era la destrucción del comunismo. En julio de 1936, un golpe militar en la Segunda República española dio paso a una brutal guerra civil que no tardó en convertirse en una guerra indirecta entre comunistas y fascistas. En medio de todo aquello, Trotski, exiliado en México, adquiría fama internacional fustigando a Stalin.

Estas problemáticas se hacían todavía mayores en las mentes de los líderes bolcheviques a causa de una visión del mundo basada en el miedo al asedio capitalista. Los bolcheviques habían llegado al poder en medio de una intervención extranjera, y estaban seguros de que podrían perderlo en cualquier momento a través de los esfuerzos conjuntos de fuerzas locales y externas.[224] Para los líderes bolcheviques, no existía una distinción clara entre conflictos internacionales y política del país. La experiencia en la guerra civil había condicionado a los líderes soviéticos a esperar una invasión inminente.[225]

El miedo a la invasión estaba reforzado por la incógnita de si los enemigos exteriores podrían conseguir que el sinnúmero de víctimas de las medidas soviéticas los apoyaran.[226] Los bolcheviques habían designado a millones de personas como «enemigos de clase»: antiguos oficiales zaristas, exsacerdotes, comerciantes, banqueros, los campesinos más adinerados y gente con la mala suerte de caer en la maquinaria represiva por azar.[227] Por otra parte, el Partido Bolchevique había sido purgado tantas veces en medio del desbarajuste de la colectivización y la hambruna que en muchas regiones el número de antiguos comunistas superaba a los miembros del partido.[228] Temían que aquellas personas se levantaran contra la Unión Soviética en caso de invasión. De hecho, el término *quinta columna* —inventado durante la guerra civil española— estaba siempre en boca de los líderes soviéticos durante aquel período.[229] Mientras que la guerra contra los Estados fascistas parecía cada vez más inevitable, cundió el pánico entre la élite bolchevique.[230]

Stalin se sirvió de estas tensiones para atacar a antiguos rivales. Entre 1936 y 1938 orquestó tres simulacros de juicio en los que altos dirigentes bolcheviques —entre ellos, Zinóviev, Kámenev y Bujarin— fueron acusados de cooperar con Trotski en extrañas conspiraciones para matar a Stalin y a Lenin, y dañar la Unión Soviética.

Más tarde, en 1937, Stalin llevó a cabo un gran asalto contra los fundamentos del poder bolchevique. A petición de Stalin, Nikolái Yezhov, una incipiente estrella del NKVD (los servicios de seguridad), entregó un informe durante un pleno del partido que se titulaba *Lecciones de destrozo, desviación y espionaje de los agentes japoneses-alemanes-trotskistas.*[231] Yezhov, que al poco se haría cargo del NKVD y pondría rostro al Gran Terror, atacó al partido y al aparato de seguridad por insuficiente vigilancia contra los trotskistas y otros enemigos extranjeros. Un mes más tarde, el jefe del NKVD, Guénrij Yagoda, junto con sus dieciocho adjuntos, fueron expulsados del partido y a continuación se les disparó. Yagoda estaba acusado de ser un agente alemán y de tramar el asesinato de los dirigentes del partido lanzando granadas en la sala particular de cine del Politburó.[232] De modo inquietante, Yezhov había empezado a destituir a oficiales del NKVD que llevaban tiempo protegiendo a líderes del partido en las áreas que tenían asignadas.[233]

El 11 de junio, la prensa soviética anunció que la mayor parte de altos oficiales del Ejército Rojo, incluyendo al héroe de la guerra civil Tujachevski, habían sido arrestados por traición. Como parte de una acusación inventada y «corroborada» en una confesión manchada de sangre, el Gobierno lo acusó de trabajar en secreto para los nazis en la caída de Stalin y en la derrota asegurada de la Unión Soviética en una guerra futura.[234] Los meses siguientes, Lev Mejlis, el nuevo director de la División Política del Ejército, viajó por todo el país ordenando arrestos y ejecuciones.[235] El mando del Ejército y su estructura de control fueron exterminados. Aniquilaron a una mayoría aplastante de los altos mandos militares, incluyendo a 3 de 5 mariscales, 13 de 15 generales, 8 de 9 almirantes y 154 de 186 generales de división.[236] Dos tercios de los 767 comandantes con mayor rango al de general mayor acabaron en la cárcel o ejecutados.[237] El NKVD también se vio afectado de gravedad. Durante el Terror, casi un 10 por ciento de los cargos fueron arrestados por «contrarrevolución».[238] Los sucesivos directores del NKVD, Yagoda y Yezhov, y casi todos sus subordinados no tardaron en ser masacrados.[239]

Las listas de afectados por el Gran Terror crecían de forma exponencial.[240] La consecuencia de ello fue que el Terror devoró a una parte considerable de la *nomenklatura* del partido. Después de medianoche, en los apartamentos de pisos de las élites de Moscú sonaban los golpes de los oficiales del NKVD contra las puertas y los sollozos de los niños y las mujeres. Los miembros del Politburó sufrieron una humillación casi permanente y la amenaza de ser purgados, al mismo tiempo que se sentían impotentes para detener los ataques contra sus parientes y gentes cercanas.[241] Stalin podía destituirlos, arrestarlos o ejecutarlos en cualquier momento.[242] Por ejemplo, los asistentes de Molotov, viejo protegido de Stalin, fueron acorralados uno por uno.[243] Al final, arrestaron a la esposa de Molotov. Por el año 1939, el Gran Terror había eliminado a 5 de 17 miembros del Politburó, al 71 por ciento del Comité Central, a más de la mitad de los delegados del decimoséptimo congreso del partido de 1934, y a un 80 por ciento del Comité Central del Komsomol.[244] En el transcurso de un año, el Comité Central del partido siguió votando por unanimidad que se expulsara a sus propios miembros. «No había miembro del partido inmune.»[245] Incluso la *propia familia* de Stalin se vio afectada por la purga, como parientes políticos con los que tenía relación cercana.[246]

El Terror diezmó el aparato del partido. Se envió a emisarios de alto rango del Politburó a purgar las jefaturas provinciales y a promover que los comités locales de partido denunciaran a sus líderes.[247] Yezhov aseguraba que trece organizaciones antisoviéticas estaban operativas a lo largo y ancho del país y que toda organización provincial del partido estaba infestada de espías polacos y alemanes.[248] También un 80 por ciento de los secretarios de las regiones y distritos del partido fueron purgados.[249] La eliminación en masa de los oficiales del partido contribuyó a una ruptura con la autoridad del partido en las fábricas y otras instituciones, debido a que los líderes empezaron a temer que cualquier cosa que ordenaran pudiera ser concebida como sabotaje. Algunos subordinados se aprovecharon de la situación para desobedecer, amenazando con denuncias.[250]

En sentido estricto, el Terror no era una crisis de régimen, en tanto que no puso en jaque su supervivencia. Sin embargo, en sí mismo esto resulta chocante. Una purga similar, autoinfligida entre las élites revolucionarias durante el Reinado del Terror de Robespierre, llevó a la caída de los jacobinos en 1794. En aquel caso, los miembros de la Convención Nacional francesa, que temían por su supervivencia, unieron filas contra Robespierre.[251] Como en Francia, las víctimas de Stalin rara vez eran gente indefensa. Incluían a los superiores de la élite bolchevique y a agentes importantes de todas partes del Estado-Partido.

Sin embargo, Stalin llevó a cabo su asalto contra el aparato de partido sin contar con apenas resistencia. No hubo ningún intento serio de pararle los pies en los años treinta.[252] Los servicios de seguridad no solo eliminaron a toda la oposición organizada en el país, sino que se infiltraron y neutralizaron una gran variedad de grupos de emigrantes antisoviéticos fuera de Rusia.[253] Y, a pesar del asalto de extraordinaria violencia contra el Ejército y las fuerzas de seguridad (y su maníaca obsesión con los contubernios), no existen pruebas de que hubiera un solo intento de golpe entre espías u oficiales.[254]

¿Cómo sobrevivió el régimen a tal descomunal autoinmolación? ¿Por qué cooperó de forma voluntaria el partido en su propio derribo?[255] Un motivo es que la justificación del Terror cuadra con la perspectiva bolchevique después de la revolución. Aunque, siendo objetivos, el régimen hubiera exterminado a toda la oposición organizada del país a mediados de los años treinta, tanto lo que habían vivido los oficiales como su visión del mundo hacía posible creer en las teorías conspirativas de Stalin.[256] Las supuestas amenazas a la revolución se convirtieron en una potente motivación para que los líderes del partido permanecieran unidos.[257] Del mismo modo que en Francia, el miedo a las fuerzas contrarrevolucionarias del extranjero facilitó el Terror.

Sin embargo, los bolcheviques tenían en sus manos un partido y un aparato coercitivo más fuertes que los de los jacobinos. Estos habían iniciado su Terror poco después de la toma del poder, cuando seguían siendo débiles. Los jacobinos, un conjunto impreciso de clubes, más que un partido disciplinado, dependían del muy fragmentado Comité de Seguridad Pública para llevar a cabo el Terror, sin haber eliminado otras formas de oposición.[258] Por el contrario, los bolcheviques ya habían sobrevivido a la secuencia revolucionaria-reactiva y crearon un partido disciplinado, curtido por años de conflicto, en el que era algo excepcional que los cuadros cuestionaran a los líderes.[259] Los bolcheviques también estaban respaldados por potentes fuerzas de seguridad, que incrementaban el coste de la deserción. Quedaba claro que un oficial que se opusiera al Terror corría enormes riesgos.

Pero ¿por qué los propios servicios de seguridad los secundaron cuando tantos de entre sus filas habían sido diezmados por el Terror? Se podía confiar en el NKVD para obedecer a los dirigentes del partido incluso cuando el propio NKVD estaba siendo atacado.[260] Ningún oficial de alta gradación desertó bajo el mandato de Stalin, y solo lo hicieron un puñado de oficiales de medio rango.[261] El Ejército tampoco parece haber reaccionado ante el inusitado ataque contra sus intereses corporativos. No hubo intentos de golpe ni ninguna conjura seria para matarlo.[262] Los estudiosos de las relaciones entre civiles y militares han aducido desde hace tiempo que los golpes ocurren como respuesta a las amenazas de autonomía e intereses principales del Ejército.[263] Sin duda haber eliminado a casi todo el mando militar debería suscitar algún tipo de reacción.[264]

Para comprender por qué las fuerzas de seguridad fueron tan pasivas, es útil comparar el destino de Stalin con el de Hitler, quien se enfrentó a una grave conspiración golpista en 1938 y por lo menos a cinco intentos de asesinato o golpe por miembros del Ejército.[265] La dispar conducta de las fuerzas armadas soviética y alemana puede rastrearse por el hecho de que la toma nazi del poder no tuvo lugar en pleno colapso del Estado. La Wehrmacht, a diferencia del Ejército Rojo, ya existía antes del régimen nazi. Hitler no consolidó el poder destruyendo al antiguo Ejército y creando el suyo propio, sino ganándose el beneplácito de las fuerzas armadas existentes. Dominada por una aristocracia poco vinculada con Hitler, la Wehrmacht siguió poseyendo una considerable autonomía. De hecho, Winfred Heinemann muestra que el intento de asesinato de Hitler en julio de 1944 movilizó a redes militares anteriores a la llegada al poder de los nazis.[266] Por el contrario, las SS, que *fueron* creadas por los nazis, nunca llegaron a cuestionar su poder.

En la Unión Soviética, la creación por parte del partido de las fuerzas militares y de seguridad facilitó a Stalin la infiltración de estas organizaciones con incondicionales del partido. Dominaban ambas organizaciones oficiales muy insertos en la idea bolchevique de la disciplina de partido y no tenían acceso a redes preexistentes y autónomas como las de Alemania, que facilitaban el cuestionamiento. Para los oficiales soviéticos, la idea de un golpe era anatema.[267] Al mismo tiempo, los intensos niveles de vigilancia y el riesgo de ser denunciado llegaban a imposibilitar las conspiraciones. Incluso los oficiales de bajo rango se sentían sometidos a intenso y constante escrutinio.[268]

En síntesis, la combinación de una mentalidad de asedio, una potente disciplina de partido y unas fuerzas de seguridad leales y poderosas explican por qué el régimen soviético no colapsó a pesar de las potenciales tensiones que creó el Terror. La tradición de disciplina de partido aumentaba el precio de la deserción, mientras que la ubicua Policía política convertía en casi imposible cualquier intento de organizar una alternativa al régimen existente.

La invasión nazi

> Cualquier otro Gobierno que hubiera sufrido tales pérdidas territoriales como las nuestras habría fallado la prueba y se habría venido abajo.
>
> Iósif Stalin[269]

Cuatro años después de que Stalin redujera a cenizas el Ejército soviético y casi acabara con el Partido Bolchevique, la URSS se vio forzada a entrar en guerra contra uno de los Ejércitos más poderosos del mundo. En 1939, Stalin mantuvo a los nazis a raya aprobando un convenio de paz —el Pacto Molotov-Ribbentrop— en el que se disponían medidas comerciales y se repartían Polonia y los bálticos entre ambas potencias. Sin embargo, la ideología nazi, junto con las victorias alemanas en Europa occidental, convenció a Hitler de invadir la Unión Soviética. Durante la primavera e inicios de verano de 1941, llegaban informes de inteligencia en Moscú alertando de que Alemania estaba preparando un gran asalto. No obstante, Stalin estaba convencido de que ya era tarde para que Hitler atacara antes del invierno (y así era) y se negó a permitir que las tropas soviéticas se organizaran para la invasión.[270] Contrariando a sus generales, Stalin trató de evitar cualquier acto que pudiera ser visto como una revocación del Pacto Molotov-Ribbentrop.[271] Seguro de que no se producirı́a el ataque, Stalin también desmanteló las fortificaciones de defensa del este y adelantó demasiado a las tropas, dejando al Ejército soviético sin defensas en la retaguardia.[272] En conjunción con las devastadoras purgas militares de 1937,[273] los errores tácticos de Stalin dejaron a la Unión Soviética en una posición deplorable ante lo que iba a suceder.

El 22 de junio de 1941, el régimen soviético sufrió una de las peores crisis a las que se haya enfrentado cualquiera de los regímenes revolucionarios de este libro. Asediada por las tropas invasoras alemanas, la Unión Soviética cedió enormes tramos de territorio, al tiempo que el Ejército Rojo se desintegraba en grupos de fugitivos que buscaban huir del asalto alemán.[274] Según Nikita Jrushchov, que estaba emplazado en Ucrania en aquel momento, los soldados se veían obligados a luchar con picas y espadas, al no tener ningún otro tipo de armamento.[275] Hacia diciembre, más de dos millones de vidas soviéticas se habían perdido y tres millones de soldados habían sido capturados.[276] Debido a que los alemanes habían cortado las líneas de comunicación antes de su invasión, los líderes de Moscú tenían pocos medios para contactar con sus tropas, creando un vacío de autoridad en el frente que hizo empeorar a un Stalin confuso y presa del pánico.[277] En lugar de tomar las riendas de inmediato, Stalin hizo que su protegido Molotov anunciara la guerra contra Alemania en la radio. Tras varias jornadas de titubeos, Stalin se retiró a su dacha, al parecer, por no saber qué hacer. Los líderes del partido quedaron en la estacada. La Unión Soviética parecía estar en la antesala del colapso.[278]

La victoria en última instancia de la Unión Soviética en la Segunda Guerra Mundial tuvo que ver con varios factores ajenos a sus orígenes revolucionarios, como la asistencia occidental de préstamo y arriendo, el liderazgo militar ruso, las dimensiones del territorio ruso y los errores estratégicos de Hitler.[279] Aunque dichos factores sin duda fueron fundamentales no explican la supervivencia del régimen durante las primeras y catastróficas semanas y meses del conflicto antes de que se pudiera disponer de ayuda occidental.[280]

Las primeras semanas de la crisis presentaron dos fuentes potenciales de inestabilidad y colapso de un régimen. En el primer caso, podríamos haber esperado que el derrumbe de la autoridad estatal soviética en el frente diera paso a levantamientos populares protagonizados por los millones de ciudadanos que padecían el Gobierno soviético.[281] Como hemos comentado antes, esto es justamente lo que los líderes soviéticos temían que fuera a ocurrir. De hecho, el colapso del Estado en tiempos de guerra y una invasión extranjera contribuyeron al estallido de una revolución en nueve de los casos que incluye este ensayo.* O, más importante aún, los desastrosos resultados en la guerra habían desembocado en la Revolución rusa apenas dos décadas atrás. Ahora, sin embargo, la situación era diferente. En 1917, el Estado central no alcanzaba al campo profundo, y los campesinos seguían poseyendo instituciones de autogobierno.[282] En cambio, con la destrucción soviética de los centros de poder alternativos se limitaba cualquier capacidad de la oposición de aprovechar la oportunidad que presentaba el fracaso militar.[283] A principios de los años cuarenta, los bolcheviques habían eliminado todo reducto de autogestión campesina y de otros centros de poder autónomos, dejando indefensa a la población. Además, mientras que en el frente el Estado se venía abajo, seguía cohesionado en la retaguardia, entorpeciendo cualquier empeño por canalizar el descontento. Junto con la destrucción de las estructuras alternativas de poder, el desarrollo de unas potentes fuerzas de coerción apagaba las llamas de cualquier movilización popular que pudiera haber surgido durante las primeras semanas de guerra.[284] El NKVD se mantuvo fiel y con fuerzas, incluso en los peores períodos de crisis.[285]

En segundo lugar, la nefasta intromisión de Stalin en cuestiones militares y sus demostrables muestras de debilidad en el inicio de la guerra podían augurar un intento de golpe.[286] Sin

* Surgió una revolución en el contexto de colapso bélico del Estado en la Rusia de 1917, la Finlandia de 1918, el Vietnam de 1945, la Camboya de 1975 y el Afganistán de principios de los años noventa. Surgieron amenazas de movimientos revolucionarios en contextos de agresión militar en Hungría en 1919, en China tras 1937 y Albania y Yugoslavia a principios de los años cuarenta.

duda, el proceder de Stalin en los años treinta le había granjeado pocos amigos entre los oficiales de mayor rango, que nunca sabían si iban a volver a su casa tras un día en la oficina. No obstante, como hemos comentado antes, la creación de agencias de coerción desde un inicio redujo la autonomía de los militares y el NKVD, complicando a los ministerios disputar las órdenes de Stalin. Además, durante los años veinte y treinta, Stalin se había servido del miedo a la contrarrevolución y a la invasión extranjera para eliminar a todos aquellos líderes destacados del partido y a las fuerzas de seguridad que no estuvieran en deuda con Stalin. El resultado fue que había menos líderes de alto rango capaces de desafiar a Stalin de los que habrían existido de otro modo.

Aunque algunos investigadores han destacado que el apoyo popular al régimen contribuyó a la victoria soviética,[287] esta afirmación se queda corta para explicar la supervivencia del régimen al principio del conflicto. El apoyo al régimen entre ciertos segmentos de la población no esclarece por qué millones de *otros* ciudadanos, que habían sufrido tanto con Stalin, no se rebelaban. La pasividad de tantísimas víctimas de la colectivización y el Gran Terror puede explicarse a causa de la gran eficacia del aparato coercitivo del régimen, que había logrado eliminar todos los centros independientes de poder y se había infiltrado en cada uno de los rincones de la sociedad soviética.[288]

En último lugar, el esfuerzo bélico soviético fue impulsado por una veloz industrialización, estimulada por el «cerco capitalista» y el pánico a la guerra de los años veinte y treinta. Como hemos dicho anteriormente, se habían realizado enormes inversiones para crear la base industrial de una producción de armamento a gran escala. A finales de los años treinta, la URSS había iniciado un sistema de planificación económica de relativa eficacia que se adecuaba a las exigencias bélicas y que, de hecho, había sido creado para defender al país de una invasión.[289] La colectivización había creado grandes reservas de grano y los mecanismos administrativos para controlar la producción y el abastecimiento.[290] Esto permitió al Gobierno doblar el tamaño del Ejército entre 1939 y 1941 y construir a toda prisa nuevas fábricas de armamento en 1941 y 1942.[291] En tiempos de guerra, la Unión Soviética era capaz de producir más de 25.000 tanques y 18.000 aviones de combate; tres veces más que Alemania (aunque a menudo de baja calidad).[292] Este esfuerzo productivo permitió a la Unión Soviética sobrevivir a la guerra mientras no llegaba asistencia adicional de Occidente.[293]

La derrota soviética de las fuerzas alemanas en Stalingrado a principios de 1943 cambió de forma drástica el rumbo de la guerra. En 1943 y 1944, el Ejército Rojo empujó a las fuerzas alemanas hasta la frontera soviética y empezó a marchar por Europa oriental. El 9 de mayo de 1945 Alemania se rindió, dejando a la Unión Soviética como única fuerza militar dominante en Polonia, Bulgaria, Checoslovaquia, Rumanía, Hungría y Alemania del Este. Al final, la guerra culminó en más muertes soviéticas —veintisiete millones— que de ningún otro país en el mundo.[294]

Como resumen, la transformación revolucionaria y la guerra civil crearon legados importantes —una mentalidad de asedio y una concepción casi religiosa de la unidad, un fuerte y leal aparato de coerción y la destrucción de los centros alternativos de poder—, facilitando la pervivencia del régimen ante algunas de las más severas crisis a las que se haya enfrentado un régimen autoritario en el siglo XX. En su reacción a los desafíos contrarrevolucionarios antes y durante de la guerra civil, el Gobierno edificó las piezas principales de un poderoso Estado totalitario que marginaría a la oposición durante décadas.

La tenacidad del poder soviético, 1953-1985

La victoria rusa en la Segunda Guerra Mundial, la muerte de Stalin pocos años después y el surgimiento de una nueva generación posrevolucionaria de líderes que no se habían curtido en la guerra civil trajeron profundos cambios en el sistema. La mentalidad de asedio revolucionaria que tenía sujeta a los líderes durante las primeras décadas del régimen fue aminorando de forma sustancial al tiempo que la Unión Soviética ya no debía enfrentarse a amenazas inmediatas y existenciales para su supervivencia. La guerra civil ya era un recuerdo lejano, y la derrota de los nazis se convirtió en el eje central de la propaganda soviética. La Guerra Fría entre la URSS y Estados Unidos generó desafíos importantes, incluyendo una disputa sobre el futuro de Alemania, de una importancia cabal, y algunos enfrentamientos peligrosos como la crisis de los misiles de Cuba. Sin embargo, la Unión Soviética era ya una superpotencia global cuya mera existencia ya no era cuestionada.[295] A su vez, pervivieron importantes legados de la revolución, como un partido muy cohesionado, la ausencia de estructuras alternativas de poder y un extenso y leal aparato coercitivo. En parte debido a ello, el sistema no llegaría a confrontar ningún desafío real de la oposición durante treinta y cinco años más.

En los primeros años de la posguerra hubo pocos cambios. Stalin mantenía el control absoluto y su represión y terror continuaban como antes del conflicto. En un eco de 1937, cientos de oficiales de Leningrado fuero al exilio, ejecutados o encarcelados, acusados de falsos cargos, en lo que se llamó «el Caso de Leningrado» de 1948. Los gulags crecieron hasta incluir la colosal cifra de 2,75 millones de prisioneros y devinieron insostenibles para la economía.[296] El 13 de enero de 1953, el periódico oficial del partido, *Pravda*, anunció el arresto de nueve médicos en conexión con un supuesto «Complot de los Médicos» para asesinar a Stalin y a otros líderes. Otra purga de grandes magnitudes se vislumbraba en el horizonte.

Sin embargo, todo aquello frenó en seco cuando hallaron a Stalin semiinconsciente en el suelo de su cuarto el 1 de marzo de 1953, a consecuencia de lo que parecía un derrame. En lugar de llamar a un médico, sus guardas trasladaron a Stalin a un sofá y llamaron a los jefes de Gobierno, que esperaron horas antes de traer asistencia médica. (Con toda probabilidad, dicha negligencia no fue tanto un intento de asesinarlo como una reacción al peligro de tomar la iniciativa en la Rusia estalinista.) Stalin murió el 5 de marzo.

La muerte de Stalin sumió al sistema en el caos. Desde 1930, el régimen había estado bajo el control personal total del líder. Las cuestiones importantes de Estado se decidían en alcoholizados festines a medianoche, organizados por Stalin en su dacha, y no en las reuniones del Politburó.[297] La Policía política también logró un poder sin precedentes.[298] Desde 1939, el partido solo había celebrado un único congreso. En un principio no estaba claro que el partido pudiera llenar el vacío de poder dejado por el traspaso de Stalin.[299] Las dos figuras más importantes eran el director de los servicios de seguridad, Lavrenti Beria, y el portavoz del Consejo de Ministros, Gueorgui Malenkov. Jrushchov, a quien la mayoría veía como un paleto, fue nombrado para ocupar la cúspide del partido.[300] El poder *de facto* estaba en manos de Beria, quien, queriendo ganar apoyos, empezó a desmantelar el sistema del terror.[301] Al cabo de tres semanas se había liberado a más de un millón de prisioneros del gulag.[302] Dado el control absoluto de Beria sobre aquellos poderosos servicios de seguridad, los líderes del partido le tenían miedo —con razón—, y Jrushchov empezó a conspirar con otros altos dirigentes para expulsarlo en la reunión del Gobierno del 26 de junio. El mariscal Gueorgui Zhúkov, que estuvo al frente del Ejército soviético en la Segunda Guerra Mundial, arrestó a Beria. Temiendo que huyera, le quitaron el cinturón y los botones del pantalón.[303] Varios meses después, fue ejecutado.

Jrushchov utilizó a continuación su control sobre la maquinaria del partido para establecer bases de apoyo en las importantes regiones de Moscú, Leningrado y Ucrania.[304] A finales de 1954, se consideraba a Jrushchov el máximo líder del país. Como en los años veinte, el partido de nuevo salió ganando. Aunque Stalin lo había eclipsado, todavía era poseedor de un gran y disciplinado aparato y un enorme poder simbólico en el sistema. Una vez obtuvo el control, Jrushchov inició un programa radical de desestalinización, anunciado con pompa en su «Discurso secreto» en el vigésimo congreso del partido, en febrero de 1956.[305] Jrushchov denunció el «culto a la personalidad» de Stalin y rehabilitó a miles de mandos que habían caído durante el Terror. Las políticas soviéticas se relajaron de manera significativa.

El Gobierno dejó de centrarse en eliminar enemigos de clase internos y reducir el consumo para pagar la rápida industrialización, y empezó a ocuparse de la estabilidad y de aumentar la producción de bienes de consumo.[306] La construcción de viviendas casi se duplicó entre 1956 y 1965, y más de cien millones de personas se mudaron a apartamentos nuevos.[307]

El «deshielo» soviético de los años cincuenta pudo suceder por la creciente confianza de sus líderes en que la Unión Soviética persistiría.[308] Que tanta gente hubiera estado predispuesta a luchar y morir en nombre del régimen facilitaba la creencia de que este sobreviviría a un relajamiento en la represión. Los dirigentes ya no se veían asediados por omnipresentes amenazas contrarrevolucionarias.[309] Ahora sus medidas también reflejaban una mayor confianza en el panorama internacional. Como gran potencia, la URSS no se enfrentaba a ninguna amenaza de extinción, lo que empezaría a reflejarse en un cambio en sus políticas de exteriores. Sus nuevos líderes minimizaban que fuera inevitable la guerra contra Occidente, una idea central de la élite revolucionaria fundacional. En el vigésimo congreso del partido, Jrushchov promovió la política de «coexistencia pacífica» con Occidente.[310]

Por último, el fin del terror fue posible porque el régimen ya había montado un Estado totalitario enorme y eficaz. El Estado-Partido soviético tenía ahora acceso a todos los aspectos de la vida de la gente. Dónde se vivía, se trabajaba, se iba a la universidad, se consumía, se compraban bienes y cuánto se pagaba; estaba todo controlado por el partido (rebautizado como Partido Comunista de la Unión Soviética [PCUS] en 1952). El partido estaba infiltrado en todo ente público del país, con celdas que monitorizaban actividades en todas y cada una de las instituciones de educación, fábricas, oficinas, granjas colectivas y unidades militares con tres o más miembros del partido.[311] Un sistema de *nomenklatura* —una lista de personal considerado afín por los líderes del partido y apto para puestos de autoridad— otorgaba al partido una influencia crítica sobre las élites por toda la sociedad. Los cargos de la *nomenklatura* eran muy variados: de jefe de un departamento académico en una universidad a director de fábrica, pasando por administrador del Estado. El sistema permitía a los líderes del partido despedir a cualquier superior, nombrar a otro, y de repente cambiar el estatus social de cualquier oficial.[312] Como sugiere Milan Svolik,[313] el PCUS fomentó la durabilidad del régimen al otorgar a los oficiales de cualquier nivel una forma estable de ascenso profesional, y un consiguiente interés a largo plazo en escalar en el partido.

El partido también controlaba numerosas organizaciones que funcionaban como «correa de transmisión», entre las cuales estaban los sindicatos y los grupos juveniles. Todas las formas de organización independiente —incluyendo los clubes de ajedrez y otras formas no políticas de asociación— estaban prohibidos. Se disuadía con vehemencia de tomar cualquier tipo de iniciativa política independiente. Así pues, cuando Marina Morozova, con trece años —amiga de uno de los autores—, se unió con cuatro amigas para protestar contra las armas nucleares estadounidenses ante la embajada de Estados Unidos en el Moscú de 1978, su iniciativa fue vista con intensa suspicacia por las autoridades soviéticas. Después de que las chicas se dirigieran a la plaza Roja, se las llevaron para interrogarlas y un oficial del KGB les espetó: «Hoy organizáis una manifestación contra Estados Unidos. ¡Pero mañana podríais estar protestando contra el partido!».

El sistema tenía una enorme eficacia. El régimen a duras penas encontró oposición hasta finales de los ochenta. En los treinta años que siguieron a la muerte de Stalin en 1953, solo hubo cuarenta y cinco actos multitudinarios (si contamos los disturbios en acontecimientos deportivos) de mil o más participantes.[314] La resistencia al régimen se limitaba casi en su totalidad a grupúsculos de intelectuales disidentes y marginales que no llegarían a unos pocos miles de ciudadanos en una población de más de doscientos millones.[315] Este sistema de control habría sido en esencia imposible de crear sin una transformación social a base de violencia que desmontara las estructuras sociales existentes fuera del control del partido, permitiendo la construcción de un gigantesco y leal aparato coercitivo.

Al tiempo que el Estado-Partido impedía la oposición externa, también empezó a condicionar a su cúpula. El PCUS realizó la exhibición más espectacular de su agigantado poder institucional al destituir a Jrushchov en 1964, una circunstancia a la que el propio líder se refirió como «victoria para el partido».[316] A principios de los años sesenta, Jrushchov empezó a tomar grandes decisiones políticas sin tener en cuenta los intereses del aparato de partido. Los nuevos estatutos del partido establecían una duración limitada de los cargos del Comité Central y el Presídium (el Politburó), que debían ser aplicables a todos excepto a Jrushchov y a un puñado de máximos líderes.[317] Dichas modificaciones se vieron como un ataque directo a las prerrogativas y al poder de la organización del partido. Ambos gestos, junto con la drástica reducción del gasto militar o el comportamiento errático y las decisiones unilaterales de Jrushchov, enfadaron a los oficiales de todos los niveles y propiciaron un complot de sus antiguos aliados, como el director del Comité Central, Leonid Brézhnev.[318] Tras un año de confabulaciones, Brézhnev subió al poder en una transición incruenta en octubre de 1964.

En gran medida, Brézhnev mantuvo las políticas nacionales e internacionales de Jrushchov. Los líderes consideraban que la Unión Soviética estaba en su fase de «socialismo desarrollado», en el que la transición al comunismo debía ser más bien gradual y carente de conflictos de clases.[319] Brézhnev también dedicó grandes esfuerzos a la distensión con Occidente. Aunque el régimen jamás llegó a abandonar el proyecto revolucionario de lucha contra el capitalismo, se empezó a centrar menos en promover la revuelta en los países más poderosos y, en su lugar, desarrolló un «paradigma revolucionario imperial», que acarreaba el control sobre los Estados más débiles de Europa del Este y el apoyo a los movimientos prosoviéticos del tercer mundo.[320]

La transición de Jrushchov a Brézhnev también estuvo marcada por la reducción de los muertos en protestas.[321] Las ejecuciones en masa desaparecieron casi del todo.[322] Aunque el régimen siguió prohibiendo toda oposición, la reacción ante la disidencia se volvió más sutil y flexible. El KGB dejó de centrarse en la represión a gran escala y se empezó a dedicar a recabar y analizar información.[323] En lugar de arrestar y disparar a grandes números de opositores en potencia, como en el período estalinista, el KGB controló el acceso a la universidad, entre otros incentivos para anticiparse a las acciones de protesta.

Figura 2.1. Porcentaje del Politburó de la generación revolucionaria (miembros del Politburó que tenían por lo menos veinte años en 1918)

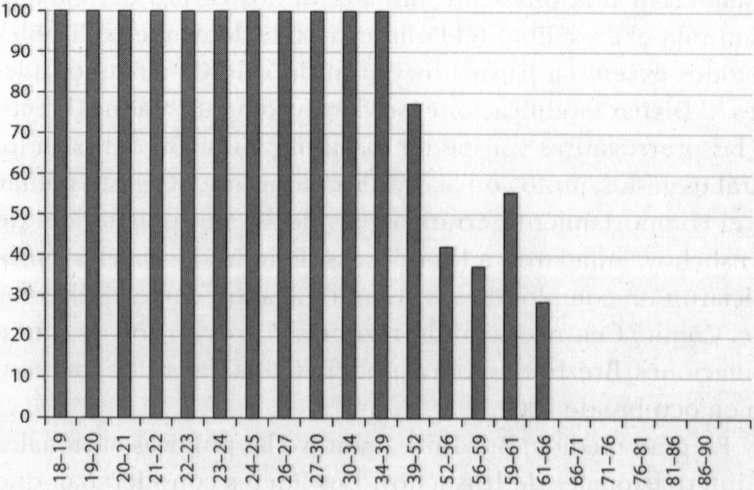

La decadencia gradual del paradigma revolucionario, junto con una mayor sensación de seguridad, estaba sin duda facilitada por el surgimiento de una nueva generación posrevolucionaria en los años cincuenta. Como muestra la figura 2.1, el sistema se relajó más o menos al tiempo, años cincuenta y sesenta, que la generación de la guerra civil empezó a retirarse del escenario. De manera progresiva, la cúpula iba siendo dominada por un grupo de oficiales más jóvenes —incluyendo a Brézhnev, Andréi Gromiko y Alekséi Kosyguin—, quienes habían sido adolescentes durante la guerra civil, habían subido peldaños durante el Gran Terror y les había influido su experiencia en la Segunda Guerra Mundial, cuando la Unión Soviética estaba surgiendo como poder global.[324] Los recuerdos que conservaban estos oficiales de la guerra civil o de los tiempos en que la URSS era un régimen socialista asediado por contrarrevolucionarios, fascistas o capitalistas, como mucho eran borrosos.[325]

Al mismo tiempo, el ascenso de Brézhnev dio paso a una era de estabilidad amortiguadora. En el poder hasta 1982, Brézhnev estaba, ante todo, comprometido con la salvaguarda del *statu quo*.[326] Como hombre del sistema, Brézhnev se propuso trabajar para contentar a todas las facciones del Estado-Partido. Aumentó el presupuesto militar y, ante todo, evitó la toma unilateral de decisiones.[327] Aunque eliminó a casi la mitad de los dirigentes regionales durante sus primeros años en el poder, como líder más tarde les puso pocos obstáculos, y toleró e incluso alentó la corrupción, con una política de no intervención.[328] Una vez ya no tuvo que enfrentarse a dificultades internas, Brézhnev redujo de forma sustancial la renovación entre las élites del Estado en los niveles central y local.[329] Con su política de «confianza en los mandos», los oficiales se volvieron casi inamovibles.[330] A una generación de líderes más jóvenes y dinámicos, la de Mijaíl Gorbachov, le tocó esperar su momento, mientras que un grupo de oficiales cada vez más seniles se reservaba el control. Para los años ochenta, la media de edad de los miembros del Politburó estaba por encima de los setenta.[331]

Reforma y colapso del régimen, 1985-1991

A mitad de los años ochenta, la Unión Soviética era —desde cualquier punto de vista— un régimen autoritario estable. Aunque existían señales de malestar, como un crecimiento económico lento y escasez, nada indicaba una crisis. No había indicios de conflictos abiertos o graves en la cúpula del partido y pocas, de haberlas, muestras de clara insubordinación. No parecía existir oposición organizada alguna.

Al mismo tiempo, la desaparición de la mentalidad de asedio propia de los revolucionarios privó al PCUS de la búsqueda de cohesión que facilitó la supervivencia del régimen durante las primeras décadas de poder soviético. Hacia los años setenta y ochenta, la ideología y el miedo a la contrarrevolución ya no servían de argamasa para mantener unido al sistema. En su lugar, el cinismo y la corrupción se descontrolaron.[332]

Por el cinismo generalizado y la pérdida del espíritu revolucionario, el régimen se volvió más vulnerable frente a las crisis que en décadas anteriores. Mientras el sistema parecía ir tirando, los oficiales no tuvieron motivos para desertar del partido.

Podían confiar en que la lealtad sería recompensada con ascensos y prosperidad material.[333] Sin embargo, ya que su fidelidad al sistema no recibiría un premio si el propio sistema se venía abajo, los mismos oficiales empezaron a titubear ante graves desafíos que cuestionaban el destino del régimen.

Una de estas crisis fue ocasionada desde arriba, entre 1987 y 1990, cuando Gorbachov desmanteló el sistema de control social y político de la URSS. Con las políticas de *glasnost* ('apertura') de Gorbachov fue posible criticar al partido en público. Los disidentes como Andréi Sájarov salieron de la cárcel. A continuación, durante la crucial decimonovena conferencia del partido en verano de 1988, Gorbachov —en sus palabras— cercenó «el cordón umbilical que unía el partido al sistema de comandos y administración».[334] Bajo presiones de Gorbachov y de los reformistas del partido, la conferencia aceptó reestructurar de manera radical el Comité Central y reducir el control del partido sobre la economía.[335] La conferencia también dio el paso trascendental de aprobar las elecciones con múltiples candidatos, y de crear una legislatura bicameral que desplazara al partido como principal centro de poder. Gorbachov empezó a transferir propiedades del Partido Comunista al Estado y dejó de depender del partido para introducir políticas básicas.[336] El Politburó, que llevaba tiempo siendo el centro del poder, fue reducido a un comité consultivo.[337] En 1990, el «papel preponderante» del partido fue abolido a todos los efectos.[338]

Catalizados por la atenuación de los controles verticales que inició Gorbachov, aparecieron potentes movimientos nacionalistas a finales de los años ochenta que, en esencia, pusieron a prueba el poder soviético. Beneficiados por el relajamiento contra la disidencia, estallaron protestas en Armenia, Azerbaiyán, Georgia, Moldavia, Rusia y Ucrania. El etnonacionalismo se convirtió en el principal canal para las exigencias de liberalización.[339] En casi todos estos Estados, las reclamas nacionalistas venían apoyadas por facciones del PCUS, dispuestas a cualquier cosa por mantenerse en el poder.

Estas fuerzas recibieron el impulso de las elecciones abiertas a las legislaturas subnacionales de 1990. Las fuerzas anticomunistas ganaron en Armenia, Moldavia y los Estados bálticos.

Con mayor trascendencia si cabe, en junio de 1990, el líder reformista del partido Borís Yeltsin fue elegido presidente de la legislatura de la República Rusa. Esta declaró su soberanía política y la preeminencia de la legislación rusa sobre las leyes de la unión. La soberanía jurada de Rusia obligó a otras repúblicas a dar un paso. En verano de 1991, Gorbachov y nueve líderes republicanos se reunieron y negociaron un nuevo tratado de la unión.

Como respuesta a este giro argumental, la línea dura del Gobierno soviético trató de hacerse con el poder. Entre el 18 y el 19 de agosto, detuvieron a Gorbachov en su dacha de Crimea y declararon la ley marcial. Los tanques circularon por Moscú y los periódicos independientes, junto a los medios electrónicos controlados por la República Rusa, fueron prohibidos. Sin embargo, con la Unión Soviética en crisis, el partido, que siempre había exhibido una notable unidad ante las más graves dificultades, se desintegró. Buena parte de las élites del partido no ocultaron su oposición al golpe o adoptaron una actitud expectante. Yeltsin de inmediato se declaró contrario al golpe y ocupó la legislatura rusa (o «Casa Blanca») en Moscú.

La cúpula del Estado-Partido carecía además de la cohesión y de la confianza para emprender una respuesta violenta a gran escala y acabar con las moderadas protestas surgidas ante el intento de golpe. Habiendo abandonado largo tiempo atrás el uso de la represión masiva, los líderes se sentían poco preparados para servirse de la violencia y salvar el sistema. Al final, tanto la indecisión de los líderes como un colapso del control del Estado central condenaron el golpe al fracaso. Después de que Gorbachov se negara a apoyar la declaración de emergencia, Dmitri Yázov, el ministro de Defensa, reconoció que no tenían nada planeado a continuación.[340] En el transcurso de la intentona de golpe, los oficiales de seguridad, paralizados por la precaución burocrática, esperaron hasta saber quién salía ganador.[341] Durante las noches del 19 y el 20 de agosto, el Ejército, la policía y el KGB rodearon la Casa Blanca pero no llegaron a iniciar un asalto. Los oficiales esperaban a que les ordenasen atacar a unos líderes que no se atrevían a ejercer presión.[342] La policía y la Unidad Alfa del KGB se negaron a participar.[343]

Ante tamaña insubordinación, Yázov, el líder golpista más convencido del uso de la violencia, se vio obligado a suspender el asalto en el último minuto. Temiendo su arresto, el ministro del Interior, Borís Pugo, se suicidó.

El fracaso del golpe acabó de destruir lo que quedaba del sistema soviético. Gorbachov resignó como secretario general del PCUS y llamó a la disolución del Comité Central. Yeltsin traspasó todas las propiedades del partido al Estado ruso y prohibió el PCUS. El 8 de diciembre, Yeltsin, Stanislau Shushkévich de Bielorrusia y Leonid Kravchuk de Ucrania se reunieron en un bosque bielorruso donde disolvieron a todos los efectos la Unión Soviética.

CONCLUSIÓN

Según este análisis, la durabilidad soviética ante múltiples y graves crisis se remonta a los orígenes del régimen en una revolución social. Sus iniciativas radicales de reconstrucción del orden doméstico y global conllevaron serios conflictos en el país y su aislamiento internacional. Tres años de guerra civil brutal promovieron una mentalidad de asedio muy asentada con la que el régimen estuvo en casi permanente pie de guerra. El temor a una contrarrevolución interna y a una invasión extranjera promovieron una «preocupación histérica por la unidad»,[344] que imposibilitó en la práctica que los opositores internos presentaran una amenaza real. La guerra también fue el origen de una Policía política leal y poderosa que aplastaba cualquier oposición y que siguió siendo uno de los pilares de la dictadura durante setenta años. Por último, la guerra destruyó las principales amenazas al poder bolchevique: la familia real, la clase terrateniente y el resto de los partidos socialistas. Su herencia permitió al régimen salir incólume de una rebelión a gran escala y de una lucha sucesoria temprana en los años veinte. También otorgó a Stalin las herramientas con que llevar a cabo enormes purgas de la élite soviética sin sufrir el final de los jacobinos. La creación de un nuevo Ejército revolucionario implicaba que Stalin no encontraría resistencia entre los militares a pesar de su encarnizamiento contra sus altos mandos. El legado de la revolución permitió asimismo que el régimen superara las primeras y desastrosas semanas de la invasión nazi en 1941.

Buena parte de este legado subsistió durante décadas tras la Segunda Guerra Mundial. Los líderes soviéticos apenas conocieron oposición; el partido y un leal aparato de coerción siguieron siendo pilares de la estabilidad del régimen. Aun así, lo que lo mantenía unido —el miedo a una contrarrevolución dentro y fuera del país— desapareció en la era de Brézhnev. Como resultado, el poder soviético empezó a adolecer de una relativa fragilidad ante los desafíos que surgirían durante la perestroika.

Un planteamiento centrado en los orígenes revolucionarios posibilita una mayor comprensión de la longevidad del régimen soviético que otros enfoques alternativos. Algunos investigadores han hecho hincapié en la importancia de la opinión pública, destacando que el respaldo del sistema soviético fue un factor importante en la victoria soviética sobre Alemania en la Segunda Guerra Mundial.[345] Como hemos argumentado con anterioridad, esta perspectiva es incapaz de explicar por qué Stalin no fue víctima de un golpe después de las desastrosas primeras semanas de la guerra. Tampoco justifica la supervivencia de los bolcheviques en la crisis de Kronstadt o la de la colectivización y el Gran Terror, durante las que el Gobierno emprendió un gran ataque contra la sociedad soviética.

Aunque las instituciones totalitarias fueran el principal garante de estabilidad en la etapa posterior a Stalin, la generación posrevolucionaria de líderes prestó más atención al apoyo popular. De este modo, puede ser que el interés por la opinión pública explique la gran inversión de los líderes en políticas de vivienda, bienes de consumo y bienestar social en los años cincuenta y sesenta.[346] Al mismo tiempo, el colapso soviético se produjo, en parte, a causa del malestar popular generado por la escasez y una crisis económica en ascenso.[347]

En este capítulo hemos encontrado pruebas contradictorias en cuanto a las perspectivas que se centran en las instituciones. Debido a la centralidad del PCUS, a primera vista el caso soviético parece confirmar la considerable bibliografía acerca de la importancia de los partidos de gobierno para la durabilidad del régimen. De hecho, todos los líderes soviéticos surgieron del aparato de partido; incluso Stalin y Jrushchov, con serios rivales en el Ejército y los servicios de seguridad. Durante los años veinte, el partido se había convertido en una organización poderosa y bien institucionalizada. Unas instituciones desarrolladas del partido explican en gran medida por qué los bolcheviques sobrevivieron al Gran Terror mientras que los jacobinos, de organización más dispersa, se hundieron tras el Reinado del Terror francés. Al mismo tiempo, este enfoque no explica por qué el partido poseía tanta fuerza. En efecto, a pesar de que Lenin pretendía crear un partido de vanguardia ya en 1903, no surgió una organización seria hasta veinte años después, tras la guerra revolucionaria. Incluso entonces, se siguieron desobedeciendo las normas institucionales. Mientras que algunos grandes líderes como Trotski minimizaron su resistencia ante la cúpula del partido, dicho comportamiento dependía menos de las reglas institucionales que del miedo a la contrarrevolución. Por último, el régimen sobrevivió a su crisis más grave —la invasión nazi— justo después de que Stalin hubiera diezmado y mantenido a raya al partido. Por ende, aunque las instituciones del partido explican en parte la pervivencia soviética, las pruebas sugieren que el legado de la lucha violenta ofrece la explicación más completa.

Otra teoría institucionalista deriva de los estudios más antiguos sobre el totalitarismo.[348] La gran implantación del Estado y su control de la sociedad, además de la infiltración del partido dentro del Estado, eliminó en la práctica las posibilidades de que existiera oposición organizada o amenazas internas. Sin embargo, de entrada, esta perspectiva no explica la creación del sistema totalitario. Como hemos demostrado en este capítulo, la construcción del Estado totalitario, incluyendo un aparato coercitivo poderoso y la destrucción de los centros de poder independientes de la sociedad, fue un producto directo de la guerra revolucionaria y del violento conflicto contrarrevolucionario.

En último lugar, se debe considerar si algo en las condiciones de Rusia pudo haber facilitado un autoritarismo estable, incluso si no hubiera habido una revolución social. No hay que olvidar que la dinastía prerrevolucionaria de los Romanov sobrevivió cuatrocientos años, y que Vladímir Putin consolidó un autoritarismo estable en el siglo XXI. Debido a que no podemos repetir la historia, resulta imposible descartar del todo esta perspectiva. No obstante, como hemos demostrado en este capítulo, las características del poder soviético que hicieron que el sistema perviviera eran innovadoras en lo fundamental.[349] El Estado soviético cambió de manera radical la sociedad rusa; eliminó las clases y la transformó de agrícola a industrial. El PCUS no poseía equivalente en el régimen zarista. Mientras que la Policía política adoptó técnicas de su predecesora, la Ojrana zarista, la Cheka se fundó con personal de nueva incorporación, que aplicó niveles de violencia y control social sin parangón en el período zarista. El Estado-Partido, que en definitiva penetraba en todos los aspectos de la vida en la Unión Soviética, en esencia representaba un tipo de poder autoritario nuevo. Como se ha visto, este sistema surgió de una secuencia reactiva identificable; una que se repetiría en las otras revoluciones del siglo XX. Nos ocuparemos del resto de los casos en los próximos capítulos.

Capítulo 3

Los orígenes revolucionarios de la persistencia autoritaria en China

La República Popular de China es uno de los regímenes autoritarios más duraderos de la era moderna. Las interpretaciones sobre su poder se suelen centrar en sus varias reacciones «adaptativas» a los cambios acontecidos en el mundo,[1] o bien en el extraordinario crecimiento que tuvo lugar tras las reformas de la economía en los años ochenta y noventa.[2] Aunque la transformación económica de China fue asombrosa, sin lugar a dudas,[3] enfocarse en exclusiva en la historia reciente oculta que, para que dichas reformas llegaran a producirse, los comunistas chinos antes debieron crear un Estado moderno y unificado, para luego sobrevivir a crisis devastadoras en los años cincuenta, sesenta y ochenta.

Debido al estatus que tiene hoy en día, de potencia militar y económica mundial, solemos olvidar cómo hasta hace pocas generaciones China era un Estado frágil, comparable al Afganistán contemporáneo. Antaño un gran imperio, China cayó en un precipitado declive en el siglo XIX bajo el mando de la dinastía Qing. Durante aquellos «Cien Años de Humillación» (1849-1949), rebeliones y guerras civiles carcomieron el país, mientras que las potencias coloniales británica, francesa, japonesa y estadounidense lo esquilmaron. Tras la caída de la monarquía en 1911, ostentaban poder en China caudillos enfrentados, potencias imperiales, bandas criminales y sociedades secretas. Incluso tras la unificación con los comunistas, la expulsión de los imperialistas y la toma del poder en 1949, estos se enfrentaron a grandes crisis que podrían haber acabado con el régimen: una hambruna sin precedentes durante el Gran Salto Adelante, la amenaza de una guerra civil en el período de la Revolución Cultural, o las grandes protestas en medio del colapso comunista general de 1989.

Consideramos que el surgimiento de un Estado y una autocracia poderosos en China siguió a una secuencia de revolución y reacción. Las exigencias de transformar la sociedad durante la Gran Revolución de 1925-1927 condujeron a décadas de guerra civil, en las que se cohesionaron las élites, surgió un estamento militar poderoso y leal[4] y se hizo desaparecer toda alternativa organizada al Gobierno de los comunistas, lo que facilitó su mandato totalitario. Estos legados que dejó la revolución permitieron al régimen sobrevivir a situaciones alarmantes que habrían hundido a regímenes más débiles. El primero, la destrucción previa de los centros alternativos del poder y una estrecha fusión entre partido y Ejército, impidió que aparecieran opositores internos o externos significativos frente a una inaudita hambruna en tiempos del Gran Salto Adelante. El segundo, la existencia de un Ejército poderoso pero leal permitió al régimen resistir durante la Revolución Cultural, en la que Mao Zedong invitó sin tapujos a las facciones a pelearse; forma de actuar que en otras autocracias habría acabado en golpe de Estado. El tercero, la combinación de una élite cohesionada en el partido y una sociedad civil endeble facilitó al régimen sobrevivir a las protestas de Tiananmén mientras el comunismo se venía abajo por toda Eurasia. Aunque la muerte de los veteranos de la revolución en los años noventa desposeyó al régimen de una élite con suficiente prestigio informal para imponer la unidad en momentos de crisis, estas herencias revolucionarias permanecieron intactas en lo esencial, como un aparato coercitivo omnipresente y poderoso, y una relativa desorganización de la sociedad civil. Junto con la exitosa transformación de la economía china, estos tres legados conformaron el resistente andamiaje de su supervivencia.

La secuencia de revolución y reacción y el surgimiento de un autoritarismo duradero

La drástica transformación de China en un Estado fuerte y centralizado a mediados del siglo XX fue el producto de un largo y violento conflicto entre un movimiento revolucionario *político* encabezado por Chiang Kai-shek y su nacionalista Kuomintang contra el movimiento revolucionario *social* de Mao y el Partido Comunista. Los dos partidos revolucionarios lideraron movimientos armados para liberar a China del control de los imperialistas y los caudillos militares. Sin embargo, sus conceptos de revolución eran opuestos. Por un lado, Chiang y el Kuomintang querían unificar China dejando las estructuras sociales intactas y negociar con estos señores de la guerra para incorporar a sus Ejércitos en una fuerza militar de veloz expansión con la que formar un Estado nacional. El Kuomintang logró aunar la mayor parte de China entre 1927 y 1949. Ahora bien, el precio a pagar por estos hitos era una corrupción generalizada y un Estado de absoluta fragilidad. Por el otro, Mao y el Partido Comunista planteaban una vía revolucionaria mucho más arriesgada, y a buen seguro menos racional. En lugar de cooperar con los caudillos y las estructuras preexistentes, el partido buscó destruirlos; en su empeño, casi se aniquilaron a sí mismos en los años treinta. Su método, sin embargo, consiguió provocar una secuencia reactiva tras la revolución que acabó conformando un Estado chino poderoso y centralizado. Este, por primera vez en cinco mil años de historia china, abarcaba todas las comunidades, puestos de trabajo y familias.

Tras la caída de la dinastía Qing en 1911, los primeros intentos de crear un Estado chino moderno fueron los del carismático dirigente nacionalista Sun Yat-sen, al frente del Kuomintang. Este ganó por goleada las elecciones legislativas de 1912.[5] Sin embargo, su victoria carecía de impacto real ante la creciente influencia de los caudillos. El poder en la China de principios del siglo XX estaba en manos de una tupida maraña de variopintas sociedades secretas, bandas criminales, terratenientes y caudillos que actuaban al margen del Estado central.[6] Los cerca de doscientos caudillos que controlaban China formaban una colección heterogénea; entre ellos se hallaban Zhang Zongchang, conocido como «el General de la Carne de Perro», por un juego de apuestas al que era aficionado, o Feng Yuxiang, el General Cristiano, del que se decía que bautizaba a sus tropas con una manguera de incendios.[7] Las pandillas criminales, como la infame Banda Verde de Shanghái, dominaban partes importantes del país.[8]

Sun y el Kuomintang establecieron su primer cuartel en la ciudad sureña de Cantón (Guangzhou) en 1920, esperando esparcir su poder por el resto del país.[9] Su sueño —un Estado chino libre del control extranjero— tuvo apoyo de las élites con estudios de todo el país, que se trasladaron a la ciudad y contribuyeron a que el Kuomintang estableciera elementos fundamentales de un Estado moderno, como el sistema tributario o fuerzas armadas.[10] Sun, del mismo modo que Chiang —jefe del Ejército del Kuomintang que sucedió al primero al mando del partido tras su muerte en 1925—, buscaba una estrategia pragmática con la que unificar China. En primer lugar, a pesar de la oposición del Kuomintang a la lucha de clases y su dependencia del apoyo empresario,[11] el partido aceptó el respaldo de la única potencia deseosa de ayudarles en su campaña antiimperialista: la naciente Unión Soviética.[12] Los dirigentes soviéticos insistían en que el Kuomintang se alineara con el minúsculo Partido Comunista Chino (PCC), formado en Shanghái en 1921 y al que ellos controlaban. A cambio, los soviéticos colaborarían con los nacionalistas para crear las bases de un Ejército moderno en la academia militar de Whampoa. Tomando como modelo al Ejército Rojo soviético, esta nueva formación tenía una disciplina muy superior a la de las fuerzas de los caudillos a los que se enfrentaba.[13]

No obstante, por profesionalizado que estuviera este nuevo Ejército, sus 80.000 hombres no le alcanzaban para enfrentarse a los caudillos, que llegaron a disponer de un millón de soldados a mediados de los años veinte.[14] Por ello, el Kuomintang decidió animar a los caudillos a pasarse a la causa nacionalista.[15] El Kuomintang logró expandirse captando a varios de ellos, como Yan Xishan de la provincia de Shanxi; Zhang Xueliang, el Joven Mariscal, en el noreste; y Feng Yuxiang, el General Cristiano.[16] Estos «oportunistas armados» ofrecían apoyo militar, pero a cambio exigían disponer de considerable autonomía respecto al Kuomintang.[17] El Kuomintang también aceptó en sus filas a los hijos de los terratenientes y las clases altas urbanas, convirtiéndolos a menudo en oficiales de su Ejército.[18]

Esta ecléctica alianza de revolucionarios comunistas, intereses comerciales y caudillos permitió al Kuomintang establecer el Ejército Nacional Revolucionario (ENR), una fuerza de cien mil hombres capaz de unificar a China bajo una sola bandera.[19] Entre 1926 y 1928, la gran alianza del Kuomintang emprendió la Expedición del Norte, que pretendía establecer un Gobierno centralizado a base de tomar regiones controladas por caudillos.[20] Con la absorción en el Kuomintang de caudillos como Feng en lugar de enfrentarse a ellos, el partido se evitó el coste de muchas batallas y expandió con rapidez su presencia territorial con un número de tropas más bien pequeño.[21] En dos años, la Expedición del Norte formó un Gobierno nacional que unía Pekín, al norte, con Guangzhou, en el sur. La solidez del Gobierno le bastó para unificar China y sobrevivir durante veinte años a un clima internacional muy hostil.

Sin embargo, en las filas del Kuomintang, que aunaba variados y contradictorios intereses, empezaba a brotar la inestabilidad. Ante todo, el Frente Unido que agrupaba a nacionalistas y al Partido Comunista impuesto por los soviéticos estaba condenado al fracaso. Aunque ambos partidos eran antiimperialistas, ahí terminaba cualquier similitud entre ellos.[22] Mientras que el Kuomintang deseaba crear una economía capitalista moderna y tenía un fuerte apoyo de la clase comerciante y la élite propietaria de tierras, los comunistas pretendían una revolución social que acabara con el capitalismo y atacara a los terratenientes. En palabras de Harold R. Isaacs, la alianza obligaba al Kuomintang y al PCC a «cabalgar dos caballos que tiraban en direcciones opuestas».[23]

A mediados de los años veinte, esta contradicción estalló en violencia, señalando el inicio de una guerra civil que duró décadas. Entre 1925 y 1927, el PCC condujo la Gran Revolución, una serie de huelgas y manifestaciones masivas que tenían, de entrada, en el punto de mira a las empresas extranjeras.[24] El movimiento obrero urbano, que fue creciendo a partir de 1923, explosionó el 30 de mayo de 1925, después de que las tropas británicas abrieran fuego contra una protesta organizada por los comunistas en Shanghái.[25] El asalto británico dio pie a una oleada de huelgas y boicots a las empresas foráneas de Shanghái, Guangzhou, Hong Kong y otras ciudades.[26] De entrada, el Kuomintang y el empresariado chino estuvieron a favor de las huelgas, ya que se enfrentaban a intereses imperiales y eran útiles para dañar a los caudillos que se oponían al Kuomintang.[27]

Pese a todo, no tardaron en agravarse las tensiones con el entorno de los comerciantes chinos en una oleada de reacción, al tiempo que el boicot a los negocios británicos afectaba a las ganancias. Los piquetes armados empezaron a detener a propietarios chinos de negocios y confiscaron bienes a quienes no estaban a favor del boicot.[28] En el campo, los comités de huelga perjudicaron en especial a los comerciantes de arroz y azuzaron un conflicto con los poderes rurales, lo que empezó a alarmar a los terratenientes.[29]

La Expedición del Norte agudizó las tensiones entre el Kuomintang y los comunistas. Al debilitar las estructuras locales de poder, las victorias del Kuomintang posibilitaron que los militantes comunistas organizaran y promovieran disturbios, con los que propiciaron una avalancha de movilizaciones obreras.[30] Una gran variedad de nuevos sindicatos aparecieron junto a las victorias militares del Kuomintang, y el movimiento obrero creció de manera exponencial en amplias partes del sur.[31]

Al acercar al campo la actividad política comunista, la Expedición del Norte polarizó la sociedad rural y dio origen a una violencia cada vez mayor.[32] Tras las victorias del Kuomintang, la clase hacendada de cada lugar a menudo quedaba disuelta, y la reemplazaban asociaciones comunistas de campesinos, dirigidas por agricultores pobres que apalizaban y mataban a «matones locales» y a «malos señores», saqueaban las misiones cristianas, requisaban las propiedades de los terratenientes y arrestaban a las élites del lugar, a quienes hacían desfilar por las calles portando capirotes.[33] Estas acciones paralizaron el orden económico local, mientras que los campesinos incautaban el grano y bloqueaban los cargamentos de cereales dirigidos a otros distritos.[34] Como es conocido, al ver todo aquello con sus propios ojos, Mao, por entonces un coordinador comunista rural, celebró la violencia en el *Informe de Hunan*, en el que proclamaba: «Una revolución no es un banquete [...]. Sin servirse de sus mayores fuerzas, los campesinos no pueden derrocar la enraizada autoridad de los terratenientes, que ha permanecido en pie mil años [...]. Es necesario crear terror durante un tiempo».[35]

Aquellos ataques contra los intereses consolidados del campo llevaron a una reacción derechista entre la élite del Kuomintang. En particular, entre los oficiales de su Ejército, que en su mayoría eran hijos de terratenientes.[36] Se esparció el rumor de que los comunistas confiscarían las propiedades y «comunizarían» a las esposas.[37]

Tras una serie de huelgas en Shanghái, en el momento álgido del poder obrerista, empezó una contrarrevolución a gran escala. A finales de marzo de 1927, un conjunto de 800.000 trabajadores, parte de los cuales dirigía Zhou Enlai, logró paralizar Shanghái en seco.[38] Los obreros se hicieron con las comisarías y los puestos militares por toda la ciudad, mientras que la policía se deshacía de sus uniformes.[39] Los cabecillas de las huelgas esperaban que el Ejército del Kuomintang, que estaba en camino, los defendería, lo que permitió a Chiang irrumpir en Shanghái sin apenas resistencia.[40] No obstante, la movilización urbana había despertado un gran fervor contrarrevolucionario.[41] El aumento del activismo obrerista ponía en peligro el orden político y económico existente. Los gremios de comerciantes, junto con el crimen organizado de Shanghái, dieron a Chiang apoyo financiero con la esperanza de que aplastaría a los comunistas.[42]

Al romper el alba el 12 de abril de 1927, los habitantes de las sinuosas y angostas callejas de Shanghái despertaron al son de estridentes toques de clarín; así señalaba la célebre Banda Verde de la ciudad que empezaría a erradicar, arrestar o asesinar a los simpatizantes del PCC. Arrastraban a los militantes a la calle, donde les disparaban, los degollaban o apaleaban hasta matarlos.[43] Hubo purgas parecidas en todo el país.[44] A finales de mayo, miles de comunistas habían sido masacrados, abocando al PCC a su práctica destrucción. Las asociaciones campesinas fueron desintegradas o destruidas a manos del Ejército.[45] El partido se vio obligado a la clandestinidad y quedó sin apenas medios ante los asaltos del Kuomintang.[46]

La represión contrarrevolucionaria de Chiang señaló un punto de inflexión en el decurso de la revolución. La masacre de Shanghái exacerbó para siempre la tensión entre el PCC y el Kuomintang,[47] obligando a los comunistas a cambiar su estrategia. Hasta aquel momento, el PCC había tomado a los bolcheviques como modelo, y se concentraba en movilizar a los obreros de las urbes. Como los bolcheviques en 1917, el PCC carecía de una organización militar de verdad. Sin embargo, la masacre de Shanghái enseñó al partido que debía crear un Ejército si quería lograr el poder. Como es conocido, Mao dictaminó en agosto de 1927 que el poder político «hay que conseguirlo con el cañón de un arma».[48] Aquel verano, el partido creó el nuevo Ejército Rojo (más adelante conocido como «Ejército Popular de Liberación» o «EPL»), que protagonizaría la lucha revolucionaria en las siguientes dos décadas.[49] Al mismo tiempo, el partido tuvo que abandonar los centros urbanos de China y ocuparse del campo. Así pues, a diferencia de los bolcheviques, el PCC iba a depender casi en exclusiva del apoyo del medio rural.

El PCC se habría desvanecido en el vertedero de la historia tras la masacre de Shanghái si el Estado chino no hubiera sido tan frágil. Conectado por apenas 3.200 kilómetros de carreteras en los años veinte, China incluía enormes territorios inaccesibles al tráfico rodado.[50] Por ello, el partido tuvo la ocasión de evitar su destrucción retirándose al interior, donde el Kuomintang no lo podía alcanzar.[51] A finales de los años veinte, los defensores del partido habían fundado una docena de bases en regiones provinciales fronterizas de montaña. El partido se servía de las redes de la burguesía local, los caudillos, las bandas criminales y las sociedades secretas que escapaban al control del Kuomintang. En consecuencia, en todos los lugares, como el Shanghái de los años veinte, el Anyuan de 1922 y 1923 o las montañas de Jinggang en 1928 y 1929, el PCC se garantizó su protección «rascando a fondo en el mundo de autócratas y bandoleros locales».[52]

La supervivencia comunista fue facilitada, además, por la decisión de Chiang de construir el Estado chino a través de la consolidación de fuerzas sociales y políticas existentes: una decisión que resultaría en una jerarquía endeble y sin disciplina que encabezaban «caudillos residuales».[53] Los muchos oficiales del Kuomintang que procedían del caudillismo y que saturaban la estructura de poder de los nacionalistas se resistieron a los intentos de agilizar el control central y de eliminar la corrupción.[54] También se negaban a los empeños de crear una organización militar a la soviética, como tampoco permitieron que los comisarios políticos del Kuomintang entraran en sus filas.[55] Al final, el Ejército consistía en un desvencijado «batiburrillo de fuerzas» con una estructura de mando y control precaria en extremo, donde Chiang no era más que el «caudillo más poderoso».[56] Chiang se tuvo que enfrentar casi todo el tiempo al fantasma de la rebelión militar y, de hecho, fue secuestrado durante una temporada de 1936 por un caudillo aliado, Zhang Xueliang.[57] Tamaña desorganización terminó beneficiando a los comunistas, ya que algunas unidades del Ejército del Kuomintang a veces se negaban a entrar en combate contra el PCC y otras incluso se pasaron a los comunistas.[58] También posibilitó que estos últimos escaparan al cautiverio sobornando a los caudillos durante la Larga Marcha (véase a continuación).

En suma, la Gran Revolución y sus postrimerías sirven como elocuente ilustración de la secuencia revolucionaria-reactiva. Una enorme movilización urbana y rural, fomentada por un PCC radicalizado, aterró a la burguesía, a las élites terratenientes y a los conservadores en el Kuomintang, llevando a una guerra contrarrevolucionaria. El resultado fue que el PCC, como una década antes los bolcheviques, se vio obligado a montar un Ejército desde cero y a iniciar una lucha violenta que definiría hasta lo más profundo el carácter del movimiento y, a la larga, del régimen.

El conflicto violento y los pilares del autoritarismo duradero

La destrucción del Partido Comunista en Shanghái señaló el inicio de un conflicto militar que proseguiría apenas sin cesar hasta el fin de la guerra de Corea en 1953. Aquel violento conflicto tuvo tres efectos a largo plazo. El primero fue el de propiciar la cohesión del partido. Como en Rusia, su homólogo de

China, que era leninista en nombre, solo logró unificarse tras una prolongada lucha revolucionaria. La guerra fomentó el surgimiento de una cerrada camarilla, leal a Mao, mientras que su derrota en el campo de batalla barrió de la contienda o desacreditó a otros candidatos al poder. Además, como en Rusia, una lucha encarnizada potenció una mentalidad de asedio dirigida a dos frentes, por el miedo a los enemigos interiores y extranjeros. Las amenazas a su existencia reafirmaron los esfuerzos hechos por Mao de imponer la unidad, purgar de disidentes el partido y centralizar en sus manos el poder.

El segundo efecto fue generar una gran fuerza y lealtad en el Ejército. La guerra contra Japón y la contienda civil de 1946 a 1949 dieron paso a unas grandes y eficientes fuerzas armadas que facilitarían la consolidación del poder por parte del Estado en los años cincuenta. En la práctica, la fusión entre el partido y el ámbito militar imposibilitaba que el Ejército tratara de hacerse con el poder por su cuenta. Así pues, los militares ocuparían un lugar central en la política después de 1949 y permanecerían siempre subordinados a las facciones dominantes del partido.

El tercero fue que la guerra, junto con una transformación social radical, induciría a la destrucción de los principales núcleos de poder, como el Ejército del Kuomintang y los caudillos, además de la tupida maraña de terratenientes menores y sociedades secretas que habían dominado las estructuras locales del poder. Así pues, el PCC llegó a su culmen a principios de los años cincuenta sin centros alternativos de poder a los que enfrentarse, dando al nuevo régimen un enorme campo de maniobras. Un poder estatal muy engrandecido y una implantación sin precedentes hasta lo más profundo de la sociedad china crearon las condiciones que requería el dominio totalitario.

La lucha revolucionaria y el auge de un complejo Estado-Partido cohesionado, 1927-1936

Tras la masacre de Shanghái, el PCC quedó fragmentado y desorganizado.[59] Sumado a las varias fuerzas clandestinas que operaban en ciudades como Shanghái, el partido sobrevivió en forma de una serie de bases aisladas en zonas remotas del país que funcionaban con escasa supervisión de la cúpula.[60]

La situación empeoró a causa del estricto control moscovita. Las repetidas injerencias de la Unión Soviética obligaron a los restantes líderes del partido en Shanghái (la «facción del Comintern») a dictar políticas que en el campo de batalla tenían poco sentido.[61] Se abría una enorme brecha entre la dirigencia política del PCC y los cabecillas militares en las bases. Los líderes regionales que tenían bases de poder independientes (como Mao, que no se pondría al mando del partido hasta 1935) chocaban una y otra vez con los representantes del partido en Shanghái, y a menudo se saltaban sus órdenes.[62] Directrices como las de trasladar tropas, atacar ciudades concretas o consultar con la cúpula a menudo eran desoídas por los líderes locales.

En los primeros años del conflicto, las maniobras del Ejército del PCC también se vieron perjudicadas por una enorme falta de disciplina. Formaba las tropas una mezcolanza de soldados con experiencia y miembros de sociedades secretas y bandidos que preferían el pillaje a la lucha.[63] En una de aquellas primeras rebeliones, el Levantamiento de la Cosecha de Otoño en 1927, los campesinos no disponían del menor adiestramiento en armas y muchos desertaron o se negaron a combatir.[64] Por ese motivo, la revuelta fracasó.[65]

Sin embargo, tras años de lucha armada se fueron cimentando mejoras propias de un ejército más fuerte y disciplinado.[66] Desastres como el del Levantamiento de la Cosecha de Otoño convencieron a Mao y a su cercano aliado en el Ejército, Zhu De, de dedicar amplios esfuerzos a promover la disciplina militar. Se empezó a prestar una considerable atención a la educación política, con el objeto de dotar a los soldados de una misión común.[67] Las escuelas militares ambulantes acompañaban a las unidades allá donde se trasladaban.[68] A los soldados se les enseñaban las «tres disciplinas» y los «ocho puntos de atención», que hacían hincapié en la necesidad de obedecer órdenes, tratar a la población con respeto y prevenir el saqueo.[69] El partido también incrementó el número de comisarios políticos.[70] A principios de los años treinta, el Ejército Rojo ya exhibía una destacable disciplina.

Más que con base en cualquier doctrina particular o una institución formal, debe considerarse la fidelidad del Ejército como obra de la dramática lucha por la supervivencia del PCC durante la Larga Marcha. A principios de los años treinta, Chiang Kai-shek, basándose en consejos de oficiales alemanes, logró un bloqueo efectivo del cuartel principal comunista en la provincia de Jiangxi, que casi destruyó al partido.[71] Sus altos cargos —la troika de Bo Gu, Zhou Enlai y el asesor soviético Otto Braun— decidieron en octubre de 1934 embarcarse en una marcha para impedir su captura y derrota. En un principio cargaban consigo enormes cantidades de equipamiento pesado (incluso una máquina de rayos X que debieron arrojar al río Xiang en plena batalla) y sufrieron pérdidas devastadoras.[72] A finales de diciembre, el Ejército Rojo quedó reducido a la mitad; en su mayor parte, por las deserciones.[73]

Con todo, los intentos del Kuomintang de emboscar a los comunistas y acabar con ellos fueron desbaratados por los ávidos caudillos con los que estaban aliados, y que con frecuencia ignoraban a Chiang cuando les suplicaba que combatieran al PCC. Los comunistas sortearon su destrucción gracias a los cargamentos de dólares de plata mexicanos que Moscú les traía. Con ellos sobornaban a los caudillos para que permitieran pasar a los participantes de la marcha. Muchos de los caudillos preferían conservar su poder a perder tropas en el combate. De hecho, la retirada inicial del PCC desde su base en Jiangxi, en 1934, fue posible gracias a una negociación en secreto con el general del ENR (y líder de la facción militar de Guangdong) Chen Jitang, que permitió al Ejército Rojo cruzar su territorio sin combates.[74]

Además, el partido supo evadir las garras del Kuomintang mediante las flexibles e impredecibles maniobras de Mao, que llevaron a los participantes de la marcha por toda China a través de un tortuoso camino cuya forma se parecía a una *g* cursiva. Durante más de un año, el partido anduvo 9.600 kilómetros a través de veinticuatro ríos, once provincias, peligrosas tierras pantanosas y cinco pases de montañas calzados con zapatillas y sandalias de paja.[75] De los 87.000 soldados que dejaron Jiangxi en octubre de 1934, de 5.000 a 10.000 llegaron a la ciudad de Yan'an, en la provincia de Shaanxi, donde el PCC estableció una base permanente.[76]

La Larga Marcha ayudó a unificar el PCC en más de un sentido. En primer lugar, la supervivencia de una reducida banda de líderes en medio de inimaginables adversidades afianzó una fuerte confianza entre ellos.[77] Los veteranos de la Larga Marcha siguieron predominando en el partido con una tenaz identidad corporativa hasta su muerte en los años noventa.

En segundo lugar, la Larga Marcha fomentó también la unidad del partido con la eliminación de los principales rivales de Mao.[78] Al verse apartados con el inicio de la Larga Marcha, Mao supo servirse de una serie de derrotas militares para planear su ascenso al frente del partido.[79] Catástrofes iniciales, como el desastroso cruce del río Xiang en noviembre, sembraron dudas acerca de la troika moscovita de Bo, Braun y Zhou.[80] Mao, uno de los primeros líderes no implicados en aquellas tempranas debacles, reemplazó a aquel triunvirato y se convirtió en el líder *de facto* del partido en marzo de 1935.[81]

A pesar de todo, prosiguió el conflicto interno en el partido. Mao tenía un rival en Zhang Guotao, miembro fundacional del partido que dirigía una base comunista en el norte.[82] Hacia el final de la Larga Marcha, cuando las fuerzas de Mao se encontraron con las de Zhang en junio de 1935, este último tenía fama de ser el más poderoso de los dos.[83] En septiembre, ambos se consideraban a sí mismos como el representante legítimo del Partido Comunista, abriendo una crisis que «llevó al Ejército Rojo al borde del desastre».[84] Sin embargo, la disputa se resolvió en el campo de batalla. A finales de octubre de 1935, Zhang había perdido a miles de hombres contra el Kuomintang en un fallido intento de capturar Chengdu.[85] Luego, en otoño de 1936, el Cuarto Frente dirigido por Zhang casi quedó aniquilado, dejando a Mao en la cúspide del partido. La supremacía de Mao no sería cuestionada hasta su muerte en 1976.[86]

En tercer lugar, la Larga Marcha fortaleció la unión entre el partido y el Ejército. La llegada al poder de Mao, que había alcanzado su preeminencia en el campo de batalla, implicaba que el poder en el PCC ya no estaba en manos de oficiales ajenos a la lucha armada.[87] Quienes conducían las operaciones militares y al Ejército pasaban a ser uno solo. En 1935, Mao exigió a los líderes del partido ejercer un puesto en el frente.[88] En parte gracias a ello, casi todos los líderes fundadores del régimen revolucionario chino disponían de amplia experiencia militar (Deng Xiaoping incluido, cuyo papel en la guerra civil de 1946 a 1949 le dio sólidas credenciales militares).[89] De hecho, la mayor parte de la población era incapaz de distinguir el partido del Ejército. El Ejército *era* el partido.[90]

La fusión Ejército-partido acrecentó la lealtad militar al tiempo que dificultaba que se produjera un golpe, elevando la autoridad informal de los máximos líderes políticos. También redujo la identidad corporativa del Ejército. Esta indistinción entre partido y Ejército que se formó durante la larga pelea por el poder complicó todavía más que el Ejército pudiera concebir que sus intereses fueran distintos a los del partido. Una amenaza militar a la revolución quedó en efecto eliminada, puesto que «el Ejército *se había convertido* en la revolución».[91]

La cohesión del partido y la construcción del Estado durante la guerra con Japón, 1937-1945

Tras instalarse en Yan'an al término de la Larga Marcha, el PCC se hallaba ya más unificado. El movimiento revolucionario, eso sí, seguía siendo pequeño y fragmentado a lo largo y ancho de la geografía.[92] Reducido a unos 10.000 soldados desnutridos y mal equipados, el Ejército Rojo no estaba listo para enfrentarse al Kuomintang. Para colmo, la invasión japonesa de China en 1937 y la guerra de ocho años que vino a continuación supusieron una amenaza añadida para la supervivencia de los comunistas. Sometida a un bloqueo de 500.000 tropas del Kuomintang y expuesta a bombardeos aéreos periódicos por parte de los japoneses,[93] Yan'an fue una «precaria guarida» entre finales de los años treinta y principios de los cuarenta.[94] Al PCC le atenazaba el miedo a ser infiltrado.[95]

Como sus homólogos de la Unión Soviética, Mao se sirvió de aquella mentalidad de asedio para propagar una devoción casi religiosa a la unidad del partido.[96] Este, enfrentado a la constante amenaza de infiltración por fuerzas japonesas o del Kuomintang, creó una serie de organismos —incluyendo el Departamento de Asuntos Sociales— con los que contrarrestar las actividades clandestinas y a los enemigos del régimen.[97] En julio de 1943, ya se habían detenido a más de mil «agentes enemigos» tras una arrolladora campaña de contraespionaje.[98]

Este era el trasfondo de la Campaña de Rectificación de Yan'an en 1942 y 1943, un programa de educación y autocrítica que solidificaba la cohesión del partido y que extendía una atmósfera cada vez más propia de una secta en torno a Mao. La campaña se fue transformando en una enorme purga que afectó a 30.000 integrantes del partido.[99] Los intelectuales y los artistas críticos con el partido fueron sometidos a intensas «sesiones de lucha»* en las que cientos de participantes proferían insultos y golpeaban a las víctimas durante días seguidos.[100] La atmósfera de extrema amenaza bélica facilitó que Mao justificara la Campaña de Rectificación.[101] Los desacuerdos sobre políticas concretas pasaron a ser traición, y se hostigaba una y otra vez a los críticos internos por traidores.[102] Aunque menos violenta que las purgas de Stalin, esta operación ayudó a detener cualquier disidencia en el partido, además de imponer una intensa disciplina y conformidad que subsistieron durante largo tiempo tras la conquista del poder.[103]

La guerra contra Japón también incrementó con creces el poder militar y político de los comunistas.[104] Aunque la guerra dejó al PCC expuesto ante la agresión japonesa, permitió al partido atraer auxilio externo, a la vez que daba a los comunistas un necesario respiro tras los duros y graves embates del Kuomintang, que a punto estuvieron de eliminarlos.[105] Mientras que Chiang Kai-shek mantenía su compromiso de acabar con los comunistas, numerosos grupos del país —y más tarde,

* Un término muy legitimado por la historiografía, la prensa, obras comunistas, etc. La palabra *lucha*, además, hace referencia a la lucha de clases. *(N. del T.)*

de Estados Unidos— apremiaban a Chiang para que cooperara con ellos. Zhang Xueliang se lo exigía en particular; era uno de los «caudillos residuales» del Kuomintang, y quien secuestró a Chiang en 1936 hasta que aceptase que los comunistas cooperaran con ellos para combatir a Japón.[106] Al final, Chiang se vio forzado a sacar del campo de batalla a sus hombres que luchaban contra los comunistas, y dar a estos últimos asistencia material para su lucha contra los japoneses.[107] Los comunistas también fueron beneficiarios de auxilio militar soviético.[108]

Con todo, la guerra contra los japoneses sirvió para transformar a los comunistas de una pequeña fuerza regional a serio aspirante al poder nacional.[109] El Ejército Rojo creció de unas escasas 30.000 tropas en 1937 hasta comprender más de 900.000 hombres, junto con una milicia que llegaba a los dos millones en 1945.[110] La expansión territorial comunista durante la contienda entrañó que, en 1945, los habitantes campesinos en dominios comunistas pasaran de un millón y medio a noventa millones —una quinta parte de la población de China—.[111] La militancia en el partido creció de unos 40.000 en 1937 a 2,7 millones en 1945.[112] Los comunistas pudieron entonces construir el Estado, crear su propia divisa y financiar estructuras asimilables a las de un Gobierno a través de un sistema de impuestos.[113] En términos más amplios, la guerra aumentó el respaldo popular al PCC, visto como fuerza patriótica adversa a la agresión extranjera.[114]

La construcción del Estado y la destrucción de los centros alternativos de poder, 1946-1949

A pesar de la presión norteamericana y soviética para que se unieran tras la rendición de Japón en 1945, el Kuomintang y el PCC se enzarzaron en una guerra civil de tres años a partir de 1946.[115] Al principio del conflicto, pocos esperaban que los comunistas derrotaran al más poderoso Ejército nacionalista. Sin embargo, el Kuomintang estaba fracturado e infestado de corrupción y falta de disciplina.[116] La ayuda externa a menudo se perdía por el camino y no llegaba a las tropas.[117] La decisión de Chiang Kai-shek de ampliar el Ejército —agregándole una serie de feudos caudillistas— le permitió unificar a China con bastante rapidez, pero también derivó en un Estado débil y vulnerable si atacaban los comunistas, más disciplinados.

Por la guerra civil, el PCC tuvo que desarrollar un potente aparato de Estado. Enfrentados a un enemigo mayor y mejor equipado, los comunistas debían inventar mecanismos más fiables para hacerse (a menudo con el uso de la fuerza) con grandes reservas de caballos, hombres, provisiones y material militar.[118] La guerra de guerrillas pudo haber salvado al PCC de la destrucción en los años treinta; sin embargo, ahora era la guerra convencional —basada en el reclutamiento militar— la que posibilitó que el PCC se hiciera con el poder en 1949.[119] El EPL se expandió muchísimo entre 1945 y 1949.[120] El PCC se vio forzado a movilizar a la población bajo su mando al completo, conduciendo a una militarización casi absoluta allá donde mandaba el partido.[121] Así fue como el PCC sentó las bases de una «enorme burocracia militarizada que se especializaba en lograr tanto el sacrificio de la población a sus órdenes como el de los cuadros de su partido».[122]

La guerra civil revolucionaria también facilitó la destrucción de los centros alternativos de poder. Como se ha dicho antes, buena parte de la China del siglo XX estaba tejida por una compleja maraña de estructuras de poder internacional y localizado: pequeños terratenientes, Iglesias extranjeras y nacionales, caudillos, bandas criminales, sociedades secretas y redes de clanes. En estas estructuras se refugiaban tanto el bandidaje como la oposición política.

Sin embargo, la guerra y los esfuerzos del PCC por transformar del todo a la sociedad china dañaron a estos núcleos rivales de poder. La guerra contra las fuerzas invasoras de Japón acabó con buena parte de la estructura estatal y social anterior a 1937. Hacia el 1945, las «estructuras de la sociedad y el Gobierno apenas si existían» en grandes zonas del país.[123] Las numerosas élites locales que habían colaborado con los japoneses se convirtieron en objeto de venganzas, debilitando así su control del poder.[124] La guerra civil también incentivó al PCC a aniquilar al Kuomintang, a ir a por los bandidos y otros grupos de la sociedad que otrora habían servido como protección pero que en aquel momento lastraban el esfuerzo bélico.[125] La destrucción de aquellas fuerzas propició que el PCC fundara nuevas estructuras de poder local y regional.[126]

Además, la transformación social alcanzó grandes magnitudes durante el conflicto civil. *Fanshen* ('dar la vuelta'), una idea radical de cambio social propuesta por Mao,[127] prendió entre los comunistas y llevó a la adopción de una reforma agraria radical en las tierras controlados por el PCC en 1946 y 1947.[128] Las medidas tomadas se volvieron más severas hasta su cenit en octubre de 1947 con la Propuesta de Reforma Agraria, que eliminaba los derechos de titularidad de cualquier propietario de tierras, santuario ancestral, escuela, templo o monasterio.[129] La cúpula del partido instigó un conjunto de campañas políticas y terror revolucionario dirigidos a las antiguas élites.[130] La violencia se «convirtió en el catalizador fundamental del cambio».[131] Las sesiones de lucha, que incluían a comunidades enteras, se orquestaban contra los ricos y poderosos de cada lugar.[132] Los militantes atacaban a familias enteras y se quedaban con su propiedad, llegando a abrir tumbas para confiscar bienes que la gente ocultaba ahí.[133] La conmoción «se esparció como un vendaval entre las aldeas», haciendo añicos el antiguo sistema de tenencia y arrendamiento hasta hacerlo irreconocible.[134] Los campesinos pobres y desposeídos ocuparían el lugar de la antigua élite terrateniente.[135] En algunas zonas de disputa, el partido moderó sus exigencias para poder salvaguardar ciertas alianzas con colectivos acaudalados.[136] Sin embargo, una vez se retiraron las fuerzas de Chiang y la victoria del PCC ya se daba por hecha, el partido volvió a iniciar la reforma agraria. En el noreste, el partido impulsó campañas para «barrer el patio» en las que se revisitaban las sesiones de lucha y las confiscaciones de tierras.[137] Un alud de terror rojo se llevó al mundo rural por delante, puesto que los militantes de cada aldea estaban acostumbrados a atacar a sus enemigos de las aldeas circundantes, de quienes se sospechaba que protegían a miembros de las familias de la élite.[138]

Estas medidas intensificaron la secuencia revolucionaria-reactiva. Ante una amenaza para su propia existencia, los grandes terratenientes no tuvieron otra que dar apoyo al Kuomintang y luchar contra los comunistas o escoger el exilio.[139] Ello, a su vez, animaba al PCC a seguir exterminando a los dueños de tierras.[140] Al final, el *Fanshen* dañó de gravedad a los centros alternativos de poder que pudieran haber sido rivales para el PCC y con él se allanó el camino para una expansión sin precedentes del alcance estatal.[141]

La guerra de Corea y la destrucción de los centros alternativos de poder

En octubre de 1949, los comunistas chinos se hicieron con el mando del país, obligando a Chiang Kai-shek a emprender la huida con gran parte de su Ejército a la cercana Taiwán. Una vez en el poder, el PCC no moderó sus políticas. Mao, que consideraba inevitable una guerra contra Estados Unidos, se negó incluso a *plantearse* el reconocimiento diplomático a las potencias occidentales, ya que daba por sentado que sus emisarios servirían como asidero para fuerzas contrarrevolucionarias.[142] En 1948-1949, el régimen mantuvo durante un año bajo arresto domiciliario al diplomático estadounidense Angus Ward y a veintiún trabajadores más, acusados de espionaje.[143]

La hostilidad del Gobierno revolucionario hacia Occidente provocó el éxodo de masas de extranjeros, quienes habían ejercido durante tanto tiempo el poder en China. Todos los activos y propiedades foráneas quedaron congeladas o se confiscaron.[144] Un influjo masivo de refugiados abandonó sus costas.[145] La práctica totalidad de los extranjeros se vio obligada a dejar el país, mientras que el turismo y el contacto con los chinos de ultramar cesaron.[146] Presionadas por las nuevas autoridades chinas, las empresas exteriores se evaporaron.[147] Las misiones extranjeras, como el resto de las iglesias, se clausuraron; en 1953, casi todas se habían ido.[148] Los intereses de otros países que tan omnipresentes habían sido en China desde finales del siglo XIX de pronto se esfumaban sin dejar rastro.

Mao, que veía en China un «nuevo tipo de actor internacional» que «iba a romper con los principios y los códigos de conducta existentes en las relaciones internacionales»,[149] mandó a tres millones de tropas a Corea para combatir contra Estados Unidos en 1950.[150] El conflicto coreano, con cerca de un millón de muertos,[151] intensificó la mentalidad de asedio del régimen. La intervención de Estados Unidos en Corea insufló esperanzas entre los líderes del Kuomintang de que el PCC podía ser derrotado, lo que motivó numerosas operaciones de sabotaje al nuevo régimen sufragadas por el Kuomintang.[152] La guerra creó una amenaza auténtica de contrarrevolución, financiada esta vez por la principal potencia del planeta y un número inaudito de enemigos en el propio país.[153]

Por su cuestionamiento al orden nacional e internacional, China se encontró con amenazas externas endémicas que exacerbaban la mentalidad de asedio del régimen y motivaban la destrucción de centros autónomos de poder. El miedo a una invasión de Taiwán o Estados Unidos creaba una necesidad apremiante de erradicar a potenciales enemigos.[154] La guerra de Corea inspiró los «Tres Antis», lanzados contra los cuadros corruptos, así como los «Cinco Antis», contra la burguesía.[155] A principios de 1950, el PCC inició una campaña para eliminar a los «contrarrevolucionarios», término que podía englobar a cualquiera, desde antiguos líderes del Kuomintang a líderes locales populares; a bandidos, sectas religiosas o sacerdotes.[156] Aquella campaña se enfrentó también a sociedades secretas, grupos criminales y sectas religiosas que pudieran poner en aprieto al régimen.[157] El Gobierno echó el cerrojo a templos, santuarios, monasterios y otras instituciones religiosas.[158] Al final, se fulminó cualquier forma de resistencia organizada y se acabaron con los vestigios de las redes clandestinas nacionalistas.[159] Hacia mayo de 1951, más de 2,5 millones de «reaccionarios» habían sido arrestados, mientras que otros 710.000 fueron ejecutados, según cálculos del propio régimen.[160] Hubo millones de asesinados durante las diversas campañas que se gestaron en los tres primeros años del régimen.[161]

Es probable que se hubieran llevado a cabo muchas de las operaciones de los años cincuenta incluso si el trasfondo no hubiera sido bélico. Sin embargo, la guerra de Corea y otras amenazas internacionales generaron una potente racionalización a favor de eliminar a los potenciales enemigos y exigió poner en práctica un cambio social radical.[162] En efecto, aunque los líderes expresaron en un principio que la reforma agraria iba a ser gradual, Pekín empezó a ordenar medidas cada vez más radicales y que se exacerbara la lucha entre clases rurales una vez hubiera entrado China en el conflicto coreano.[163] Al final de aquella campaña, unos veinte millones de personas habían sido tachadas de propietarias y más del 40 por ciento de la tierra cambió de manos.[164] En 1952, casi un millón de terratenientes y sus familiares habían sido asesinados.[165] A consecuencia de ello, los señoríos chinos fueron reemplazados por una nueva élite rural de jóvenes militantes campesinos, implicados en el PCC.[166] Así pues, la guerra revolucionaria y una transformación radical de la sociedad acabaron con la eliminación de importantes núcleos de poder que tal vez habrían servido de freno a los comunistas tras 1999.

El conflicto revolucionario resultó esencial para crear el sistema totalitario de China. Que se desmantelaran las estructuras tradicionales de autoridad local permitió la expansión y la penetración del poder comunista dentro de ámbitos de la sociedad que nunca se habían sometido a un control central directo.[167] Los oficiales del partido y los «comités de pobres» pasaban semanas en todas y cada una de las aldeas catalogando a las familias según clases sociales concretas.[168] Junto con la guerra, la reforma rural permitió al PCC esbozar una nueva autoridad política, omnipresente y disciplinada.[169] En concreto, los «ajustes de cuentas» y la confiscación de tierras en los años cincuenta descubrieron grandes reservas de riqueza hasta entonces oculta. Asegurándose de que el *Fanshen* alcanzara sus objetivos, tanto campesinos pobres como integrantes del partido se aprovechaban de las sesiones de lucha para localizar el paradero oculto del dinero y otros objetos de valor de las eminencias de cada sitio.[170]

En cuanto a las ciudades, la transformación revolucionaria incluyó la creación de un sistema de *danwei* ('unidades de trabajo') en el que casi todos los urbanitas fueron incluidos hasta la era reformista de los años noventa. El *danwei* otorgaba empleo y casa, además de acceso a una amplia variedad de beneficios sociales, desde comida a destinos de vacaciones. También resultaba un mecanismo eficiente de vigilancia por el Estado-Partido.

A modo de resumen, a pesar de que China inauguró el siglo XX con uno de los Estados más débiles del mundo, la larga secuencia reactiva que vivió generó los tres pilares en que se basa un autoritarismo duradero. En primer lugar, la guerra revolucionaria fundamentó la creación de una camarilla de élites del partido. Al encender una intensa mentalidad de asedio a dos frentes, el conflicto revolucionario pudo justificar la purga de sus enemigos y la centralización de la autoridad del partido. En segundo lugar, un conflicto prolongado motivó la creación de unas fuerzas armadas poderosas, de gran disciplina y lealtad. La duración y la brutalidad de la contienda propiciaron la aparición de líderes políticos muy ligados al Ejército, eliminando las intensas diferencias entre el partido y el Ejército que habían fastidiado al PCC entre finales de los años veinte y principios de los treinta. En tercer lugar, la guerra y una transformación social radical tuvieron como resultado la aniquilación de varios núcleos alternativos e importantes de poder en la sociedad china. La partida de empresas y misiones extranjeras, la derrota del Kuomintang o la eliminación de los hombres fuertes locales, sociedades secretas, sectas y demás entramados informales de poder permitieron al PCC quedarse sin rivales importantes hacia mediados de los años cincuenta y propiciaron que se crearan estructuras de un Estado totalitario que llegaban a todos los ámbitos de la sociedad.

La durabilidad del régimen revolucionario después de 1949

El régimen revolucionario de China ha demostrado una extraordinaria capacidad de pervivencia. Tras 1949, el PCC se tuvo que enfrentar a tres grandes conflictos: una hambruna enorme durante el Gran Salto Adelante; la Revolución Cultural, que llevó al país al borde de la guerra civil; y las protestas de Tiananmén de 1989. Como veremos, gracias a las lecciones de la revolución el Gobierno eliminó a los opositores antes de tiempo durante el Gran Salto Adelante y la Revolución Cultural, y pudo suprimir con celeridad las grandes amenazas que se plantearían en 1989.

El Gran Salto Adelante

Se suele considerar el Gran Salto Adelante (1958-1960) como una de las mayores catástrofes de la historia humana moderna. El ardor revolucionario llegó a producir una hambruna creada por el hombre que se cobró treinta millones de vidas.[171] Tras el arrebato al que condujo el triunfo de la revolución y la inspiración de las victorias soviéticas, el PCC intentó transformar China en una potencial industria mediante pura fuerza de voluntad.[172] Inspirado por la promesa de Jrushchov de sobrepasar a Estados Unidos en solo quince años, Mao declaró que China alcanzaría el nivel británico de producción de acero en quince años también.[173] En marzo de 1958, Mao reclamó la necesidad de incrementar los objetivos de producción[174] y, tres meses más tarde, en una reunión en su piscina en Zhongnanhai, resolvió que China superaría a la metalurgia del Reino Unido en apenas *dos* años.[175] No hubo dirigente del partido que se atreviera a cuestionarlo. El líder del PCC Chen Boda anunció que, bajo las nuevas condiciones socialistas, un día era equivalente a veinte años.[176] Ignorando a los expertos «burgueses», Mao presionó a la dirigencia provincial para que trasladaran a decenas de millones de jornaleros del campo a proyectos gigantescos y mal diseñados de abastecimiento de agua.[177] A principios de 1958, uno de cada seis chinos trabajaba a pico y pala; muchos de ellos en proyectos que no sirvieron de nada.[178] En lo esencial, toda planificación se abandonó y tomó su relevo un «frenético proceso de elaboración de programas nuevos, aumento de los objetivos y vuelta a empezar».[179]

A mediados de 1958, el Gobierno decidió incrementar la producción de acero, sirviéndose para ello de pequeños altos hornos «rústicos».[180] En lugar de construir grandes infraestructuras metalúrgicas, el Gobierno promovió el concepto de «industria en todos los condados».[181] En el otoño de aquel año, se estima que un 10 por ciento de la población china había sido movilizada para producir acero en centenares de miles de pequeños hornos, donde con frecuencia se fundían utensilios del hogar y equipamiento agrícola.[182] Al final la campaña produjo unos niveles inconcebibles de deshechos y enormes cantidades de acero inservible.[183] Al mismo tiempo, el campo recibió presiones para introducir técnicas agrícolas contraproducentes (muchas de ellas importadas de la Unión Soviética) como la «plantación cercana» o el sembrado en profundidad de grano, que condujo a un desperdicio gigantesco de recursos.[184] Se derribaron tanto viviendas como el resto de los edificios cercanos, construidos con ladrillos de adobe, para reciclarlos como fertilizante.[185]

Durante ese período se colectivizaron los terrenos a toda prisa mientras el país se iba organizando en comunas.[186] Se podría decir que la propiedad privada de la tierra quedó abolida a finales de 1958,[187] mientras que el 90 por ciento de las familias rurales integraron a la fuerza 23.397 comunas.[188] Los campesinos se vieron obligados a entregar casi todas sus posesiones particulares.[189] Como parte de la utopía de introducir el comunismo y eliminar la familia nuclear, también se implementaron las cocinas comunales.[190] Las familias tenían prohibido cocinar en casa y se les obligaba a caminar kilómetros para llegar al comedor más cercano. Las comunas no tardaron en verse incapaces de llegar a las cantidades prometidas de alimentos y otras necesidades, al tiempo que el incentivo para trabajar se desvanecía.[191] Aun así, Mao, a quien llegaban informes falseados sobre el auge de la producción, se inquietaba por si en realidad no estarían produciendo *demasiada* comida, y a finales de 1958 ordenó, por consiguiente, que se redujera la proporción de tierras destinas a la obtención de alimentos.[192]

Estas medidas sumieron a China en una insólita miseria.[193] El trasvase de la mano de obra a proyectos de distribución de agua y producción de acero contribuyó a un drástico descenso en la producción de alimentos.[194] Con frecuencia se dejaban pudrir las cosechas mientras los campesinos se afanaban en la fabricación de acero.[195] Los cuadros, bajo una enorme presión de llegar a objetivos de producción impracticables, se dedicaron a confiscar el grano, como en la colectivización soviética, con maneras más propias de una campaña militar contra el campesinado.[196] Incluso en medio de una gigantesca hambruna, millones de toneladas de cereal siguieron exportándose al extranjero.[197] «Pocas veces la voluntariosa búsqueda de un ideal ha resultado en tales devastadores resultados.»[198]

Las infaustas consecuencias del Gran Salto Adelante provocaron divisiones muy significativas, aunque soterradas, en la cúpula del partido.[199] Sea como fuere, Mao ya se había asegurado el dominio incuestionable a principios de los años cuarenta.[200] Había sabido utilizar la fuerte disciplina del partido, surgida a finales de los treinta, para imponer unidad entre los miembros de mayor rango.[201] Por ende, nadie en los máximos escalones del partido se opuso al Gran Salto Adelante cuando se inició, a principios de 1958, mientras que los altos oficiales aplicaron el programa con diligencia, a pesar de haber expresado serias (y fundadas) preocupaciones sobre tales medidas «precipitadas» de desarrollo en 1956 y 1957.[202]

El relato acerca del Gran Salto Adelante tiende a centrarse en qué llevó a Mao a imponer tales medidas, y en la magnitud del desastre que comportaron.[203] Sin embargo, también merece la pena hacer hincapié en la tremenda capacidad de movilización que requería aquel programa. Aunque falsificar las cifras era una rutina,[204] es indudable que el partido fue muy diligente a la hora de motivar a un enorme número de campesinos a ejercer una actividad contraria a sus intereses inmediatos, como dejar de lado la producción de alimentos en favor de esfuerzos utópicos de construir embalses y fabricar acero.[205] «Arrancar el grano de las bocas de campesinos hambrientos no fue tarea fácil.»[206]

Para llevar a cabo aquel ambicioso plan, la cúpula central recurrió a quince millones de miembros del partido, unidos por una organización militar desarrollada durante veinte años de lucha violenta.[207] Enormes «contingentes de inspección» de militantes del partido, enviados a las aldeas en verano y otoño de 1958, aseguraban que se pusiera en marcha la campaña.[208] Los militantes del partido se apoyaban en las sesiones de lucha y otras técnicas procedentes de la revolución para hacerla cumplir.[209] Además, el Ejército aportó más de 59 millones de jornadas trabajadas a proyectos industriales y agrícolas en 1958, junto a la asistencia en el transporte de los hornos rústicos.[210]

Se podría suponer que estas desastrosas políticas habrían engendrado oposición. Sin embargo, las décadas de guerra civil revolucionaria, junto con los tres años de conflicto posrevolucionario en Corea contribuyeron a mitigar todo cuestionamiento del partido y su autoridad.[211] Además, a diferencia de los años veinte y treinta, ya no existía una amplia red de sociedades secretas, bandas criminales y estructuras locales de poder en las que se pudiera esconder la oposición. Suponiendo que esta pudiera brotar de nuevo, se habría tenido que enfrentar a un Ejército muy bien equipado que superaba los cuatro millones de unidades, y que ahora contaba con presencia hasta en el último rincón del país.[212]

Es bastante probable que la mayor amenaza en potencia procediera del Ejército. El Gran Salto Adelante encarnaba el tipo de medidas fallidas que en otros casos han comportado una intervención militar.[213] Muchos oficiales del EPL se oponían a incluir al Ejército en tareas no militares de respaldo para el Gran Salto Adelante.[214] Por otro lado, ante las crecientes tensiones con Taiwán en 1958, Mao organizó milicias populares, cuestionando las prerrogativas del Ejército; una decisión que en otros países habría podido incitar al golpismo. Con las milicias volvió el «espectro de hordas campesinas llevando rifles e incluso espadas o lanzas al combate» que resultaba «anatema entre algunos oficiales».[215] Por si fuera poco, el Gobierno ordenó que fuera el Ejército quien preparara y abasteciera a las milicias con preciado equipamiento militar.[216] Según parece, Mao temió que se produjera un golpe en ese período.[217] De hecho, el golpe de 1964 en Indonesia fue, en parte, una reacción a los planes de Sukarno de repartir armas cortas entre los obreros y campesinos.[218]

Las tensiones más graves entre civiles y militares surgieron durante la Conferencia de Lushan, en el verano de 1959. Al ministro de Defensa, el general Peng Dehuai, le preocupaba el impacto del Gran Salto Adelante y quiso compartir su opinión en privado con Mao durante la conferencia. Al encontrar a Mao dormido, Peng le dejó una carta en la que loaba los «grandes logros» del Gran Salto Adelante pero donde criticaba aspectos clave de la campaña, como las cocinas comunales, las «brisas de exageración» y las milicias, que Peng consideraba nocivas para el EPL.[219] Peng no parecía dispuesto a enfrentarse a Mao y solo quería animarlo a proseguir con medidas que el presidente ya había iniciado.[220] No obstante, Mao consideró aquella carta intolerable, y la mandó copiar de inmediato para repartirla entre los participantes de la conferencia. Mao, a continuación, atacó de frente a Peng.[221]

Él era uno de los generales de mayor rango y consideración en China. Se había unido al partido en 1928, contribuyó a la dirección del esfuerzo bélico durante la guerra contra Japón, fue miembro del Politburó desde 1936 y encabezó las fuerzas chinas en la guerra de Corea. Debido a su estatus, junto con el descontento generalizado tanto dentro del partido como en el Ejército, se habría esperado que la plana mayor del régimen saliera en su defensa. Por el contrario, casi ninguno de los compañeros de Peng en el Ejército medió palabra a su favor.[222] La fusión entre el partido y el Ejército complicaba que los militares actuaran de forma autónoma contra el partido, ni siquiera en aquel contexto de crisis, cuando los principales intereses del Ejército estaban amenazados. Por el prestigio y la autoridad militar de Mao, nadie osaba llevarle la contraria, y Peng quedó apartado.[223]

En definitiva, que la República Popular China pudiera iniciar el Gran Salto Adelante y que encima lo sobreviviera fue consecuencia directa de décadas de lucha revolucionaria. La creación de un enorme y disciplinado Estado-Partido, junto con la destrucción de los demás centros de poder facilitaron que el partido adoptara con presteza políticas radicales y evitara el surgimiento de cualquier amenaza considerable ante la crisis resultante. Al mismo tiempo, la cercanía entre las estructuras del partido y el Ejército despojaba a los militares de la autonomía necesaria para poner en jaque al nuevo régimen.

La Revolución Cultural

> Que todo se desmorone; eso es lo mejor que podría suceder.
>
> MAO ZEDONG, agosto de 1966[224]

La Revolución Cultural (1966-1976) puso en marcha la crisis más grave a la que se enfrentaba el régimen desde su ascenso el poder.[225] No tenía parangón, en el sentido de que la principal amenaza para la supervivencia del régimen no procedía de enemigos exteriores, conspiradores militares o protestas sociales, sino de su mismísima cúspide.[226] En 1966 y 1967, Mao decidió fomentar la destrucción de un Estado-Partido que llevaba cuarenta años gestándose. Su decisión condujo a un gigantesco vacío de poder y por poco desembocó en una guerra civil.[227] La capacidad del régimen para sobrevivir a la crisis se explica en parte a causa de lo que heredó de la revolución, gracias a la cual los líderes revolucionarios tenían a un Ejército efectivo y leal a su disposición. Las fuerzas armadas eran lo bastante poderosas como para devolver al orden el país, pero no lo bastante autónomas para servirse de su poder y enfrentarse al régimen.

La Revolución Cultural se inició en un contexto de insatisfacción por parte de Mao por la gestión revisionista de la política económica tras el Gran Salto Adelante.[228] En mayo de 1966, Mao propuso activar el Grupo Central de la Revolución Cultural (GCRC), liderado por Chen Boda; Jiang Qing, esposa de Mao; Kang Sheng; y otros de sus más radicales partidarios.[229] En mayo y junio, guardas rojos que estudiaban en universidades de élite empezaron a atacar a profesores y administrativos por su conducta burguesa, elitista y contrarrevolucionaria. Aquel mismo verano, grupos de los guardas rojos dieron paso a un «Terror Rojo», en el que destruyeron artefactos culturales, además de asaltar y allanar hogares de familias pudientes.[230] Aun sin impartirles instrucciones claras, Mao animó al movimiento estudiantil de la Guardia Roja a «bombardear los cuarteles generales» y hacer acto de presencia en un enorme acto en la plaza de Tiananmén aquel 18 de agosto.[231] Todo el mundo en China, a excepción de Mao, podía resultar atacado.[232] El movimiento de la Guardia Roja se afianzó a lo largo y ancho del país, y a finales de 1966 ya había entrado en las fábricas y academias militares.[233]

En efecto, Mao pensaba que solo se podía desplegar aquel movimiento de masas si se desmontaba el mismísimo aparato central del partido.[234] De ese modo, Mao expulsó al líder del partido, Liu Shaoqi, a Deng Xiaoping y a otros altos cargos, muchos de los cuales eran históricos de la Larga Marcha.[235] A mediados de 1966, el Comité Central del partido fue sometido a purgas y cesado.[236] Mao desconectó al partido del Ejército,[237] y el secretariado fue desmantelado del mismo modo que en el Departamento de Organización no quedó nadie.[238] Las estructuras del partido, tanto en la capital como en todo el país, quedaron inoperativas.[239] En muchas regiones pasearon a los líderes por las calles con capirotes en la cabeza.[240]

Tras eliminar a la mayor parte del partido, poco quedaba que Mao u otros pudieran hacer por atajar las luchas faccionalistas en el seno de la dirección.[241] Todo ello alcanzó su paroxismo cuando se hizo entrega del poder al grupo errático, díscolo e inexperto que lideraba la esposa de Mao, antigua actriz de cine.[242]

China se sumió en el caos.[243] Las principales expresiones de poder totalitario, como las cortapisas para trabajar y residir en las urbes, se desmoronaron.[244] Entre un 70 y un 90 por ciento de los cuadros de los ministerios principales fueron destinados al campo, privando al Gobierno central de cualquier medio para controlar el país.[245] En muchas zonas, la autoridad del Estado se descompuso.[246] En sitios como Shanghái las organizaciones locales del partido se enfrentaron en una cadena de disputas por el poder y estallaron combates armados en las ciudades de toda China.[247] Las grandes poblaciones se volvieron ingobernables.[248]

Incluso el EPL, la única institución estatal coherente que permaneció intacta,[249] fue objeto de ataques politizados.[250] Los radicales exigían que los líderes del EPL fueran sometidos a sesiones de lucha.[251] El 18 de julio de 1967, Mao, por temor a que el EPL apoyara a las facciones derechistas, reivindicó que los estudiantes de izquierdas y los obreros se armaran, desatando un «enorme caos» que conduciría al país a las puertas de un conflicto civil.[252] El desorden se extendió por todo el territorio. Hubo al menos un caso en que los prisioneros del gulag chino se hicieron con las armas.[253] Haber armado a los estudiantes logró que batallas que antaño se habían librado con lo que se tuviera a mano se convirtieran en auténticas intervenciones militares.[254]

El colapso del poder del Estado y del partido puso en serio peligro la supervivencia del régimen. Jing Huang considera que la contienda descontrolada entre facciones de la cúpula llegó a representar una amenaza al poder de Mao.[255] No cuesta imaginar cómo semejante caos, en medio de una grave crisis económica, podría haber conducido a que parte de la oposición tramara un golpe militar.

No obstante, son varios los factores que contribuyeron a la supervivencia de la República Popular China. El primero fue que Mao devolvió su apoyo al partido en 1970-1971, apenas unos años después de destruirlo, y que el aparato pudiera restablecer pronto su autoridad.[256] El segundo fue que la supervivencia del régimen venía facilitada porque las décadas de conflicto revolucionario violento ya habían destruido cualquier alternativa organizada al PCC. Las fuerzas de la oposición apenas si contaban con medios para aprovechar la oportunidad política que abrió la Revolución Cultural.

Lo tercero y más importante es que el EPL, «la Gran Muralla» del comunismo chino,[257] fue capaz de restaurar el orden y de sofocar cualquier desafío en ciernes. En agosto de 1967, Mao se apartó del abismo, y exhortó al EPL a restablecer la normalidad, además de ordenar el arresto y oprobio de cualquier implicado en los ataques contra las fuerzas armadas.[258] Desde finales de 1967 hasta 1971, el Ejército tuvo un papel protagonista sofocando rebeliones a lo largo y ancho del país.[259] Una «orgía de represión» deshilachó las fuerzas rebeldes con violencia,[260] mientras que en 1968 gran parte de la Guardia Roja ya había quedado desmantelada.[261] Se incorporaron grupos de trabajo liderados por el Ejército para recuperar el control de las universidades.[262] Fueron purgados casi un millón de cuadros.[263] Al final, la mayoría de aquellos que habían obedecido a Mao contra las autoridades fueron castigados.[264]

Cuando se celebró el noveno congreso del partido, en 1969, el Ejército volvía a ser la institución más poderosa de China, y el mariscal Lin Biao fue nombrado sucesor de Mao.[265] El Ejército se convirtió en la máxima autoridad administrativa y política en las provincias de China.[266] Las tensiones bélicas y escaramuzas en la frontera soviética en 1969 dieron todavía más alas a los militares.[267] Temiendo que la URSS invadiera por sorpresa, Lin ordenó al Ejército que estuviera listo para una guerra inminente.[268]

Por supuesto, no faltaban motivos para que el Ejército estuviera tentado a arrebatarle el poder a Mao. La Revolución Cultural resultaba con seguridad una «tormenta perfecta» para un golpe militar. *Todas y cada una* de las precondiciones que suelen inducir a un golpe —autoridades civiles endebles y divididas, el fracaso de estas para lidiar con los problemas del país, injerencia militar en la seguridad nacional o ataques contra intereses militares— se dieron en China entre 1966 y 1970.[269] La exhortación directa a la violencia, de hecho, y la incitación a los rebeldes contra los oficiales mantuvieron en vilo al EPL, entre cuyos mandos se empezó a gestar una grave tensión.[270] A principios de 1967, la máxima comandancia se enfrentó abiertamente con el GCRC en lo que terminó por conocerse como «Contracorriente de Febrero».[271] Más tarde, en julio de 1967, en Wuhan, los comandantes militares de la ciudad tomaron un tiempo como rehén a uno de los líderes del GCRC, hasta que pudieron someterlos y llevarlos a Pekín.[272] A la vista de estas tiranteces, Mao y otros dirigentes expresaron más de una vez su miedo a un golpe.[273] En particular, el importante papel de Lin Biao, que acabó con la revuelta en Wuhan y fue muy eficaz movilizando tropas tras las amenazas soviéticas, intimidaba a Mao.[274] Lin, cuya sucesión a la presidencia del partido estaba incluida en la Constitución, murió en extrañas circunstancias junto con toda su familia en septiembre de 1971 al estrellarse su avión en Mongolia, mientras se dirigía a la Unión Soviética. Según la versión oficial china de los acontecimientos, Lin había huido después de que su hijo, Lin Liguo, tramara un golpe que las autoridades habían descubierto.[275]

Sin embargo, nunca se produjo un golpe que lograra sus fines contra el régimen, y tampoco se llegó a intentar de verdad. El levantamiento de Wuhan no fue más que una rebelión localizada y fue acallada al poco tiempo.[276] Asimismo, aunque el «caso Lin Biao» sigue siendo uno de los más intrigantes misterios de la historia china moderna, sí resultan claros dos aspectos. Por un lado, mientras que la existencia de una *conspiración* golpista es posible, nunca la quisieron poner en marcha. Lin Biao y su hijo no murieron tratando de derribar el régimen, sino en plena fuga del país. Por otro lado, incluso de haber tramado el hijo de Lin o el propio Lin Biao derrocar a Mao, ningún oficial militar importante les habría apoyado.[277] De hecho, el incremento en el poder del Ejército de 1969 a 1971 fue idea de Mao, y no de los altos cargos militares.[278] Los generales que se incorporaron al partido en el noveno congreso estaban más vinculados a Mao que a Lin Biao.[279] Por ende, en general, la cercanía entre líderes civiles y militares durante las décadas de lucha armada revolucionaria generó un elevado grado de lealtad militar, incluso cuando la autonomía del Ejército corría peligro.

La mezcla de intervención militar y subordinación al partido quedó patente de nuevo tras la muerte de Mao, de un ataque al corazón, el 9 de septiembre de 1976. En sus últimos años, Mao había favorecido a los auspiciadores de la Revolución Cultural conocidos como la «Banda de los Cuatro».[280] Apenas un mes después de que Mao falleciera arrestaron a los cuatro, en lo que Roderick MacFarquhar y Michael Schoenhals califican de «golpe militar»[281] y que terminó instalando a Deng Xiaoping en el poder. No obstante, el término *golpe militar* resulta engañoso. Aunque eliminar a la Banda de los Cuatro fue idea del Ejército, su artífice y ejecutor era el máximo oficial del *partido* en aquel momento, el nombrado sucesor de Mao, Hua Guofeng.[282] Hua había sido partidario de la Revolución Cultural, pero Jiang Qing le había apartado y temía que la Banda de los Cuatro lo expulsara si no hacía algo.[283] Hua tenía el respaldo de los viejos veteranos de la Larga Marcha, como Ye Jianying, Li Xiannan o el antiguo guardaespaldas de Mao, Wang Dongxing.[284]

En definitiva, la herencia de la revolución dotó al régimen de herramientas con que superar la crisis que el propio Mao provocó durante la Revolución Cultural. Tras haber desmantelado importantes pedazos del Estado-Partido chino y de conducir al país hasta el borde de una guerra civil, Mao pudo confiar en su eficaz y leal fuerza militar para devolver al régimen a su cauce tras haberlo dejado al límite del precipicio. Tras la muerte de Mao, la facción del PCC defendida por los veteranos de la Larga Marcha seguiría contando con la lealtad del Ejército. La incomparable autoridad de la primera generación volvería a ser decisiva una década más tarde, durante la crisis de Tiananmén.

La crisis de Tiananmén

La tercera gran crisis a la que tuvo que enfrentarse la República Popular China (RPC) tuvo como origen las gigantescas manifestaciones que, tanto en la plaza de Tiananmén como en otras ciudades, estremecieron a China de abril a junio de 1989. En ellas participaron cientos de miles de manifestantes, sobre todo estudiantes. La crisis de Tiananmén dividió al partido y reveló las importantes flaquezas del régimen. Con el derrumbe del comunismo iniciado en Europa del Este, muchos observadores dieron por sentado que la RPC también se encontraba a punto de desmoronarse.[285] En última instancia, sin embargo, los «ancianos» revolucionarios —los veteranos de la Larga Marcha— impusieron la unidad en el partido y decidieron optar por la represión y finiquitar aquella amenaza.

Las protestas de Tiananmén fueron en gran medida efecto de las reformas que había promovido Deng Xiaoping, quien asumió el poder pocos años después de que la Banda de los Cuatro fueran arrestados. Hua Guofeng, nombrado sucesor de Mao, fue apartado poco a poco por Deng, quien contaba con más respaldo entre los veteranos revolucionarios que controlaban el partido.[286] De hecho, el poder en los años ochenta se encontraba en manos de ocho importantes veteranos de la Larga Marcha, conocidos por los distintos nombres de «ancianos», «octogenarios» o «inmortales». Liderados por Deng, los ancianos por lo general no poseían autoridad formal en el régimen pero sí ejercían como una especie de «tribunal de apelación de última instancia».[287] La cúpula formal del partido, que incluía a los secretarios generales Hu Yaobang (1982-1987) y Zhao Ziyang (1987-1989) procedían en su mayor parte de generaciones más jóvenes.[288]

Tras llegar al poder, Deng fue introduciendo reformas de mercado transformadoras. Permitió a las empresas quedarse una proporción mayor de sus beneficios y creó Zonas Económicas Especiales para atraer inversión extranjera.[289] De manera escalonada, los mecanismos de mercado desplazaron a la planificación central. Las empresas privadas, sociedades mixtas y compañías extranjeras se multiplicaron de manera desmedida, como también lo hizo su importancia.[290] Al tiempo que la economía crecía, las condiciones de vida sufrieron una drástica mejora y las familias de toda China pasaron a tener acceso a televisores, neveras y demás productos de consumo. Asimismo, el control estatal sobre las actividades intelectuales, el arte y la vida privada se fue relajando con respecto al de la era Mao.[291] A finales de los años ochenta, Deng había transformado la RPC de un régimen ideológico y revolucionario a un autoritarismo basado en el rendimiento.[292]

Las reformas económicas y la prosperidad, sin embargo, también generaron sus consiguientes problemas. La inflación, la corrupción generalizada entre los cuadros del partido y la frustración ante la falta de expectativas —entre los estudiantes en particular— propiciaron, en primer lugar, descontento y, más tarde, protestas que amenazaron al régimen.[293] Las protestas estallaron en abril de 1989, poco después de la muerte de Hu Yaobang, un líder reformista del partido a quien Deng expulsó por su laxitud contra las manifestaciones de estudiantes en 1987. Los estudiantes protestaban exigiendo el fin de la corrupción y que la figura de Hu fuera rehabilitada. Las manifestaciones se replicaron en veinte ciudades, y los estudiantes de Pekín organizaron un sindicato autónomo y empezaron a boicotear las clases.[294] Mientras el secretario del partido, el reformista Zhao Ziyang, se encontraba en Corea del Norte, los líderes del partido publicaron un artículo de fondo en el *Diario del Pueblo* donde criticaban las protestas por ser una revuelta contraria al partido, y anunciaban que esta debía ser acallada. El artículo resultó contraproducente, puesto que las manifestaciones crecieron aún más. Tras su retorno a China, Zhao se adhirió a las protestas y aceptó sus exigencias de revisar el artículo del 26 de abril.[295]

La crisis se agudizó cuando los manifestantes anunciaron una huelga de hambre el 13 de mayo.[296] A los pocos días, otros 3.000 estudiantes participaban en ella y cientos de miles les expresaban su apoyo con manifestaciones. Reforzada por una cobertura favorable en los medios del Estado, la huelga se granjeó simpatías populares y logró un apoyo generalizado dentro del propio régimen.[297] Resultaba curioso que en el respaldo a la huelga jugaran un papel menos importante las organizaciones independientes de la sociedad civil que los grupos oficiales como la Liga Joven Comunista o los sindicatos controlados por el PCC, que suministraban apoyo financiero, transporte, comida y equipamiento logístico.[298]

Los debates sobre cómo responder a las protestas dividieron a los altos mandos del partido. El 16 de mayo, una reunión de emergencia del Politburó no abandonó la sala hasta la noche, sin llegar a una conclusión.[299] Se agendó otra reunión en casa de Deng el 17 de mayo. Solo tras intervenir varios de los ancianos se decidió imponer la ley marcial.[300]

Al principio, con todo, el intento de imponer la ley marcial hizo patentes varias flaquezas del régimen, mientras surgía una oposición feroz en el capital y por todo el país, impidiendo a las tropas restaurar el orden.[301] Los manifestantes no dejaron que las tropas penetraran hasta el centro de Pekín.[302] Muchos oficiales —incluyendo al comandante del Trigésimo Octavo Grupo— se opusieron a la mano dura.[303] El 20 de mayo, ocho generales jubilados mandaron a Deng una declaración en la que se oponían a la ley marcial.[304] Los medios estatales no supieron apoyar sin ambages la ley.[305] Gracias también al gran apoyo público a las protestas, resultaba creíble que las manifestaciones hubieran podido lograr un cambio de régimen.

Sin embargo, el régimen acabó aplastando la revuelta. El grupo de ocho ancianos, o «inmortales», fue capaz de unificar al partido y movilizar el suficiente apoyo del Ejército para disipar las protestas. Como militar de alto rango en la guerra revolucionaria, Deng en particular ejercía una enorme autoridad sobre el Ejército. El grupo de los ancianos disponía del estatus informal necesario para persuadir al resto de las facciones de finiquitar las protestas usando la violencia.[306] Convencieron, por ejemplo, al vice primer ministro Wan Li, que en un principio estuvo del lado de Zhao y los estudiantes, de cambiar de idea y «seguir la línea de los ancianos».[307]

Lo que unía a los ancianos era una concepción polarizada de la oposición en política: o todo o nada. Esta procedía de lo vivido en la lucha revolucionaria. A diferencia de muchos jóvenes líderes, Deng y los ancianos veían las acciones de los estudiantes como una amenaza existencial al régimen «que podría incluso conducir a la guerra».[308] Uno de los ancianos, Yang Shangkun, justificó la mano dura, aseverando que «de ningún modo nos batiremos en retirada. Hacerlo implica nuestra caída. Hacerlo implica la caída de la República Popular China y la restauración del capitalismo».[309] Esta perspectiva convenció a todos los líderes de adoptar una línea dura e intransigente para responder a las protestas.[310]

Así pues, tras concluir que los líderes más jóvenes no sabían gestionar la crisis, los ancianos decidieron por unanimidad acallar las protestas con violencia.[311] Durante su actuación de la noche del 3 al 4 de junio, las fuerzas militares vaciaron la plaza, matando a cientos de manifestantes.[312] Aunque ello no logró otra cosa que hacer estallar más protestas por todo el país, a finales de junio el régimen ya había acabado con todos los disturbios.[313] Poco después de la represión, Deng expresó en un mensaje televisivo que no se arrepentía, y dio paso a un minuto de silencio en honor a los soldados asesinados en las protestas.[314]

Al final, que las protestas no llegaran a buen puerto tuvo que ver también con el estado en que se hallaba la sociedad civil, tras los años de guerra revolucionaria y la transformación social que ya hemos descrito.[315] De hecho, mientras que aquellas fueron manifestaciones grandes y generalizadas, carecían de liderazgo y coordinación.[316] Los estudiantes activistas no eran miembros de organizaciones políticas, sino «parte de multitudes con líderes cambiantes y participantes de laxa afiliación».[317] A menudo no supieron coordinar sus estrategias,[318] y su capacidad para absorber la asistencia que les ofrecían era limitada.[319] Aunque es probable que la unificada cúpula del partido habría podido reprimir incluso manifestaciones mejor organizadas, la desorganización tampoco jugó en favor de los estudiantes.

La continuada hegemonía de los ancianos revolucionarios convirtió en inevitable aquel despliegue de violencia. En ese sentido, el PCC estaba mucho mejor preparado para dar respuesta a amenazas de estamentos inferiores que el Partido Comunista soviético a finales de los ochenta, para quienes la lucha revolucionaria ya no era más que un distante recuerdo histórico.

En un principio, la erradicación de las protestas puso en suspenso las reformas. Muchos de aquellos ancianos tan cruciales para la supervivencia del régimen se oponían con firmeza al capitalismo, y decidieron entorpecer las acciones de Deng, que pretendía un crecimiento capitalista rápido.[320] No obstante, Deng tenía la convicción de que un alto crecimiento era fundamental si China quería evitar el destino de los regímenes comunistas que colapsaron por doquier en 1989. En 1992, Deng recabó apoyos para sus reformas con una gira por las provincias del sur y logró revertir los empeños de distanciarse del reformismo.[321] China ya nunca volvería a ser la misma.

Tras la revolución

Después de Tiananmén, la RPC inició una transformación vertiginosa, pasando de ser uno de los regímenes comunistas más radicales del mundo al centro más dinámico de crecimiento capitalista. A principios de los noventa, la planificación central desapareció con «un suspiro, apenas perceptible».[322] Se empezó a dar la bienvenida al partido a los empresarios, que a partir de los dos mil se convirtieron en una de sus «más importantes bazas».[323] Los líderes del partido animaban a los miembros a «dar el salto» a los negocios privados y «tomar la iniciativa y enriquecerse».[324] Hacia 2018, el sector privado concentraba más del 60 por ciento del PIB de China y el 80 por ciento del empleo.[325] Vinculando en la mente de los dirigentes unas altas tasas de crecimiento con la supervivencia del régimen, los intereses del PCC se fueron volviendo cada vez más equivalentes a los del capital.[326]

Esta trascendental reconversión vino acompañada del fallecimiento de la generación revolucionaria. Los límites de edad en el partido ya aseguraron que se jubilase un 65 por ciento de los veteranos revolucionarios a finales de los ochenta.[327] Poco después de su retiro, Deng también eliminó los cargos vitalicios en los máximos puestos de la cúpula. Los ancianos de la Larga Marcha abandonaron todo control, formal o informal.[328] Jiang Zemin, que llevaba en el partido desde 1950, se convirtió en secretario general. Su sucesor en 2002 fue Hu Jintao, quien empezó a formar parte del PCC en los años sesenta. En 2012, Xi Jinping se convirtió en el primer secretario general que no elegía Deng desde los primeros años ochenta. Cada vez más, el poder estatal se vinculaba a los puestos formales de sus líderes, y no tanto a la autoridad informal de la que la lucha revolucionaria los revestía.[329]

El partido dejó de ser revolucionario para transformarse en partido de gobierno. Abandonó las campañas revolucionarias, el conflicto de clases y el adoctrinamiento ideológico para centrarse en su lugar en mantener el crecimiento económico y la estabilidad social.[330] La ideología se vio reducida a un «mecanismo de racionalización *post hoc*»,[331] mientras que la dirección del partido cada vez se volvía más tecnócrata.[332] La máxima de Deng según la cual «no importa que un gato sea blanco o negro mientras cace ratones» definía ahora la estrategia de gobierno del PCC. El Gobierno prestaba una atención nunca vista a la opinión pública, mezclando la promesa de cumplimiento económico y de mejores condiciones de vida con mensajes nacionalistas pensados para atraer a los jóvenes.[333]

Este giro hacia un autoritarismo más tradicional disminuyó la cohesión de la élite. No curtidos en la batalla como la generación revolucionaria, los líderes del PCC ya no poseían una autoridad informal sobre el Ejército.[334] Las relaciones cívico-militares se fueron bifurcando cada vez más.[335] Según David Lampton, el Ejército ya era un actor independiente durante las transiciones de Jiang a Hu en 2002 y de Hu a Xi en 2012.[336] En el año 2021, incluso circularon rumores (falsos casi con seguridad) de que un partidario del principal rival de Xi, Bo Xilai, había tratado de protagonizar un golpe.[337]

Resultaba sorprendente el nivel de faccionalismo y la corrupción que se alcanzó en la época del cambio de siglo. La corrupción entre los altos rangos llegó a «proporciones de alerta» en la época pos-Tiananmén.[338] Los estudiosos empezaron a referirse a China como un país «depredador», «sin ley», «de capitalismo de amigotes» y «de comunismo de amigotes».[339] El incremento en la corrupción y el papel menguante de la ideología vinieron de la mano de un aumento del oportunismo en el partido. En comparación con los que habían ingresado durante las primeras décadas tras la revolución, quienes se convirtieron en miembros del partido después de 1992 tenían más del doble de posibilidades de decir que formaban parte de él para progresar en sus carreras, pero la mitad de declarar que lo hacían por el bien del comunismo.[340]

Según varios investigadores, la corrupción fue lo que exacerbó la división entre facciones, al generar resentimiento entre aquellos que salían perdiendo en las peleas por el botín.[341] Comparando el Partido Comunista con el Kuomintang en los años treinta, Andrew G. Walder puso sobre la mesa que la escala de la corrupción permitía a los oficiales del partido operar como actores independientes dotados de recursos ajenos al Estado.[342] Las disputas públicas por el liderazgo llegaron a su punto álgido de drama en 2012, cuando Bo Xilai fue arrestado y juzgado por tratar de encubrir que su mujer había asesinado a un empresario inglés, Neil Heywood.[343] Incidentes como aquel convencieron a algunos observadores de que el régimen se encontraba en crisis. Minxen Pei y Walder, por ejemplo, consideran que el PCC estaba perdiendo su coherencia organizativa y que se encontraba en «avanzada decadencia».[344] Como respuesta a la división y las corruptelas, Xi llevó a cabo una enorme y sostenida campaña anticorrupción en cuyas redes cayeron cientos de miles de oficiales en todos los rincones del país y de la jerarquía del régimen.[345]

Otros han sugerido que el impactante desarrollo económico de China ha empezado a sembrar un cambio de régimen. Debido a un crecimiento tan notable y sostenido, China ha pasado de ser un país con rentas bajas en 1995 a otro de rentas medias-altas en 2010.[346] Las calles atestadas de bicicletas, con sus degradados edificios de poca altura, se han visto reemplazadas por un sinfín de carreteras nuevas y rascacielos, además de tener el transporte de alta velocidad más moderno del mundo. Al sacar a millones de la pobreza, crear una gran clase media y producir un poderoso grupo de actores empresariales, el desarrollo económico tenía potencial para erosionar la estabilidad del régimen. En efecto, durante los noventa y en los años dos mil, muchos autores predijeron que el desarrollo económico facilitaría la democratización a principios del siglo XXI.[347] Incrementos parecidos en los niveles de desarrollo económico habían ayudado a democratizar a Corea del Sur y Taiwán a finales del siglo XX. Estableciendo paralelismos con Corea del Sur en 1988, hubo incluso quien esperó que el Gobierno chino se liberalizara como respuesta al aumento de atención internacional que acompañó a las Olimpiadas de Pekín de 2008.[348]

No obstante, pronto quedó claro que la democratización no iba a ser inminente. Durante las preparaciones de las Olimpiadas de 2008, el Gobierno llevó a cabo un asalto sistemático contra la disidencia.[349] El régimen incluso se volvió más opaco en la década de 2010 con Xi, quien atacó con dureza *cualquier* tipo de oposición política organizada y creó el Gran Cortafuegos, que dificulta el acceso a Google y a un buen número de grandes medios occidentales.[350]

Con la meridiana certeza de que China no se está democratizando, durante la década de 2010 los debates acerca de un «desfase» entre la muy desarrollada economía de China, por un lado, y su falta de democracia por el otro, reemplazaron a las predicciones optimistas que piensan que el desarrollo conduce a la democratización.[351] David Shambaugh arguyó que China estaba «intentando crear una moderna economía con un sistema político premoderno».[352] Si el régimen no se volvía más inclusivo, creía, seguiría «atrofiándose» y acabaría por sucumbir. Empeñarse en el mismo hermetismo político conduciría a un «prolongado declive político» del PCC y podría llegar a traducirse en divisiones, tanto dentro del partido como en el Ejército.[353] Según Carl Minzner, la negativa del régimen a reformar su política llevaría a una «espiral continua de luchas internas en las élites, declive económico, polarización ideológica y una creciente agitación social; todo ello dentro de un régimen autoritario atrofiado, paranoico y cada vez más frágil».[354]

A principios del siglo XXI, hemos podido comprobar algunas de las dinámicas aquí descritas. La más llamativa es el crecimiento significativo en manifestaciones de masas: de 8.700 en 1993, a 87.000 en 2005 hasta 172.000 —un promedio de 461 protestas diarias— en 2014.[355] Las huelgas y otros tipos de agitación laboral se incrementaron sobremanera en la década de 2010.[356] El Gobierno también se enfrentó a protestas en el Tíbet, Xinjiang y Hong Kong.

A pesar de estos obstáculos, las fuerzas de la RPC están bien asentadas. Para empezar, el régimen lleva más de una generación beneficiándose de una enorme tasa de crecimiento. La economía china creció a una tasa media del 9,4 por ciento al año entre 1978 y 2019, multiplicando por trece *en términos reales* su PIB. Este crecimiento ha generado más aceptación que resistencia ante el régimen. Como Bruce Dickson ha señalado,[357] los empresarios, que se benefician con el régimen existente, tienden a mostrar un notable interés en la continuidad del régimen. Por ahora, los capitalistas chinos han demostrado escaso apoyo a la democracia.[358]

Al mismo tiempo, la persistencia de varios legados importantes de la revolución, como un aparato coercitivo poderoso o la ausencia de centros alternativos de poder social, ha posibilitado que los líderes del régimen gocen de tan amplio margen para equivocarse como de herramientas para resistirse a un cambio político. El régimen ha mantenido una capacidad para desbaratar ataques desde abajo que no tiene parangón. China ostenta el mayor Ejército del mundo, con una gran y preparada fuerza paramilitar, la Policía Armada del Pueblo, cuyo propósito principal es el de mantener el orden nacional.[359] También ha sabido salvaguardar grandes estructuras de partido y del Estado que han penetrado en todos los estratos sociales, con la integración de células del partido tanto en empresas extranjeras como en las nacionales.[360] Los capitanes de los bloques de viviendas, los pequeños grupos de aldeanos, los comités de desarrollo autónomo y las células del partido están «integrados en lo más profundo de las redes locales de la sociedad», a modo de «ojos y oídos del Estado en la calle, que recaban habladurías e información íntima sobre la conducta individual».[361] En las áreas urbanas, el Gobierno se basa en una «gestión por red» que divide a las ciudades en un sistema de células más pequeñas que se ocupan de sus habitantes.[362] Esta ubicuidad permite a los agentes del Estado recabar información al detalle de sus potenciales detractores.[363]

La penetración por parte del Estado-Partido en la economía ayudó al partido a ganarse la cooperación de las empresas de tecnología para la supervivencia y control de la sociedad. Varios grandes empresarios de las tecnológicas han tenido cargos formales en el régimen y, junto con otras compañías, han permitido al Ministerio Chino de Seguridad Pública instalar a «oficiales de seguridad de redes» en ubicaciones y empresas clave.[364] Gracias a la cooperación de las compañías *high-tech*, la Administración Xi ha desarrollado un sistema electrónico de «crédito social» con el que se vigila el comportamiento de cada persona; se trata de una evolución del *dang'an*, o sistema de dosieres, creado después de la revolución.[365]

Tales controles han contribuido a la debilidad de la oposición. Las protestas y las huelgas siguen restringidas a lugares específicos y casi siempre son apolíticas.[366] A principios del siglo XXI, China tenía una de las sociedades civiles más difusas del mundo: incluso más que las de países mucho menos desarrollados como Libia, Sudán o Tayikistán.[367] A diferencia de Corea del Sur y Taiwán, que se encaminaban a su democratización, en China no existía ninguna forma de oposición organizada.

CONCLUSIÓN

Debido al poder económico y militar de China, su solvencia como autoritarismo no debe parecer un misterio. Sin embargo, no ha sido siempre así. El país inició el siglo XX con uno de los Estados más frágiles del mundo; estaba dominado por fuerzas extranjeras y caudillos. Pocos testigos habrían previsto que China sobreviviría en forma de Estado único, y muchos menos habrían pensado que sería uno de los regímenes más perdurables de la historia moderna. El salto de China a potencia global no fue solo posible por las reformas económicas de la era Deng, sino gracias también a las acciones de extraordinaria temeridad emprendidas por los comunistas chinos, que llevaron a una secuencia reactiva con la que el Partido Comunista casi quedó destruido, pero que conduciría a un Estado-Partido cohesionado y potente. La adaptación y reforma a finales del siglo XX no habría sido posible si el régimen revolucionario no hubiera establecido primero un Estado centralizado y hubiera sobrevivido a las crisis de los cincuenta y los sesenta. Incluso hoy, los legados revolucionarios obstaculizan que surja una oposición organizada, a pesar de décadas de desarrollo económico.

Si las condiciones antecedentes y la reforma económica no pueden explicar la durabilidad, ¿qué sucede con otros factores institucionales, como las instituciones leninistas y totalitarias de la RPC? Aunque dichas instituciones casi con total seguridad han fortalecido al régimen, no han bastado para explicar que haya sobrevivido. Creado por el Comintern en los años veinte, el Partido Comunista de China era frágil en sus inicios. Los líderes del partido en Shanghái apenas tenían contacto con los feudos comunistas de las provincias interiores, y mucho menos podían controlarlos. El sistema de comisarios políticos creado a finales de los años veinte no logró impedir que los militares desobedecieran. Fue solo después de la Larga Marcha y la guerra contra Japón que apareció un partido-Ejército cohesionado. Y solo después de la guerra civil de 1946 a 1949 empezó a penetrar lo suficiente el Gobierno central en la sociedad como para desarrollar un régimen totalitario capaz de sobrevivir al Gran Salto Adelante, la Revolución Cultural y la crisis de Tiananmén. Asimismo, la autoridad de los ancianos del partido, crucial para que el régimen sobreviviera en 1989, derivaba del papel que habían desempeñado en la lucha revolucionaria, más que de sus cargos formales.

La perdurabilidad del régimen revolucionario chino tampoco se explica a través de su respaldo por parte de los de abajo. Aunque es indudable que el PCC se ganó mucho apoyo popular durante la era reformista, dicha explicación es incapaz de justificar la supervivencia del régimen durante décadas catastróficas para la economía o las crisis políticas de la era Mao. El compromiso ideológico tampoco resulta plausible, ya que no explica por qué el régimen abandonó el comunismo sin que apenas alguno de sus defensores dijera ni pío.

En realidad, sus resistentes instituciones autoritarias surgieron de una secuencia revolucionaria-reactiva. Los ataques contra los intereses de las clases altas en los años veinte y treinta conllevaron dos décadas de guerra civil. De ella surgieron un partido muy cohesionado, un Ejército poderoso y leal y una casi absoluta ausencia de alternativas al Estado-Partido comunista. A pesar del abandono de su ideología revolucionaria original, tanto el PCC como el poderoso Estado-Partido que este creó permanecen firmes e intactos.

Capítulo 4

La persistencia del régimen revolucionario de México

En medio de un acalorado debate en el Congreso Constituyente de México en Querétaro, en diciembre de 1916, el general revolucionario Álvaro Obregón, que había perdido su brazo derecho en combate un año antes, se acercó al atril y proclamó: «Que se mutilen y sucumban los hombres por los principios, pero que no sucumban ni se mutilen los principios por los hombres».[1] Obregón contribuyó a que se hiciera efectiva «la Constitución más radical que el mundo hubiera visto»,[2] inaugurando la primera revolución social de la era moderna. La nueva Constitución facilitó llevar a cabo una ambiciosa reforma rural y un ataque sin precedentes contra la Iglesia católica, dando pie a tres años de guerra civil durante los que pudieron morir hasta cien mil personas; entre ellas el propio Obregón, a manos de un asesino católico.[3]

A pesar de lo que este proclamó en la convención, Obregón tenía pocos principios que mutilar. Ni Obregón ni el resto de los líderes revolucionarios mexicanos eran bolcheviques. No tenían un partido ni una ideología en común,[4] y su pragmatismo y compromiso a menudo moderaban sus iniciativas radicales. La Revolución mexicana tuvo un carácter *segmentado*: radical en algunos aspectos, pero acomodaticia en otros. Esto conllevó que la secuencia reactiva se manifestara de un modo diferente al de Rusia o China. Aunque los ataques contra la Iglesia suscitaron una violenta reacción contrarrevolucionaria, la Revolución mexicana jamás quiso poner en jaque al sistema capitalista o al orden geopolítico. El régimen jamás se enfrentó a amenazas a su existencia por parte de los contrarrevolucionarios como las que se vieron en China, Rusia, Vietnam, Cuba o Irán.

El radicalismo segmentado hizo que el régimen se embarcara en una trayectoria algo distinta a las de Rusia y China. Como en estos otros casos, la Revolución mexicana, junto con sus secuelas, originó los pilares en los que se sustentaría su autoritarismo duradero. Los dirigentes revolucionarios organizaron su propio Ejército, ligado en lo más íntimo al régimen, mientras que los actores prerrevolucionarios importantes fueron o bien destruidos (las antiguas fuerzas armadas y los terratenientes) o muy dañados (la Iglesia). Estas derivas de la revolución imprimieron estabilidad en el régimen. Después de que una guerra contrarrevolucionaria y un conflicto entre las élites convencieran a los líderes del régimen para formar un partido propio en 1929, no hubo golpismo y apenas se produjo alguna deserción en sus altos cargos. El deterioro de los centros de poder independientes casi no dejó margen a la oposición para organizarse, mermando a las fuerzas contrarias al régimen durante décadas. Cuando sí se llegaron a movilizar los opositores, como fue el caso de las protestas de 1968 en la Ciudad de México, la élite del régimen podía confiar en que el Ejército empleara una coerción de alta intensidad.

A pesar de todo, la Revolución mexicana solo llegó a transformar las relaciones entre la sociedad y el Estado de manera parcial. A falta de una amenaza contrarrevolucionaria sostenida, el régimen jamás pudo desarrollar un aparato coercitivo fuerte o amplios controles totalitarios; tampoco eliminó el sector privado ni se llevó por delante la vida asociativa. Por ende, aunque los legados de la revolución resultaron cruciales para perpetuar el autoritarismo de México, la estabilidad del régimen en parte se puede atribuir a otros factores a largo plazo; en particular, a décadas de sostenido crecimiento económico.[5]

La toma revolucionaria del poder

Las condiciones no resultaban propicias para un autoritarismo duradero en vísperas de la Revolución mexicana. El país había sufrido de un Estado débil y de la inestabilidad de sus regímenes durante casi todo el siglo XIX. Durante las décadas que siguieron a la independencia de 1821, el Estado no logró establecer el control sobre el territorio nacional y a menudo presentaba insolvencia fiscal.[6] A la fragilidad del Estado se añadieron una serie de invasiones extranjeras y guerras civiles. México perdió la mitad de su territorio a favor de Estados Unidos, cuyas fuerzas lo invadieron entre 1846 y 1948; se sumió en una guerra civil de 1858 a 1860, y fue ocupado y gobernado además por Francia entre 1863 y 1865.[7] Los regímenes políticos eran inestables: hubo cuarenta y cinco Gobiernos distintos del 1821 a 1871.[8] Aunque el Estado logró enderezarse en parte durante la larga dictadura de Porfirio Díaz (1876-1911),[9] su Gobierno funcionaba más en base a lealtades personales que a un Estado eficaz, y tanto la corrupción como la defensa contra el golpismo dañaron al aparato coercitivo durante los últimos años de su régimen.[10] Ya en el año 1910, las entidades de coerción del Estado estaban «podridas hasta la médula», y bastó un alzamiento más bien modesto para que se vinieran abajo.[11] Debido a tales niveles de fragilidad en el régimen y el Estado, es difícil aseverar que pudiera haberse dado un autoritarismo prolongado en la época previa a la revolución.

La Revolución mexicana se fue desarrollando en vaivenes. Se inició en 1910, cuando Díaz, enfrentado a un inesperado contrincante electoral, el político liberal Francisco Madero, decidió encarcelar a su rival y a miles de sus partidarios.[12] Aunque Díaz fue reelegido sin oposición, Madero escapó a su arresto domiciliario y puso en marcha una insurrección. En un contexto de profundo descontento rural, originado cuando la dictadura de Díaz desplazó a gran multitud de campesinos,[13] lo que había sido un restringido levantamiento político se transformó en una rebelión de masas.[14] Estallaron por todo México revueltas armadas, como la de Francisco (Pancho) Villa en el norte, o la insurrección campesina que dirigía Emiliano Zapata en el sur. A principios de 1911, el Ejército Federal estaba siendo aplastado por varias fuerzas que, todas juntas, casi triplicaban a los combatientes del Ejército.[15] El Tratado de Juárez, en mayo de 1911, ordenó la salida y destierro de Díaz.

En octubre, Madero fue elegido presidente. De camino al exilio, Díaz declaró: «Madero ha soltado al tigre, veremos si puede con él».[16]

El alzamiento contra Díaz no conllevó ninguna revolución social. Tanto el Ejército Federal como las autoridades locales del Estado (alcaldes, jueces y jefes de policía) conservaron sus puestos,[17] y Madero, un moderado que ni siquiera «se fiaba de los revolucionarios»,[18] nunca emprendió cambios radicales.[19] Madero, gobernando junto a muchas de las antiguas élites, fue continuista con el *laissez faire* de Díaz en economía y dejó aparcada la reforma agraria, la principal exigencia de quienes fueran sus aliados zapatistas.[20] Cuando los campesinos empezaron a movilizarse y a ocupar tierras, Madero, apremiado por los terratenientes, recurrió al Ejército Federal para desarmarlos.[21]

Sin embargo, el antiguo *statu quo* ya no resultaba sostenible. La insurrección de 1910 había producido un despertar social, mientras un «nuevo igualitarismo [...] parecía infectar la sociedad», aumentando en ella la discordia.[22] En noviembre de 1911, los zapatistas se rebelaron contra el Gobierno de Madero, acusándolo de «traición sanguinaria».[23] Estallaron revueltas agrarias en Morelos, Puebla, Guerrero, Tlaxcala y en muchos lugares más,[24] que provocaron que los terratenientes y las élites del antiguo régimen llamaran al uso de la fuerza.[25] Madero, un verdadero liberal, era incapaz de tolerar la redistribución radical que exigían sus aliados campesinos, pero tampoco la represión que pedían los propietarios.[26] Paralizado, el Gobierno se vio superado por el conflicto social. Las insurrecciones campesinas se extendieron por el sur de México, y estallaron huelgas y disturbios en las ciudades.[27] Al tiempo que Madero perdía la capacidad de imponer el orden, las fuerzas conservadoras conspiraban para derrocarlo. En febrero de 1913, fuerzas del Ejército dirigidas por el general Victoriano Huerta, a quien defendían terratenientes, clero, políticos conservadores y el embajador estadounidense Lane Wilson, derrocaron (y mataron) a Madero para establecer una dictadura reaccionaria.[28]

El golpe de 1913 aceleró el proceso de la revolución. El Gobierno Huerta, contrarrevolucionario sin ambigüedades, destruyó la incipiente democracia de Madero y reprimió con brutalidad a sus defensores.[29] No salió como esperaban; el golpe —y, en especial, el asesinato de Madero— conmocionó a los mexicanos, y las fuerzas revolucionarias se radicalizaron.[30] Empezaron a estallar rebeliones armadas en varios frentes que incluían las tropas zapatistas de Morelos, el ejército de Pancho Villa en el norte y el Ejército Constitucionalista liderado por el gobernador de Coahuila, Venustiano Carranza.[31] México se adentró en una guerra civil en la que murieron más de 200.000 personas.[32] La guerra «machacó al Ejército Federal»,[33] y para cuando Huerta huyó en julio de 1914 «el Estado mexicano había colapsado».[34]

Con la caída de Huerta la guerra no llegó a su fin, empeoró. Puesto que el movimiento revolucionario se encontraba dividido entre los tres ejércitos, los constitucionalistas, los zapatistas del ámbito agrícola y la División del Norte de Villa, México se vio arrastrado a una sangrienta «guerra de los vencedores».[35] Lo que empezó como una revolución política se transformó en una revolución social.[36] Mientras México se hundía en el desorden, «se castigaba la riqueza con la muerte. Fábricas, minas, haciendas y pueblos enteros fueron arrasados. Se desmantelaron las vías férreas. Las bibliotecas, escuelas y grandes obras de arte ardieron».[37] El Ejército y la Policía se desintegraron, mientras que las burocracias prerrevolucionarias, las autoridades judiciales y los dirigentes políticos locales quedaron arrollados.[38] En palabras de un testigo, el antiguo Estado quedó «reventado de arriba abajo».[39] En 1917, «el Ejército era nuevo, como casi toda la Administración. También lo eran las escuelas, los periódicos y el orgullo en la patria».[40]

La guerra civil transformó también la estructura de clases mexicana. El conflicto acabó con la antigua élite y creó una nueva «derivada de un marcado origen social inferior».[41] En 1915, los grandes terratenientes habían perdido su poder. «La mayoría se consumían en la cárcel o en el exilio. En tanto que clase, apenas existían».[42] La desbandada de los propietarios y la expropiación campesina de la tierra tuvo como efecto una reforma agraria *de facto.*[43] Las antiguas barreras rurales de la casta y los «hábitos de "obediencia"» se derribaron.[44] El historiador John Womack Jr. describe una escena en Morelos, en 1916, en que la viuda de un hacendado pedía a un general constitucionalista que la ayudara a proteger su propiedad, y este le dijo: «Ay, señora, eso ya es cosa del pasado. Ya no existe».[45]

Al final, quienes resultaron vencedores, los constitucionalistas, lograron derrotar a los ejércitos rivales.[46] Los constitucionalistas aplastaron el ejército de Villa en 1915, reduciéndolo a un puñado de pequeñas guerrillas.[47] (El propio Villa sería asesinado en 1923.) Los constitucionalistas a la vez absorbieron y derrotaron a los zapatistas, que en 1918 sumaban apenas 2.000 hombres. A Zapata lo mataron en 1919.[48]

El incipiente régimen: una revolución sin partido

La toma revolucionaria del poder llegó a su conclusión cuando las fuerzas constitucionalistas instalaron a Carranza como su líder *de facto* en 1916, redactaron una nueva Constitución y orquestaron las elecciones presidenciales para Carranza en marzo de 1917. Como los revolucionarios de Rusia y China, los mexicanos construyeron su propio Estado, incluyendo su Ejército propio. El antiguo Ejército Federal se disolvió, reemplazado por el Ejército Constitucionalista. Sometieron a purgas al cuerpo de oficiales prerrevolucionario y a los nuevos altos mandos fueron a parar combatientes revolucionarios en exclusiva.[49] Los constitucionalistas también depuraron el resto de la Administración del Estado y llenaron sus filas de revolucionarios.[50] Así, el aparato coercitivo quedaba en su totalidad infiltrado y la élite revolucionaria pasó a controlarlo.[51] Como en Rusia y en China, la construcción revolucionaria del Estado sentó las bases para lo que debía llegar a ser un Ejército leal y disciplinado.

No obstante, el embrionario régimen de México se diferenciaba en dos aspectos importantes. El primero es que instituyó elecciones competitivas multipartidistas. Una de las exigencias del alzamiento de 1910 fue celebrar elecciones democráticas y, además, la Constitución de 1917 era en principio democrática y liberal. De este modo, el México revolucionario sería *autoritario y electoral*; un régimen caracterizado por celebrar elecciones con regularidad y que, aunque no fueran libres ni justas, estaba abierto al menos en teoría a que formaciones no revolucionarias lo impugnaran.[52] Asimismo, ya que el «no a la reelección» había sido un puntal de la revuelta originaria, la Constitución de 1917 limitaba los mandatos presidenciales a uno solo. Por lo tanto, la élite revolucionaria estaba obligada a escoger a un nuevo líder cada cuatro años (y, más adelante, cada seis).

El segundo aspecto diferencial era la inexistencia de un partido gobernante. Las fuerzas revolucionarias jamás se unificaron bajo un solo mando, sino que formaron más bien una laxa oligarquía de «generales revolucionarios», o líderes político-militares que habían llegado a lo más alto del Ejército Constitucionalista gracias a sus cualidades en el frente de batalla y arengando al campesinado.[53] Tras hacerse con el poder, muchos de estos generales revolucionarios se nombraron a sí mismos mandatarios locales *de facto*.[54] Algunos constituyeron su entramado local del partido y ejercieron de gobernadores en su estado, mientras que otros entraron en el Ejército revolucionario como comandantes regionales. Puesto que estaban ejercitados en la violencia y tenían seguidores entre el campesinado a quienes podían conducir al combate, los generales —o caciques— revolucionarios se convirtieron en los pilares del nuevo régimen.[55] Durante los años veinte, desempeñaron un importante papel en el mantenimiento del orden:[56] derrotaron a los adversarios del régimen y cosecharon popularidad entre las bases sociales para el Gobierno de la nación.[57] Sin embargo, en un principio no existía estructura de partido alguna que asegurase la cooperación o la disciplina entre ellos.

A escala nacional, la élite revolucionaria se organizaba en múltiples y efímeros partidos que competían entre sí.[58] El Partido Constitucionalista Liberal (PCL), que se impuso en las elecciones de 1917 y 1918,[59] resultaba ser poco más que un «club de hinchas» del presidente Carranza.[60] Él mismo no tardó en abandonar el partido, que se sumió en el olvido.[61] El PCL coexistió con otros tres partidos prorrevolucionarios: el Partido Nacional Cooperativista, el Partido Laborista Mexicano (PLM) y el Partido Nacional Agrarista (PNA). Estas formaciones fueron coetáneas de decenas de partidos regionales menores dirigidos por caciques revolucionarios locales.[62] Los sucesores de Carranza, los presidentes Álvaro Obregón (1920-1924) y Plutarco Calles (1924-1928), gobernaron con precarias coaliciones de partidos nacionales y regionales.[63]

Que no existiera un partido de gobierno minó la cohesión del régimen. Como no había un partido que lo coordinara y controlara, el nuevo Ejército seguiría siendo una variopinta amalgama de generales revolucionarios, muchos quienes poseían milicias propias.[64] Dicha estructura propició tanto la discordia como rebeliones.[65] Como veremos, el nuevo régimen sufrió numerosos conflictos internos «hobbesianos» entre 1917 y 1929.[66] Todas las sucesiones presidenciales de aquel período vinieron acompañadas de una rebelión armada.[67]

La secuencia de revolución y reacción

El período revolucionario mexicano temprano (1917-1929) estuvo marcado por un radicalismo segmentado. Los Gobiernos revolucionarios emprendieron un asalto radical contra la Iglesia, pero su intención no era la de producir una transformación socioeconómica tan ambiciosa como la que vimos en la mayoría de las revoluciones comunistas. Aunque el anticlericalismo radical produjo una violenta reacción contrarrevolucionaria (la guerra Cristera), el régimen mexicano jamás se enfrentó a un conflicto a gran escala con sus detractores como los que vimos en Rusia o China. A falta de una contrarrevolución de ese tipo, en este caso la principal amenaza a la estabilidad del régimen procedía de su interior.[68] En última instancia, la secuencia reactiva en México produjo un complejo Estado-Partido cohesionado con un aparato coercitivo que redujo, pero que no destruyó del todo, otros centros de poder social.

Radicalismo segmentado

El régimen mexicano era radical en algunos aspectos, a la vez que acomodaticio en otros. La élite revolucionaria fundadora era mucho menos radical que los bolcheviques o los comunistas chinos. Ninguno de los líderes fundacionales de la revolución era marxista, y la mayoría de ellos carecía de ideología coherente.[69] En efecto, Carranza declaró en una ocasión: «Nunca he sido un revolucionario, ni lo soy, ni lo seré jamás».[70] A pesar de que muchos generales revolucionarios se autodenominaban «socialistas»,[71] la mayoría de ellos se oponían a la expropiación en masa o a la titularidad estatal de la economía.[72] De hecho, la élite revolucionaria, en su gran mayoría, estaba más que convencida acerca de la propiedad privada y el desarrollo capitalista.[73] En cuanto a la política exterior, los constitucionalistas eran «ardientes nacionalistas»,[74] si bien su nacionalismo se veía calmado por el realismo geopolítico. Teniendo en cuenta la hegemonía de Estados Unidos sobre la región (las tropas estadounidenses invadieron Cuba, la República Dominicana, Haití, Nicaragua y Panamá durante los años precedentes o los que siguieron de inmediato a la Revolución mexicana), los revolucionarios de México tenían claro que provocar un conflicto militar con Estados Unidos sería un acto «suicida».[75] Así pues, a muy pocos constitucionalistas se les pasó por la cabeza adoptar políticas exteriores radicales como las de Rusia, Cuba o Irán.

Los revolucionarios mexicanos sí eran radicales sin concesiones en un aspecto: su anticlericalismo.[76] En una sociedad que era 99 por ciento católica,[77] la élite revolucionaria mexicana era de un secularismo militante y no escondía su ateísmo; no hubo ningún presidente que reconociera su fe en Dios hasta 1939.[78] Ya que la Iglesia se había aliado con el antiguo régimen,[79] y porque muchos líderes católicos habían defendido el golpe de Huerta,[80] los constitucionalistas veían a la Iglesia como «enemiga de la revolución».[81] Un líder llegó a declarar que «Dios es la contrarrevolución».[82] Así pues, a los revolucionarios les unía el fin radical de acabar con la religión. En el transcurso de la guerra, estos expropiaron bienes de la Iglesia y arrestaron, desterraron y en ocasiones ejecutaron a sacerdotes.[83] Cuando alcanzaron el poder, algunos de ellos quisieron destruir la Iglesia y sustituirla por una «religión civil nueva y revolucionaria».[84]

A pesar de su orientación moderada en asuntos socioeconómicos, los líderes revolucionarios de México se vieron radicalizados durante la guerra civil.[85] Para poder derrotar a las fuerzas de Villa y Zapata, los constitucionalistas movilizaron a los obreros, pero en especial a campesinos, algo que precisó de una cierta adopción de los derechos laboralistas y de redistribución de la tierra.[86] Falto de respaldo en el campo, Carranza, de antiguo opositor de la reforma agraria,[87] inició un decreto a tal efecto en enero de 1915, declarando: «Hoy empieza la revolución social».[88] Esta dinámica, en la que el imperativo de la supervivencia militar conducía a los líderes revolucionarios a movilizar a campesinos, lo que, a su vez, requería una radicalización programática, ha sido descrita por el historiador Alan Knight como la «lógica de la revolución».[89]

Durante el proceso de redacción de la Constitución de 1916-1917 se hizo patente esta lógica revolucionaria. El presidente Carranza era un liberal a quien poco le agradaban los cambios revolucionarios.[90] Pretendía que el Congreso Constituyente elaborase una carta magna liberal estándar, y propuso un proyecto de Constitución basado en la (liberal) de 1857.[91] No obstante, el congreso vio que surgía una facción radical —los llamados «jacobinos»— dirigida por generales revolucionarios que habían establecido alianzas campesinas en el transcurso de la guerra.[92] El anticlericalismo de los jacobinos era feroz y veían con buenos ojos una reforma socioeconómica radical.[93] Aunque constituían una minoría, gozaban del apoyo del general Obregón, que al ser el principal comandante militar de los constitucionalistas le daba un enorme peso e influencia.[94] Obregón y otros generales revolucionarios pensaban en las medidas radicales como una manera de establecer el apoyo de masas que necesitaban para consolidar su poder.[95] Una coalición de jacobinos y obregonistas presionó para que se aprobaran enmiendas radicales, que acabarían convergiendo en la que fue descrita como la Constitución más radical del mundo hasta ese entonces.[96]

La Constitución de 1917 era radical en varios sentidos. Imponía nuevas y drásticas restricciones sobre los derechos de propiedad. El artículo 27 garantizaba la propiedad por parte del Estado de todos los minerales subterráneos y del subsuelo y le otorgaba poderes para expropiar bienes privados. Dichas medidas, que apenas tenían precedentes en aquella época, labraron el camino para una extraordinaria reforma agraria.[97] También «cambiaron las leyes del juego en lo fundamental en cuanto a la inversión extranjera», al permitir que se nacionalizara la industria petrolífera.[98] La nueva Constitución consagraba una serie de derechos sociales, laborales incluidos, que tampoco tenían precedente en aquel momento.[99] Por último, la Constitución sentó las bases para un «Estado de un anticatolicismo feroz».[100] Prohibió la educación primaria en las parroquias, declaró todos los bienes de la Iglesia como propiedad «nacional», permitió a los Gobiernos restringir de manera severa la actividad de la Iglesia —incluyendo la cantidad de sacerdotes en un territorio determinado— y prohibió todas las formas de actividad política religiosa.[101] Al clero no se le permitía votar, criticar al Gobierno o sus leyes, y tampoco podía oficiar ceremonias religiosas en público.[102] En la práctica, la Constitución dejó a la Iglesia sin estatus legal y despojada de los recursos que habría necesitado para funcionar bajo mínimos.[103]

Aunque la Constitución de 1917 jamás se aplicó con rigor, sí se le acabó confiriendo mucha relevancia. Aunque, en gran medida, era poco más que un ejercicio de «radicalismo sobre el papel»,[104] una vez que aquellos drásticos apartados fueron incluidos en la Constitución, se legitimaron y legalizaron las iniciativas de políticas radicales que más adelante aprobarían primero los Gobiernos locales y de los estados, para ser luego ratificadas por los líderes nacionales.[105]

Los primeros Gobiernos revolucionarios: entre radicales y acomodaticios

Los Gobiernos de los presidentes Carranza, Obregón y Calles mezclaron elementos de radicalismo y acomodación. Con la excepción del asalto de Calles contra la Iglesia, las iniciativas radicales con frecuencia se atenuaban o moderaban para no amenazar a los grandes intereses. Por lo tanto, las reacciones contrarrevolucionarias fueron modestas. La ausencia de una amenaza contrarrevolucionaria sostenida, junto con la carencia de un partido de gobierno, iba en detrimento de la cohesión entre las élites. De hecho, el régimen mexicano fue un nido de conflictos internos entre 1917 y 1929. Durante 1920, 1923, 1927 y 1929, el conflicto por la sucesión presidencial generó un cisma virulento, con una facción de la élite revolucionaria en pie de guerra contra el Gobierno.

El Gobierno de Carranza (1917-1920)

La Administración Carranza fue, por lo general, moderada. Liberal clásico para quien la propiedad privada era algo «sagrado»,[106] Carranza se negó a poner en práctica la mayoría de los puntos radicales de la Constitución de 1917, incluyendo los anticlericales.[107] Por la ortodoxa política económica de Carranza, su represión de los sindicatos y cómo aborrecía la redistribución, los estudiosos denominan «conservador» a su Gobierno.[108] En efecto, su Gobierno no se limitó a ignorar las exigencias campesinas acerca de la tierra, sino que llegó a ayudar a que los terratenientes recuperasen las propiedades que habían perdido en la guerra.[109]

En política exterior, Carranza era más radical.[110] El Gobierno de Carranza trató durante un tiempo de exportar el «nacionalismo revolucionario» por Latinoamérica, con la promoción de una «Doctrina Carranza» antiimperialista, contraria a la Doctrina Monroe de Estados Unidos.[111] También se dedicó a una regulación sin precedentes del capital extranjero. Carranza se negó a derogar el artículo 27 de la nueva Constitución, como le exigía Estados Unidos. En este se defendía la propiedad nacional de los minerales del subsuelo y bajo la superficie,[112] y en 1918 amenazó con hacerlo valer cambiando títulos de propiedad de las petroleras extranjeras por concesiones.[113]

Carranza tuvo que enfrentarse a una reacción contrarrevolucionaria en varios frentes. Una serie de insurgencias contrarrevolucionarias —dirigidas por miembros del antiguo Ejército Federal— estallaron entre 1916 y 1920. La más importante, el Ejército Reorganizador Nacional, era obra del sobrino de Porfirio Díaz, Félix Díaz.[114] En 1917, la rebelión de Díaz movilizó a los generales, oficiales gubernamentales, terratenientes y religiosos porfiristas, así como a otros defensores del antiguo régimen, en una campaña de restauración del Ejército Federal y la Constitución de 1857.[115] Una segunda insurgencia, encabezada por Manuel Peláez y respaldada por los propietarios y el sector del petróleo, hizo aparición en Veracruz.[116] No obstante, estas no llegaron a amenazar de verdad al régimen,[117] y ambas se habían diluido hacia 1920.[118]

Carranza también tuvo que hacer frente a la hostilidad del Gobierno estadounidense, que rechazaba la Constitución de 1917 como una amenaza a los derechos de propiedad para los ciudadanos estadounidenses.[119] Cuando Carranza anunció sus planes de reemplazar los títulos de propiedad de las firmas extranjeras por concesiones petrolíferas, los intereses estadounidenses del sector presionaron para que tuviera lugar una intervención militar.[120] Los oficiales estadounidenses tildaban al Gobierno de Carranza de «bolchevique», y un buen número de políticos y líderes del empresariado estadounidense exigía que se lo derrocara.[121] El cónsul general de Estados Unidos en México describió la situación como «un absceso que pide a gritos un bisturí» y, a finales de 1919, ambos países parecían estar a punto de entrar en guerra.[122]

La revolución, sin embargo, no condujo a una guerra. Exceptuando las ocasionales amenazas, el Gobierno de Estados Unidos reaccionó por lo general a la revolución con ambivalencia, más que con verdadera hostilidad.[123] Lo cierto era que la máxima amenaza contra Carranza procedía del propio país.

Carranza fue víctima de una crisis sucesoria en 1920. Obregón, un héroe revolucionario de la guerra a quien defendían sindicatos, movimientos campesinos y numerosos generales revolucionarios, se veía como el sucesor natural de Carranza.[124] El intento por parte de Carranza de colocar a un sucesor civil poco fuerte, y por lo visto infringiendo un acuerdo previo con Obregón,[125] condujo a una rebelión multitudinaria que incluyó a la mayoría de las tropas revolucionarias y casi todas las fuerzas zapatistas que quedaban.[126] En el que fue el último golpe en surtir efecto en México,[127] Carranza fue depuesto y más tarde asesinado, en abril de 1920, lo que allanaba el terreno para la elección de Obregón. El levantamiento demostró que el poder yacía en los generales revolucionarios.[128] También hizo patente la importancia política y militar de los movimientos agrarios, con quienes Obregón había formado grandes alianzas.[129]

El Gobierno de Obregón (1920-1924)

La revolución se estabilizó bajo el mando de Obregón. «Presidente de fanático pragmatismo»,[130] Obregón dio prioridad a la acomodación.[131] Adoptó un programa económico cauteloso y contribuyó a mejorar las relaciones con Estados Unidos. Para empezar,mediante concesiones a intereses petrolíferos extranjeros.[132] En 1923, oficiales estadounidenses y mexicanos negociaron el Acuerdo de Bucareli, según el cual México aceptaba no aplicar el artículo 27 de la Constitución a títulos de propiedad ya existentes. Como contrapartida, Estados Unidos reconocía de manera oficial al Gobierno revolucionario.[133]

Aun así, Obregón también hizo gestos para redistribuir la tierra. Carranza había dejado a un lado sus promesas hechas durante la guerra civil de reformar el campo y,[134] a consecuencia de ello, los latifundios de los grandes terratenientes sobrevivieron hasta los años veinte.[135] A pesar de ello, la movilización campesina hacía aquel *statu quo* difícil de gestionar. Puesto que tuvieron un enorme papel durante la revolución, los movimientos agrarios eran una «realidad de la vida revolucionaria con la que había que contar».[136] Las asociaciones radicales de campesinos —muchas de ellas armadas— proliferaron, aterrando a los terratenientes y a los dirigentes políticos locales.[137]

Convencido de que el apoyo de los campesinos era crucial para la supervivencia del régimen,[138] Obregón se alió con los zapatistas y otros movimientos agrarios.[139] Incluyó a líderes zapatistas en su Administración, situándolos en puestos de supervisión de la reforma agraria,[140] y reinició la redistribución de las tierras, otorgando más de un millón de hectáreas —nueve veces más que Carranza— a 133.000 familias campesinas.[141] El Gobierno de Obregón también fue testigo de un *boom* de organizaciones del campo, así como de asociaciones agrarias lideradas por campesinos, a menudo bajo el mando de generales revolucionarios, en estados como Campeche, Jalisco, Michoacán, Puebla, Tabasco, Tamaulipas, Veracruz o Yucatán.[142] Un puñado de estados, como Veracruz, Tabasco o Yucatán, se convirtieron en «laboratorios de la revolución» a principios de los años veinte, cuando los Gobiernos locales respaldados por los movimientos agrarios experimentaron con ambiciosas formas de reforma del campo u otras medidas radicales.[143]

La reforma agraria tuvo como respuesta violencia contrarrevolucionaria. Muchos de los grandes latifundistas y sus haciendas sobrevivieron a la guerra revolucionaria.[144] En algunas partes del país, financiaron a fuerzas paramilitares, denominadas «Guardia Blanca», que aterrorizaban a los líderes campesinos y a los militantes agraristas.[145] Sin embargo, la Guardia Blanca siguió siendo un fenómeno delimitado en el territorio. Erosionados por la guerra revolucionaria,[146] y sin influencia sobre el nuevo Ejército, la capacidad de los hacendados para organizar una resistencia violenta se veía limitada.[147]

Una vez más, las principales amenazas a la estabilidad del régimen procedían de su interior. En 1923, que Obregón impusiera a Calles como su sucesor provocó una rebelión liderada por el general revolucionario Adolfo de la Huerta, antaño aliado y aspirante a la presidencia.[148] Con el apoyo de los hacendados y de casi la mitad del Ejército,[149] la revuelta encabezada por De la Huerta «literalmente partió el campo revolucionario en dos».[150] Obregón se vio obligado a contar con una gran movilización de los campesinos para vencerla.[151]

El Gobierno de Calles (1924-1928)

La presidencia de Calles fue más radical que la de sus antecesores. Calles «osó desafiar tanto a los católicos como a los gringos».[152] Una ley de 1925 que requería a las petrolíferas extranjeras cambiar sus títulos de propiedad por concesiones suscitó una reacción hostil por parte de Estados Unidos.[153] Calles se opuso también a la invasión estadounidense de Nicaragua en 1926, y mandó armas a César Augusto Sandino y su ejército guerrillero.[154] Los oficiales estadounidenses, que veían los actos de Calles como una afrenta hacia la esfera de influencia de Estados Unidos,[155] hacían ominosas referencias al «México soviético» y tildaban a Calles de «Stalin mexicano».[156] De hecho, el embajador estadounidense James Sheffield, apoyado por la industria del petróleo y los grupos católicos, presionó en la Casa Blanca para que se derrocara a Calles.[157] A principios de 1927, los líderes mexicanos ya temían una invasión estadounidense.[158] Con los marines de Estados Unidos apostados en la costa, la guerra parecía una posibilidad real.[159] Por ende, Calles pidió a sus altos mandos que preparasen una retirada hacia el interior y ordenó a la comandancia militar que estuviera a punto para incendiar los yacimientos petrolíferos.[160]

En el último instante, sin embargo, Calles volvió a la acomodación. En 1927, el Gobierno retiró la ley sobre el petróleo y las relaciones entre Estados Unidos y México alcanzaron un deshielo.[161] El año 1928, Calles podía decir que, por primera vez desde la revolución, México se encontraba libre de amenazas externas.[162]

Las medidas más radicales de Calles pertenecían a la esfera cultural. Mientras que sus predecesores habían ignorado, en general, las cláusulas anticlericales de la Constitución,[163] Calles decidió aplicarlas «con fervor religioso».[164] Según un biógrafo, Calles tenía «un odio a la Iglesia [...] tan profundo que ponía a prueba las explicaciones estructuralistas».[165] Ahora bien, la Iglesia también representaba una amenaza.[166] Con su red de organismos educativos, religiosos y de caridad repartidos por todos los rincones del país, la Iglesia seguía siendo una fuerza importante.[167] La militancia católica creció a principios de los años veinte, cuando la Iglesia empezó a organizar a los obreros y campesinos, y organizaciones laicas como la Asociación Católica de la Juventud Mexicana o la Liga Nacional Defensora de la Libertad Religiosa empezaron a establecer grandes militancias y a movilizarse.[168] Al mismo tiempo, los arzobispos José Mora y del Río y Francisco Orozco y Jiménez criticaban el régimen revolucionario con contundencia.[169] Así pues, cuando Calles asumió su cargo en 1924, la Iglesia era el principal contrincante del régimen.[170]

El Gobierno de Calles lanzó un ataque extraordinario contra la Iglesia. Tras un fallido intento de crear una cismática Iglesia apostólica mexicana,[171] Calles autorizó una serie de decretos en 1926 con la intención de aplicar las cláusulas anticlericales de la Constitución.[172] Siguiendo las llamadas «leyes Calles», el Gobierno expulsó a doscientos sacerdotes y clausuró más de cien escuelas católicas, así como decenas de iglesias y conventos.[173] Los Gobiernos de los estados, aplicando las órdenes de «cumplir la Constitución cueste lo que cueste», impusieron límites estrictos sobre la cantidad de curas que podía haber en cada territorio, arrestándolos o expulsándolos con frecuencia.[174]

Los ataques de Calles despertaron una potente reacción católica. A principios de 1925, los militantes católicos crearon la Liga Nacional Defensora de la Libertad Religiosa (conocida como «la Liga»), con 800.000 miembros, y que impulsó una multitudinaria demanda a favor de la reforma de la Constitución.[175] A principios de 1926, el arzobispo Mora y del Río imploró a los mexicanos que se opusieran al Gobierno revolucionario y a la Constitución.[176] El Gobierno respondió expulsando a Mora y del Río junto con doscientos sacerdotes extranjeros, además de clausurar decenas de iglesias, monasterios, conventos y escuelas católicas.[177] Las leyes Calles de julio de 1926 llevaron a una ruptura definitiva con la Iglesia.[178] Al ver como su propia supervivencia estaba en juego, la Iglesia suspendió las misas, en la práctica organizando una huelga.[179] La Liga y otros grupos católicos convocaron una huelga general —incluyendo un boicot a los impuestos y a las escuelas— y una serie de protestas, que comportaron la detención de muchos líderes.[180] El conflicto no tardó en acarrear violencia. A finales de 1926 y principios de 1927 un enorme tumulto campesino estalló en las llanuras centrales de México, la región del Bajío, empujando a México a una guerra civil conocida como «la guerra Cristera».[181]

Como movimiento de clara vocación contrarrevolucionaria,[182] los cristeros representaron para el régimen la amenaza más grande desde la revolución.[183] Si bien la jerarquía eclesiástica no dio apoyo a la rebelión, muchos sacerdotes locales sí colaboraron con ella,[184] mientras que asociaciones católicas laicas como la Liga y la Asociación Católica de la Juventud Mexicana contribuyeron con armas, dinero y tropas.[185] Hacia 1928, la rebelión de los cristeros se había convertido en una insurgencia de grandes proporciones, con movimientos de entre 50.000 y 60.000 rebeldes en doce estados.[186] México cayó en las garras de un conflicto civil de tres años en el que perecieron entre 70.000 y 100.000 personas.[187]

La guerra Cristera hizo añicos el Ejército, del que 50.000 soldados murieron y decenas de miles desertaron, obligando al Gobierno a movilizar a 25.000 milicianos campesinos para derrotar a los sublevados.[188] El conflicto devoró casi la mitad del presupuesto nacional mexicano[189] y sumió al régimen en una crisis de supervivencia cuando el presidente electo Obregón fue asesinado por un militante católico en julio de 1928. Cuando el Gobierno y la Iglesia llegaron a negociar un acuerdo en junio de 1929, según en el cual la Iglesia cesaría sus actividades políticas pero mantendría las espirituales y culturales,[190] el régimen ya estaba «al borde de la catástrofe».[191]

Los conflictos internos intensificaron la crisis del régimen. La sucesión presidencial de 1928 conllevó de nuevo otra escisión violenta. Obregón, la figura viva más importante de la revolución, orquestó una reforma constitucional que le permitía salir reelegido en 1928. Aquel paso dividió a la élite del régimen y condujo a una malograda rebelión, encabezada por los generales revolucionarios Francisco Serrano y Arnulfo Gómez en 1927.[192] El Gobierno sofocó la revuelta y Obregón pudo ser reelegido, sin oposición, en julio de 1928. No obstante, apenas dieciséis días después de su reelección, fue asesinado.[193] El magnicidio de Obregón llevó al régimen a «la crisis interna más profunda que la élite gobernante había encajado en todo el período revolucionario».[194] Sus líderes temían el colapso del régimen o bien una guerra civil.[195]

La construcción tardía de un partido y la conquista de la cohesión de la élite

La crisis de finales de la década de 1920, y en particular la guerra Cristera, convenció a la élite revolucionaria de que debía buscar la unidad en forma de un solo partido.[196] Atemorizados por el poder de convocatoria del que disponía la Iglesia, y temiendo las posibilidades de una guerra civil tras el asesinato de Obregón, la élite revolucionaria buscó un consenso hobbesiano.[197] En septiembre de 1928, Calles reunió a treinta generales revolucionarios. Durante el cónclave, les pidió que renunciaran a sus ambiciones presidenciales inmediatas y que cooperaran en la formación de un nuevo partido de gobierno, el Partido Nacional Revolucionario (PNR).[198] La convención en que se fundó el partido tuvo lugar en marzo de 1929, y fue dirigida por un comité organizador compuesto por generales revolucionarios.[199]

El establecimiento del partido que gobernó durante largo tiempo en México a menudo se caracteriza como un proyecto de las élites; obra de un autócrata previsor, con el objeto de reducir la conflictividad interna.[200] Esta no deja de ser solo una parte de la historia (como mucho), eso sí. Haber logrado constituir un partido, con la fuerza además que tuvo este después de 1929, hundía sus raíces en la revolución y en la secuencia de revolución-reacción. Lo que en primer lugar motivó a la construcción de un partido, como demuestra Mariano Sánchez Talanquer, fue la guerra Cristera, parte esencial de la secuencia revolucionaria-reactiva. El conflicto entre las élites, por sí solo, no fue suficiente para justificar la fundación de un partido. El régimen llevaba sufriendo disputas internas desde 1917, y en numerosas ocasiones se quiso crear un partido en los años veinte, como la Confederación Nacional Revolucionaria de Obregón en 1922;[201] los intentos por parte de Calles de unir el PLM, el PNA y otros partidos favorables al régimen en un bloque revolucionario en 1924;[202] o los intentos de Obregón en 1926 de unir a los partidos locales y a los dirigentes revolucionarios en una alianza de partidos socialistas.[203] Todas aquellas iniciativas quedaron en nada.[204]

La guerra Cristera comportó «el ímpetu definitivo para formar un partido».[205] Esta hizo ver a la élite revolucionaria que la movilización católica le representaba una amenaza existencial, y que un partido de gobierno era en consecuencia necesario para «salvaguardar la revolución».[206] Como dijo Luis León, primer secretario general del PNR, durante la convención fundacional: «Hemos llegado hasta aquí [...] para gritarle a los reaccionarios que [...] estamos unidos [en] un solo frente, y que todos sus empeños fracasarán contra nuestra unidad revolucionaria».[207] Otro general revolucionario, Gonzalo Santos, declaró: «No queremos otra sangría en nuestra patria [...], pero eso no es lo que quiere la reacción clerical [...]. El tiempo de la tolerancia y la ambigüedad se ha acabado. Unidos combatiremos a antiguos y nuevos cristeros». En una referencia clara a la guerra Cristera, Santos añadió que el PNR se formó «en el cráter de un volcán».[208]

En segundo lugar, el PNR era algo más que un partido de las élites; era un partido de masas construido por organizaciones revolucionarias. Durante los años veinte, las fuerzas revolucionarias se afanaron en construir partidos locales, mientras que los generales revolucionarios que ahora eran gobernadores estatales o comandantes regionales usaron las alianzas con los sindicatos y las ligas campesinas para construir una maquinaria de partido desde la base.[209] Un ejemplo es el Partido Socialista de Yucatán, que devino el Partido Socialista del Sureste (PSS). El líder revolucionario Felipe Carrillo, quien ejerció de gobernador de Yucatán entre 1922 y 1924, organizó decenas de ligas de resistencia campesinas con más de 60.000 miembros.[210] Las ligas «funcionaban como sindicatos, sociedades de auxilio mutuo y filiales de ámbito comunitario», que transformaron el PSS en un partido de masas.[211] De modo parecido, el gobernador de Tabasco, Tomás Garrido, ensanchó el Partido Radical Socialista de Tabasco (PRST) hasta convertirlo en una organización de masas formada por ligas campesinas, obreras y femeninas, además del Bloque Juvenil (Camisas Rojas), paramilitar.[212] Sirviéndose de recursos del Estado para coaccionar a los trabajadores y agricultores para entrar en órganos de masas, Garrido desarrolló una disciplinada maquinaria que le permitió dominar la política de Tabasco durante quince años.[213] En Tamaulipas, el general revolucionario convertido en gobernador Emilio Portes Gil estableció alianzas con ligas agrarias campesinas y transformó el Partido Socialista Fronterizo en uno de los partidos mejor organizados del país.[214] Otros partidos socialistas con buena organización aparecieron en Campeche, Chiapas y Tlaxcala.[215]

Respaldados por Calles, los fundadores del PNR trabajaron para unificar a estas organizaciones revolucionarias locales en un solo partido.[216] Los organizadores del PNR viajaron por todo el país reclutando a caciques locales revolucionarios y a sus partidos para el nuevo partido. [217] La mayoría se unió a él.[218] Así pues, maquinarias estatales poderosas como el PSS, el PRST, el Partido Socialista Fronterizo de Tamaulipas y la Confederación de Partidos Socialistas de Oaxaca se afiliaron al PNR, convirtiéndose en sucursales oficiales del partido.[219] En total, 148 partidos revolucionarios entraron a formar parte del nuevo partido.[220] El PNR, pues, nació como «federación de generales revolucionarios»,[221] muchos de de los cuales mantuvieron sus propias estructuras locales y bases campesinas.[222] Ello otorgó al partido un carácter de masas. El PNR era un «pulpo político» que muy rápido «logró extender sus tentáculos hasta el último municipio del país».[223] Para la campaña de noviembre de 1929, tenía filiales en los 5.000 municipios del país.[224]

Calles y sus aliados, por lo tanto, no construyeron un partido de gobierno a partir de la nada. En su lugar, «el trabajo de base ya estaba bien consolidado» a partir de una enorme red de organizaciones que procedían de la revolución.[225] Los legados revolucionarios facilitaron la construcción de un partido de dos modos. Por un lado, la revolución fue la que aportó las piezas de la nueva organización. El PNR se construyó a partir de «organizaciones nacidas de las casi dos décadas de movilización social».[226] Los generales revolucionarios que se aliaron con los campesinos durante la guerra civil y las transformaron durante los años veinte en organizaciones de base fueran organizaciones «socialistas», ligas agrarias o basadas en el mecenazgo, ejercieron de fundamento para el nuevo partido. Aunque estas maquinarias locales a menudo eran personalistas, muchas de ellas tenían cuadros a su cargo que representaban a grandes (y leales) grupos populares.[227]

En segundo lugar, una identidad revolucionaria compartida promovía la idea de una misma «familia revolucionaria» en la que cabía cualquiera, fueran Madero y Carranza, Villa y Zapata, u Obregón y Calles. La «familia revolucionaria» era un concepto revisionista que pasaba por alto que estos líderes «se habían peleado y que, en algunos casos, se habían llegado a matar entre ellos».[228] En cualquier caso, sacaba partido de una serie de identidades, símbolos y experiencias comunes existentes que aparecieron con las guerras revolucionarias.[229] De ese modo, la «retórica y vivencia compartida de la revolución se convirtió en la base del [...] PNR».[230]

La resistencia interna contra el PNR fracasó. En marzo de 1929, durante la convención fundacional del PNR, el general José Escobar se puso al frente del que sería el último intento de rebelión del régimen. Con el porvenir del PNR todavía en el aire, Escobar quiso alinear a partidarios descontentos de Obregón, del Ejército y del Congreso como oposición al nuevo partido.[231] Más o menos un tercio del Ejército se unió a la revuelta.[232] Sin embargo, la élite del régimen unió sus fuerzas y los rebeldes salieron derrotados con facilidad.[233] A la larga, la rebelión de 1929 fortaleció al emergente Estado-Partido, ya que facilitó a Calles una purga de los oficiales del Ejército que se oponían al PNR,[234] y aleccionó a los políticos revolucionarios de que el partido no se iría a ninguna parte.[235]

Su lección empezó a calar durante las elecciones presidenciales de 1929. Que Calles defendiera a Pascual Ortiz Rubio como candidato del PNR generó resistencia entre los generales revolucionarios, muchos de los cuales preferían a Aarón Sáenz.[236] Aunque Sáenz y sus aliados, según se decía, planeaban abandonar el partido, en última instancia llegaron a la conclusión de que desertar era «inútil» y cerraron filas en plena rebelión de Escobar.[237] El único desertor importante en 1929 fue José Vasconcelos, un destacado intelectual progresista que se convirtió en el candidato presidencial del Partido Antirreeleccionista.[238] Vasconcelos se sentía a gusto con el apoyo de la clase media urbana,[239] pero debido a que la élite revolucionaria estaba dentro del PNR, no tenía una base de masas. Después de que Ortiz Rubio ganara por goleada unas elecciones injustas,[240] Vasconcelos llamó a la protesta, aunque al carecer de respaldo del partido o del Ejército sus ruegos cayeron en saco roto.[241] Vasconcelos abandonó el país, anticipando un alzamiento que jamás iba a ocurrir.[242]

A principios de los años treinta, el PNR se había consolidado de tal manera que «ningún candidato presidencial parecía viable sin él».[243] Varios generales revolucionarios intentaron ser nominados por el PNR para la presidencia en 1934, pero en última instancia cerraron filas tras la figura que iba a ser candidato: Lázaro Cárdenas, la «prueba del incipiente poder de la maquinaria del PNR».[244]

La consolidación del partido dominante se completó con el presidente Cárdenas (1934-1940). Aunque el PNR había desarrollado una organización territorial potente, sus vínculos con los sindicatos y los movimientos del campesinado lo eran menos.[245] Cárdenas fortaleció esos vínculos. Para empezar, consolidó la base del partido en el ámbito rural. Durante el mandato de Cárdenas, el PNR sufragó que se fundaran ligas campesinas por todo México, incentivando la membresía con la distribución de la tierra.[246] Se formaron treinta y dos ligas campesinas y, en 1938, se incorporaron en la Confederación Nacional Campesina (CNC), una organización agrícola de masas muy vinculada al Estado.[247] Cárdenas también movilizó a los sindicatos, financiando (y asimilando) la Confederación de Trabajadores de México (CTM).[248] En 1938, Cárdenas vinculó el partido de gobierno con la CNC y la CTM a través de la creación de secciones organizadas de obreros y campesinos. El partido fue rebautizado como Partido Revolucionario Mexicano (PRM), y más tarde como Partido Revolucionario Institucional (PRI). La CNC y la CTM se convirtieron en columnas vertebrales del partido, que captaban los movimientos obreros y agrícolas y transmitían los votos de sus miembros durante las elecciones.[249] Con la incorporación de estos sectores, la membresía en el partido se multiplicó por más de cuatro: de menos de un millón a más de cuatro millones de afiliados.[250] En efecto, el PRM injertó organizaciones de masas obreras y rurales en su estructura territorial preexistente, transformándose en un «verdadero partido de masas».[251]

En definitiva, aunque el partido que gobernaba México fue creado más de una década después de la consecución del poder, su formación estaba ligada de modo inextricable a los orígenes del régimen en la revolución. La guerra Cristera, contrarrevolucionaria, hizo decidirse a un variopinto elenco de generales revolucionarios a defender la creación de un partido único. A su vez, las piezas que componían este nuevo partido de gobierno eran decenas de organizaciones locales que surgieron de la guerra revolucionaria. Y, por último, una identidad revolucionaria en el sentido amplio («la familia revolucionaria») reforzaba la cohesión del partido.

El establecimiento de un partido revolucionario único tuvo importantes repercusiones para el incipiente Estado-Partido. Aumentó la cohesión estatal, en particular dentro del aparato coercitivo.[252] Mientras que la conflictividad entre las élites había sido dañina para la cohesión militar entre 1917 y 1929, el surgimiento de un partido fuerte hizo del Ejército una organización cohesiva y disciplinada.[253] No volvió a haber intentos de golpes después de 1929. Como Vicente Fuentes Díaz ha observado, «no es casual que la última rebelión militar tuviera lugar [...] al mismo tiempo que nació el partido».[254] De ese modo, después de 1929, el régimen mexicano poseía un Estado-Partido cohesionado y comparable a los de Rusia o China.

Sin embargo, sí había una gran diferencia: mientras que en Rusia, China y otros casos de revolución las amenazas militares a su propia existencia llevaron a una drástica expansión del aparato coercitivo, en México, donde la contrarrevolución fue más limitada pero el riesgo de una rebelión interna era mayor, los Gobiernos revolucionarios se ocuparon de *reducir* las dimensiones de las fuerzas armadas. El Ejército Constitucionalista se había inflado hasta contar con más de 150.000 efectivos entre 1915 y 1920, y en 1921 consumía más de la mitad del presupuesto nacional.[255] Al no haber un partido cohesionado, las escisiones entre los generales revolucionarios representaban una amenaza constante de rebelión.[256] Así pues, Obregón —quien encabezó una revuelta en 1920 y se encaró a otra en 1923— redujo el tamaño del Ejército a unos 70.000 hombres.[257] El gasto militar cayó del 61 al 35 por ciento de las arcas nacionales.[258] Aunque la inversión en el Ejército aumentó durante la guerra Cristera, fue disminuyendo después de manera regular, hasta un 21 por ciento del presupuesto en 1935.[259] A mediados de los años treinta, México tenía una de las fuerzas armadas más reducidas, per cápita, de todos los regímenes autoritarios del mundo.[260]

Esta deriva, casi sin lugar a dudas, tenía que ver con el hecho de que la élite revolucionaria mexicana solo tuvo que enfrentarse a modestas amenazas contrarrevolucionarias, y nunca a una guerra con otros países. Aunque sus relaciones con Estados Unidos fueron conflictivas durante la primera década de la revolución, Estados Unidos no llegó a suponer una amenaza militar existencial durante largo tiempo. Con las fugaces excepciones de 1918-1919 y 1927, el riesgo de una guerra contra Estados Unidos era remoto. Este, además, fue menguando en los años treinta y desapareció del todo con el estallido de la Segunda Guerra Mundial.[261] Al no contar con una amenaza militar sostenida, fuera en el propio país o en el extranjero, la élite revolucionaria de México tenía pocos incentivos para construir un Estado-guarnición.

El debilitamiento de los centros independientes de poder

La guerra revolucionaria y el conflicto contrarrevolucionario también mermaron los espacios de poder independientes, aunque sucedió en menor grado que en Rusia o China. Hacia 1920, las clases e instituciones más poderosas que sostenían el antiguo régimen fueron destruidas o incapacitadas. El antiguo Ejército Federal fue eliminado y reemplazado por otro que era más autónomo respecto de las élites tradicionales.[262] Según ha demostrado Roderic A. Camp, los oficiales del Ejército revolucionario tenían escasos vínculos sociales con las élites económicas y las clases altas conservadoras.[263]

Se destruyó también la oligarquía rural. Los grandes terratenientes perdieron poder a causa de la guerra revolucionaria,[264] aunque sobrevivieron hasta los años treinta, resistiéndose a la ley de reforma agraria gracias a la Cámara Nacional de Agricultura (CNA) y a los paramilitares de la Guardia Blanca.[265] Sin el Ejército, no obstante, la debilitada clase de los hacendados fue incapaz de defenderse. La reforma agraria del Gobierno de Cárdenas (de la que hablaremos más adelante) comportó la rápida destrucción de la CNA y de la Guardia Blanca.[266] Hacia 1940, la élite propietaria y el sistema de las haciendas ya había sido eliminado.[267]

Un tercer pilar del antiguo régimen, la Iglesia, ya había quedado neutralizado en política. Durante la década de 1920 y principios de la de 1930, la Iglesia había sufrido un duro golpe, en particular durante la guerra Cristera de 1926 a 1929. Más del 90 por ciento de los sacerdotes se vieron desplazados durante el conflicto, mientras que decenas de ellos fueron asesinados.[268] Con el acuerdo de 1929 que finalizó la guerra, la Iglesia cesó toda su actividad política a cambio de la libertad de llevar a cabo su obra espiritual y cultural.[269] La Iglesia no se limitó a abandonar el campo político, sino que también reprimió las actividades de oposición del clero y las asociaciones seglares católicas locales.[270]

La represión estatal siguió tras la guerra Cristera. Durante la década de 1930, las fuerzas del Gobierno asesinaron a unos 5.000 antiguos cristeros, incluyendo a la mayoría de sus grandes nombres.[271] A su vez, los Gobiernos de los estados restringieron con severidad cuántos sacerdotes permitían en su territorio.[272] Se clausuraron unas 264 iglesias entre 1932 y 1934.[273] Solo quedarían 375 iglesias abiertas y 305 religiosos registrados en México hacia 1935.[274] Tan solo cinco de los treinta y cinco obispos permanecieron en su diócesis; centenares de sacerdotes huyeron o tuvieron que esconderse.[275] En total, el número de curas en activo en México decayó de uno por cada 1.600 feligreses en la época de Díaz a uno por cada 5.000 en los años treinta.[276] Pocos casos paralelos de derrota y sumisión de la Iglesia pueden encontrarse en la historia latinoamericana.

El exterminio o marginación de los centros de poder posrevolucionarios —el Ejército, la oligarquía terrateniente y la Iglesia— tuvo importantes consecuencias para el nuevo régimen. Al carecer de cuerpo policial o Ejército, sin control sobre las tierras y los campesinos y, en gran medida, sin el poder simbólico de la Iglesia, la capacidad de las fuerzas reaccionarias para movilizar a una oposición contra la revolución se vio reducida de forma drástica.

Otros dos actores sociales —los movimientos obreros y agrarios— se vieron cooptados por el régimen revolucionario. Los campesinos, muy movilizados en las décadas de 1910 y 1920, fueron asimilados por la CNC y el PRM —o más tarde, PRI— durante los años treinta.[277] La reforma agraria incrementó sobremanera la dependencia respecto al Estado de los campesinos, que los «dejó inoperantes en política».[278] El movimiento obrero fue absorbido de manera parecida. La Confederación Regional de Obreros Mexicanos —agrupación sindical preponderante en los años veinte— estuvo conectada desde su fundación con el Estado hasta que se dividió y perdió poder a finales de los años veinte y la década de 1930.[279] Cárdenas movilizó al movimiento obrero en su mayoría a través de la CTM, que incorporó en el partido de gobierno.[280] Los sindicatos cada vez se vieron más subordinados a los fondos del Estado y el partido, lo que limitó su capacidad de poner frenos al régimen.[281]

Legados revolucionarios: el Estado-Partido mexicano

El complejo Estado-Partido que hizo aparición en los años treinta tuvo una gran influencia del radicalismo segmentado del período fundacional de la revolución. La secuencia de revolución y reacción dio lugar a tres legados que contribuyeron a un autoritarismo duradero: un partido de gobierno cohesionado, un aparato coercitivo leal y disciplinado y una oposición endeble. Por contra, debido al carácter más restringido de la secuencia reactiva y, en particular, de la inexistencia de una amenaza existencial sostenida, la cohesión en el partido jamás alcanzó las características casi religiosas que vimos en Rusia y China; el aparato coercitivo siguió siendo pequeño, y los poderes independientes del poder no llegaron a desaparecer del todo.

Un partido de gobierno cohesionado

El partido que gobernó México —renombrado PRI en 1946— exhibía una gran cohesión. Haber creado un partido único revolucionario acabó con la «guerra hobbesiana de todos contra todos» que caracterizó a la élite del régimen entre 1917 y 1929.[282] El PNR fundó un monopolio sobre la marca revolucionaria, contribuyendo a la solidez de una identidad y subcultura única para el partido. En sus primeras décadas, el PRI estuvo marcado por una «distintiva cohesión y *esprit de corps*».[283] Al consolidarse la idea de una única «familia revolucionaria» durante y después de la guerra Cristera, se empezó a observar con más nitidez una distinción entre «nosotros» y «ellos», empañada durante el conflicto fratricida de los años veinte.[284] Tras 1929 hubo «una clara línea que separaba a quienes lucharon [...] en la revolución de quienes no lo hicieron, o de quienes lucharon en el bando equivocado».[285]

El monopolio del PRI sobre la identidad revolucionaria aumentó el precio a pagar por la deserción. Una vez que el PRI se convirtió en el único representante legítimo de la revolución, se pudo «empañar del color de la traición» a los políticos que se le opusieran.[286] La lealtad hacia el partido se convirtió en sinónimo de patriotismo,[287] mientras que los políticos que se apartaron del PRI fueron tildados de «traidores».[288] Durante décadas funcionaron las llamadas a la «lealtad revolucionaria».[289] Incluso los peces gordos de la revolución eran susceptibles de ser acusados de «traicionar la revolución» cuando abandonaban el partido.[290]

De modo que, después de 1929, el partido que lideraba México se convirtió en una «causa general fuera de la cual no existía salvación política».[291] Quienes perdieron en las luchas de poder entre las élites tuvieron que aprender que la deserción «entrañaba adentrarse en un desierto político»,[292] y que la estrategia más viable de la que disponían era «morderse la lengua y, aunque fuera a regañadientes, ofrecer apoyo al ganador».[293] Aunque hubo generales revolucionarios que dieron un paso al lado y fueron candidatos de la oposición para la presidencia en 1940 (Juan Almazán) y 1952 (Miguel Henríquez), este tipo de rupturas «dieron escasos frutos», puesto que pocos de entre las élites estaban dispuestos a unirse.[294] Así pues, hacia 1952 parecía claro que el coste de la deserción y de oponerse al PRI era «demasiado alto para que lo pudiera afrontar cualquier candidato viable».[295] En efecto, el partido apenas si vio abandonos importantes entre 1952 y 1987.[296]

A su vez, al no disponer de una ideología en común o ver su existencia amenazada, los cuadros del PRI carecían de la ferviente devoción hacia la unidad vista en Rusia y en China. En su lugar, la cohesión del partido era reafirmada por la hegemonía electoral del PRI y el monopolio sobre los nombramientos de cargos,[297] además de por una serie de instituciones informales con gran poder que gestionaban la competición y sucesión dentro del partido. La más importante era el dedazo, un mecanismo informal con el que los presidentes elegían a su sucesor de manera unilateral —entre miembros del Gabinete que, en público, no podían postular— para luego retirarse de la carrera política.[298]

La fusión partido-Ejército y la lealtad militar

El régimen que siguió a 1929 se caracterizaba también por un aparato coercitivo de gran cohesión y disciplina.[299] Estaba cohesionado gracias a la fusión entre las élites políticas y militares que surgieron de la revolución.[300] Como se ha dicho, el régimen lo fundó un conjunto disperso de «generales revolucionarios»[301] o de líderes que ejercieron como comandantes militares durante la guerra y que «combinaron dos carreras, una en el Ejército y otra en la política» a partir de 1917.[302] Durante los años veinte, los generales revolucionarios se impusieron, *de facto,* como correa transmisora del poder regional y estatal en todo México.[303]

Aunque la inexistencia de un partido hizo que los generales tendieran a conflictos internos durante la década de 1920, la formación del PNR produjo un complejo partido-Ejército cohesionado. En un inicio, la fusión entre ambos era casi absoluta.[304] Algunos generales revolucionarios como Calles, Cárdenas, Joaquín Amaro, Juan Almazán o Saturnino Cedillo rigieron tanto el PNR como el Gobierno en los años treinta.[305] Todos los presidentes mexicanos electos en los años veinte y treinta —Obregón, Calles, Ortiz Rubio, Cárdenas y Manuel Ávila Camacho— fueron generales revolucionarios.[306] Entre principios y mitad de la década de 1930, tanto la cúpula del PNR como la mayoría de los cargos importantes del Gabinete y la mitad de las gobernaciones de estados estuvieron en manos de generales revolucionarios.[307] Aunque la influencia militar empezó a languidecer en los años cuarenta, los veteranos de la revolución controlaron la presidencia y por lo menos a un 40 por ciento de los Gobiernos estatales hasta 1946; ocuparon la presidencia del PRI hasta el 1964, y ostentaron el cargo de secretario de defensa hasta 1976.[308]

A su vez, el Ejército era revolucionario de los pies a la cabeza. Su comandancia y sus escalafones superiores fueron para veteranos de la revolución hasta los años sesenta.[309] Era imprescindible una trayectoria revolucionaria para ascender; los veteranos lo hacían con más rapidez y monopolizaban los máximos puestos de mando.[310] A comienzos de los años sesenta, se reservaban casi todos los cargos de general a veteranos revolucionarios.[311] La fusión entre Estado y partido fundamentó un aparato coercitivo disciplinado y fiel. En opinión de Camp, las «raíces en la guerrilla» que tenían en común crearon una «serie de valores compartidos entre los líderes civiles y militares».[312] Los jefes militares se autopercibían como «guardianes de la revolución».[313] Dicho compromiso revolucionario se puso de manifiesto en la guerra Cristera. Los líderes rebeldes trataron de volver a los altos mandos militares en contra del impopular Gobierno de Calles. Sin embargo, «el Ejército, creación de la revolución [...], no guardaba simpatía a los cristeros».[314]

La fusión partido-Ejército generó un altísimo nivel de disciplina militar.[315] Las fuerzas armadas mostraron «una lealtad feroz» hacia el Gobierno a partir de 1929.[316] Con abismal diferencia respecto al resto de Latinoamérica, México se convirtió en un «ejemplo de tranquilidad cívico-militar»,[317] marcado por la ausencia de golpes de Estado —o incluso de intentonas—.[318] El Ejército mexicano devino uno de los más disciplinados entre los países en vías de desarrollo.[319] Los oficiales casi nunca se pronunciaron contra el Gobierno.[320] Un único general en activo resultó haber trabajado para la oposición entre 1952 y 2000, y el propio Ejército presentó cargos contra él.[321]

Un aparato coercitivo modesto

Aunque la cohesión militar de México podía rivalizar con la de otros regímenes revolucionarios, su aparato de coerción era con creces más pequeño. Puesto que los líderes de la revolución tan solo debieron enfrentarse a amenazas modestas del exterior y por parte de contrarrevolucionarios, el incentivo para promover la seguridad interna y externa fue menor que en la mayoría de los casos que estudiamos en este libro. Así pues, los primeros Gobiernos constitucionalistas redujeron las fuerzas de seguridad de México, en lugar de ampliarlas.[322] Tras la Segunda Guerra Mundial, se redujeron las tropas a unos discretos 50.000 efectivos.[323] México pasó a ser «uno de los países menos armados del mundo»,[324] contando apenas con un 0,1 por ciento de su población en el Ejército en 1966.[325] De los Estados latinoamericanos, tan solo Costa Rica, que no contaba con Ejército, tenía una cantidad inferior de sus habitantes en las fuerzas armadas.[326] De modo parecido, el gasto en defensa bajó de la mitad del presupuesto público a comienzos de los años veinte a apenas un 8 por ciento a mediados de la década de 1950.[327] En cuanto al porcentaje del PIB que ocupaba el gasto en defensa, este fue uno de los más bajos de Latinoamérica en los años sesenta y setenta.[328] En 1976, era inferior al de Costa Rica, que no disponía de fuerzas permanentes.[329]

La Revolución mexicana tampoco llegó a desarrollar un Estado policial.[330] A diferencia de Rusia, los primeros Gobiernos revolucionarios no promovieron una potente agencia de inteligencia ni una Policía política.[331] Los servicios de inteligencia, creados en 1918, eran deficientes y estaban infrafinanciados.[332] En un principio no tenían sus propios despachos, y aun en 1932 contaban con solo quince agentes a jornada completa.[333] Aunque se amplió durante la Guerra Fría,[334] siguió siendo una agencia pequeña con escasos espías a tiempo completo y una capacidad limitada para procesar información.[335]

Con todo, las pequeñas aunque disciplinadas fuerzas de seguridad en México demostraron su eficiencia a la hora de acallar episodios de huelgas y protestas estudiantiles, campesinas y poselectorales, como también para aplacar movimientos guerrilleros.[336] Asimismo, se comprobó que eran capaces, en ocasiones, de ejercer represión de alta intensidad.[337] Sin embargo, no está tan claro que el aparato de coerción pudiera reprimir movilizaciones opositoras a gran escala y sostenidas en el tiempo como las que aparecieron en China en 1989 o en el Irán de 2009.[338] Hay que decir, debido al debilitamiento de los centros independientes de poder social, que esa capacidad jamás llegó a ponerse en serio a prueba.

Una sociedad civil debilitada (aunque no aniquilada)

Por último, la secuencia reactiva en México logró mermar los centros independientes de poder, pero no los eliminó como en Rusia o China. La destrucción de la oligarquía terrateniente y la castración política de la Iglesia, junto con la asimilación de los movimientos obreros y campesinos, debilitaron las bases de la oposición. Los fundamentos del conservadurismo político se vieron diezmados. Sin poder contar con los recursos de los propietarios de tierras ni el voto de los campesinos, no existían ya bases para la construcción de un partido en clave conservadora. La Iglesia siguió en los márgenes de la política durante más de medio siglo. Sus líderes rara vez criticaron al Gobierno, se mantuvieron lejos de los partidos políticos y atacaron a las asociaciones seglares católicas que ejercían oposición.[339]

Su manera de actuar estaba en las antípodas de otros países latinoamericanos, donde la Iglesia desempeñó un papel decisivo en las políticas del siglo XX, fuera apoyando golpes conservadores (como en Venezuela en 1948, Guatemala en 1954 y Argentina en 1955), bien contribuyendo a la fundación de partidos democristianos (Chile, El Salvador o Guatemala) o incluso, más entrado el siglo, dando apoyo a movimientos sociales antiautoritarios (Brasil, El Salvador, Nicaragua y Perú a finales de los setenta).

El mundo empresarial también tenía escasa fuerza. La industria era embrionaria en la época de la revolución; representaba solo un 12,5 por ciento del PIB mexicano en 1908, y decayó durante la guerra.[340] La industrialización conllevó una drástica expansión del ámbito comercial en los años treinta y cuarenta.[341] A diferencia de los movimientos obreros y campesinos, el sector privado permaneció fuera de la coalición de gobierno.[342] Sin embargo, con el modelo estatal de industrialización, muchas empresas dependían de concesiones, licencias, subsidios y demás protecciones estatales, que otorgaban al PRI un sinfín de medios con los que premiar a las empresas favorables y castigar a las que no lo fueran tanto. A raíz de ello, muchos dirigentes empresariales se dispusieron a cooperar con el Gobierno a cambio de beneficios a medida.[343] El sector secundario, en su mayoría, mantuvo de este modo buenas relaciones con el Gobierno.[344] Así, a partir de 1940, la mayoría de los industriales se adhirieron a un pacto informal según el cual un clima propicio al empresariado y el trato con el Estado eran de recibo; eso sí, a cambio de mantenerse al margen de la política.[345]

Al mismo tiempo, la asimilación por parte del PRI de organizaciones obreras y campesinas dejaba escaso margen a movimientos de izquierda o populistas.[346] Ya que las asociaciones agrícolas y laboralistas eran «criaturas del Estado»,[347] los grupos del ámbito popular no disponían de «intermediarios efectivos».[348] Como resultado, había «pocas organizaciones que representaran a los descontentos».[349] El nivel de protesta campesina fue bastante bajo a partir de 1940,[350] y fracasaron los intentos por crear entidades independientes para el campesinado, como la Central Campesina Independiente, a principios de los sesenta.[351] El movimiento obrero fue comprado de manera parecida.[352] En los primeros años cincuenta, «ya no había esperanzas de crear un movimiento obrero unido, independiente y combativo».[353] Todo esfuerzo por crear confederaciones del trabajo independientes, como la que dirigía Vicente Lombardo en los años cuarenta, fue tumbado a manos del Estado-PRI,[354] y los niveles de protesta obrera permanecieron bajos hasta los años ochenta.[355]

De manera paralela, la destrucción de los centros de poder independientes fue mucho menos minuciosa que en Rusia o China. Fue crucial que el Gobierno revolucionario mantuviera una economía capitalista donde, a pesar de sus fuertes regulaciones, casi sin excepciones se permitía la propiedad particular.[356] Aunque se borró del mapa a los grandes terratenientes y algunos sectores clave de la economía —como el petróleo, las vías férreas, la electricidad, las telecomunicaciones y algunas parcelas del sistema financiero— fueron nacionalizados,[357] gran parte del ámbito privado, como la amplia mayoría de la industria y el comercio, quedó intacto.[358]

Los capitalistas gozaban de cierta autonomía. Un ejemplo destacado es el Grupo Monterrey, que aunaba a doscientas familias empresariales del estado norteño de Nuevo León y controlaba cerca de un cuarto de la producción industrial mexicana.[359] El Grupo Monterrey se convirtió en un baluarte de la oposición conservadora.[360] En 1929, creó la Confederación Patronal de la República Mexicana (COPARMEX), que, a diferencia de otras asociaciones empresariales de México, era «autónoma hasta la médula» y, a menudo, antigubernamental sin ambages.[361] El Grupo Monterrey era un sector minoritario dentro de la clase industrial y, antes de 1982, sus intentos de movilizar oposición de la patronal fueron en vano.[362] Hasta el inicio de la década de 1980, pues, el sector privado fue «un gigante económico y un enano político».[363] No obstante, en los industriales había una fuente latente de oposición. Como veremos, el desarrollo capitalista de México generó un sector privado enorme con recursos considerables que, al final, se usarían para oponerse al PRI.

La Iglesia siguió siendo, por su parte, otro germen de oposición. Aunque se cuidó de evitar la política tras 1929, mantuvo un enorme tejido de sacerdotes, activistas seglares y asociaciones cívicas que le otorgaban una capacidad significativa de movilización, aunque fuera en potencia. Cada vez que la Iglesia decidía lucir músculo en el terreno político, contaba con la posibilidad de ejercer una fuerza descomunal.

De manera más general, el régimen revolucionario de México nunca acabó de obstaculizar el espacio asociativo. Así pues, a pesar de que el PRI logró cooptar la sociedad de manera extraordinaria,[364] la vida asociativa persistió. Entre las mayores entidades estaban las organizaciones seglares católicas como la Unión Nacional Sinarquista (UNS), que llegó a tener 500.000 afiliados al término de los años treinta.[365] Existían también resquicios de activismo de la clase media, en especial entre los alumnos universitarios. Como veremos, a finales de los sesenta surgió un movimiento independiente y radical entre los estudiantes. Este organizó gigantescas manifestaciones contra el Gobierno en 1968.[366]

Incluso si el debilitamiento de los centros de poder independiente no alcanzó los niveles de Rusia y China, siguió teniendo grandes consecuencias. La revolución y sus secuelas crearon una asimetría duradera en el equilibrio de poder entre el PRI y sus oponentes. El Estado-PRI «adquirió un grado excepcional de poder en relación con el resto de la sociedad»,[367] mientras que sus adversarios, carentes de un electorado organizado y desprovistos de recursos, permanecieron «desorganizados y callados».[368] A partir de la década de 1940, pocos actores sociopolíticos eran capaces de ser rivales para el PRI.[369] Lo que es más: las agencias de inteligencia mexicanas reconocieron durante los años cuarenta y cincuenta que el régimen no se enfrentaba «a amenazas de verdad».[370]

Las asimetrías de poder que generó la revolución podían apreciarse en la repetida imposibilidad de crear una oposición viable, fuera a izquierda o derecha. Con las élites económicas y la Iglesia en los márgenes de la política, y los campesinos movilizados por el PRI, los fundamentos para crear una oposición conservadora eran escasos. En los años treinta surgieron un gran número de formaciones y movimientos de derecha, como el Partido Antirreeleccionista, el Partido Revolucionario Anticomunista y el Partido Socialdemócrata, junto con movimientos cuasifascistas como los sinarquistas y la Acción Revolucionaria Mexicanista (o Camisas Doradas).[371] No obstante, estos movimientos resultaron ser «débiles en miembros y financiamiento»,[372] y la mayoría se hundió al cabo de pocos años.[373]

El único partido significativo de derechas fue el Partido Acción Nacional (PAN), fundado en 1939 por una coalición de militantes católicos, profesionales liberales y empresarios.[374] Aunque el PAN logró sobrevivir al período entre 1940 a 1982, nunca fue más que «un pequeño partido de notables».[375] A pesar de las bases católicas del PAN, la jerarquía eclesiástica miraba a la formación de reojo,[376] y, aun contando con una tribuna proempresarial, recibió escaso apoyo de los industriales.[377] Esta falta de respaldo de la Iglesia y la patronal dejaron al PAN con una organización frágil y una exigua financiación.[378] Antes de los años ochenta, el partido podía contar solo con un «núcleo de militantes briosos y entusiastas».[379] Incapaz de presentar candidatos en todo el país,[380] el PAN no era más que un «engorro» político,[381] que no lograría más del 14 por ciento del voto presidencial entre 1940 y 1982.

Del otro lado del espectro político, la asimilación por parte del PRI de los campesinos y los sindicatos mantenía «a cal y canto» a buena parte de las bases naturales de la izquierda, con lo que se cedía escaso espacio a los partidos y movimientos sociales más a la izquierda.[382] Los partidos de izquierdas fracasaron de manera repetida a partir de 1917.[383] El Partido Comunista Mexicano (PCM, creado en 1919) fue expulsado del movimiento obrero en los años treinta, abandonándolo con unas míseras bases.[384] El PCM, que jamás superó los 30.000 afiliados,[385] perdió su estatus legal en 1946 y en los años cincuenta se encontraba ya «al borde de la extinción».[386] La única otra izquierda de cierta relevancia durante el período de 1940 a 1982 fue el Partido Popular (PP; más adelante llamado Partido Socialista Popular), creado por los destacados izquierdistas Narciso Bassols y Vicente Lombardo en 1948. No obstante, el PP apenas obtuvo apoyo sindical,[387] y se hizo con solo el 2 por ciento del voto en las elecciones de 1952.[388]

En suma, la Revolución mexicana y sus consecuencias produjeron un Estado-Partido cohesionado, y lograron debilitar los centros independientes de poder en la sociedad. Sin embargo, la élite revolucionaria nunca desarrolló un Estado policial a la soviética ni destruyó todos los centros independientes de poder. Como resultado, aunque la enorme asimetría de poder entre el Estado-PRI y la sociedad garantizaba en gran medida la pervivencia del régimen, este resultó ser mucho menos robusto —y más dependiente del crecimiento económico— que los de Rusia o China.

Crisis y supervivencia del régimen, 1929-1982

El régimen revolucionario de México fue uno de los más longevos de la historia moderna: sobrevivió ochenta y cinco años. El Estado-Partido que surgió del período revolucionario inicial demostró tener suficiente fuerza para sobreponerse a la Gran Depresión, a la intensa polarización y reacción conservadora que produjeron las reformas de Cárdenas a finales de los años treinta, además de las divergencias en la Guerra Fría durante los años sesenta y principios de los setenta. En todos estos períodos, el complejo Estado-Partido mostró lealtad y disciplina, y contribuyó a que el régimen esquivara la clase de golpes y escisiones entre las élites que socavaron a otros regímenes latinoamericanos durante ese tiempo. Ello, a su vez, facilitó una represión de alta intensidad contra las grandes protestas del movimiento estudiantil en 1968. La estabilidad del régimen también hundía sus raíces en el debilitamiento de los centros independientes de poder de la sociedad. La destrucción de la élite poseedora de tierras, la marginación de la Iglesia y la cooptación de los movimientos obreros y campesinos pusieron coto a la organización de la sociedad, debilitando las fuerzas opositoras —tanto a la derecha como a la izquierda— durante décadas.

Sin embargo, como demuestra este capítulo, el radicalismo segmentado dio luz a un complejo Estado-Partido más endeble que el de China o Rusia. Por ende, los legados de la revolución por sí mismos no bastan para explicar la extraordinaria longevidad del régimen mexicano. Es probable que tuviera que enfrentarse a menos escollos que Rusia y China. Aunque en parte tuvo que ver con las asimetrías entre Estado y sociedad que hemos descrito, fue también producto del crecimiento económico.[389] Entre 1933 y 1981, la economía mexicana creció a un ritmo promedio de más de un 6 por ciento al año; uno de los más altos de América Latina.[390] Su ritmo de crecimiento anual no bajó del 3,3 por ciento en ningún momento entre 1940 y 1981.[391] Un crecimiento sostenido contribuyó a limitar que la sociedad se antepusiera a un régimen que, por su moderada capacidad coercitiva, podría haberse visto en apuros. Si no hubiera contado con un flujo estable de recursos con los que asimilar al electorado de bajos ingresos y a gran parte de la sociedad civil,[392] es probable que los Gobiernos del PRI hubiesen tenido que enfrentarse a una oposición mayor. No queda claro que el régimen tuviera suficiente capacidad de coerción para sobreponerse a dichas presiones de la sociedad.

Crisis económica, polarización y supervivencia del régimen en los años treinta

México, en los años treinta, se vio marcado por la crisis económica, las reformas radicales y una polarización extrema; condiciones que llevaron a golpes militares en casi toda Latinoamérica. El presidente Pascual Ortiz Rubio (1930-1932), el primer presidente electo bajo las siglas del PNR, heredó una crisis profunda.[393] La guerra Cristera y el magnicidio de Obregón no se limitaron a poner en jaque al régimen, sino que la economía se desplomaba también. El PIB de México se redujo en un 31 por ciento entre 1927 y 1932; solo en 1932 cayó un 16 por ciento.[394] La crisis económica dañó el apoyo social al Gobierno y condujo a un claro incremento en la movilización y la protesta popular.[395] El total de huelgas se vio multiplicado por más de veinte veces a principios de los años treinta[396] y, con la reforma agraria encallada, surgieron movimientos radicales del campo como la Confederación Nacional Campesina, que empezaron a movilizarse contra el Gobierno.[397]

La crisis económica condujo a una serie de crisis políticas en el seno del embrionario PNR. Defendido por Calles —que seguía en el poder entre bambalinas—, Ortiz Rubio gobernó con prudencia, resistiéndose a las exigencias de los radicales en el PNR (conocidos como «rojos») sobre la reforma agraria u otras medidas redistributivas.[398] Ortiz Rubio, impopular y solo, tuvo que abandonar la presidencia en septiembre de 1932.[399] Su sucesor, Abelardo Rodríguez, se desplazó a la izquierda, aceleró la reforma del campo y estableció el primer salario mínimo de México, a la vez que inauguró el programa radical de educación socialista (que describimos más abajo).[400]

La radicalización del PNR continuó con la presidencia de Lázaro Cárdenas (1934-1940). Socialista convencido, Cárdenas era mucho más ideológico que sus predecesores.[401] Sin embargo, su radicalismo también estaba inspirado por imperativos políticos. Cárdenas se enfrentó a la facción conservadora de Calles, que permanecería como fuerza dominante en el PNR.[402] Para hacer frente a la oposición de Calles, Cárdenas se alió con movimientos agrarios y obreros radicales que exigían una redistribución «radical de veras».[403] Así pues, el Gobierno de Cárdenas viró a la izquierda, y por un breve espacio de tiempo la revolución «empezó a trascender los confines burgueses».[404] Cárdenas dio más poder a los sindicatos, aumentó drásticamente los salarios de los trabajadores y llevó a cabo grandes nacionalizaciones, como la del ferrocarril en 1937 o la industria petrolera en 1938.[405]

Las políticas más radicales de Cárdenas, no obstante, se emplazaron en el ámbito de la reforma agraria.[406] El Gobierno de Cárdenas distribuyó dieciocho millones de hectáreas de tierras, casi el doble del total repartido por todos los Gobiernos revolucionarios anteriores.[407] Más de 800.000 familias campesinas obtuvieron acceso a tierras.[408] En gran medida estas se organizaron en terrenos comunales, o ejidos, que por ley no podían comprarse ni venderse. Hacia 1940, el 47 por ciento de la tierra cultivable de México se organizaba en ejidos.[409] Así, el Gobierno trató de «reordenar la vida de la sociedad rural», convirtiendo al ejido en el principal modo de producción en el campo.[410]

El período de Cárdenas supuso así el culmen de una reforma agraria que llevaba anunciándose desde 1915 y que entró en vigor con la Constitución de 1917, pero que se había implementado despacio y con intermitencias antes de 1934. En última instancia, más de 50 millones de hectáreas de tierra fueron repartidas a 2,2 millones de hogares entre 1915 y 1965,[411] afectando a más tierras y personas que en cualquier otra reforma agraria de Latinoamérica, con la excepción de Cuba.[412] La reforma completó la transformación de una estructura rural de clases que empezó en 1910. La clase de los terratenientes, debilitados ya por dos décadas de revolución, desapareció del mapa, mientras que el sistema de haciendas, con siglos de antigüedad, por fin se dio por finiquitado.[413]

Los revolucionarios mexicanos tampoco cesaron en sus ataques contra la Iglesia en los años treinta. En lo que ha venido en denominarse «una verdadera revolución cultural»,[414] se destruyeron o clausuraron centenares de iglesias; cientos de sacerdotes fueron atacados, presos o deportados; hubo una purga de católicos en las escuelas y la Administración públicas entre 1930 y 1936.[415] En 1932, se endurecieron las leyes que limitaban el número de curas permitidos, suscitando una nueva ola de expulsiones.[416] Para 1935, se había expulsado de dieciséis estados a todos los sacerdotes, mientras que en otra media docena de estados quedaban cinco curas o menos.[417] Los Gobiernos de los estados atacaron a la Iglesia con un «afán sin precedentes»,[418] e iniciaron campañas de «descristianización» que pretendían eliminar de la sociedad tradiciones y símbolos del catolicismo.[419] En algunos estados, las ciudades y calles que debían su nombre a santos católicos cambiaron de nomenclatura; las fiestas religiosas dieron paso a «fiestas patrióticas» y desaparecieron del calendario escolar los días señalados religiosos.[420] Tomás Garrido, gobernador de Tabasco, llevó a cabo una «campaña contra Dios» en la que se proscribieron los libros y canciones que mencionaran a la divinidad, se eliminaron las cruces de los cementerios, se prohibió el uso de la palabra *adiós* y se animó a los sacerdotes a contraer matrimonio.[421] Algunos Gobiernos estatales trataron de instituir «Domingos Rojos» en lugar de la misa dominical,[422] y de convertir en «socialistas» el bautismo y las nupcias católicas.[423]

Entre 1933 y 1934, el Gobierno de Rodríguez impulsó una campaña radical de «educación socialista». El artículo 3 de la Constitución, que obligaba a la educación laica, no se había aplicado hasta entonces con rigor pero, en 1931, el secretario de Educación Narciso Bassols, marxista, «decidió que había de dotar de garra a la ley».[424] La reforma constitucional de 1934 requería con claridad que toda la educación debía ser laica y «socialista».[425] Los libros de texto se repensaron para cumplir con esos propósitos; las lecturas que repartía el Ministerio de Educación incluían las obras de Marx, Engels y Lenin.[426] Se encargó a las escuelas transformar la cultura mexicana, y crear «nuevos ciudadanos revolucionarios».[427]

El giro radical de la revolución comportó una fuerte reacción conservadora. El programa gubernamental de educación socialista condujo a otra rebelión católica armada en 1935. Aunque la segunda Cristiada (o segundo levantamiento Cristero) fue mucho más pequeña que la primera, los terroristas llegaron a asesinar hasta a trescientos profesores.[428] Las reformas redistributivas de Cárdenas también despertaron una reacción encarnizada.[429] Muchos de entre las élites económicas, en especial los industriales de Monterrey, veían a Cárdenas como una peligrosa amenaza,[430] y buena parte de la burguesía empezó a temer que Cárdenas «hubiera dirigido al país de camino al comunismo».[431] La nacionalización del petróleo de Cárdenas, por otro lado, generó una intensa resistencia de Estados Unidos y Gran Bretaña.[432]

Hacia 1938, Cárdenas se enfrentaba a una «enorme reserva de opositores»,[433] que incluía a nuevos movimientos contrarrevolucionarios como la UNS, una organización cuasifascista creada en 1937.[434] Interpelando a los militantes católicos que se oponían al programa de educación socialista, y a los campesinos en desacuerdo con el sistema de los ejidos,[435] los sinarquistas crecieron con rapidez a finales de los años treinta, llegando a movilizar a medio millón de miembros.[436]

En la América Latina del siglo XX este tipo de crisis con frecuencia se resolvían con golpes de Estado. De hecho, tanto la Gran Depresión como el auge del fascismo motivaron golpes por todo el continente en los años treinta. Aparte de México, trece de los dieciocho países de la región sufrieron un golpe militar o más durante aquella década.* Por si fuera poco, casi

* Hablamos de Argentina, Bolivia, Brasil, Chile, Ecuador, El Salvador, Guatemala, Nicaragua, Paraguay, Perú y la República Dominicana.

todos los Gobiernos que habían iniciado reformas de redistribución a mitades del siglo XX sucumbieron a golpes militares en Latinoamérica —como en Perú y Venezuela en 1948, Guatemala en 1954, Argentina en 1955, la República Dominicana en 1963, Brasil en 1964 y Chile en 1973.

Con todo, el régimen mexicano evitó que se dieran golpes. La fusión entre partido y Ejército fue crucial para lograrlo. A diferencia de muchos otros países latinoamericanos, donde las fuerzas conservadoras tenían una considerable influencia sobre sus Ejércitos, el de México fue establecido y liderado por revolucionarios y, por lo tanto, «comprometido con el [...] Estado revolucionario».[437] De hecho, el propio Cárdenas había sido uno de los principales generales revolucionarios. En palabras de Knight, a los líderes del Ejército «puede que no les interesara la radicalidad *cardenista*, pero Cárdenas era uno de los suyos».[438]

La cohesión militar fue palpable en dos momentos críticos. Uno de ellos fue una malograda rebelión en 1938, a manos del cacique revolucionario Saturnino Cedillo. Cedillo se convirtió en una figura importante de la derecha en la presidencia de Cárdenas y, en 1938, inició una revuelta respaldada por los terratenientes, los ejecutivos del petróleo y los Camisas Doradas fascistas.[439] No obstante, Cedillo encontró a pocos defensores en el Ejército o el partido de gobierno.[440] Sin apoyo militar, Cedillo tuvo que confiar en su milicia privada,[441] convirtiendo el levantamiento en «más bien una rebelión política regional que un incidente militar serio».[442] La rebelión fue sofocada con facilidad.[443]

Las elecciones presidenciales de 1940 también generaron temor a la rebelión. El partido en el Gobierno se enfrentaba a un electorado hostil aquel año,[444] y su candidato, Manuel Ávila Camacho, era impopular.[445] Ante esta tesitura, el general revolucionario Juan Almazán abandonó el partido para presentarse como candidato de la oposición derechista. Almazán recibía el apoyo de los industriales de Monterrey, los terratenientes, partes de la Iglesia, los sinarquistas, el PAN y otros partidos de derecha y buena parte de la burguesía.[446] Como destacado general revolucionario, además, contaba con numerosas amistades y simpatizantes entre las élites del régimen, incluyendo el Ejército.[447]

Por ende, la candidatura de Almazán representaba una grave amenaza.[448] Según el expresidente Emilio Portes Gil, incluso el presidente Cárdenas creía que Almazán ganaría.[449] Para impedir aquel resultado, el Gobierno optó por realizar un fraude descomunal.[450] Los apoyos de Almazán se movilizaron como protesta.[451] Muchos de ellos llamaron a la revolución armada y, según se dijo, Almazán consideró esa opción.[452] No obstante, a pesar del descontento entre las tropas, el Ejército cerró filas a favor del Gobierno.[453] Sin aliados entre los militares, Almazán descartó cualquier plan de rebelión y abandonó el país.[454] Su movimiento político no tardó en colapsar.[455]

Cohesión, coerción y pervivencia del régimen en plena polarización de la Guerra Fría

Entre 1940 y 1982, período en que la polarización de la Guerra Fría, la movilización popular y una reacción conservadora conllevaron por lo menos la caída de un régimen en *todos los demás países* de Latinoamérica, el régimen autoritario de México permaneció estable. El PRI ganó trece elecciones nacionales consecutivas entre 1940 y 1979, logrando siempre un mínimo del 70 por ciento del voto.[456]

Varios factores contribuyeron a la estabilidad del régimen después de 1940. En primer lugar, como hemos mencionado anteriormente, un crecimiento económico continuado permitió al PRI cooptar a rivales en potencia, así como financiar una máquina eficiente de clientelismo.[457] En segundo lugar, los Gobiernos del PRI se fueron moderando y abandonaron las políticas radicales de la era Cárdenas, mitigando así a la oposición de la patronal y de la Iglesia.[458] En tercer lugar, la Segunda Guerra Mundial había debilitado a la oposición de la extrema derecha y trajo mejores relaciones con Estados Unidos.[459] Los Gobiernos de Estados Unidos dieron invariable apoyo al régimen después de 1940, reduciendo la presión externa al mínimo.[460]

Sin embargo, la estabilidad del régimen también era producto de dos legados revolucionarios: un Estado-Partido cohesionado y la debilidad de los centros independientes de poder. El Estado-Partido resultó tener una cohesión admirable. Mientras que el resto de los países de América Latina vivieron por lo menos un golpe o un levantamiento armado entre 1940 y 1980, México no se limitó a no sufrir ninguno, sino tampoco ningún *intento*.[461] Como observó un estudioso en los años ochenta: «Nada indica que las élites militares de México hayan considerado de verdad llevar a cabo un golpe militar durante cuarenta años».[462]

Del mismo modo, el PRI padeció apenas algunas deserciones importantes después de 1940.[463] En las escasas instancias de líderes que lo abandonaban, estos encontraron pocos aliados en el régimen y terminaron en una tierra de nadie política. Por ejemplo, cuando el ministro de Exteriores Ezequiel Padilla dejó el partido y se enfrentó al candidato por el PRI, Miguel Alemán, en las presidenciales de 1946, Padilla apenas logró apoyos en el seno del partido.[464] Aunque Padilla denunció que el resultado electoral era un fraude, se encontraba demasiado aislado como político para impugnarlo. El PRI se limitó a «abrumar [...] a Padilla. No hubo un baño de sangre, ni amenazas de rebelión ni problemas».[465]

Las políticas conservadoras de la Administración Alemán (1946-1952) provocaron algunas rupturas entre la izquierda. Lo que es más, Miguel Henríquez, un general revolucionario vinculado al ala cardenista,[466] retó al candidato del PRI Adolfo Ruiz Cortines en las elecciones de 1952. Henríquez se presentó como «auténtico revolucionario», con lo que se temió que el expresidente Cárdenas lo promocionara.[467] Aun así, Cárdenas y el resto de los líderes del partido permanecieron fieles a Ruiz Cortines,[468] quien obtuvo una victoria aplastante. Aunque los resultados —un probable fraude— fueron seguidos de protestas y rumores de una rebelión armada,[469] el Ejército no cesó en su lealtad, no se produjo ningún levantamiento y el movimiento henriquista pronto se hundió.[470]

El PRI no volvió a sufrir defecciones de sus élites entre 1952 y 1987; un historial destacable de cohesión.[471] La disciplina del partido era extensible a la legislatura, alcanzando a veces niveles soviéticos.[472] En 1941, por ejemplo, el partido en el Congreso aprobó por unanimidad el cien por cien de las propuestas de ley del presidente.[473]

En segundo lugar, el régimen se enfrentó a muy poca oposición social a partir de 1940. En evidente contraposición con los demás países en vías de industrialización de la zona, como Argentina, Brasil, Chile y Uruguay, las fuerzas opositoras de México mostraron una permanente debilidad durante mediados e incluso finales del siglo XX. Una vez los empresarios y la Iglesia quedaron marginados y se asimilaron las asociaciones obreras y campesinas, los movimientos de oposición empezaron a languidecer. Los partidos opositores jamás lograron más del 17 por ciento del voto nacional entre 1940 y 1979, y no consiguieron ni siquiera la gobernación de un solo estado.[474] Aunque a estos resultados contribuyeron el fraude y la coerción, los análisis del régimen mexicano enfatizan la centralidad de la hegemonía del PRI y la debilidad de la oposición.[475] Dicho de otro modo, la preeminencia electoral del PRI se basaba más en las asimetrías de larga duración en el poder que en el fraude o la represión.[476]

Aparte del terreno político, que el PRI asimilara los movimientos obreros y campesinos dejaba escaso margen a movimientos sociales organizados.[477] La actividad huelguista y de protesta en el campo se mantuvo en una rara infrecuencia durante el período de 1940 a 1982,[478] mientras que los movimientos de protesta de la oposición fueron pequeños, puntuales y fáciles de sofocar.[479]

De modo similar, mientras que aparecieron movimientos de guerrilla en la Colombia y la Venezuela de principios de los años sesenta y en Argentina, Brasil y Uruguay a finales de la misma década y principios de la de 1970, la insurgencia no lograba arraigar en México.[480] Según Sergio Aguayo Quezada, veintinueve grupos guerrilleros aparecieron en los sesenta e inicios de los setenta.[481] Aun así, ninguno de ellos pudo establecer bases entre las masas y, por lo tanto, jamás supuso una amenaza para el régimen.[482]

Si en la sociedad llegaban a surgir problemas, se podía contar con las fuerzas de seguridad para acabar con ellos.[483] Cuando se llamaba al Ejército a reprimir huelgas, protestas campesinas o poselectorales, o bien movimientos guerrilleros embrionarios, lo hacía con eficacia, incluso si requería de coerción de alta intensidad.[484] Por ejemplo, durante la huelga de ferroviarios que amenazó con paralizar el país en 1958-1959, el Ejército ocupó las vías férreas y locales sindicales, hizo redadas en las casas de los ferroviarios y los obligó a volver al trabajo, a la vez que puso en marcha una «red de arrastre nacional» con la que se encarceló a los ferroviarios en huelga.[485] Esta llegó a su fin al cabo de dos semanas.[486]

La solidez del régimen mexicano se hizo manifiesta durante los años sesenta, cuando la Revolución cubana inspiró nuevos movimientos radicales y organizaciones guerrilleras por toda América Latina. La década de 1960 y principios de la de 1970 fue un período de alta polarización y movilización popular, que puso en jaque la estabilidad de los Gobiernos de toda la región.[487] De hecho, hasta dos terceras partes de los Estados latinoamericanos sufrieron golpes que acabaron con sus regímenes de 1963 a 1973.*

Si bien México no fue inmune a la polarización y a las crisis durante aquel período, lo sorprendente es que el régimen sobreviviera a estas.[488] La Revolución cubana amenazaba con dividir el PRI.[489] Por ejemplo, inspiró la formación del Movimiento de Liberación Nacional (MLN), una facción izquierdista del PRI que logró el apoyo del expresidente Cárdenas a principios de los sesenta.[490] El surgimiento del MLN provocó temor a un cisma,[491] y, en efecto, los comunistas y otros grupos de izquierdas animaron al MLN a abandonar el PRI y enfrentarse a él en las elecciones de 1964.[492] Sin embargo, Cárdenas y otros priistas de izquierdas se negaron a hacerlo y no se produjo escisión alguna.[493]

La respuesta del PRI a la contienda radical fue la represión efectiva. Los opositores más eminentes del régimen fueron encarcelados (el sindicalista Demetrio Vallejo) o asesinados (por

* Hubo golpes en Argentina, Bolivia, Brasil, Chile, Ecuador, El Salvador, Guatemala, Honduras, Panamá, Paraguay, Perú, la República Dominicana y Uruguay.

ejemplo, el líder campesino Rubén Jaramillo).[494] Las fuerzas de seguridad sofocaron las protestas del campesinado en Coahuila, Guerrero, Oaxaca y Veracruz; los «motines de la leche» de 1964 en Puebla; las protestas estudiantiles de Morelia (1966) y Hermosillo (1967); además de las manifestaciones poselectorales de Mérida (1967).[495] Aplastaron también de manera sistemática a las guerrillas de izquierdas.[496] Los grupos guerrilleros como el Partido de los Pobres, el Movimiento de Acción Revolucionaria y el Grupo 23 de Septiembre fueron «reprimidos antes de que pudieran ganar posiciones».[497]

La contestación más seria en la década de 1960 procedía, no obstante, del movimiento de protesta radical estudiantil que estalló en julio de 1968 y que culminó el 2 de octubre de 1968, con la masacre de Tlatelolco. Las protestas de los estudiantes, el mayor movimiento social ajeno al complejo Estado-PRI que hubiera surgido desde 1940,[498] proliferó durante el verano, amenazando con poner contra las cuerdas al Gobierno mientras celebraba los Juegos Olímpicos de 1968 en octubre. En el mes de agosto, entre 300.000 y 500.000 manifestantes se dirigieron al Zócalo, la plaza central de la Ciudad de México, «haciendo zozobrar el sistema hasta sus cimientos».[499]

A diferencia de otros países que vivieron oleadas de movilización popular durante el mismo período, como Argentina, Brasil, Chile y Uruguay, en México no se produjo un golpe de Estado. El Gobierno del PRI respondió a la protesta con represión de alta intensidad. En septiembre, el presidente Gustavo Díaz Ordaz ordenó al Ejército que ocupara la Universidad Nacional Autónoma, principal núcleo del movimiento estudiantil.[500] Centenares de sus alumnos fueron arrestados.[501] El 2 de octubre, diez días antes del inicio de las Olimpiadas, más de 10.000 manifestantes se reunieron en la plaza de las Tres Culturas, en el distrito de Tlatelolco de la Ciudad de México, coreando consignas como: «No queremos las Olimpiadas. ¡Lo que queremos es la revolución!». Los cuerpos de seguridad rodeaban la plaza, y se les ordenó que abrieran fuego contra los estudiantes. Según informaron los testigos de la escena, los helicópteros dispararon al aire bengalas verdes, tras lo cual miembros del Batallón Olimpia se desplazaron hacia la multitud y empezaron a disparar como «si alguien hubiera pulsado una tecla».[502] Entre 200 y 325 personas resultaron asesinadas y al menos 2.000 fueron arrestadas.[503]

Aunque el número exacto de fallecidos y la responsabilidad de quién ordenó la represión siguen siendo objeto de disputa,[504] una cosa es cierta: los cuerpos de seguridad acataron con presteza y eficiencia órdenes civiles de aplicar represión de alta intensidad.[505] Aunque la represión mancilló la imagen del Ejército,[506] se llevó a cabo la masacre de Tlatelolco «con lealtad completa e inapelable».[507] Por su parte, con la excepción del escritor Octavio Paz, que dimitió como embajador en la India, nadie del Gobierno del PRI criticó la represión o abandonó el partido como respuesta.[508]

Hasta principios de los setenta prosiguió la represión de alta intensidad. En junio de 1971, el Ejército junto con agentes paramilitares iniciaron otra ola represiva contra movimientos izquierdistas de estudiantes, asesinando a más de cien personas,[509] y, en 1973, los militares empezaron una campaña de «tierra quemada» contra las guerrillas en Guerrero, en la que cientos de personas murieron.[510]

La represión dio resultados. El movimiento estudiantil se vino abajo tras la masacre de Tlatelolco,[511] mientras que la izquierda radical sería borrada del mapa a principios de los setenta.[512] Aunque se dice que la legitimidad del PRI se resintió por la represión,[513] el régimen logró estabilizarse y sobrevivir tres décadas más. De hecho, de las catorce no democracias que existían en Latinoamérica en 1968, tan solo las de México y Cuba —ambas revolucionarias— sobrevivieron hasta el fin de siglo.

Debilitamiento y desintegración del régimen, 1982-2000

El régimen del PRI fue perdiendo fuerza durante los años ochenta; se fue democratizando por fases durante los noventa hasta que se dio por concluido en el 2000 con la elección del candidato presidencial del PAN, Vicente Fox. Hay que tener en cuenta varios factores para el hundimiento del régimen. El primero de ellos es que la generación revolucionaria había ido cayendo con el tiempo. La influencia de los veteranos de la revolución se disipó entre los cincuenta y sesenta.[514] Aunque el presidente López Mateos (1958-1964) seguía celebrando con regularidad sus desayunos de Unidad Revolucionaria con los veteranos revolucionarios, estos últimos, a los que un estudioso tildó de «balas perdidas de la revolución»,[515] ejercían muy poca influencia.[516] Llegados los años setenta, la generación revolucionaria ya era historia. Fue reemplazada, en la cúspide, por una élite tecnócrata.[517] El resto del partido, sin embargo, funcionaba como una maquinaria tradicional.[518] El PRI llevaba tiempo operando como una máquina engrasada mediante el clientelismo, aunque hasta el fin de los cincuenta y los sesenta lo que lo mantenía cohesionado era la identidad revolucionaria, junto con un grupo de generales revolucionarios de gran poder.[519] A partir de los años setenta, sin embargo, el PRI contaba con poco más que el reparto de prestaciones materiales para reafirmarse,[520] dejando al partido a merced de los vaivenes económicos.

El segundo factor que debilitó el régimen fue la crisis financiera. Tras más de cuatro décadas de crecimiento económico continuo, las finanzas mexicanas entraron en crisis en 1982. El PIB real fue cayendo un 0,1 por ciento anual entre 1982 y 1988, a la vez que los salarios reales se venían abajo.[521] Peor aún, la crisis de endeudamiento de 1982 obligó al Gobierno de Miguel de la Madrid (1982-1988) a adoptar dolorosas medidas de austeridad, que minaron el apoyo popular, sobre todo entre la población urbana pobre.[522] El Gobierno acabó poniendo en marcha un proceso de liberalización económica, dañando las alianzas del PRI con el obrerismo y los campesinos,[523] y con sus bases clientelares.[524] Así pues, si el desempeño del Gobierno había contribuido a la pervivencia del régimen entre 1940 y 1982, y le valía para compensar que su complejo Estado-Partido fuera más bien modesto, aquel fundamento que le servía de muleta desapareció a partir de 1982.

Que siguieran existiendo en la sociedad centros independientes de poder fue un tercer factor que socavó al régimen. A diferencia de Rusia y China —donde aquellos núcleos fueron extinguidos en su gran mayoría—, la Iglesia y el sector privado de México, por mucho que se mantuvieran al margen de la política, seguían funcionando. En efecto, con el proceso industrializador surgió una burguesía más numerosa y adinerada que la que hubo jamás antes de la revolución. La patronal entró en la esfera política durante la presidencia de Luis Echeverría (1970-1976), y creó el Consejo Coordinador Empresarial (CCE), con el que se opondría a las medidas económicas estatistas de Echeverría.[525] La reentrada del sector privado en política vino acelerada de la mano de la nacionalización bancaria que realizó el presidente José López Portillo en 1982,[526] medida que hacía añicos el tradicional pacto entre el PRI y el empresariado.[527] El CCE y la COPARMEX comenzaron a oponerse sin tapujos al régimen[528] y, por primera vez, los más insignes líderes empresariales empezaron a invertir en el PAN, a unirse a sus filas, a proveerlo de una financiación nunca vista, y a menudo participando en la carrera electoral.[529] A resultas de ello, una formación que había sido poco más que un partido de protesta se metamorfosearía, durante los años ochenta y noventa, en una organización de gran presupuesto capaz de competir con el PRI.[530]

La Iglesia también hizo su reingreso en política, ofreciéndose como tribuna desde la que los mexicanos pudieran expresar su descontento.[531] A mediados de los ochenta, por ejemplo, los dirigentes eclesiásticos dieron apoyo moral y logístico a las protestas civiles contra las elecciones fraudulentas de Chihuahua y otros estados del norte.[532] La Iglesia también cedió recursos y legitimidad a los movimientos indígenas emergentes de Chiapas, Oaxaca, Veracruz y otros estados.[533]

Por último, hacia finales del siglo XX el desarrollo económico había abierto las puertas a una dinámica sociedad civil, que incluía una gran red de ONG partidarias de los derechos humanos y la democracia, como también efervescentes movimientos sociales en las ciudades.[534] A finales de la década de 1980, el régimen se enfrentaba a más opositores organizados que en ningún momento desde los años veinte.[535]

La crisis económica y una sociedad civil en auge conspiraban para debilitar al régimen en los ochenta. Tras haber pasado décadas en tierra política de nadie, el PAN parecía ser ahora un contrincante viable en el norte. Este se enfrentó al PRI en diversas elecciones estatales y municipales; cuando el PRI decidía valerse del fraude, los panistas —respaldados por la Iglesia, la patronal y otros grupos civiles— a menudo organizaban protestas a gran escala.[536]

Una problemática aun mayor se originaba en el mismo partido. El giro del PRI hacia políticas de economía de mercado propició que naciera una facción disidente y más situada a la izquierda: Corriente Democrática, bajo la dirección de Cuauhtémoc Cárdenas, el hijo del expresidente Lázaro Cárdenas.[537] En 1987, cuando ya resultaba claro que el PRI ofrecería como candidato para las presidenciales de julio de 1988 al economista promercado Carlos Salinas, Cárdenas y sus seguidores abandonaron el PRI y formaron lo que se convertiría en el Partido de la Revolución Democrática (PRD).[538] Cárdenas se convirtió en un rival potente, que atacaba al PRI desde posturas izquierdistas y prodemocráticas.[539] El PRI se vio obligado a recurrir a un fraude masivo durante la jornada electoral.[540] Cuando se declaró vencedor a Salinas (tras una «caída informática» y un retraso de tres días) con el 50,7 por ciento del voto, Cárdenas convocó una serie de enormes manifestaciones que prosiguieron, con intermitencia, hasta septiembre de 1988.[541] Aunque Salinas salió ileso de aquella crisis por varios motivos, como la división política y un gran apoyo de Estados Unidos, que lograra sobrellevar semanas de grandes protestas dependió en gran medida de la cohesión militar.[542] El Ejército seguía estando alineado por completo con el PRI,[543] e incluso en lo más álgido de las manifestaciones, su apoyo al Gobierno jamás flaqueó.[544] Tanto era así que, a pesar de estar probado que existía un considerable apoyo a Cárdenas entre las tropas, ni un solo oficial se desprendió del Gobierno.[545]

Si bien el PRI siguió en el poder otros doce años, jamás volvió a ejercer la hegemonía de la que gozó entre 1929 y 1982. Con el surgimiento de partidos opositores de izquierdas (el PRD) y derechas (el PAN) con visos de ganar, México dejó de tener *de facto* un Gobierno de partido único y evolucionó hacia un autoritarismo competitivo.[546] Presionado desde su país y bajo un escrutinio internacional cada vez mayor, al tiempo que intentaba ingresar en el Tratado de Libre Comercio de América del Norte (NAFTA, por sus siglas en inglés), el Gobierno de Salinas adoptó una serie de reformas para limpiar a fondo el sistema electoral.[547] Así pues, las presidenciales de 1994 —en las que ganó el candidato del PRI Ernesto Zedillo— fueron limpias aunque no justas.[548] Con todo, el régimen seguía perdiendo fuelle. En enero de 1994, un levantamiento armado indígena dirigido por el Ejército de Liberación Nacional Zapatista dañó la imagen del país tanto en casa como en el extranjero. Aunque la rebelión era pequeña y no tardó en ser neutralizada por el Ejército,[549] puso énfasis internacional en las carencias democráticas de México y la gobernanza cada vez más anacrónica del PRI.[550] Más tarde, aquel mismo año, una crisis monetaria hundió a México en la recesión, sacudiendo el apoyo popular y asestando el «golpe final a la hegemonía del PRI».[551] En 1996, un debilitado presidente Zedillo negoció una serie de reformas electorales que introdujeron condiciones de igualdad, abriendo con ellas el camino a la derrota del PRI en el año 2000.[552]

CONCLUSIÓN

La trayectoria del régimen mexicano vino marcada por una revolución menos extrema que las de Rusia y China. Aunque las élites revolucionarias atacaron a los terratenientes y a la Iglesia, a menudo se acomodaban a los intereses extranjeros y nacionales. Este radicalismo segmentado propició una reacción contrarrevolucionaria más limitada que en Rusia y China. Como resultado, el suyo era un régimen que contaba con la mayoría de los pilares de un autoritarismo duradero, aunque no todos. La guerra revolucionaria de México y la guerra Cristera, contrarrevolucionaria, dieron paso a un Ejército leal y a un partido dotado de cohesión, si bien el régimen jamás desarrolló estructuras coercitivas fuertes (y mucho menos totalitarias). Los centros independientes de poder se vieron debilitados, aunque no fueron destruidos por sistema.

Por este motivo, el PRI se vio mucho más obligado a granjearse el apoyo popular que los bolcheviques o los comunistas chinos. Así pues, mientras que los programas de reforma agraria soviéticos y chinos estaban imbuidos con fuerza de ideología, la redistribución de las tierras en México fue llevada a cabo para ganarse el apoyo del campesinado. Por otro lado, la supervivencia a largo plazo del régimen mexicano dependía más del estado de la economía que en Rusia o China. El PRI, gracias a una economía en expansión, poseía recursos con que mantener una coalición muy amplia que incluía el obrerismo organizado, a los campesinos y a muchos industriales;[553] financió una máquina clientelar de grandes dimensiones con la que comprar a desertores en potencia.[554] El crecimiento permitía un apoyo de las masas que, junto con su eficiente maquinaria clientelar, facilitaba victorias electorales por goleada, contribuyendo a detener la defección de las élites y aumentar el precio a pagar por oponerse al partido.[555]

Sin embargo, el crecimiento económico y la redistribución por sí solos no bastan para explicar la longevidad del régimen del PRI. Este sobrevivió a varias crisis, como la Gran Depresión, la polarización extrema de los años treinta, la protesta y represión de 1968 y la crisis de la deuda de 1982. Se vio forzado a cometer un gran fraude electoral en 1940 y 1988. México fue, entre 1929 y 2000, el único país de América Latina que no tuvo que sufrir un golpe ni la victoria de una rebelión armada. El Ejército no se limitó a permanecer leal durante las crisis, sino que acató las órdenes de llevar a cabo una represión de gran intensidad. Así pues, aunque sin duda el crecimiento de la economía contribuyó a la estabilidad del régimen, aquello en lo que se asentaba su durabilidad —un Estado-Partido cohesionado y más de sesenta años de debilidad de la oposición— fue producto de una revolución social.

Las instituciones del partido, que contribuían a mantener la cohesión de las élites y a la movilización del apoyo popular, pueden explicar de modo alternativo la supervivencia del régimen. Sin duda, la cohesión aumentó de manera sustancial tras el establecimiento del partido en 1929. Aun así, la formación de un partido en sí misma fue algo endógeno a la revolución: se creó como respuesta a la violencia contrarrevolucionaria, y se desarrolló sobre los cimientos de organizaciones de base que habían surgido de la guerra revolucionaria. La formación del partido, por sí sola, no justifica la ausencia de golpes a partir del año 1920, del mismo modo que tampoco nos ayuda a entender por qué la oposición de la sociedad siguió siendo endeble durante tanto tiempo. La mejor manera de explicar estos pilares del autoritarismo duradero es a través de los orígenes revolucionarios del régimen.

II

REGÍMENES DE LIBERACIÓN NACIONAL

Capítulo 5

Origen y divergencia en los caminos de los regímenes de Vietnam, Argelia y Ghana

El fin de la Segunda Guerra Mundial dio lugar a decenas de nuevos Estados. El desmembramiento de los imperios europeos, unas normas internacionales en pleno cambio y la movilización de ingentes cantidades de súbditos coloniales en dos guerras mundiales alentaron un fuerte cuestionamiento nacionalista al mandato colonial.[1] Entre 1945 y 1965, el número de Estados independientes casi se duplicó: de 64 a 125.

Buena parte de los regímenes que afloraron de la dominación colonial se denominaban «revolucionarios». En países tan diversos como Argelia, Birmania, Ghana, Guinea-Conakri, Guyana, Indonesia, Mali, Mozambique, Níger, Tanzania, Vietnam, Yemen del Sur o Zambia, los movimientos nacionalistas que impulsaron la lucha anticolonial hicieron suyas las causas del socialismo y de la liberación del tercer mundo. Muchos de ellos se inspiraron en la arquitectura institucional del leninismo, Gobierno de partido único incluido.[2]

Sin embargo, más allá del entramado leninista y del discurso revolucionario, entre los regímenes de liberación existía una gran diversidad. Aunque la mayoría de los Gobiernos poscoloniales eran nacionalistas, pocos de ellos eran revolucionarios. De hecho, solo cinco de cuarenta y cinco regímenes autoritarios surgidos del colonialismo entre 1945 y 1989 cumplen con nuestro esquema de revolución social: Argelia, Angola, Guinea-Bisáu, Mozambique y Vietnam. En la mayoría de los casos, la independencia se logró a través de medios no violentos, el Estado colonial permaneció en gran medida intacto tras la independencia, y los nuevos Gobiernos nacionalistas no aspiraron a una transformación radical de sus sociedades.*

Esta variabilidad entre ellos tuvo consecuencias importantes para la estabilidad de sus regímenes. Como confirmación de nuestra teoría, los cinco regímenes de liberación nacidos de una revolución social sobrevivieron por lo menos veinticinco años y, en 2021, todos excepto uno (Guinea-Bisáu) ocuparon el poder durante cuarenta y seis años o más. Los casos no revolucionarios, por contra, demuestran una variación mucho mayor. Aunque algunas autocracias poscoloniales no revolucionarias (como Botsuana, Tanzania o Malasia) subsistieron durante décadas, la mayoría de ellas (veintidós de cuarenta y tres) duraron menos de veinte años, de las cuales once cayeron sin haber llegado a la década. En casi todos los casos, fue debido a golpes militares. En conjunto, el índice anual de colapso de los regímenes revolucionarios de liberación era del 0,4 por ciento, mientras que entre los regímenes de liberación no revolucionarios era del 2,6 por ciento.[3]

Una parte significativa de esta variación se halla en los orígenes de cada régimen. En la mayoría de las revoluciones poscoloniales, la toma violenta del poder y los esfuerzos radicales de transformar la sociedad tuvieron por respuesta una reacción reactiva, en la que surgirían partidocracias poderosas y centros de poder independientes debilitados. En cambio, entre los regímenes surgidos de movimientos de independencia no revolucionarios existían menos probabilidades de que estos desarrollaran partidos cohesionados y Ejércitos leales, con lo que resultaban ser más proclives a desintegrarse.

Este capítulo examina el impacto de los orígenes revolucionarios a través de una comparación de tres regímenes arquetípicos de liberación nacional: Vietnam, Argelia y Ghana. Tanto el Partido Comunista de Vietnam (PCV), como el Frente de Liberación Nacional (FLN) en Argelia o el Partido de la Convención Popular (PCP) en Ghana encabezaron luchas antico-

* En algunos casos, como en Birmania o Indonesia, la lucha anticolonial fue violenta y, sin embargo, los Gobiernos formados tras su independencia no contemplaban cambios radicales.

loniales en la década de 1950, lo que les otorgó impecables credenciales como nacionalistas. Ho Chi Minh, Ahmed Ben Bella y Kwame Nkrumah se convirtieron en líderes anticoloniales de renombre internacional, y los tres reivindicaron a sus Gobiernos como revolucionarios y socialistas.

No obstante, los tres regímenes siguieron trayectorias con diferencias muy marcadas. Vietnam se acerca mucho a lo que denominamos «la senda de tipo ideal de las revoluciones sociales». El PCV alcanzó el poder en 1954 tras ocho años de brutal guerra contra Francia. Una vez asumieron el mando, los revolucionarios construyeron un nuevo Estado, incluyendo un Ejército nuevo, y promulgaron una serie de iniciativas radicales; entre ellas, su valiente empeño por llevar la revolución a Vietnam del Sur. Tras prolongadas guerras —primero contra Francia, luego contra Estados Unidos— surgió un partido cohesionado y un aparato de coerción poderoso y leal. También permitió a los comunistas acabar con sus rivales políticos y los centros independientes de poder, limitando así la capacidad de movilización de los opositores del régimen. El resultado fue una enorme asimetría de poder entre el Estado-Partido y la sociedad, preparando los cimientos para que el régimen contara con más de sesenta años de estabilidad.

Argelia es un ejemplo de maleabilidad revolucionaria. Esta produjo un régimen menos estable, aunque longevo. Del mismo modo que los comunistas de Vietnam, el FLN alcanzó el poder en 1962 tras un conflicto violento de ocho años contra Francia. La élite revolucionaria creó un Ejército propio, que se convirtió en una institución cohesionada y muy comprometida con el régimen. Aun así, mientras que el PCV era radical sin ambigüedades, el FLN adoptó una estrategia acomodaticia. El partido se encargó de una transformación radical en las relaciones de propiedad, pero, debido a que buena parte de aquellas propiedades habían sido arrebatadas a colonos europeos que habían abandonado el país, sus políticas generaron una escasa reacción contrarrevolucionaria. Al mismo tiempo, la predisposición del Gobierno del FLN para cooperar con Francia hizo su parte para evitar el surgimiento de una amenaza exterior. En ausencia de una contrarrevolución, el FLN jamás cerró filas ni destruyó los centros alternativos de poder. Debido a ello, el régimen quedó expuesto tanto a conflictos internos como a la oposición social. Aunque, en la década de 1990, la cohesión en el Ejército posibilitó la exitosa campaña contra los opositores islamistas, el régimen fue siempre mucho más vulnerable que su homólogo vietnamita.

El caso de Ghana, por el contrario, era de tipo no revolucionario. Ghana accedió a la independencia por medios pacíficos en 1957, y el Gobierno del PCP se acomodó a los intereses británicos. Este mantuvo buena parte del Estado colonial, incluyendo el Ejército. Al no existir un conflicto violento, el régimen jamás desarrolló el tipo de Estado-Partido que hemos observado en los ejemplos revolucionarios. Por ello, el Gobierno de Nkrumah fue presa fácil de amenazas internas, y en especial por parte de un Ejército que no había creado él mismo, y al que no controlaba del todo. El régimen sucumbió a un golpe en menos de una década.

VIETNAM

Vietnam representa el caso de un movimiento armado de liberación victorioso y que provocó un conflicto militar prolongado con el que se sentaron las bases para un longevo autoritarismo. La guerra de liberación del Viet Minh contra Francia dio paso a un potente y cohesionado Estado-Partido. El empeño del Gobierno comunista por expandir la revolución al Vietnam del Sur condujo a una segunda guerra, esta vez contra Estados Unidos. Esta fortaleció la cohesión entre la élite y llevó a un mayor desarrollo de la capacidad coercitiva del régimen. Ambas guerras destruyeron también los centros independientes de poder, llevando a un desequilibrio de poder entre el Estado y la sociedad que duró décadas. Estos atributos hicieron posible que el Gobierno revolucionario superase una grave crisis económica, la pérdida del patrocinio soviético y la crisis global del comunismo.

La toma revolucionaria del poder: una revolución en dos fases

En el Vietnam prerrevolucionario a duras penas se daban condiciones propicias para un autoritarismo duradero. Su Estado precolonial había sido endeble y descentralizado, aspectos que facilitaron la conquista francesa a mediados del siglo XIX.[4] Las instituciones del Estado se vieron más debilitadas todavía por el dominio colonial.[5] Los franceses disolvieron el país en varios protectorados, desmantelaron las estructuras administrativas precoloniales y debilitaron a la monarquía y a las autoridades locales tradicionales.[6] Hacia la década de 1940, el Estado precolonial había sido desmembrado «hasta tal punto que, como Humpty Dumpty [de *Alicia en el país de las maravillas*], ya no se podía recomponer».[7] Como resultado, buena parte de Vietnam en realidad careció de Estado durante la Segunda Guerra Mundial.[8] Es difícil, por ende, señalar condiciones del Vietnam prerrevolucionario que permitieran prever un autoritarismo duradero de no haber tenido lugar una revolución social.[9]

En Vietnam, la toma revolucionaria del poder tuvo lugar en dos fases: la efímera revolución de agosto de 1945 y las dilatadas luchas de liberación que culminarían en la revolución de 1954. Los acontecimientos de 1945 constituyeron una revolución *política*, y no social, pero en cualquier caso produjo una secuencia reactiva de la que surgiría un cohesionado y fuerte Estado-Partido en 1954.

La revolución de 1945

La Revolución de Agosto de 1945 fue un accidente histórico. El movimiento anticolonial vietnamita, liderado por el nacionalista Viet Nam Quoc Dan Dang (VNQDD), y el Partido Comunista de Indochina (PCI), de Ho Chi Minh, quedaron muy debilitados a manos de la represión francesa.[10] No obstante, con la Segunda Guerra Mundial se pareció entrever una oportunidad, mientras la ocupación de Indochina por parte de Japón deshilachaba el control de la metrópolis, posibilitando que el campo se organizara.[11] En 1941, los líderes del PCI crearon un frente nacionalista llamado el «Viet Minh», que inició su lucha guerrillera en 1944.[12]

Dos acontecimientos en 1945 catapultaron al poder al embrionario Viet Minh. Primero, en marzo, las fuerzas japonesas abolieron el Estado colonial, desarmaron y encarcelaron a los combatientes franceses, e instalaron al heredero de la dinastía Nguyen, Bao Dai, como emperador títere.[13] La desaparición de las fuerzas francesas creó un vacío de autoridad en el campo que los japoneses no ocuparon, permitiendo así que el Viet Minh se expandiera.[14] El segundo acontecimiento fue la rendición de Japón en la Segunda Guerra Mundial, en agosto de 1945, que arrojó Vietnam a la anarquía.[15] La autoridad formal recaía en Bao Dai, aunque su Gobierno no tenía Ejército, ni recaudación de impuestos ni presencia en el ámbito rural.[16] Con las fuerzas francesas sumidas en el caos, y las de los aliados británicos y estadounidenses todavía por llegar, el Viet Minh era la única organización política viable en el país.[17] Aprovechando la ocasión, los líderes del PCI iniciaron un levantamiento.[18] No encontraron resistencia de los japoneses ni del infausto Gobierno de Bao Dai.[19] El 19 de agosto de 1945, las tropas del Viet Minh entraron en Hanói con «unos cuantos disparos simbólicos de revólver».[20] Bao Dai abdicó poco después y, el 2 de septiembre, Ho Chi Minh declaró la independencia. La revolución de 1945 se inició, así pues, con una asombrosa facilidad. Entre el colapso del Estado colonial y la retirada de los japoneses, el poder «resultó caer en manos del Viet Minh».[21]

Su Gobierno era frágil, y el PCI pequeño, con apenas 5.000 afiliados,[22] mientras que el nuevo Ejército era «minúsculo».[23] El nuevo Gobierno carecía de presencia militar en el sur, y estaba tan mal equipado que los cadetes de la academia militar usaban rifles de madera.[24] Por último, Ho y su Gobierno sufrían un aislamiento internacional, incapaces de obtener reconocimiento o apoyo tanto de los aliados como de la URSS.[25]

Ante la vulnerabilidad, el Gobierno de Ho Chi Minh respondió haciendo concesiones. Aunque había abolido una monarquía de mil años,[26] dejó intacta en gran parte la burocracia colonial y no hizo amago de subvertir el orden socioeconómico preestablecido.[27] Tuvieron lugar pocas expropiaciones y las «alturas dominantes» de la economía, como el Banco de Indochina, siguieron estando en manos particulares —y en su mayor parte extranjeras—.[28] El Gobierno también rechazó una reforma agraria, dejando intacto el poder de los terratenientes.[29] Por último, Ho adoptó una política de exteriores pragmática, aceptando la causa de los aliados y permitiendo que Francia mantuviera sus inversiones y 15.000 tropas en Vietnam.[30]

En cualquier caso, la moderación sirvió de poco. Vietnam sería invadido de nuevo desde varios frentes. Las tropas británicas llegaron a Saigón en septiembre de 1945, mientras que las británicas y francesas pronto controlarían la mayor parte del Vietnam del Sur.[31] El Ejército francés alcanzó el norte en noviembre de 1946 y logró expulsar al Viet Minh de Hanói a finales de año.[32] Francia restableció *de facto* su potestad colonial, nombrando al emperador Bao Dai como dirigente de un Gobierno fantoche.[33] Forzados a volver al campo, el Viet Minh retomó su lucha guerrillera.

La guerra revolucionaria de 1946-1954

La guerra de liberación de 1946 a 1954 transformó al Viet Minh en un Ejército-partido poderoso. Fue un conflicto brutal: se estima que 500.000 vietnamitas murieron en él, mientras que las fuerzas francesas sufrieron de 75.000 a 95.000 muertes.[34] Aun así, la guerra fortaleció de forma pronunciada las fuerzas revolucionarias. El PCI vivió una «expansión fenomenal».[35] El partido llamó a sus filas a los campesinos en una escala sin precedentes, expandiéndose de 20.000 afiliados en 1946 a más de medio millón a principios de los años cincuenta.[36]

El Viet Minh también desarrolló un potente Ejército. Las amenazas militares de China y Francia obligaron al Viet Minh a expandir con rapidez sus tropas.[37] Con el liderazgo de Vo Nguyen Giap, el embrionario Ejército Popular del Vietnam (EPV) pasó de tener 5.000 soldados en agosto de 1945 a un número entre 40.000 y 60.000 a finales de 1946.[38] El Viet Minh también integró a decenas de miles de jóvenes en las «patrullas de autodefensa».[39] En el momento que dio inicio a la contienda, el EPV tenía listos a 100.000 reclutas.[40]

La guerra de liberación transformó al EPV en un potente brazo militar.[41] En solo dos años, las fuerzas del Viet Minh habían movilizado a 250.000 hombres y su lucha contra los franceses llegó a un *impasse*.[42] Hacia 1949, el EPV ya «poseía un aguerrido cuerpo de oficiales y curtidos batallones evolucionando hacia formaciones del tamaño de regimientos y divisiones».[43] La Revolución china, en 1949, afianzó el crecimiento del EPV al ofrecerle un territorio seguro, armamento y entrenamiento.[44] El EPV multiplicó entonces sus 32 batallones regulares en 1948 a 117 en 1951.[45] El Viet Minh asumió funciones cuasiestatales, con el gobierno de 7.000 aldeas, el levantamiento de impuestos a los propietarios de tierras y la administración de escuelas para el casi millón de niños de las zonas liberadas.[46]

Para 1953, el Viet Minh ya había alcanzado paridad militar con las fuerzas francesas.[47] Según las estimaciones de la inteligencia francesa, el EPV tenía 125.000 soldados bien entrenados aquel año, a los que se añadían 200.000 milicianos de las aldeas y 75.000 tropas regionales, lo que significaba que el Viet Minh poseía hasta 400.000 combatientes armados.[48] La victoria del Viet Minh en Dien Bien Phu, en mayo de 1954, que fue descrita como «una de las mayores derrotas que haya sufrido una potencia colonial»,[49] asestó el golpe de gracia al mandato francés.[50] El Ejército de Bao Dai se descompuso,[51] preparando el terreno para que los comunistas controlaran Vietnam del Norte tras los Acuerdos de Ginebra de julio de 1954.

La guerra revolucionaria también permitió al Viet Minh acabar con las organizaciones rivales que pudieran suponer una amenaza a su Gobierno. El PCI se enfrentaba a un sinfín de rivales en 1945. En el norte, competía con grupos nacionalistas como el VNQDD y el Dong Minh Hoi;[52] en el sur, se enfrentaba al partido nacionalista Dai Viet, un movimiento trotskista bien organizado,[53] y, lo más importante, a tres «sectas» político-religiosas de enorme poder: el Cao Dai, un movimiento religioso de 500.000 integrantes y un Ejército de 7.000, con «ambiciones de Estado»;[54] el Hoa Hao, dirigido por el místico

Huynh Phu So, que había llegado a tener 300.000 miembros en la Cochinchina occidental;[55] y el Binh Xuyen, una organización mafiosa que controlaba las apuestas de juego y a la Policía municipal de Saigón.[56] La colaboración con los japoneses había permitido a las sectas constituir milicias poderosas y atrincherarse en enclaves autónomos de varias provincias del sur.[57]

La irrupción de las tropas francesas en septiembre de 1945 ofreció una justificación al PCI para entrar en guerra contra sus rivales políticos.[58] El Viet Minh se dio prisa en crear «comités de eliminación de traidores» y «escuadrones secretos de investigación»[59] e inició una campaña de terror con la que se estima que se asesinó a 5.000 «enemigos de la revolución».[60] Decenas de líderes nacionalistas, trotskistas, católicos y sectarios fueron asesinados entre 1945 y 1947.[61] En el sur, los trotskistas fueron aniquilados.[62] Se dio muerte a más de doscientos cuadros del Hoa Hao, como su fundador, Huynh Phu So.[63] En el norte, las fuerzas del Viet Minh se enzarzaron en una brutal misión contra el nacionalista VNQDD, que seguía teniendo cierto respaldo popular.[64] Cientos y tal vez miles de cuadros del VNQDD fueron arrestados o ejecutados. Hacia finales de 1946, la mayoría de los nacionalistas huyeron a China o se mantenían ocultos.[65] Hacia 1947, todos los grupos rivales nacionalistas habían sido derrotados en el norte,[66] permitiendo a los comunistas monopolizar la resistencia al mandato francés.[67]

La secuencia reactiva: radicalismo, guerra y construcción revolucionaria del Estado

El régimen revolucionario de Vietnam se creó tras los Acuerdos de Ginebra de 1954, que partieron el país en Norte y Sur. La expectativa del Viet Minh había sido gobernar sobre todo el Vietnam,[68] pero se vio obligado a aceptar un «socialismo en medio país» a causa de la connivencia de Rusia y China ante la partición.[69]

A diferencia del finiquitado régimen de 1945, la República Democrática de Vietnam nacía con fuerza. La guerra de liberación transformó el PCI —ahora PCV— en una organización de masas poderosa, con 500.000 afiliados y delegaciones hasta en el último rincón del país.[70]

El PCV también poseía una gran cohesión. La generación que fundó el partido y que incluía a Ho, Giap, Pham Van Dong, Truong Chinh, Le Duan, Pham Hong, Nguyen Chi Tranh, Le Thanh Nghi y Le Duc Tho, que eran «muy cercanos entre ellos», era un grupo que se «había endurecido durante la lucha contra el colonialismo francés».[71] La guerra de liberación creó un «sentimiento profundo de solidaridad en el partido»,[72] junto con un «formidable sentido de la disciplina»[73] entre sus líderes.[74] La cohesión era reafirmada por Ho Chi Minh, cuyo prestigio le permitía ejercer, por así decirlo, de «árbitro sin parangón», cuyas decisiones eran acatadas por todas las facciones.[75]

El nuevo régimen también surgió de la guerra de liberación con un poderoso aparato de coerción.[76] Cuando el EPV pasó a ser el Ejército regular de Vietnam del Norte en 1954, ya era una institución prestigiosa y curtida en el combate con unos 350.000 o 400.000 soldados experimentados.[77]

El EPV también tenía una gran disciplina. Estaba dirigido en exclusiva por veteranos guerrilleros del Viet Minh que, tras luchar juntos durante décadas, mostraban un «sentimiento compartido de identificación psicológica».[78] Por otra parte, la extraordinaria victoria del EPV sobre los franceses dotaba a muchos comandantes del Ejército de considerable prestigio, atrayendo una «lealtad indisputable» de las tropas de a pie.[79]

El partido y el Ejército estaban fusionados.[80] Todos los generales fundadores del EPV habían sido miembros del partido desde los años treinta.[81] De ese modo, no eran «líderes militares tanto como [...] líderes uniformados del partido».[82] Los papeles representados por el partido y los militares se «difuminaban»,[83] mientras que los comandantes del Ejército transitaban «de aquí para allá entre las funciones del EPV y las civiles».[84] Por ejemplo, Vo Nguyen Giap, el comandante militar jefe de Vietnam, era un miembro de alto rango del Politburó, donde ejercía de vice primer ministro.[85]

El PCV acrecentaba su poder al establecer una estructura de comando dual en la que los agentes del partido se integraban en la jerarquía militar, hasta las «unidades del más bajo escalón».[86] El Comité Central Militar del Partido, bajo control directo del Politburó, supervisaba la toma de decisiones militares, fusionando en la práctica los mandos civiles y los del Ejército.[87] Los comisarios políticos, que contaban con sus propios cuerpos de seguridad, operaban dentro de todas las brigadas, batallones, pelotones y escuadras.[88] Había células del partido (*chi bo*) operativas en las agencias de inteligencia, plantas de armamento y tribunales militares.[89]

Por último, el PCV se enfrentaba ya a pocos rivales domésticos en 1954 cuando subió al poder. La «campaña de demolición» del Viet Minh durante la guerra había limpiado el terreno de rivales políticos, de modo que cuando volvieron los comunistas al poder, «todas las organizaciones que se les oponían [...] estaban en ruinas».[90]

Los centros independientes de poder eran frágiles. Los franceses habían castrado a la monarquía, y esta fue luego abolida por el Viet Minh en 1945.[91] El dominio de la economía colonial por parte de los franceses también había dejado fuera a los capitalistas vietnamitas, y quedaba una burguesía poco desarrollada.[92] Muchos terratenientes huyeron durante la guerra, disminuyendo su poder colectivo.[93]

Las instituciones religiosas también eran débiles. Las asociaciones budistas tenían un magro historial de activismo político, sin contar con que los franceses los habían «enflaquecido».[94] La Iglesia católica pudo suponer una amenaza más grave. Aunque solo representaba a un 10 por ciento de la población, estaba bien subvencionada y se había expandido durante el mandato francés.[95] La mayoría de los cabecillas católicos eran anticomunistas estridentes,[96] y un puñado de obispos con poder habían formado enclaves armados durante la guerra de liberación.[97] No obstante, la Iglesia había perdido fuerza a causa del éxodo masivo de católicos que siguió a la partición. Cerca de 600.000 católicos —casi la mitad de los miembros de esa confesión— huyó al Vietnam del Sur en 1954.[98] La mayoría de los obispos y dos terceras partes de los sacerdotes abandonaron el país.[99] El éxodo apartó de Vietnam del Norte a la que habría sido una gran «reserva de potenciales subversivos anticomunistas».[100]

En definitiva, entonces, el equilibrio de las fuerzas de la sociedad resultaba más que favorable para las élites revolucionarias. La destrucción de los centros de poder durante la guerra de liberación situó al PCV en una posición casi hegemónica. Para el año 1954, ya no quedaba «ninguna fuerza organizada que pudiera articular protestas o exigencias» en el Vietnam del Norte.[101]

Radicalismo temprano

El Gobierno posterior a 1954 fue de carácter radical. Los líderes del PCV otorgaban gran importancia a la ideología;[102] consideraban como su «autodesignado deber» «revocar el antiguo orden social» y crear un «nuevo hombre vietnamita».[103] El Gobierno comunista inició una serie de medidas con el objeto de derribar el orden social.[104] Una de ellas fue una ambiciosa reforma agraria que empezó a finales de 1953.[105] La reforma repartió más de 800.000 hectáreas de terrenos (de un total de cerca de 2 millones de hectáreas cultivadas) a 2,1 millones de familias, a más de la mitad de la mano de obra del campo.[106] La reforma «uniformizó la estructura de la propiedad de la tierra», lo que resultó en un «nivel de vida casi equivalente» entre campesinos y terratenientes.[107] Estos últimos sufrieron «pérdidas catastróficas», y en la práctica desaparecieron en cuanto a clase.[108] La agricultura acabó siendo colectivizada; en 1968, el 90 por ciento de las familias del campo formaban parte de cooperativas.[109]

El PCV usó la reforma agraria para incitar a una «guerra de clases» en el medio rural.[110] Los cuadros de la reforma, «armados con fervor ideológico y dispuestos a construir un mundo todavía por ver», fueron destinados a más de 15.000 aldeas con la orden de dar la vuelta a estructuras de poder con siglos de historia.[111] Los cuadros clasificaron a las familias según su posición de clase, categorizados de «amigos» a «enemigos» y «traidores».[112] A los que se consideraba «explotadores» se los purgaba de sus cargos de autoridad, y a menudo eran encarcelados o ejecutados.[113] Al mismo tiempo, se seleccionaba a los campesinos pobres para los *cot can* ('elementos troncales') y se les asignaba puestos de autoridad.[114] Los terratenientes perdieron sus propiedades, poder y estatus; miles de ellos fueron asesinados y otras decenas de miles encarcelados.[115] Los encargados de la reforma agraria también asaltaron las estructuras locales del partido, de las que declararon que estaban infiltradas por los terratenientes.[116] El proceso degeneró en una caótica caza de brujas en la que cualquiera —incluyendo a los oficiales del partido— no perteneciente al más pobre campesinado podía ser denunciado como «terrateniente» y purgado.[117] Se descompusieron las estructuras de partido locales.[118] Se estima que el total de muertos alcanzó los 50.000, aunque la mayoría de los expertos sitúan el número entre 5.000 y 15.000.[119]

Como ocurrencia del secretario general del PCV, Truong Chinh, maoísta convencido,[120] la reforma agraria socavó la legitimidad del régimen,[121] hizo añicos la organización del partido (que perdió casi la mitad de sus afiliados)[122] y condujo a una enorme resistencia en el campo. A finales de 1956, estalló un gran levantamiento campesino en Nghe An, provincia muy católica, donde se había despojado a las iglesias de sus bienes y donde muchas de ellas no podían prestar sus servicios.[123] El Ejército tardó un mes en restaurar el orden.[124] Entre mil y cinco mil campesinos murieron, y miles fueron deportados o terminaron en campos de reeducación.[125] A causa de la crisis, Truong Chinh fue destituido como secretario general, mientras que Ho se vio obligado a disculparse en público e iniciar un proceso de rectificación.[126] No obstante, la reforma del campo sirvió para cumplir con el objetivo del PCV de destruir a la clase propietaria y eliminar fuentes potenciales de oposición.[127]

El Gobierno revolucionario también reestructuró la economía de forma radical. Inspirado por el Gran Salto Adelante de China, el PCV dio un brusco giro hacia el socialismo en 1958.[128] Se expropiaron las empresas privadas, mientras que se obligó a los campesinos a pasar de granjas particulares a cooperativas.[129] Para el año 1965, la industria privada se había eliminado, y el Estado controlaba más del 90 por ciento de la agricultura.[130] Aunque la rápida transición hacia el socialismo impuso fuertes costes tanto a campesinos como a capitalistas, ninguno de ambos grupos podía ofrecer excesiva resistencia.

Los comunistas también realizaron una drástica transformación de la vida cultural. La mayoría de las agrupaciones religiosas, santuarios de los ancestros y los espíritus se vieron abocados a la disolución o al control del Estado.[131] Los oficiales estatales se ocuparían de oficiar bodas, funerales y aniversarios de fallecimientos.[132] Muchas de las prácticas religiosas tradicionales dejaron de verse en público.[133] El régimen arrebató también a la Iglesia católica sus propiedades, cerró las escuelas de catequesis y expulsó al clero no vietnamita.[134] La represión generó cierta resistencia, pero sobre el año 1954 ni budistas ni católicos poseían la capacidad de animar a mucha oposición.[135]

La iniciativa más radical del PCV, sin embargo, era su lucha por expandir la guerra revolucionaria hacia el sur. El PCV esperaba que el régimen del sur no tardara en colapsar.[136] Como esto no ocurrió, una facción dirigida por Le Duan presionó al partido para que diera apoyo a los esfuerzos revolucionarios de derrocarlo.[137] Hasta 1957, la Unión Soviética —comprometida con la coexistencia pacífica con Occidente— contuvo a Vietnam del Norte.[138] Sin embargo, los líderes del PCV criticaban la posición soviética[139] y en enero de 1959 el partido se decidió a iniciar una lucha guerrillera en el sur, resultando en la creación del Viet Cong (o FNL).[140] La iniciativa era de una gran osadía, al tener oposición tanto de Estados Unidos como de la Unión Soviética y China.[141]

Reacción contrarrevolucionaria: la guerra estadounidense

Con el éxito inicial del Viet Cong —en 1962 ya controlaba casi la mitad de Vietnam del Sur—, la presencia militar de Estados Unidos empezó a ir en aumento.[142] La contrainsurgencia liderada por los estadounidenses dejó bien claro que promover la revolución en el sur podría conducir a una ruinosa guerra contra las principales fuerzas armadas del mundo.[143] Sin embargo, Le Duan y sus aliados optaron por la estrategia de «poner toda la carne en el asador», con la intención de fomentar una «guerra aun mayor».[144] Su creencia era que el capitalismo e imperialismo occidentales estaban en declive, y que Vietnam podría con ello acelerar el proceso.[145] Varios dirigentes del partido, como el general Giap, se mostraron reticentes ante la propuesta de Le Duan, y a favor en su lugar de abordar «primero el Norte», que consolidara la revolución en todo el país.[146] Con todo, Le Duan se cerró en banda y «se obstinó» en la estrategia de poner «toda la carne en el asador».[147]

Su estrategia incitó a una descomunal intervención estadounidense. La *americanización* de la guerra —el número de tropas estadounidenses pasó de 10.000 en 1963 a más de 500.000 en 1967— mitigó el embate del Viet Cong, conduciendo a un estancamiento que salió muy caro.[148] Una masiva campaña de bombardeos aéreos mató a más de 50.000 personas, obligó a evacuar las grandes ciudades y destruyó buena parte de la industria del Vietnam del Norte, entorpeciendo de forma grave su desarrollo.[149]

A pesar de aquellos costes, el PCV mantuvo la estrategia de «toda la carne en el asador». En enero de 1968 puso en marcha la ofensiva del Tet, una «estrategia arriesgada con pocas posibilidades de funcionar».[150] Dicha ofensiva, que pretendía hacerse con las principales ciudades de Vietnam del Sur, resultó un fracaso militar.[151] Las fuerzas norvietnamitas sufrieron 40.000 muertos, y el Viet Cong fue diezmado.[152] Sin embargo, la ofensiva logró desmoralizar a Estados Unidos y contribuyó, en última instancia, a que decidieran salir de Vietnam.[153]

Tras una tercera ofensiva en que pusieron «toda la carne en el asador», la ofensiva de Primavera de 1972, Vietnam y Estados Unidos negociaron los Acuerdos de Paz de París.[154] Las fuerzas survietnamitas vivieron una drástica debilitación tras la salida norteamericana, volviendo las tornas a favor de los comunistas.[155] A principios de 1975, el Ejército survietnamita se desintegró plena y definitivamente en la ofensiva de Primavera[156] y, en abril de 1975, se disolvió, cuando los soldados depusieron las armas, se quitaron los uniformes y huyeron.[157] El Estado de Vietnam del Sur se derrumbó, abriendo paso a una apresurada reunificación dirigida por los comunistas en 1976.[158]

La guerra estadounidense tuvo un enorme coste para Vietnam. Más de un millón de norvietnamitas murieron en ella,[159] mientras que se destruyó gran parte de la industria y la infraestructura del país.[160]

Con todo, la guerra también fortaleció al régimen de modo relevante. Por ejemplo, reforzó la cohesión de las élites. El partido permaneció en «pie de guerra» durante más de tres décadas.[161] La amenaza exterior generó una mentalidad de asedio y una tenaz disciplina,[162] obligando a los críticos internos a cerrar filas en lugar de desertar.[163] Así pues, aunque el PCV hubiera estado «carcomido por el disenso» a causa de la ruptura sino-soviética (tras la cual algunos líderes trataron de abandonar el país e irse a la URSS o China) y la guerra en el sur (la estrategia de «toda la carne en el asador» de Le Duan, opuesta a la de «el Norte primero» de Giap),[164] no acabó dividido. Los altos mandos del partido «no tardaban en ceder» cada vez que se tomaban decisiones,[165] y hasta quienes perdieron en su lucha por el poder, aunque fueran personajes poderosos como el general Giap, seguían perteneciendo a la cúpula. Del mismo modo, la muerte de su fundador Ho Chi Minh en 1962 no acarreó un conflicto interno ni abandonos del partido.[166] Así pues, a diferencia de la Argelia poscolonial (véase más adelante), la cúpula del PCV mantuvo una notable estabilidad.[167] No hubo cismas ni defecciones de altos cargos entre 1954 y 1975.[168] Y, de hecho, salvo por dos fallecimientos, el Politburó de trece miembros de 1960 —y en esencia el Comité Central de 1951 al completo— permanecía invariable en 1975.[169]

La guerra también fue propicia para construir el Estado.[170] Cuando el PCV subió al poder en 1954, el Estado colonial se descomponía.[171] Las capacidades estatales se incrementaron con creces durante las siguientes dos décadas. La capacidad fiscal aumentó de manera significativa,[172] como lo hizo la de infiltrarse en la sociedad, movilizarla y controlarla. Durante las décadas de 1950 y 1960, el PCV instituyó el reclutamiento masivo, llevó a cabo grandes traslados de población, desarrolló un sistema de empadronamiento de viviendas, dotó a la población de tarjetas de identificación y puso en marcha un sistema de racionamiento eficaz.[173]

Tres décadas de conflicto también produjeron un «Estado cuartel» poderoso.[174] Ante la amenaza de una invasión estadounidense, el Gobierno armó y entrenó a milicias aldeanas por todo el país, creando «aldeas combatientes».[175] El Ejército Popular de Vietnam (EPV) pasó de 250.000 a 650.000 tropas entre 1965 y 1975, cuando se movilizó a todos los jóvenes para la guerra.[176] A finales de los años sesenta, Vietnam del Norte reservaba un porcentaje del PIB (25 por ciento) para el Ejército mayor al de cualquier otro Estado en el mundo.[177] La eficacia del Ejército también fue creciendo.[178] El EPV salió de la guerra «formidable en números y curtido en la batalla».[179]

La guerra también fortaleció el aparato de seguridad interna. La agencia de seguridad pública (Cong an) puso en marcha una enorme red de agentes e informantes que penetraban en «todos los rincones de la sociedad».[180] Estos incluían «capitanes de manzanas» en los barrios, «comités de vigilancia» en las fábricas y ciudadanos «acérrimos» en los villorrios rurales que servían de «ojos y oídos» del Gobierno.[181]

Con la guerra se reforzaron a su vez la cohesión y la lealtad militares.[182] Varias décadas de amenaza existencial generaron una mentalidad de búnker que acallaba el disenso entre las filas del Ejército.[183] Así pues, aunque Giap y otros generales se opusieran a la estrategia de acelerar la guerra en el sur, también acabaron cediendo después de que Ho anunciara la decisión del partido.[184] Y a pesar de que el coste cada vez mayor de la guerra se tradujo en descontento popular a finales de los sesenta y principios de los setenta, y que fue acompañado del miedo a posibles disturbios militares,[185] no se insinuó rebelión entre las fuerzas armadas.[186] De hecho, los estudios realizados por la Rand Corporation durante aquel período concluían que la moral del EPV seguía siendo muy alta.[187]

Por último, la guerra aceleró la destrucción de los centros independientes de poder. En el norte, como ya hemos comentado, el panorama asociativo ya quedó desolado antes de la guerra. En el Vietnam del Sur, donde el pluralismo al principio era mayor, dos acontecimientos perjudicaron a los centros independientes de poder. El primero fue el ataque del Gobierno de Ngo Dinh Diem, que debilitó las sectas, las organizaciones anticomunistas más poderosas del Sur.[188] La guerra fue la segunda causa de debilitamiento de la élite rural en el Vietnam del Sur. La reforma agraria, primero con Diem y luego con las guerrillas del Viet Cong, expulsó a la mayoría de los terratenientes del campo,[189] mientras que el asesinato de casi 20.000 cargos locales exterminó una clase entera de personalidades destacadas rurales.[190] Así pues, cuando el PCV asumió el control del Vietnam del Sur, los núcleos de oposición social eran ya endebles.[191]

El Complejo Estado-Partido

En el momento de la unificación en 1976, tres décadas de guerra habían producido los legados para el régimen que predice nuestra teoría: un complejo Estado-Partido poderoso y cohesionado y la destrucción de los centros independientes de poder en la sociedad.

El Vietnam unificado, en primer lugar, estaba gobernado por un partido fuerte. El PCV salió de la guerra dotado de una poderosa organización de base. La membresía del partido se triplicó; de 500.000 afiliados en 1954 pasó a más de 1,5 millones en 1976.[192] El número de células del partido también se triplicó, y en la década de 1980 el PCV tenía 40.000 divisiones operativas en todos los rincones del país.[193] El partido era «omnipresente, sus cuadros y sus miembros se encontraban por todas partes».[194]

El PCV también exhibía cohesión. Su cúpula estaba todavía dominada por la generación de revolucionarios que crearon el partido en los años cuarenta y encabezaron la lucha de liberación contra Francia. Caracterizaba a esta generación fundadora un alto nivel de cohesión.[195] Un estudioso la describió como «culto a la solidaridad».[196] Las guerras contra Francia y Estados Unidos dieron lugar a una duradera «mentalidad de asedio»,[197] que hacía ser visto con malos ojos pasarse a otro bando, incluso en medio de intensas luchas por el poder y desacuerdos en cuanto a políticas.[198]

En segundo lugar, el régimen tenía un aparato de coerción potente. Vietnam salió de las guerras de revolución como una «máquina militar [...] de un tamaño monstruoso».[199] Con más de un millón de soldados regulares y 1,6 millones de tropas paramilitares y regionales,[200] las fuerzas armadas vietnamitas eran las terceras del mundo durante los años ochenta.[201]

El régimen también presumía de un aparato interno de seguridad de gran tamaño. Vietnam se convirtió en un Estado policial.[202] El Cong an devino tras la guerra un instrumento de control muy eficiente, con una enorme capacidad de coerción de baja intensidad.[203] Dotadas de casi un millón de agentes —muchos de los cuales se curtieron en la guerra—,[204] las fuerzas de seguridad penetraban «hasta en el más estrecho callejón»[205] de Vietnam. Había informantes operativos en los puestos de trabajo, en las aulas y en los barrios.[206] Cada vecindario tenía asignado un «guarda» del Estado o el partido que se iba reuniendo con todas las familias.[207] Los agentes vigilaban las actividades de todos los disidentes del país, controlaban su correo, su teléfono y, más adelante, su correo electrónico.[208]

Las fuerzas de seguridad exhibían una cohesión destacable. El EPV estaba dirigido por veteranos de la revolución «cuya lealtad quedaba fuera de duda».[209] Casi todos los máximos oficiales del Ejército eran cuadros vitalicios del partido y miembros de su Comité Central.[210] Esta fusión entre el partido y el Ejército contribuía a blindar el régimen frente a un golpe. Ya que los mandos militares eran tanto probados revolucionarios como líderes activos del partido, este «tenía pocas dudas en cuanto a la lealtad de la cúpula militar».[211]

En tercer lugar, el PCV tenía ante sí el baldío panorama asociativo que quedó tras 1975. La clase terrateniente se había extinguido en el Norte y casi lo había hecho en el Sur.[212] Los intereses industriales y comerciales en el Sur se vieron debilitados por la emigración y no tardaron en ser nacionalizados.[213] Algunos componentes del antiguo régimen intentaron servirse de la resistencia armada pero no lograron establecer posiciones y pronto fueron reducidos a «oposición emigrada», dispuesta a orquestar un levantamiento desde el extranjero.[214] Las organizaciones religiosas también estaban en decadencia.[215]

No fue difícil subordinar a las budistas, cuya debilidad política era histórica.[216] La Iglesia católica mantuvo su terco anticomunismo,[217] aunque debido a su estatus minoritario no podía servir de estructura movilizadora para un movimiento amplio de oposición.[218] De hecho, la Iglesia opuso escasa resistencia tras la unificación, y se limitó a las actividades espirituales.[219] Ya debilitadas por el Gobierno de Diem, pronto las sectas quedarían controladas.[220]

De modo que después de la unificación quedaban pocas organizaciones o instituciones autónomas desde las que movilizar a la oposición.[221] Por todo ello, la sociedad vietnamita estuvo marcada durante décadas por una «notable placidez».[222]

La durabilidad del régimen, 1975-2020

El régimen vietnamita demostró una gran capacidad de perdurar tras 1975. A pesar de una serie de crisis y períodos de extendido descontento popular, apenas nadie desertó del partido y no se produjeron rebeliones. Además, pese a la relajación de los controles totalitarios y más de tres décadas de aperturismo económico, las persistentes asimetrías en el poder limitaron la movilización contraria al régimen, confinando a los grupos de oposición al marco de internet.

La crisis tras la unificación

Vietnam sucumbió a varias crisis económicas graves después de unificarse. Con excesivo optimismo tras su victoria militar en 1975, el PCV insistió en una transformación radical del Sur.[223] Por ejemplo, instauró un ambicioso programa para transformar la cultura survietnamita y crear un «hombre nuevo».[224] El sistema escolar se clausuró hasta que pudieran reeducarse los docentes, y las «unidades del ejército cultural» se instalaron en todos los barrios para acabar con la «cultura neocolonial».[225] Se mandó a 300.000 personas a campos de reeducación, y cientos de miles más fueron desplazadas o arrestadas.[226]

El PCV intentó también una rauda transición al socialismo.[227] En 1978, el Gobierno abolió el comercio privado, nacionalizó toda la industria y obligó a los campesinos a ingresar en las cooperativas.[228] Entre 30.000 y 50.000 empresas —muchas de ellas de titularidad china— fueron confiscadas.[229] El Gobierno también trató de desplazar a más de un millón de habitantes del Sur a las nuevas zonas económicas, sobre todo en el campo, donde trabajarían en empresas y cooperativas estatales.[230] Los resultados fueron un desastre. Cientos de miles de procedencia étnica china abandonaron el país, perjudicando la economía.[231] Las nuevas zonas económicas y las cooperativas agrícolas eran un fracaso.[232] La producción decayó, sumiendo a Vietnam en una crisis económica sin precedentes.[233] El descontento popular tuvo un aumento considerable, suscitando inquietud acerca de la supervivencia del régimen.[234]

La situación se exacerbó a causa de un conflicto militar añadido. Vietnam entró de nuevo en una guerra al poco de reunificarse. Frente a la creciente hostilidad de los Jemeres Rojos, financiados por China, Vietnam mandó a 180.000 hombres a Camboya en diciembre de 1978, iniciando una ocupación de once años.[235] Descrito por un académico como «el Vietnam de Hanói»,[236] la guerra segó entre 25.000 y 50.000 vidas vietnamitas, y añadió aún más dificultades a la economía del país, maltrecha por las crisis.[237]

La invasión de Camboya provocó una breve guerra contra China. Las relaciones sino-vietnamitas se habían ido deteriorando a partir de 1975, cuando China, a la que le preocupaba el poder de un Vietnam unificado, retiró su histórico apoyo. Ello empujó a Vietnam aún más hacia la órbita soviética.[238] Con la idea de «dar una lección a Vietnam» tras la invasión de Camboya,[239] China mandó 100.000 efectivos a cruzar la frontera en febrero de 1979, adentrándose casi sesenta y cinco kilómetros hasta el interior de Vietnam (y llevando a cabo un bombardeo masivo) antes de dar marcha atrás.[240] Aunque el EPV logró resistir el embate, Vietnam sufrió unas 50.000 bajas, a las que se sumaba una destrucción generalizada resiguiendo la frontera.[241]

Las crisis de finales de los años setenta y principios de los ochenta supusieron una grave amenaza al PCV.[242] De hecho, tanto el Gobierno chino como el estadounidense contaban con la caída del régimen.[243] No fue como esperaban. Aunque el resultado puede explicarse, en parte, por la ingente asistencia soviética,[244] es posible que lo crucial para la supervivencia del régimen fueran tres legados revolucionarios. En primer lugar, los líderes del partido se mantuvieron unidos.[245] El régimen se vio abandonado por una sola figura importante: Hoang Van Hoan, miembro del Politburó prochino, expulsado primero de la cúpula, y luego huido a China.[246] En segundo lugar, siguieron intactas la lealtad y disciplina militares.[247] A pesar de las privaciones, los bajos salarios y una moral en caída libre en Camboya, entre las filas del EPV apenas se vivieron claras discrepancias o insubordinación de finales de los años setenta a principios de los ochenta.[248] Tercero: el descontento popular general no lograba traducirse en oposición organizada.[249] Aunque hubo pequeños estallidos de protesta religiosa y étnica en el Sur, jamás supuso una amenaza seria para el régimen.[250]

La crisis del comunismo y el fallecimiento de la generación fundadora

El régimen vietnamita se enfrentó a tres amenazas fundamentales durante la década de 1980 y principios de la de 1990. Una de ellas era generacional. La muerte del secretario general del PCV, Le Duan (en 1986) y del primer ministro Pham Hong (en 1988) señalaron el final de la legendaria «generación de Den Bien Phu», la que había conducido la revuelta contra Francia y que fundó el régimen revolucionario.[251]

La caída del comunismo por todo el mundo suponía otro obstáculo. El colapso de la Unión Soviética, que había otorgado al país más de mil millones de dólares al año en asistencia militar y económica (un 40 por ciento del presupuesto nacional) durante los años ochenta, significó el fin de un apoyo vital del exterior.[252]

La retirada soviética y una galopante crisis económica persuadieron a la cúpula del PCV de abandonar el socialismo en pos de una economía de mercado.[253] Tras un período de reforma limitada a principios de los ochenta, el nuevo líder del partido, Nguyen Van Linh, puso en marcha un programa de reforma económica (el *Doi Moi*) en 1986. La planificación central desapareció, se liberalizaron los precios, se permitieron la pequeña empresa privada y los minifundios y se abrió la economía a la inversión extranjera.[254] En 1989 ya se podía decir que Vietnam contaba con una economía de mercado.[255]

Por último, la ola democratizadora en Europa del Este añadió presiones para reformar la política. El régimen había empezado a liberalizarse en 1986, con la excarcelación de numerosos presos políticos; relajando las restricciones de prensa (que posibilitaban la difusión de periódicos «sin licencia»);[256] flexibilizando los controles sobre la religión, en especial las actividades espirituales budistas;[257] y permitiendo las asociaciones independientes mientras no se metieran en política y no criticaran al Gobierno.[258] A partir de 1989, sin embargo, el partido se encontró con demandas de democratización sin precedentes. Su rostro más visible fue el del miembro del Politburó Tran Xuan Bach, astro ascendente a quien auguraban el liderazgo del partido y que encomió la democratización de Europa del Este, a la vez que pedía un proceso similar para Vietnam.[259] Bui Tin, héroe de guerra y vicedirector del diario del partido, también llamó a la reforma democrática.[260]

Pero los líderes del PCV, reacios a abandonar el Gobierno de partido único, cerraron filas a favor del *statu quo.* Tran Xuan Bach fue apartado del Politburó, mientras que expulsaron a Bui Tin del partido y lo desterraron; arrestaron a los más destacados partidarios de la democracia y el Gobierno atacó a los nuevos medios independientes.[261]

Desde cualquier punto de vista, el PCV consiguió superar las transformaciones de los años ochenta y noventa. El partido no se dividió y nadie desertó de él, y aunque las reformas de mercado causaron cierta oposición entre mandos del Ejército, por lo visto,[262] no se llegó a la rebelión militar.[263] En última instancia, a diferencia de Europa del Este o incluso China, el PCV no se enfrentó a movilizaciones prodemocráticas significativas en los ochenta y noventa.[264] Las pocas entidades disidentes que surgieron fueron acalladas sin problemas, como el Club de los Antiguos Guerreros de la Resistencia, un grupo de veteranos revolucionarios del Sur que ejercieron alguna presión para reformar la política a finales de los ochenta.[265] Así pues, la tercera ola de democratización impactó en Vietnam «sin demasiada fuerza».[266]

Si el régimen sobrevivió fue por diferentes motivos. El primero fue que las consecuencias del relevo generacional quedaron mitigadas al ser los líderes de la «segunda generación» *también* veteranos de una guerra revolucionaria: casi todos ellos habían tenido un papel destacado en la guerra estadounidense.[267] Un segundo factor que contribuyó a la estabilidad del régimen fue la persistencia de una enorme asimetría entre Estado y sociedad. El régimen mantenía un extenso aparato muy capacitado para la coerción de baja intensidad.[268] Los agentes del Cong an siguieron operativos en todos los rincones del país, siguiendo a los disidentes, acosándolos, poniéndolos en listas negras y en ocasiones arrestándolos, con lo que el Gobierno podía cortar de raíz los movimientos de protesta emergentes.[269] Al mismo tiempo, la capacidad de la sociedad para movilizarse siguió siendo muy limitada. Aunque se ha demostrado cierta desafección general en la década de 1980,[270] los opositores al régimen carecían de estructuras de movilización.[271] A diferencia de países democratizados en la tercera ola como Corea del Sur o Taiwán, no apareció ningún movimiento de protesta estudiantil ni un movimiento obrero independiente, lo que restringió la capacidad de los disidentes para ampliar sus bases de apoyo.[272] La oposición quedó así confinada en «bolsas aisladas» y jamás amenazó al régimen.[273]

La supervivencia del régimen tiene como tercer motivo el crecimiento económico. La economía de Vietnam tuvo un impulso anual del 7 por ciento entre 1985 y 1995.[274] Durante el crítico período de 1991 a 1995, cuando la Unión Soviética colapsó y muchos de sus Estados clientelares sucumbieron a sus respectivas crisis, la economía se expandía a un 8 por ciento anual.[275] Aquel crecimiento acelerado contribuyó a amortiguar el descontento popular y generó recursos con los que comprar a potenciales críticos del régimen.

El régimen revolucionario en el siglo XXI

A principios de siglo XXI el régimen sufrió una transformación notable. A partir de finales de la década de 1990, la segunda generación del PCV fue reemplazada por perfiles más jóvenes y tecnócratas que no desempeñaron en su día ningún papel importante en las guerras de revolución.[276] Ya en 2011, la «troika» que ocupa la cúspide del país —el secretario general del partido, Nguyen Phu Trong, el presidente Truong Tan Sang y el primer ministro Nguyen Tan Dung— era demasiado joven para haber participado en el conflicto de liberación o para haber tenido puestos de responsabilidad en la guerra estadounidense.[277] Aparte, los mandos intermedios del partido y del Gobierno cada vez más eran ocupados por cuadros educados en Occidente y nacidos tras la guerra.[278] De un modo parecido, en el Ejército los veteranos revolucionarios dieron paso a vietnamitas jóvenes que no sentían el mismo apego al partido o a la revolución.[279] El ocaso definitivo de la generación revolucionaria vino señalado con la muerte del general Giap, a los ciento un años, en 2013.

Así pues, a principios del siglo XXI, los líderes del PCV ya no poseían como vínculo la lucha revolucionaria o una amenaza existencial militar.[280] El PCV evolucionaba ahora hacia una maquinaria de partido de gobierno tradicional, donde el principal afecto era hacia el lucro que ofrecían los cargos.[281] La búsqueda de réditos reemplazó a la mentalidad de asedio como fuente principal de cohesión.[282] Esta transformación dejó al régimen a merced de divisiones entre sus élites y, a todas luces, mermó su aptitud para ejercer coerción de alta intensidad.

De todos modos, el régimen permaneció estable. Entre 2012 y 2015, en el partido se enfrentaron la facción del primer ministro Nguyen Tan Dung y la del secretario general Nguyen Phu Trong, más conservadora. Acabó con la destitución de Dung.[283] Aunque varios de los aliados de Dung perdieron sus cargos en el Gabinete, su derrota no comportó que abandonaran el partido.[284]

La oposición al régimen siguió siendo limitada. A pesar de la proliferación de organizaciones de la sociedad civil,* los prodemócratas a duras penas lograron hacerse un hueco. En 2006, un grupo de 118 disidentes —conocidos como «Bloque 8406»— iniciaron una campaña a favor de las libertades civiles y las elecciones democráticas.[285] A finales de aquel año, el movimiento tenía 2.000 seguidores y, siguiendo el modelo de la oposición birmana, colaboró con grupos budistas para organizar la Alianza por la Democracia y los Derechos Humanos.[286] En 2007, no obstante, el Gobierno se puso en su contra, arrestó a decenas de miembros del Bloque 8406 e intimidó a otros mediante redadas en sus casas, despidos laborales y listas negras.[287] El Bloque 8406 fue reducido a pedazos, mientras que la Alianza por la Democracia y los Derechos Humanos «nació muerta».[288]

En la década de 2010 surgieron otras iniciativas prodemocráticas con la rápida expansión del acceso a internet, que abrió nuevas vías para la actividad opositora.[289] En 2013, un cierto número de importantes antiguos oficiales del Ejército, veteranos e intelectuales, conocidos como «Grupo 72», organizaron una petición virtual —firmada por 15.000 personas— para adoptar una Constitución al estilo occidental.[290] Con todo, las acciones prodemocracia quedaron «relegadas al ámbito digital».[291] La cúpula del partido ignoró la recogida de firmas y, al cabo de varios años, decenas de blogueros fueron detenidos, deportados o sometidos a asaltos de matones a sueldo pagados por el Gobierno.[292]

En parte, la estabilidad continuada del régimen estaba fundamentada en el crecimiento económico. El PIB vietnamita creció a un ritmo anual de casi 7 por ciento entre 2000 y 2018.[293] La tasa de pobreza, que había sido del 75 por ciento a mediados de los ochenta, se desplomó hasta un mero 6 por ciento en 2014.[294] Como dejó claro la democratización de Corea del Sur y Taiwán, el crecimiento de la economía no garantiza que un

* Se calcula que había unas 140.000 organizaciones comunitarias en 2005 (C. Thayer 2009b: 5).

régimen sobreviva. En Vietnam, las persistentes asimetrías entre Estado y sociedad siguieron favoreciendo la estabilidad del régimen.[295] A pesar de su nivel de vida medio-alto, la sociedad civil de Vietnam a comienzos del siglo XXI era más débil que las de Burundi, Gambia, Tayikistán o Yemen.[296] Los disidentes, ante una coerción de baja intensidad incesante,[297] siguieron formando grupos pequeños, «compartimentados»,[298] y en su mayor parte restringidos a internet.[299] Por ende, los opositores al régimen siguieron careciendo de «unidad, organización o poder como para suponer un problema para el Estado-Partido».[300]

En suma, el régimen poscolonial de Vietnam era de carácter revolucionario. El PCV logró el poder a través de la lucha armada, con la que construyó un Ejército propio e inició una serie de iniciativas radicales —como la revolución en el Vietnam del Sur— que lo sumieron en una guerra de gran coste contra Estados Unidos. De tres décadas de conflicto salió un complejo Estado-Partido cohesionado y poderoso, y todos los centros independientes de poder social, económico y cultural fueron destruidos. El resultado fue un régimen que ha sobrevivido casi setenta años, a pesar de una unificación traumática, la muerte de la generación que lo fundó y la crisis global del comunismo.

ARGELIA

A simple vista, el caso argelino es parecido al de Vietnam. Como el Viet Minh, el Frente de Liberación Nacional (FLN) se batió en una cruenta guerra de ocho años contra el mandato francés y, una vez en el poder, estableció un régimen autoritario que sobrevivió durante décadas. Sin embargo, el régimen argelino nunca logró el nivel de consolidación de su homólogo vietnamita. Sufrió un debilitante conflicto interno y se enfrentó a una oposición social; que resistiera, con toda probabilidad, fue posible gracias a factores ajenos a sus orígenes revolucionarios, como el petróleo. Puesto que las medidas que inició el

FLN no amenazaban a poderosos intereses nacionales o extranjeros, estas generaron una modesta reacción contrarrevolucionaria. Ya que no contaba con una amenaza militar contra su existencia, el régimen argelino jamás desarrolló las capacidades de cohesión o coerción que hemos visto en Vietnam, como tampoco acabó con los centros independientes de poder. A resultas de todo ello, las asimetrías de poder entre el Estado y la sociedad fueron menos pronunciadas, y el régimen en último término se vio obligado a enfrentarse a un gran movimiento opositor islamista. Aunque su cohesionado Ejército logró acabar con aquella amenaza, el régimen siguió mostrando más vulnerabilidades —y dependencia de condiciones económicas y geopolíticas favorables— que Vietnam.

La toma revolucionaria del poder

Resulta inconcluyente que se dieran ya condiciones para fundar un autoritarismo duradero en Argelia. Por un lado, el FLN heredó un Estado endeble. La Argelia precolonial no poseyó un Estado centralizado,[301] y luego gran parte de sus élites e instituciones tradicionales fueron víctimas del dominio francés.[302] El Estado colonial, erigido para beneficio de los pobladores europeos,[303] se vino abajo en gran medida con la independencia. Por otro lado, Argelia poseía riqueza en minerales. Las exportaciones de petróleo y gas suponían casi la mitad del PIB argelino en la década de 1980.[304] Aunque en el momento de su independencia el sector del petróleo estaba poco desarrollado todavía,[305] y aunque puede que los beneficios en el pico de producción mineral no bastaran para la estabilidad del régimen,[306] el petróleo otorgaba una serie de recursos a los Gobiernos de Argelia —con los que neutralizar a sus rivales y financiar el aparato coercitivo— que las élites que gobernaban Vietnam y Ghana no tenían.

Como Vietnam, Argelia es un ejemplo de movimiento armado que consiguió liberarse del dominio francés. El conflicto de 1954 a 1962, que Francia disputó con ferocidad, fue uno de los más largos y sangrientos de la historia anticolonial.[307] Las estimaciones del número de argelinos muertos durante la guerra oscilan entre 250.000 y más de un millón.[308]

La negativa francesa a la independencia tenía que ver con el carácter de asentamiento de la Argelia colonial. Casi un millón de europeos vivían en la colonia en 1954, que ocupaba casi tres millones de hectáreas de extensión.[309] Los Gobiernos franceses siempre tuvieron fuertes intereses en la colonia, lo que hacía mucho más difícil su independencia.

El movimiento nacionalista de Argelia apareció en los años treinta, pero no despegó hasta 1945, cuando una brutal represión por parte de los franceses convenció a muchos militantes de que la lucha armada era la única vía factible hacia la independencia.[310] A finales de la década de 1940, un grupo de jóvenes radicales nacionalistas —entre ellos, Ahmed Ben Bella— abandonaron el movimiento anticolonial no violento y fundaron lo que se convertiría en el FLN.[311]

El FLN inició una insurgencia armada a finales de 1954. No tardó en crecer y ganarse un amplio apoyo entre la población musulmana.[312] La mayoría de las organizaciones rivales, como el Partido Comunista, la liberal Unión Democrática del Manifiesto Argelino, o la Asociación de Ulemas Musulmanes Argelinos, se unieron a la lucha encabezada por el FLN.[313] Hacia finales de 1956, más de 20.000 personas luchaban junto al FLN, y este había establecido una organización de masas con celdas operativas por toda Argelia.[314] Su brazo armado, el Ejército de Liberación Nacional (ELN), se organizaba en seis zonas militares, o *wilayas,* cada una de las cuales dirigía uno de los cabecillas fundadores del FLN.[315] Las acciones de guerrilla del FLN llegaron a su culmen entre 1956 y 1957, cuando la organización inició una campaña de terror urbano a gran escala.[316]

La trayectoria del FLN se diferenciaba del Viet Minh en muchos aspectos, a pesar de todo. Por un lado, era un movimiento mucho menos cohesivo.[317] En lugar de ser un partido leninista dotado de ideología coherente, el FLN era una suma «poco articulada» de marxistas, nacionalistas, liberales y conservadores religiosos, cuyos dirigentes no llegaron a desarrollar una ideología común que trascendiera el nacionalismo.[318] Tal vez lo más relevante era que, mientras que el Viet Minh fusionó sus cúpulas políticas y militares, los imprevistos de la guerra de liberación de Argelia dividieron al movimiento en una «delegación exterior», con Ahmed Ben Bella a la cabeza, que pasaba la mayor parte del tiempo en el extranjero, y los líderes de las *wilayas* que luchaban en territorio argelino.[319] Los canales de comunicación entre los líderes exteriores y las *wilayas* tenían poca consistencia,[320] y en su mayor parte se desintegraron tras octubre de 1956, cuando arrestaron a Ben Bella junto a otros líderes exteriores en Europa, y estos permanecieron presos durante el resto de la guerra. La represión francesa imposibilitó los intentos de reconstruir un mando cívico-militar.[321] Los franceses iniciaron una gigantesca contrainsurgencia en 1956 que aumentó su presencia de 50.000 tropas dos años antes a casi medio millón. Esta dio paso a una oleada masiva de asesinatos, arrestos y desplazamientos forzosos.[322] La represión culminó en la batalla de Argel, en 1957, en la que las fuerzas francesas obtuvieron una victoria aplastante.[323]

La contrainsurgencia francesa devastó el FLN. La organización de base del movimiento fue aniquilada y su red de células clandestinas «desmantelada hasta tal punto que Argel quedó libre de terrorismo por lo menos durante dos años».[324] Asesinaron u obligaron a exiliarse de Argelia a muchos de los cabecillas del FLN.[325] En 1958 ya no quedaba ninguno de los líderes de la organización en el país.[326] Con la cúpula del FLN aniquilada, el poder dentro del movimiento recayó en el ELN y los combatientes de las *wilayas*.[327] Aunque los dirigentes exiliados crearon el Gobierno Provisional de la República Argelina (GPRA), ejercieron muy poca influencia sobre el terreno.[328] A finales de los años cincuenta, el verdadero poder estaba en manos del ELN y de su comandante, Houari Boumedienne.[329]

Francia estuvo a punto de ganar la guerra. A finales de 1957, las fuerzas francesas finalizaron una valla electrificada entre Argelia y Túnez, la llamada «línea Morice», que impedía a las fuerzas del ELN actuar desde el otro lado de la frontera.[330] Los mandos del ELN, como la mayor parte de sus tropas (35.000-40.000), se vieron atrapados en Túnez durante el resto de la guerra, dejando a su merced en Argelia a unos 15.000 soldados de las *wilayas*, con su escaso equipamiento.[331] Las fuerzas de

Francia arrasaron con las *wilayas*,[332] acabando con las esperanzas de una victoria guerrillera.[333]

Si bien Francia por un lado ganó las batallas militares, por el otro perdió en política y diplomacia.[334] Los informes sobre la brutalidad francesa asestaron un duro golpe al apoyo a la guerra en la metrópoli, al tiempo que socavaban su prestigio internacional.[335] El 1957 Francia estaba ya «perdiendo el argumento diplomático».[336] Los líderes del FLN, así pues, se concentraron en «internacionalizar» el conflicto.[337] En diciembre de 1960, la Asamblea General de las Naciones Unidas votó a favor del derecho a la independencia de Argelia.[338] En marzo de 1962, ante una creciente presión nacional y exterior, el presidente francés Charles de Gaulle firmó los Acuerdos de Évian, según los cuales Argelia obtenía la independencia en julio de 1962 a cambio de asegurar una presencia económica y militar continuada de Francia, y la protección de los colonos europeos.[339] A pesar de perder la guerra, el FLN había logrado una «revolución diplomática».[340]

Los Acuerdos de Évian fueron el preámbulo de un caótico acceso al poder. La transición se inició en efecto a finales de 1961, cuando la Organización Armada Secreta (OAS), un organismo terrorista fundado por pobladores europeos, inició su lucha violenta para desbaratar la independencia y establecer un Estado dirigido por los colonos, como el de Sudáfrica.[341] Protagonizando una guerra contrarrevolucionaria preventiva, en la práctica la campaña de «tierra quemada» de la OAS incluyó atentados contra escuelas, edificios públicos, fábricas e instalaciones petrolíferas. Asesinaron a oficiales franceses, además de a una cantidad de musulmanes argelinos «espeluznante de verdad».[342] Aunque las autoridades francesas acabaron con la revuelta en primavera de 1962, la OAS había causado daños considerables: mil europeos y un número incluso mayor de argelinos musulmanes fueron masacrados por ellos.[343]

La campaña contrarrevolucionaria de la OAS aceleró otro importante acontecimiento: el éxodo de la población colonial. Horrorizados por la violencia de 1961 y 1962, los europeos huyeron en masa de Argelia.[344] Hacia finales de 1962, más de 800.000 europeos —casi el 90 por ciento de sus habitantes colonos— se habían ido del país.[345] Ya que estos pobladores representaban la mayoría de la clase capitalista, e incluían a casi todos los principales industriales y productores agrícolas, la economía de Argelia cayó en picado.[346] Además, puesto que el 90-95 por ciento de la Administración pública estaba constituida por europeos, su partida truncó el Estado colonial.[347] El orden se desvaneció, mientras que la recaudación fiscal y la prestación de servicios públicos cesaron a todo efecto.[348] El FLN tendría que reconstruir el Estado «prácticamente desde cero».[349]

Por último, mientras que los comunistas de Vietnam llegaron al poder en 1954 con un complejo partido-Ejército cohesionado, el FLN accedió al poder en medio de la fragmentación y el caos.[350] El Gobierno Provisional, en manos de Benyoucef Benkhedda, había negociado los Acuerdos de Évian y esperaba dirigir la transición. Sin embargo, el ELN —situado en Túnez— y la delegación exterior de Ben Bella —que acababa de salir de la cárcel— rechazaron tanto el pacto como la autoridad del Gobierno Provisional.[351] Los líderes de las *wilayas* en Argelia, aislados por ambos lados, se convirtieron en figuras caudillistas locales.[352]

Así pues, cuando se produjo la independencia, el movimiento de liberación se encontraba fragmentado en cuatro aspirantes al poder distintos: el Gobierno Provisional, la delegación exterior del FLN, el ELN y las *wilayas*.[353] El Gobierno Provisional aseguraba ser el legítimo gobernante.[354] No obstante, Ben Bella creó un Politburó paralelo que defendía el poderoso ELN, y que inició una marcha hasta Argel desde la frontera tunecina.[355] Al final, el ELN impuso el Politburó de Ben Bella al mando del país.[356] Cuando algunos de los miembros de las *wilayas* se negaron a aceptar a los nuevos líderes, el ELN se puso en su contra y llevó al país a un enfrentamiento civil de dos semanas.[357] Los soldados de las *wilayas* no fueron rival para un Ejército de 130.000 hombres y, en septiembre de 1962, el ELN ya había obtenido el control sobre el territorio nacional y permitió que Ben Bella, su aliado puesto a dedo, se convirtiera en el líder fundacional de Argelia.[358] En 1963, Ben Bella se ocupó de promulgar una nueva Constitución que consagraba al FLN como el único partido legal, tras lo cual fue elegido presidente.

El complejo partido-Ejército

El régimen poscolonial de Argelia exhibía marcadas diferencias respecto a los de Ghana y Vietnam. Como en este último, el régimen se fundamentaba en un Ejército creado por la élite revolucionaria, y este estaba comprometido a fondo con el proyecto revolucionario. Sin embargo, mientras que el Estado-Partido de Vietnam estaba dominado por el PCV, en Argelia era el Ejército quien sobresalía.

El partido gobernante era de una llamativa debilidad.[359] Puesto que la represión francesa había acabado con su estructura, el FLN «apenas existía» en el momento de la independencia.[360] Al FLN también le faltaba cohesión.[361] La separación física entre las élites del FLN durante la guerra —con la delegación exterior presa en Europa, el Gobierno Provisional exiliado, los mandos del Ejército atrapados en Túnez y los *wilayas* huérfanos en Argelia— generó un movimiento «segmentado» sin una autoridad en común, sin un organigrama y sin normas para la toma de decisiones.[362] A diferencia de los comunistas de Vietnam, los líderes del FLN no habían compartido experiencia bélica, como tampoco una identidad o una ideología. El partido tampoco tenía un líder único, como Ho o Mao, cuya autoridad estuviera por encima del movimiento entero. Así pues, aunque el FLN alcanzó una «vaga unidad» durante la guerra de liberación,[363] se lanzó a la independencia con liderazgos múltiples y que competían entre sí.[364] El Ejército libertador —que se llamaría «Ejército Nacional Popular (ENP)» una vez independientes— tenía una fuerza superior. A diferencia del de Ghana (como veremos más adelante), el nuevo Ejército era una institución indígena que forjaron los líderes guerrilleros en el fragor de la lucha. Fundado como una guerrilla de 2.500 hombres en 1954, el ELN evolucionó hasta ser una fuerza disciplinada con 20.000 soldados el año 1956.[365] Aunque la línea Morice obligó al ELN a ocupar los márgenes a partir de 1957, el comandante del Ejército Houari Boumedienne hizo de él un Ejército profesionalizado, dotado de «disciplina férrea» que reforzaba una «sombría Policía secreta».[366]

Los orígenes guerrilleros del ENP fomentaron en él una elevada cohesión y disciplina.[367] Boumedienne, como otros mandos del ENP, había luchado en la guerra de liberación en Argelia entre 1954 y 1957.[368] Los orígenes revolucionarios que tenían en común dieron lugar a un «fuerte espíritu de cuerpo» y a una disciplina «casi espartana».[369] También hicieron entrega de una notable autoridad a sus comandantes.[370] La cohesión entre ellos generó capacidades de coerción de alta intensidad que conservarían hasta bien entrado el siglo XXI.[371]

El complejo partido-Ejército surgido en Argelia era, por lo tanto, bastante diferente al de otros casos revolucionarios. La separación física del ELN, las *wilayas* y los líderes civiles del FLN durante el conflicto bélico impidieron la fusión entre partido y Ejército que observamos en Vietnam. Aunque los mandos del Ejército desarrollaron una fuerte identidad revolucionaria, muchos de ellos no estaban activos en el partido o comprometidos a fondo con él. Los oficiales del Ejército eran miembros titulares del FLN, pero sus vínculos con la formación eran superficiales. En la práctica, la presencia del FLN entre las fuerzas armadas era mínima.

Además, a diferencia de la mayoría de los regímenes revolucionarios, el Ejército era la parte dominante del binomio en Argelia.[372] Así, mientras que el Ejército vietnamita estaba muy controlado por el PCV, en Argelia eran los militares quienes ostentaban las riendas del poder.[373] Sus comandantes actuaban como «titiriteros»:[374] eran quienes escogían los Gobiernos civiles y «más o menos los dirigían» entre bambalinas.[375] Aunque el FLN se constituyó según el esquema leninista de partido de vanguardia, en realidad no era sino un «partido de retaguardia» cuyas responsabilidades eran bastante simbólicas.[376]

A pesar de estas diferencias, el régimen argelino compartía varias características importantes con su homólogo en Vietnam. Como en la guerra de liberación del país asiático, en Argelia surgió una camarilla cohesionada, una «familia revolucionaria».[377] La participación en la lucha de liberación se convirtió en «prerrequisito indispensable para alcanzar los cargos más altos del Estado». De hecho, todos los presidentes y jefes del Ejército (hasta 2019) fueron veteranos de la revolución.[378] La diferencia era que, en Argelia, era el Ejército y no el partido el principal representante de la familia revolucionaria.

El FLN no se enfrentó a rivales de peso ni a centros independientes de poder en la década de 1960. La mayoría de las organizaciones políticas rivales se unirían al FLN durante la guerra de liberación.[379] La única entidad nacionalista rival en pie, el Movimiento Nacional Argelino (MNA), fue destruida a manos del terror del FLN.[380] El FLN masacró a cientos de cuadros del MNA entre 1955 y 1957,[381] valiéndose de las «dramáticas exigencias de la lucha de liberación nacional» a la hora de justificar su violencia.[382]

Los centros independientes de poder también eran débiles. Los terratenientes y capitalistas más poderosos eran colonos europeos, y casi todos ellos habían huido del país.[383] Tanto la clase propietaria indígena como la burguesía local eran minúsculas.[384] Las alturas dominantes de la economía —incluyendo el sector petrolífero— eran de titularidad extranjera.

Había dos comunidades culturales marginales en política durante el inicio de los años sesenta que acabarían consiguiendo una mayor importancia. Una de ellas era la de los bereberes, una minoría no árabe, bastante secular y de extendida francofilia (un 20 por ciento de la población) que se concentraba en la Cabilia.[385] La otra comunidad, la del islam político, era mucho mayor y con visos de mucha mayor influencia. Los grupos islamistas, como la Asociación de Ulemas Musulmanes Argelinos, habían tenido un papel secundario en la lucha por la independencia.[386] La mayoría de los líderes ulemas apoyaban el Gobierno poscolonial, aunque su influencia política era limitada.[387]

La secuencia revolucionaria-reactiva: acomodación y reacción limitada

El Gobierno del FLN fue de una radicalidad menor que la mayoría de los Gobiernos que estudiamos en este libro. Aunque el Gobierno de Ben Bella puso en práctica algunas iniciativas en el país y en el extranjero de corte radical, pocas de ellas amenazaban a actores relevantes. Asimismo, en algunos ámbitos clave, como las relaciones con Francia, el Gobierno adoptó posturas acomodaticias. Por todo ello, el Gobierno del FLN no llegó a enfrentarse a una reacción contrarrevolucionaria significativa.

El radicalismo «fácil» del Gobierno del FLN

El FLN era mucho menos radical que los comunistas vietnamitas. Como frente amplio que englobaba a marxistas, liberales y conservadores religiosos, jamás desarrolló un programa coherente más allá del nacionalismo.[388] Ben Bella y sus seguidores, que obtuvieron el control del partido en 1962, representaban el ala radical del partido.[389] Siendo un «revolucionario romántico» que se codeaba con asesores marxistas, Ben Bella quería replicar el modelo cubano.[390] En un principio, rechazó los Acuerdos de Évian y declaró sus intenciones de expulsar a los colonos europeos.[391] El Programa de Trípoli del FLN (1962), redactado por aliados de Ben Bella, se comprometía a la reforma agraria, nacionalizaciones generalizadas y una economía planificada.[392] Una vez presidente, Ben Bella declaró a Argelia «socialista», y aspiraba a transformarlo en un «Estado piloto» para ser replicado por otros Gobiernos.[393]

El Gobierno revolucionario dirigió una ambiciosa redistribución de las propiedades y la riqueza. Dicha redistribución vino facilitada por el éxodo de los colonos europeos, que habían constituido el grueso de los grandes propietarios antes de 1962.[394] Tras la partida de aquellos pobladores, más de un millón de hectáreas de tierra y unas mil empresas abandonadas acogieron la ocupación espontánea de muchos argelinos.[395] Los trabajadores ocuparon numerosas granjas y fábricas.[396] En marzo de 1963, el Gobierno formalizó la transferencia de propiedades *de facto* gracias a un decreto que expropiaba 16.000 granjas equivalentes a 800.000 hectáreas, además de 200.000 residencias particulares, 450 compañías fabriles y cientos de empresas comerciales. Casi todas ellas habían sido propiedad de europeos.[397] Al referirse a los colonos, Ben Bella declaró: «Largo todo el mundo, y hasta nunca [...]. Si es contrario a los Acuerdos de Évian, me importa un pimiento».[398] Más adelante, aquel mismo año, las empresas francesas restantes se nacionalizaron.[399] Aquella enorme transferencia de propiedades, al tiempo que inhibía el retorno de los colonos y que extraía buena parte de la economía del sector privado, puede considerarse la particularidad más revolucionaria de la revolución argelina.[400]

Igual de ambicioso —en principio, por lo menos— fue el decreto de 1963 por el que se creaba un sistema de control obrero, o autogestión, de las granjas y empresas de reciente expropiación.[401] Siguiendo el ejemplo de la Yugoslavia socialista, el Gobierno de Ben Bella creó un sector autogestionado que incluía mil empresas industriales y comerciales, y entre 1,2 y 1,5 millones de hectáreas de terreno arable; es decir, un 13 por ciento de las tierras cultivables de Argelia.[402] Las empresas de este sector estaban bajo el control de consejos elegidos de trabajadores, si bien supervisados por el Estado.[403] El sistema fue diseñado por los asesores izquierdistas de Ben Bella, muchos de los cuales estaban comprometidos con la causa socialista.[404] La autogestión se convirtió en el eje central del programa doméstico de Ben Bella, e hizo de Argelia un «laboratorio para el socialismo del tercer mundo».[405]

Pero, a pesar del discurso socialista de Ben Bella, las reformas argelinas fueron mucho menos radicales que las de Cuba o Vietnam. Las expropiaciones, en general, se limitaron a granjas y empresas abandonadas por los colonos que habían huido, por lo que no representaban una amenaza para demasiados intereses.[406] Más allá de aquellas expropiaciones «fáciles», Ben Bella —que se cuidaba de atacar a los dueños argelinos— no se encargó de una gran reforma agraria.[407] Si bien el sucesor de Ben Bella, Boumedienne, sí puso en marcha una reforma del campo en la década de 1970, con la intención de eliminar los grandes latifundios y reorganizar la sociedad rural en cooperativas y «aldeas socialistas»,[408] la mayoría de la tierra que repartir era de propiedad estatal,[409] y muchos de los terratenientes lograron presionar a la Administración para mantener sus propiedades.[410] En última instancia, tan solo un 10 por ciento de la tierra de titularidad particular fue expropiada, mientras que no afectó a la mayoría de los latifundistas indígenas.[411] El sistema de autogestión en la práctica resultó ser menos radical, ya que los comités autogestionarios terminaron al poco tiempo bajo control del Ministerio de Economía Nacional.[412]

La política exterior del FLN también ladraba más que mordía. Por un lado, el Gobierno de Ben Bella adoptó una política radical de antiimperialismo y tercermundismo.[413] Ben Bella trató de hacer que Argelia fuera la «Meca de la revolución»,[414] con su apoyo a movimientos de liberación de toda África.[415] Argelia se convirtió en un «puerto franco de la subversión», donde se citaban guerrillas de todo el mundo.[416] La Administración de Ben Bella apoyó a grupos radicales de oposición de los vecinos Marruecos y Túnez,[417] y provocó la ira de Estados Unidos al ofrecer asilo a los Panteras Negras y adherirse en público a la Revolución cubana.[418]

Con todo, la política exterior del FLN nunca llegó a ocasionar un conflicto grave con Occidente.[419] Puesto que Estados Unidos resultaba una fuente vital de ayuda alimentaria y un mercado importante para la exportación de crudo,[420] el Gobierno de Ben Bella solía «primar el pragmatismo ante los principios revolucionarios» en su trato con los estadounidenses.[421] De hecho, entre bastidores, Ben Bella a menudo era en realidad un «conciliador sin medias tintas» con el país norteamericano.[422] Durante la crisis de los misiles de Cuba en 1962, por ejemplo, cooperó con la Administración de John F. Kennedy para impedir que los soviéticos obtuvieran una parada de repostaje en África para su puente aéreo con Cuba —al mismo tiempo que los medios estatales de Argelia condenaban el bloqueo estadounidense.[423]

El Gobierno del FLN resultaba incluso más adaptable en sus tratos con Francia. Argelia y Francia mantuvieron relaciones de cooperación después de 1962.[424] Francia fue el principal socio comercial de Argelia en la década de 1960, y representaba el 70 por ciento de su volumen comercial, junto con la mayor parte de su inversión extranjera, además de una enorme —y fundamental— asistencia económica.[425] Muchos ciudadanos franceses siguieron trabajando en el Estado poscolonial.[426] Aunque la nacionalización de las propiedades francesas provocó conflictos ocasionales,[427] el FLN tendía a hacer concesiones para mantener la cooperación con Francia.[428] Por ejemplo, después de que aquel país redujera la ayuda económica tras las nacionalizaciones de 1963, Ben Bella se esforzó en salvar las relaciones bilaterales asegurando el acceso galo a su hidrocarburo y haciendo la vista gorda ante los ensayos nucleares de Francia en su desierto.[429]

En resumen: aunque bajo el Gobierno del FLN tuvo lugar una ingente transferencia de propiedades y se dio apoyo a los movimientos de liberación extranjeros, este era mucho más acomodaticio que el PCV. Ben Bella mantuvo una relación cooperativa con Francia, y la redistribución de la propiedad privada rara vez amenazó a intereses poderosos. Cuando sus medidas generaron resistencia, como sucedió con la reforma agraria, el Gobierno a menudo retrocedía en sus planes con tal de evitar la violencia que acompañó a la reforma de Vietnam. Por estos motivos, la de Argelia se ha descrito como «una revolución en las formas, pero sin sustancia».[430]

Una reacción contrarrevolucionaria limitada

Un aspecto llamativo del caso argelino es la práctica ausencia de una reacción de carácter contrarrevolucionario. Es un resultado, en parte, de haber tenido como sus víctimas principales a los colonos europeos, que habían huido en masa antes de que el FLN subiera al poder. Aunque la campaña terrorista de la OAS de 1961-1962 puede entenderse como una reacción contrarrevolucionaria preventiva, la paradoja fue que esta provocó el propio éxodo europeo que acabó con la comunidad colonial. Puesto que el grueso de las redistribuciones realizadas por el FLN fue sobre propiedades abandonadas, estas políticas suscitaron una débil reacción. Del mismo modo, ya que el Gobierno era reacio a expropiar a la fuerza a los hacendados indígenas,[431] la reforma agraria de 1971 generó «poco alboroto».[432]

El FLN tampoco se enfrentó a una gran resistencia del lado internacional. Aunque el apoyo por parte de Ben Bella a movimientos revolucionarios del exterior despertó consternación en Occidente, sus Gobiernos no realizaron ningún intento serio por derrocar el régimen.[433] Como resultado, el FLN no se las tuvo que ver con amenazas militares significativas.[434] Incluso en sus momentos de mayor radicalismo en cuanto a política exterior, en 1963 Estados Unidos seguía comerciando y asistiendo con alimentos al país, y se decía que sus relaciones bilaterales eran «normales, si bien no cordiales a cara descubierta».[435]

Asimismo, el Gobierno del FLN tampoco encontró una amenaza grave en Francia. Que Ben Bella optara por mantener asesores franceses, bases militares y lazos de inversión facilitó una relación bilateral de cooperación.[436] Incluso cuando el FLN amenazaba a los intereses franceses, los Gobiernos de aquel país respondían con «paciencia y moderación».[437] La cooperación nunca decayó, y se enfrentó a una posible agresión por parte de Francia.[438]

La relación de Argelia y Francia ofrece un enorme contraste respecto a la de Estados Unidos y Cuba en los años sesenta (capítulo 6). Mientras que los Gobiernos estadounidenses reaccionaron ante el nacionalismo radical del Gobierno de Castro con hostilidad, generando con ello una amenaza existencial prolongada en el tiempo, la comedida respuesta de Francia ante el nacionalismo de Ben Bella, junto con la voluntad pragmática argelina de mantener una cooperación bilateral, eliminaron la posibilidad de una amenaza externa. En efecto, el régimen de Argelia se volvió muy dependiente de Francia, que imponía restricciones a sus maniobras.[439] En palabras de Arslan Humbaraci, la cercanía de los vínculos con Francia «inauguraba varias posibilidades para Argelia [...]. A lo único que no podía conducir [era] a una revolución socialista».[440]

Puede que el radicalismo de Argelia contribuyera a una guerra fronteriza con Marruecos en 1963.[441] La monarquía marroquí temía la propagación del furor revolucionario desde Argelia, donde el FLN daba apoyo a la oposición de izquierdas marroquí.[442] Sin embargo, la invasión marroquí tenía como principal origen una antigua disputa territorial.[443] Ben Bella, por su parte, resistió las demandas de sus asesores izquierdistas de convertir el conflicto en una guerra «antiimperialista» en todo el «gran Magreb», que tal vez habría conducido a una intervención exterior.[444] De hecho, cuando Cuba le mandó tropas como gesto de solidaridad revolucionaria, Ben Bella, presionado por los egipcios, frenó en seco y negoció un alto al fuego.[445] Volvió a verse cómo el Gobierno del FLN optaba por la acomodación cuando el radicalismo viraba hacia un conflicto violento.

La inexistencia de una contrarrevolución tuvo secuelas importantes en el régimen. La más vital fue que no desarrolló el nivel de cohesión que vimos en Vietnam y otros regímenes revolucionarios. El FLN se había mantenido unido entre 1954 y 1962 a causa de «imperativos bélicos»,[446] pero no habiendo una amenaza de contrarrevolución, la cohesión entre las élites «se desvaneció».[447] Mientras que los partidos que gobernaron Vietnam, China, Rusia y otros regímenes cerraban filas ante el primer síntoma de crisis, el Gobierno revolucionario de Argelia, que no veía peligros exteriores, «empezó a devorar a los suyos».[448]

De hecho, la presidencia de Ben Bella fue destrozada por un conflicto entre las élites. Ben Bella excluyó a buena parte de la élite revolucionaria de los cargos de más poder.[449] Tan solo tres de los seis «jefes históricos» del FLN que seguían vivos, Ben Bella, Mohamed Khider y Rabah Bitat formaron parte del Politburó, lo que provocó que los otros tres cabecillas —Hocine Ait Ahmed, Mohamed Boudiaf y Krim Belkacem— se trasladaran a la oposición. Boudiaf fue arrestado, mientras que Ahmed creó el Frente de Fuerzas Socialistas e inició una revuelta armada en la Cabilia.[450] Vendrían más divisiones. Khider se las tuvo que ver con Ben Bella en 1963 cuando, siendo secretario general del FLN, quiso otorgar más poder al partido gobernante.[451] A finales de año, tanto él como Bitat se exiliaban.[452] En los últimos meses de 1963, casi toda la cúpula fundacional había desertado. De los seis líderes históricos vivos del FLN, tres se encontraban exiliados (Bitat, Khider y Krim), uno estaba en la cárcel (Boudiaf) y otro lideraba la resistencia armada (Ahmed).[453] Tan solo quedaba Ben Bella. En julio de 1964, Boudiaf, Khider, Ahmed y los principales líderes de las *wilayas* formaron el Comité Nacional para la Defensa de la Revolución, que se alzó en armas pero fracasó.[454]

Más tarde, Ben Bella se volvió contra el jefe del Ejército, Houari Boumedienne, y purgó a sus aliados del Gabinete, a la vez que anunciaba la creación de una «milicia popular», que cuestionaba el monopolio de la coerción del Ejército.[455] Este no podía verse empujado a un lado así como así y, en junio de 1965, los militares destituyeron a Ben Bella, a quien reemplazaron por el Consejo Revolucionario, con Boumedienne en su presidencia.[456]

La destitución de Ben Bella fue un golpe de palacio. Los líderes del Ejército lo habían situado a él en el poder en 1962 y lo veían como una «figura simbólica».[457] Si bien no alteró el carácter del régimen, lo que hizo el golpe del 1965 fue eliminar la «hoja de parra» que simulaba un Gobierno civil.[458] El FLN, aunque enflaquecido, siguió en la coalición de gobierno y, aún más importante, el nuevo Gobierno siguió dominado por veteranos de la revolución.[459] Los veintiséis miembros del nuevo Consejo Revolucionario en su totalidad participaron en la liberación, y veinticuatro de ellos en la lucha armada.[460]

Aunque el golpe de 1965 no condujo a un cambio de régimen, se podía considerar en cualquier caso un claro síntoma de crisis. La destitución de Ben Bella —junto con las extraordinarias peleas internas del partido que la precedieron— subrayaba la falta de cohesión dentro del FLN. Al no contar con una amenaza existencial tras la independencia, el partido poco tardó en convertirse en una «casa dividida contra sí misma».[461]

No contar con una amenaza militar del exterior también dificultó el desarrollo de un aparato coercitivo de cierta magnitud. El Ejército, que alcanzó los 125.000 soldados en 1962, quedó reducido a un número modesto, de 50.000 a 60.000 a mediados de la misma década.[462] Aunque el Ejército desarrolló un sistema de inteligencia considerable,[463] se fue oxidando por falta de amenazas de seguridad.[464] El gasto militar —por lo general, inferior al 3 por ciento del PIB— era bajo si lo comparamos con sus vecinos.[465] Así pues, aunque el ENP estaba muy profesionalizado,[466] el Estado no se caracterizaba por su particular militarismo.[467] De hecho, tanto por sus dimensiones como por su presupuesto, el Ejército de Argelia se mantuvo a la par con el de su vecino, Túnez.[468]

Por último, el hecho de no contar con una amenaza a su existencia también redujo los incentivos para atacar a los centros independientes del poder social. Aunque el FLN ya se había servido del terror para destruir a sus rivales nacionalistas durante la guerra de liberación,[469] prefería valerse de la asimilación de otros una vez lograda la independencia.[470] Sin una amenaza exterior de verdad, y sin un firme control del Ejército, el Gobierno de Ben Bella no tenía ganas ni capacidad de inaugurar un régimen del terror.[471] Asimismo, el Gobierno de Boumedienne «hizo grandes esfuerzos para no recurrir a la coerción física» contra sus rivales,[472] y trató siempre de integrarlos.[473]

Esta ausencia de represión facilitó la persistencia de asociaciones independientes en la Argelia poscolonial. Aunque en teoría pertenecía a la cuerda del FLN, el Sindicato General de Obreros Argelinos mantenía un grado de autonomía impensable en Vietnam.[474] Las asociaciones bereberes, como el Movimiento Cultural Bereber, funcionaban a cara descubierta, incluso a sabiendas de que ciertos líderes bereberes respaldaron insurgencias armadas a principios de los años sesenta.[475]

No obstante, el más importante entre los centros de poder de la sociedad era el movimiento islamista. Había dado su apoyo a la guerra de liberación, si bien su oposición al izquierdismo laico de Ben Bella llevó a algunos dirigentes musulmanes a formar una agrupación conservadora, conocida como «Al Qiyam» ('Valores') en 1964.[476] Aunque ponía el énfasis sobre todo en los aspectos culturales, Al Qiyam sirvió de tribuna a una oposición popular que Ben Bella era «incapaz de erradicar».[477] El siguiente Gobierno, con Boumedienne, impuso un mayor control sobre las organizaciones islamistas; prohibió Al Qiyam, reguló la construcción de mezquitas y se otorgó la potestad de nombrar a los imanes, e incluso la de dar el visto bueno al contenido de sus sermones.[478] Sin embargo, estas políticas no se siguieron a rajatabla, y la militancia islamista prosiguió con grupos que sucedieron a Al Qiyam.[479] Los islamistas se saltaban el control estatal sobre la edificación de templos estableciendo «mezquitas libres», a menudo en lugares provisionales.[480] Durante los años setenta, la reticencia del Gobierno a poner fin a estos sitios clandestinos de culto incitó la proliferación de mezquitas libres, algunas «privadas», financiadas por prohombres locales, o «populares», erigidas en las barriadas por parte de grupos religiosos de base.[481] Estas mezquitas más adelante se usarían para movilizar a la oposición islamista.[482]

La mezcla de radicalismo fácil y acomodación en el seno del FLN, en definitiva, generó una reacción contrarrevolucionaria moderada. En ausencia de amenazas nacionales y exteriores, la cohesión de las élites se mantuvo en un bajo nivel, el aparato coercitivo siempre tuvo unas dimensiones y objetivos modestos, y el Gobierno veía poco incentivo en atacar los centros de poder independiente. Al final, las asimetrías entre el Estado y la sociedad jamás se acercaron a las que hemos visto en Vietnam, y ello reforzó la vulnerabilidad del régimen a la oposición de la sociedad.

La supervivencia del régimen ante el desafío de la oposición, 1965-2020

El golpe de 1965 trajo consigo dos décadas de estabilidad para el régimen, y en cuya mayor parte gobernó Houari Boumedienne (1965-1978). Varios aspectos cambiaron bajo su mando. Aumentó la cohesión entre las élites; en parte, porque las estructuras de poder formales y las *de facto* estaban ahora alineadas. El Ejército, que había actuado en segundo plano, era ahora el protagonista, mientras que el FLN se veía reducido a una «carcasa vacía»,[483] a ser un «pequeño despacho dentro de las instalaciones militares».[484] Además, a diferencia de Ben Bella, Boumedienne integró en el Gobierno a muchos veteranos de la revolución, y en particular a comandantes del Ejército y las *wilayas.*[485] Así pues, aunque los dirigentes *políticos* que fundaron el FLN quedaron marginados, en la primera fila del régimen después de 1965 había un grupo cohesionado de oficiales del Ejército.[486] Por lo menos en parte a causa de ello, se redujeron las deserciones entre las élites.[487] Sin contar con una revuelta militar fallida en 1967,[488] el régimen se enfrentó a pocos sobresaltos internos mientras estuvo Boumedienne.[489]

De todos modos, la estabilidad del régimen tras 1965 también tenía explicaciones económicas. Los ingresos de petróleo y gas permitieron a Boumedienne dar paso a una ambiciosa industrialización estatal, con la que transformó Argelia en un «Estado semirrentista».[490] La economía floreció, y fue creciendo un 7 por ciento al año entre 1967 y 1978.[491] Con los réditos procedentes del petróleo, el Gobierno pudo comprar a sus principales oponentes, en particular entre los islamistas y el sector privado.[492] Esto facilitó que la oposición social al régimen fuera escasa antes de la década de 1980.

La única crisis latente durante la presidencia de Boumedienne afloró tras su súbita muerte en 1978. La inesperada problemática de la sucesión condujo a una lucha por el poder en el seno del FLN. En esta, los izquierdistas defendían a Mohamed Saleh Yahiaoui, mientras que los conservadores optaban por Abdelaziz Bouteflika.[493] Ya que el FLN estaba en un *impasse*, la cúpula militar impuso a Chadli Bendjedid, un experimentado mando militar y protegido de Boumedienne.[494] Así pues, de nuevo el Ejército era quien seleccionaba al presidente.[495]

Aunque el régimen argelino sobrevivió más de cuatro décadas tras la muerte de Boumedienne, su estabilidad era muy inferior a la de Vietnam. Una revuelta de masas a finales de los años ochenta puso en jaque al régimen, como lo hicieron las insurgencias islamistas a principios de los noventa, o las enormes manifestaciones prodemocráticas en 2019. El Ejército mostraba suficiente cohesión para acabar con la amenaza islamista, pero tras la partida de la generación revolucionaria al terminar la década de 2010, el régimen se volvió cada vez más vulnerable.

Crisis y supervivencia del régimen en la guerra civil, 1988-1999

La presidencia de Bendjedid (1979-1992) estuvo envuelta en crisis. El régimen cada vez se veía más contestado por parte de la sociedad. A finales de los setenta, por ejemplo, las asociaciones bereberes empezaron a movilizarse contra las políticas del

Gobierno que beneficiaban a la lengua árabe.[496] En los años ochenta, la represión de las protestas de la militancia bereber en la Cabilia llevó a una oleada de movilización opositora conocida como la «Primavera Bereber»,[497] con la que la sociedad dejó atrás casi dos décadas de placidez.[498]

El movimiento islamista representaba un contrincante de más peso. Las pocas ganas que puso el régimen para asimilar al islam político se desvanecieron en la década de 1970.[499] Las mezquitas independientes proliferaron y brotaban ahora en «cualquier espacio disponible: garajes, apartamentos, escuelas, hospitales y, por supuesto, barrios de chabolas».[500] A mediados de los años ochenta existían unas 6.000 mezquitas no oficiales, acercándose al total de las oficiales.[501] Los movimientos islamistas se sirvieron de esta red de mezquitas en expansión.[502] Su campaña en las mezquitas se convirtió en un movimiento de base con importante presencia en las universidades y entre los pobres de las ciudades.[503] El Gobierno de Bendjedid, cuya prioridad era la reforma económica, en un principio toleró el crecimiento del islamismo.[504] Cuando empezó a actuar contra las mezquitas independientes, en 1986, «el genio ya había salido de la botella».[505]

El problema islamista se exacerbó con la crisis económica. Unos precios del crudo en caída libre causaron un profundo desplome económico a partir de 1986. Con el descenso de los ingresos del petróleo se abrió una crisis fiscal. Esta obligó al Gobierno a adoptar las medidas de austeridad que defendía el Fondo Monetario Internacional.[506] En 1987 y 1988 se contrajo la economía, y el empleo remontó al 25 por ciento.[507] El número de huelgas y protestas ascendió muchísimo.[508]

En octubre de 1988 estallaron enormes disturbios por toda Argelia que condujeron al mayor levantamiento desde la independencia.[509] Aunque los alborotos del llamado «Octubre Negro» se iniciaron de manera espontánea desde diversos grupos, los militantes islamistas tuvieron en ellos un papel importante, y se hicieron con el control de las calles en muchos barrios.[510] La respuesta del Gobierno fue una dura represión, y murieron al menos doscientas personas.[511]

Bendjedid, al ver que no lograba acallar la revuelta con la represión, se decidió por una maniobra política sorprendente.

En 1989, el Gobierno acabó con el unipartidismo, legalizó el partido islamista predominante —el Frente Islámico de Salvación (FIS)— y llamó a elecciones municipales y parlamentarias en 1990 y 1991.[512]

Le salió el tiro por la culata. El FIS logró una amplísima victoria en las municipales de 1990, con un 54 por ciento del voto y más de la mitad de los entes locales del país, Argel incluido.[513] En paralelo al desmoronamiento del FLN,[514] el FIS empezó a imponer un nuevo «orden moral» en las poblaciones que gobernaba: cerró los bares y los cines, obligó a la segregación por sexos en las escuelas y se acosó a las mujeres vestidas a la occidental.[515] Llamaba a formar un Estado islámico, bajo el eslogan: «Ni Constitución ni leyes. El único mandato es el Corán y la ley de Dios».[516]

Con las parlamentarias de 1991 a la vista, las élites del régimen se opusieron a ellos con poco atino. Trataron de inclinar la balanza a favor del FLN manipulando la composición de los distritos electorales (*gerrymandering*) y prohibiendo hacer campaña en las mezquitas.[517] La respuesta del FIS fue una huelga general y una campaña de manifestaciones masivas para derrocar el régimen.[518] Presionado por la cúpula militar, el Gobierno declaró el estado de emergencia, pospuso las elecciones hasta diciembre y llamó al Ejército para que acabara con las protestas.[519] Las fuerzas de seguridad encarcelaron a los máximos líderes del FIS, Abbassi Madani y Ali Belhadj, y asesinó o bien arrestó a cientos de militantes islamistas.[520] Sin embargo, Bendjedid se negó a prohibir el FIS o impedir que se presentara a las elecciones.[521]

La primera vuelta de las parlamentarias en diciembre de 1991 produjo otro resultado sorprendente. El FIS logró casi un 50 por ciento del voto y entró en 188 de 430 distritos electorales, a gran distancia de los 15 escaños que el FLN ocupó. Así pues, los islamistas se veían con vistas de ganar por mayoría aplastante en la segunda vuelta.[522]

La victoria del FIS «tocó al Ejército en lo más hondo»,[523] y cuando Bendjedid se negó a invalidar las elecciones, la cúpula militar lo obligó a dejar su cargo.[524] El 11 de enero de 1992 Bendjedid cedió el poder a un Alto Consejo de Estado (ACE), dominado por los militares. Como la caída de Ben Bella, la destitución de Bendjedid fue un golpe palaciego. Aunque se apartó al FLN un tiempo, la camarilla militar que fundó el régimen se mantuvo asida al poder.[525] En el nuevo ACE entraron veteranos revolucionarios, como Mohamed Boudiaf, uno de los «cabecillas históricos», y Ali Kafi, un líder de la resistencia clandestina durante la guerra de liberación.[526] El poder real del ACE, sin embargo, se encontraba en manos del jefe del Estado Mayor, Khaled Nezzar, veterano también de la liberación que se encontraba entre los principales mandos militares.[527]

El principal objetivo del Ejército era destruir el FIS.[528] El riesgo de aquella empresa era extraordinaria. Tras desarrollarse a lo largo y ancho de una red de 9.000 mezquitas y recibir fondos de sus aliados en el golfo Pérsico,[529] el FIS era por aquel entonces el mayor movimiento político de Argelia, con varios millones de integrantes y capacidad de movilizar a cientos de miles en las calles.[530] Por lo demás, habiendo ganado las elecciones de modo espectacular, el FIS poseía con creces mayor legitimidad que el Gobierno militar. Así pues, ejercer mano dura contra él parecía una misión «suicida».[531] El FIS era «demasiado grande» para embestirlo.[532] Observadores como Edward G. Shirley, que comparaban el régimen con el Irán del sah, declararon que estaba «condenado».[533]

No obstante, el Ejército demostró una gran cohesión ante una amenaza para su existencia.[534] A principios de 1992 declaró el estado de sitio y aplicó mano dura por todo el país con la idea de derribar el FIS.[535] Este fue disuelto, sus dirigentes encarcelados, y todas las actividades políticas islamistas se prohibieron; el Ejército ocupó 8.000 mezquitas controladas por el FIS y destituyó a sus imanes.[536] Los cuerpos de seguridad inauguraron una campaña de terror en la que miles de defensores del FIS fueron arrestados o asesinados.[537] Durante los dos primeros meses de 1992, cayeron entre 6.000 y 12.000 activistas islamistas, a los que se mandó a remotos campos de prisioneros en el Sáhara.[538] A finales de año habían muerto ya entre 3.000 y 6.000 personas.[539]

A diferencia de China en 1989 o Irán en 2009 o 2019, la represión no llegó a silenciar a la oposición. Más bien provocó que brotaran numerosas guerrillas islamistas, y que estas llevaran a Argelia a una sangrienta guerra civil. Casi de inmediato tras el golpe, los islamistas crearon el Movimiento Islámico Armado y el Movimiento por un Estado Islámico, ambos vinculados al FIS.[540] Un tercero en contienda, el más violento y radical Grupo Islámico Armado (GIA), rompió con el FIS por la voluntad de este de negociar con el Estado.[541] El FIS, en un principio, se resistió a la lucha armada, pero más tarde creó el Ejército Islámico de Salvación (EIS), para que el GIA no les ganara ventaja.[542] A mediados de la década de 1990, los varios grupos insurgentes tenían entre 25.000 y 40.000 tropas guerrilleras.[543] La guerra civil seguiría durante más de cinco años, hasta que el EIS negoció un alto al fuego en 1997 y el GIA fue derrotado.[544] El coste humano fue enorme: entre 100.000 y 200.000 personas habían muerto.[545]

El Gobierno acabó resistiendo por varios motivos. Uno de ellos era el gran apoyo brindado por Occidente, de Francia y Estados Unidos en particular, ya que veían a Argelia como a un aliado en su lucha contra el terrorismo islámico.[546] Los Gobiernos occidentales ofrecieron apoyo económico, militar y diplomático mientras que hacían la vista gorda ante las violaciones de derechos humanos.[547] No obstante, más importante incluso fue la cohesión del Ejército, fundamentada en los orígenes revolucionarios del régimen. La estrategia militar de contrainsurgencia requirió sostener una coerción de alta intensidad.[548] Los cuerpos de seguridad asesinaron a miles de personas y tomaron el control de miles de mezquitas, de las que expulsaron a sus clérigos.[549] Tanta represión dañó la legitimidad popular del Ejército;[550] sin embargo, este ya «llevaba demostrando desde hacía años que era capaz y estaba dispuesto a usar una fuerza letal a escala masiva».[551] Así pues, a pesar de las simpatías pro-FIS de muchas tropas de a pie,[552] la lealtad y cohesión del Ejército prosiguieron hasta el fin de la guerra civil.[553]

En la capacidad del régimen para una represión de gran intensidad influía que el liderazgo de las fuerzas armadas estuviera en manos de veteranos de la guerra de liberación.[554] El séquito de generales que dominaban el régimen a principios y mediados de los años noventa, como Khaled Nezzar, Abdelmalek Guenaizia, Mohamed Lamari, Liamine Zéroual y Mohamed Mediene, «había luchado con fuerza, arriesgando mucho, por la independencia de Argelia». Estos veían la contestación islamista como una «amenaza contra todo por lo que habían luchado».[555] Como observó William B. Quandt: «Aquel no era como el régimen del sah, donde los generales se largaron a por sus cuentas suizas tan pronto como pudo volver el ayatolá Jomeini. Los generales argelinos estaban dispuestos a luchar».[556] Los veteranos de la revolución como Nezzar o Lamari mantuvieron una postura de oposición implacable contra los islamistas.[557] Aunque la élite del régimen se dividió en cuanto a las estrategias, y algunos oficiales (los llamados «conciliadores») buscaron un final negociado para el conflicto,[558] la plana mayor del Ejército se mantuvo firme en la línea dura (los «erradicadores»), que buscaba la victoria total contra los islamistas.[559] Los erradicadores ejercieron un rol predominante durante toda la guerra, lo que facilitó una respuesta militar cohesionada.[560]

Por lo tanto, la persistencia en la sociedad de centros de poder independientes resultó una amenaza severa para el régimen argelino en las décadas de 1980 y 1990. El movimiento islamista, cuyo crecimiento en gran medida se descontroló ante la mirada del Gobierno del FLN, sentó las bases para una oposición masiva entre 1988 y 1997. El nivel de contestación por parte de la sociedad fue muchísimo mayor al que jamás se hubiera visto en Vietnam. La supervivencia del régimen dependió, en gran parte, de la cohesión del Ejército, todavía bajo el mando de la generación revolucionaria, que se unificó tras una estrategia coercitiva brutal y de alta intensidad que permitió el triunfo del Gobierno.

El régimen argelino en el siglo XXI

En la década de 1990 se estabilizó el régimen argelino, y este volvió al Gobierno titular civil. Las elecciones multipartidistas prosiguieron, aunque con el FIS ilegalizado y los islamistas sujetos a una enorme represión.[561] En 1999, Abdelaziz Bouteflika, veterano revolucionario que había sido ministro de Exteriores tanto con Ben Bella como con Boumedienne, fue elegido presidente. Durante casi dos décadas, el Gobierno se enfrentó a muy pocas amenazas, a la vez que Bouteflika salía elegido de nuevo en 2004, 2009 y 2014; cada vez con más del 80 por ciento del voto.

Aquella estabilidad tenía por lo menos tres causas. Una era la fuerza del aparato de coerción. Los cuerpos de seguridad seguían en manos de la generación revolucionaria,[562] y crecieron de manera drástica durante la guerra civil.[563] El presupuesto de seguridad ascendió de un 4 por ciento del gasto total en 1990 a un 13 por ciento en 1998, y siguió siendo del más del 10 por ciento durante toda la presidencia de Bouteflika.[564] En 2012, las partidas militares de Argelia ya eran más del doble que las de Marruecos y Túnez juntas.[565] El Ejército duplicó sus dimensiones y añadió a 45.000 hombres bien entrenados a sus fuerzas de contrainsurgencia.[566] Los cuerpos policiales se cuadruplicaron,[567] mientras que el Estado desarrolló un aparato de inteligencia mayor y más eficiente.[568] Así pues, a principios de la década del 2000, el Estado argelino tenía 500.000 tropas armadas.[569] La eficacia de sus fuerzas de seguridad también aumentó, con el refuerzo de su cohesión ocasionado por la guerra civil, que también las dotó de una experiencia considerable en reprimir.[570]

Una segunda causa por la que el régimen se mantuvo estable, y no relacionada con sus orígenes revolucionarios, se encuentra en el fuerte apoyo internacional, en especial tras los ataques terroristas de 2001 contra Estados Unidos.[571] Así pues, mientras que sus abusos de los derechos humanos habían provocado un rechazo internacional en los años noventa, Argelia pasó a ser un «aliado útil y apreciado» en la guerra contra el terrorismo de la siguiente década, liderada por Estados Unidos.[572] Al vincular la oposición islamista de Argelia con Al-Qaeda, Bouteflika aisló al régimen de presiones externas e incrementó sus recursos para la asistencia militar y económica occidental.[573]

Una tercera causa, también exógena a los orígenes revolucionarios del régimen, era la explotación de los recursos minerales.[574] Gracias al aumento de los precios en el gas y el petróleo, los ingresos por las exportaciones de hidrocarburos de Argelia se incrementaron sobremanera entre 1999 y 2009, otorgando al Gobierno recursos con los que comprar a las élites económicas y militares,[575] perjudicar a la militancia de clase obrera[576] y financiar una enorme expansión del aparato coercitivo.[577]

El régimen argelino tuvo escasas dificultades para capear la Primavera Árabe. Argelia vivió una gran oleada de manifestaciones en enero de 2011.[578] Iniciadas por una subida en el precio de los combustibles, estallaron disturbios en Orán que al poco se habían expandido por las ciudades de todo el país.[579] De las protestas nació la Coordinación Nacional del Cambio Democrático, que llevó a 300.000 personas a manifestarse en la plaza del Primero de Mayo de Argel.[580] Aunque las condiciones sociales y económicas de Argelia por lo general eran un reflejo de las de Túnez,[581] las manifestaciones de Argelia no tardaron en desinflarse.[582] Las explicaciones pasan por la fuerza del aparato de coerción;[583] un aumento en el gasto social, financiado por los réditos del petróleo,[584] como también por las secuelas desmovilizadoras de la guerra civil.[585]

Sin embargo, el régimen se volvió a debilitar durante la cuarta presidencia de Bouteflika (2014-2019). La salud de Bouteflika era precaria, la bajada en los precios del crudo llevó a una crisis fiscal incesante[586] y, tal vez lo más importante, el régimen debía lidiar con el recambio generacional. Los altos rangos del Ejército cada vez más estaban ocupados por oficiales demasiado jóvenes para haber luchado en la guerra de liberación,[587] dificultando con ello una represión de alta intensidad.

En febrero de 2019 una crisis sacudió el régimen: el enfermo Bouteflika anunció su intención de volver a salir elegido. Surgió un enorme movimiento de protesta conocido como el «Hirak» ('Movimiento'). A principios de marzo, entre dos y tres millones de personas protestaron en las ciudades y pueblos de todo el país.[588] El Ejército se negó a usar el tipo de represión de alta intensidad que habría necesitado para sofocar aquella protesta, y en consecuencia forzó a Bouteflika a dimitir.[589] No obstante, el Ejército rechazó las exigencias de celebrar elecciones libres y justas, y el ex primer ministro Abdelmadjid Tebboune, dirigente histórico del FLN y vinculado al Ejército, ganó la presidencia.[590]

Aunque el régimen sobrevivió a la caída de Bouteflika, el fallecimiento de la generación revolucionaria puede que haya aumentado su vulnerabilidad. Líderes desde 2019, ni el presidente Tebboune ni el jefe del Estado Mayor Said Chengriha son veteranos de la revolución. Es factible que ello debilite la cohesión entre los militares, y que la represión de alta intensidad que se empleó en los años noventa sea difícil de aplicar de nuevo en un futuro.

El régimen revolucionario de Argelia ha sobrevivido casi el mismo tiempo que su homólogo en Vietnam. Sin embargo, a diferencia de este último, el régimen argelino ha vivido dos golpes palaciegos y una oposición considerable entre las masas. Estos resultados divergentes pueden ser explicados por diferencias iniciales en las trayectorias de ambos regímenes. Argelia es un caso limítrofe de revolución social; su Gobierno revolucionario era mucho más amoldable que su homólogo en Vietnam. El resultado ha sido el de un régimen más robusto que el de Ghana, pero más endeble que el de Vietnam. La guerra de liberación trajo consigo un Ejército cohesionado, fundado y dirigido por veteranos revolucionarios. La cohesión del Ejército contribuyó a evitar un golpe que acabara con el régimen como el que destronó a Kwame Nkrumah (como veremos a continuación), y permitió al Gobierno desplegar la coerción de alta intensidad que necesitaba para acabar con la oposición de las masas. Sin embargo, la fallida secuencia de la reacción en Argelia incrementó la debilidad del partido e hizo posible la supervivencia de los centros de poder alternativo; en particular, las redes de mezquitas independientes. Argelia, así pues, jamás desarrolló las gigantescas asimetrías de poder entre el Estado y la sociedad que observamos en Vietnam, dejando al régimen expuesto ante el descontento de la sociedad. En última instancia, al fin, puede que hagan falta factores ajenos a nuestra teoría, como los ingresos por el crudo o el apoyo internacional, para explicar la longevidad del régimen.

GHANA

Ghana (1957-1966) representa un enorme contraste respecto a Vietnam y Argelia. Como los dos casos precedentes, el de Ghana, dirigido por Kwame Nkrumah, fue un régimen de liberación nacional que adoptó la causa de la revolución en el tercer mundo. Sin embargo, no se trataba de un régimen revolucionario. Tanto la lucha por la independencia como la transferencia de poderes en 1957 se realizaron en paz. El Gobierno de Nkrumah heredó un Ejército colonial, y no levantó uno de nuevo; como resultado, el vínculo entre el partido y el Ejército era escaso. Asimismo, las políticas de relativa moderación impulsadas por Nkrumah no condujeron a reacciones graves. Al no ver su existencia amenazada, el Partido de la Convención Popular (PCP) jamás desarrolló una organización cohesionada. Por este motivo Nkrumah se encontró a merced de adversidades internas. Los mandos militares siempre gozaron de una identidad autónoma y sus vínculos con el PCP no eran fuertes. Así, cuando Nkrumah empezó a ser una amenaza para los intereses corporativos del Ejército, provocó un golpe que finiquitaría su régimen.

Una transferencia no revolucionaria del poder

Nkrumah llegó al poder siendo el dirigente del movimiento independentista de Ghana. Este inició sus andanzas tras la Segunda Guerra Mundial, cuando Ghana (conocida hasta 1957 como «costa de Oro») vivió un incremento en las movilizaciones para lograr autogobierno. Los comerciantes y profesionales africanos crearon la Convención Unida de la Costa de Oro para lograr una mayor influencia en la gestión de la colonia.[591] Nkrumah, profesor y activista formado en Estados Unidos, resultó elegido para liderar la organización.[592] En 1949, sin embargo, Nkrumah abandonó la Convención y formó el más radical PCP. Al grito de «autogobierno total ya», el PCP declaró que utilizaría medios no violentos para alcanzar la independencia.[593] El PCP era una formación nacionalista, no revolucionaria. A pesar de sus vagas referencias al socialismo, no tenía una ideología determinada.[594] No obstante, las autoridades británicas tenían miedo a una infiltración comunista,[595] y cuando Nkrumah intentó organizar una huelga nacional a principios de 1951, los británicos, que creían a la colonia al borde de la revolución,[596] declararon el estado de emergencia y lo arrestaron.

Aquel momento representó una trascendente encrucijada. Si los británicos se hubieran empeñado en la represión, como los franceses hicieron en Vietnam y Argelia, el PCP podría haberse radicalizado y abanderado una lucha revolucionaria y violenta.[597] En su lugar, los británicos ofrecieron al PCP una vía constitucional al poder: elecciones legislativas para conformar un Gobierno africano que debían celebrarse en 1951.[598] Aunque el nuevo Gobierno estaría sujeto a veto por las autoridades británicas, aquellas elecciones se percibieron como un paso importante hacia la independencia.[599] Apenas dos años después de su fundación, el PCP logró casi el 90 por ciento de los votos, junto con 34 de 38 escaños en las elecciones parlamentarias.[600] Nkrumah salió de la cárcel y fue nombrado «líder de asuntos gubernamentales» para el territorio. Con la aprobación de la reina, sería designado primer ministro del territorio colonial en 1952.[601]

Como primer ministro colonial, Nkrumah cooperó a fondo con las autoridades británicas.[602] Por ejemplo, se valió de su autoridad para convencer a los campesinos de aceptar dolorosas medidas británicas, como la destrucción de plantas para combatir la enfermedad del edema de los brotes que arruinaba la economía del cacao.[603] Nkrumah también se distanció de Moscú, y suspendió de su puesto al secretario general del sindicato del PCP en 1953 por hacer contactos con la Federación Sindical Mundial, próxima a Moscú.[604] En 1954, Nkrumah anunció que los miembros activos del Partido Comunista perderían acceso a la Administración pública.[605] Con ese tipo de decisiones se granjeó la confianza de las autoridades británicas.[606]

La clave fue que Nkrumah y el PCP lograron la independencia a través de medios constitucionales.[607] Se consiguió independizar al país mediante el proceso legislativo británico. Después de que la Cámara de los Comunes aprobara el Acta de

Independencia de Ghana en diciembre de 1956, y que la reina diera el visto bueno a la propuesta de ley en febrero de 1957, Ghana fue dotada de independencia efectiva el 6 de marzo de 1957.[608] Centenares de mandatarios internacionales, como el vicepresidente de Estados Unidos Richard Nixon, acudieron a la ceremonia.[609] El día de la independencia, Nkrumah declaró: «Nos despedimos de la antigua potencia imperial, Gran Bretaña, con los más cálidos sentimientos de amistad y buena fe [...]. En lugar de aquel sentimiento de amargura que a menudo nace de la lucha colonial, damos paso a nuestra independencia en asociación con Gran Bretaña y con buenas e intactas relaciones».[610]

Una consecuencia de aquella transferencia pacífica de autoridad fue que, a diferencia de Vietnam y Argelia, el Estado colonial en Ghana no fue sujeto a mayores alteraciones.[611] La burocracia tenía oficiales al mando sin vínculos con el PCP.[612] El Ejército colonial también quedó intacto. El Regimiento de la Costa de Oro de la Real Fuerza Fronteriza de África Occidental pasó a llamarse «Ejército de Ghana».[613] Nkrumah mantuvo casi todo el cuerpo de oficiales británicos de las fuerzas coloniales hasta 1961. En el momento de su independencia, 184 de los 211 mandos oficiales del Ejército de Ghana eran británicos.[614]

Acomodación y reacción limitada

A pesar de que Nkrumah adoptó la retórica socialista y antiimperialista, el Gobierno del PCP tenía un carácter acomodaticio en extremo. Nkrumah dio pocos pasos que pudieran enfurecer a los poderosos locales o internacionales. La cooperación con los británicos entretejía al nuevo Gobierno en una telaraña de intereses comerciales, militares y diplomáticos occidentales, con lo que el Ejecutivo debía apostar a fondo por mantener buenas relaciones con Occidente. Así pues, favoreció la moderación.[615] De este modo, mientras que Nkrumah declaraba sus intenciones de establecer el socialismo,[616] descartaba la nacionalización de la industria e imponía escasas restricciones a las actividades económicas foráneas.[617] Para no perder la confianza de sus inversores occidentales, Nkrumah mantuvo a numerosos asesores británicos, siguió políticas macroeconómicas conservadoras, conservó las reservas extranjeras en Londres en lugar de en Acra, y aunque el Gobierno nacionalizó algunas minas de oro, tan solo adquirió las menos lucrativas.[618]

En su trato con los intereses nacionales, la estrategia del Gobierno del PCP fue de «no conflicto, sino adaptación y acomodación».[619] Así pues, aunque Nkrumah dejó fuera de juego a jefes locales a quienes el Gobierno británico había beneficiado,[620] lo hizo cooperando con las autoridades coloniales británicas, con mínima coerción.[621]

En 1960, Nkrumah dio paso a un anunciado «bandazo a la izquierda».[622] Visitó países del bloque oriental y llegó a acuerdos de comercio y cooperación económica y técnica con la Unión Soviética.[623] Nkrumah también trató, a medias, de crear una ideología de Estado, e inauguró el Instituto Ideológico Nkrumah, que para el PCP debía ser una escuela del partido parecida a las del bloque comunista.[624] Dichas iniciativas, sin embargo, pronto llegaron a su fin.[625] Asimismo, a pesar de su lánguido empeño por promover el sector público, el ámbito privado siguió dominando la economía, y un 90 por ciento del comercio de Ghana tenía lugar con Occidente.[626]

La política ghanesa de exteriores era acomodaticia. Nkrumah era uno de los principales líderes panafricanistas y anticoloniales en abanderar la causa de la liberación del tercer mundo; fue organizador de la Conferencia de Estados Africanos Independientes y ofrecía a los movimientos de liberación espacios de reuniones en Acra.[627] Y con todo, Nkrumah no estaba dispuesto a poner en jaque los intereses occidentales para transformar la región. Por ejemplo, Ghana se resistió al boicot de Sudáfrica al que llamaba el Congreso Nacional Africano.[628] De hecho, Nkrumah mantuvo relaciones de cordialidad con el Estado del *apartheid*, y se negaba a criticar al país en las reuniones de la Commonwealth.[629] Aunque al final Nkrumah cedió a las presiones y anunció que boicotearía a Sudáfrica en 1960,[630] su sabotaje era limitado y contradictorio.[631]

La intervención regional más significativa de Nkrumah tuvo lugar entre 1960 y 1961, con el envío de tropas ghanesas para defender a Patrice Lumumba, el líder electo de izquierdas del Congo independiente, contra los separatistas a sueldo de Bélgica.[632] Aunque originó fricciones con Estados Unidos,[633] Nkrumah trabajaba desde dentro de instituciones internacionales dominadas por los occidentales.[634] Así es como se desplegó al Ejército del país bajo el amparo de la Organización de las Naciones Unidas, pero, en el último instante, cuando Lumumba fue asesinado, este se hizo a un lado.[635]

En definitiva, la Ghana gobernada por Nkrumah distaba mucho de ser revolucionaria. El PCP accedió al poder en paz y mantuvo el Estado colonial en lugar de transformarlo. Una vez ocupó el poder, Nkrumah buscó los favores de las potenciales occidentales y de los intereses económicos tradicionales. Así pues, su Gobierno no provocó reacciones violentas ni en el país ni en el terreno internacional.

Un complejo Estado-Partido endeble

El Estado-Partido poscolonial ghanés era débil. El haber cooperado con las autoridades británicas, en lugar de enfrentarse a ellas, impidió que el PCP se viera obligado a organizarse con fuerza y cohesión durante una lucha anticolonial.[636] El partido, de hecho, padeció varias deserciones durante su carrera hacia la independencia.[637] La primacía política del PCP durante la independización no se basaba tanto en su capacidad de organización como en la flaqueza de sus contrincantes.[638] Poco cambiaría a partir de 1957. Sin los vínculos de confianza que se forman durante un conflicto violento ni la mentalidad de asedio derivada de una amenaza militar, el PCP acabó evolucionando en una maquinaria de escasa organización en la que convivían diversos intereses enfrentados.[639]

A su vez, en ausencia de una revolución, Nkrumah no dispuso de ocasión ni de un motivo para formar un Ejército nuevo y del partido. Las fuerzas armadas, heredadas del mandato colonial, eran pequeñas y mal financiadas.[640] En un principio, asustado por los golpes recientes de Pakistán, Birmania, Tailandia e Irak, Nkrumah se mantuvo a cierta distancia del Ejército.[641]

Conservó al cuerpo de oficiales británicos en su mayoría,[642] con la esperanza de africanizar poco a poco a los mandos durante la siguiente década. Al no haber fusionado partido y Ejército, y no poseer una «familia revolucionaria» que reuniera a las fuerzas armadas y al PCP, la cúpula militar carecía de interés por la supervivencia del régimen. En efecto, puesto que el Ejército ya existía antes de la subida de Nkrumah al poder, este tenía una identidad autónoma que reforzaba la formación de los oficiales en las academias militares británicas de Sandhurst y Eaton Hall.[643] Por ende, resultaban ajenos al PCP toda su camaradería, confianza mutua o sentimiento de tener un mismo fin. Sus lazos mutuos contribuirían a la elaboración de un golpe.[644]

Nkrumah, por otro lado, apenas vivió un cuestionamiento social. La sociedad civil poscolonial tenía poco peso. Así pues, a pesar de las huelgas periódicas de ferroviarios y mineros, el Gobierno logró comprar a los sindicatos.[645] Los partidos opositores eran aplastados con facilidad. El Partido del Pueblo del Norte, así como el Movimiento de Liberación Nacional, ambos contrarios al PCP y que ganaron escaños en las elecciones de 1954 y 1956, cayeron al poco de enfrentarse a la represión. En 1958 se produjo el arresto de los líderes de la oposición restante, el Partido Unido, por su supuesta conspiración para asesinar a Nkrumah.[646] El líder del Partido Unido, Kofi Busia, partió hacia el exilio. Un referéndum de 1964 —en el que el 99,9 por ciento oficial de los votantes estuvo a favor— abolió la oposición e inauguró un Gobierno de partido único.

Hundimiento del régimen

La paradoja de la transición a un partido único fue que debilitó el régimen. El PCP ya no tenía un propósito y se «oxidó»,[647] quedando en «una situación de triste desconcierto».[648] Los comités del partido dejaron de reunirse, mientras que su estructura empezó a desvanecerse por todo el país.[649] En el PCP, la disciplina seguía siendo escasa, y algunos miembros se relacionaban con la oposición.[650] Su debilidad propició que el régimen fuera cuestionado desde su interior.[651]

El Ejército representaba su principal amenaza. Nkrumah empezó a intervenir con más empeño en los asuntos militares a principios de los años sesenta. Ante la incomodidad de que el primer Ejército independiente de África estuviera controlado por oficiales blancos, Nkrumah despidió a los mandos británicos en septiembre de 1961 y los reemplazó por oficiales ghaneses.[652] No obstante, el exiguo ligamen del PCP con la comandancia militar —incluso con la africana— limitó su capacidad de vigilar y controlar a las fuerzas armadas.[653] Fracasaron los intentos de situar en ellas a informadores,[654] y tanto en 1962 como en 1965 Nkrumah sufrió intentos de asesinato.[655]

Nkrumah trató de politizar el Ejército ante el peligro que suponía. Divulgó sus planes de introducir a comisarios políticos dentro de las fuerzas y, a partir de 1963, se invitó a sus mandos a entrar en el PCP.[656] El Gobierno también trató de implantar formación ideológica para las tropas.[657] Sin embargo, todas estas medidas se abandonaron ante una fuerte oposición de la cúpula militar.[658]

El presidente también intentó protegerse creando fuerzas armadas paralelas bajo sus órdenes directas. Con asistencia soviética, fundó la Guardia Presidencial tras el intento de magnicidio de agosto de 1962.[659] Al cabo de tres años, sus 1.100 integrantes estaban mejor armados que el Ejército,[660] y numerosos observadores esperaban que lo sustituyera.[661] Al mismo tiempo, Nkrumah despidió a algunos de los máximos oficiales militares —como al general mayor Stephen J. A. Otu o al teniente general Joseph Arthur Ankrah— que habían criticado la Guardia o de quienes se sospechaba deslealtad.[662]

La creación de la Guardia Presidencial, junto con el despido de Otu y Ankrah, generó una hostilidad intensa por parte del Ejército.[663] Los oficiales militares empezaron a temer que el Ejército se viera reemplazado por milicias favorables a Nkrumah,[664] lo que generó apoyo a un golpe.[665] La paradoja de haber iniciado medidas contrarias a un golpe terminó por facilitarlo.[666]

Mientras Nkrumah se encontraba en Asia negociando la paz entre Estados Unidos y Vietnam, un grupo de oficiales dirigidos por el teniente coronel Emmanuel K. Kotoka —que se había unido al Ejército colonial en 1947 y se había formado en la academia de Eaton Hall— tomaron el poder la noche del 23 de febrero de 1966. Amplias mayorías de la élite militar apoyaron el golpe.[667] Las organizaciones favorables al régimen se disolvieron, como si nunca hubieran existido,[668] mientras que la Guardia Presidencial, poco interesada en enfrentarse al Ejército, fue inmovilizada con rapidez.[669] La pertenencia al PCP de los mandos de la Guardia sirvió de poco.[670] El PCP fue abandonado en masa y de repente por sus miembros.[671] Incluso aquellos que acompañaban a Nkrumah en Asia empezaron a distanciarse de él.[672]

Lo que precipitó el golpe fue una cadena de causas entrelazadas, como la crisis económica,[673] la mala financiación del Ejército,[674] el uso de este último para acabar con disturbios en el país,[675] el miedo de los oficiales a su expulsión[676] e inspiración extraída de golpes recientes en África y Oriente Medio.[677] Dicho esto, estos factores están presentes en la mayoría de los casos de los que habla este libro. Que lograran producir un golpe y un cambio de régimen en Ghana puede atribuirse a la autonomía del Ejército ghanés respecto al partido de gobierno. Los vínculos entre los mandos militares nacían de su entrenamiento en instituciones británicas,[678] mientras que la escasa infiltración del partido en el Ejército impedía que se difundieran datos sobre la lealtad de la cúpula militar ante el golpe.[679] Por último, la ausencia de la polarización y la amenaza militar extranjera, como las que hemos visto en gran parte de los casos revolucionarios, implicaba que un cambio de régimen tendría escaso efecto. Pocos actores en el Ejército tenían algo que perder si caía Nkrumah.[680]

CONCLUSIÓN

Este capítulo ha examinado cómo orígenes diferentes de los regímenes de liberación poscolonial afectaban a su duración. En Vietnam, un conflicto revolucionario violento destruyó los centros de poder alternativos y propició un Estado potente y cohesionado. En el extremo opuesto, el acceso pacífico y no revolucionario de Nkrumah al poder de Ghana impidió dotar al régimen poscolonial de un partido cohesionado y un Ejército leal. Argelia es un caso mixto. Aunque el régimen surgió de un conflicto violento, y a pesar de que los líderes revolucionarios fundaron su propio Ejército, el carácter más acomodaticio del Gobierno del FLN —en comparación con el de Vietnam— produjo una reacción contrarrevolucionaria limitada y un Estado-Partido de menor entidad. Aunque el régimen argelino sobrevivió varias décadas, lo caracterizó una considerable inestabilidad.

III

DILUCIDANDO LAS VARIAS DERIVAS DE LA REVOLUCIÓN

Este libro se centra, en particular, en la cuestión de por qué la mayoría de los regímenes revolucionarios son tan duraderos. No obstante, como hemos mostrado en el capítulo 5, las autocracias revolucionarias tienen una durabilidad variable. Los próximos tres capítulos exploran los motivos de esta variabilidad. Nuestro marco teórico, el que presentamos en el capítulo 1, queda resumido en la figura 3.1. Nuestra argumentación es que según qué decisiones se toman en un momento temprano para desafiar a los grandes intereses, tanto locales como del exterior, los regímenes revolucionarios se embarcarán en trayectorias divergentes. En todos los casos, gracias al vacío de poder que se origina al hundirse las estructuras de Estado precedentes, se producen las excepcionales condiciones con las que los revolucionarios se pueden hacer con el poder e iniciar cambios radicales. Sin embargo, lo que acontece durante esta ventana de oportunidad puede variar, y desdoblarse entonces en tres sendas distintas. En la vía de tipo ideal —que en el capítulo 6 ilustramos a través de dos revoluciones clásicas del tercer mundo, Cuba e Irán—, un primer radicalismo conduce a una reacción contrarrevolucionaria violenta; esta, a menudo, propiciada por potencias extranjeras. El conflicto resultante se traduce en una amenaza militar a la que los regímenes revolucionarios, todavía embrionarios, logran sobrevivir. El conflicto, a su vez, refuerza la cohesión entre las élites, anima el desarrollo de un aparato coercitivo poderoso y facilita que se destruyan las organizaciones rivales junto con los centros de poder social. Este proceso de construcción del Estado sienta las bases del que será un Gobierno autoritario duradero.

La segunda vía, que estudiaremos en el capítulo 7, es la de una muerte prematura. En Hungría (1919), Camboya (1975-1979) y Afganistán (1996-2001), las élites revolucionarias sacaron adelante proyectos radicales que comportaron un conflicto violento. Sin embargo, en parte por haber subido al poder en Estados más o menos pequeños y vulnerables desde un punto de vista geopolítico, las guerras en las que se embarcaron los revolucionarios no tardarían en destruir sus regímenes acabados de nacer. En Camboya, la limpieza étnica de los Jemeres Rojos y sus ataques contra Vietnam dieron paso a una invasión extranjera que acabaría con el régimen. De modo parecido, los violentos modos de la República Soviética de Hungría en 1919, como sucedería en 2001 con los talibanes, contribuyeron a una intervención extranjera, su derrota militar y el colapso de su régimen.

Figura 3.1. Las tres sendas de los regímenes revolucionarios

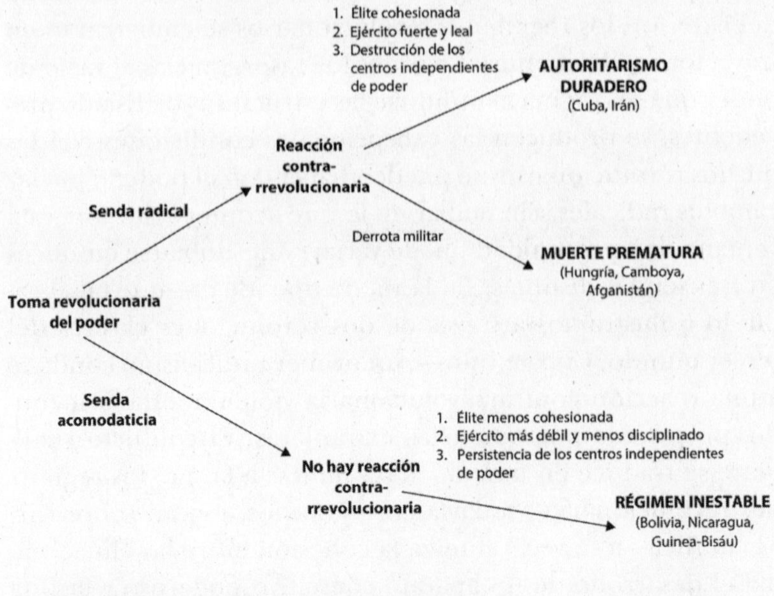

Una tercera vía, que examinamos en el capítulo 8, es la acomodación. En Bolivia, Nicaragua y Guinea-Bisáu, las élites

revolucionarias se propusieron ambiciosos proyectos con los que transformar la sociedad. Sin embargo, a diferencia de la mayoría de los casos revolucionarios, el Movimiento Nacionalista Revolucionario (Bolivia), el Frente Sandinista de Liberación Nacional (Nicaragua) y el Partido Africano para la Independencia de Guinea y Cabo Verde (Guinea-Bisáu) suavizaron sus iniciativas más radicales para limitar los efectos o la intensidad de la reacción contrarrevolucionaria que vendría. Estos son, en efecto, casos limítrofes. Sus primeras medidas políticas fueron lo bastante radicales para que las podamos considerar revolucionarias según nuestro criterio, pero tras estas siguieron pasos con los que buscaron minimizar la conflictividad con los grandes intereses del país o del extranjero. Impidiendo un conflicto contrarrevolucionario (o acabando con él, en el caso de Nicaragua), los tres regímenes evitaron la muerte prematura que vimos en Afganistán y Camboya. Sin embargo, la acomodación detuvo el proceso de construcción de Estado que permitió un autoritarismo duradero en Cuba e Irán. Así, los regímenes de Bolivia, Nicaragua y Guinea-Bisáu construyeron Estados más endebles (Bolivia y Guinea-Bisáu) o se volvieron más proclives al conflicto interno (Bolivia y Guinea-Bisáu) o a la oposición social (Bolivia y Nicaragua). Los tres regímenes se hundieron en menos de veinticinco años.

Capítulo 6

Radicalismo y persistencia

Cuba e Irán

Cuba (1959-) e Irán (1979-) se encuentran entre las revoluciones cuyas consecuencias han sido más trascendentales en la segunda mitad del siglo XX. De una y otra surgieron regímenes con importantes diferencias. La primera es comunista, con un sistema leninista de partido único. La segunda, por su parte, es una teocracia conservadora. No obstante, ambos casos se acercan mucho a la secuencia reactiva ideal-típica sobre la que teorizamos en este libro. Ambas revoluciones estallaron al tiempo que se hundían los regímenes neopatrimoniales o sultanísticos que las precedieron.[1] En ambos casos, los Gobiernos revolucionarios transformaron su sociedad de forma radical, pero también quisieron exportar la revolución a otros países. La amenaza que representaban para las estructuras nacionales y geopolíticas de poder provocó movimientos contrarrevolucionarios violentos. Estos últimos representaron un peligro militar prolongado en el tiempo. Ante aquel embate, las élites revolucionarias tanto de un país como del otro se propusieron una defensa cerrada del régimen, formaron cuerpos de seguridad leales y potentes y acabaron con los centros alternativos de poder social. Con todo ello, lograron asimetrías de poder entre el Estado y la sociedad que se prolongarían durante décadas.

CUBA

Cuba se ajusta mucho a la senda de tipo ideal con la que un régimen revolucionario puede consolidarse. Bajo el mando de

Fidel Castro, el Gobierno revolucionario se atrevió a iniciar una estrategia de transformación social e internacionalismo. Esta fue atacada en forma de virulenta reacción contrarrevolucionaria, que incluyó tanto insurgencias en el país como una invasión auspiciada por Estados Unidos. Al haber consolidado su propio Ejército, el régimen sobrevivió. Asimismo, la amenaza contrainsurgente, que se prolongaría en el tiempo, reforzó la cohesión de sus élites; también llevó a una drástica expansión del aparato de coerción, y aceleró su destrucción de los centros independientes de poder. Así fue como un régimen frágil en su origen se convirtió en uno de los más sólidos del hemisferio occidental, capaz de sobrevivir al hundimiento de la Unión Soviética, a una severa crisis económica y a la muerte de Castro.

La toma revolucionaria del poder

Las condiciones preexistentes en Cuba no propiciaban que se pudiera establecer un Gobierno autoritario y duradero. La debilidad del Estado y la inestabilidad de sus regímenes habían sido una plaga desde su independencia en 1902. En los Gobiernos anteriores, la supeditación a los estadounidenses para poder mantener el orden impidió que se desarrollara un aparato de coerción eficiente, con lo que eran frecuentes las insurrecciones armadas.[2] La fragilidad del Estado llevó a que sus regímenes fueran inestables. Todas las autocracias cubanas previas a la revolución se vinieron abajo en menos de una década y, en tres ocasiones (1906, 1933 y 1958), estas cayeron porque las fuerzas de seguridad fueron derribadas o porque se negaban a hacer frente a un levantamiento de la oposición.[3] En total, seis Gobiernos cubanos acabaron víctimas de insurrecciones o golpes entre 1902 y 1959. Por lo tanto, a menos que tuviera lugar una revolución social, poco cabía esperar que en 1959 iba a surgir un régimen autoritario que sí fuera longevo.

La Revolución cubana estalló en pleno contexto de flaqueza del Estado. La dictadura de Fulgencio Batista, instaurada tras un golpe militar en 1952, era el clásico régimen neopatrimonial.[4] Batista saqueó las arcas del Estado y llenó su Ejército de fieles y compinches, a quienes apenas formó o armó, y donde la conspiración no era algo raro.[5] Comandados por una «pandilla desmoralizada de oficiales corruptos, crueles y perezosos»,[6] los cuerpos de seguridad cubanos tenían «poco apetito de combate».[7]

Durante los años cincuenta fueron surgiendo varios grupos insurgentes que pusieron en jaque a Batista. El que llegó más lejos fue el Movimiento del 26 de Julio, liderado por Fidel Castro y su hermano Raúl. Tras el fracaso de su asalto al Cuartel Moncada, el 26 de julio de 1953, Fidel Castro ya se había hecho un nombre. Más adelante creó el Movimiento 26 de Julio y, en diciembre de 1956, su grupo se dispuso a iniciar una revuelta. Ochenta y dos rebeldes zarparon de México hacia Cuba a bordo de un yate a motor, el Granma, de 19,2 metros de eslora, con la esperanza de coordinar su llegada con la insurrección urbana que planeaban. Aquella insurrección jamás llegó a buen término, y los rebeldes casi fueron aniquilados.[8] Sus dieciocho supervivientes, como Fidel y Raúl Castro y Ernesto «Che» Guevara, se reorganizaron en la sierra Maestra e improvisaron a principios de 1957 una campaña guerrillera, consistente en ataques relámpago contra las fuerzas de seguridad.[9] La dureza[10] con la que el Gobierno los recibió sirvió para acrecentar la imagen de los rebeldes, haciendo de Castro un personaje mitificado.[11] A pesar de contar con menos de trescientos hombres, los rebeldes pasaron a controlar la mayor parte de la sierra Maestra y de la provincia de Oriente entre 1957 y comienzos de 1958.[12]

Castro se decantó por una estrategia maximalista. En octubre de 1957, cuando una amplia coalición de partidos opositores se unió para firmar el Pacto de Miami, donde se exigía el cese de Batista, la formación de un Gobierno provisional y volver a la Constitución democrática y liberal de 1940, Castro rechazó el acuerdo —ya que habría conservado en pie el Ejército de Batista—, puesto que prefería actuar por su cuenta.[13]

Con apenas trescientas tropas mal equipadas, aquella estrategia debía desplegarse en condiciones más que desalentadoras. Sin embargo, tres aspectos jugaban a favor de Castro. El primero fue el fracaso de los intentos de negociar una transición pacífica, ya que Batista se empeñaba en aferrarse al poder.[14] La liquidación de las alternativas reformistas obró en contra de la oposición moderada y llevó a que un número cada vez mayor de políticos, profesionales y líderes de la patronal se encomendaran a la oposición armada.[15] A Batista también le costó el respaldo del Gobierno de Estados Unidos, que suspendió el envío de armas en marzo de 1958.[16]

En segundo lugar, dos contrincantes revolucionarios en el liderazgo del movimiento, el Directorio Revolucionario (DR) y la resistencia urbana clandestina de Frank País, ambas mayores y mejor organizadas que los guerrilleros de Castro,[17] estaban en peores condiciones a causa de la represión.[18] Tras el asalto por parte del DR en marzo de 1957 contra el palacio presidencial, fallido, hubo una oleada represiva que acabó con sus dirigentes, incluyendo al fundador José Antonio Echeverría.[19] La resistencia urbana quedó comprometida con la muerte de su talentoso líder, País, en julio de 1957, y a causa de una infructuosa huelga general en abril de 1958.[20] Así pues, mientras que la preeminencia de Castro en el movimiento revolucionario en Cuba había sido en un principio discutida por sus dos rivales urbanos, en 1958 el Movimiento 26 de Julio ya era el dominante.[21]

El tercer factor fue que los guerrilleros se aprovecharon de la incompetencia de las fuerzas armadas. En mayo de 1958, el Gobierno de Batista inició una gran ofensiva militar, con catorce divisiones del Ejército y 10.000 hombres de camino a las montañas para enfrentarse a los rebeldes.[22] La ofensiva fue un fracaso estrepitoso, y el Ejército sufrió varias derrotas humillantes.[23] En diez semanas, los militares perdieron a un 10 por ciento de sus efectivos entre deserciones, muertes y capturas.[24] Unidades al completo desertaron o se disolvieron.[25] A finales de julio, la ofensiva se había desmoronado, y el Ejército «sencillamente cesó de luchar».[26] Cuatrocientos guerrilleros contenían a 10.000 combatientes del Gobierno,[27] revelando la podredumbre del Estado neopatrimonial de Batista.

El fracaso de la ofensiva de verano fue el principio del fin para Batista. Mientras la economía se deterioraba y la dictadura perdía fuelle, los políticos y empresarios se pasaron al bando rebelde.[28] En julio de 1958, los líderes de la oposición de todo el espectro político se reunieron en Caracas y reconocieron a Castro como «comandante jefe de las fuerzas revolucionarias», y al Movimiento 26 de Julio el «principal brazo de la revolución».[29]

La toma del poder de Castro el 1 de enero de 1959 no fue en realidad una victoria militar.[30] Con apenas unas 2.000 o 3.000 tropas de guerrilla en diciembre de 1958, justo antes de la caída de Batista,[31] el Movimiento 26 de Julio luchó en pocas batallas de importancia.[32] Más bien se trató de que las fuerzas de Batista se vinieron abajo, y que pequeñas victorias rebeldes llevaron a una avalancha de deserciones.[33] En el Ejército, «una unidad tras otra se negó a enfrentarse a los guerrilleros».[34] Ello permitió a los rebeldes ocupar ciudades sin un solo disparo.[35] Ya en diciembre, las fuerzas de Batista «casi se habían disuelto. Los desmoralizados destacamentos [...] empezaron a deponer las armas, a quedarse en el cuartel o a unirse a las crecientes fuerzas rebeldes».[36]

Batista abandonó Cuba el 31 de diciembre de 1958. Las cúpulas del Ejército y la Policía huyeron con él.[37] Por todo el país, los principales mandos dejaban sus puestos y permitían a las tropas rebeldes ocupar ciudades, pueblos y comandancias sin resistencia. Los mandos policiales desaparecieron de las calles, sumiendo a Cuba en la anarquía.[38] Las milicias rebeldes no tardaron en llenar el vacío de poder, y se hicieron con cuarteles, comisarías, oficinas gubernamentales y las cadenas de televisión y radio.[39]

Cuando el general Eulogio Cantillo intentó formar una junta provisional el 1 de enero de 1959,[40] este descubrió que no quedaba nadie al mando. Todas las delegaciones de la Policía se habían rendido y los soldados que permanecían en la principal base militar cubana, la Columbia, habían dejado de luchar.[41] Desesperado, Cantillo pasó el mando del Ejército al general Ramón M. Barquín, un oficial disidente que había sido encarcelado por Batista.[42] Barquín pretendió llevar a cabo una transición en la que se mantuvieran las fuerzas armadas,[43] pero Castro insistía en su rendición incondicional.[44] Al tiempo que las milicias revolucionarias se hacían con las comisarías y las sedes del Gobierno por todo el país, Barquín, que se lamentaba de haber heredado un «Ejército muerto»,[45] entregó la Columbia al comandante rebelde Camilo Cienfuegos.[46]

Los revolucionarios en un principio instalaron un Gobierno moderado compuesto en su mayor parte por profesionales liberales. El presidente provisional, Manuel Urrutia, era un juez destacado; el primer ministro, José Miró Cardona, era presidente de la Asociación de Juristas de La Habana; mientras que el ministro de Finanzas, Rufo López Fresquet, era un economista ortodoxo.[47] El auténtico poder, sin embargo, lo ostentaban Castro y el Ejército rebelde.[48] Si bien no se convertiría en presidente hasta 1976, Castro fue el «jefe de todo» desde el inicio.[49] «Puso en marcha un dominio personal sobre las masas cubanas como ningún líder latinoamericano lo había hecho jamás. Ni siquiera [Juan] Perón en su momento álgido fue amado de modo tan evidente o universal.»[50]

Castro dio por finalizada la destrucción del antiguo Estado desmantelando el viejo Ejército, la Policía y los servicios de inteligencia.[51] Fueron ejecutados en torno a 550 oficiales del Ejército y la Policía, mientras que miles más fueron a la cárcel o al exilio.[52] Las nuevas Fuerzas Armadas Revolucionarias (FAR) fueron creadas en base al Ejército guerrillero, y sus cargos eran todos revolucionarios.[53] Los oficiales prerrevolucionarios tuvieron prohibido el acceso, y los nuevos comandamientos nacionales, provinciales e incluso locales recayeron en veteranos guerrilleros de confianza.[54] La Policía Nacional Revolucionaria fue instituida desde cero,[55] y también sus mandos fueron ocupados por miembros del Movimiento 26 de Julio.[56] Los revolucionarios también purgaron tanto la burocracia estatal como el sistema judicial, y muchas funciones judiciales quedaron en manos de «tribunales revolucionarios».[57]

La secuencia de revolución y reacción

El régimen revolucionario cubano en su origen era endeble. A diferencia de China o Vietnam, donde los comunistas establecieron Ejércitos poderosos con los que ganaron largas guerras revolucionarias, el Movimiento 26 de Julio no era más que unos guerrilleros desharrapados que se hicieron con el poder en pleno colapso del Estado de Batista. Las FAR contaban con solo 5.000 hombres a principios de 1959: apenas una décima parte del Ejército de Batista.[58] Los revolucionarios tampoco tenían un partido. El Movimiento 26 de Julio era una «pandilla de jóvenes heroicos»,[59] sin verdadera organización.[60] Castro no propiciaba transformar el movimiento guerrillero en un partido de gobierno, y prefería confiar en la autoridad carismática;[61] por ello, este pronto desaparecería.[62]

Aunque el nuevo régimen era débil en cuanto a instituciones, lo apuntalaba una élite revolucionaria cohesionada. Casi todos los líderes que construyeron y encabezaron el Estado revolucionario eran miembros del Movimiento 26 de Julio y procedentes de la lucha guerrillera.[63] Muchos participaron en la expedición del Granma, y casi todos ellos combatieron en sierra Maestra. Aquellos fundadores revolucionarios se convirtieron en lo que Jorge I. Domínguez denominaba «soldados cívicos» o revolucionarios cuyos «papeles civiles y militares estaban fundidos en uno».[64] De la experiencia guerrillera que compartían brotó un «impresionante espíritu de cuerpo», además de intensa lealtad hacia Castro y la revolución.[65] Los soldados cívicos ocuparon todas las posiciones importantes del Estado. Fidel Castro era su incuestionable líder, mientras que Raúl Castro estaba al cargo de las fuerzas armadas, Ramiro Valdés se encargaba de la agencia de inteligencia y Efigenio Ameijeiras encabezaba la Policía Nacional Revolucionaria.

La élite revolucionaria se enfrentó a numerosos rivales y amenazas en 1959.[66] Del bando izquierdista, aunque Fidel Castro no tardó en desautorizar al DR,[67] tuvo que competir con el Partido Socialista Popular (PSP), bien organizado y con financiación soviética. El PSP era un recién llegado a la insurgencia y contribuyó en poco a derrocar a Batista (a Castro le gustaba decir que los dirigentes del PSP «se escondieron bajo la cama»),[68] pero era el partido de izquierdas más potente de Cuba.[69]

Aunque la mayoría de los partidos, grupos de interés y medios prerrevolucionarios perdieron poder con Batista o después de su caída,[70] quedaban ciertos actores influyentes. Uno de ellos era la Iglesia católica. La Iglesia cubana era una institución, sobre todo, de la clase media y la clase media-alta, además de contar con menos de 700 sacerdotes y poca presencia en el campo o entre la comunidad afrocubana.[71] Sin embargo, seguía siendo la institución social más importante de la isla.[72] Tenía bajo su tutela a cientos de parroquias y escuelas, y apoyaba a sindicatos e importantes asociaciones de estudiantes.[73]

El nuevo Gobierno se enfrentaba, asimismo, al gran sector privado, que incluía a los ganaderos, a los plantadores de azúcar y tabaco, a los dueños de las centrales azucareras y a los industriales. El poder de los capitalistas cubanos se veía limitado por la enorme penetración del capital estadounidense, y quedó mermado además por la emigración de 1959.[74] No obstante, las élites económicas tenían fuertes conexiones con Estados Unidos[75] que, unidas a la existencia de entidades de gran dotación económica como la Asociación Nacional de Ganaderos, la Asociación Nacional de Azucareros, la Asociación de Colonos (los plantadores de azúcar), la Asociación Nacional de Industriales o la Cámara de Comercio, les otorgaba una maniobra para actuar como colectivo que pocos actores sociales poseían.[76]

Sin embargo, la mayor amenaza contrarrevolucionaria procedía del extranjero. En 1958, la inversión privada de Estados Unidos en Cuba alcanzaba los mil millones de dólares, el nivel más alto en toda Latinoamérica.[77] Los estadounidenses eran propietarios de más del 90 por ciento de los sectores de la electricidad y las telecomunicaciones cubanas, la mayor parte de los negocios hoteleros y del juego, un tercio de la industria azucarera, buena parte del sector financiero, la mitad de los ferrocarriles, dos de las tres refinerías petroleras, la minería en su totalidad y casi 1,5 millones de hectáreas en terrenos de primera categoría.[78] Ello implicaba que cualquier esfuerzo por expropiar o repartir la riqueza acabaría rebotando sobre los intereses económicos estadounidenses, y que lograría iniciar una fuerte reacción de aquel país.[79]

Radicalismo temprano

El régimen cubano era de una gran radicalidad. El Gobierno de Castro llevó a cabo una «enorme reestructuración del orden político y social»,[80] y lo hizo a una «pasmosa velocidad».[81] Como observó Richard R. Fagen, «pocos países han pasado por transformaciones tan grandes en tan poco tiempo».[82]

Aunque Castro jamás había sido muy ideológico,[83] y el Movimiento 26 de Julio tenía en su origen un programa «humanista», y no socialista,[84] varios factores radicalizaron su Gobierno. El primero de ellos fue que, debido al grado de interconexión económica con Estados Unidos, incluso una modesta redistribución o nacionalismo económico ocasionaría hostilidades norteamericanas.[85] Esta tendencia se exacerbó en la Guerra Fría. De hecho, parece ser que cinco años antes de la Revolución cubana, el derrocamiento del Gobierno reformista en Guatemala de Arbenz respaldado por Estados Unidos demostró a Castro que una estrategia de reforma moderada sería en vano.[86] Por otro lado, además, la disponibilidad de apoyos soviéticos hacía más viable una estrategia radical. La gran asistencia soviética permitió que el régimen sobreviviera a un embargo comercial de Estados Unidos, e hizo su parte por disuadir a aquel país de una agresión. A partir de 1960, pues, la protección soviética hizo posible que el Gobierno de Castro buscara estrategias de alto riesgo que de otra manera habrían supuesto un colapso casi certero. Castro adoptaría al fin una mentalidad radical. En palabras de un biógrafo, estaba «decidido a realizar cambios radicales y estructurales de la sociedad y la economía en Cuba».[87] Había resuelto también aceptar el riesgo para lograrlos.[88]

El giro radical del Gobierno castrista empezó con la ley de reforma agraria de mayo de 1959. Esta obligaba a todas las extensiones cultivables de más de 1.343 hectáreas y a la mayoría de más de 403 hectáreas a expropiar y prohibir la titularidad extranjera de las plantaciones de azúcar.[89] Los terrenos expropiados serían distribuidos entre los arrendatarios que los trabajaban.[90] Casi 2,5 millones de hectáreas de tierra —cuya mayor parte estaba en manos estadounidenses— fueron ocupadas a principios de 1960.[91]

La reforma agraria de mayo de 1959 supuso un punto de inflexión en la relación del régimen con los moderados, el sector privado y Estados Unidos.[92] La mitad del Gabinete resignó y, en julio, el presidente Urrutia hizo lo propio y fue sustituido por el izquierdista Osvaldo Dorticós.[93] Para los terratenientes, la reforma agraria fue una «bomba».[94] Un estupefacto plantador de azúcar la llamó una «daga en el corazón».[95] El conservador *Diario de la Marina*, considerado un altavoz de la industria azucarera, empezó una campaña contra el comunismo.[96] La Iglesia también se opuso a la reforma.[97] Los obispos empezaron a advertir del comunismo soviético y, en noviembre de 1959, los líderes eclesiásticos sacaron a las calles del centro de La Habana a más de un millón de católicos como demostración de fuerza.[98]

Por último, el Gobierno de Estados Unidos, que en un inicio había adoptado una postura conciliadora hacia Castro,[99] reaccionó con hostilidad ante la reforma agraria.[100] A finales de 1959, la Administración Eisenhower trazó planes ocultos para derrocar a Castro y administró ayudas a los grupos contrarrevolucionarios en la sierra de Escambray.[101] En marzo de 1960, Eisenhower autorizó que la CIA organizara y entrenara a exiliados cubanos con vistas a una invasión.[102] Según parece, Castro se enteró de estas actividades en mayo.[103]

Así pues, a principios de 1960, Castro se enfrentaba a un dilema. La hostil respuesta nacional y exterior a sus reformas de 1959 demostraba que el radicalismo comportaría enfrentarse a Estados Unidos.[104] Ya que Estados Unidos era el principal socio comercial de Cuba, lo que suponía dos terceras partes de sus exportaciones,[105] una ruptura tendría consecuencias económicas devastadoras. Para evitarse el coste de chocar contra la mayor potencia militar y económica del mundo, el Gobierno revolucionario debía moderarse.

Castro, sin embargo, redobló su apuesta. Incurriendo en «un riesgo temerario»,[106] el Gobierno se radicalizó a principios de 1960, cancelando las elecciones y echando el cerrojo a los medios independientes.[107] En junio, nacionalizó las refinerías petroleras de Cuba, expropiando a Texaco, Shell y Standard Oil.[108] En agosto, Castro anunció 2.000 millones de dólares en expropiaciones estadounidenses, que incluían treinta y seis centrales azucareras, la Compañía Cubana de Teléfonos y la energética Cuban Electric.[109] En octubre, el Gobierno nacionalizó 382 empresas industriales y comerciales, como bancos, azucareras, plantas textiles, destilerías de ron, grandes almacenes y cines.[110] Más tarde, aquel mismo mes, nacionalizó 166 firmas de propiedad estadounidense que incluían los hoteles, aseguradoras que quedaban, así como las propiedades de Coca-Cola, General Electric, International Harvester, Sears Roebuck y Woolworth.[111] A finales de año, todas las empresas a excepción de las muy pequeñas se habían nacionalizado, más del 80 por ciento de la industria estaba en manos del Estado, y la participación estatal en la producción agrícola era superior a la de Bulgaria, Hungría y Polonia.[112] Cuba completó así una transición de extrema rapidez al socialismo, realizando «en dieciocho meses lo que los chinos hicieron en siete años».[113]

El Gobierno de Castro también promovió con fiereza aliarse con la Unión Soviética, algo bastante osado en el patio trasero geopolítico de Estados Unidos.[114] En un principio, los soviéticos no se tomaron la Revolución cubana en serio (Jrushchov veía a Castro como un «romántico»),[115] y tardaron hasta principios de 1960 en iniciar relaciones diplomáticas, seguidas de acuerdos de compra de azúcar y cargamentos de petróleo.[116] Ahora bien, mientras aumentaba el conflicto con Estados Unidos, Castro solicitó ayuda soviética a la desesperada. En abril de 1961, declaró que Cuba era «socialista».[117] Aunque los estadounidenses vieron la declaración de Castro como una acción provocadora, en realidad esta se «dirigía a la Unión Soviética», como intento de hacerse con su protección.[118]

En último lugar, el Gobierno de Castro adoptó una política exterior radical.[119] En base a su idea de Cuba como «la nueva meca de la revolución en las Américas», Castro promovió insurgencias por toda la región, y más allá.[120] En 1959, Cuba respaldó levantamientos en la República Dominicana, Nicaragua y Panamá que no resultaron, mientras que a principios de los años sesenta daría apoyo a las guerrillas de Argentina, Colombia, Guatemala, Nicaragua, Perú y Venezuela, entre otros países.[121] Así pues, Castro dio a Cuba «no solo una revolución nacional, sino una guerra civil internacional».[122]

Los esfuerzos de Castro por exportar la revolución tuvieron un gran coste, ya que acarrearon el antagonismo de Estados Unidos, generaron tensiones con la Unión Soviética (que recelaba de aquellas iniciativas) y destrozó las relaciones de Cuba con otros Gobiernos latinoamericanos.[123] Aunque aquellas aventuras tenían su origen casi seguro en el radicalismo de Castro, o su «mesianismo revolucionario»,[124] en última instancia eran solo posibles gracias al apoyo soviético.[125] Sin el paraguas protector de la Unión Soviética, la mesiánica política exterior de Castro habría tenido consecuencias ruinosas para el nuevo régimen.

Reacción contrarrevolucionaria

La radicalización de la Revolución cubana condujo a una violenta reacción contrarrevolucionaria. Las primeras rebeliones armadas, lideradas por miembros de los cuerpos de seguridad de Batista, tuvieron lugar en 1959.[126] Varias rebeliones más importantes estallaron en 1960, en especial en la sierra de Escambray.[127] Grupos como el Ejército de Liberación Nacional, el Segundo Frente de Escambray y la Rosa Blanca, en manos de agricultores que habían perdido tierras o que temían perderlas,[128] movilizaron a cientos de combatientes, que transformaron la sierra en un «centro de grave conflicto».[129] Con el respaldo de los grupos católicos y la CIA,[130] las insurgencias se extendieron por Cuba en 1960 y 1961,[131] llevando al país a una guerra civil.[132] Hasta 179 grupos contrarrevolucionarios estuvieron operativos en Cuba entre 1959 y 1965, reuniendo a un número de entre 1.000 y 8.000 personas armadas.[133] Incluso si tomamos por válidas las estimaciones más bajas, la cantidad de rebeldes excedía a la de guerrilleros castristas a finales de 1958. Del mismo modo, incluso las aproximaciones más conservadoras de 2.000 a 2.500 muertos en combate entre 1959 y 1965 equivalen al número de muertos durante el levantamiento contra Batista.[134] La contrarrevolución causó un daño estimado de mil millones de dólares.[135] Entre octubre y abril de 1960, los rebeldes hicieron 110 bombardeos, destruyeron 300.000 toneladas de azúcar, incendiaron 42 almacenes de tabaco e hicieron descarrilar 6 trenes.[136]

Estados Unidos suponía una amenaza incluso mayor. La expropiación de propiedades estadounidenses generó una intensa hostilidad en aquel país.[137] En julio de 1960, la Administración Eisenhower suspendió las importaciones de azúcar cubano, y en octubre impuso un embargo comercial total.[138] De manera simultánea, los oficiales estadounidenses empezaron a conspirar para derrocar a Castro.[139] En una fecha tan prematura como la primavera de 1960, la CIA ya estaba organizando y entrenando a los exiliados cubanos para una invasión armada.[140]

El esfuerzo contrarrevolucionario estadounidense llegó a su punto álgido cuando invadió la bahía de Cochinos. El 17 de abril de 1961, 1.400 exiliados cubanos —todos ellos organizados, entrenados, armados y abastecidos por el Gobierno estadounidense—, junto con bombarderos norteamericanos B-26, invadieron Cuba.[141] El Gobierno de Castro reaccionó con rapidez, y sacó a las calles a 20.000 hombres, junto con fuerzas milicianas, para frenar la invasión.[142] Al cabo de setenta y dos horas, el Ejército revolucionario rodeaba y derrotaba a las fuerzas invasoras, a quienes capturaron o mataron casi en su totalidad.[143] Reacia a emplear las fuerzas estadounidenses, la Administración Kennedy desistió de la jugada,[144] y otorgó a Castro un «absoluto y vertiginoso triunfo».[145] En palabras posteriores de Kennedy: «Castro debería estarnos agradecido. Nos dio una patada en el trasero y le dimos más fuerza que nunca».[146]

La invasión de la bahía de Cochinos contribuyó a afianzar el régimen.[147] La élite revolucionaria cerró filas y, acto seguido, acabó con la oposición nacional.[148] La policía detenía a cualquiera que pudiera levantar las más «remotas sospechas de hostilidad hacia el Gobierno» para «reventar cualquier ocasión que los opositores [...] pudieran tener para ayudar a la invasión».[149] Llegaron a arrestar a 100.000 personas.[150] Cuando ya no cupo nadie más en las cárceles, metieron en tropel a los apresados en estadios, teatros, establos y corrales, entre otras cárceles improvisadas.[151] La gran mayoría de los militantes en la clandestinidad fueron detenidos,[152] «liquidando» a todo efecto cualquier potencial contrarrevolucionario restante.[153]

La debacle de bahía de Cochinos no finiquitó los esfuerzos estadounidenses por derribar el régimen. En noviembre de 1961, la Administración Kennedy inició la operación Mangosta, que autorizaba a las agencias del país a patrocinar de manera encubierta actos de sabotaje, violencia o incluso asesinato en Cuba.[154] La Administración Kennedy, así pues, armó y financió a decenas de grupos terroristas afincados en Florida para que atentaran contra refinerías, centrales eléctricas, azucareras, industrias, instalaciones marítimas o ferrocarriles, entre otros objetivos.[155] Los oficiales estadounidenses también estuvieron detrás de numerosos intentos de asesinar a Castro.[156]

Aunque estos fracasaron, convencieron a la élite revolucionaria de que el régimen se encontraba en grave peligro. Los dirigentes cubanos vivían con el temor a una invasión estadounidense tras el fiasco de bahía de Cochinos.[157] La amenaza llevó a Castro a insistir en pedir protección militar a los soviéticos, y se llegó a autoproclamar «marxista-leninista» en noviembre de 1961.[158] En efecto, la ayuda militar soviética se incrementó tras la invasión de bahía de Cochinos.[159] Esta incluía una enorme asistencia militar convencional, la llegada de tropas y asesores soviéticos, además de la polémica instalación de misiles nucleares en la isla.[160]

La apuesta de Castro de introducir misiles soviéticos se salía del guion.[161] Tanto es así que la crisis de los misiles en octubre de 1962 «casi trajo consigo la destrucción del país».[162] Esta forzó al Gobierno a movilizar a la población entera a la expectativa de una invasión.[163] No obstante, Castro mantuvo una posición implacable que daba a entender una mayor voluntad que sus aliados soviéticos de arriesgarse a un conflicto nuclear.[164]

La amenaza contrarrevolucionaria disminuyó tras la crisis de los misiles. Estados Unidos abandonó sus planes de invasión,[165] y aunque tanto las operaciones de la CIA como el apoyo de las actividades de los exiliados prosiguieron,[166] se redujeron tras la muerte de Kennedy y luego fueron moderando con la atención estadounidense centrada en Vietnam.[167] Hacia 1965, todas las insurgencias en el país habían sido derrotadas.[168] Aunque los atentados terroristas de los exiliados prosiguieron durante la década de 1970,[169] estos representaban un escaso peligro para el régimen.

La guerra contrarrevolucionaria entre 1959 y 1965 reforzó al régimen de varios modos. Por un lado, alimentó la cohesión de sus élites. El régimen se estuvo enfrentando a una amenaza existencial clara. Se «esperaba a diario» una invasión de Estados Unidos en los primeros años de los sesenta,[170] lo que generó un «miedo paranoico» entre los dirigentes revolucionarios.[171] Envueltos en este «estado de casi guerra»,[172] los revolucionarios se vieron empujados a unirse.[173] Los críticos internos se vieron «atrapados», ya que cualquier oposición era vista en la práctica como «equivalente a incitar a una intervención de Estados Unidos», convirtiendo a los disidentes en «aliados tácticos de la contrarrevolución».[174] Según Carlos Franqui, militante del Movimiento 26 de Julio que más adelante se exilió, «el gran combate de aquel momento estaba entre la revolución y Estados Unidos». En aquel contexto, toda oposición resultaba «inconcebible».[175]

Merece la pena observar que la élite revolucionaria logró mantenerse cohesionada sin disponer de un partido. Entre 1959 y 1961, Castro gobernó sin una formación política, valiéndose de un grupo de veteranos de confianza de la sierra Maestra.[176] En julio de 1961, presionado por la Unión Soviética,[177] Castro anunció que el Movimiento 26 de Julio y el prosoviético PSP se fundirían en la Organización Revolucionaria Integrada (ORI), al tiempo que nombraba al líder del PSP, Aníbal Escalante, organizador del partido.[178] Escalante «se tomó su tarea en serio»,[179] y constituyó un órgano de gobierno al estilo soviético que estaría repleto de integrantes del PSP.[180] Sin embargo, cuando el partido asumió una cierta independencia, Castro se puso en su contra, y se quejó de que los líderes del ORI habían creado una «chaqueta de fuerza, un yugo», despreciando el partido como una «montaña de basura».[181] En marzo de 1962, Castro decidió «levantar el telón» de la organización, de la que purgó a su cúpula entera.[182] Castro reemplazó el ORI por el Partido Unificado de la Revolución Socialista (PURS), que su biógrafo describió como su «propio y particular Partido Comunista castrista».[183] Sin embargo, el PURS no existía más que sobre el papel, y en 1965 fue sustituido por el Partido Comunista Cubano (PCC).

La guerra contrarrevolucionaria también fortaleció el aparato de coerción de Cuba. El Ejército revolucionario, a principios de 1959, como mucho tenía 3.000 soldados,[184] mientras que el plan inicial de Castro era poseer un pequeño Ejército de unos 16.000.[185] Sin embargo, la creciente amenaza de los contrarrevolucionarios hizo que Castro cambiara de rumbo.[186] Hacia 1960, el Gobierno revolucionario «peleaba por su vida»,[187] convenciendo a Castro y a sus aliados de que «[era] necesario armarse hasta los dientes si la revolución y sus líderes tenían que sobrevivir».[188]

El Gobierno respondió erigiendo un Estado cuartel,[189] dotado de unas fuerzas armadas «lo bastante grandes para que se pudiera contemplar la disuasión real de una superpotencia».[190] A principios de 1961, el Ejército disponía de 32.000 efectivos, con 300.000 adicionales en milicias armadas.[191] La expansión de las fuerzas de seguridad se aceleró tras la invasión de bahía de Cochinos, cuando Castro «ya no pudo más que justificar el despliegue de grandes recursos contra una amenaza interior y exterior que empezaba a mostrar sus garras».[192] El Ejército multiplicó por más de cuatro su tamaño, alcanzando las 130.000 tropas a finales de 1961 y las 300.000 en 1964.[193] El gasto militar pasó del 1 por ciento del PIB con Batista a un 8 por ciento en 1962.[194] Cuba se convirtió en «el país más armado de América Latina».[195]

El régimen también se hizo con un vasto aparato de inteligencia.[196] El Gobierno empezó a desarrollar su capacidad de inteligencia en 1960 para responder a la proliferación de grupos contrarrevolucionarios,[197] y en el momento de la invasión de bahía de Cochinos, la naciente red de inteligencia del Ministerio del Interior ya podía desmantelar por completo la oposición clandestina.[198] El Gobierno también creó los Comités de Defensa de la Revolución (CDR), un sistema de vigilancia por barrios que servía como «anexo al aparato de seguridad interna».[199] El principal propósito de los CDR pasó a ser el control y la represión.[200] Fundados bajo el eslogan de «barrer a los gusanos de las ciudades», los CDR hicieron redadas contra decenas de miles de sospechosos durante la invasión de bahía de Cochinos.[201] Los CDR se expandieron de manera drástica tras la invasión; en 1962 tenían 100.000 miembros.[202] Según el líder contrarrevolucionario Rafael Quintero, los CDR «estaban por todas partes, en todos los sitios [...] [y] se volvieron muy poderosos. De hecho, destruyeron la clandestinidad por completo».[203]

Por último, la guerra contrarrevolucionaria aceleró la destrucción de centros independientes de poder. La amenaza de los contrarrevolucionarios, en particular la invasión de bahía de Cochinos, permitió al Gobierno «lanzar una amplia red en busca de "enemigos"».[204] Entre ellos se encontraba la Iglesia. Con 200 lugares de culto y 212 escuelas religiosas, radios y canales televisivos, además de sus asociaciones laicas adscritas como el Grupo Universitario Católico, los Jóvenes Estudiantes Católicos y los Jóvenes Obreros Católicos,[205] la Iglesia era la única institución que se escapaba al control gubernamental.[206] Debido a sus fuertes vínculos con la clase media-alta,[207] era inevitable que la Iglesia se convirtiera en una «base institucional» desde la que los conservadores trataran de resistir a la embestida revolucionaria.[208]

Los dirigentes eclesiásticos, de hecho, se encontraban en la vanguardia de la oposición. En noviembre de 1959, los líderes de la Iglesia movilizaron a más de un millón de católicos en el centro de La Habana para la Conferencia Nacional Católica que, si bien en teoría era apolítica, se valía de un tono de oposición, y los participantes clamaban: «¡Abajo el comunismo!».[209] En 1960, las autoridades católicas iniciaron una campaña contra el comunismo.[210] Amenazaron con suspender sus oficios, tal y como lo había hecho la Iglesia mexicana en la década de 1920.[211] Al mismo tiempo, la Universidad Católica se convirtió en un «núcleo de oposición y conspiración»,[212] donde muchos miembros del Grupo Universitario Católico colaboraron con el movimiento armado contrarrevolucionario.[213]

El Gobierno empezó a reprimir a la Iglesia a finales de 1960, con el cierre de los programas de televisión y radio católicos.[214] No obstante, la represión escaló tras la invasión de la bahía de Cochinos, en la que colaboraron muchos activistas católicos.[215] Cuando la invasión se inició, las milicias ocuparon iglesias, suspendiendo misas en muchos casos.[216] Fueron arrestados todos los obispos y la mayoría de los sacerdotes, y el cardenal Manuel Arteaga y Betancourt se vio obligado a refugiarse en la embajada argentina durante más de un año.[217]

La invasión de abril de 1961 se utilizó para justificar el ataque sin cuartel del Gobierno contra la Iglesia. Acusando a la jerarquía católica de «quintacolumnistas de la contrarrevolución»,[218] Castro expropió los bienes de la Iglesia, clausuró la Universidad Católica, disolvió las organizaciones y cerró todas las escuelas de este credo.[219] En julio, más de cien sacerdotes, como el arzobispo Enrique Pérez Serantes, fueron arrestados y, tras la protesta de septiembre de 1961 que propició el obispo Eduardo Boza, 335 curas, incluyendo a Boza, fueron expulsados del país.[220]

La represión «partió el espinazo de la resistencia eclesiástica»,[221] y destruyó su potencial contrarrevolucionario.[222] Tras la partida de más de 450 sacerdotes, el clero de Cuba se vio menguado en más del 70 por ciento.[223] El número de habitantes por párroco aumentó de 6.601 en 1959 a 35.400 en 1968, el más desproporcionado de Latinoamérica.[224] Dispersada por la represión, la Iglesia se rindió,[225] cambiando la oposición por un *modus vivendi* en que sería partícipe de unas pocas actividades espirituales, siempre y cuando no se metiera en política o criticara al Gobierno.[226] La Iglesia, así pues, quedó «reducida a prácticas litúrgicas».[227] En 1963 ya había dejado de representar una amenaza.[228]

La guerra contrarrevolucionaria también acabó con la clase terrateniente. La reforma agraria de 1959 eliminó solo las grandes haciendas, mientras que los propietarios agrícolas medios y los ganaderos servían de base a los movimientos contrarrevolucionarios de principios de los sesenta.[229] En plena persistencia de las amenazas contra la revolución, el Gobierno dio paso a una nueva reforma agraria, esta vez más ambiciosa, en 1963. Esta segunda reforma expropió todas las fincas particulares de más de 167 hectáreas;[230] a efectos prácticos, sirvió para eliminar a los terratenientes como estrato social.[231]

Del mismo modo, se eliminó la clase industrial urbana «en menos de tres años».[232] Puesto que la industria de Cuba estaba tan vinculada a Estados Unidos, la amenaza militar estadounidense inspiró una acelerada socialización de la economía para «impedir que el sector privado cubano colaborase con Estados Unidos».[233] Del mismo modo, la mayor parte de empresas grandes y medias se fueron nacionalizando a finales de 1960 y principios de 1961.[234] Cuando acabó 1961 la burguesía urbana ya había sido arrasada.[235]

La emigración masiva también mermó a las fuerzas contrarrevolucionarias. Buena parte de la élite socioeconómica y política huyó a Estados Unidos después de 1959. Más de 200.000 cubanos abandonaron el país entre 1960 y 1963, y la mayoría de ellos se estableció en Miami.[236] Ya en la década de 1970, más de 500.000 cubanos —casi un 10 por ciento de la población— habían emigrado.[237]

El éxodo de tantas élites prerrevolucionarias menguó las filas de la oposición, lo que limitó su capacidad de cuestionar al régimen.[238] Aunque los opositores en el exilio estuvieron activos hasta bien entrados los años ochenta, haciendo de Miami la «capital de la contrarrevolución»,[239] esta no llegó a ser una amenaza seria para el régimen.[240] Así, la revolución «exportó a su oposición política», y dejó atrás «a una población más maleable en política».[241]

Así pues, hacia 1965, la revolución se había asentado. Los movimientos contrarrevolucionarios estaban derrotados, los estadounidenses ya habían aparcado sus planes de invadir y las bases organizativas de la oposición habían quedado destruidas. A mediados de la década, ya no quedaban «auténticos grupos asociativos de interés» en Cuba.[242] El apuntalamiento del régimen podría atribuirse, en gran medida, a la invasión de la bahía de Cochinos. Como expresó el antiguo líder contrarrevolucionario Rafael Quintero, la revolución «empezó con la bahía de Cochinos, porque ahí fue cuando Castro consolidó su poder; fue entonces cuando pudo eliminar a la resistencia clandestina; fue entonces que empezaron a llegar los soviéticos».[243]

A modo de síntesis, el radicalismo temprano de Castro produjo una fuerte reacción contrarrevolucionaria financiada por Estados Unidos. La élite revolucionaria respondió a la amenaza de los contrarrevolucionarios con el asalto a los centros independientes de poder y la formación de una alianza con la Unión Soviética. Todos esos pasos resultarían cruciales para que el régimen sobreviviera a largo plazo.

Los legados revolucionarios: un Estado-Partido duradero

El régimen, tal y como surgió del conflicto contrarrevolucionario, tenía un poder considerable si lo comparamos con 1959. Este tenía como base un potente y complejo Estado-Partido. Aunque, en muchos sentidos, el PCC no estuvo activo hasta 1975, Cuba estaba gobernada en cualquier caso por un grupo cohesionado de veteranos de la revolución, la mayoría de los que pelearon en sierra Maestra. El PCC era inseparable de un fuerte y disciplinado aparato de coerción; al mismo tiempo, en la práctica resultaban inexistentes los potenciales núcleos desde los que la sociedad podría haber resistido.

La cohesión de las élites en una tardía construcción de partido

La élite revolucionaria de Cuba adquirió una gran cohesión después de 1965. Aunque estar cohesionada le permitió establecer un potente partido, esta no emanaba del propio partido. Hay dos características notables de la élite revolucionaria cubana. La primera es que Castro la dominaba. La Cuba revolucionaria se acerca al caso ideal-típico del liderazgo carismático.[244] La legitimidad y apoyo popular del régimen tenían como principal origen a Castro. Él era, y no el PCC, la piedra de toque de la que pendía la élite.[245] Castro «sobrepasaba» el Estado-Partido; una vez había tomado una decisión, «ni las FAR ni el PCC podían detenerlo».[246]

Una segunda característica, relacionada con esta, era la fragilidad del partido de gobierno. Aunque el PCC se fundó en 1965, «a duras penas funcionó» hasta 1975.[247] No tenía programa, era raro que su Comité Central se reuniera, y jamás celebró un congreso.[248] Castro lo ignoraba, y gobernaba en su lugar desde un «vacío institucional».[249] En torno a los últimos años de los sesenta, «no había pruebas de que el Comité Central del partido [...] tomara decisiones por sí solo».[250] El PCC se fue fortaleciendo en la década posterior,[251] con la adopción de aspectos del modelo leninista soviético como la celebración regular de congresos, un Comité Central funcional, una organización de masas con células hasta el último rincón del país y «una dirección [...] algo más colectiva».[252] De todos modos, la hegemonía incuestionable de Castro sobre el partido duró hasta que dejó el puesto en 2008.[253]

A pesar de la fragilidad del partido, la élite revolucionaria cubana mostró siempre una gran cohesión. Casi todos los máximos cargos del partido estaban ocupados por fieles veteranos de la guerrilla.[254] La cúpula fundacional del PCC era, a todos los efectos, una reencarnación del Movimiento del 26 de Julio.[255] Seis de los ocho miembros del nuevo Politburó fueron comandantes guerrilleros, y setenta de los cien miembros del Comité Central pertenecían al Movimiento del 26 de Julio o lucharon en el Ejército rebelde.[256] Estos líderes habían imbuido una «mentalidad guerrillera»[257] y un «asombroso espíritu de cuerpo».[258]

La cúpula del PCC demostró su alta cohesión.[259] Los ocho miembros iniciales del Politburó de 1965 y más de tres cuartas partes de los miembros originales del Comité Central mantenían todavía sus cargos en 1975.[260] Como observó Herbert L. Matthews, casi todos los miembros fundacionales del Movimiento 26 de Julio seguían con Castro dos décadas después, en sus puestos de «líderes de la revolución, miembros del Gobierno, su partido comunista y sus fuerzas armadas».[261]

Un aparato de coerción potente y disciplinado

El régimen también poseía un poderoso aparato coercitivo. A mediados de los años sesenta, Cuba había desarrollado «cierta variedad de servicios de seguridad [...], probablemente más sofisticados que los que se habían visto en cualquier otro Gobierno latinoamericano hasta la fecha».[262] Como hemos dicho antes, la amenaza contrarrevolucionaria y el espectro de la invasión estadounidense llevaron al Gobierno de Castro a invertir con fuerza en la seguridad nacional y exterior.[263] El gasto militar —un 10 por ciento de las partidas del Gobierno en las décadas de 1960 y 1970— superaba el de cualquier otro país en América Latina.[264] El Ejército creció hasta 300.000 integrantes, diez veces más que las fuerzas de Batista.[265] Asimismo, gracias a la asistencia soviética, el Ejército estaba bien entrenado, armado y equipado.[266] Hacia la mitad de los años sesenta, así pues, el Departamento de Estado de Estados Unidos ya había concluido que Cuba «tenía la infraestructura militar más poderosa de América Latina».[267]

Con la presidencia de Ronald Reagan se llegó a una mayor militarización en la década de 1980.[268] Ante el miedo de que Cuba no pudiera disponer de la Unión Soviética a su lado ante un ataque de Estados Unidos, el Gobierno creó las Milicias de Tropas Territoriales, con 800.000 integrantes; este programa al estilo vietnamita pretendía aumentar el coste de una invasión estadounidense.[269] A mediados de los años ochenta, Cuba era una de las sociedades más militarizadas de la tierra, y podía movilizar a dos millones de personas —el 20 por ciento de su población— para la defensa nacional.[270]

Las FAR también eran eficaces. Las fuerzas de seguridad cubanas acabaron con las insurgencias contrarrevolucionarias entre 1959 y 1965,[271] impidieron la invasión de bahía de Cochinos, y era probable que «bastaran para detener una invasión» en los años setenta.[272] En 1976, 20.000 tropas cubanas se enfrentaron y repelieron a las fuerzas sudafricanas en Angola.[273] Durante aquella década, pues, Cuba ya disponía de una de las fuerzas armadas más desarrolladas del mundo, con una «capacidad profesional de combate que superaba de lejos lo que se podía esperar de un país insular más bien pequeño».[274]

El régimen desplegó asimismo un aparato de seguridad interna «omnipresente»,[275] y en cuyo centro se encontraba la Dirección General de Inteligencia (DGI, también conocida como «G-2»). Como Policía secreta de gran eficacia,[276] la DGI manejaba una enorme red de agentes adiestrados, a los que se sumaban hasta tres millones de informantes.[277] A su vez, los CDR de cada barrio funcionaban como «sistema de espionaje calle por calle».[278] Para el año 1965, había 102.000 CDR —sumando más de dos millones de integrantes— operativos en toda Cuba.[279] La extendida vigilancia, junto con un exhaustivo sistema de racionamiento, permitía al Estado cubano establecer un control social sin precedentes, propiciando una coerción de baja intensidad.[280] Ya en la década de 1980, Cuba poseía uno de los sistemas de inteligencia más eficientes de la tierra. El exanalista de la CIA Brian Latell consideraba el dispositivo de inteligencia cubano como uno de los cinco o seis mejores del mundo.[281]

Fusión del partido y el Ejército y cohesión militar

Las fuerzas de seguridad revolucionarias estaban interconectadas con el partido. El régimen cubano se caracterizaba por la fusión casi total entre el partido y el Ejército.[282] Las élites civil y militar estaban «unidas de forma inextricable».[283] Las FAR tienen un origen inmediato en las fuerzas guerrilleras, y casi todos sus líderes eran veteranos de sierra Maestra.[284] Los comandantes del Ejército (Raúl Castro) y del aparato doméstico de seguridad (Ramiro Valdés) participaron en la expedición original del Granma.[285] En efecto, la jerarquía militar al completo estaba impregnada de veteranos de la revolución. En 1968, todos los capitanes del Ejército cubano eran exguerrilleros.[286] Esta fusión siguió existiendo hasta los años ochenta.[287] Como demuestran las biografías de oficiales militares cubanos escritas por Rafael Fermoselle, a mediados de los años ochenta, casi todos los capitanes importantes habían peleado contra Batista.[288]

Los líderes militares también tenían un papel importante en la cúpula del partido. Cuando el PCC se fundó en 1965, seis de los ocho miembros del Politburó habían sido antes comandantes revolucionarios, y cinco de seis eran oficiales militares en activo.[289] Ostentaban cargos militares hasta un 69 por ciento de los integrantes del Comité Central, mientras que el 58 por ciento de ellos eran miembros activos del Ejército.[290] En 1975, más del 60 por ciento del Comité Central tenía un currículum castrense, lo que indicaba un grado de fusión entre el partido y el Ejército superior al de China y la Unión Soviética.[291]

El PCC no creó un sistema de comisarios como el de los soviéticos.[292] Aunque los responsables políticos y las células del partido estaban activos en todas las unidades militares, los operativos del partido se reclutaban en el Ejército, los nombraban oficiales militares y tenían que responder a las órdenes del Ejército.[293] Aun así, esta disposición no afectó de manera discernible a la lealtad de los militares. Debido a que sus mandos estaban tan vinculados con la élite revolucionaria, los oficiales militares podían dedicarse a la política de manera tan fidedigna como los operativos del partido.

La fusión de partido y Ejército condujo a un altísimo nivel de fidelidad en el Ejército.[294] Sus oficiales «se veían a sí mismos en primer lugar como revolucionarios».[295] Como observó William M. LeoGrande, «el control civil sobre las fuerzas armadas no era siquiera un problema» porque «quienes tenían el control administrativo *eran* las fuerzas armadas».[296] Así pues, Cuba no se enfrentó a casi ningún conflicto entre civiles y militares tras 1959.[297] Con la sola excepción de Huber Matos, un comandante regional a quien se apartó y se detuvo tras criticar la radicalización de Castro en octubre de 1959,[298] la lealtad de las fuerzas armadas nunca se puso en duda.[299] De hecho, entre 1959 y 2021 no hubo un solo intento de golpe.[300]

Débiles centros de poder social

Por último, en el año 1965 ya se había acabado, en gran medida, con los centros independientes de poder social. Además de las fincas agrarias y los comercios familiares, todo el sector privado se había extinguido. La reforma agraria eliminó a la clase propietaria en el campo, mientras que las nacionalizaciones y la emigración de principios de los años sesenta redujeron a la burguesía a «barberos y esteticistas».[301]

La Iglesia sufrió un gran debilitamiento. A comienzos de los sesenta, la Iglesia cubana era «como institución, la más frágil de Latinoamérica».[302] Fue despojada de casi todos sus bienes, incluyendo sus escuelas y medios de comunicación. Con la expulsión y el exilio, perdió a tres cuartas partes de su clero.[303] La asistencia a la iglesia cayó en picado.[304] Así, la Iglesia acabó sin «ninguna función en la sociedad cubana».[305] Después de 1962, la jerarquía católica no se volvió a pronunciar en política.[306] Los líderes eclesiásticos nunca criticaron al régimen y en su lugar empezaron a avalar a cargos del Gobierno.[307] Domínguez observó que, en los años setenta, los líderes de la Iglesia ya «criticaban al Gobierno menos de lo que lo hacía el propio Gobierno».[308]

Así pues, a finales de los años sesenta, la mayoría de los opositores al régimen habían sido «asesinados, encarcelados o neutralizados de un modo u otro»,[309] mientras que se había destruido la vida asociativa independiente.[310] La movilización de los opositores pasaba a tener muchas dificultades, no solo por la represión del Estado, sino por la «ausencia de mecanismos institucionales [...] en los que llevar a cabo actividades políticas».[311]

Los tres pilares de un autoritarismo duradero, como vemos, estaban institucionalizados en Cuba ya en 1965. Dirigía el régimen una élite cohesionada (aunque sin un partido fuerte), y unida a un aparato de coerción poderoso y disciplinado. Se acabó con los centros independientes de poder social mediante la represión y el exilio, fomentando una asimetría de poderes entre el Estado y la sociedad que duraría décadas. Aunque Cuba requirió mucha asistencia militar y económica soviética durante los siguientes años, queda claro que la revolución ya se había «asegurado desde el interior [...] mucho antes de que los soviéticos iniciaran su compromiso».[312]

Crisis y pervivencia del régimen, 1965-2020

El régimen revolucionario de Cuba aguantó más de sesenta años, con lo que demostró una «capacidad formidable de supervivencia bajo circunstancias difíciles».[313] A diferencia de México, el régimen cubano no se benefició del crecimiento económico. El PIB per cápita de Cuba descendió durante la década de 1960, creció con moderación en las dos décadas siguientes y luego volvió a reducirse durante los años noventa.[314] El PIB per cápita en 1999 estaba cercano a los niveles del final de la dictadura de Batista.[315]

Está claro que el régimen sacó provecho del gran apoyo soviético. La URSS ofreció unos 65.000 millones de dólares en ayudas económicas, y por lo menos 13.400 millones de dólares en asistencia militar entre 1960 y 1990.[316] Esta última resultó crucial para la consolidación de las fuerzas armadas cubanas,[317] y miles de millones de dólares en subsidios comerciales soviéticos inmunizaron al régimen de las «leyes de la insolvencia».[318] En la década de 1980, la asistencia económica soviética alcanzaba unos 4.000 o 6.000 millones por año, más de la mitad del presupuesto cubano.[319] Sin aquella ayuda, puede que la revolución hubiera fracasado.[320]

No obstante, que el régimen sobreviviera más de tres décadas *tras* la caída de la Unión Soviética sugiere que las bases internas que estabilizaban el régimen eran fuertes. Estas bases las posibilitaban los tres legados revolucionarios. El primero era una élite de extraordinaria cohesión. La cúpula del PCC estuvo dominada por los veteranos revolucionarios, los históricos, hasta el siglo XXI.[321] Descritos por Herbert L. Matthews como una fuerza «cohesionada e incondicional»,[322] los históricos se caracterizaban por su acusada «tendencia [...] a cerrar filas en defensa de la revolución».[323] Es notable que la élite cubana padeció muy escasas divisiones.[324] Hasta la mitad de los años ochenta, ni un solo miembro de la cúpula fundacional del PCC desertó del partido.[325] Permanecieron en él todos los miembros originales del Politburó a excepción del presidente Dorticós, que falleció, y Faure Chomón, a quien degradaron a miembro del Comité Central.[326] Aunque el PCC se volvió más faccionalista en los años ochenta y noventa,[327] el partido no sufrió deserciones de alto nivel hasta principios del siglo XXI.[328]

La segunda base era la extraordinaria cohesión y lealtad militar. Como sucedía en el PCC, en las jerarquías del Ejército y de la seguridad interna mandaron los veteranos revolucionarios hasta el siglo XXI.[329] Al parecer, las fuerzas armadas mantuvieron su disciplina y fidelidad durante todo el período 1965-2020, un balance sorprendente en América Latina.[330]

La tercera consistía en que combinar un fuerte aparato de seguridad y la destrucción de los centros independientes de poder resultó en una enorme y duradera asimetría en el poder entre el régimen y sus oponentes. De este modo, incluso en períodos de descontento popular generalizado, como la conclusión de los años sesenta o el principio del nuevo milenio, los disidentes carecían de medios para organizarse y movilizar a la oposición. El Gobierno de Castro podía así cometer grandes errores políticos, pero «sobrevivir cada vez y seguir tomando decisiones insensatas».[331]

El período de la «herejía», 1965-1970

La primera crisis grave que atravesó el régimen revolucionario tras consolidarse fue causada por él mismo. Entre 1965 y 1970, el Gobierno de Castro siguió políticas radicales en el interior y de cara al extranjero que sumieron a la economía cubana en el caos y amenazaron su alianza con la Unión Soviética. En el que se ha dado en llamar el período «herético» de la revolución,[332] Castro abandonó la ortodoxia soviética y se acercó a ideas utopistas que se asocian con el Che Guevara.[333] El Gobierno, así pues, trató de erradicar el intercambio material e intentó desarrollar una economía basada en incentivos morales.[334] Los presupuestos, impuestos, pagos y casi todos los enlaces entre producción y remuneración quedaron eliminados.[335] De hecho, Castro declaró que su intención era acabar de una vez por todas con el dinero.[336]

La transición al «comunismo» iría acompañada de la llegada de un «hombre nuevo», guiado por los incentivos «morales» y no por los materiales.[337] Con estos objetivos en mente, el Gobierno reclutó a decenas de miles de cubanos para desempeñar trabajos voluntarios; estos representaban del 8 al 12 por ciento de toda la actividad laboral entre 1967 y 1968.[338]

La Ofensiva Revolucionaria de marzo de 1968 se sumó al cambio hacia una «economía moral». En esta, se expropiaron más de 57.000 pequeñas empresas —como todas las tiendas de alimentación, restaurantes, cafeterías, lavanderías, garajes e incluso puestos de fruta—, acabando con los últimos vestigios de la propiedad privada.[339] Casi de la noche a la mañana, Cuba se convirtió en la «economía más socializada del mundo».[340] Defendiendo sus medidas, Castro declaró que la revolución «no había sido lo bastante radical» y que «no crearemos una conciencia socialista [...] con una mentalidad de tenderos».[341] Aunque la Ofensiva Revolucionaria generó resistencia en el país y los oficiales soviéticos la criticaron,[342] el Gobierno corrió aquel riesgo. Como le dijo el presidente Dorticós al intelectual polaco K.S. Karol, los líderes cubanos «tenemos nuestra pequeña herejía».[343]

Los cubanos también rompieron con la política de exteriores soviética. A pesar de la oposición de estos últimos, el Gobierno de Castro prosiguió en su apoyo «indoblegable» a los movimientos guerrilleros de Latinoamérica y de más allá entre mitad y finales de los años sesenta.[344] En 1968 Castro ya «resultaba casi intolerable» para los soviéticos.[345]

El giro utópico se convirtió en una catástrofe.[346] Los incentivos morales no funcionaron; el ausentismo se multiplicó, alcanzando el 50 por ciento en algunos puestos,[347] mientras que decayó la productividad,[348] hundiendo a Cuba en una grave crisis económica.[349] Castro se hallaba en «graves problemas» en 1968.[350] Las relaciones cubano-soviéticas tocaban fondo, y unos exasperados dirigentes soviéticos amenazaban con cortar el suministro de petróleo a Cuba.[351] En el país, «todo parecía desmoronarse».[352]

Castro decidió redoblar su apuesta. Aunque rebajó su política exterior para cumplir con las exigencias soviéticas,[353] inició otro programa económico utopista: la cosecha de diez millones de toneladas de azúcar. Esta campaña equivalía en política a un pase bomba en el fútbol americano.[354] Cuba jamás había recolectado más de 7,2 millones de toneladas de azúcar, y a mediados de los años sesenta la cosecha solía ser de entre 4 y 5 millones.[355] El objetivo castrista de diez millones, por lo tanto, era irrealizable.[356] Aun siendo así, se jugó la legitimidad del régimen con aquella cosecha, que denominó el «baremo con el que juzgar las capacidades de la revolución»,[357] y llegó a declarar que incluso una cosecha de 9,999 millones de toneladas sería una «derrota moral».[358] «Casi todos los recursos nacionales» se derivaron a la campaña.[359] Se movilizó a dos tercios del Ejército,[360] y cerca de 1,2 millones de trabajadores —muchos de ellos, «voluntarios»— fueron a ella redistribuidos, con el gran coste que supuso, desde otros sectores de la economía.[361] Con todo, la campaña solo alcanzó los 8,5 millones de toneladas: un «fracaso colosal».[362]

El descalabro de la campaña azucarera asestó un golpe sin precedentes a la legitimidad del régimen.[363] Como el propio Castro declaró, «nuestros enemigos dicen que nos encontramos en apuros, y nuestros enemigos están de hecho en lo cierto».[364]

Con todo, estos fracasos no pusieron al régimen en graves aprietos. A pesar del generalizado descontento, no hubo deserciones del régimen.[365] En el punto álgido del conflicto con la Unión Soviética, estalló una crisis interna del partido —conocida como «el caso de la microfracción»— cuando un grupo de antiguos líderes del PSP, vinculados a Moscú, trataron de desafiar a Castro, al parecer con respaldo soviético.[366] Fueron arrestados más de tres decenas (la mayoría procedentes del PSP) de integrantes.[367] Sin embargo, lo más destacado fue que ninguno de estos disidentes pertenecía a altos niveles del partido, y se demostró que si los oficiales soviéticos conspiraban contra Castro «encontrarían pocos intermediarios, en caso de haber alguno, dentro del PCC que [lo] pudieran desafiar».[368] Del mismo modo, Castro tampoco fue cuestionado por los militares.[369] Ni siquiera tras la funesta campaña azucarera hubo señales de revuelta militar.[370] Por último, al haber destruido los centros independientes de poder, era difícil trasladar el descontento popular en forma de oposición organizada. Así pues, aunque el Gobierno de Castro se enfrentaba a una severa crisis de legitimidad, «no existía una oposición que pudiera ofrecer una nueva y viable alternativa».[371]

La crisis del comunismo y el colapso soviético, 1986-1995

El régimen mantuvo una relativa estabilidad entre 1970 y mediados de los años ochenta. Aunque la llegada de Reagan a la presidencia renovó el temor a una invasión estadounidense,[372] la renovada amenaza acabó por fortalecer al régimen al imprimir una mentalidad de asedio entre las élites revolucionarias.[373]

A partir de mediados de los ochenta, sin embargo, el régimen empezó a enfrentarse a amenazas cada vez mayores. Por un lado, la economía se detuvo en seco, conduciendo a un descontento generalizado.[374] Aun siendo así, y mientras que los comunistas soviéticos, chinos y vietnamitas empezaban a introducir reformas promercado a finales de la década, Castro respondió a la crisis con un rechazo a los mercados y volviendo a la «concienciación» y al trabajo voluntario.[375] Declarando que los errores que había cometido Cuba en el pasado provenían de imitar a los soviéticos,[376] Castro rechazó la perestroika y buscó una rectificación, que combinaba un comunismo ortodoxo con elementos de la «economía moral» impulsada en la década de 1960.[377] El Gobierno abolió los mercados de productores y demás emprendimientos privados que en los años setenta sí se habían permitido,[378] a la vez que movilizaba a 400.000 trabajadores —un 14 por ciento del total— en «microbrigadas» voluntarias que se ocuparían de la agricultura y la construcción de viviendas, clínicas y guarderías.[379]

La rectificación condujo a niveles de discrepancia interna que no se habían vivido desde finales de los sesenta.[380] Lo que es más: el general Arnoldo Ochoa, un oficial condecorado y popular que al parecer simpatizaba con el reformista soviético Mijaíl Gorbachov, empezó a ser percibido como una amenaza en potencia.[381] Si bien Ochoa jamás llegó a rebelarse, a conjurarse o expresarse contra el Gobierno, tanto él como varios de sus aliados serían purgados de las fuerzas armadas en junio de 1989, arrestados por tráfico de drogas y ejecutados al mes siguiente.[382] Dado su prestigio y popularidad, su ejecución «habría sido inconcebible en la mayoría de los países latinoamericanos»,[383] y se ha demostrado que esta incitó descontento entre las tropas.[384] Sin embargo, no fue seguida por ninguna rebelión militar.[385]

No obstante, el caso Ochoa apenas si fue el comienzo de la crisis. A partir de 1990, la caída de la Unión Soviética produjo un impacto externo del que habrían sobrevivido escasos regímenes. Los subsidios soviéticos mantuvieron la economía cubana a flote durante la década anterior, y cubrían más de la mitad del presupuesto gubernamental.[386] Sin apoyo soviético, como se comentó en la época, la economía cubana «colapsaría sin más».[387]

En efecto fue eso lo que sucedió. La ruina de la Unión Soviética arrojó al régimen a una crisis sin precedentes.[388] La economía cubana se redujo en un 25 por ciento solo en 1991, y entre un 35 y un 50 por ciento entre 1989 y 1993.[389] El poder adquisitivo de los cubanos cayó en un 70 por ciento, mientras que los suministros de combustible y energía se evaporaron casi por completo.[390] A finales de 1991, Castro reconoció que los cubanos se enfrentaban al «más difícil período de [nuestra] historia».[391]

Castro, incluso en esas circunstancias, se negó a adoptar reformas económicas de mercado, como en China o Vietnam, o a llevar a cabo reformas liberalizadoras, como en Europa del Este.[392] Declaró: «¿Reformas capitalistas? ¡Jamás! Todo el mundo debe saber que la revolución no se echará ni un milímetro atrás [...]. No vamos a "privatizar" nada en absoluto».[393] En su lugar, el Gobierno se atrincheró, iniciando un «Período Especial» de austeridad en tiempos de paz, que se caracterizaba por un racionamiento generalizado y una enorme reducción del consumo particular.[394] Los apagones se convirtieron en rutina, y el combustible resultaba tan escaso que el Gobierno se vio obligado a importar medio millón de bicicletas de China, tras lo que Castro dijo a los cubanos: «Entramos en la era de las bicicletas».[395] Por vez primera desde 1959, el Gobierno se veía incapaz de proporcionar comestibles básicos.[396] Para el año 1993, la mayoría de los cubanos llevaban dos años sin carne ni lácteos.[397]

El hundimiento económico representaba un problema de gran envergadura. El descontento popular se disparó,[398] mientras que decenas de grupos disidentes hicieron aparición.[399] Incluso la Iglesia, tras su largo silencio, empezó a exigir el fin del Gobierno unipartidista en 1993.[400] Los oficiales del Gobierno temían una «explosión social»,[401] y se produjeron, de hecho, inéditos disturbios en las calles durante 1993 y 1994.[402] El más importante fue el Habanazo de 1994, durante el cual 3.000 manifestantes destrozaron tiendas y arrojaron piedras y botellas mientras clamaban «¡abajo Fidel!» en la principal avenida del centro de La Habana, el Malecón.[403]

La crisis de 1990-1994 hizo que muchos testigos creyeran que el régimen estaba a punto de dar su último suspiro. Un grupo de trabajo de la CIA sobre Cuba concluyó que las posibilidades de que Castro cayera eran más del cincuenta por ciento.[404] El histórico observador Andrés Oppenheimer publicó un libro titulado *La hora final de Castro*, al tiempo que algunos de los más influyentes estudiosos caracterizaron también la época como los «últimos días» de la revolución.[405]

A pesar de todo, el régimen sobrevivió. El resultado vino dado por tres motivos, todos ellos relacionados con su origen revolucionario. El primero fue que perduró la cohesión de su élite.[406] En la cúpula del PCC todavía imperaba la generación revolucionaria fundacional.[407] En 1991, de los veinticinco miembros del Politburó, catorce seguían siendo veteranos de la revolución.[408] Unidos todos ellos por una «mentalidad de asedio»,[409] cerraron filas entre las élites del régimen. No hubo divisiones ni deserciones.

El segundo motivo era la lealtad continuada de las fuerzas armadas.[410] El colapso soviético se tradujo en la reducción de suministros y demás recursos, con la consiguiente desafección entre las bases del Ejército.[411] En palabras de Richard L. Millet: «Si las FAR fueran una institución militar tradicional latinoamericana, aquella situación habría invitado a un golpe».[412] Sin embargo, tal resultado «jamás estuvo sobre la mesa».[413] Al igual que el partido, las fuerzas armadas seguían bajo el mando de revolucionarios de la primera generación, de absoluta lealtad hacia el régimen.[414] No poseemos, de hecho, evidencias de deslealtad militar durante el Período Especial.[415]

El tercero es la persistencia de las asimetrías en el poder, que dificultaba traducir el descontento social en movilización contraria al régimen. Debido a la ausencia de asociaciones o instituciones autónomas que pudieran impulsar acciones colectivas, la oposición organizada nunca consistió en más de unas decenas de grupúsculos disidentes.[416] Ninguna protesta contuvo más de 3.000 personas en ningún momento.[417] Aquella temida «explosión social» no se llegó a producir. Como ha observado Enrique A. Baloyra, la aparente pasividad de la población estaba tan arraigada en la capacidad represora del régimen como en la fragilidad de los centros independientes de poder:

> Apenas hay instituciones intermediarias en la sociedad cubana. En Cuba, no hay una Iglesia [católica] que pueda movilizar a las masas como sucedió en Polonia [...], no se ve en ninguna parte un movimiento obrero independiente como Solidarnosc [...]; los disidentes e intelectuales cubanos no han podido converger en nada parecido a la Carta 77.
>
> La ausencia de cobijo institucional y de espacios sociales [...], la atomización que caracteriza a las formas estalinistas de control político ha tenido una eficacia singular a la hora de prevenir el desarrollo de solidaridades horizontales que suelen preceder a la cristalización de formas organizadas de protesta pública.[418]

No costó contener mediante la coerción de baja intensidad la limitada réplica social que logró emerger a principios de los años noventa. El Gobierno desplegó a los CDR y a las «Brigadas de Respuesta Rápida» para cortar las protestas de raíz.[419] Los disidentes fueron monitoreados, acosados, despedidos del trabajo y, en algunos casos, arrestados y encarcelados.[420] Así pues, una represión eficaz de baja intensidad frenaba la movilización colectiva, logrando que los levantamientos de masas fueran algo «improbable».[421]

La muerte de Castro y la sucesión del liderazgo, 2008-2021

El régimen se estabilizó en la segunda mitad de los años noventa. La economía cubana se recuperó en parte,[422] mientras que el Gobierno llevó a cabo algunas reformas modestas en lo económico, como la legalización de las actividades económicas a pequeña escala.[423] La relajación de los controles totalitarios permitió el surgimiento de una «sociedad protocivil».[424] Aparecieron pequeños grupos disidentes, como el Concilio Cubano, el Comité Cubano de Derechos Humanos, la Comisión Nacional de Derechos Humanos y Reconciliación, el movimiento Armonía o el Proyecto Varela.[425] No obstante, todos estos grupos siguieron siendo pequeños y dispersos,[426] permitiendo al régimen seguir sirviéndose de la coerción de baja intensidad —vigilancia, acoso y detenciones ocasionales— con la que podía mantenerlos bajo control.[427] Un ejemplo de ello es el Proyecto Varela, creado por el conocido disidente Oswaldo Payá en 1998.[428] El año 2002, el Proyecto Varela reunió 11.000 firmas exigiendo un referéndum sobre elecciones libres y libertades civiles.[429] Esto, para Castro, era pasarse de la raya, y en marzo de 2003 veintiún líderes de la asociación y más de cincuenta disidentes fueron encarcelados.[430] La organización no volvió a recuperarse.[431]

La sucesión podía representar el más grave aprieto al que se enfrentaba el régimen a principios de los dos mil. En 2006, la enfermedad obligó a Castro a abandonar la presidencia, y en 2008 se jubiló de manera oficial (moriría en 2016). El relevo fue su hermano, el vicepresidente Raúl Castro. Se esperaba que la partida de Fidel condujera el régimen a una crisis. Cuando se conocieron las noticias, la Pequeña Habana de Miami lo festejó de forma anticipada.[432] En Estados Unidos, Thomas Shannon, el subsecretario de Estado en la Oficina de Asuntos del Hemisferio Occidental, declaró que las dictaduras «son como helicópteros. Tienen un mecanismo de punto de fallo único. Cuando una hélice se sale de un helicóptero, se estrella. Cuando un líder supremo desaparece de un régimen autoritario, el régimen autoritario se tambalea».[433] Sin embargo, durante la sucesión no ocurrió nada destacable. No hubo protestas,[434] ni ruido de sables, ni tampoco «fisuras [...] en la cúpula».[435]

Raúl Castro fue presidente durante la época en que falleció la generación revolucionaria. Entre 2010 y 2013, se reemplazó a buena parte de la vieja guardia en la cúpula.[436] En 2018, Raúl Castro abandonó la presidencia. Su sucesor, el vicepresidente Miguel Díaz-Canel, nació después de la revolución. Castro abandonó su puesto de primer secretario del Partido Comunista en 2021. Aunque la sucesión tuvo lugar sin incidentes reseñables, la muerte de la generación revolucionaria representa un problema significativo. El régimen se enfrentó a protestas nunca vistas a mediados de 2021. Aunque las manifestaciones fueron acalladas con relativa facilidad, la capacidad del régimen de mantener la cohesión en la élite —y de emplear una represión de alta intensidad si hace falta— está abierta a debate.

El caso cubano se conforma en gran medida a nuestra vía ideal-típica de consolidación de un régimen revolucionario. Las políticas radicales, tanto en el país como en el extranjero, llevaron a rebeliones de signo contrarrevolucionario, una invasión financiada por Estados Unidos y una amenaza militar estadounidense persistente. Como respuesta, los «soldados cívicos» de los que se rodeó Fidel Castro se cristalizaron en una élite civil y militar cohesionada que construyó un enorme aparato securitario y que eliminó los centros independientes de poder social. El resultado fue una gran asimetría entre el poder del Estado y el de la sociedad que siguió vigente durante más de medio siglo, permitiendo al régimen sobrevivir a sus desencaminadas políticas, al colapso de la Unión Soviética y a la muerte de Castro.

Las explicaciones alternativas no bastan para explicar su perdurabilidad. En primer lugar, el hecho de que ninguna autocracia prerrevolucionaria hubiera aguantado más de una década antes de 1959 hace menos plausible afirmar que existieran ya condiciones para un autoritarismo sin la revolución. En segundo lugar, el régimen cubano sobrevivió durante muchos años sin contar con un partido de verdad. Aunque el PCC terminó por convertirse en un partido de gobierno institucionalizado, el hecho de que quienes lo fundaron y dirigieron fuese una red estable de veteranos revolucionarios viene a sugerir que la fuerza del partido provenía de la revolución. En tercer lugar, el descontento general que causó la crisis económica de los años ochenta y noventa desmiente la idea de que el apoyo de masas era lo que mantenía vigente la estabilidad del régimen. Son, en realidad, los pilares autoritarios surgidos de la secuencia revolucionaria-reactiva —una élite cohesionada, cuerpos de seguridad poderosos y leales y la destrucción de la vida asociativa— los que mejor explican la pervivencia del régimen revolucionario de Cuba.

IRÁN

Como el de Castro, el Gobierno revolucionario de Irán fue frágil en sus inicios, pero de inmediato atacó a todo cuanto le rodeaba. La República Islámica de Irán (RII) nació en 1979 a partir de una destartalada coalición de nacionalistas laicos, comunistas y clérigos que a duras penas tenía control sobre el país. Sin embargo, en lugar de pensar en reforzar el apoyo local o en el extranjero, el ayatolá Ruhollah Jomeini impuso el dominio clerical, fomentó la revolución en otros países y apoyó una toma de rehenes en la embajada estadounidense. El Gobierno revolucionario se convirtió en uno de los principales financiadores del terrorismo en Oriente Medio, y llegó a poner en marcha un programa de armamento nuclear. Ningún otro régimen revolucionario de los que examinamos en este libro ha sido aislado por la comunidad internacional durante tanto tiempo.

Al mismo tiempo, y a diferencia de la mayoría de las autocracias revolucionarias, la RII no contaba casi con ninguna institución leninista. En su lugar, el régimen se constituyó de tal manera que parecía animar al conflicto entre sus élites. No solo no hubo un partido gobernante la mayor parte de su existencia, sino que la RII celebraba elecciones periódicas semicompetitivas, favorables a que surgieran cada vez nuevas facciones.[437]

Con todo esto en contra, la RII hace más de cuarenta años que sigue en pie. Ha sobrevivido a una costosa guerra contra Irak, a la muerte de su líder fundador, a un movimiento de protesta de masas en 2009 y a sanciones desgastadoras y disturbios ciudadanos en la década de 2010. Y si bien ha habido una división entre facciones más clara y más intensa que en la mayoría de los casos revolucionarios, los cercanos al régimen han mantenido casi siempre su lealtad al sistema clerical.

Como en Cuba, esta capacidad de pervivencia procede de una secuencia de revolución y reacción. Las radicales provocaciones de Jomeini al orden nacional e internacional generaron una insurgencia violenta y una guerra con Irak, en las que se reforzó la cohesión de sus élites y se motivó el desarrollo de un aparato de coerción poderoso y leal, además de la destrucción de casi todas las alternativas organizadas. La secuencia revolucionaria-reactiva desembocó en la creación de un «Estado profundo» capaz de acallar las amenazas populares, junto con una élite del régimen que, por dividida que estuviera, casi nunca se encontró con una oposición categórica.

La toma revolucionaria del poder

Del mismo modo que en Cuba, la revolución iraní fue precedida por una dictadura sultanística. La dinastía Pahleví fue fundada en 1925 por Reza Khan, comandante de la Brigada Cosaca Persa que se declaró rey. Debido a sus simpatías por el Eje, los británicos depusieron a Reza en 1941 y coronaron a su hijo, Mohammad Reza Pahleví. El segundo monarca de los Pahleví en un principio fue débil y limitado por un *Mejlis* ('Parlamento') electo. A principios de los años cincuenta, en el *Mejlis* se aprobó un Gobierno nacionalista que encabezaba Mohammad Mosaddegh, cuyo Frente Nacional sacaba provecho del creciente antagonismo al control británico de los recursos naturales de Irán.[438] Después de que Mosaddegh tratara de nacionalizar el petróleo del país, un golpe financiado por Estados Unidos y Gran Bretaña lo derrocó, obligó al Frente Nacional a pasarse a la clandestinidad y asentó con firmeza la autoridad del sah.[439]

Aprovechándose de unos ingresos del petróleo de los que ahora tenía más libre disposición, el sah fue incrementando de forma drástica sus poderes a partir de 1954.[440] Cada vez más, la línea entre las arcas públicas y las finanzas particulares del sah se fue atenuando. La corrupción era desenfrenada.[441] El sah pronto empezó a ejercer un grado extraordinario de control personal sobre las fuerzas armadas. Prohibió a los jefes militares comunicarse entre ellos, y colocó a sus compinches en los mandos militares. Se necesitaba el permiso explícito del sah para cualquier nombramiento y toda compra de armas, o incluso para trasladar tropas de una caserna a otra.[442] Debido a ello, el Ejército estaba fragmentado en extremo. Con el apoyo estadounidense y británico, el sah también puso en marcha un enorme y eficaz aparato de seguridad, dotado de gran financiación y que él mismo controlaba: el SAVAK.[443]

El sah se sirvió de su poder para eliminar todos los contrapesos a su autoridad. Se prohibieron los partidos de la oposición y, en 1963, con una serie de amplias reformas —conocidas como la «Revolución Blanca»— expropió los terrenos particulares de las poderosas «mil familias», eliminando en la práctica a la clase social de los latifundistas.[444] Después de aquello quedaría escasa oposición.

El régimen Pahleví gozó de estabilidad durante décadas. Gracias a una combinación de crecimiento económico estable, los réditos que daba el petróleo, el apoyo estadounidense y un poderoso aparato de seguridad, Irán representó un faro de estabilidad a mediados de los años setenta.[445] En una fecha tan tardía como mediados de 1978, la CIA concluyó que «Irán no se encuentra en una situación revolucionaria; ni siquiera prerrevolucionaria».[446]

El sah, sin embargo, era vulnerable; puesto que el régimen se sostenía en gran medida mediante las fuerzas de seguridad, el petróleo y Estados Unidos, su monarca no necesitaba hacerse con un apoyo generalizado en el país.[447] Su Gobierno personal le permitía ejercer su poder a la contra de los grandes intereses, la opinión pública o la cultura imperante. Su Gobierno atacaba los derechos patrimoniales y, en la década de 1970, arrestó a millares de tenderos como método de control de la inflación.[448] Además, el apoyo del sah a Israel[449] y su explícito desprecio a las tradiciones religiosas le garantizó la firme oposición de los clérigos chiitas del país.[450]

Uno de aquellos altos clérigos en particular, el ayatolá Jomeini, se hizo popular como uno de los principales críticos del régimen después de que la Revolución Blanca se llevara por delante la autonomía y poder del clero chiita.[451] Tras un levantamiento en junio de 1963, que habían apoyado los clérigos radicales, Jomeini estuvo exiliado en Turquía y luego en Irak.[452] Sin embargo, su prestigio no paraba de crecer. En una coyuntura en que el resto de los opositores estaban comprados o en la cárcel, la oposición clara y contundente que representaba Jomeini le hizo popular entre los detractores del sah, laicos o religiosos.[453]

En el exilio, Jomeini desarrolló una serie de nuevas ideas radicales que difundió. Escribió varios libros en los que sostenía que los clérigos deberían ejercer control directo sobre Irán siguiendo la doctrina religiosa. Su versión de cómo debía ser un Gobierno clerical —*Velayat-e Faqih*, es decir, «tutela de los juristas»— representaba una ruptura con la doctrina chiita tradicional, que consideraba que el sacerdocio no debía entrometerse en las estructuras del poder secular.[454] Antes de Jomeini, los términos *república* e *islámica* jamás se habían escrito seguidos.[455] La mayoría de los clérigos chiitas se opusieron a aquellas ideas, tanto en Irán como en todo Oriente Medio.[456] Sin embargo, el exiliado Jomeini acabaría convirtiéndose en una figura que unificaría la oposición; al tiempo que sus ideas radicales terminarían por transformar la política en la región.

La influencia de Jomeini se veía reforzada por la gran proliferación de instituciones religiosas en los años sesenta y setenta.[457] Ya en la década de los setenta, existían 9.000 mezquitas y 180.000 mulás en Irán.[458] Solo en Teherán había unas 12.300 asociaciones religiosas. Aun siendo así, la demanda de clérigos superaba a menudo la oferta, con lo que apareció un amplio mercado de grabaciones religiosas en casete, que contribuyeron a diseminar el mensaje de Jomeini.[459] Aunque las mezquitas cooperaron con el régimen durante la mayor parte del mandato del sah, su autonomía y penetración en la sociedad comenzaron a darles un enorme potencial revolucionario.

El régimen del sah, así pues, se enfrentaba a una panoplia de oponentes, que incluían a los izquierdistas, a los nacionalistas laicos, a los comerciantes y a los conservadores religiosos. A estos grupos les unía la antipatía que sentían hacia el régimen. En común también tenían el nacionalismo. Debido a la cercanía del sah con Occidente, muchos lo veían como un lacayo de Estados Unidos. Al final, un exiliado Jomeini parecía ser la figura que podría unificar a los opositores del régimen, incluso entre izquierdistas y nacionalistas laicos (muchos de los cuales no tomaban en serio sus planes de un Gobierno clerical porque veían la religión como una «fuerza moribunda»).[460]

El carácter sultanístico del régimen exacerbó la vulnerabilidad del sah. Al vaciar las instituciones del Estado y apropiarse de ellas, el sah construyó un régimen que era endeble y dependiente por completo de su liderazgo. Cuando él flaqueaba, el régimen también lo hacía.

La revolución de 1979 surgió a partir de una serie de sucesos contingentes y de pasos en falso del sah. Desde el frente extranjero, con la elección de Jimmy Carter creció la presión para efectuar reformas, y avivó el temor a que Estados Unidos ya no estuvieran tan comprometidos con la supervivencia del sah.[461] Dentro del país, un editorial periodístico pagado por el Gobierno en que se llamaba a Jomeini «agente británico», junto con un trágico incendio en el Cinema Rex de la ciudad de Abadán, propiciaron oleadas de protestas que de forma progresiva amenazaban la continuidad del sah en el poder.[462] Los manifestantes obtuvieron el apoyo de los comerciantes *bazaari** y de un creciente número de mezquitas; a mediados de 1978 habían estallado protestas a gran escala por todo Irán.[463]

La incongruente respuesta del sah a estas protestas —una represión brutal, seguida de concesiones— solo logró llevar a las calles a más contrarios al régimen.[464] El 8 de septiembre de 1978, conocido como «viernes negro», el sah declaró la ley marcial y las tropas masacraron a 88 manifestantes. El sah siguió con una represión teñida de gestos contradictorios, deteniendo a 13 de sus fieles para contentar a los manifestantes (a todos los efectos, lo que anunciaba a sus partidarios era que la

* Este término persa hace referencia tanto a la clase mercader tradicional del país como también a quienes se ocupan de los bazares. Debemos comprender aquí que un estrato comerciante de cierto poder se acercó a las ideas de los manifestantes. *(N. del T.)*

lealtad al sah sería castigada), pero también nombrando a un comandante militar como primer ministro para que impusiera la ley marcial. Los días 10 y 11 de diciembre, millones de iranís tomaron las calles de todo el país exigiendo la partida del sah y el retorno de Jomeini. Un mes después, el sah abandonó Irán para nunca volver, a la vez que precipitaba el colapso del Estado.

El 1 de febrero de 1979, el avión de Air France en el que volaba Jomeini desde París aterrizó en un país que no solo carecía de Gobierno, sino que cada vez tenía menos Estado. Ya que el control sobre el Ejército había sido de un carácter tan personal con el sah, las fuerzas armadas eran incapaces de gobernar —o de imponer el orden— en su ausencia. Por ende, no sabían qué hacer y estaban cada vez más desmoralizados.[465] El poder del Estado se desvaneció.[466] Entre un 5 y un 10 por ciento de los soldados del Ejército habían desertado de sus puestos en el momento en que Jomeini volvió de su exilio.[467] El 9 de febrero, ochocientos técnicos y mecánicos de las fuerzas aéreas de la base de Doshan Tappeh se pasaron al bando de Jomeini.[468] Los Guardas Imperiales, fieles al régimen, atacaron la base aérea a continuación, pero durante «tres días de gloria» las milicias izquierdistas y religiosas —la islamista-marxista Mojahedin-e-Khalq (MK) y la marxista-leninista Fedai del Pueblo— se enfrentaron a los Guardas Imperiales, a quienes derrotaron y confiscaron un armamento que repartieron entre mezquitas y centros comunitarios.[469] Estos acontecimientos llevaron a una oleada de requisición de armas por todo el país, además de a una deserción en masa en todos los rangos del Ejército. El Estado iraní se desintegró. Se rindieron unidades enteras y, el 11 de febrero, el Consejo Supremo de las Fuerzas Armadas declaró su neutralidad, sellando así el destino del régimen del sah.[470]

Las fuerzas revolucionarias se apresuraron en desmantelar cuanto quedaba del aparato coercitivo. Al considerar al Ejército como un baluarte del imperialismo estadounidense que llevaba «al sah en su sangre»,[471] Jomeini y sus aliados se obsesionaron con purgarlo.[472] Se establecieron tribunales revolucionarios y, el 15 de febrero, ejecutaron a cuatro generales de alta gradación en el tejado del cuartel general de la revolución, que había sido una escuela primaria femenina. Cientos de otros oficiales militares serían ejecutados durante las semanas posteriores.[473] En julio, al descubrirse que un partidario del sah planeaba bombardear la casa de Jomeini, tuvo lugar la ejecución de 144 oficiales y la purga de 4.500 miembros del Ejército.[474] En septiembre de 1980, 12.000 soldados habían sido expulsados de las fuerzas armadas.[475] El cuerpo de oficiales se redujo en un 60 por ciento,[476] mientras que, en 1980, el Ejército iraní ya había menguado hasta casi la mitad: de 285.000 integrantes pasó a tener 150.000.[477] Al cabo de pocos años, la burocracia estatal había sufrido una transformación radical, y la élite del Gobierno de Pahleví quedaba por completo reemplazada.[478]

La secuencia de revolución y reacción

Como sucedió en Cuba, el régimen revolucionario de Irán nació frágil. El nuevo Gobierno era «un conglomerado de fuerzas contradictorias, tan solo unidas por su rechazo al régimen del sah».[479] En él cabían nacionalistas laicos, comunistas y clérigos. Aunque Jomeini era muy popular, había estado fuera del país desde 1964 y no poseía ni de lejos la organización necesaria para mantener el orden.[480] Ni siquiera encontró suficientes aliados de confianza para completar su recién creado Consejo de la República Islámica.[481] El primer ministro Mehdi Bazargan, nacionalista laico, tenía poca influencia. Como en Rusia a principios de 1917, se confería poder formal a un Gobierno provisional, pero la autoridad real estaba en manos de un batiburrillo de líderes revolucionarios y consejos poco definidos. En medio del vacío de poder al que abocó la disolución del antiguo régimen, se acudió a una mezcolanza de milicias y 1.500 *komitehs* ('comités') revolucionarios para imponer el orden.[482]

A pesar de la precariedad y diversidad de su coalición, Jomeini puso en marcha una radical campaña con la que transformar la sociedad iraní e instaurar un Gobierno clerical. Declaró ilegal el divorcio, prohibió el alcohol, cerró las discotecas y los bares, restringió los viajes al extranjero y atentó contra los derechos de las mujeres, con la revocación de muchas reformas de igualdad de la época del sah, y llegando a proscribir que las mujeres aparecieran en público sin cubrirse la cabeza.[483] Se impusieron penas muy duras a los insultos a clérigos o a la denigración del islam.[484] Durante tres años cerraron sus puertas las universidades para depurarlas de influjo occidental.[485] El día 1 de abril, se celebró un referéndum por el cual los iranís podían elegir si mantenían la monarquía o se establecía una república islámica. Debido al craso modo en que formularon ambas alternativas, la república islámica se impuso de modo aplastante.[486]

Más aún, Jomeini y sus aliados redactaron de forma unilateral una nueva constitución que permitía elecciones semilibres presidenciales y de la legislatura (*Mejlis*), pero donde en última instancia el poder recaía en un líder supremo, o *faqih*. El Consejo de Guardianes, que incluía a seis expertos en ley islámica nombrados por el *faqih*, aprobaba a los candidatos para el *Mejlis*, la presidencia y la Asamblea de Expertos, que a su vez se encargaban de nombrar al *faqih*. El presidente elegido por el pueblo estaba a cargo del Gobierno, pero subordinado al líder supremo. Esta determinación por institucionalizar el poder clerical se tradujo en resistencia de aquellos izquierdistas a quienes habían tenido como aliados, como también por parte de los moderados religiosos como el ayatolá Mohammad Kazem Shariatmadari.[487]

Jomeini también tuvo la osadía de enfrentarse a Estados Unidos. El 5 de noviembre de 1979, en lo que Jomeini denominó «la segunda revolución de Irán», un grupo de estudiantes radicales ocupó la embajada estadounidense en Teherán, donde tomaron a más de cincuenta rehenes.[488] Aquel acto fue condenado en todo el mundo, y el desventurado primer ministro Bazargan dimitió tras ser incapaz de detenerlo.[489] La crisis consiguiente, de 444 días, hizo de Irán un país aislado, y costó al Gobierno 12.000 millones de dólares en activos que poseía en el extranjero.[490] En un santiamén, Irán se había convertido en paria internacional.

Aunque la toma de rehenes estadounidenses había sido una jugada de mucho riesgo, el conflicto posterior consiguió unificar por un tiempo a las dispares fuerzas del régimen en aquel momento crítico de su transición.[491] Con Irán asediado por Estados Unidos y buena parte del mundo, y una supuesta presencia de agentes extranjeros por todas partes,[492] muchos nacionalistas e izquierdistas se pusieron a la defensiva. El Partido Tudeh, comunista, dejó a un lado su oposición al Gobierno clerical y se puso del lado del régimen. Jomeini pudo así dar el debate sobre la constitución por terminado. Debido a aquel contexto de intensa amenaza internacional, oponerse a la nueva constitución era sinónimo de traición.[493] La nueva carta magna fue aprobada en diciembre de 1980.

La unidad, sin embargo, duró poco. La imposición de un mandato clerical generó una intensa oposición que incluyó una enorme insurgencia contrarrevolucionaria. Las milicias MK, de izquierdas, aliadas en la lucha contra el sah, iniciaron una oleada de magnicidios en 1981, como el del primer ministro Yavad Bahonar y el del segundo presidente iraní, Alí Rayaí.[494] El 27 de junio de 1981, el futuro líder supremo Alí Jamenei fue víctima de un atentado con bomba durante un sermón que le incapacitó el brazo derecho. Un día más tarde, otra bomba impactó contra el cuartel general del progubernamental Partido de la República Islámica (PRI), matando a 63 de sus oficiales, como el presidente de la Corte Suprema, Seyyed Beheshtí.[495] Cientos de oficiales del Gobierno murieron durante este período.[496] Las guerrillas de izquierdas ocuparon por un tiempo la ciudad de Amol a principios de 1982.[497] Tuvieron lugar rebeliones armadas en Tabriz, Kurdistán y Juzestán[498] que casi llevaron al país a una guerra civil.[499] Cada vez más cosas parecieron estar en juego después de que el *Mejlis* impugnara al presidente Abolhasán Banisadr. Como respuesta, Banisadr se puso del lado del MK y trató de incitar una sublevación popular contra los clérigos.[500] Este sería prácticamente el único desafío directo en que incurriría alguien próximo al régimen durante más de cuatro décadas.

Como réplica a esta violenta resistencia, el Gobierno revolucionario puso en marcha una gigantesca campaña de terror que acabó eliminando a casi toda la oposición organizada.[501] Unas 3.000 personas, tal vez 8.000, fueron ejecutadas entre 1981 y 1983.[502] El MK tuvo que exiliarse. El comunista Partido Tudeh fue prohibido y sometido a represión, mientras que aniquilaron al resto de las formaciones políticas o estas tuvieron que pasar a la clandestinidad.[503]

Lo crucial del conflicto fue que ofreció al Gobierno una excusa para acabar con los numerosos e influyentes líderes chiitas que se oponían a un Gobierno clerical. A destacados clérigos moderados los atacaron matones progubernamentales, logrando silenciarlos.[504]

Aquella violencia propició que se creara un aparato de seguridad poderoso y leal. A diferencia de la mayoría de los casos revolucionarios, el Ejército preexistente en Irán sobrevivió a la revolución. En cualquier caso, fue sometido a purgas, reducido y perdió buena parte de su relevancia.[505] Al mismo tiempo, el Gobierno revolucionario creó dos nuevas fuerzas de seguridad desde cero. La primera estaba conformada por los Cuerpos de la Guardia Revolucionaria Islámica (CGRI). Creados a partir de unidades de guerrilla que se habían enfrentado a miembros leales del Ejército en febrero de 1979,[506] los CGRI se convirtieron en la fuerza de seguridad más importante del país,[507] eclipsando el poder del Ejército. La segunda nueva organización era el Basich. Fundado a finales de 1979, el Basich debía convertirse en una «milicia de veinte millones de hombres» que defendería la revolución de enemigos internos y externos.[508]

Los CGRI y el Basich se encontraban bajo el mando de ideólogos revolucionarios muy vinculados al líder supremo.[509] Sus vínculos fomentaron un compromiso vehemente con el régimen y su supervivencia.[510] Ser capaz de reprimir la disidencia era considerado un prerrequisito para ascender de rango en los CGRI.[511] De sus líderes se esperaba que actuaran con indiferencia a la opinión pública.[512] Siendo consideradas organizaciones religiosas y la fuente (como también el juez) de la pureza revolucionaria en Irán,[513] el Basich y los CGRI demostraron una lealtad extraordinaria hacia el líder supremo.[514] Cuando las facciones moderadas intentaron reafirmar su control sobre las fuerzas de seguridad, durante las presidencias de Banisadr y Jatamí, estas fracasaron.[515]

El conflicto de signo contrarrevolucionario llevó a un drástico incremento en las dimensiones, influencia y capacidad de los CGRI y el Basich. La Guardia Revolucionaria fue, en un inicio, un grupo mal financiado y poco entrenado de guerrilleros.[516] No obstante, el Gobierno de Jomeini empezó a valerse en gran medida de ellos para reprimir los ataques del MK y de otros rivales armados a principios de los años ochenta.[517] Por este motivo, se fueron convirtiendo al poco tiempo en una de las instituciones más poderosas —y entre las mejor financiadas— de Irán.[518] Los CGRI pasaron de tener 4.000 tropas en mayo de 1979 a 25.000 en septiembre de 1980.[519] El protagonismo de la Guardia Revolucionaria durante la contrainsurgencia propició que se desarrollara su capacidad de inteligencia, y la expansión de su presencia en las áreas urbanas.[520] El Basich, por su parte, tuvo un papel destacado en la derrota de las guerrillas de izquierdas, como también a la hora de reducir las revueltas comunistas del norte de Irán.[521]

Durante la década de 1980, el régimen revolucionario se vio también inmerso en conflictos externos. La crisis de rehenes de 1979 convirtió a Estados Unidos en enemigo, y las relaciones con la Unión Soviética se deterioraron tras la ilegalización del Partido Tudeh y los juicios amañados de corte estalinista a los que sometieron a sus miembros en 1983.[522] El régimen también caldeó las tensiones de Oriente Medio. Jomeini hizo un llamamiento al pueblo iraquí a alzarse contra Sadam Husein y apeló a una revolución islámica en todo el golfo Pérsico,[523] maniobras que generarían hostilidades en la mayoría de los Estados árabes.[524] Irán se convirtió en un gran financiador del terrorismo en la región. Como respuesta a la invasión israelí del Líbano en 1982, los oficiales iranís crearon Hezbolá,[525] que organizó el letal bombardeo de cuarteles estadounidenses y franceses de Beirut en 1983.[526] En 1987, Irán sembró de minas antibuque el golfo Pérsico, incrementando las tensiones con Estados Unidos. Por último, en 1989, Jomeini promulgó una fetua ('decreto') en que llamaba a la muerte de Salman Rushdie por su libro *Los versos satánicos*, con la consiguiente indignación internacional y el fin de las relaciones diplomáticas con Gran Bretaña.[527] Como expresó un comandante de los CGRI, Irán entró en «guerra contra el mundo entero».[528]

El conflicto exterior de más repercusiones para el régimen fue la guerra de 1980 a 1988 contra Irak.[529] La revolución produjo una escalada de tensiones entre ambos Estados. El discurso de Jomeini amenazaba al Gobierno iraquí:[530] exigía a los chiitas que se alzaran contra Husein, y amagó con invadir el país vecino después de que en abril de 1980 asesinaran a un clérigo chiita en Irak.[531] Más crucial fue todavía que la revolución abrió la puerta a Husein para debilitar a su tradicional contrincante geopolítico.[532] La revolución y las purgas no solo habían hecho mella en el Ejército iraní, sino que el aislamiento internacional del régimen permitía suponer que sería Irak quien tendría apoyo de Estados Unidos y de los Estados del golfo Pérsico.[533] De hecho, en el inicio de la guerra, el equilibrio militar favoreció a los iraquíes.[534]

El conflicto bélico empezó en septiembre de 1980, cuando 45.000 efectivos iraquíes se dirigieron a Irán. En apariencia, la primera reacción del Gobierno de Jomeini confirmaba lo que esperaba Husein. Las fuerzas militares de Irán, que ya tenían bastante con las contrainsurgencias dentro de sus fronteras, en un principio no se dieron cuenta de la incursión, lo que permitió a las tropas iraquíes avanzar con rapidez hasta el interior del territorio iraní.[535] Sin embargo, diversos factores, como las mayores dimensiones de Irán, su fuerza aérea mejor preparada y el apoyo inicial de Israel, permitieron sobrevivir a la república islámica, que reagrupó sus tropas y acabó cambiando el rumbo de la guerra.[536]

La ideología también desempeñaba un papel. La élite clerical iraní veía en el conflicto una guerra religiosa, consideración que casi sin duda alguna ayudó al régimen a mantenerse en pie tras las pérdidas iniciales.[537] Además, las mermadas capacidades militares se podían compensar gracias a poder movilizar grandes cantidades de voluntarios motivados del Basich, que utilizaron técnicas de ola humana para atravesar campos de minas y alcanzar las posiciones iraquíes.[538] Aunque se trataba de técnicas costosas, reforzaron la campaña defensiva del Ejército en los primeros estadios de la guerra.[539]

En junio de 1982, Irak ya se había retirado a la frontera. En aquel momento, las insurgencias en territorio iraní ya habían sido aplastadas, del mismo modo que sus rivales pasaban a la clandestinidad o se exiliaban,[540] de modo que el régimen revolucionario podía considerarse ya implantado. No obstante, en lugar de acabar con la guerra, Irán se dirigió hacia Irak con la intención de propagar la revolución islámica.[541] Puesto que Irak podía solicitar asistencia de los estadounidenses y a los Estados del golfo Pérsico,[542] las fuerzas iranís quedaron estancadas, y la guerra se empantanó durante seis años más.

Aunque el conflicto imponía enormes costes a Irán, reforzó la estructura coercitiva del régimen, y en particular la de los CGRI y el Basich.[543] El CGRI pasó de tener unas 25.000 tropas en 1980 a 450.000 hacia la conclusión de la guerra,[544] para estabilizarse en unas 150.000 durante los años noventa.[545] Los CGRI desarrollaron una considerable eficacia militar durante la guerra de Irak.[546] La guerra también otorgó a la Guardia un enorme prestigio[547] que, junto con sus abundantes recursos, hacía que el cuerpo atrajera a los mejores reclutas.[548] Hacia el final del conflicto, la influencia de la Guardia se había extendido al Gabinete y los medios.[549] Con la guerra también salió reforzado el Basich: durante su apogeo, en 1986, el Basich trajo consigo a 100.000 voluntarios a la línea de frente.[550] Esta fuerza se convirtió en «parte omnipresente de la vida» en muchas ciudades iranís.[551]

Como en China, Rusia y Vietnam, la experiencia de la guerra produjo una duradera mentalidad de asedio; tanto los comandantes de los CGRI como del Basich se percibían en «estado de guerra constante», enfrentándose a una amenaza existencial e inminente del extranjero.[552]

La guerra contra Irak, en definitiva, justificó que se suprimieran las fuerzas opositoras restantes, vistas como traicioneras «quintacolumnistas».[553] En particular, el Gobierno aniquiló a los últimos resquicios del MK que habían sobrevivido en Irak y que tenían en mente una quijotesca invasión de Irán en 1988. Los miembros del MK que quedaban, con su nula preparación y escaso equipo, fueron barridos del mapa a base de bombardeos. A continuación, como parte de una maniobra que horrorizó a muchos dentro del régimen, pero también en el extranjero, el Gobierno masacró en torno a 4.000 partidarios del MK que llevaban tiempo pudriéndose en cárceles iranís.[554]

La secuencia revolucionaria-reactiva de Irán transformó a la república islámica de una coalición de grupos disímiles a un régimen autoritario de gran poder. Tras un conflicto violento y guiado por la ideología acabó calando una intensa mentalidad de asedio, se destruyeron los centros alternativos de poder y el régimen se dotó de servicios de seguridad eficaces, leales y comprometidos con la ideología.[555]

En primer lugar, la revolución y sus violentas secuelas acabaron con las amenazas organizadas al régimen. El sah ya había finiquitado a la clase latifundista.[556] El Ejército prerrevolucionario permaneció en su sitio, aunque, tal y como mencionamos, este sufrió las consecuencias de la revolución, junto con purgas y la reducción de sus dimensiones.[557] En segundo lugar, el régimen formó «departamentos político-ideológicos» dentro del propio Ejército para adoctrinar y verificar la lealtad de los candidatos a un rango mayor.[558] En 1986 ya se encontraban «comisarios religiosos» activos en todos los ámbitos del Ejército.[559] Se instalaban agentes estatales en las universidades, consideradas susceptibles de albergar influencias foráneas.[560] Así pues, si bien algunas instituciones prerrevolucionarias sobrevivieron a la revolución, el nuevo régimen estaba muy infiltrado en ellas.

Por último, y como ya se ha dicho, el conflicto contrarrevolucionario y la guerra entre Irán e Irak hicieron añicos a quienes pudieran hacerles sombra, como el MK, el Partido Comunista y lo que quedaba del Frente Nacional. El conflicto militar también sirvió para justificar que se marginara a los religiosos moderados, como el ayatolá Shariatmadari.[561] Concluida la revolución, la plana mayor del clero fue también sometida a un «grado sin precedentes de politización y control».[562] Se estableció en 1987 el Tribunal Clerical Especial con el fin de poner freno a los «desvíos», y condujo a la detención de cientos de clérigos.[563] El Basich también formó una brigada especial desde la que vigilar al clero de todo el país.[564] Estas medidas dañaron la fuerza del clero no conformista.[565] Así fue como la república islámica volvió de la guerra de Irak con escasos adversarios que se pudieran organizar.

Sin embargo, la institución religiosa mantenía un grado sustancial de autonomía con respecto al Gobierno,[566] como también una cierta independencia económica gracias a las donaciones de sus seguidores, lo que le permitía, a veces, criticar las políticas del Gobierno e incluso resistirse a sus dictados.[567] A principios de los años noventa, por ejemplo, y a pesar de la intensa presión gubernamental, el estamento clerical de Qom se negó a otorgar a Jamenei el importante título religioso de *marja*, que en principio había sido necesario para convertirse en líder supremo.[568] Aunque el gran clero jamás se movilizó contra el régimen entre 1979 y 2021, algunas autoridades religiosas independientes seguían siendo una oposición latente, algo sin equivalente en Cuba.

La República Islámica de Irán (RII) carecía por otro lado de la arquitectura institucional que comparten la mayoría de los regímenes revolucionarios duraderos. Es importante señalar que la RII no tenía un partido líder. Aunque el PRI funcionó como si lo fuera a principios de los años ochenta,[569] Jomeini lo desmanteló (es irónico que lo hiciera porque era una fuente de faccionalismo) en 1987.[570] La inexistencia de un partido de gobierno que regulara los conflictos entre las élites, junto con la existencia de elecciones periódicas y semicompetitivas, originaron un grado mayor de conflicto explícito entre sus élites que en Cuba y que en la mayoría de los casos revolucionarios.[571] Los oficiales del régimen mantuvieron brutales disputas sobre las políticas y la administración, y varias figuras de renombre, como el prestigioso clérigo Hosein Alí Montazerí, perdieron la gracia del líder supremo y acabaron siendo apartados (véase más adelante).

Sin embargo, este conflicto no dejaba ver que existía un grado bastante notable de unidad entre las élites del régimen. Aunque algunos políticos reformistas como Seyyed Mohammad Jatamí en los años noventa o Mir-Hosein Musaví en 2009 fueron refrendados por los votantes opuestos al régimen (tal vez creando con ello incentivos para ejercer planteamientos oposicionistas), ellos jamás se opusieron a la RII, ni tampoco pretendían que cayera. De hecho, a pesar de contadas excepciones, los reformistas en la élite siempre se comprometieron a preservar el sistema clerical, aunque perdieran ante conservadores.[572] Como demostramos más adelante, esta reticencia a exhibirse como clara oposición minó los intentos de acabar con la RII. Así pues, aunque Irán resulta un caso más ambiguo que Cuba, la incapacidad sistemática de sus líderes para pasarse a la oposición sugiere que la élite muestra una sorprendente cohesión.

Asimismo, y de manera crucial, el auténtico centro del poder del régimen —el «Estado profundo» que controla el líder supremo y que respaldan los CGRI y el Basich— ha permanecido cohesivo y leal sin ambages[573] Los CGRI y el Basich han sido siempre inextricables del líder supremo; estos reclutan a miembros de familias pobres y religiosas que se comprometen al mandato clerical.[574] Casi todos los estudios acerca de la Guardia se fijan en su profunda entrega a una concepción dogmática del islam.[575] La ideología aumentó la cohesión al incrementar la percepción de que existe una amenaza existencial de fuerzas exteriores.[576] La razón de ser de las fuerzas armadas revolucionarias era defender la revolución.[577] La disciplina se reafirmaba a través del Directorio Supremo de Asuntos Ideológicos y Políticos, que instalaba a oficiales en todas las unidades de la Guardia para determinar hasta qué punto sus miembros merecían confianza política.[578] Por esta combinación de compromiso ideológico e infiltración por parte del Estado, los CGRI tenían «una fanática lealtad hacia Jomeini».[579] No hay indicaciones de que la Guardia jamás haya cuestionado al líder supremo.[580] En conjunto, los CGRI han sido una de las «bases de apoyo mejor organizadas y disciplinadas» del régimen.[581] En palabras de Jomeini, «si no hubiera CGRI, no habría país».[582]

A pesar de cierto nivel de aperturismo y competición dentro de las élites políticas, estos componentes de la línea dura han mantenido un cuasimonopolio de las fuerzas de seguridad, lo que les otorga una ventaja clave en las luchas por el poder.[583] Como veremos, el «Estado profundo», ajeno al partido, fue crucial para la supervivencia del régimen durante las tres décadas que siguieron a la guerra de Irak.

La supervivencia del régimen frente a múltiples crisis

La RII se enfrentó a tres grandes dificultades en las décadas posteriores a la guerra iraquí. La primera de ellas, la muerte de Jomeini en 1989, y la falta de un claro sucesor, generó una crisis potencial. La segunda fue que el fin de la guerra abrió un abismo entre los reformistas populares, por un lado, y los defensores de la línea dura en el *faqih* y las fuerzas armadas revolucionarias, por el otro. Esta brecha se fue ampliando durante los años noventa, y estalló con el gigantesco movimiento de protesta que casi hundió al régimen en 2009. Las sanciones internacionales representaban la tercera de estas dificultades, mermando la economía en la década de 2010 y contribuyendo a una nueva oleada de manifestaciones iniciada en 2017. Varios de los legados de la revolución facilitaron que el régimen sobreviviera a estas crisis. Uno de estos legados, la cohesión del Estado profundo y de la élite política en general contribuyeron a una sucesión tranquila en 1989. Por otro lado, la destrucción de los centros de poder alternativos arrebató a los opositores la capacidad de traducir el apoyo popular en un desafío serio al régimen. Los intentos de tirar del respaldo de las facciones reformistas encontraron trabas de quienes, desde el interior del régimen, no estaban dispuestos a enfrentarse al poder clerical.[584] Por último, unas fuerzas de seguridad fieles y eficaces sabían rechazar de modo sistemático la oposición de las masas.

La muerte de Jomeini y la sucesión en el liderazgo

El fallecimiento de Jomeini en junio de 1989 le supuso un grave problema al régimen.[585] En efecto, la CIA preveía una «probabilidad superior a la media» de que el régimen se enfrentara a una «seria inestabilidad» tras la muerte de su máximo dirigente.[586] Jomeini no solo había tenido un carisma único, sino que había pocas figuras con las calificaciones oficiales para reemplazarlo. El puesto de *faqih,* o líder supremo, había sido creado ex profeso para Jomeini y estaba diseñado para un miembro del clero que hubiera recibido el estatus de *marja* entre los chiitas.[587] Este distaba de ser un requisito técnico y punto. La legitimidad de la república islámica requería la autoridad religiosa incuestionable de su líder supremo.

Sin embargo, el único clérigo que podía llegar a optar al estatus de *marja* era Montazerí, quien había sido el sucesor designado por Jomeini, pero que había roto con este a finales de los ochenta a causa de su oposición a la masacre perpetrada contra los presos del MK en 1988. Tras aquella disputa, Jomeini marginó a Montazerí y anunció a sus más allegados (aunque no lo dejó por escrito) que deseaba que Jamenei, cercano a él, lo sucediera.[588]

Había, no obstante, un problema. Aunque Jamenei tenía fuerza en el régimen, no era *marja*. De hecho, se le consideraba un «peso ligero religioso» entre buena parte del alto clero.[589] Para que Jamenei se convirtiera en líder supremo, los principales oficiales del régimen se avinieron a modificar la Constitución. Ahora bien, el proceso no se había completado a la muerte de Jomeini. Sin disponer de un sucesor legítimo, la muerte del líder y fundador infundió el temor a un vacío de poder en un momento en que aumentaban el aislamiento internacional y las amenazas.[590] De hecho, siguiendo a Eric Selbin,[591] era plausible que cualquier intento de imponer a un líder que no poseyera las cualificaciones religiosas provocara descontento entre la base de auténticos creyentes.

Con todo, tuvo lugar una transición sin sobresaltos. Montazerí, a pesar de haber sido un sucesor designado con anterioridad, de sus numerosas cualificaciones religiosas y de tener una gran red de apoyo, ordenó a sus fieles que aceptaran su desestimación, y se dispuso a abandonar la vida pública.[592] La Asamblea de Expertos eligió a Jamenei como sucesor el día después de la muerte de Jomeini, por inconstitucional que fuera la jugada en aquel tiempo (no se tardó demasiado en enmendar la Constitución).[593] Montazerí no opuso resistencia en público a la selección de Jamenei, sino que le dio la enhorabuena por carta.[594] Como en Rusia tras la muerte de Lenin, sobrevolaba una amenaza exterior demasiado grave sobre el régimen como para que un político se pusiera en contra del nuevo líder.

Tras el fin de la guerra de Irak, la vigilancia sobre la revolución fue más difícil de mantener, mientras que los iranís se empezaban a cansar del control social y la austeridad económica.[595] Al mismo tiempo, que tuvieran lugar elecciones semicompetitivas incentivaba que hubiera propuestas reformistas. El resultado fue un creciente abismo entre los partidarios de la reforma, que disponían de un gran apoyo popular, y la línea dura del *faqih* y la Guardia Revolucionaria.[596] Aunque los reformistas no desafiaban en público al mandato clerical, sí pedían libertades políticas más amplias, un relajamiento de los controles sociales y límites constitucionales al poder del *faqih*.[597] Los conservadores se oponían a estas reformas.[598]

No era una lucha entre iguales. Respaldados por Jamenei y el Estado profundo,[599] los conservadores se sirvieron de su control del aparato coercitivo para blindarse y seguir fortaleciendo el nuevo orden social islámico.[600] El Basich, en particular, se convirtió en «baluarte contra la creciente liberalización cultural».[601] En los años noventa tuvo un papel muy activo en la vigilancia de las morales, como integrantes del Centro de la Promoción de la Virtud y Prohibición del Vicio, que se encargaba de hacer efectivas las restricciones sobre la vestimenta inmodesta, las fiestas mixtas y la tenencia de alcohol o libros y películas ilícitos.[602]

Las fuerzas conservadoras salieron fortalecidas con el presidente Akbar Rafsanyaní, que encargó los proyectos de reconstrucción de posguerra a los CGRI, una maniobra que los transformó en una de las organizaciones mejor financiadas del país.[603] El acceso de los CGRI a tantos recursos los hizo atractivos para los oportunistas que no sentían un compromiso tan firme con la misión ortodoxa de la organización.[604] No obstante, en la cúpula de los CGRI siguieron predominando los veteranos de la revolución, y el cuerpo mantuvo una fidelidad carente de ambigüedades hacia el líder supremo. Son casi inexistentes los casos de desobediencia en sus escalafones más altos.[605]

De ahí surgió una dinámica según la cual los reformistas sacaban rédito del descontento popular para ganar elecciones y luego ver como las fuerzas conservadoras del Estado los frenaban. En 1997, el exministro de Cultura Seyyed Mohammad Jatamí, reformista, alcanzó la presidencia con un sorprendente 69 por ciento del voto. Jatamí se hizo con el apoyo de los muchos iranís que estaban «hartos de los oligarcas clericales».[606] Su elección trajo consigo pronósticos optimistas de una «segunda revolución» o del «amanecer de una democracia islámica».[607]

Sin embargo, los esfuerzos para la reforma que llevó a cabo Jatamí se estrellaron contra el Estado profundo de la república islámica. A pesar de la popularidad del nuevo presidente, «no tenía la autoridad ni la independencia» para hacer nada sin el permiso de Jamenei, a quien respaldaba el aparato encargado de la seguridad.[608] Así, poco después de que Jatamí subiera al poder, las fuerzas de seguridad clausuraron varias publicaciones reformistas.[609] En abril de 1998, el alcalde reformista de Teherán, Gholamhossein Karbaschi, fue llevado a juicio por falsas acusaciones de corrupción, encarcelado y expulsado de la política durante diez años.[610] Numerosos escritores y nacionalistas disidentes fueron víctimas de asesinatos vinculados *a posteriori* con las fuerzas de seguridad.[611] Después de que cerraran el periódico reformista *Salam* a mediados de 1999, miles de estudiantes salieron a las calles en las ciudades de todo Irán pero fueron reprimidos por patrullas ciudadanas islámicas y milicianos del Basich.[612]

En el año 2000, los reformistas lograron 215 de los 290 escaños en las presidenciales, y en 2001 Jatamí resultó reelegido con un extraordinario 76 por ciento de los votos. De nuevo, no tuvo ninguna importancia. El asalto continuo contra los medios reformistas, que incluyó el cierre de varios periódicos, los dañó de gravedad.[613] Jatamí carecía del poder suficiente para defender a sus aliados reformistas.[614] Jamenei rechazó todos sus esfuerzos por incluir a reformistas en las fuerzas de seguridad.[615] Persistieron de este modo enormes abusos de los derechos humanos. Así pues, la presidencia de Jatamí «empezó con un rugido atronador y terminó con un afectado susurro».[616] La mayoritaria oposición popular ante la línea dura hegemónica logró poco con lo que desestabilizar al régimen.

Sin embargo, no era solo la represión del Estado profundo lo que fomentaba la estabilidad del régimen. También dependía de la lealtad de los propios reformistas. Aunque a algunos partidarios de las reformas poco les faltó para ejercer oposición a finales de los años noventa y en el 2009, quienes estaban dentro del régimen casi nunca se oponían al mandato clerical.[617] Jatamí, por ejemplo, siendo principal reformista se negó a disputar la autoridad del líder supremo.[618] Como presidente, mantuvo una «lealtad incondicional» hacia Jamenei y denunció las exigencias reformistas de modificar la Constitución como si fueran «sinónimas» de «traición».[619] Cuando empezaron a crecer las protestas a favor de la reforma en 1999, Jatamí acusó a los manifestantes de andar con «malas intenciones» y de «atacar los fundamentos del régimen».[620] Entrevistado en televisión, el presidente acusó a las protestas de ser «demagógicas, provocativas, divisivas para la sociedad y una amenaza a la seguridad nacional».[621] Más adelante, cuando numerosas publicaciones reformistas vieron su cierre en el año 2000, Jatamí llamó a la calma en lugar de posicionarse con la oposición.[622] En su intento de evitar los disturbios y de salvaguardar al *establishment* islámico en el Gobierno, en el que él «creía», Jatamí más de una vez se hizo atrás ante la oposición conservadora a las reformas democráticas.[623]

La negativa de Jatamí a enfrentarse al régimen llevó a las fuerzas opositoras a la desesperación, ya que creó un obstáculo importante para que pudiera movilizarse la oposición.[624] Así pues, la rápida represión de las protestas estudiantiles en 1999 fue facilitada sin duda por la dura condena de sus actividades, tras la que los activistas de izquierdas se sintieron «engañados», además de «confusos y abandonados».[625] Se oyó gritar a los manifestantes: «¡Jatamí, Jatamí! ¿Dónde estás? A tus estudiantes los han matado».[626] Al final de su segundo mandato, algunos de los principales reformistas se pusieron en contra de Jatamí. Frustrada por su pasividad, la activista iraní por los derechos humanos Shirin Ebadi exigió a Jatamí que dimitiera a principios de 2004.[627] Una desmoralización general pudo haber entonces contribuido a la victoria del archiconservador alcalde de Teherán, Mahmud Ahmadineyad, en las siguientes presidenciales.*

El triunfo de Ahmadineyad representaba un giro electoral considerable a favor de los conservadores, quienes a menudo se habían encontrado con dificultades en las urnas. Sin embargo, su triunfo no silenció a la oposición por mucho tiempo. El apoyo popular de Ahmadineyad fue decayendo en un contexto de economía en retroceso,[628] y, en 2009, el ex primer ministro Mir-Hosein Musaví se opuso a él en las elecciones como parte de una plataforma reformista. El estilo franco de Musaví y la agudeza de sus debates con Ahmadineyad por televisión le valieron una oleada de entusiasmo. Una gran concurrencia en las urnas hizo que se esperara una victoria de Musaví.[629] Sin embargo, parece ser que se manipularon los votos, y Ahmadineyad «ganó» según los resultados oficiales con un 63 por ciento del electorado.[630] La respuesta fue un «tsunami de protestas», que acabó siendo conocido como «Revolución Verde».[631] Fue «el mayor desafío interno a la estabilidad de la RII desde su fundación»,[632] con más de un millón de manifestantes en las calles de Teherán. Las protestas alcanzaron pronto a más de veinte ciudades.[633] Las proclamas de «¡muerte al dictador!» se oían desde las ventanas por la noche.[634] Las manifestaciones prosiguieron durante el verano, y obtuvieron respaldo de miembros de las élites del régimen. Varios clérigos de renombre apoyaban a Musaví, mientras que el expresidente Rafsanyaní, presidente de la Asamblea de Expertos, criticó las elecciones (aunque no llegó a cuestionar los resultados).[635] Casi dos terceras partes de la legislatura rechazaron acudir a la investidura de Ahmadineyad.[636]

Al principio, el Gobierno entró en pánico.[637] Debido a la envergadura de las protestas y al estatus de Musaví en el régimen, era factible que las fuerzas de seguridad rechazaran al presiden-

* De este modo, la participación descendió de un 80 por ciento en 1997 al 67 por ciento de 2001, y hasta el 60 por ciento de 2005 (en la segunda vuelta) (Iran Data Portal n.d.). Ahmadineyad parece haber tenido asistencia del Basich y los CGRI. Véase Naji (2008: 63); Sinkaya (2016: 165-170).

te titular, como sucedió con el Ejército en Serbia en el año 2000, en Ucrania en 2004 o Egipto en 2011. De hecho, muchos miembros de base del Basich abandonaron sus puestos durante las manifestaciones.[638] No obstante, los actores de más peso en el régimen apoyaron siempre a Ahmadineyad y mostraron escasos miramientos a la hora de aplicar mano dura.[639] Si bien algunos oficiales del Ministerio del Interior en un principio apoyaron a Musaví, los CGRI se mantuvieron siempre del lado de Jamenei y resultaron cruciales para acallar las protestas.[640]

Si bien suscitaron condena en el país y en el ámbito internacional, los cuerpos de seguridad la tomaron con fuerza contra la oposición.[641] Asesinaron al menos a setenta y dos personas, y apalearon a otros millares más, a menudo en sus hogares y en plena noche.[642] Antes del acceso a la presidencia, el régimen ejecutó a varios disidentes encarcelados en lo que parecía ser un mensaje al resto de los críticos.[643] El Gobierno apenas se esforzó en disimular la represión, y en su lugar celebró juicios farsa en que los líderes de la oposición se veían obligados a confesar en público.[644] Tampoco tenía manías a la hora de atacar a parientes de los miembros de las élites, como fue el caso de familiares de Musaví y Rafsanyaní.[645] Unos matones progubernamentales llegaron a asaltar al propio Musaví.[646]

Las protestas siguieron durante todo el otoño de 2009, y especialmente en ocasión de festejos públicos.[647] En el día de Ashura, el 27 de diciembre, decenas de miles de manifestantes salieron a las calles de Teherán y por lo menos de otras diez ciudades. El Gobierno volvió a utilizar la represión contra ellos,[648] acabando en una de las confrontaciones más sangrientas desde el inicio de los disturbios.[649] A principios de 2010, el régimen lanzó una «epidemia de arrestos»,[650] mientras que una gran cantidad de militantes de la oposición fueron sentenciados a muerte.[651] A principios de 2010, el régimen logró desgastar a los opositores. El movimiento «se retiró durante un período de examen de conciencia y reagrupamiento»;[652] ni siquiera la Primavera Árabe de 2011 pudo infundirle nuevos ánimos.

La lealtad de los CGRI y del Basich durante la crisis debe ser comprendida, en parte por lo menos, por los orígenes del régimen. La facilidad con la que las fuerzas de seguridad reprimió a los manifestantes se fundamentaba en una visión polarizada de «ellos contra nosotros», surgida de la revolución.[653] En el caso de muchos oficiales de los CGRI, los manifestantes representaban una amenaza directa, no solo al poder y a prerrogativas de las que gozaban ellos mismos, sino para la revolución: una visión que años de combatir insurgencias y fuerzas iraquíes habían vuelto intransigente.[654] Estos oficiales veían en el movimiento de protesta una «amenaza existencial» y un ataque a la «propia revolución».[655] Los presos políticos informaron de que el personal de seguridad «había hecho suya la propaganda por su inquebrantable devoción ideológica hacia el régimen, como encarnación de la voluntad de Dios en la tierra».[656] Esta visión otorgaba una justificación ideológica a la represión con la que no podían contar los acorralados Gobiernos de otras autocracias contemporáneas como Ucrania en 2004 o Egipto en 2011.

Resultó crucial, además, que la élite del régimen se mantuvo unida durante toda la crisis. Aunque muchos políticos importantes —como Rafsanyaní— se opusieron a Ahmadineyad y criticaron las elecciones, muy pocos de entre ellos llegaron a traspasar la raya que los separaba de la auténtica oposición.[657] Resulta claro que Musaví tonteó con la oposición. Se convirtió en el centro de las miradas de los opositores al régimen, y criticó a los políticos de línea dura —muy cercanos a Jamenei— por distorsionar el islam.[658] Sin embargo, como Jatamí, Musaví demostró ser un «reacio abanderado» de la oposición.[659] Jamás llamó a la derrota de la república islámica o del líder supremo, y si criticaba a Jamenei durante las manifestaciones lo hacía de la forma más enrevesada que supiera.[660] Asimismo, Musaví tampoco tuvo apenas ningún protagonismo en la organización o la puesta en práctica del levantamiento.[661] Presionado con fuerza para que dejara de incitar a la protesta, pidió que cesaran las manifestaciones una semana después de las presidenciales, y suplicó a sus participantes que permanecieran leales a la RII.[662] La página de Facebook de Musaví exhortaba a sus partidarios a seguir «fieles al sagrado sistema de la RII», y a emplear los «cauces legales».[663] Con todo, los cabecillas de la Revolución Verde «en lo fundamental jamás discreparon de la legitimidad de la república».[664]

Por último, la Revolución Verde mostraba los achaques de la previa destrucción de los centros de poder independientes. Si la comparamos con la oposición argelina, que utilizaba las redes de mezquitas como estructuras con las que movilizarse, los opositores iranís tenían un menor acceso a instituciones sociales. Las fuerzas de seguridad, por lo tanto, se enfrentaban a una oposición que se hallaba sumida en un «caos organizativo» y que dependía en gran medida de la interacción espontánea por internet.[665] El apoyo de los bazaaris o de la clase obrera habría aumentado las posibilidades de éxito del movimiento, pero «la represión y las flaquezas organizativas impidieron que ambas clases participaran» en él.[666] En su lugar, el movimiento confiaba en servirse de las divisiones entre las élites del régimen, una estrategia que acabó descarrilando debido a la extrema aversión de los reformistas a oponerse al régimen.

Sanciones y disturbios populares en la década de 2010

A pesar de una «implacable persecución estatal» a partir de 2009,[667] las fuerzas reformistas y opositoras siguieron atrayendo un amplio apoyo popular. Así pues, cuando terminó el segundo mandato de Ahmadineyad en 2013, los iranís eligieron a un moderado como presidente, Hasán Rohaní. Sin embargo, ante la resistencia del Estado profundo, Rohaní tuvo muy poco impacto en el régimen.[668]

Aun así, la RII se enfrentó a una nueva ronda de protestas a finales de la década de 2010, propulsada por una crisis económica cada vez más intensificada. Los años de laxa aplicación de las sanciones internacionales llegaron a su fin después de que la iniciativa iraní de fabricar un arma nuclear fuera descubierta a principios de los años 2000.[669] Estados Unidos logró a través de su presión que se aplicaran sanciones más estrictas, que empezaron a mermar la economía iraní desde finales de los años 2000 hasta comienzos de los 2010.[670] El alcance de las nuevas sanciones —que afectaban a las operaciones bancarias y comerciales, seguros y envíos— dificultaba que Irán pudiera funcionar dentro de la economía global.[671] Más de mil millones de dólares de activos iranís quedaron congelados.[672] Estados Unidos también impuso «sanciones secundarias» a las empresas que trataran con Irán, produciendo una oleada de desinversión.[673] Irán dejó de tener acceso a los servicios bancarios SWIFT, lo que dificultaba aún más garantizar el pago de las exportaciones de petróleo.[674] El crudo exportado descendió de 2,5 millones de barriles a 243.000 al día entre 2011 y 2019.[675] El PIB de Irán se redujo un 20 por ciento a principios de la década.[676] Aunque un trato de 2015 con la Administración Obama logró rebajar las sanciones a cambio de regular el programa nuclear de Irán, Estados Unidos abandonó el pacto en 2018 y volvieron a imponer sus sanciones.[677] Entre 2017 y 2019, Irán perdió por lo menos 50.000 millones de dólares en ingresos petroleros, mientras que la economía se redujo en un 13 por ciento.[678]

La crisis económica se tradujo en un descontento general.[679] En diciembre de 2017 estallaron protestas en la segunda ciudad de Irán, Mashhad, y no tardaron en extenderse a una veintena larga de ciudades. Los manifestantes clamaban «¡muerte al dictador!», quemaron fotografías de Jamenei y asaltaron una comisaría en Qahdarijan.[680] Otro estallido de protestas tuvo lugar en junio de 2018, esta vez alcanzando casi todas las provincias del país.[681] La más grave tuvo lugar en noviembre de 2019, después de que el Gobierno anunciara fuertes incrementos en el precio de la gasolina. Decenas de miles de manifestantes salieron a la calle en cien ciudades de todo Irán y saquearon bancos y tiendas.[682] Según el Ministerio del Interior, los participantes incendiaron más de 140 oficinas gubernamentales, cientos de bancos, decenas de gasolineras y 50 bases de seguridad.[683] Los manifestantes que exigían la muerte del líder supremo tomaron el control de la histórica ciudad de Mahshahr.[684] En gran medida los disturbios sucedieron en barrios de rentas bajas de apoyo tradicional al régimen.[685]

Este levantamiento impactó a la cúpula del Gobierno, en especial después de que llegaran informes sobre la destrucción de una estatua del ayatolá Jomeini por parte de los manifestantes.[686] Antes de veinticuatro horas se cortó casi por completo el acceso a internet. Muchas ciudades y barrios se convirtieron en zonas de seguridad donde los policías registraban casa por casa en busca de disidentes.[687] La policía disparó contra manifestantes por la calle, asesinándolos, y abrió fuego sin distinción entre las masas.[688] Las estimaciones de muertos oscilan de entre varios centenares a 1.500.[689] Fuera como fuera, las matanzas por parte del Estado fueron mayores que durante la Revolución Verde.[690] Algunos reformistas apartados de la primera línea, como Jatamí, denunciaron la represión.[691] Sin embargo, una vez más, estos no llegaron a exigir el fin del Gobierno clerical.[692] En dos semanas las protestas habían sido acalladas. Mientras que el régimen viraba hacia la inestabilidad a finales de la década, los clérigos más importantes lograron rápida y sistemáticamente acabar con todo cuanto se opusiera a su poder. Ello contrasta en particular con casos de inestabilidad como el de Argelia, donde al Gobierno le llevó una década finiquitar las amenazas de la oposición al final de la Guerra Fría (véase el capítulo 5).

En definitiva, los casi diez años de crisis económica en Irán no lograron terminar con el régimen debido a dos motivos. El primero era la destrucción de la mayoría de los centros de poder alternativo; es decir, que por más que los opositores al régimen obtuvieran apoyo público, carecían de la infraestructura organizativa para «coordinar el descontento» y traducirlo en un desafío efectivo hacia el régimen.[693] En segundo lugar, y tal vez lo más importante, era que las fuerzas de seguridad jamás dejaron de ser leales o de estar dispuestas a la represión.[694]

En la república islámica tuvo lugar una plácida sucesión del líder en 1989, y se logró desactivar la amenaza popular en 2009 y 2019. Esta permanencia sorprende si tenemos en cuenta la fragilidad de un régimen que nació en 1979. Jomeini apenas poseía organización sobre el terreno a su retorno a Irán, tras quince años de exilio. En lugar de ponerse al servicio de los grandes intereses locales e internacionales, impuso un Gobierno clerical, apoyó la toma de la embajada estadounidense y animó a la revolución por todo el golfo Pérsico. Estas decisiones motivaron una insurgencia dentro del país y la guerra contra Irak. Los conflictos reforzaron la cohesión, motivaron la demolición de los centros alternativos de poder de la sociedad y llevaron a la creación de un aparato coercitivo leal y poderoso. Con la polarización revolucionaria se obtuvo una motivación para reprimir que la mayoría de las autocracias no poseen. A resultas de ella, ni el *faqih* ni las fuerzas de seguridad dudarían en iniciar una represión de alta intensidad. Además, los cuerpos de seguridad no se levantaron en contra del régimen ni una sola vez.

Se carece de la misma constancia para otras explicaciones alternativas. La durabilidad de la RII podría explicarse por las condiciones precedentes. Al fin y al cabo, el régimen del sah había puesto en marcha un aparato potente y sobrevivió durante décadas. Sin embargo, el Estado neopatrimonial del sah se desintegró con la caída de este, con lo que los revolucionarios se vieron obligados a reconstruir el Ejército y la burocracia estatal desde cero. De hecho, los sustentos más importantes de la pervivencia del régimen —los CGRI y el Basich— eran instituciones de nueva creación, surgidas a partir del conflicto revolucionario.

Otra explicación se centra en el petróleo,[695] del que se dice que incrementa la perdurabilidad de los autoritarismos al financiar un gran aparato coercitivo y otorgar a los autócratas grandes recursos con los que comprar a sus oponentes y rebajar el descontento popular.[696] En efecto, la RII utilizó su riqueza petrolera para establecer un «estado del bienestar de los mártires» que facilitaba la sanidad y otras ayudas a muchos iranís que habían vivido en la exclusión durante la época del sah.[697] Estas medidas sociales deben haber ayudado al régimen a mantener un apoyo popular considerable —o por lo menos conformidad—, en especial en las regiones rurales.[698]

Sin embargo, existen razones por las que dudar del petróleo como el principal motivo de pervivencia. Así pues, la RII sobrevivió incluso después de que las sanciones la hubieran despojado de las rentas petroleras. Como máximo, esta explica la pervivencia del régimen solo durante una parte de su historia. Además, aunque los ingresos del petróleo permitieron costear el gran aparato de seguridad de Irán, su existencia no explica por qué la Guardia Revolucionaria nunca intentó hacer caer al líder supremo. Está claro que los CGRI llegaron a tener verdadero interés material en mantener su poder.[699] Podrían haberse quedado con una parte mayor, y aun así no lo hicieron.

Asimismo, tampoco queda claro el impacto de los programas sociales —sufragados por el petróleo— sobre el apoyo popular al régimen. Kevan Harris considera que los programas de bienestar social sí fueron de ayuda para muchos iranís que apoyaron a los reformistas en los años noventa y los dos mil.[700] Opina que la expansión del estado del bienestar gracias al petróleo en los años setenta y noventa «acabó con los dos máximos repuntes en movilización social en la historia moderna del país»: la revolución de 1979 y el movimiento de protesta de 2009, concluyendo por ello que «si las ayudas son un soborno del Estado, en ese caso no es muy efectivo».[701] Por último, nuestro análisis estadístico de todas las autocracias desde el año 1900 nos muestra que los orígenes revolucionarios hacen predecible la durabilidad del régimen incluso cuando tenemos en cuenta el acceso a los recursos naturales.[702] Por ende, aunque es posible que el petróleo haya aumentado el aguante de la república islámica, vemos con escepticismo que sea una explicación mejor que sus orígenes en una revolución.

La teoría sociocultural también aporta algunas pruebas a su favor. La pervivencia de la RII podría haber dependido del apoyo de las familias religiosas del campo, así como de otros «elementos de línea dura de la población iraní».[703] De hecho, es posible que el apoyo rural a la ideología del régimen haya contribuido a que sobreviviera a la crisis de 2009.[704] Con todo, este respaldo solo lo explica en parte. Como hemos mostrado en este capítulo, la supervivencia del régimen dependió de la represión en las décadas de 2000 y 2010.

En términos más generales, el apoyo generalizado a los políticos reformistas y a las muestras populares de oposición masiva contravienen la afirmación de que la pervivencia del régimen dependiera del apoyo social. Las encuestas públicas de las que disponemos sugieren un apoyo limitado a los controles sociales religiosos.[705] En general, el líder supremo se ha sostenido más en la fuerza bruta y de autoridades no electas que en el apoyo popular para mantenerse en el poder.[706]

La última explicación alternativa es la que se centra en las instituciones. La ausencia de un partido de gobierno, junto a la existencia de elecciones periódicas, llevó a un intenso conflicto entre las élites.[707] Sin embargo, al final, una sorprendente minoría de sus miembros abandonó el régimen. De hecho, los políticos reformistas siguieron siendo casi siempre fieles al mandato clerical, a pesar del incentivo electoral de apoyarse en las percepciones contrarias al régimen. Este extraordinario nivel de cohesión entre las élites se fundamenta en los orígenes revolucionarios de la RII.

CONCLUSIÓN

Cuba e Irán se ajustan en gran medida a la vía de tipo ideal hacia la durabilidad revolucionaria. En ambos casos, sus Gobiernos revolucionarios se opusieron de forma agresiva a los grandes intereses locales e internacionales. Su radicalismo temprano llevó a un conflicto contrarrevolucionario violento y a décadas de hostilidad internacional, convirtiéndolos en regímenes cohesionados y defendidos por fuerzas de seguridad leales y poderosas. Ambos regímenes, gracias a todo ello, lograron sobrevivir tanto a la muerte de sus líderes carismáticos fundadores como al descontento popular que causaron las sanciones y las crisis económicas. La estabilidad de ambos regímenes se vio reforzada por la destrucción de alternativas organizadas, inhibiendo así la movilización popular.

Los casos de Cuba e Irán ilustran la limitación de las teorías que se basan en las instituciones leninistas para explicar la longevidad de los regímenes revolucionarios. En Cuba, Castro gobernó sin un partido real hasta mediados de los setenta. El régimen iraní no seguía para nada el molde leninista: el partido de gobierno fue abandonado en los años ochenta, y la autoridad se encontraba en manos de una confusa serie de entidades que competían entre sí. Sin embargo, que no contaran con instituciones leninistas no fue óbice para que ambos perduraran. Lo que los mantenía a flote, en ambos casos, eran sendos poderosos Estados, cohesionados a partir de una lucha revolucionaria, violenta y polarizadora.

Capítulo 7

Fracasos radicales

Las prematuras muertes de la República Soviética de Hungría, los Jemeres Rojos y los talibanes

En la mayoría de las autocracias revolucionarias, los intentos radicales de transformación social condujeron a secuencias revolucionarias-reactivas que acabaron fomentando la longevidad de sus sistemas autoritarios. Sin embargo, en algunos casos, los revolucionarios radicales cayeron víctimas de las guerras contrarrevolucionarias que provocaron. Este capítulo analiza los tres regímenes revolucionarios de nuestra selección que murieron en su infancia; todos ellos a manos de enemigos exteriores. A pesar de su diferenciadas coyunturas históricas, contextos geográficos e ideologías, la República Soviética Húngara (1919), los Jemeres Rojos (1975-1979) y los talibanes (1996-2001) siguieron trayectorias parecidas. En los tres casos, las iniciativas radicales de sus Gobiernos revolucionarios, en Estados pequeños y vulnerables, generaron conflictos militares que destruirían sus regímenes en gestación.

Consideramos que la muerte prematura de los regímenes revolucionarios hunde sus raíces en una mezcla de iniciativas radicales y vulnerabilidad geopolítica. Como sus homólogos revolucionarios que sí sobrevivieron, los dirigentes de Hungría, Camboya y Afganistán se opusieron a los intereses principales de poderosos del país y de la esfera internacional. Sin embargo, a diferencia de Rusia, China, Vietnam e Irán, que eran Estados más bien grandes que se convirtieron en potencias regionales, Hungría, Camboya y Afganistán eran Estados más bien pequeños y proclives a la intervención de vecinos poderosos. Hungría, un país de ocho millones de habitantes, estaba rodeado por tres potencias hostiles, exponiéndolo a una agresión extranjera. De modo parecido, Camboya y Afganistán eran Estados periféricos sacudidos por los conflictos indirectos de la Guerra Fría. Su vulnerabilidad aumentaba las posibilidades de que estos regímenes revolucionarios y radicales fueran borrados del mapa antes de que una secuencia reactiva los pudiera fortalecer. Así pues, cuando Béla Kun y el Partido Comunista atacaron a las clases dominantes de Hungría, invadieron Checoslovaquia y declararon la guerra contra Rumanía, el régimen acabó siendo derrocado por Ejércitos foráneos tras solo 133 días en el poder. Similar fue el caso del régimen de los Jemeres Rojos, que colapsó tras su invasión del vecino Vietnam, o el del régimen de los talibanes, derribado después de que sus líderes facilitaran un atentado terrorista de signo extremista en Estados Unidos.

LA REPÚBLICA SOVIÉTICA DE HUNGRÍA

Fundada en 1919, dos años después de la Revolución rusa y apenas unos meses tras la derrota húngara en la Primera Guerra Mundial, la República Soviética de Hungría era radical. Organizó un ataque contra los intereses de los campesinos, de los terratenientes y de la Iglesia; invadió a dos de sus vecinos (Checoslovaquia y Rumanía) y atizó un golpe de Estado en un tercero (Austria). Como en otros casos radicales, frente a aquellas decisiones llegó una respuesta en forma de conflicto contrarrevolucionario. Sin embargo, a diferencia de los Gobiernos radicales de Rusia, Cuba e Irán, los revolucionarios de Hungría no sobrevivieron al conflicto. En medio de una rebelión de aristócratas y oficiales militares del antiguo régimen, la república cayó —tras apenas cuatros meses en el poder— ante una invasión de las tropas rumanas, respaldadas por los franceses.

La toma revolucionaria del poder

La República Soviética de Hungría nació del colapso del Imperio austrohúngaro. Al ser derrotados los Ejércitos del imperio y de otras potencias centrales en la Primera Guerra Mundial, Hungría declaró su independencia en octubre de 1918. El conde Mihály Károlyi, aliado con el Partido Socialdemócrata —moderado—,[1] accedió al poder oficial. No obstante, el nuevo Gobierno jamás llegó a controlar del todo el territorio nacional: a ojos de la Entente, Hungría formaba parte del «botín de guerra»,[2] y las tropas serbias, checas y rumanas ocuparon cerca de la mitad de su territorio.[3] Con un bloqueo económico impuesto por las potencias europeas, al país se le denegaban recursos económicos vitales,[4] y este se enfrentaba a una amenaza constante de invasión extranjera.[5] Cediendo a las presiones de la Entente, Károlyi ordenó a todas las tropas húngaras que depusieran las armas.[6] En parte a causa de ello decayó la disciplina militar y el país sucumbió a disturbios por la falta de alimento.[7] La capacidad coercitiva del Estado se vio dañada, y Hungría se vio abocada al desorden. Como en Rusia en 1917, muchas unidades de base del Ejército y administraciones locales, además de buena parte de la producción económica, se encontraron en manos de consejos y sindicatos organizados de manera espontánea.[8] «Todo el mundo ordenaba, pero nadie obedecía.»[9]

Aprovechando esta brecha entraron Béla Kun y el Partido Comunista Húngaro (PCH). Kun era uno de los muchos húngaros que participaron en la Revolución rusa después de verse atrapados como prisioneros en aquel país durante la Primera Guerra Mundial.[10] Kun participó de la política revolucionaria en la ciudad siberiana de Tomsk (donde estuvo preso); conoció a Lenin en Petrogrado y se hizo amigo de varias luminarias bolcheviques, como la esposa de Lenin, Nadezhda Krúpskaya.[11] En 1918 ya se había convertido en uno de los socialistas extranjeros más destacados de Petrogrado.[12] Kun contribuyó en la creación del PCH en Moscú el 4 de noviembre de 1918, y luego fundó el partido en suelo húngaro al volver a finales de aquel mes.[13]

Kun y el PCH eran bastante radicales. Bajo los auspicios y el control del Gobierno soviético, el PCH se creó a imagen del

Partido Bolchevique, y estaba envuelto de una ideología «mesiánica».[14] Como los bolcheviques, los comunistas húngaros defendían una transición inmediata al socialismo, el control de la propiedad privada y la eliminación de la burguesía.[15] A diferencia de numerosos socialistas, como Lenin, Kun estaba en contra del reparto de las fincas rurales entre los campesinos, ya que —en su opinión— acabaría fomentando la propiedad privada.[16] En su lugar, Kun mantuvo siempre una defensa «dogmática» de la propiedad estatal de la tierra.[17]

Imitando las estrategias bolcheviques, Kun atizó la inestabilidad en el país para desacreditar a los socialdemócratas del Gobierno.[18] Montó protestas antigubernamentales, atacó periódicos anticomunistas, organizó y armó a los obreros radicales e incitó a la rebelión militar.[19] Bajo la inspiración de la reciente Revolución Bolchevique, los trabajadores húngaros ocuparon las fábricas por su cuenta, mientras que el Ejército y la policía se negaban a acatar órdenes de sus superiores. El Ejército se transformó en una «turba armada»,[20] al tiempo que «destacamentos de soldados borrachos vagaban por las calles».[21]

En febrero de 1919, arrestaron a Kun después de su intento de ocupar la sede del periódico socialdemócrata.[22] Su causa se convirtió en un pleito popular cuando aparecieron noticias de la terrible paliza que le propinaron unos guardas en la cárcel. Decenas de miles de personas se manifestaron.[23] El Consejo de los Soldados, que controlaba el Ejército, empezó a abogar por el Partido Comunista, como también lo hicieron la Policía y la Guardia Nacional.[24] En buena parte del país, aunque sobre todo en la capital, la autoridad del Gobierno se evaporó.[25]

Desamparados ante el proceso de radicalización y presionados por su sector radical,[26] los líderes socialdemócratas iniciaron una negociación con el encarcelado Kun. A mediados de marzo, los socialdemócratas y los comunistas se aliaron con el llamado «Pacto de Unión».[27] Al poco, el jefe de la Misión Militar Aliada en Hungría dio un ultimátum al presidente Károlyi para que cediera aún más territorio húngaro a Rumanía. Lo que hizo Károlyi, cuyo Gobierno apostó sobre todo por las buenas relaciones con las potencias de la Entente,[28] fue dimitir.

Entregó su poder a los socialdemócratas, desconociendo que estos habían pactado con los comunistas.[29]

La República Soviética de Hungría inició así sus malogrados pasos. El socialdemócrata Sándor Garbai se convirtió en el presidente oficial. Sin embargo, resultaba claro que quien ostentaba el auténtico poder en el nuevo Gobierno era Kun, nombrado ministro de Asuntos Exteriores (en la narración histórica de aquellos años, el nombre de Garbai apenas se menciona).[30] El poder *de facto* de Kun se fundamentaba en la exigua esperanza de poder utilizar sus conexiones con Lenin y los bolcheviques para que los rusos le dieran apoyo frente a la Entente.[31] Debido al extremo aislamiento internacional de Hungría, para muchos de los líderes de la coalición la Unión Soviética representaba la última esperanza de su país. También existía una esperanza generalizada de que la revolución se extendería pronto por toda Europa.[32] Por otro lado, a pesar de ser el único comunista del Gobierno, estaba claro que era Kun quien decidía sus políticas.[33]

La República Soviética de Hungría nació ya débil. Aunque los socialdemócratas y los comunistas trataron de crear un partido unificado, permanecieron con todo divididos. Mientras que los moderados socialdemócratas controlaban el aparato del partido, los comunistas de Kun —más radicales— tenían el control sobre el Gobierno.[34] A pesar de su influencia, los comunistas tenían una débil organización.[35] No poseían suficientes cuadros para emplearlos en los ministerios,[36] ejercían una escasa influencia sobre los sindicatos y entre los campesinos,[37] y no podían controlar los consejos revolucionarios de obreros y soldados que surgieron de forma espontánea entre finales de 1918 y principios de 1919.[38]

El Gobierno revolucionario también tenía una limitada capacidad de coerción. El Ejército Rojo Húngaro, creado a partir de los restos del Ejército Real Húngaro,[39] «solo existía sobre el papel».[40] Tenía muy escasos suministros y sus tropas entraban «en pánico en cuanto sonaba la artillería».[41] La disciplina y la cohesión eran ínfimos, en parte porque Kun eliminó todos los rangos militares.[42] Así pues, a pesar de que el PCH instaló comisarios en la primavera de 1919, el régimen se enfrentó a dos intentos de golpe aquel mismo verano, y los oficiales del Ejército traicionaron al Gobierno e informaron a la Entente de los planes de la república para invadir Rumanía en julio.[43]

Un sinnúmero de amenazas, tanto internas como externas, aguardaban al Gobierno revolucionario.[44] Aunque con el éxodo de miles de aristócratas y oficiales del Ejército hacia Austria las fuerzas conservadoras se hallaban en una mala situación,[45] el nuevo Gobierno se enfrentaba a la resistencia de la Iglesia católica, de vestigios del antiguo régimen en la burocracia del Estado y de sociedades secretas anticomunistas que crearon oficiales húngaros.[46]

Pero, ante todo, el Gobierno revolucionario húngaro se encontraba aislado en el plano internacional. El nuevo régimen tenía la oposición de las principales potencias occidentales, además de Austria, Checoslovaquia y Rumanía. Resultó crucial, además, que el apoyo de Rusia fuera apenas retórico, dado que la guerra civil que la devoraba (véase el capítulo 2) impedía cumplir con sus promesas de ayuda militar.[47]

La interrumpida secuencia reactiva: radicalismo y colapso del régimen

A pesar de la clara debilidad del régimen, Kun intentó dar «un gran salto adelante hacia el comunismo».[48] Así fue como el Gobierno nacionalizó todas las fábricas que tuvieran más de veinte empleados, además de todos los bancos, corredurías de seguros, teatros, barberías, pequeños comercios, mayoristas y edificios y apartamentos. Se confiscaron los grandes depósitos bancarios y joyas.[49] A los ciudadanos ricos se les expropiaron las obras de arte, que se expusieron en público.[50] Los hipódromos —considerados lugar de pasatiempo aristocrático— fueron demolidos. Los pagos de intereses se suspendieron. Las viviendas particulares se nacionalizaron; los apartamentos se confiscaron y partieron. A las familias no se les permitían más de tres estancias.[51] Los militantes comunistas conocidos como «los chicos de Lenin» asaltaron a aristócratas y antiguos políticos burgueses y saquearon las casas de los ricos por la noche, tomando rehenes de quienes sacaron el pago de impuestos.[52] Asimismo, profanaron iglesias, acosaron a los sacerdotes, quemaron crucifijos y clausuraron monasterios.[53] Estas medidas descompusieron el ordenamiento social. En palabras de alguien que lo vivió: «Al poco tiempo, en las mansiones señoriales y silenciosas resonaban los gritos de pilluelos descalzos, mientras que en los amplios salones pisoteaban las preciosas alfombras con asquerosas botas de clavos y los tapices de seda se veían tiznados por el humo de miserables hornillos en los que las familias proletarias cocinaban sus cenas».[54]

Al mismo tiempo, el Gobierno empezó a atacar a los intereses del campesinado. Estos habían aprovechado el colapso del Estado para hacerse con grandes fincas entre finales de 1918 y principios de 1919.[55] Kun creía que la decisión de Lenin de repartir las tierras entre los campesinos era un «compromiso innecesario».[56] En su lugar, el Gobierno traspasó toda la tierra al control directo del Estado.[57] Esto convirtió a los campesinos de «aliados naturales» a «enemigos objetivos».[58] Aquella primavera y verano estallaron alzamientos espontáneos en el oeste de Hungría.[59] Aunque se reprimieron con facilidad, la negativa campesina a aceptar la moneda del régimen a cambio de la entrega de sus cosechas dañó al Gobierno de forma severa.[60]

En último lugar, y a pesar de la extrema vulnerabilidad exterior del Gobierno, Kun trató de convertir Hungría en un epicentro de la revolución comunista global.[61] Así pues, el Gobierno revolucionario hizo entrega de preciadas reservas de oro a los revolucionarios espartaquistas en Alemania, y transformó su embajada vienesa en el cuartel general de una insurrección revolucionaria contra Austria.[62] Tras su intento de provocar una insurrección austríaca en junio, los militantes húngaros que había mandado su Gobierno fueron expulsados del país.[63] Aquel mismo mes, las tropas húngaras invadieron Checoslovaquia y declararon la efímera República Soviética Eslovaca en la ciudad de Eperjes (Prešov).[64] En julio, Hungría declaró la guerra a Rumanía.[65]

Aquellas maniobras despertaron movimientos contrarrevolucionarios, en el país como en el extranjero.[66] Casi de inmediato tras su acceso al poder, el régimen húngaro se enfrentaba a una gran coalición contrarrevolucionaria formada por campesinos hostiles, aristócratas, el desposeído sector medio y el clero católico.[67] La resistencia pasiva de los campesinos llevó a una enorme carestía alimentaria.[68] En junio, oficiales aristocráticos del Ejército, humillados porque la muchedumbre y la soldadesca envalentonadas les habían arrancado las condecoraciones, se reunieron en la ciudad de Szeged, ocupada por los franceses, y formaron un Ejército nacional contrarrevolucionario húngaro. Encabezaba esta fuerza Nicolaus von Horthy, antiguo almirante de la flota austrohúngara.[69] Sus empeños iniciales derivaron en fracaso. Fue así como una insurrección contra el Gobierno, a finales de junio, fue derrotada tras veinte horas de lucha en Budapest.[70] Sin embargo, las rebeliones prosiguieron. En julio, el Gobierno se enfrentó a insurrecciones en las ciudades de Kalocsa, Solt y Dunapataj, así como en la Academia Militar Ludovika de Budapest.[71]

El régimen acabó por hundirse a mediados de 1919 a causa de la intervención extranjera. El Gobierno se enfrentó a una creciente oposición de Francia y Estados Unidos, así como de parte de otros países occidentales resueltos a impedir la difusión del comunismo por el centro de Europa.[72] Después de que la república declarase la guerra a Rumanía, el Ejército Real Rumano, con el respaldo de Francia, marchó por las calles de Budapest.[73] El Ejército Rojo Húngaro llegó a su colapso, y el 1 de agosto Kun huyó hacia Austria.[74] El almirante Horthy se hizo con las riendas del poder e inició una dictadura derechista.

En síntesis, la República Soviética de Hungría ilustra los peligros de una revolución social radical en Estados pequeños y con la geopolítica en su contra. Bajo ocupación extranjera, puede ser que entre los países que examinamos en este capítulo Hungría fuera el Estado más vulnerable ante la comunidad internacional. Sin embargo, su debilidad no impidió que el Gobierno revolucionario en ciernes tratara de desafiar el orden geopolítico. La adhesión dogmática del Gobierno a una ortodoxia comunista, junto con sus agresivos intentos de fomentar una revolución mundial, llevaron a una contrarrevolución poderosa que destruyó al régimen antes de que llegara a consolidarse.[75]

LOS JEMERES ROJOS

Del mismo modo que la República Soviética de Hungría, fue su propio radicalismo lo que aniquiló a los Jemeres Rojos antes de cumplir cuatro años en el poder. El régimen asesinó a una cuarta parte de la población camboyana en un intento de convertir el país en «un gran campo de trabajo».[76] Sus empeños por lograr una transformación radical de la sociedad facilitaron la cohesión y mentalidad de asedio en el partido, como también un Ejército de relativa lealtad, o la destrucción de todas las alternativas organizadas que había en el país. A su vez, las purgas radicales —reminiscentes de la Francia jacobina— mermaron el Estado, mientras que su beligerancia exterior llevó a una invasión vietnamita que no tardó en derribar el régimen.

La toma revolucionaria del poder

El movimiento revolucionario de Camboya apareció en el seno del Partido Comunista Indochino regional, donde predominaban los comunistas vietnamitas.[77] Cuando, tras los Acuerdos de Ginebra de 1954, Camboya logró su independencia de los franceses, los comunistas fueron sometidos a manos del Gobierno poscolonial del príncipe Norodom Sihanouk. Cerca de un millar de militantes huyeron a Vietnam del Norte, mientras que otros se quedaron en el país.[78] Entre quienes permanecieron estaba Saloth Sâr, más adelante conocido como «Pol Pot». Educado en Francia e hijo de una rica familia del campo, Pol Pot se había iniciado en el comunismo en París a principios de los años cincuenta, cuando se unió al Partido Comunista Francés tras la muerte de Stalin.[79]

En 1960, el Partido Comunista de Kampuchea (PCK) se separó del Partido Comunista Indochino, aunque este siguió recibiendo asistencia de Vietnam.[80] Los comunistas sufrieron una extraordinaria represión, y en 1963 se refugiaron —bajo el mando de Pol Pot— en las tupidas selvas del norte de Camboya.[81] Esta zona impenetrable, conocida como el *maquis* (o 'montes bajos'), protegió tanto como transformó al PCK. Conviviendo con los empobrecidos agricultores de subsistencia, los líderes del partido apenas mantuvieron contacto con el mundo exterior durante más de una década. Las comunicaciones externas, de las que se ocupaban mensajeros a pie o en elefante, se demoraban un mes en llegar.[82] Uno de los pocos viajes al extranjero de Pol Pot fue a China en 1967, en lo más álgido de la Revolución Cultural.

El comunismo de los Jemeres Rojos —al que caracterizaba un peculiar antiurbanismo— surgió durante este período de aislamiento.[83] La ideología del movimiento se fundamentaba en la idea utópica de que la pobreza y la autosuficiencia rurales, junto con la eliminación de las ideas foráneas, crearían una sociedad pura y libre de corrupción.[84] Aunque los dirigentes de los Jemeres Rojos aceptaban la denuncia marxista del capitalismo y el imperialismo, rechazaban a la clase obrera junto con cualquier cosa del mundo urbano.[85] Desviándose del marxismo de un modo fascinante, la destrucción de la sociedad urbana pasó a ser su objetivo central. De hecho, el partido excluyó por sistema a los obreros fabriles a partir de 1965.[86] Sus líderes también estaban en contra de la especialización y tenían un intenso antiintelectualismo.[87] Para ellos, la salvación no radicaba en educarse, sino en el trabajo físico. La familia nuclear también era blanco de los ataques del movimiento, que intentaba insertar a todos los individuos en cooperativas controladas por el Estado. Como los talibanes, los Jemeres Rojos restringieron con severidad cualquier forma pública de afecto, el adulterio y todas las formas de ocio, incluyendo los deportes.[88] En su totalidad, este empeño les imprimía rasgos más propios de una secta destructiva que de un partido político.

Por último, los Jemeres Rojos se caracterizaban por una intensa xenofobia y su exaltación de la «raza de Kampuchea» y de sus glorias.[89] Según Ben Kiernan,[90] para el PCK la raza era más importante que la clase. A pesar de recibir años de apoyo de Vietnam del Norte, los líderes del PCK eran en extremo anti-Vietnam, y deseaban expulsar a los vietnamitas del país.[91] Sus puntos de vista eran, en parte, una reacción a la dominación histórica de Vietnam en la región. A muchos militantes comunistas les enojaba lo que les parecían actitudes de superioridad por parte de sus benefactores vietnamitas.

El PCK llegó al poder mediante la violencia. A falta de un ejército, el PCK evitó la lucha armada hasta mediados de los años sesenta.[92] Esto cambió tras un levantamiento campesino en la región de Samlaut durante 1967.[93] El Gobierno de Sihanouk, que suponía al PCK artífice de la revuelta, bombardeó las bases en la selva del partido, lo que empujó a los comunistas a la violencia.[94] Tras el bombardeo, los Jemeres Rojos reunieron a unos cuantos miles de soldados poco entrenados y sin el equipamiento necesario y formaron una guerrilla.[95] Según Pol Pot, el PCK se vio obligado a hacer la guerra «con las manos vacías».[96]

La trayectoria del conflicto guerrillero de los Jemeres Rojos se vio alterada en lo más hondo por un golpe militar contra el príncipe Sihanouk, liderado por el jefe del Estado Mayor, Lon Nol. Los comunistas de Vietnam del Norte, el principal proveedor del PCK, se habían opuesto con anterioridad a las operaciones militares contra Sihanouk porque dependían de su cooperación en su guerra contra Vietnam del Sur. No obstante, al hacerse Lon Nol con el poder, Camboya se alió con Estados Unidos contra Vietnam del Norte. De repente, los intereses de los comunistas camboyanos y vietnamitas discurrían a la par.

En marzo de 1970, Vietnam inició un gran ataque contra Camboya, superando al pequeño y mal entrenado Ejército de Lon Nol.[97] Aunque los norvietnamitas soportaron la mayor carga bélica, los Jemeres Rojos formaron una fuerza armada más o menos disciplinada (si bien mal equipada) de unos 40.000 efectivos.[98] La fuerza sobrevivió capturando armamento y comprando materiales de corruptos oficiales de Lon Nol. También sacaron beneficio del entrenamiento por parte de comunistas camboyanos que habían escapado a Vietnam en los años cincuenta y que ahora volvían a su país. En 1972, el Ejército de los Jemeres Rojos ya tenía suficiente poder para luchar por su cuenta, incluso tras la partida de los efectivos vietnamitas.[99] Un desertor de la época describió la «disciplina de hierro» del movimiento.[100]

Los Jemeres Rojos alcanzaron el poder en 1975 al tiempo que las instituciones estatales de Camboya colapsaban. Lon Nol presidía un Estado que se derrumbaba. Aunque su Gobierno recibió más de mil millones de dólares en asistencia estadounidense,[101] gran parte de ella se había perdido por el camino y otra la habían despilfarrado.[102] Tras unos pocos días de preparación en el campo de golf de Nom Pen, muchos de los soldados fueron a combatir armados con palos y calzados con sandalias, con tejanos y lo que quedara de los antiguos uniformes coloniales franceses.[103] A muchos no se les pagó el sueldo de meses.[104] En parte esto explicaría por qué a finales de 1973 los Jemeres Rojos ya controlaban más de dos tercios del país.[105]

Al mismo tiempo, un bombardeo extensivo desde el aire por Estados Unidos —con las bases norvietnamitas de Camboya como objetivo— hizo añicos la ya menguada infraestructura del país. El presidente Nixon autorizó dos campañas masivas de bombardeos: la operación Menú (1969-1970) y la operación Pacto por la Libertad (1973), que lanzaron sobre el país tres veces más tonelaje que las que arrojaron en Japón durante la Segunda Guerra Mundial, y con las que fueron asesinados medio millón de camboyanos y camboyanas.[106] La destrucción general de carreteras y aldeas dejó el paisaje irreconocible.[107] Los bombardeos provocaron un éxodo a gran escala desde muchas poblaciones,[108] mientras que las estructuras de los ayuntamientos quedaron destrozadas. Ello facilitaría el empeño del PCK de crear un nuevo orden social.[109]

En enero de 1973, un tratado de paz entre Estados Unidos y Vietnam del Norte dio por finalizada en gran medida la participación estadounidense en las guerras de la región. En contra de la voluntad de Vietnam del Norte, los Jemeres Rojos sabotearon el armisticio con la esperanza de conseguir una victoria militar. En aquel momento, Vietnam se había retirado de Camboya en su mayor parte,[110] abandonando a los Jemeres Rojos en su lucha contra Lon Nol.

Durante este período, los Jemeres Rojos empezaron a aplicar su radical utopía en las partes del país que controlaban. Los guerrilleros organizaron a la población en cooperativas rurales parecidas a fortalezas que servían de campos de trabajo militarizados. Se confiscaron todas las propiedades para suplir el esfuerzo de guerra. El contacto con el mundo exterior fue prohibido. Las escuelas, mercados e instituciones religiosas se cerraron. Todas las tiendas y restaurantes se clausuraron. El dinero quedó abolido y los viajes eliminados. Los Jemeres Rojos prohibieron la ropa vistosa, las joyas y cualquier otro adorno. Todos los habitantes debían vestir de color negro.[111] Los comunistas también impusieron un código puritano de conducta sexual. Se desaconsejaba con firmeza todo flirteo. «La alegría resultaba sospechosa.»[112] Hasta la menor discrepancia recibía un castigo severo. Se llevaban de noche a los sospechosos de pertenecer a la oposición y se los hacía desaparecer. «Muchas de las cooperativas están envueltas de miedo y terror.»[113] Al mismo tiempo, las restricciones sobre el movimiento y la comunicación con el mundo exterior implicaban que en gran medida se desconocía lo que ocurría en aquellas comunidades.[114] Había pocos camboyanos que supieran cuándo les iba a tocar.

Los Jemeres Rojos y su disciplinado Ejército de entre 60.000 y 70.000 efectivos derrotaron a las poco entrenadas y desmoralizadas fuerzas de Lon Nol, de unos 200.000 hombres,[115] y el 17 de abril de 1975 los comunistas ocuparon la capital, Nom Pen. El viejo régimen se disolvió con rapidez, mientras que miles de soldados se deshacían de sus uniformes y huían.[116] Los oficiales del antiguo orden que permanecieron en Camboya «fueron masacrados como si fueran ganado».[117] Los Jemeres Rojos no admitieron a ningún soldado del antiguo régimen en sus filas y los mataron. Ordenaron a todos los miembros del Ejército predecesor que se quitaran los uniformes en el acto, los cargaron en camionetas, se los llevaron al campo y los dispararon.[118] Al cabo de pocas semanas, los Jemeres Rojos habían exterminado a la práctica totalidad de la oposición.[119]

La interrumpida secuencia reactiva: radicalismo y colapso del régimen

El régimen revolucionario de Camboya nació débil, con insuficientes soldados para controlar el país y escaso personal cualificado para gobernarlo.[120] El PCK era pequeño y contaba con solo unos 14.000 integrantes en 1975,[121] a la vez que carecía de todo apoyo organizado en las ciudades. Los comunistas tampoco tenían una estructura militar unificada.[122] Debido a la severa restricción en las comunicaciones, los mandos militares funcionaron con casi total independencia durante la guerra.[123] El resultado fue que en abril de 1975 el régimen nació con seis estructuras militares y mandos de partido diferentes en las distintas zonas del país.[124] Nom Pen en un inicio estaba dividido entre cinco unidades de mando regional, y se produjeron escaramuzas entre las unidades que se disputaban el control.[125] Hasta tres meses después de la toma del poder no apareció un Ejército en teoría unificado,[126] y fue necesario un año hasta que el régimen creó un aparato de Estado funcional.[127]

Sin embargo, con toda su debilidad, los Jemeres Rojos iniciaron una campaña sin precedentes para modificar la sociedad de manera radical tan pronto como entraron en la capital. Debido a su temor a que los empresarios urbanos, comerciantes, intelectuales y quien quedara de la antigua burocracia se unieran para acabar con el nuevo orden, lo primero que decidió el Gobierno fue acabar con la vida urbana como tal.[128] El PCK evacuó a la población de Nom Pen al completo, con su millón de habitantes. Se les obligó a todos, incluso a los pacientes de hospital, a abandonar la ciudad. Se despojó a todo el mundo de sus posesiones, y las tropas apilaron en la calle o en almacenes improvisados sus aparatos de aire acondicionado, neveras, bicicletas o cualquier otro bien.[129] Entre 10.000 y 20.000 personas murieron durante la evacuación de Nom Pen.[130] Tuvieron lugar evacuaciones parecidas en todas las grandes ciudades del país.[131] Más o menos la mitad de la población camboyana se encontró marchando por carretera.[132] Las ciudades se convirtieron en lugares fantasmagóricos donde solo residían algunos oficiales del Gobierno. Al puñado de diplomáticos comunistas que podían quedarse en Nom Pen se les prohibía ir mucho más allá de sus muy vigiladas instalaciones.[133] Por las calles vacías de la capital vagaban cerdos y vacas.[134]

Las evacuaciones sumieron a Camboya en el caos, provocando un «infierno de cambio revolucionario».[135] Se abolió el dinero.[136] Al cabo de un año, el régimen había clausurado los mercados y había confiscado casi toda la propiedad particular.[137] Las pagodas budistas, bibliotecas y escuelas fueron destruidas, y se apartó del sacerdocio a los monjes para luego asesinarlos.[138] Kiernan calcula que menos de un 5 por ciento de los monjes del país seguían vivos cuando el régimen cayó en 1979.[139] Los Jemeres Rojos también desvincularon a Camboya del resto del mundo y cortaron las relaciones con todos los países excepto con unos pocos.[140] El Gobierno cortó también las líneas telefónicas y telegráficas, eliminó la correspondencia internacional y sembró de minas las fronteras del país.[141]

Durante los meses siguientes, el régimen introdujo un sistema brutal de castas.[142] Los antiguos habitantes de las ciudades —«la gente nueva»— recibieron la categoría de ciudadanos de segunda clase, y se les destinó a trabajos forzados en zonas rurales. «La gente nueva» era «la última en las listas de reparto de bienes, la primera en las listas de ejecuciones».[143] En consecuencia, miles de entre ellos murieron de inanición y por enfermedades. Del lado contrario, los campesinos pobres fueron clasificados como «gente del vulgo» y se les ofreció acceso prioritario a la comida y a los cuidados médicos. En un principio se les permitió conrear sus alimentos y los castigos por sus infracciones eran menos severos.[144]

El régimen hizo extensivo el sistema de cooperativas creado en 1973 a todo el país. En dos años, la agricultura había sido colectivizada al completo.[145] Sus habitantes dormían en barracones segregados por género, trabajaban sin retribución y se alimentaban en comedores comunales.[146] La institución de la familia desapareció, y se obligó a los padres a abandonar a sus hijos de más de siete años para que trabajaran en el campo.[147] A menudo los bebés quedaban abandonados, ya que no había nadie que se ocupara de ellos.[148] Las parejas casadas debían vivir separadas excepto por unos días al mes.[149] Se cerraron las escuelas, iglesias y hospitales.[150] Los libros y otras formas de lenguaje escrito desaparecieron. El tiempo libre se eliminó, reemplazado por formación política.[151] Se excavó en las pistas de básquet y cualquier otra instalación deportiva para convertirlas en jardines.[152] Incluso la búsqueda de alimentos silvestres quedó prohibida.[153]

La radicalidad de los Jemeres Rojos impactó incluso a sus aliados en la China comunista. Cuando el primer ministro chino, Zhou Enlai, advirtió a los líderes del PCK del peligro de ir demasiado rápido en pos del comunismo, su respuesta fue «una incrédula sonrisa de superioridad».[154]

Al igual que sucedió en el Gran Salto Adelante chino, el Gobierno del PCK sentía desprecio por la educación formal y el conocimiento científico.[155] Las especialidades se devaluaron tanto que muchos trabajadores preparados simularon ser obreros sin formación para evitar las represalias políticas.[156] La propaganda del régimen proclamaba que «para construir embalses no hace falta más que educación política».[157] En las empresas e instituciones gubernamentales trabajaban niños y adolescentes, por considerarse más maleables y obedientes.[158] La mayoría de los trabajadores y encargados de una gran refinería petrolera, por ejemplo, eran menores de entre ocho a quince años.[159]

Todo ello produjo unos resultados desastrosos. Se construyeron nuevas presas sin aliviaderos para reducir costes. Las presas, por tanto, reventaban durante las lluvias torrenciales, en las que se ahogaron cientos de habitantes de las aldeas.[160] La mala gestión y el desvío de personal hacia la construcción de grandes proyectos hidráulicos y de irrigación llevaron a un drástico declive en la producción alimentaria, y a muertes por inanición.[161] Hubo hambrunas en 1976 y 1977 en las que murieron cientos de miles de personas.[162]

Los Jemeres Rojos también se dedicaron a una represión a gran escala ante un sinnúmero de supuestos enemigos: cualquiera que guardara relación con el Gobierno anterior u oficiales extranjeros, profesionales o intelectuales, así como una amplia gama de minorías étnicas como los vietnamitas, chinos, musulmanes y monjes budistas. Al final, de un 20 a un 25 por ciento de la población camboyana murió durante el mandato de Pol Pot.[163]

A pesar de las devastadoras consecuencias que tuvo el Gobierno de los Jemeres Rojos y el generalizado descontento que produjo,[164] el régimen revolucionario no se enfrentó a mucha resistencia dentro del país.[165] En parte, se debía a la casi total destrucción de los centros alternativos de poder social. La guerra, la campaña estadounidense de bombardeo y el caos que crearon las transferencias poblacionales masivas no solo eliminaron los restos del antiguo orden, sino a toda la oposición organizada.[166]

Sin embargo, el PCK también construyó un Estado-Partido de gran robustez, aunque estuviera dando sus primeros pasos. El partido de gobierno estaba muy cohesionado. Los años de aislamiento físico en el *maquis*, a los que siguieron los del conflicto bélico, lograron que la cúpula de los Jemeres Rojos estuviera «obsesionada con la amenaza enemiga».[167] El resultado era un nivel extraordinario de disciplina interna. Por ejemplo, aunque a todos los efectos Pol Pot había sido el máximo dirigente del PCK desde principios de los años sesenta, los Jemeres Rojos lograron mantenerlo oculto de casi todo el mundo —incluso la CIA— hasta varios años después de su conquista del poder. Incluso con su extraordinaria eficacia, los comunistas vietnamitas fracasaron una y otra vez en sus intentos de infiltrarse en la cúpula del PCK.[168] Así pues, a pesar de un cierto número de crisis, pocos de los líderes de los Jemeres Rojos desertaron. Todos los miembros restantes de la Junta Permanente, el máximo organismo de gobierno del partido, permanecieron fieles, e incluso siguieron en el partido en su nueva clandestinidad tras su derrota en 1979.[169]

El PCK también desarrolló un aparato coercitivo descentralizado aunque eficaz.[170] El Ejército, responsable de la seguridad dentro del país y en el exterior,[171] siempre estuvo muy fragmentado.[172] Para poder deshacerse de un mando regional, el Gobierno debía movilizar a un comandante de otra zona para iniciar un ataque de estilo militar, al que se referían como «golpe regional».[173] Es muy probable que su alta fragmentación contribuyera a rebeliones regionales en 1976 y 1978.[174] De manera simultánea, el aparato militar central y los mandos de las distintas zonas eran leales y disciplinados.[175] Las órdenes del PCK siempre se obedecían.[176] Por ejemplo, a pesar de su cercanía a sus compañeros formados por los vietnamitas, el comandante de la zona este, So Phim, siguió las órdenes de Pol Pot de ejecutarlos.[177] En realidad, pese a las desastrosas políticas de Pol Pot, no parecen haber existido golpes del nivel más alto contra su persona.[178] Aunque la propaganda del régimen hablaba de numerosas conspiraciones, el ministro de Exteriores Ieng Sary más adelante reconoció que aquellas acusaciones estaban inventadas para justificar la represión.[179] Muchos oficiales militares desertaron en dirección a Vietnam, con frecuencia como consecuencia de las purgas (véase más adelante), aunque la mayoría de ellos no eran de alta gradación.[180]

Así pues, a pesar de su catastrófico mandato, los Jemeres Rojos no se enfrentaron más que a una reducida cantidad de problemas en el país. La resistencia se limitó a revueltas aisladas.[181] La mayoría de los camboyanos, por el contrario, trataban de huir del país como respuesta. Decenas de miles de refugiados cruzaron la frontera vietnamita o la de otros países vecinos en 1976 y 1977.[182]

En última instancia, el régimen revolucionario acabó consigo mismo al purgar su aparato estatal y, en primer lugar, al provocar una invasión vietnamita. El Gobierno de Pol Pot llevó a cabo una serie de purgas brutales entre la élite del régimen —parecida a las de la Francia jacobina en 1794 o a las de la Unión Soviética en los años treinta— que llevaron al Estado y al régimen a una situación de caos en vísperas de la invasión de Vietnam. En un discurso a los miembros del partido a finales de 1976, Pol Pot advirtió de que unos «feos microbios» estaban infectando a la revolución y que había que expurgarlos.[183] Se produjeron arrestos por la menor desviación de los dictados del régimen.[184] La purga no tardó en írseles de las manos, ya que se animaba a los miembros del partido a denunciarse entre ellos y las confesiones, bajo tortura, revelaban de manera sucesiva a nuevos supuestos contrarrevolucionarios. Miles de altos oficiales acabaron en el campo de exterminio de Tuol Sleng, donde los torturaron y les obligaron a redactar larguísimas confesiones antes de asesinarlos. Casi todos y cada uno de los 12.000 a 20.000 presos que ingresaron en Tuol Sleng murieron.[185] El ritmo de las ejecuciones fue creciendo con el tiempo. En la primavera de 1977, el régimen liquidó a más de mil personas al mes.[186] En julio de 1978 la mitad del Comité Central del partido, cinco de trece oficiales de más gradación y la mayoría de los secretarios regionales habían sido asesinados.[187]

Puede que el régimen hubiera sobrevivido a tales purgas si Vietnam no lo hubiera invadido. La animadversión de los Jemeres Rojos hacia sus vecinos más poderosos había sido durante largo tiempo una influencia para ellos. Durante el principio y la mitad de los años setenta, el partido eliminó a cientos de cuadros entrenados en Hanói —«vietnamitas en cuerpos jemeres»—, que habían huido de Vietnam en los años cincuenta y volvieron para luchar contra Lon Nol.[188] En 1975, todos los asesores vietnamitas habían sido expulsados, mientras que los camboyanos que habían pasado temporadas en Vietnam fueron eliminados. A mediados de 1977, el Gobierno emitió una directriz para matar a quienes tuvieran sangre vietnamita.[189] Unos 100.000 vietnamitas escaparon del país; en 1979, la comunidad vietnamita de Camboya había sido erradicada.[190]

El PCK también inició ataques militares contra Vietnam, puesto que lo veía como un caballo de Troya de la URSS, así como una amenaza latente a su régimen.[191] A los pocos meses de llegar al poder, los Jemeres Rojos mandaron tropas a la frontera, con las supuestas intenciones de capturar porciones de Vietnam del Sur y crear la «Baja Camboya».[192] A principios de 1977, el Ejército jemer llevó a cabo razias fronterizas en dirección a Vietnam, reclamando el control de partes del delta del Mekong, que recorre la frontera sur de Camboya.[193] En septiembre de aquel mismo año, el Ejército camboyano invadió seis aldeas vietnamitas de la provincia de Dong Thap y avanzó unos diez kilómetros hasta la provincia de Tay Ninh.[194] El Gobierno de Vietnam en un principio respondió con templanza,[195] y mandó al PCK una propuesta de paz en febrero de 1978. Ahora bien, en el momento en que Pol Pot se negó incluso a que le entregaran la propuesta, la cúpula vietnamita concluyó que había llegado el momento de invadir.[196]

Del mismo modo que el PCK provocaba a Vietnam y se preparaba para una «guerra santa» contra su antiguo benefactor,[197]

Pol Pot inició una gigantesca purga de mandos de la Camboya oriental, junto a la frontera con Vietnam. Por miedo a los traidores, Pol Pot desarmó a varias unidades de la zona este a principios de 1977,[198] y en 1978 mandó a los comandantes de las zonas suroeste y central a que llevaran a cabo una purga completa de la comandancia del este; es decir, de los propios mandos que debían responsabilizarse de impedir una invasión vietnamita.[199] A finales de abril, cuatrocientos comandantes del este se encontraban presos en el campo de exterminio de Tuol Sleng.[200] Cuando fueron a por el jefe del Ejército en la zona este, So Phim, este huyó a un bosque al norte de Nom Pen, donde se suicidó de un disparo.[201] La purga produjo una enorme rebelión entre las unidades supervivientes de la zona este[202] que fue reprimida de modo brutal; a finales de julio, se contabilizaban unos 10.000 muertos, y 60.000 habitantes de sus poblaciones se encontraban desplazados.[203] Así pues, pocos meses antes de la invasión vietnamita, la infraestructura militar de Camboya junto a la frontera se encontraba en ruinas. Las autoridades locales estaban sumidas en un caos, ya que cada comuna y cada distrito sufría enfrentamientos internos.[204] Pol Pot purgó también a oficiales clave del Gobierno central, como Vorn Vet, arrestado y enviado a Tuol Sleng justo horas después de ponerlo al mando del abastecimiento militar junto a la frontera vietnamita.[205]

El 24 de diciembre de 1978 Vietnam invadió Camboya. Aunque China ofreció importante asistencia económica y militar a los Jemeres Rojos,[206] no intervino para frenar el ataque. La consecuencia fue el desmoronamiento en poco tiempo de su régimen. Debilitadas por las purgas, las fuerzas camboyanas cayeron y apenas opusieron resistencia.[207] El 7 de junio de 1979, las fuerzas vietnamitas entraban en Nom Pen, donde instalaron un Gobierno provietnamita: el Frente Unido de Kampuchea para la Salvación Nacional, cuyo núcleo ocupaban oficiales de poco nivel de los Jemeres Rojos que habían huido de Camboya durante las purgas.[208]

En definitiva, los Jemeres Rojos llegaron al poder en un Estado disputado por la geopolítica y que había sido la ubicación de un gran conflicto de la Guerra Fría en la periferia de la guerra de Vietnam. Ahí iniciaron un desafío radical al orden local y regional, pero fueron aniquilados en la contrarrevolución.[209] Es discutible que los Jemeres Rojos en un inicio estuvieron en mejores circunstancias que los Gobiernos revolucionarios de Hungría o Afganistán. Tenían un partido cohesionado en el Gobierno, como también un ejército leal, por descentralizado que estuviera. Tampoco se enfrentaba a rivales políticos ni a centros alternativos de poder. De hecho, y a pesar del fatídico asalto del PCK contra la sociedad camboyana, apenas afrontó alguna reacción dentro de su territorio. No obstante, al final, el régimen se suicidó con su invasión de Vietnam tras las enormes purgas que habían deshilachado el Estado.[210] Por lo tanto, la secuencia reactiva destruyó a un régimen que, del mismo modo que los jacobinos franceses de 1794, se había visto ya mermado por las purgas internas.

LOS TALIBANES

El régimen talibán afgano (1996-2001) también acabó destruido por su propio radicalismo. Tras ocupar el poder nacional en 1996, los talibanes impusieron la ley *sharía*, a la vez que hicieron posible un enorme atentado terrorista en el país más poderoso del planeta. Como en la mayoría de los casos que examinamos en este libro, un radicalismo de raigambre ideológica iniciaría reacciones contrarrevolucionarias tanto en el propio país como en el extranjero. Aunque los talibanes permanecieron cohesionados, la invasión estadounidense de 2001 —en reacción al radicalismo talibán— destruyó el régimen antes de que pudiera establecer un Ejército eficaz o hacerse con el control del país. En 2021, sin embargo, volverían al poder.

La toma revolucionaria del poder

Los talibanes se hicieron con el poder en un contexto de extrema flaqueza del Estado.[211] Afganistán es un país montañoso y de gran diversidad étnica, con un Estado que rara vez se ha extendido mucho más allá de la capital. En este país durante buena parte de su historia ha predominado una variante moderada del islam, inscrita en las estructuras de poder tradicional.[212] La intervención soviética de diciembre de 1979 lo cambió todo. Mientras las fuerzas militares soviéticas ocupaban el país para apuntalar un Gobierno marxista clientelar, Estados Unidos, Pakistán y Arabia Saudí financiaron a un grupo antisoviético de muyahidines dominado por islamistas radicales.[213] El dictador militar de Pakistán, Muhammad Zia-ul-Haq, financió a fuerzas islamistas de etnia pastún lideradas por Gulbuddin Hekmatyar, quien marginó a las fuerzas moderadas y monárquicas por sistema.[214] Pakistán y Arabia Saudí también animaron a los islamistas árabes a introducirse en el conflicto. Cuando las tropas soviéticas se batieron en retirada en diciembre de 1979, todavía quedaban unos 4.000 guerrilleros árabes en Afganistán.[215] En aquel momento existían más de 30.000 escuelas religiosas en Afganistán y a su alrededor; en la mayoría de ellas imperaba un temario radical y de inspiración saudí.[216]

La salida de los soviéticos y el colapso que vendría en 1992 del régimen que estos defendían sumió a Afganistán en el caos.[217] La guerra hizo mella en las formas tradicionales de autoridad que habían mantenido unido al país, y no surgió ninguna nueva estructura de poder central que las reemplazara.[218] Los muyahidines nunca se habían encontrado bajo un único mando,[219] y la retirada soviética intensificó el conflicto entre las facciones dirigidas por Hekmatyar en el este, y las de Ahmad Massoud y Burhanuddin Rabbani en el norte.

Afganistán se hundió en un caos violento. En 1992 ya había más armas personales en Afganistán que en India y Pakistán juntos.[220] Los caudillos atracaban a los comerciantes y secuestraban a menores como esclavos sexuales.[221] Había varias divisas compitiendo entre ellas por su uso[222] y Afganistán llegó a estar al nivel de Colombia y Birmania como productor de heroína.[223] Para los actores económicos del país, la extraordinaria cantidad de bloqueos viarios espontáneos que colocaban las bandas locales en las carreteras principales para extorsionarlos hizo que el comercio deviniera casi imposible.[224]

La inexistencia de una fuerza capaz de mantener el orden abrió las puertas a que se implantaran alternativas radicales.[225]

Los talibanes ('estudiantes del islam') surgieron de entre un grupo de veteranos de la milicia muyahidín y sus partidarios, reunidos en torno a la figura de un maestro de escuela con un solo ojo, el mulá Mohammad Omar, célebre por asistir a las víctimas de los asaltos perpetrados por caudillos en la aldea de Sangesar, en la provincia de Kandahar del sur afgano.[226] Como los Jemeres Rojos, el de los talibanes era un movimiento de tremenda radicalidad que había estado aislado del mundo antes de subir al poder. Excomandante con los muyahidines, Omar estuvo «desconectado, en lo religioso y lo político», y era «asombrosamente ignorante en lo que respecta a las cuestiones internacionales».[227] Parece ser que nunca había subido a un avión, dormido en un hotel o visto una película por satélite, y tampoco le habían fotografiado jamás con su conocimiento.[228] Casi nunca salió de Kandahar, incluso después de que los talibanes llegaran al poder.[229] Aunque gran parte de los líderes talibanes eran veteranos muyahidines,[230] la mayoría de las tropas de base eran jóvenes que procedían de campos de refugiados y que apenas se habían relacionado con la sociedad afgana. A duras penas sabían algo acerca de su complicada estructura étnica y tribal o de las tradiciones con las que se habían criado la mayoría de los ciudadanos antes de la guerra.[231]

Muchos partidarios de los talibanes habían sido educados en las madrasas cercanas a Peshawar o en campos de refugiados, donde una forma conservadora del islam, de influencia saudí, era la que se enseñaba.[232] La ideología del movimiento se insertaba en el deobandi, una variante radical del islam aparecida en la India, y que se enseñaba en las madrasas de la frontera entre Afganistán y Pakistán.[233] Según esta rama, los musulmanes deberían vivir del mismo modo que los seguidores del profeta Mahoma mil cuatrocientos años atrás. Sus seguidores recopilaban largos listados de normas con las que deshacerse de las intrusiones modernas en la sociedad.[234] Muchos defensores del deobandi seguían preceptos extremos sobre la separación entre géneros o la educación y el trabajo de las mujeres. También, como los wahabistas en Arabia Saudí, mostraban una intensa aversión hacia lo decorativo o la música.[235]

La gran celeridad con la que los talibanes llegaron al poder —pasando de un grupo minúsculo de estudiantes religiosos con cierto armamento en 1994, hasta ser la fuerza política dominante de Afganistán en 1996— puede atribuirse a una combinación de respaldo exterior, apoyo de intereses comerciales del país y, ante todo, la extrema debilidad del Estado.[236] La reputación del mulá Omar y su lucha contra los caudillos le valió la atención de la mafia transportista, que apenas se había visto afectada por la multitud de bloqueos viarios que impedían el comercio. Ayudados por los grupos de transportistas, doscientos soldados talibanes lograron el control de Spin Boldak, un enclave importante del comercio en la frontera con Afganistán.[237] En medio, se hicieron con el depósito de armamento de Pasha, con sus 18.000 kalashnikov, decenas de piezas de artillería, cohetes, numerosos vehículos e ingentes cantidades de munición que el gobierno pakistaní había olvidado tras los acuerdos de paz de 1988 con Afganistán.[238] Era más que suficiente para armar un pequeño ejército. En cuarenta y ocho horas, los talibanes conquistaron Kandahar y acabaron con los bloqueos de las carreteras, posibilitando el comercio.[239] Aunque los caudillos locales reconocieron que los talibanes eran una amenaza, se encontraban demasiado desorganizados para responder con eficacia.[240]

Con sus primeros éxitos, los talibanes consiguieron el apoyo de los grupos políticos de etnia pastún, además del de miles de voluntarios de las madrasas de todo Afganistán.[241] Con ellos llegó el apoyo de empresarios como el magnate del transporte Hashmat Ghani Ahmadzai, y caudillos como el presidente Rabbani (1992-1996) e Ismail Khan de Herat.[242] La monárquica familia Karzai, que incluía al futuro presidente Hamid Karzai, donó 50.000 dólares y un almacén de armas.[243] Las primeras victorias de los talibanes convencieron a Pakistán de ir con ellos y no con Hekmatyar. Los talibanes recibirían un apoyo considerable de Arabia Saudí y de la agencia pakistaní de inteligencia (Inter-Services Intelligence o ISI, en sus siglas).[244]

El patrocinio extranjero resultó crucial para la llegada al poder de los talibanes.[245] Ante una oposición fragmentada, los talibanes no tardaron en conseguir el control de treinta y una provincias afganas.[246] Capturaron el cuartel general de Hekmatyar, en la provincia de Vardak, a principios de 1995 y ocuparon Herat, la tercera ciudad de Afganistán, a finales del mismo año.[247] Más tarde, en septiembre de 1996, tras un sitio de diez meses, las fuerzas talibanas entraron en la capital.[248] A su llegada, los talibanes detuvieron al último líder prosoviético, Mohammad Najibullah. Lo apalearon hasta matarlo, lo castraron y lo colgaron en el centro de la ciudad.[249] Si bien los talibanes no llegaron a controlar jamás el territorio nacional en su totalidad, sí acabarían por gobernar un 90 por ciento de Afganistán.[250]

La interrumpida secuencia reactiva: radicalismo y colapso del régimen

Como la República Soviética de Hungría o los Jemeres Rojos, el régimen de los talibanes fue débil en sus inicios. El nuevo Gobierno carecía de un partido político[251] o de una burocracia moderna de Estado. Los talibanes no contaban con suficientes cuadros para controlar la mayor parte del país fuera de los centros poblacionales grandes.[252] Como los nacionalistas chinos en los años veinte, lograron el control de muchas ciudades no mediante la conquista militar, sino sobornando a los caudillos de cuya afinidad no estaban seguros.[253] Una vez al mando, los talibanes se sirvieron de una red de autoridades religiosas (*ulama*) para controlar buena parte del país, y dependieron en muy gran medida de las agencias de asistencia internacional para obtener servicios.[254] La construcción del Estado se vio dificultada por la propia oposición ideológica de los talibanes a la existencia de una burocracia estatal asalariada.[255] Así pues, tras hacerse con el poder, los talibanes se deshicieron de buena parte del Estado, y varios ministerios «cesaron sus funciones».[256]

Durante el período entre 1998 y 2011, los talibanes se disputaron el control de grandes partes del país con la Alianza del Norte de Massoud. Incluso en las zonas que sobre el papel estaban bajo su control, su influencia era limitada. A finales de los años noventa, por ejemplo, Osama bin Laden —entonces protegido por los talibanes— evitaba moverse por ciertas partes del norte por temor a que lo capturaran.[257]

Los talibanes tampoco contaban con un aparato eficaz de coerción. Sus fuerzas armadas estaban fragmentadas, y carecían de una estructura jerárquica clara; había parientes entrando y saliendo del frente.[258] Su equipamiento también era deficiente, y el Ejército tenía gran dependencia de las furgonetas de reparto,[259] mientras que quienes conducían sus tanques y pilotaban sus aviones, entre otras tareas especializadas, eran mercenarios excomunistas y exyihadistas.[260] La mayoría de los soldados no recibían una paga regular.[261] Gran parte de los combates los libraban milicias pastunes reinventadas como talibanes.[262]

A pesar de esta debilidad, los talibanes impusieron la *sharía* de inmediato.[263] Incrementando las restricciones de género que ya existían durante la era muyahidín, los talibanes convirtieron en requisito que las mujeres llevaran burka, cerraron todas las escuelas femeninas y prohibieron el trabajo a las mujeres, incluso a las 50.000 viudas a cuyo cargo estaban cientos de miles de niños.[264] Debido a la preeminencia de las mujeres en muchos ámbitos de la burocracia estatal, fue una medida que perjudicó al Estado, especialmente en la salud y la educación.[265] Se expulsó de la Universidad de Kabul a unas 8.000 mujeres. Las mujeres no podían abandonar sus hogares sin un acompañante masculino y no se les permitía lavar la ropa en el río.[266] Junto con una Policía religiosa (*Amr bil Ma'ruf wa Nahi an il-Munkar*),* el Gobierno proscribió una gran cantidad de bienes y actividades, como las canicas, los cigarrillos, hacer volar cometas, mandar mensajes con palomas, bailar o cantar.[267] Los televisores se rompían en pedazos. Si encontraban a alguien que llevara casetes de música o vídeo lo apalizaban. Las tiendas recibían sanciones si mostraban revistas de moda. El fútbol también se prohibió al principio.[268] El régimen declaró que la pasta de dientes debía abandonarse y usar en su lugar la raíz natural que aconsejaba el profeta.[269]

* Sigue el nombre en árabe de uno de los principios islámicos. En castellano, «ordenar el bien y prohibir el mal». *(N. del T.)*

Los talibanes también causaron un conflicto sectario con lo comunidad chiita de los hazaras. Tras asumir el control de Mazar-i-Sharif, la cuarta ciudad del país, en verano de 1998, los talibanes masacraron a entre 5.000 y 6.000 hazaras a lo largo de dos días.[270]

Su radicalismo también conllevó intensas reacciones en el país y en el terreno internacional. En Afganistán, el régimen se enfrentaba a la oposición armada que lideraba la Alianza del Norte. A su vez, los abusos de los derechos humanos y los ataques contra las mujeres por parte del Gobierno revolucionario generaron una amplia condena internacional.[271] El de los talibanes se convirtió en un «movimiento paria».[272]

No obstante, la gran carga ideológica de los máximos responsables entre los talibanes los unificaba y radicalizaba frente a amenazas que no cesaban.[273] Se negaron a ceder ante las críticas internacionales, aduciendo que el trato que dispensaba el régimen a las mujeres seguía la «ley de Dios».[274] En efecto, tras varios reveses militares, los talibanes hicieron más estricta su política de género para incrementar la moral interna.[275] En marzo de 2001, el régimen destruyó las grandes estatuas de Buda de Bamiyán, en el centro de Afganistán. La decisión, al parecer, estaba pensada para provocar un escándalo internacional.[276]

Los talibanes se aliaron con importantes árabes radicales, como Osama bin Laden.[277] Activo en la milicia muyahidín en los años ochenta, Bin Laden llegó a Afganistán en 1996 desde Sudán, país al que Arabia Saudí lo había desterrado a raíz de sus críticas a la familia real.[278] Inició una cercana amistad con Omar, y se casó con una de sus hijas.[279] Gracias a una fortuna de más de 250 millones de dólares, abrió campos —como el de Darunta, cerca de Jalalabad— en los que se entrenaba a más de un millar de militantes y donde se pretendía desarrollar armamento químico.[280] Refrendado por unos 2.000 colaboradores, Bin Laden contribuía de manera considerable al régimen de los talibanes, financiaba proyectos constructivos y les asistió en su asalto al norte de 1997 y 1998.[281] A finales de los años noventa, Al Qaeda formaba entre un 30 y un 40 por ciento de las fuerzas militares de los talibanes.[282]

Como recompensa, Al Qaeda utilizaba Afganistán como base para actividades terroristas. En febrero de 1998, Bin Laden emitió una fetua en nombre del Frente Islámico Internacional contra los judíos y cruzados en la que llamaba a asesinar a estadounidenses y judíos en todo el mundo.[283] En agosto de aquel año, Al Qaeda bombardeó las embajadas estadounidenses de Kenia y Tanzania, donde murieron más de doscientas personas y, en octubre del año 2000, atacó el destructor norteamericano USS Cole, matando a 17 soldados.[284] Como respuesta, los estadounidenses lanzaron misiles de crucero a la base de Al Qaeda en Jost (Afganistán), mientras que el Consejo de Seguridad de las Naciones Unidas impuso sanciones contra personas y organizaciones que se asociaran con Al Qaeda y los talibanes.[285]

El régimen talibán se encontraba con una enorme presión para entregar a Bin Laden. Con todo, Omar se mantuvo en sus trece. Como respuesta a las peticiones del príncipe Turki bin Abdullah Al Saud, presidente del Directorio de Inteligencia General de Arabia Saudí, Omar llamó a Bin Laden «un musulmán resuelto y valiente» y se negó a entregarlo.[286] A continuación, Turki retiró al embajador saudí de Afganistán.[287] Las exigencias en la misma línea de Pakistán se vieron rechazadas.[288]

Con su apoyo a los yihadistas árabes, además del intento de imponer la *sharía,* los talibanes lograron perder a sus aliados de primera hora y se granjearon una oposición muy extendida entre las poblaciones tradicionales de Afganistán y la clase urbana con estudios.[289] Por ejemplo, la familia Karzai se pasó a la oposición y pidió el retorno del rey Mohammed Zahir Shah, exiliado en Italia. Como represalia, unos motoristas asesinaron al patriarca de los Karzai mientras volvía a casa de la mezquita.[290]

Sin embargo, de un modo similar al de Camboya, la resistencia local resultaba insuficiente para expulsar a los talibanes.[291] La Alianza del Norte era débil y contaba con escaso equipamiento, con un acceso limitado a las armas y con un puñado de helicópteros que apenas funcionaban y con los que era difícil cruzar los muchos pases de montaña de Afganistán.[292] El asesinato de Massoud por parte de dos agentes de Al

Qaeda el 9 de septiembre de 2001 erosionó aún más al movimiento. Debido a la práctica derrota de la Alianza del Norte y la ausencia de otros grupos que ejercieran una oposición viable, es plausible que los talibanes habrían acabado por consolidar su dominio sobre el país si no se hubiera producido una intervención estadounidense a finales de 2001.

Al fin y al cabo, como en el caso de los Jemeres Rojos, los talibanes se vieron superados por un Ejército invasor más poderoso. Tras la muerte por cáncer del líder moderado talibán Rabbani, a principios de 2001, los talibanes se radicalizaron aún más.[293] El Gobierno echó el cierre a los hospitales extranjeros, ilegalizaron internet, clausuraron el Programa Mundial de Alimentos de la Organización de las Naciones Unidas y obligaron a los hindúes afganos a llevar insignias amarillas.[294] Una semana antes de los atentados del 11 de septiembre de 2001, los talibanes publicaron una lista de prohibiciones que incluía los objetos hechos de cabello humano, todos los instrumentos musicales, los tableros de ajedrez, las mesas de billar, los naipes, las máscaras, el esmalte de uñas, los petardos, los ciempiés, las langostas, toda estatua que representara a seres animados o las corbatas.[295]

El 11 de septiembre, Al Qaeda asesinó a casi 3.000 personas en los atentados del World Trade Center de Nueva York. Ninguno de los implicados directos era afgano, y es posible que los dirigentes talibanes no conocieran los hechos de antemano.[296] Sin embargo, los talibanes habían ofrecido refugio a Al Qaeda. Por otro lado, el cerebro detrás de la operación del 11-S, Mohammed Atta, se había entrenado en Afganistán, lugar donde coordinó y planeó los atentados junto con Bin Laden.[297]

Aquellos atentados condujeron al colapso directo del régimen talibán. Aunque se intentó que Omar hiciera entrega de Bin Laden, negociar con Omar era como «darse cabezazos contra la pared», y este se negó.[298] El 7 de octubre, Estados Unidos inició una invasión militar, la operación Libertad Duradera, y, a mediados de noviembre, los talibanes ya salían expulsados de Kabul.[299] En diciembre del mismo año, se produjo la rendición formal de los talibanes, al tiempo que Hamid Karzai, respaldado por los estadounidenses, asumía el cargo de presidente el día 22, señalando el fin oficial del Gobierno talibán. El grupo «dejó de existir en cuanto a entidad física».[300]

Sin embargo, del mismo modo que el Viet Minh tras su derrota en 1946 (véase el capítulo 5), los talibanes se reagruparon, prosiguieron su lucha y lograron en última instancia recuperar el mando del país. Beneficiados por el creciente resentimiento contra los soldados estadounidenses y los oficiales afganos que respaldaban los norteamericanos, junto con el apoyo que les brindaban las mezquitas locales, los talibanes poco a poco se reconstituyeron como movimiento guerrillero durante los años que siguieron a la invasión de 2001.[301] El movimiento mantuvo su alto grado de ideologización, y prosiguió con sus ataques a gran escala contra aquellas escuelas que no acataban su prohibición de educar a las niñas.[302] Los talibanes mantuvieron también una gran cohesión: sufrieron escasas divisiones, incluso después de las muertes de Omar y su sucesor, Akhtar Mansour, a mediados de la década de 2010.[303] Con solo un conjunto interconectado de pequeñas formaciones de batalla (*mahas*) y consejos de *shura* en Afganistán y Pakistán, los talibanes no disponían de una disciplina o profesionalidad como las del Viet Minh.[304] Sin embargo, asistidos por Irán y por el ISI pakistaní, las fuerzas de los talibanes pusieron al día su capacidad organizativa y militar a principios de la década de 2010.[305] Tomando elementos nacionalistas, de ideología religiosa, y gracias a una enorme asistencia exterior, el movimiento logró reclutar a decenas de miles de jóvenes que ocuparon el lugar de los millares de militantes que habían muerto en la batalla.[306] La mayoría de los guerrilleros talibanes, unos 50.000 o 60.000, luchaban sin recibir un salario.[307] En 2015, los talibanes ya habían hecho efectiva su presencia armada por todo el territorio nacional.[308]

Como en 1996, contribuyó a la toma del poder por parte de los talibanes la extrema debilidad del Estado afgano y el colapso al que condujo. Cuando el Gobierno estadounidense anunció que retiraba sus tropas, en primavera de 2021, el Ejército afgano se desintegró. Los talibanes ascendieron al poco al poder, con la ocupación de Kabul el 15 de agosto.

Por su proceder inicial, al asumir el mando, todo parecía indicar que los talibanes seguirían aplicando una transformación radical. Casi de inmediato, el nuevo Gobierno decidió restringir el derecho de las mujeres al trabajo, a la educación y el ocio.[309] A finales de 2021, sin embargo, ya no estaba claro si el nuevo régimen volvería a su orientación radical en política exterior, como su apoyo a la actividad terrorista internacional. La decisión que tome sin duda marcará la trayectoria del régimen a largo plazo.

En definitiva, como en Hungría y Camboya, la mezcla de radicalismo extremo y vulnerabilidad geopolítica de Afganistán conllevó un acelerado colapso del régimen. Como los Jemeres Rojos, los talibanes casi lograron consolidar el poder dentro del país, pero los depuso la invasión de un Estado mucho más poderoso.

CONCLUSIÓN

En este capítulo se han examinado tres regímenes revolucionarios de Estados geopolíticamente vulnerables y que se vieron abocados a una muerte prematura; en todos los casos, debido a una intervención extranjera. Sus radicales proyectos de crear un nuevo orden social condujeron a una secuencia reactiva que pronto fue interrumpida. La existencia de fuertes amenazas externas promovió la cohesión de las élites y la lealtad en los Ejércitos de Camboya y Afganistán. En el caso de Camboya, también a la destrucción de los centros alternativos de poder social. Sin embargo, la intervención militar por parte de potencias extranjeras acabó con estos regímenes antes de que lograran estabilizarse. No solo acabaron con una muerte prematura, sino que su caída cabe entenderla desde la secuencia de revolución y reacción. Así pues, como esclarece este capítulo, la supervivencia de los regímenes revolucionarios durante sus primeras etapas es un resultado contingente y, cuando los Gobiernos revolucionarios planifican medidas extremistas, existe la posibilidad de que provoquen reacciones contrarrevolucionarias fatales para ellos.

Al mismo tiempo, el resultado no fue contingente por completo. Aunque nuestra muestra de casos es demasiado reducida para llegar a conclusiones definitivas sobre los motivos de una muerte prematura, las dimensiones del Estado y la vulnerabilidad militar parecen ser de importancia. Mientras que Rusia, China, Vietnam e Irán eran grandes potencias regionales, Hungría, Camboya y Afganistán eran Estados de menor tamaño que se vieron abocados con facilidad a una intervención extranjera.* Hungría acababa de salir derrotada de la Primera Guerra Mundial, y estaba ocupada por varios países europeos. Tanto en Camboya como en Afganistán habían tenido lugar destructivos conflictos indirectos propios de la Guerra Fría. Por contra, los Gobiernos revolucionarios de Estados más grandes tuvieron un mejor resultado a la hora de sobreponerse a ataques del exterior. Rusia sobrevivió a la intervención extranjera durante su guerra civil; Irán logró subsistir a pesar de la invasión iraquí en los años ochenta. China, por su parte, resistió al enfrentamiento directo con Estados Unidos en Corea. Irán y Rusia, en particular, gracias a sus grandes territorios, pudieron ofrecer a los Gobiernos revolucionarios un respiro antes de recuperar fuerzas.

Una posible explicación alternativa para la temprana caída de los regímenes de Hungría, Camboya y Afganistán es que sus Gobiernos revolucionarios eran de una radicalidad excepcional. Somos escépticos acerca de este argumento. Por un lado, aunque sin lugar a dudas las políticas que llevaron a cabo Kun y Pol Pot fueron extremas, no lo eran menos que las de Stalin en los años treinta, Mao en los años cincuenta y sesenta, o Castro en la década de 1960. Del mismo modo que Hungría, los Gobiernos de Rusia, Irán y Cuba promovieron que se exportara la revolución. Además, aunque ante el argumento del máximo extremismo se puede aceptar que los regímenes más radicales se dieron en el propio territorio, los tres sobre los que hablamos en este capítulo fueron destruidos tras una invasión extranjera, y no a causa de la oposición local.

Es indudable que la vulnerabilidad exterior no convierte en inevitable una muerte temprana. Los Gobiernos radicales de

* En el momento en que se produjo su revolución, la población de Hungría era de 8 millones (Statista.com), la de Camboya 7,5 millones y la de Afganistán 19 millones (Banco Mundial n.d.).

Cuba (con once millones de habitantes) o Eritrea (y su población de tres millones) sobrevivieron a la secuencia reactiva y establecieron poderosas autocracias. Sin embargo, las élites revolucionarias de estos casos contaban con un menor margen de error que China, la URSS o Vietnam.

Capítulo 8

Acomodación e inestabilidad

Bolivia, Nicaragua y Guinea-Bisáu

El capítulo 7 hacía hincapié en los riesgos a los que se abocaban los Estados vulnerables tras emprender estrategias radicales. En Hungría, Camboya y Afganistán, la radicalidad de sus políticas terminó provocando conflictos militares que condujeron a la rápida muerte de estos regímenes revolucionarios. Aun así, moderarse puede ser también un obstáculo para que una revolución se consolide. En los casos donde los Gobiernos revolucionarios menguaron su radicalismo inicial con el fin de acomodarse a los grandes intereses, los regímenes tenían menos posibilidades de acabar desarrollando la cohesión de sus élites, estructuras leales y poderosas y asimetrías de poder entre el Estado y la sociedad en las que se encuadra la capacidad de perdurar a largo plazo.

Este capítulo examina tres regímenes revolucionarios —los de Bolivia, Nicaragua y Guinea-Bisáu— que combinaron un radicalismo inicial con estrategias acomodaticias. Estos casos son compatibles con la revolución social según nuestros criterios, en tanto que sus Gobiernos surgieron fruto de violentas revoluciones sociales para luego iniciar proyectos radicales con los que transformar sus sociedades. No obstante, a diferencia de nuestros casos ideales-típicos, las élites revolucionarias de Bolivia, Nicaragua y Guinea-Bisáu —temiendo amenazas contrarrevolucionarias u obligadas a moderarse por sus aliados más pragmáticos— rebajaron sus políticas para limitar la intensidad de la reacción contrarrevolucionaria.

En sus intentos de amoldarse a los grandes intereses resultaron muy racionales desde el punto de vista de líderes que buscan consolidar su poder en el subsiguiente mandato. Aquellos Gobiernos que no planean redistribuciones radicales, transformaciones culturales invasivas o políticas exteriores agresivas tienen menos posibilidades de enfrentarse a amenazas existenciales de signo contrarrevolucionario. No obstante, al moderarse o poner fin a la secuencia de revolución y reacción, las estrategias acomodaticias frenan la consolidación del régimen a la larga. Debido a que no se enfrentan a una amenaza contrarrevolucionaria, es menos probable que los Gobiernos acomodaticios adopten una mentalidad de asedio, establezcan un partido disciplinado o inviertan en procurarse un poderoso Estado cuartel. Por otro lado, a menudo carecen de la voluntad o la capacidad de terminar con los centros rivales de poder. Resultan así estos regímenes más proclives a escisiones o a conspiraciones golpistas en su seno, y al desafío de los opositores desde su exterior. Este patrón acomodaticio lo hemos visto en Argelia, en el capítulo 5. Puesto que el Frente de Liberación Nacional (FLN) no provocó un movimiento contrarrevolucionario local, ni un conflicto militar externo de gravedad, no llegó a desarrollar cohesión entre las élites y tampoco destruyó los centros de poder rivales. Por todo ello, el régimen argelino padeció un conflicto interno y una réplica social mucho más potente que su homólogo de Vietnam.

Se estudiarán en este capítulo las trayectorias de tres regímenes revolucionarios acomodaticios: Bolivia, Nicaragua y Guinea-Bisáu. En Bolivia, los sindicatos militantes empujaron al Movimiento Nacionalista Revolucionario (MNR) a nacionalizar las minas de estaño y a llevar a cabo una reforma agraria de enormes repercusiones. Sin embargo, los dirigentes del MNR iniciaron pasos para limitar el alcance de la reforma, con el fin de evitar una confrontación importante con Estados Unidos. En ausencia de un conflicto contrarrevolucionario serio, el MNR no tuvo que obligar a sus miembros a cerrar filas ni asaltar los centros rivales de poder. Estos acontecimientos, junto con la aciaga decisión de permitir al antiguo Ejército su reconstrucción, contribuyeron a una crisis y al golpe que acabó con el régimen en 1964.

En Guinea-Bisáu, el Partido Africano para la Independencia de Guinea y Cabo Verde (PAIGCV) se dividió en facciones radicales y moderadas. Cuando logró su independencia, los radicales expropiaron las propiedades de los colonos, y pretendieron crear una economía de planificación central. Sin embargo, los moderados no tardaron en cambiar de rumbo: abandonaron el socialismo y buscaron tener buenas relaciones con Portugal y Occidente. A resultas de ello, el régimen apenas se enfrentó a una reacción de tipo contrarrevolucionario. Al no ver su existencia amenazada, el PAIGCV se fue atrofiando, y empezaron a surgir divisiones entre sus élites. El régimen sufrió una serie de conflictos internos antes de que una rebelión militar le pusiera fin en el año 1999.

Nicaragua siguió un camino algo distinto. El Frente Sandinista de Liberación Nacional (FSLN), con su radicalismo inicial, desencadenó una guerra contrarrevolucionaria muy costosa en la que Estados Unidos participó. Como en Cuba, la amenaza existencial que la contrarrevolución representaba llevó a una élite cohesionada y un aparato coercitivo de gran fuerza y disciplina. Sin embargo, el coste de la guerra, junto con la llegada de la era Gorbachov en la Unión Soviética, invitaron a que los sandinistas se moderaran. En última instancia, la imposibilidad para el FSLN de acabar con el sector privado y la Iglesia católica le pasó factura, ya que desempeñaron un importante papel en su derrota electoral.

BOLIVIA

La Revolución boliviana en abril de 1952 dio lugar a un régimen con una formación política al frente que ostentaba formas parecidas a las del Partido Revolucionario Institucional (PRI) de México. El Gobierno del Movimiento Nacionalista Revolucionario (MNR) tomó el control de las minas de estaño e inició la reforma agraria más radical desde la Revolución mexicana en Latinoamérica. Sin embargo, la Revolución boliviana no llegó a consolidarse. En 1964, el presidente Víctor Paz Estenssoro fue derrocado en un golpe de Estado que acabó con el régimen.

¿Por qué duró tan poco el Gobierno revolucionario de Bolivia? La revolución de 1952 desencadenó muy poco conflicto violento;[1] en gran parte, porque el MNR se decidió por una estrategia acomodaticia. Aunque la movilización obrera y campesina persuadió al Gobierno revolucionario de llevar a cabo reformas radicales en 1952 y 1953, los líderes del MNR eran pragmáticos. Ya que creían que el régimen no sobreviviría si Estados Unidos no lo apoyaba, moderaron las reformas para que el Gobierno estadounidense confiara en ellos. Lo consiguieron y el MNR se enfrentó solo a una leve reacción contrarrevolucionaria. A consecuencia de ello, el régimen nunca desarrolló los pilares de un autoritarismo duradero. La élite del MNR no se vio obligada a ir a la una, ni a crear un potente aparato de coerción; tampoco liquidó a las organizaciones o centros de poder rivales, como el Ejército prerrevolucionario. De ello surgió un régimen débil. Cuando tuvo que enfrentarse a la oposición obrera, el Gobierno del MNR recurrió a un Ejército que no controlaba. Y cuando las escisiones entre las élites y las cada vez más numerosas protestas sociales debilitaron el Gobierno en 1964, fue el Ejército el que puso fin al régimen.

La toma revolucionaria del poder

La Revolución boliviana tuvo lugar en un momento de fragilidad del Estado e inestabilidad del régimen. El Estado poscolonial boliviano era de una debilidad considerable.[2] El Ejército una y otra vez se veía incapacitado para mantener el orden o defender las fronteras nacionales. Así fue como Bolivia perdió guerras contra Chile en 1879-1881, Brasil en 1899-1903 y Paraguay en 1932-1935,[3] mientras que el país sufrió 227 insurrecciones armadas entre 1925 y 1960.[4]

La Bolivia prerrevolucionaria era muy excluyente. Se concentraba el poder en manos de grandes latifundistas y magnates del estaño, que constituían una oligarquía conocida como «La rosca».[5] La economía se basaba en la exportación de estaño,[6] y más de un 80 por ciento de la producción del mineral estaba en manos de las «Tres grandes» empresas mineras: Aramayo, Hochschild y Patiño.[7] La sociedad rural era «cuasifeudal».[8] En 1950, un 4,5 por ciento de la población era propietaria de un 70 por ciento de las tierras cultivables. A la mayoría indígena se le imponía un sistema de servidumbre, el pongueaje,* por el que debían trabajar en las fincas de los propietarios.[9] La explotación era tan extrema que un embajador estadounidense describió a los campesinos indígenas como «esclavos».[10] Incluso en una fecha tan reciente como 1950 parece ser que dos tercios de los bolivianos estaban sujetos al pongueaje.[11]

El orden oligárquico se empezó a venir abajo en la década de 1930, tras la derrota boliviana frente a Paraguay en la guerra del Chaco.[12] El Ejército fue diezmado y perdió a 60.000 soldados, con lo que este dejó de ser válido como fuerza represora.[13] La derrota militar, junto con la Gran Depresión, hicieron mella en la legitimidad de la élite política tradicional.[14] Ello se tradujo en una inestabilidad creciente, que entre 1935 y 1950 incluyó cinco golpes y una insurrección urbana que logró sus objetivos.[15]

Las décadas de 1930 y 1940 vieron aparecer nuevos movimientos antioligárquicos.[16] La guerra del Chaco obligó al Ejército a movilizar a obreros y campesinos indígenas, muchos de los cuales retornaron a sus casas armados y poco dispuestos a aceptar el antiguo *statu quo.*[17] Denominada «generación del Chaco», la de estos veteranos inundó las filas de la izquierdista Federación Sindical de Trabajadores Mineros de Bolivia, de facciones nacionalistas del Ejército como Razón de la Patria (RADEPA), y de nuevos partidos de izquierdas y nacionalistas, el mayor de los cuales era el MNR.[18]

En 1936, las fuerzas antioligárquicas subieron al poder por vez primera, después de que un golpe nacionalista diera paso a un breve experimento de «socialismo militar» (1936-1939).[19] En 1943. un golpe llevado a cabo por RADEPA puso en marcha

* Junto con el mitanaje, la institución del pongueaje o pongaje, residuo de la era colonial, proviene etimológicamente de «pongo» (según el *Diccionario de americanismos de la Real Academia Española,* del quechua *punku,* que significa «puerta» o «portada»), aquella persona que en las comunidades indígenas trabajaba obligada y sin remuneración para poder sembrar las tierras que arrendaba. *(N. del T)*

un Gobierno militar reformista que dirigía el teniente coronel Gualberto Villarroel, aliado con el MNR.[20] El Gobierno de Villarroel se enfrentó a una tensa oposición por parte de Estados Unidos,[21] y en 1945 Villarroel fue depuesto —y colgado de una farola— durante una insurrección callejera.[22] Durante la restauración conservadora que siguió, el MNR fue objeto de prohibición y represión.[23]

El MNR se radicalizó tras 1946, y abandonó su programa cuasifascista en favor de otro más inclinado hacia la izquierda. Se alió con el cada vez más importante sindicato de mineros.[24] Después de intentar llevar a cabo una serie de levantamientos entre 1946 y 1951,[25] el MNR concurrió en las elecciones de 1951. Desde el exilio, su candidato a la presidencia Víctor Paz Estenssoro prometió nacionalizar las Tres grandes empresas mineras, lo que le valió la hostilidad de La rosca.[26] Parece ser que Paz ganó, pero el Ejército anuló las elecciones e instaló en el poder a una junta dirigida por el general Hugo Ballivián. Con aquella maniobra, el MNR vio impedido su acceso legal al poder y, como expresó Paz, les «obligó a hacer la revolución».[27]

La revolución de 1952 se inició como conspiración golpista del MNR y del líder de la Policía militar, el general Antonio Seleme. El 9 de abril, el MNR y cerca de 2.000 carabineros se alzaron en armas, con la premisa de que el Ejército defendería a los rebeldes y que Seleme se convertiría en presidente.[28] Sin embargo, cuando el Ejército resultó fiel al poder, Seleme desistió y pidió asilo en la embajada chilena.[29] No obstante, el MNR y los mineros armados siguieron luchando, y el golpe de Estado se vio transformado en una insurrección urbana.[30] Se iniciaron enfrentamientos en ciudades de toda Bolivia, y en aquel momento el Ejército se empezó a desmoronar.[31] Las fuerzas armadas estaban llenas de reclutas sin formación,[32] buena parte de los que «se habían dedicado a practicar para el desfile militar». Los soldados, por ende, «sabían desfilar muy bien pero no sabían luchar».[33] Muchos de ellos desertaron al inicio del conflicto.[34] En La Paz, las fuerzas progubernamentales se repartían entre los 600 miembros de la Guardia Presidencial, 400 cadetes de la academia militar y 240 miembros mal armados del Segundo Batallón de Ingenieros.[35]

Durante el 10 y el 11 de abril, las milicias rebeldes derrotaron a las fuerzas armadas en La Paz, y las hicieron añicos.[36] El comandante del Ejército, Humberto Torres, junto con otros altos oficiales, huyó del país; otros se limitaron a volver a sus casas, y dejaron en los cuarteles a un puñado de soldados.[37] Derrotados por «una tropa improvisada de irregulares civiles», se rindieron el día 11 de abril.[38] Paz volvió de su exilio para asumir la presidencia.[39]

Si se compara con otros casos, la llegada al poder del MNR fue rápida y sencilla.[40] Tan solo llevó tres días y en ella perdieron la vida entre 550 y 600 personas.[41] La cúpula del MNR sentía incredulidad por su victoria. Paz, de hecho, declaró que «ni en sueños» se habrían esperado una revolución integral.[42]

La secuencia reactiva: acomodación y reacción limitada

El nuevo régimen era débil. Para empezar, no poseía una élite cohesionada. El MNR estaba formado por elementos diversos e incompatibles; entre ellos, los sindicalistas de izquierdas como Juan Lechín, una facción anticomunista que dirigía Walter Guevara Arze, y un centro pragmático en el que se hallaban el presidente Paz y el vicepresidente Hernán Siles Zuazo.[43] Estas facciones carecían de ideología coherente y no habían vivido una lucha armada compatible, lo que hacía probables las divisiones dentro del MNR.[44]

Otro motivo de su flaqueza era la inexistencia de un cuerpo armado. Las fuerzas prerrevolucionarias se desmoronaron en abril de 1952.[45] Sus altos mandos estaban en el exilio o en la cárcel, la mayoría de sus soldados rasos desertaron y la academia militar permanecía cerrada.[46] Según consta, cuanto quedaba del Ejército en 1952 eran su banda de música y el Cuerpo de Ingenieros.[47] No obstante, a diferencia de otros casos de revoluciones, el MNR no formó un nuevo Ejército tras su toma del poder. En su lugar, se apoyaba en las milicias de mineros y en un reducido cuerpo policial con el que mantener el orden.[48] Así pues, el antiguo Ejército se vio por un tiempo inhabilitado, a la vez que no sería reemplazado de forma permanente.[49]

Las fuerzas contrarrevolucionarias mostraban una relativa debilidad. La oligarquía —La rosca— perdió poder con el éxodo de muchos terratenientes y barones del estaño,[50] además de la inhabilitación del Ejército prerrevolucionario.[51] En lo que respecta a Latinoamérica, la Iglesia tenía un tamaño reducido. Poseía escaso personal y la mitad de sacerdotes per cápita que la Iglesia mexicana, mientras que su influencia sobre la preponderante población indígena de Bolivia era limitada.[52] Así pues, a diferencia de México o Nicaragua, la Iglesia «no tenía tantísima importancia» en Bolivia.[53]

Ahora bien, mientras que las élites tradicionales eran débiles, las organizaciones obreras y campesinas sí tenían fuerza.[54] Los sindicatos mineros resultaron fundamentales en la revolución.[55] En 1952 estos surgieron por centenares, reunidos bajo el paraguas de la Central Obrera Boliviana (COB), de izquierdas.[56] La fortaleza de la COB se basaba en su control de las minas y de las milicias sindicales.[57] Eran los sindicatos, y no el Gobierno, quienes mandaban en los campamentos mineros,[58] al tiempo que las milicias mineras, con sus 20.000 integrantes, superaban a los efectivos del Ejército y la Policía juntos.[59] Aunque los campesinos tuvieron un papel muy secundario en la revolución de abril, se movilizaron después de esta.[60] Los sindicatos armados de campesinos proliferaron en 1952 y 1953.[61]

En definitiva, el régimen revolucionario de Bolivia fue débil en sus inicios. Careciendo de Ejército y rodeado de un sinfín de actores sociales y políticos independientes, el nuevo Gobierno del MNR dependía de milicias autónomas de obreros y campesinos para sobrevivir.

El MNR en el poder: un Gobierno acomodaticio

El MNR estaba formado por una «banda de revolucionarios a su pesar».[62] Cuando se fundó en 1941 como partido nacionalista, su programa era reformista y capitalista de Estado, no socialista.[63] El primer MNR ni siquiera estaba a favor de la reforma agraria,[64] sino de modernizar el sector agrícola.[65] A sus dirigentes nunca se les pasó por la cabeza romper relaciones con Estados Unidos.[66] Por otro lado, con agudo contraste respecto a otros líderes revolucionarios, en lo principal rechazaban el cambio social violento.[67] En palabras de Guevara Arze: «Queremos la Revolución mexicana sin diez años de Pancho Villa».[68] El MNR no tenía un «gran plan» de gobierno cuando Paz se presentó a la presidencia en 1951.[69] Por su parte, Paz era un político pragmático «de una firme sensibilidad conservadora».[70]

Debido a la coyuntura geopolítica, el MNR se reafirmaría en su moderación. La economía boliviana dependía de Estados Unidos.[71] Estos consumían la mitad de las exportaciones de estaño de Bolivia, que representaban un 70 por ciento de las transacciones de divisas del país.[72] La cúpula del MNR «reconocía que no había revolución boliviana que pudiera permitirse enemistar a Estados Unidos»,[73] a menos —bromeaba Paz— que encontraran la manera de exportar su estaño a Europa «en submarino desde el lago Titicaca».[74] Bolivia también dependía sobremanera de la asistencia económica de Estados Unidos, y los líderes del MNR estaban «dispuestos a agachar bastante la cabeza con el fin de obtenerla».[75]

Por último, a diferencia de los años sesenta, cuando el patrocinio soviético ayudó al régimen cubano a sobrevivir, en 1952 la Unión Soviética no tenía interés en Estados clientelares de América Latina,[76] por lo que Bolivia podía tener escasos aliados que no fuera Estados Unidos.[77] Así pues, mientras que Castro adoptó el marxismo-leninismo para asegurarse el apoyo de la Unión Soviética, los dirigentes del MNR se esforzaron al máximo para «evitar que los tacharan de régimen de inspiración comunista»,[78] y no convertirse en «presa fácil de la cacería de rojos» ante los halcones estadounidenses de la Guerra Fría.[79] Por ejemplo, en 1952 el MNR prohibió las banderas rojas durante el desfile del Día de los Trabajadores, y expulsó a la fuerza a todo aquel que llevara un brazalete rojo.[80]

A pesar de todo aquello, el MNR se radicalizó bajo la presión de sus aliados obreros y campesinos.[81] A diferencia del reformista MNR, la COB pretendía una «limpieza rápida y completa del viejo orden».[82] Los líderes de la COB exigían que se nacionalizaran las minas y que las controlaran los obreros, una reforma agraria y la sustitución del Ejército por milicias obreras.[83]

La COB ejercía el poder que le daban los campamentos mineros y trabajadores armados.[84] Ya que el MNR no tenía un Ejército y dependía de los milicianos si quería sobrevivir, se vio obligado a aceptar unas exigencias sindicales que sobrepasaban con creces su programa tradicional.[85] Los líderes de la COB dijeron al MNR que «gustara o no, habría revolución».[86]

Durante la primera Administración de Paz (1952-1956), el MNR adoptó medidas de genuina radicalidad. Paz formó un «cogobierno» junto con la COB, y nombró a líderes sindicales al mando de los Ministerios de Trabajo, Minería y Asuntos Agrícolas y Campesinos.[87] El Gobierno de Paz llevó a cabo dos iniciativas radicales de verdad: la nacionalización de las minas de estaño en 1952 y la reforma agraria de 1953. Estas dos políticas resultaban transformadoras en tanto que destruían las élites económicas tradicionales de Bolivia. Sin embargo, en ambos casos, el Gobierno del MNR rebajó sus niveles de radicalidad con medidas con las que mantener la cooperación de Estados Unidos.

El control sobre las minas de estaño durante largo tiempo originó conflictos en Bolivia. Los Tres grandes productores del mineral, que representaban el 80 por ciento de su producción y generaban un 95 por ciento de las divisas en Bolivia,[88] se consideraban intocables.[89] De hecho, los intentos de dominarlos que habían realizado Gobiernos nacionalistas anteriores se consideraban la causa de su caída.[90] Temiendo que les pasara lo mismo, muchos de los asesores del MNR les advirtieron de que no debían nacionalizar a estas empresas mineras.[91] Sin embargo, tanto la nacionalización como el control obrero de las minas eran exigencias clave de la COB.[92] Según un informe del Departamento de Estado de Estados Unidos, Lechín «golpeó sobre la mesa exigiendo una nacionalización inmediata y categórica» durante la primera reunión de Gabinete de Paz.[93] La presión sindical demostró ser inapelable y, en octubre de 1953, firmó un decreto nacionalizando las 163 minas que explotaban los Tres grandes.[94] Fundaron una minera estatal, la Corporación Minera Boliviana (COMIBOL), y se estableció un sistema de «control obrero». Este entregaba dos de siete votos en la junta directiva, y en cada mina se elegía un representante del control obrero que podía vetar sus operaciones.[95]

No obstante, cuando el Gobierno estadounidense rechazó las nacionalizaciones y amenazó con dejar de adquirir estaño del país, el Gobierno del MNR —dependiente de los mercados estadounidenses— procedió a arreglar sus relaciones con los norteamericanos.[96] El embajador de Bolivia en Estados Unidos, Víctor Andrade, aseguró «una y otra vez» que la nacionalización minera era un «caso particular», que los Tres grandes recibirían compensaciones, y que el MNR estaba convencido de la propiedad privada y la inversión extranjera.[97] Así, las expropiaciones se limitaron a los Tres grandes, mientras que cientos de minas más pequeñas seguirían en manos de particulares.[98] En junio de 1953, al final, el Gobierno de Paz llegó a un acuerdo con los Tres grandes para compensarlos, rechazando así la exigencia de la COB de «nacionalizar sin compensaciones».[99]

Asimismo, el cauce que siguió la reforma agraria fue el de la presión desde abajo. En el programa original del MNR una reforma agraria brillaba por su ausencia.[100] El MNR se mantuvo dividido acerca de esta cuestión en 1952, y los líderes del partido en un principio no aspiraron a más que a una reforma modesta.[101] No obstante, las condiciones sobre el terreno abocaron al MNR a radicalizarse. La Bolivia rural cayó en un «estado de turbulencias» en 1952 y principios de 1953.[102] El campo se encontraba «inmerso en el caos», con campesinos que asaltaban a los terratenientes, saqueaban fincas y ocupaban tierras.[103] Bajo la supuesta amenaza de que los campesinos atacaran las ciudades, una guerra civil se entreveía como una «posibilidad alarmante».[104] En agosto de 1953, un «reticente» Gobierno del MNR aprobó una ley radical de reforma agraria:[105] los grandes latifundios se abolieron y, con ellos, el pongueaje y demás prácticas de trabajo forzado.[106] La oligarquía terrateniente fue aniquilada.[107] La reforma era considerable:[108] unas 160.000 familias —o el 45 por ciento de las familias granjeras de Bolivia— recibieron tierras, un porcentaje de beneficiados mucho mayor que en Venezuela, Colombia, Chile, Costa Rica o Perú.[109] Hasta 1980, solo Cuba y México —casos revolucionarios los dos— habían llevado a cabo reformas más profundas en Latinoamérica.[110]

Sin embargo, la reforma agraria boliviana se diferenciaba de la de los demás casos revolucionarios. Para empezar, era de signo capitalista. Las fincas pequeñas y medianas se protegieron, como también las grandes (hasta 2.023 hectáreas) que se dedicaban a la producción agrícola «moderna».[111] Los terrenos se repartieron en parcelas individuales aptas para una familia; no había fincas estatales y muy pocas cooperativas.[112] El objetivo no era el socialismo, sino disolver unos latifundios cuasifeudales y establecer un sistema más moderno —y equitativo— de propiedad privada.[113] Las reformas bolivianas, además, se guiaban por un nivel de trámites burocráticos y legales superior al de otros casos de revoluciones. Quienes habían poseído las tierras tenían derecho a una compensación, y se ponían a su disposición varias instancias para recurrir.[114] Aquel cuidado de las sutilezas legales ralentizaba la distribución de la tierra,[115] provocando descontento popular.[116]

En definitiva, aunque la movilización obrera y campesina obligó al Gobierno del MNR a poner en marcha reformas socioeconómicas de gran alcance, la mezcla de pragmatismo y dependencia exterior llevó a los líderes del MNR a rebajar sus iniciativas más radicales. Así, como observó Richard Patch en su momento, la Revolución boliviana «no se amoldaba a los patrones. No había lucha de clases. Se produjo una escasa pérdida de vidas [...]. No tuvo lugar la irrupción de los extremistas, ni reino del terror ni termidor».[117] Su estrategia acomodaticia condicionaría sobremanera la trayectoria del régimen a largo plazo.

Una reacción contrarrevolucionaria limitada

Las reformas de 1952 y 1953 no conllevaron más que una modesta oposición por parte de los contrarrevolucionarios. Las fuerzas conservadoras reaccionaron con hostilidad. Las Tres grandes empresas mineras contrataron a grupos de presión en Washington, e impulsaron un embargo estadounidense sobre las exportaciones bolivianas.[118] Muchos periódicos —propiedad de miembros de La rosca— reaccionaron también con animadversión.[119] El dueño de periódicos Demetrio Canelas acusó al MNR de provocar una «beligerancia racial», y de reemplazar una «ciudadanía diligente y cultivada de origen europeo por un electorado indígena analfabeto», además de «arruinar las fuerzas vitales de la economía boliviana».[120]

Sin embargo, la resistencia de los oligarcas no funcionó; en parte, porque el Ejército que había protegido a las élites tradicionales desde siempre ya estaba inhabilitado.[121] Las rebeliones contrarrevolucionarias, por ende, carecían de fuerza.[122] En enero de 1953, por ejemplo, una revuelta a la que dieron apoyo líderes derechistas del MNR fue sofocada con facilidad mediante las milicias obreras y campesinas.[123] Por su parte, el partido de derechas Falange Socialista Boliviana —o Falange—, que había hecho su aparición para ser la principal voz de los intereses latifundistas, católicos y demás contrarrevolucionarios,[124] organizó una serie de rebeliones armadas durante los años cincuenta.[125] Con todo, al no disponer de un Ejército que los respaldara, las rebeliones se vieron frustradas.[126]

Por último, el MNR se enfrentaba a una mínima oposición de Estados Unidos.[127] A años luz de la hostil respuesta estadounidense a las revoluciones de Cuba y Nicaragua, Estados Unidos toleró el régimen boliviano y acabó por aceptarlo.[128] Los motivos principales de este contraste son dos. En primer lugar, Estados Unidos tenía un interés económico limitado en Bolivia.[129] Había pocos estadounidenses con tierras en el país, y los barones del estaño contaban con escasos accionistas de Estados Unidos.[130] Así pues, a diferencia de otras revoluciones latinoamericanas, el *lobby* estadounidense que pretendía intervenir Bolivia tenía poca fuerza.[131] En segundo lugar, el Gobierno de Paz —con su acomodación y diplomacia— convenció a los oficiales estadounidenses de que su revolución no suponía una amenaza comunista.[132]

En un principio, los oficiales de Estados Unidos sentían un «profundo recelo» acerca de la revolución.[133] Paz no se consideraba de confianza entre el *establishment* de Estados Unidos (donde, aunque parezca increíble, se presentaba como nazi y comunista al mismo tiempo),[134] mientras que los estadounidenses consideraban al líder de la COB, Juan Lechín, «horripilante».[135] No obstante, a los oficiales del Departamento de Estado se les ocurrió pronto la idea de que Paz no era comunista, sino más bien una figura del estilo de Kérenski que, si fracasaba, podía conducir a alternativas más radicales.[136] La Administración Truman, así pues, brindó al régimen su «reconocimiento a regañadientes».[137]

La nacionalización de las minas en octubre de 1952 puso en peligro este acercamiento inicial. Los oficiales estadounidenses se pusieron en contra de aquella medida y anularon las conversaciones sobre un nuevo contrato para el estaño.[138] En marzo de 1953, la flamante Administración Eisenhower anunció que ya no continuaría ofreciendo contratos de largo plazo para el estaño.[139] Debido a que la crisis del estaño tuvo lugar durante un aumento de las tensiones de la Guerra Fría, podría haberse agravado hasta una ruptura que amenazara el régimen como la de Cuba. Sin embargo, el conflicto pronto se fue atenuando; ello, en gran medida, debido a la acomodación del MNR. El Gobierno Paz puso fin a las expropiaciones, renunció a sus planes de vender estaño al bloque del Este y, en junio de 1953, alcanzó un acuerdo para compensar a las Tres grandes.[140] En julio, los oficiales de Estados Unidos actuaron con reciprocidad, y anunciaron una nueva contratación del mineral para un año.[141] Aquel mismo mes, el hermano del presidente Eisenhower, Milton, se desplazó a Bolivia, donde llegó a la conclusión de que el MNR era un aliado anticomunista que merecía el apoyo de Estados Unidos.[142] A finales de 1953, la Administración Eisenhower ya daba total acogida al Gobierno de Paz, y le empezó a mandar asistencia económica a discreción.[143] Las ayudas estadounidenses se más que doblaron en 1954.[144] En total, Estados Unidos le ofreció más de trescientos millones en recursos entre 1953 y 1964, con lo que Bolivia se convirtió en el máximo receptor de asistencia estadounidense per cápita en Latinoamérica.[145] De hecho, las relaciones entre ambos «puede que hayan sido más cercanas que las de cualquier otro par de países en el hemisferio».[146]

La acomodación del MNR tuvo el efecto de desbaratar cualquier reacción contrarrevolucionaria y embarcó a Bolivia en una trayectoria no muy distinta a la del FLN en Argelia (capítulo 5). Como veremos, la dependencia de las ayudas económicas estadounidenses fomentó políticas —la ortodoxia económica y el restablecimiento del Ejército— que no solo frenaron el cambio revolucionario, sino que fueron negativas para que el régimen se consolidara.[147]

Una construcción de Estado limitada

A falta de una reacción contrarrevolucionaria importante, el Gobierno del MNR construyó poco la estructura del Estado. Como hemos dicho antes, el MNR no formó unas fuerzas armadas propias. No surgió un Ejército revolucionario de la insurrección de abril de 1952.[148] Durante más de un año, el antiguo Ejército permaneció aletargado, mientras que se utilizaban las milicias sindicales para mantener el orden.[149] La COB pedía que el Ejército fuera abolido y que las milicias obreras ocuparan su lugar.[150] Sin embargo, Paz optó por preservarlo, y lo restableció en junio de 1953.[151]

Se había reformado el Ejército de forma sustancial. Paz purgó a casi todos los oficiales superiores, y a un cuarto del cuerpo.[152] La academia militar, restringida antes a las familias de clase alta, empezó a reclutar a oficiales que no procedían de las élites.[153] También se redujo la plantilla del Ejército. Al no existir una amenaza externa, lo que más preocupaba a los líderes del MNR era que desde el Ejército surgiera una amenaza, dado que este había acabado con media docena de Gobiernos desde 1930.[154] Así, Paz recortó el Ejército de 20.000 a 5.000 tropas,[155] reduciéndolo a «algo más parecido a una guardia palaciega».[156] La fuerza policial también redujo sus efectivos, escasos si los comparamos con los milicianos obreros.[157] El gasto militar también decreció; de más de un 20 por ciento del presupuesto de 1952, a un 6,7 por ciento en 1957.[158] El salario de los oficiales era tan bajo que estos se quejaban de tener que vivir en garajes alquilados o de valerse de sus raciones para abastecer a sus familias.[159] El Ejército, en efecto, adoptó tal discreción que muchos testigos ajenos al cuerpo creían que había sido eliminado.[160]

Aunque el MNR debilitó el Ejército, fue incapaz de controlarlo. La Revolución boliviana no produjo una fusión entre el partido y el Ejército. A diferencia de México, Cuba o Nicaragua, las milicias que derrotaron al Ejército boliviano en 1952 jamás entrarían a formar parte del Estado revolucionario. Los intentos de infiltrar las fuerzas armadas reconstituidas no lograron su cometido. El Gobierno Paz colocó a sus aliados en la comandancia; muchos de ellos eran miembros de RADEPA purgados en la década de 1940.[161] Paz declaró al Ejército en la órbita de su partido, y lo renombró «Ejército de la Revolución Nacional».[162] Era un requisito para los oficiales jurar lealtad al MNR, y se les presionaba para que entraran en el partido.[163] Paz quiso consolidar la lealtad del Ejército con la inclusión de «instructores políticos» del MNR en la academia militar.[164]

Sin embargo, aquellas medidas apenas lograron estrechar puentes entre el MNR y la cúpula del Ejército. Aunque muchos comandantes militares simpatizaban con el nacionalismo, en primer lugar eran oficiales de carrera cuya lealtad estaba reservada al Ejército. Así pues, a mucha distancia de los generales revolucionarios mexicanos o los «soldados cívicos» revolucionarios de Cuba, los comandantes del Ejército boliviano eran militares de toda la vida que no habían participado en la revolución, y a quienes el triunfo de esta les resultaba algo ajeno.[165] Por ejemplo, el general Alfredo Ovando, a quien Paz nombró al frente de las fuerzas armadas, se unió al MNR, pero no tenía vínculos anteriores con el partido.[166] Además, a pesar de la reestructuración de la academia militar, la mayoría de los nuevos reclutas seguían procediendo de entornos burgueses, lo que implicaba que el Ejército seguiría estando «provisto de hombres de grupos que en esencia sentían hostilidad hacia el MNR».[167]

Dada esta tesitura, los intentos del MNR por politizar el Ejército acababan siendo ineficaces. La membresía en el partido y las juras de lealtad eran fenómenos que quedaban sobre el papel,[168] actividades para guardar las apariencias que los oficiales apenas se tomaban en serio, viéndolas como un «requisito para servir, y nada más».[169]

Los intentos de llevar a cabo una penetración del Ejército por parte de su partido, como vemos, están a años luz de los vistos en otros casos de revoluciones. Paz no se contentó con dejar intactas las instituciones militares preexistentes, sino que dejó a los líderes del Ejército a cargo de su transformación.[170] En consecuencia, el Ejército mantuvo una autonomía institucional considerable.[171]

La supervivencia de los centros rivales de poder

La naturaleza modesta de la reacción contrarrevolucionaria limitó también el incentivo del MNR para eliminar los centros alternativos de poder. Está claro que la revolución destruyó algunos de los núcleos tradicionales del poder económico: los barones del estaño y los grandes latifundistas abandonaron el país o vieron enflaquecer su poder con las nacionalizaciones y la reforma agraria.[172] En 1953, La rosca había dejado de existir a todos los efectos.[173]

Sin embargo, trascendiendo aquello, el MNR hizo poco para debilitar los centros de poder social. Sin una amenaza contrarrevolucionaria, el MNR nunca intentó una «eliminación de raíz» de sus contrincantes.[174] Las instituciones y organizaciones prerrevolucionarias no fueron destruidas, en ningún caso se asesinó a los rivales políticos y en raras ocasiones los mandaron a la cárcel o al exilio.[175] El Gobierno también se cuidaba de atacar a la Iglesia; de hecho, este alguna vez buscó ayuda en los líderes eclesiásticos para mediar en conflictos.[176]

El MNR también se moderó en el trato dispensado a las universidades. Estas eran baluartes de conservadurismo de clase alta,[177] y, tras 1952, también centros de reacción derechista.[178] No obstante, los intentos de restringir la autonomía universitaria pronto serían cancelados.[179] En 1974, las milicias de la COB, que acusaban a las universidades —con cierto fundamento— de ser centros de actividad contrarrevolucionaria, tomaron el control de la mayoría de las facultades con el objetivo de transformarlas en «universidades populares».[180] Al cabo de pocos meses, sin embargo, el Gobierno dio marcha atrás y devolvió las universidades a sus propietarios.[181] Estas siguieron ejerciendo de núcleos de actividad contrarrevolucionaria hasta el final del mandato del MNR.[182]

La represión de las organizaciones políticas rivales también fue limitada.[183] Aunque la contrarrevolucionaria Falange vivió cierta represión, sobre todo en forma de detenciones,[184] nunca se ilegalizó ni tuvo que pasar a la clandestinidad.[185] De hecho, la Falange concurrió de forma activa en los comicios de 1956 y 1960, y salió como segunda fuerza (con un 14 por ciento del voto) en 1956.

El MNR tampoco logró subordinar a sus aliados sindicales y campesinos. Al no poseer un Ejército, el Gobierno del MNR no tenía capacidad ni voluntad para desarmar las milicias sindicalistas y del campo. En consecuencia, los sindicatos de la minería siguieron controlando los campamentos mineros, al tiempo que los sindicatos armados de campesinos se hicieron fuertes en gran parte del ámbito rural.[186]

La estrategia de acomodación del MNR, en síntesis, logró adelantarse a una contrarrevolución. Por ello, el Gobierno de Paz nunca se enfrentó a una amenaza militar contra su existencia. Ahora bien: al carecer de ese tipo de amenazas, el Gobierno revolucionario se sintió poco incentivado a crear un aparato coercitivo poderoso o debilitar los centros alternativos de poder en la sociedad.

El régimen post-1956: endebles pilares autoritarios

Cuando el primer mandato presidencial de Paz llegó a su fin en 1956, toda amenaza contrarrevolucionaria había amainado. La rosca ya no existía, Estados Unidos era un aliado y las rebeliones de la Falange ya resultaban «tan normales como un resfriado común».[187] Cuando Hernán Siles Zuazo accedió a la presidencia en agosto, la moderada secuencia reactiva a la que condujo la revolución ya había concluido.

Sin embargo, las bases para un Gobierno autoritario eran frágiles. Por ejemplo, la élite del régimen carecía de cohesión. El MNR siempre fue proclive a escisiones que lo debilitaban.[188]

Ya en enero de 1953, los líderes de derechas del MNR dieron apoyo a un golpe fallido.[189] Como veremos, el MNR «se dividió una y otra vez» en las décadas de 1950 y 1960,[190] contribuyendo al colapso del régimen en última instancia.

Este tampoco poseía un aparato de coerción potente y leal. El Ejército, con sus 8.000 tropas, tenía la mitad del tamaño que antes de la revolución,[191] e iba tirando con un «presupuesto famélico».[192] Asimismo, a diferencia de los partidos que gobernaron México, Cuba o Nicaragua, los lazos que unían al MNR con el Ejército eran exiguos.[193] Solo cuatro entre los veinticuatro oficiales de alto grado estaban vinculados con el MNR a finales de los cincuenta,[194] y el jefe de las fuerzas Alfredo Ovando no era uno de ellos.[195]

Por otro lado, el Gobierno del MNR siguió enfrentándose a organizaciones políticas y sociales rivales, tanto de derechas (los falangistas) como de izquierdas (la COB), con más relevancia. A diferencia de México, donde el Partido Revolucionario Institucional mantuvo un firme control sobre obreros y campesinos, los sindicatos bolivianos siguieron siendo «aliados independientes y no leales subordinados».[196] Resultaba verosímil que los 20.000 milicianos mineros fueran «la fuerza militar más poderosa de Bolivia»,[197] con más efectivos que el Ejército.[198] Los colectivos campesinos también conservaron su autonomía.[199] Puesto que el Estado del MNR nunca llegó a penetrar en todo el territorio nacional, grandes extensiones del campo se encontraban bajo el control *de facto* de barones rurales que controlaban «sus ejércitos personales» y «administraban justicia a parte del Gobierno central».[200]

En suma, a pesar de la apariencia formal de sistema de partido único, la Bolivia revolucionaria de hecho era más bien pluralista.[201] Sin una amenaza existencial a la vista, el MNR nunca desarrolló una élite cohesionada, no formó un aparato coercitivo poderoso y tampoco acabó con los centros rivales de poder. Por lo tanto, las enormes asimetrías de poder a las que dio lugar la secuencia reactiva en China, Cuba, México, Vietnam u otros países jamás se desarrollaría en Bolivia.

La evolución y el colapso del régimen, 1956-1964

Las bases del régimen revolucionario se empezaron a agrietar durante la presidencia de Siles, el sucesor de Paz en 1956. Siles heredó una grave crisis económica. El PIB per cápita de Bolivia se redujo en un 20 por ciento entre 1952 y 1957.[202] La economía también se desmoronó con una hiperinflación que llevó a Siles a priorizar la estabilización.[203] Debido a la dependencia de Bolivia de Estados Unidos (que cubría un 40 por ciento del presupuesto anual), la cúpula del MNR no vio demasiadas alternativas aparte de llamar a la puerta de los estadounidenses.[204] A finales de 1956, el Gobierno negoció un programa draconiano de estabilización —obra del economista estadounidense George Eder— con Estados Unidos y el Fondo Monetario Internacional (FMI).[205] El Plan Eder incluía un recorte de gastos del 40 por ciento, la eliminación de los controles y subsidios sobre precios, liberalización de comercio, finanzas y tasas de cambio, y una congelación salarial.[206] A cambio, Bolivia recibiría veinticinco millones de dólares en asistencia de Estados Unidos y el FMI.[207] Preso de sus relaciones con Estados Unidos, el MNR reaccionó a la crisis económica abandonando la mayor parte de su programa original.[208]

El giro conservador del Gobierno de Siles condujo a una serie de acontecimientos que dañaron el régimen y, lo más importante, deterioraron la alianza del MNR con el obrerismo y la izquierda.[209] Los sindicatos ejercían una enérgica oposición al programa de estabilización de 1956-1957.[210] La frecuencia de las huelgas se vio incrementada, y la COB convocó una huelga general en julio de 1957.[211] Aunque Siles convenció a los dirigentes de la COB de que suspendieran el parón,[212] el plan estabilizador hizo mella en la coalición del MNR. El vicepresidente Ñuflo Chávez, miembro de la COB, dimitió,[213] poniendo punto final al «cogobierno».[214]

La estabilización de 1956 y 1957 «condujo a Bolivia hacia una nueva vía» donde la agenda revolucionaria de la COB ya no pintaba nada.[215] El enfrentamiento contra la estabilización llevó a los líderes del MNR a reconsiderar el papel de las fuerzas armadas. Si el Gobierno se planteaba proseguir en aquella senda capitalista, encontraría resistencia obrera de frente. Si se daba aquella situación, un Ejército de menos tropas que las milicias obreras era indeseable. El Gobierno de Siles tomó así una decisión fatal. Incrementó de nuevo las dimensiones del Ejército, con lo que «reactivaba el monstruo de Frankenstein».[216] El gasto militar pasó de un 6,7 por ciento del presupuesto de 1956 a un 13,5 por ciento en 1962,[217] y el Ejército pasó de 8.000 a 12.000 tropas.[218]

La deriva conservadora del MNR prosiguió tras el retorno de Paz a la presidencia en 1960. La sucesión de aquel año abrió un cisma en el partido. Para recuperar el apoyo obrero en su búsqueda del nombramiento presidencial en el MNR, Paz nombró al líder de la COB Juan Lechín su candidato vicepresidencial (según se dice, prometiéndole la presidencia en 1964).[219] El tándem Paz-Lechín empujó al ministro de Gobierno (y cofundador del MNR), Walter Guevara Arze, a abandonar el partido.[220] Con Guevara Arze se fue gran parte del sector derechista del MNR.[221]

La segunda Administración de Paz (1960-1964), en ciertos sentidos, fue mucho más acertada que la primera. La economía recibió una inyección de energía,[222] y Bolivia recibió 205 millones de dólares en asistencia de la Alianza para el Progreso.[223] El país se convirtió en el segundo mayor receptor de ayudas estadounidenses en todo el mundo.[224]

El vínculo con Estados Unidos marcó de forma decisiva la trayectoria del régimen a principios de la década de los sesenta.[225] La Alianza para el Progreso exigió una serie de reformas «modernizadoras» —abrirse a la inversión extranjera, racionalizar el sector minero controlado por el Estado— que situaron a Paz «rumbo a la colisión» con los sindicatos.[226] En efecto, la necesidad de lograr la connivencia de los obreros animó a Paz a continuar los esfuerzos de Siles por debilitar el movimiento trabajador.[227]

Las fuerzas armadas eran una pieza central de este empeño.[228] Exhortado por los oficiales estadounidenses, Paz fortaleció el Ejército, para el que restauró su papel prerrevolucionario de garante principal del orden en el país.[229] El gasto militar aumentó de menos de un 7 por ciento del presupuesto nacional que tenía a mediados de los años cincuenta a un 17 por ciento en 1964.[230] El Ejército creció hasta los 15.000 soldados, superando a las milicias sindicales.[231] Unos 12,4 millones de dólares en asistencia militar estadounidense fueron lo que posibilitó esta expansión.[232] En efecto, la ayuda en armamento que le otorgaba Estados Unidos era tan considerable que Paraguay interpuso una queja formal por alterar el equilibrio regional de poder.[233] En 1964, las fuerzas armadas se reafirmaban como «árbitro de la vida política nacional».[234]

El régimen se empezó a desmoronar en 1961, cuando Paz inició el Plan Triangular, un programa financiado por Estados Unidos para nacionalizar el sector minero, que incluía tanto despidos como el desmantelamiento del sistema de control obrero mediante el cual los sindicatos habían ejercido su influencia sobre decisiones de producción y plantilla.[235] El Plan Triangular fue lo que desgarró de forma definitiva la alianza entre el MNR y los obreros.[236] En 1962 se inició una oleada de huelgas y protestas que continuaría durante todo el año 1963.[237] Envalentonado por la asistencia en seguridad de Estados Unidos, Paz declaró tres estados de sitio para acabar con los disturbios; al final, movilizó también al Ejército para detener la huelga.[238]

Tal vez el régimen habría sobrevivido a la oposición obrera si su partido de gobierno hubiera permanecido intacto. Sin embargo, el MNR vivió una serie de divisiones en 1964. El conflicto central tenía que ver con la reelección de Paz. En 1962, Paz había impulsado una reforma constitucional con la que podía aspirar a ser reelegido.[239] Sin embargo, su candidatura se enfrentaba a oposición interna.[240] Lechín, a quien parece ser que Paz había prometido el nombramiento,[241] gozaba de amplio apoyo obrero y de izquierdas.[242] Los oficiales estadounidenses, en cambio, se oponían a la candidatura de Lechín —según se dice— amenazando con retirar sus apoyos si lo nombraba.[243] Tan buen punto Lechín quedó fuera de la pugna, Paz orquestó su propia reelección,[244] volando en pedazos el MNR.[245] Lechín, junto con muchos izquierdistas, desertaron de la formación de gobierno y formaron el Partido Revolucionario de la Izquierda Nacionalista (PRIN).[246] El antiguo presidente Siles también se pasó a la oposición.[247] A principios de 1964, pues, tres de los líderes fundadores del MNR —Guevara Arze, Lechín y Siles— estaban en la oposición. Era, «casi de forma literal, un hombre contra todos los demás».[248] El PRIN de Lechín, el Partido de la Revolución Auténtica de Guevara Arze, Siles y la Falange sabotearon todos ellos los comicios de 1964.[249] Presentándose sin oposición, Paz resultó ganador con un 98 por ciento del voto.

Tras su reelección, Paz declaró que la revolución se había «institucionalizado, como en su precedente mexicano».[250] Estaba errado. Los días posteriores a la votación «estuvieron marcados por disturbios, manifestaciones, protestas y violencia calculada»,[251] tanto por parte de la izquierda obrerista como de la derecha contrarrevolucionaria. Los mineros iniciaron una serie de huelgas y protestas a mediados de 1964, que culminaron con la formación de un «Gobierno popular» paralelo en agosto.[252] Los docentes empezaron una huelga por todo el país, mientras que la Falange daba inicio a un alzamiento guerrillero en Santa Cruz.[253] En agosto, las protestas estudiantiles se siguieron en varias ciudades.[254] Al llegar septiembre, el país se encontraba en un estado de insurrección.[255] Con las minas y las escuelas cerradas, al tiempo que reinaba el caos en la capital, Paz declaró un estado de sitio y ordenó al Ejército ocupar los campos mineros y reprimir las protestas estudiantiles.[256] No obstante, los oficiales se negaron a aplicar la represión.[257] A finales de 1964, la mayoría de los líderes del MNR, «por activa, se encontraban conspirando contra Paz, o bien, por pasiva, esperaban a que su Gobierno terminara».[258] Tanto Siles como Guevara Arze, Lechín o la COB ejercían presiones para que se produjera un golpe.[259]

El 3 de noviembre de 1964, los generales Alfredo Ovando y René Barrientos derrocaron a Paz en un golpe. Ambos generales habían jurado lealtad al MNR, y Paz creía que permanecerían fieles a él; más adelante describiría aquel error de cálculo como su mayor fallo.[260]

Cuando Paz escapó del país, los trabajadores lo festejaron creyendo que Lechín sería su sucesor. Cargándolo sobre sus hombros, exclamaban: «¡Lechín a palacio!».[261] Se equivocaron.

El golpe de 1964 dio fin al régimen revolucionario. Bajo el mando del general Barrientos se realizó una purga del MNR del Estado, y este fue reemplazado por un Gabinete formado en exclusiva por militares.[262] Los líderes del MNR fueron al exilio, la COB se ilegalizó y el movimiento obrero fue «aplastado».[263] Siguiendo el relato del historiador Luis Antezana Ergueta, los sindicatos y la izquierda «se habían unido a una contrarrevolución que entregó el poder a la ultraderecha; era como si Mao [...] hubiera devuelto el poder a Chiang Kai-shek».[264]

Dos aspectos cruciales de la secuencia revolucionaria-reactiva de Bolivia contribuyeron a la prematura y vergonzosa caída del régimen. Por un lado, y puesto que la estrategia acomodaticia del MNR amortiguó la reacción contrarrevolucionaria, el régimen nunca se enfrentó a una amenaza existencial militar. Por ese motivo, nunca fomentó una élite cohesionada ni destruyó a las organizaciones rivales. Los desertores del MNR, como Siles, Arze y Lechín, o actores sociales como el sindicato de mineros, los barones del campo y las universidades contribuyeron de manera directa a la crisis de gobernabilidad de 1964 y al golpe. Por otro lado, la decisión del MNR de no formar un Ejército propio hizo imposible el tipo de fusión entre partido y Ejército que hacía que el resto de los regímenes estuvieran a prueba de golpes. En última instancia, fue la combinación de discordia social y estamento militar autónomo lo que dejó al Gobierno revolucionario de Bolivia tan vulnerable como otros Gobiernos —no revolucionarios— de América Latina.

NICARAGUA

El caso nicaragüense solo satisface nuestra teoría hasta cierto punto. El Frente Sandinista de Liberación Nacional (FSLN) era más radical que el MNR, y se enfrentó a una guerra contrarrevolucionaria devastadora. Como en otras revoluciones, la guerra propició tanto una élite cohesionada como un aparato coercitivo poderoso y leal. Sin embargo, los sandinistas se abstuvieron de destruir los centros independientes de poder; muy en particular el sector privado y la Iglesia, lo que impidió que se desarrollaran asimetrías extremas entre Estado y sociedad. Asimismo, ya que la guerra contrarrevolucionaria de Nicaragua transcurrió al término de la Guerra Fría, el FSLN vivió fuertes presiones exteriores para moderarse. Así pues, la Iglesia y el sector privado sobrevivieron, alimentando con recursos y legitimidad a la oposición. Cierta acomodación también aportó elecciones competitivas; estas propiciaron la derrota de la revolución en las urnas por parte de grupos opositores.

La toma revolucionaria del poder

La Revolución nicaragüense se desarrolló mientras colapsaba un régimen sultanístico. Nicaragua, durante largo tiempo, había padecido la debilidad de su Estado. El país se encontró en estado de «guerra civil casi permanente» durante sus primeros treinta y cinco años de independencia,[265] y en 1855, un mercenario estadounidense llamado William Walker se hizo con el poder durante más de un año.[266] Estados Unidos ocupó Nicaragua en 1909, y de forma tácita transformó el país en un protectorado.[267] Los marines se fueron en 1925, pero volvieron en 1927 después de que un cuerpo militarizado bajo auspicios estadounidenses fuera vencido en el transcurso de un alzamiento liberal.[268] Los diplomáticos de Estados Unidos negociaron la paz entre las fuerzas conservadoras y liberales, pero los liberales disidentes a quienes dirigía César Augusto Sandino batallaron en un conflicto guerrillero hasta que las fuerzas norteamericanas partieron para siempre en 1933.[269] Antes de irse, las fuerzas de Estados Unidos crearon la Guardia Nacional (GN), un cuerpo de 2.000 hombres que comandaría Anastasio Somoza García.[270] El control sobre la GN convirtió a Somoza de facto en autócrata y, en 1936, se hizo con el poder mediante un golpe.[271]

El golpe de 1936 fue el inicio de cuarenta y tres años de gobernanza sultanística,[272] que se iniciaron con la dictadura de Somoza García, pero que prosiguieron tras su magnicidio en 1956 bajo el mando conjunto de sus hijos Luis (quien sería el presidente) y Anastasio (bajo quien estaba la GN), y culminaron —tras la muerte de Luis Somoza Debayle en 1967— con el mandato personal de Anastasio Somoza Debayle. El Estado somocista estaba caracterizado por su absoluto neopatrimonialismo.[273] Anastasio Somoza García se había convertido en el mayor terrateniente de Nicaragua, con cincuenta y un ranchos ganaderos, cuarenta y seis fincas cafeteras y ocho plantaciones de azúcar.[274] La riqueza de su hijo Anastasio sumaba más de quinientos millones de dólares y el 20 por ciento de la tierra cultivable de Nicaragua.[275] La GN se convirtió en la «milicia privada» de Anastasio Somoza Debayle.[276] En su jerarquía se acumulaban miembros de la familia y sus fieles. Durante los años setenta, por ejemplo, la principal fuerza de infantería de la GN —el Tercer Batallón— estaba a cargo de un medio hermano de Somoza, mientras que el hijo de Somoza dirigía la Escuela de Entrenamiento Básico de la Infantería, un grupo de élite de 2.000 hombres.[277] La lealtad a los Somoza era la clave para ascender a los escalones superiores de la GN.[278]

El régimen de los Somoza se mantuvo estable hasta la década de 1970. El crecimiento estable de su economía permitió a los Somoza mantener con generosidad la GN,[279] a la vez que compraban a los políticos de la oposición, a los industriales, e incluso a la Iglesia católica.[280] Los Somoza también recibieron apoyo constante de Estados Unidos, ya que tuvieron la destreza de situar a Nicaragua como un leal aliado en la Guerra Fría. El camino de la revolución, así pues, fue largo y difícil. En 1961 Carlos Fonseca, Tomás Borge y un puñado de otros radicales crearon el FSLN. Se echaron al monte para emular el triunfo de Castro en Cuba.[281] No lo lograron y por bien poco no los aniquilaron.[282] Tras el fracaso de una segunda insurrección, en 1967, las operaciones militares del FSLN permanecieron aletargadas durante siete años[283] en los que no supusieron más que alguna «impertinencia ocasional» a Somoza.[284]

Los vientos de la política cambiarían en 1972, cuando la inepta respuesta de Somoza tras un fortísimo terremoto en Managua reveló cuan profunda era la corrupción de su régimen.[285] Somoza y sus compinches se quedaron con los fondos de cooperación internacional y con la mayor parte de los contratos para la reconstrucción.[286]

No tardaron en surgir opositores en varios frentes. Un grupo de industriales, por ejemplo, se trasladó a la oposición y fundó el Consejo Superior de la Empresa Privada (COSEP) y, en 1974, la Unión Democrática de Liberación.[287] La Iglesia también se volvió en contra del régimen,[288] mientras que las comunidades de base católicas se convirtieron en centros de activismo de oposición.[289] El FSLN resurgió al fin en 1974, llevando a cabo un asalto espectacular contra una fiesta navideña a la que acudió buena parte de la élite de Managua.[290]

Somoza declaró el estado de sitio en 1975, y la represión posterior casi logró acabar con el FSLN.[291] Fonseca fue asesinado en 1976 y, para el año 1977, la CIA calculaba que solo quedaban cincuenta integrantes de las guerrillas.[292] Los sandinistas, asimismo, se separaron en tres facciones rivales: la rural Guerra Popular Prolongada, que dirigía el líder fundador Tomás Borge; la Tendencia Proletaria, urbana, con Jaime Wheelock al mando; y la Tendencia Insurreccionaria o Tercerista, liderada por Daniel y Humberto Ortega.[293] Ya en el año 1977, incluso, una victoria guerrillera parecía una «quimera».[294]

En 1977 y 1978, sin embargo, tuvieron lugar dos cambios importantes. Para empezar, la Administración Carter, acabando con años de apoyo incondicional de Estados Unidos, suspendió la ayuda militar y económica a Somoza, obligándole a atenuar la represión.[295] En segundo lugar, en enero de 1978, Pedro Joaquín Chamorro, director del periódico más importante de Nicaragua —*La Prensa*— y la personalidad más destacada de la oposición en el país, fue asesinado por colaboradores de Somoza.[296] Su asesinato provocó una amplia oposición social,[297] incluyendo una revuelta en Monimbó (Masaya), que la GN tardó dos semanas en sofocar. Tuvieron lugar insurrecciones similares en otras ciudades.[298]

La oposición se dividía en campos moderados y revolucionarios. Por un lado, los grupos empresariales y la mayoría de los partidos opositores se reunieron en mayo 1978 bajo el nombre de Frente Amplio Opositor (FAO), que se convirtió en la principal tribuna de la oposición no revolucionaria.[299] En el extremo opuesto, el movimiento revolucionario resurgió con fuerza en agosto de 1978, cuando un comando del FSLN ocupó el Palacio Nacional, donde se encontraba el Congreso. Aunque los sandinistas apenas contaban con quinientos combatientes,[300] sacaban provecho de una ola más grande de movilización urbana popular, a la que también defendían los sectores progresistas de la Iglesia.[301] En septiembre de 1978 el FSLN inició una ofensiva por todo el país, invadiendo las comisarías de la GN en Managua y otras ciudades.[302]

Alarmados por el ascenso del FSLN, la Administración Carter presionó a Somoza para que negociara con el moderado FAO.[303] Los oficiales estadounidenses esperaban que las conversaciones a cargo de la Organización Armada Secreta en octubre de 1978 concluirían con la dimisión de Somoza y un Gobierno provisional que conservaría la GN, evitando así secuelas revolucionarias.[304] Por el contrario, Somoza se negó a abandonar el cargo, tirando por la borda las negociaciones y desacreditando al FAO.[305]

Dos acontecimientos fortalecieron al movimiento revolucionario a comienzos de 1979. El primero fue que el FSLN se unificó. Bajo la presión de Fidel Castro, los guerrilleros formaron un órgano colegiado, el Directorio Nacional, compuesto por tres representantes de cada facción.[306] El segundo consistía en que, a pesar de una creciente oposición de Estados Unidos y en el propio país, Somoza se obstinaba en aferrarse al poder.[307] Convencido de que con su fortuna burlaría la política estadounidense,[308] Somoza decidió, como él mismo dijo, «aguantar hasta el final».[309]

La negativa de Somoza a irse debilitó de forma grave a la oposición no revolucionaria.[310] Una vez excluida la vía negociada, cada vez más políticos, líderes empresariales y cargos de la Iglesia se unieron a la coalición revolucionaria.[311] A principios de 1979, el FSLN tenía más de 2.000 combatientes y ya ocupaba ciudades del norte.[312]

En mayo de 1979, el FSLN puso en marcha su «ofensiva final», y a principios de julio ya controlaba un 80 por ciento del país.[313] La GN «empezó a desmoronarse, unidad tras unidad»: mientras desertaban los soldados y los reservistas no respondían a las llamadas, la GN se vio reducida de 14.000 a 10.000 tropas.[314]

Las iniciativas internacionales que buscaban impedir una revolución no funcionaron.[315] Los oficiales estadounidenses pretendían salvaguardar la GN como un baluarte contra la revolución, pero estaban divididos en cuanto al modo de hacerlo.[316] El asesor de Seguridad Nacional Zbigniew K. Brzezinski veía en una intervención militar el único modo de frustrar una victoria sandinista; sin embargo, el secretario de Estado, Cyrus Vance, como otros oficiales —aterrados aún por Vietnam y a quienes les perturbaban otras crisis— rechazaron una maniobra de este tipo.[317] Poco dispuestos a intervenir con el Ejército, Estados Unidos trató de influir en la transición «sin mancharse las manos».[318]

El 11 de julio, los revolucionarios inauguraron la Junta de Reconstrucción Nacional, que contaba con el líder del FSLN, Daniel Ortega, Violeta Chamorro (viuda del líder asesinado de la oposición Pedro Joaquín Chamorro), el empresario Alfonso Robelo, el escritor Sergio Ramírez y el académico de izquierdas Moisés Hassan. Aunque Ortega era el único guerrillero de la junta, Ramírez y Hassan eran aliados de los sandinistas.

El 13 de julio, el FSLN ya tenía el control de todas las carreteras que conducían a Managua.[319] Al ver que el juego había terminado, Somoza dimitió el día 16, y a una hora temprana de la mañana siguiente, él, su familia y los máximos comandantes de la GN volaron hacia Miami.[320] El Congreso nombró a Francisco Urcuyo como presidente interino.

El desenlace revolucionario estuvo asegurado cuando Urcuyo, de quien se esperaba que entregara su poder a la junta mientras dejaba intacta la GN, declaró que seguiría desempeñando su cargo hasta que acabara el mandato de Somoza, en 1981.[321] El FSLN respondió acelerando su marcha hacia Managua, que desencadenó el colapso del Estado.[322] La GN se descompuso. A las 2.30 de la mañana del 18 de julio, el agregado de Defensa estadounidense James McCoy fue despertado poruna llamada de los oficiales de la GN que, en palabras de McCoy, «decidieron que todo había terminado [...] y que estaban subiendo a aviones en dirección a Honduras».[323] A las seis de la mañana, McCoy «llegó a la conclusión de que la GN ya no existía».[324] Las unidades de la GN se desintegraban al tiempo que los soldados abandonaban sus puestos.[325] Incluso se había visto a los oficiales de mayor rango «desgarrando sus uniformes e intentando fundirse entre la multitud»; dichos oficiales se fueron al exilio, se ocultaron o se marcharon a sus casas.[326] Las fuerzas aéreas desertaron en masa.[327] Un oficial estadounidense visitó el cuartel general de la fuerza aérea y no encontró a «nadie más que a una mujer que quemaba documentos».[328]

Urcuyo dio marcha atrás e intentó transferir sus poderes a las fuerzas armadas, pero el comandante de la GN Francisco Mejía le dijo: «Nosotros también nos vamos».[329] Cuando las fuerzas sandinistas alcanzaron Managua el 19 de julio, solo quedaba por rendirse el jefe de la Policía de tráfico.[330] El colapso de la GN dejó atónitos a los miembros del FSLN, puesto que había creado —en palabras de un sandinista— «unas circunstancias mejores de lo que jamás hubiéramos podido soñar».[331]

La toma del poder en Nicaragua fue, de lejos, más difícil que en Bolivia o en Cuba. La GN combatió con fiereza y con una enorme brutalidad, obligando a las fuerzas contrarias a Somoza a resistir un «baño de sangre».[332] Al menos 10.000 nicaragüenses murieron durante los últimos meses de la insurrección, y hubo por lo menos 30.000 muertos entre 1977 y 1979.[333]

La secuencia reactiva

La victoria del FSLN destruyó el Estado somocista. La GN quedó disuelta, y los sandinistas capturaron a los soldados que no huyeron del país, los sometieron a juicios farsa y los encarcelaron.[334] Por su deseo de mantener el apoyo internacional, los revolucionarios evitaron cometer actos de justicia sumaria.[335] Así pues, aunque 6.310 miembros del antiguo régimen (sobre todo miembros de la GN) fueron encarcelados, no se usaron pelotones de fusilamiento ni hubo reinos del terror.[336]

El FSLN reconstruyó las fuerzas armadas desde cero.[337] Fundó el Ejército Popular Sandinista (EPS) y la Policía Sandinista, donde empleó a sus propios guerrilleros.[338] Todos los comandantes del EPS eran antiguos líderes guerrilleros, y las unidades de guerrilla se convirtieron en unidades del EPS.[339]

De él se excluyeron por sistema a los antiguos miembros de la GN.[340]

La nueva junta, que incluía a los célebres no revolucionarios Violeta Chamorro y Alfonso Robelo, anunció un proyecto moderado de pluralismo político, una economía mixta y una política de exteriores no alineada.[341] En su mayor parte, el nuevo Gabinete era no sandinista.[342] El auténtico poder, no obstante, estaba en manos del Directorio Nacional del FSLN.[343] Desde el primer día, los sandinistas controlaron «todo lo militar».[344] El comandante del FSLN Humberto Ortega dirigía el EPS, mientras que el Ministerio del Interior, a cargo de la Policía y otras agencias de seguridad interna, lo encabezaba el líder del FSLN Tomás Borge. Según Robelo, estos nombramientos «nunca se debatieron. Se dieron y punto».[345] Los sandinistas también pospusieron las elecciones.[346] El jefe del Ejército, Humberto Ortega, declaró que no habría una «tómbola para ver quien tiene poder, porque el pueblo tiene el poder a través de su vanguardia, el [FSLN]».[347]

Aunque los sandinistas dominaban el Gobierno revolucionario, el propio régimen era frágil. El Ejército revolucionario era pequeño, estaba mal equipado y contaba con poca formación.[348] En un principio disponía de 5.000 tropas, que se fueron ampliando hasta 18.000 a finales de 1979.[349] El FSLN era pequeño (de 1.500 miembros),[350] y había pasado gran parte de su período de insurrección «enzarzado en conflictos internos».[351] De hecho, el partido estaba tan atormentado por sus rivalidades internas que el sociólogo James Petras predijo que no tardaría en fragmentarse como el MNR boliviano.[352]

El Gobierno revolucionario se enfrentaba a varios enemigos en potencia. Aunque las fuerzas somocistas —como la GN y el Partido Liberal Nacionalista— habían desaparecido, otros actores sociales seguían teniendo fuerza. Uno de ellos era la Iglesia. A diferencia de Cuba o México, donde la Iglesia defendió al antiguo régimen hasta el fin, la Iglesia nicaragüense rompió con Somoza y pasó a defender la insurrección.[353] En efecto, el arzobispo Miguel Obando y Bravo dio una misa de celebración tras la caída de Somoza.[354] No obstante, la Iglesia se dividió tras la revolución; aunque había un ala progresista que defendía el nuevo régimen, la jerarquía eclesiástica, muy cercana a las élites conservadoras, adoptó una posición más crítica.[355]

La Iglesia representó una amenaza potencial para el nuevo régimen. Más del 98 por ciento de los nicaragüenses eran católicos,[356] y el arzobispo Obando y Bravo se consideraba «el hombre más popular de Nicaragua».[357] La Iglesia también poseía una infraestructura organizativa considerable que incluía 178 parroquias, una red de escuelas religiosas y una emisora de radio muy popular, Radio Católica.[358] La Iglesia poseía una gran influencia;[359] a todos los efectos, se consideraba casi «intocable».[360]

Los capitalistas también sobrevivieron a la revolución. La partida de Somoza, propietario de más de cien empresas,[361] y la de los responsables de dos grupos financieros dominantes, el Banco Nicaragüense de Industria y Comercio y el Banco de América, «propinaron un sonoro golpe a los bastiones tradicionales del poder económico».[362] No obstante, la mayoría de los industriales y los comerciantes permanecieron en Nicaragua; y ahí estaban muy bien organizados.[363] COSEP, que reunía el sector industrial, la cámara de comercio y los principales productores agrícolas, se convirtió en un actor político importante en la lucha contra Somoza.[364] Aunque Nicaragua no tenía una oligarquía rural fuerte,[365] sí tenía sectores privados dinámicos en el ámbito del algodón, el café, el azúcar, el arroz y la ganadería ranchera, a los que representaba la Unión de Productores Agrícolas, con sus 6.000 afiliados.[366]

El sector privado tenía una estrecha vinculación con el periódico de más tirada en Nicaragua, *La Prensa*.[367] Dirigido por el conocido líder de la oposición Pedro Joaquín Chamorro hasta su asesinato en 1978 (tras el cual pasaría a estar bajo la dirección de su viuda, Violeta), el prestigio nacional e internacional de *La Prensa* lo convertía en «algo casi tan intocable como la Iglesia».[368]

Los partidos opositores tenían poca fuerza al término de la revolución. Los conservadores tradicionales estaban divididos y desacreditados tras décadas captados por el somocismo,[369] mientras que otros partidos tradicionales, como el Liberal Independiente, el Socialcristiano y el Movimiento Democrático

Nicaragüense eran pequeñas organizaciones burguesas.[370] Sin embargo, como veremos, la capacidad de las formaciones opositoras de extraer recursos privados y de la Iglesia incrementaría sobremanera sus ocasiones de concurrir por el poder.

Radicalismo temprano

El Gobierno del FSLN mezclaba radicalismo y acomodación. Los sandinistas —y en particular, la facción tercerista dominante— por lo general se consideraban pragmáticos.[371] Rechazando lo que el líder fundador Carlos Fonseca denominaba el «palabrerío pseudomarxista» de los partidos comunistas ortodoxos,[372] los líderes del FSLN desarrollaron una visión ecléctica mezclando marxismo, nacionalismo y cristianismo.[373] A pesar de todo, los sandinistas estaban casados con una visión del mundo «castrista».[374] La fundación del FSLN estuvo inspirada por la Revolución cubana,[375] y los sandinistas de todas las facciones adoptaron el modelo cubano.[376] Según el exvicepresidente Sergio Ramírez, los sandinistas «querían asimilarse al modelo cubano en todo [...]. Era una forma de confianza a ciegas».[377] De hecho, la devoción de los sandinistas hacia Castro era tal que, poco después de una semana tras la caída de Somoza, la cúpula entera del FSLN viajó hasta La Habana para celebrarlo.[378] Su adopción del castrismo tenía en ellos un efecto radicalizador. Para los líderes del FSLN, la revolución comportaba «reconstruir en esencia la estructura de la sociedad de Nicaragua», crear un «nuevo hombre» y una «nueva mujer».[379]

Asimismo, el FSLN se enfrentaba a un ambiente geopolítico difícil.[380] Estados Unidos seguía teniendo el poder dominante en América Central, mientras que a la Unión Soviética le importaba bien poco Nicaragua.[381] Todo ello representaba incentivos para que los sandinistas mantuvieran buen trato con los Gobiernos occidentales. Incluso Castro les aconsejaba moderarse, y se comenta que les dijo a los líderes sandinistas que evitaran «los errores iniciales que hicimos en Cuba, el rechazo político occidental, los ataques frontales prematuros contra la burguesía, el aislamiento económico».[382]

Los sandinistas hicieron caso solo en parte a Castro. Llevado por lo que el jefe del Ejército Humberto Ortega describió como un «romanticismo juvenil»,[383] el Gobierno revolucionario mezcló elementos radicales y acomodaticios.[384] La política económica inicial era de un relativo pragmatismo. Ya que Somoza y su camarilla eran propietarios de un 25 por ciento de la industria del país, junto con más de un 20 por ciento de las tierras,[385] su partida dejó cientos de propiedades abandonadas que se podían expropiar sin pelearse por ellas. Así, al poco de su acceso al poder, los sandinistas ordenaron que se expropiaran más de trescientas propiedades de Somoza y sus asociados.[386] Puesto que los dueños de los grupos financieros principales habían abandonado también el país, al que llevaron a la bancarrota, el Gobierno incluso podía nacionalizar los bancos sin resistencia.[387] Entonces, como el FLN en Argelia, los sandinistas expropiaron enormes cantidades de propiedades abandonadas, aumentando la participación del Estado en el PIB de un 15 por ciento en 1978 a un 41 por ciento en 1980,[388] sin que ello desencadenara la clase de resistencia burguesa que se vio en Cuba.

El FSLN estableció, así pues, una economía mixta, más que socialista.[389] El Estado monopolizó el comercio y nacionalizó la banca, las aseguradoras, la minería y el transporte.[390] Sin embargo, casi un 60 por ciento de la economía —que incluía un 75 por ciento de la industria y la agricultura— siguió estando en manos de particulares.[391]

El Gobierno revolucionario era incluso más acomodaticio en el ámbito cultural. La alianza sandinista con los católicos progresistas durante la lucha revolucionaria hizo que una orientación contraria a la Iglesia fuera impensable.[392] Aunque algunos marxistas de línea dura querían poner fin a las prácticas religiosas tradicionales como la Navidad o la celebración de la Purísima del 8 de diciembre,* en la cúpula del FSLN se adoptó un posicionamiento más pragmático. Como explicaba un

* Dos sacerdotes progresistas pasaron a formar parte del Gabinete revolucionario: el ministro de Exteriores, Miguel d'Escoto, y el ministro de Cultura, Ernesto Cardenal.

documento del partido de 1979: «Oponernos a una tradición de más de mil novecientos setenta y nueve años [...] nos acarrearía conflictos políticos y perderíamos influencia entre nuestra gente. Al mismo tiempo, alimentaría la campaña que nuestros enemigos en el extranjero mantienen contra nuestra revolución».[393] Así pues, el FSLN hizo una serie de declaraciones públicas en 1979 y 1980 donde adoptaban el cristianismo y declaraban el «derecho inalienable» a la libertad religiosa.[394] Aunque las relaciones entre el FSLN y la Iglesia se deterioraron tras 1980, los sandinistas nunca atacaron a la Iglesia como institución, ni tampoco amenazaron sus intereses vitales.[395]

Con todo, el radicalismo sandinista resultaba una amenaza para los grandes intereses en dos ámbitos importantes. Uno de ellos era la reforma agraria. La Ley de 1981 de Reforma Agraria permitía la expropiación de todos los terrenos cultivables ociosos o infrautilizados que tuvieran más de 303 hectáreas.[396] Más de 445.000 hectáreas de terrenos se expropiaron entre 1981 y 1984.[397] El porcentaje de tierras cultivables en grandes fincas cayó de un 40 por ciento en 1978 a un 8 por ciento en 1988.[398] Una ley de 1986 abría más tierras para su expropiación, con los consiguientes cientos de expropiaciones adicionales.[399] Al final, el FSLN repartió cerca de un 28 por ciento de los terrenos de Nicaragua, dando tierras a un 43 por ciento de las familias campesinas.[400]

La reforma agraria nicaragüense era mucho más leve que la cubana. La mayor parte de las tierras siguieron en manos de particulares,[401] y estuvieron exentos de ella los campesinos con terrenos pequeños o medios.[402] Sin embargo, dos aspectos de la reforma generaron resistencias. El primero era que, a diferencia de la reforma legalista de Bolivia, la de los sandinistas se llevaba a cabo de manera arbitraria y politizada, e iba acompañada de un discurso marxista radical que asustaba a muchos productores.[403] El segundo, de nuevo contrastando con Bolivia, tenía que ver con que la mayor parte de las tierras expropiadas se organizaron en forma de fincas estatales o cooperativas, y no de explotaciones individuales.[404] Adeptos al modelo cubano, los líderes sandinistas eran reacios al reparto de tierras entre particulares, ya que era contrario a sus objetivos socialistas a largo plazo.[405] Esta reticencia les costó cara, en el sentido de que la creación de cooperativas y granjas estatales «trastocaba de modo fundamental las formas de vida» en el campo, y generó una considerable oposición rural.[406]

El otro ámbito en que su temprano radicalismo tendría consecuencias fue la política exterior.[407] Los líderes sandinistas esposaban una visión del mundo antiimperialista.[408] La mayoría de ellos se habían vuelto antiamericanos hasta la médula. En palabras de Daniel Ortega: «Estábamos en contra de la Coca-Cola, de los cómics, de todo, bueno o malo, que representara Estados Unidos, excepto el béisbol».[409] Teniendo en cuenta la historia del intervencionismo estadounidense en Nicaragua, los líderes del FSLN estaban convencidos de que «debían estar contra Estados Unidos»[410] y que una acomodación como la practicada en Bolivia podía representar «la pérdida de nuestra nacionalidad».[411]

El radicalismo de sus medidas de exteriores tenía dos manifestaciones importantes. La primera fue la adopción por el FSLN de una política al estilo cubano de apoyo a los movimientos revolucionarios en el extranjero, y en particular al Frente Farabundo Martí para la Liberación Nacional (FMLN) en El Salvador.[412] Aquel «internacionalismo» podía inducir a un grave conflicto con Estados Unidos; y, sin embargo, era parte esencial de la identidad sandinista. Como expresó el miembro del directorio, Bayardo Arce, si los sandinistas no apoyaran a los guerrilleros salvadoreños, «dejarían de ser revolucionarios».[413] Los sandinistas, en un principio, aceptaron las exigencias estadounidenses de no enviar armas al FMLN.[414] Sin embargo, la victoria de Reagan en noviembre de 1980 parecía confirmar su creencia de que una agresión estadounidense era inevitable, de modo que cuando el FMLN preparó su ofensiva final de enero de 1981, los nicaragüenses «irían absolutamente a por todas».[415] Aquella decisión, que Humberto Ortega atribuyó más adelante a su «romanticismo internacionalista»,[416] les salió cara; cuando la CIA supo de los envíos de armas que realizaron en enero de 1981, la recién inaugurada Administración Reagan tuvo en bandeja un «pretexto ideal» para mandar a los Contras a la guerra.[417]

En segundo lugar, el antiimperialismo sandinista preveía un conflicto contra Estados Unidos como algo inevitable,[418] de modo que desaprovecharía las oportunidades para pactar una acomodación de intereses como la de Bolivia. En palabras de Ramírez, los líderes del FSLN «decidieron que era un combate a muerte contra el imperialismo. Su destino ya estaba escrito, y no se podía eludir».[419] Aquel «fatalismo bíblico» impedía que el FSLN se tomara en serio las iniciativas diplomáticas estadounidenses,[420] y se puso de especial manifiesto en 1981 cuando el subsecretario de Estado para Asuntos Interamericanos, Thomas Enders, ofreció a los sandinistas la paz si cesaban en su apoyo al FMLN, moderaban su relación con Cuba y limitaban sus fuerzas armadas a 15.000 efectivos.[421] Los sandinistas no tomaron en serio su oferta, aunque luego se arrepentirían.[422] El líder de la junta, Daniel Ortega, contestó a Enders que los sandinistas «defenderemos nuestra revolución con la fuerza de las armas, incluso si nos aplastan».[423] Las conversaciones no llegaron a ningún acuerdo, tras lo cual Estados Unidos redobló su apoyo a los Contras.[424] Años después, cuando le preguntaron al líder del FSLN Bayardo Arce si a los sandinistas les sabía mal su respuesta a Enders, este dijo: «Tomamos una decisión basándonos en principios. No era cuestión de un frío análisis, de otro modo habríamos decidido otra cosa. Recuerden el clima del momento. Nuestra mentalidad todavía era de guerra».[425]

En conjunto, el Gobierno del FSLN alternó radicalismo y acomodación entre 1979 y 1981. Aunque el Gobierno cultivó una economía mixta, legalizó a la oposición y no tocó al sector privado ni a la Iglesia, su orientación radical lo llevó a practicar políticas agrarias impopulares y a un arriesgado (en muy mal momento, además) enfrentamiento con Estados Unidos.

La reacción contrarrevolucionaria

La Revolución nicaragüense desencadenó una reacción contrarrevolucionaria de una potencia inusitada. Era consecuencia, en gran medida, de la coyuntura y contingencia históricas. En un inicio Estados Unidos respondió a la revolución de forma moderada. Con la esperanza de no repetir los pasos en falso de su país en Cuba, la Administración Carter se esforzó por «negarles un enemigo a los sandinistas» entre 1979 y 1980, mandándoles incluso 75 millones de dólares en ayudas.[426] Si Carter hubiera sido reelegido, la reacción contrarrevolucionaria habría sido mucho más suave.

Sin embargo, la llegada de Reagan a la presidencia amplificó las hostilidades de Estados Unidos hacia Nicaragua. Siguiendo la creencia —también procedente de la experiencia cubana— de que los regímenes revolucionarios se deben destruir en un principio, antes de que se consoliden,[427] la Administración Reagan inició una «guerra de desgaste» en tres frentes contra los sandinistas.[428] En el primer frente, el económico, retiró todas las ayudas, interpuso presión en todos los entes internacionales para que no dieran préstamos a Nicaragua y, en 1985, impuso un embargo comercial a gran escala.[429] De forma paralela, la CIA y otras agencias estadounidenses iniciaron una serie de atentados clandestinos contra puertos, puentes, centros de comunicación y tanques de petróleo de Nicaragua; el más notable fue la instalación de minas en los puertos de Nicaragua en 1983, además de una serie de maniobras militares que pretendían inducir miedo a una invasión estadounidense.[430] Aunque los oficiales de Estados Unidos no llegaron a considerar de verdad una invasión, intentaban generar la percepción de que era algo inminente.[431] Su objetivo, en palabras del director de la CIA William Casey, era «hacer que suden esos hijos de puta».[432]

El tercer componente de la estrategia estadounidense, y el más importante, era el apoyo a las fuerzas contrarrevolucionarias, los Contras.[433] Estos eran en un principio un grupo reducido de antiguos miembros de la GN que se habían empezado a organizar junto a la frontera hondureña al poco de la derrota de Somoza.[434] Se aliaron con milicias campesinas del norte —las Milicias Populares Anti-Somocistas— que habían combatido a Somoza pero que luego se revolvieron contra el FSLN.[435] Ambos grupos formaron la Fuerza Democrática de Nicaragua en 1981.[436]

Los Contras se fueron desarrollando a gran velocidad, hasta alcanzar entre 13.000 y 17.000 combatientes a mediados de los años ochenta.[437] Este crecimiento tuvo causas originadas fuera y dentro del país. En cuanto al frente exterior, la CIA empezó a dar apoyo a los Contras en 1981, y les otorgaron quince millones de dólares en asistencia encubierta.[438] Otros cien millones de dólares en asistencia estadounidense les llegarían durante los siguientes tres años; los oficiales estadounidenses también armaban, proveían y formaban al emergente Ejército de los Contras.[439] En palabras de Robert A. Pastor, la campaña era como una «operación prolongada de la bahía de Cochinos».[440]

El movimiento de la Contra también tenía sus raíces domésticas, en cualquier caso.[441] Las políticas agrarias iniciales del Gobierno revolucionario plantaron la semilla de la rebelión campesina. Como se ha comentado antes, el discurso radical del FSLN aterró a muchos campesinos.[442] Incluso los pequeños agricultores «empezaron a temer que de repente les quitarían de las manos las tierras a las que su vida estaba ligada».[443] La insistencia del FSLN en las granjas estatales y las cooperativas causaba también una profunda impopularidad.[444] Además, la mano dura empleada por el Gobierno frente a la resistencia en el campo —acosando, arrestando e incluso asesinando a campesinos sospechosos de deslealtad— llevó a comunidades rurales enteras a unirse a los Contras.[445]

Nicaragua, así pues, se hundió en una guerra civil en 1982. El conflicto, que duró seis años, se llevó más de 29.000 vidas y supuso entre 1,5 y 4.000 millones de dólares en daños.[446] También dañó de gravedad el apoyo popular al Gobierno del FSLN.

Sin embargo, la guerra de la Contra también fortaleció al régimen. Como en otros casos de revoluciones, la guerra contrarrevolucionaria encabezada por Estados Unidos conllevó una percepción duradera de amenaza existencial entre las élites de la revolución.[447] La presidencia de Reagan desencadenó una «práctica histeria» en la cúpula sandinista.[448] Reagan hizo un llamamiento a la deposición del régimen de Nicaragua,[449] mientras que la cada vez mayor presencia militar en Honduras, el aumento de los ejercicios del Ejército estadounidense en la región y la invasión de 1983 de Granada convencieron a los líderes del FSLN de que Estados Unidos representaba una amenaza inminente y existencial.[450]

La amenaza estadounidense comportó efectos previsibles. Por un lado, reforzó la cohesión entre los dirigentes sandinistas.[451] Estos seguían divididos por cuestiones personales y estratégicas[452] pero, como observó el exvicepresidente Ramírez, con la amenaza de una agresión estadounidense decidieron cerrar filas «por necesidad».[453] Los dirigentes del FSLN «desarrollaron una aguda sensación de paranoia, y jamás se fiaban de nadie externo a su reducido grupo de íntimos».[454]

La guerra de los Contras también amplió la capacidad coercitiva del régimen.[455] El belicismo de la Administración Reagan reforzó la percepción en la cúpula sandinista de que «Estados Unidos estaba dispuesto a destruirlos, y que su única vía de supervivencia estaba [...] en la fuerza».[456] Por tanto, los sandinistas hicieron grandes inversiones en seguridad y defensa nacional.[457] En 1987, su gasto militar ya ocupaba un 62 por ciento del presupuesto nacional.[458] Se canceló la idea original de disponer de unas fuerzas con dimensiones parecidas a la GN de Somoza para concentrarse ahora en un «desarrollo acelerado del Ejército».[459] El Ejército creció de 6.000 soldados en 1979 a 46.000 en 1984, hasta 134.000 en 1986.[460] Unos cien mil, además, se sumaron a milicias.[461] A finales de los años ochenta, los sandinistas contaban con un número de entre 175.000 y 250.000 personas en sus fuerzas armadas.[462] También desarrollaron un enorme sistema de seguridad interna, con una fuerza policial secreta entrenada en Cuba a la que un líder de la oposición calificó como un «segundo Ejército».[463] Como observó Christopher Dickey, los sandinistas alcanzaron un nivel de pujanza militar «que Centroamérica no había visto jamás. Podían rivalizar con cualquiera de los aliados de Washington en la zona y, si convenía, contra todos a la vez. Y, tal y como concebían las cosas, así debía ser».[464]

La expansión militar fue posible gracias a la envergadura de la asistencia cubana y soviética. La ayuda armamentística del bloque soviético aumentó de unos 6 millones de dólares en 1980 a 250 millones en 1984, y llegó a ser de 500 millones al año a finales de los años ochenta.[465]

No obstante, a diferencia de otros regímenes revolucionarios que se han enfrentado a amenazas a su existencia, el FSLN no asaltó los centros independientes de poder social de manera sistemática. Los sandinistas tenían motivos para preocuparse por la lealtad de los actores clave del país. Muchos pequeños agricultores eran contrarrevolucionarios sin tapujos; casi 40.000 tomaron las armas en los años ochenta.[466] El COSEP y los principales partidos de la oposición —como los conservadores, los socialcristianos y el Movimiento Democrático Nicaragüense— recibían financiación y asesoramiento de la CIA,[467] mientras que sus líderes tenían vínculos con la Contra. La Iglesia, a su vez, se negó a condenar a los Contras,[468] mientras que el obispo de línea dura Pablo Vega defendía su «derecho a la insurrección».[469] Incluso el arzobispo Obando y Bravo «no podía evitar sentir cierta simpatía» por los Contras.[470]

No sorprende, entonces, que el FSLN respondiera a la guerra de la Contra usando la represión. En marzo de 1982, tras los primeros ataques de los Contras en suelo nicaragüense, el Gobierno declaró un estado de emergencia que suspendió las libertades civiles.[471] La seguridad del Estado se infiltró en los partidos de la oposición, los sindicatos, las asociaciones patronales, los grupos de derechos humanos y demás entidades; se les denegó el permiso a la reunión pública, los atosigaron matones progubernamentales, y en alguna ocasión sus líderes acabaron arrestados en el exilio.[472]

Con todo, los niveles de represión no se aproximaron jamás a los de Cuba. A diferencia de Castro tras la bahía de Cochinos, el FSLN nunca prohibió a los partidos de la oposición ni les obligó a la clandestinidad. De hecho, se permitió a las formaciones opositoras concurrir en las elecciones de 1984 —aunque la mayoría decidieron boicotearlas—.[473] Tampoco intentaron los sandinistas acabar con el sector privado. Aunque los líderes empresariales que criticaban al Gobierno a veces veían sus bienes expropiados o los arrestaban,[474] el COSEP siguió siendo legal y bien visible, incluso en lo más álgido de la guerra civil.[475]

En la misma dinámica, el FSLN tampoco intentó destruir a la clase propietaria.[476] A diferencia de Cuba, muchos grandes productores siguieron siendo dueños de sus terrenos, y varias de las principales familias latifundistas salieron indemnes de la revolución.[477] De hecho, el asalto a los terratenientes era más retórico que real. Cuando, durante una acalorada discusión con grandes hacendados, el temido jefe de la Seguridad Interna Lenín Cerna perdió los papeles y declaró: «Quedan todos detenidos», uno de ellos le gritó: «De acuerdo. ¡Ve a recoger tú el algodón!».[478] Los sandinistas, al final, admitiendo el fracaso de sus primeras políticas agrícolas, empezaron a repartir tierras a particulares en 1982.[479] En 1988, un 80 por ciento de la tierra cultivable ya se encontraba en manos de particulares.[480]

Por otro lado, el FSLN jamás amenazó a la Iglesia de gravedad. El Gobierno en ocasiones orquestó asaltos de matones en medio de una misa, deportó a diez sacerdotes extranjeros y llevó a cabo campañas de desprestigio contra obispos y curas de la oposición.[481] Sin embargo, el Gobierno no clausuró las instituciones eclesiásticas, ni expropió los bienes de la Iglesia o prohibió sus actividades.[482] El arzobispo Obando y Bravo tenía carta blanca para oponerse al FSLN. De hecho, en 1985, se embarcó en un *tour* nacional en el que se respiraba «la atmósfera de una gira de campaña antisandinista».[483]

El contexto geopolítico influyó sobre el más o menos suave trato que el FSLN dispensaba a la sociedad civil. El respaldo soviético al régimen era más bien modesto.[484] Los líderes soviéticos rehusaban mandarles las últimas novedades en armamento, y dejaron claro que no defenderían a Nicaragua en caso de invasión estadounidense.[485] Como observó Humberto Ortega: «Nicaragua no es Cuba. No tiene un paraguas soviético».[486] Sin paraguas soviético, los líderes del FSLN se encaminaron a la diplomacia y buscaron respaldo entre las democracias occidentales para contrarrestar la agresión estadounidense. Ganar la guerra diplomática pedía acomodación. Ya que la Administración Reagan se valía de los ataques contra los partidos opositores, el sector privado, la Iglesia y los medios para justificar su apoyo a los Contras, el FSLN tenía un enorme interés en ponerles coto.

Durante un breve lapso de tiempo, en lo más álgido del conflicto, los sandinistas reprimieron los centros de poder rivales con mucho más ímpetu. A principios de 1986, la Administración Reagan pidió al Congreso cien millones de dólares para asistir a los Contras; una drástica escalada del conflicto.[487] Los opositores al régimen hicieron compaña para que se aprobara.[488] El obispo Antonio Vega se desplazó a Washington y defendió a los Contras,[489] mientras que el director de *La Prensa*, Jaime Chamorro, escribió un editorial en *The Washington Post* a favor del apoyo a la Contra.[490] Cuando se aprobó el proyecto de ley en junio de 1986, los sandinistas respondieron cerrando *La Prensa*, y expulsando del país tanto al obispo Vega como al director de Radio Católica, Bismarck Carballo.[491] Las actividades de la oposición en gran medida se detuvieron, al tiempo que muchas de sus personalidades eligieron el exilio y la Contra.[492]

A diferencia de Cuba tras la bahía de Cochinos, los sandinistas pronto dieron marcha atrás. La economía de Nicaragua, maltrecha por la guerra, para 1986 ya se había sumergido en una larga recesión,[493] mientras que la URSS —gobernada ahora por Gorbachov— insinuaba a Nicaragua que ya no podía seguir contando con su asistencia.[494] Estos cambios hacían mucho más costoso aislarse de Occidente.[495]

A los pocos meses de la represión de mediados de 1986, el FSLN volvió a su estrategia de acomodación. En septiembre del mismo año, el presidente Ortega se citó con el arzobispo Obando y Bravo, dando pistoletazo a un nuevo *modus vivendi* con el que la Iglesia disfrutaría de mucha mayor libertad política.[496] En 1987, el obispo Vega y el padre Carballo volvieron a Nicaragua, mientras que Radio Católica era readmitida en las ondas.[497] *La Prensa* reabrió a finales de año, y la mayoría de los programas independientes de radio volverían a emitirse ya en 1988.[498] El FSLN también rebajó su tono contra los capitalistas. «Sin blanca, vapuleado y presionado por enemigos foráneos», el Gobierno empezó a adoptar políticas más proempresa en 1987.[499] Los números de expropiaciones se redujeron de forma considerable, hasta finalizar del todo el año 1989.[500]

En definitiva, la guerra de la Contra llevó a los dirigentes del FSLN a ir a la una, y a expandir su aparato coercitivo. Sin embargo, a partir de 1986, las señales de que los soviéticos se iban apartando, junto con lo que prometía ser una nueva alineación política tras el fin de la Guerra Fría, persuadieron al Gobierno de que debía disminuir la represión. La Iglesia, buena parte del sector privado y los medios independientes más importantes quedaron indemnes a causa de todo ello.

Los legados revolucionarios y el régimen que de ellos surgió

Las fuerzas sandinistas dieron un vuelco a la guerra civil a mediados de los años ochenta.[501] A principios de 1988, habían infligido una «derrota estratégica» a los Contras.[502] Las conversaciones de paz llevaron a un alto al fuego en marzo de 1988 con el que el conflicto se dio por concluido. El régimen que surgió en 1988 era de tipo híbrido. Por un lado, la guerra contrarrevolucionaria había producido una élite cohesionada y un aparato de coerción leal y poderoso, semejante al de Cuba u otros regímenes revolucionarios. No obstante, el régimen contaba con múltiples partidos y era pluralista. La Ley de Partidos Políticos de 1983 legalizaba la oposición,[503] se celebraron elecciones competitivas (aunque no democráticas del todo) en 1984[504] y una constitución de formas liberal-demócratas se promulgó en 1987.[505] Por ende, aunque el régimen post-1988 seguía siendo autoritario, «poco tenía que ver con el modelo de Estado-Partido que se pretendía en [1979]».[506]

Una élite cohesionada

La élite revolucionaria de Nicaragua exhibía cohesión.[507] La cúpula del FSLN, o Directorio Nacional, se convirtió en una «camarilla muy unida», caracterizada por su «dedicación casi religiosa».[508] El vicepresidente Ramírez la comparaba con una «orden monástica» en la que sus miembros «hacían un voto de silencio, sufrían privaciones, se sacrificaban y llevaban una existencia de servitud cristiana hasta la muerte».[509]

A diferencia del MNR boliviano, el FSLN estuvo encabezado por el mismo grupo durante todo el período revolucionario, a pesar de una guerra devastadora, el fracaso de la economía y su eventual derrota en las elecciones. Pese a sus importantes diferencias internas, no se practicaron purgas ni hubo deserciones dentro del Directorio Nacional.[510] Por lo tanto, por grave que fuera el desacuerdo entre aspirar al socialismo de estilo cubano o bien adaptarse, este nunca llevó a un cisma.[511] Las conversaciones de paz centroamericanas de 1987 llevaron a un «debate a vida o muerte» entre el presidente Ortega y los radicalizados, liderados por Borge; tan inflamado fue que Ortega viajó a Cuba para buscar el apoyo de Castro.[512] Sin embargo, los radicales jamás expresaron desavenencias en público.[513] Del mismo modo, la larga rivalidad entre Borge y Ortega no consiguió romper el partido. Cuando Ortega salió elegido candidato presidencial por el partido en lugar de Borge, que había sido líder fundador del FSLN, Borge se tragó su frustración y cerró filas con Ortega.[514] La única deserción importante fue la de Edén Pastora, héroe guerrillero que a pesar de su fama mundial jamás tuvo un alto cargo en la cúpula. Pastora tenía la esperanza de que muchos sandinistas saldrían del partido tras él, pero muy pocos lo hicieron.[515]

Un aparato de coerción leal y poderoso

El régimen también formó un aparato coercitivo fuerte y leal. Las nuevas fuerzas armadas eran «de lejos las más poderosas jamás vistas en Centroamérica»,[516] reuniendo a casi 250.000 integrantes.[517] El EPS, con 134.000 hombres, era sin duda el más grande y mejor equipado de la región, con el doble de tanques y vehículos blindados que todos los demás Estados centroamericanos juntos.[518] Bien entrenado y curtido en el combate, de forma unánime se consideraba al EPS un ejército de gran eficacia.[519]

Su aparato de seguridad interna tenía asimismo un alto grado de desarrollo. A mediados de los años ochenta, la agencia de seguridad del Estado empleaba a más de 3.000 agentes a tiempo completo —diez veces más que en la Policía secreta somocista— y mantenía operativas redes de vigilancia por todos los rincones del país.[520] Como añadido, 15.000 miembros del Comité de Defensa Sandinista (CDS) trabajaban en operaciones de monitorización y contrainsurgencia en los barrios, como «ojos y oídos de la revolución».[521] Como observó el periodista Shirley Christian en la época, los líderes del CDS en los vecindarios «tienen claro quién es amigo de la revolución y quién no».[522]

Las fuerzas de seguridad sandinistas eran leales y disciplinadas.[523] El régimen revolucionario se caracterizaba por una fusión casi total entre partido y Ejército.[524] Los guerrilleros sandinistas fundaron tanto el Ejército como los servicios de seguridad interna, y formaban a la mayor parte de sus empleados;[525] por ende, tanto la jerarquía del FSLN como la del EPS estaban en la práctica «fusionadas en un solo cuerpo».[526] En efecto, el hermano del presidente Ortega, Humberto, tenía a su mando el EPS; todos los altos mandos del Ejército y la Policía eran veteranos de la revolución y miembros destacados del FSLN, mientras que entre un 80 y un 85 por ciento de los oficiales del Ejército eran cuadros activos del FSLN.[527] Por su temor a la infiltración de antiguos miembros de la GN o de grupos rivales de izquierda, los sandinistas eran muy escrupulosos filtrando a la jerarquía del EPS.[528] Las promociones de alto nivel en el Ejército se basaban en el rol que habían tenido los oficiales en la lucha guerrillera,[529] y según parece los oficiales debían ser sandinistas si querían ascender más allá de capitán.[530]

El FSLN también creó estructuras de partido dentro de las fuerzas de seguridad.[531] Estas incluían comités intermedios de partido que comandaban el EPS en cada región, o los comités de base del FSLN, que funcionaban en todas las unidades locales del Ejército.[532] Tanto el Ejército como la Policía eran, así pues, «explícitamente sandinistas».[533] En palabras de Roberto J. Cajina, la influencia sandinista en el Ejército era «absoluta [...], a la inmensa mayoría de los oficiales les poseía un sentimiento verdadero de tener una misión, que trascendía lo estrictamente militar. Eran defensores y garantes de un proyecto político revolucionario».[534] Gracias a su identidad compartida, era «muy difícil» que el Ejército «diera un golpe contra [su] propio Gobierno».[535]

Sin lugar a duda, la lealtad del Ejército era enorme. No hubo una sola intentona de golpe entre 1979 y 1990.[536] El célebre comandante guerrillero Edén Pastora trató de provocar una rebelión en el Ejército en el año 1982, creyendo que disponía de un gran respaldo entre las tropas de base, pero sus esfuerzos «fueron infructuosos».[537]

La persistencia de los centros de poder independientes

Aunque la guerra contrarrevolucionaria en Nicaragua produjo tanto una élite cohesionada como un aparato de coerción de gran poder, no acabó en cambio con los centros independientes de poder de la sociedad. Por ejemplo, contrastando con los casos revolucionarios de México y Cuba, la Iglesia en Nicaragua «resurgió» con los sandinistas.[538] El número de templos y parroquianos aumentó entre 1979 y 1988.[539] Y, mientras que la Iglesia en México y Cuba se alejó de la política de oposición, en Nicaragua permaneció activa en política, además de ser «antisandinista visceral».[540]

Las asociaciones del sector privado también siguieron activas. En 1985, el COSEP contaba con una membresía de 9.304 empresas, y reunía a las cámaras de comercio e industria con las asociaciones algodoneras, arroceras, ganaderas y cafeteras.[541] A mediados de los ochenta, en lo más álgido de la guerra de la Contra, el COSEP se convirtió en la principal voz de la oposición política.[542]

Los medios privados también sobrevivieron. A pesar de la censura, las restricciones sobre el papel prensa y los ataques periódicos contra medios independientes,[543] *La Prensa* y Radio Católica siguieron siendo tan influyentes como antisandinistas militantes a finales de los ochenta.[544]

Así pues, el emergente régimen revolucionario de Nicaragua era más sólido que el de Bolivia por su élite más cohesionada, y también gracias a un aparato de coerción mucho más desarrollado y de mayor disciplina. Sin embargo, debido a la pervivencia de los centros de poder alternativo, se mantuvo en pie una infraestructura de organizaciones independientes, lo que exponía al régimen al desafío de la oposición.

El desmantelamiento del régimen a través de la democratización, 1987-1990

A pesar de que el Gobierno revolucionario ganó la guerra civil, de ella emergió devastado. Nicaragua sufrió recesión durante seis años consecutivos, entre 1984 y 1990, mientras que la inflación alcanzaba el 33.000 por ciento en 1988.[545] El apoyo popular se resintió por tantos años de guerra y reclutamiento militar.[546] También zarandeó al régimen la retirada de asistencia soviética tras los primeros meses de 1987.[547] De hecho, cuando el presidente Ortega se desplazó a Moscú en 1987, los líderes de la URSS le aconsejaron reconciliarse con Occidente.[548]

La crisis económica y el fin del patrocinio soviético se tradujeron en incentivos para adaptarse.[549] Así, el Gobierno Ortega adoptó el proceso de paz para Centroamérica en el Acuerdo de Esquipulas II de 1987. Los pactos de agosto de 1987 conllevaban grandes concesiones, y se exigía al FSLN que celebrara negociaciones de paz con los Contras, asumiera la liberalización política y convocara elecciones democráticas en 1990.[550] Viendo cómo el apoyo de la URSS se desvanecía, el FSLN interpretó los acuerdos como una condición crucial para incrementar el estatus de Nicaragua en el mundo, pero también para mitigar las agresiones estadounidenses.[551]

La liberalización política se inició poco después de Esquipulas II.[552] En febrero de 1988, el Gobierno levantó el estado de emergencia. Los dirigentes de la oposición volvieron del exilio, y se prepararon para concurrir en las elecciones de 1990. Aunque sufrieron acosos y en ocasiones represión,[553] el intenso escrutinio internacional limitaba la capacidad represiva del Gobierno.[554] En 1989, los medios opositores «prosperaron, libres de censura, y los disidentes políticos pudieron manifestarse sin intromisiones».[555]

El Gobierno revolucionario celebró elecciones competitivas en febrero de 1990. Catorce partidos de la oposición que habían convergido en la Unión Nacional Opositora (UNO) designaron a Violeta Chamorro para disputarle el puesto a Ortega. Tanto el FSLN como la oposición esperaban que Ortega saliera ganador.[556] Los sandinistas estaban mucho mejor organizados y financiados,[557] y el abuso de fondos públicos y de los medios desequilibraban la balanza a su favor.[558]

Aun siendo así, varios factores se conjuraron en contra del FSLN. La guerra y la crisis económica, por un lado, habían hecho mella en el apoyo popular.[559] Además, el respaldo del sector privado y de la Iglesia a la UNO compensaban sus flaquezas organizativas. El COSEP aportó financiación y un gran apoyo logístico a la campaña de la UNO.[560] Aunque los líderes eclesiásticos eran menos partidistas, se decantaban también por Chamorro.[561] La red de iglesias se movilizó para prestar su apoyo a la UNO, en especial en el mundo rural,[562] mientras que Obando y Bravo —la personalidad más influyente de Nicaragua— otorgaba su aval a Chamorro en sus homilías dominicales.[563] De este modo, aunque la UNO no podía competir con la enorme infraestructura del FSLN, el respaldo empresarial y religioso, junto con la asistencia estadounidense,[564] cambiaron las reglas del juego.

Chamorro salió vencedora en las presidenciales de 1990 con un 55 por ciento del voto, mientras que Ortega logró un 41 por ciento. Bajo intensa presión internacional, los sandinistas acataron la derrota y cedieron el poder,[565] llevando la revolución a una inesperada conclusión.

El caso de Nicaragua señala la importancia del contexto geopolítico, el momento histórico y la contingencia. EL FSLN era más radical que el MNR, y en sus inicios se embarcó en aventuras de alto riesgo como exportar la revolución a El Salvador. Sin embargo, era bastante menos radical que el Gobierno de Castro. Si no hubiera sido por el acceso de Reagan a la presidencia, la reacción contrarrevolucionaria habría sido menos intensa. Como en Cuba y en otros casos radicales, la contrarrevolución en Nicaragua fortaleció al régimen, y de ella surgió una élite cohesionada junto con un aparato coercitivo poderoso. Con todo, Nicaragua se desvió de la vía ideal-típica en dos sentidos. Para empezar, los sandinistas no destruyeron los centros de poder independiente; por otro lado, puesto que el conflicto contrarrevolucionario tuvo lugar al final de la Guerra Fría, el FSLN se vio muy presionado a adaptarse a las potencias occidentales.

Como el MNR en Bolivia, los sandinistas fueron víctimas eventuales de su estrategia de acomodación. Ya que el FSLN no destruyó ni incapacitó los centros de poder independientes, el régimen no desarrolló jamás asimetrías de poder extremas entre el Estado y la sociedad como las de Cuba o Irán. Aunque los partidos de la oposición eran endebles, podían acudir al sector privado y a la Iglesia si necesitaban recursos, infraestructura o legitimidad; apoyo que fue con toda seguridad vital para acabar derrotando a los sandinistas.

GUINEA-BISÁU

Con el Gobierno del Partido Africano para la Independencia de Guinea y Cabo Verde (PAIGCV), Guinea-Bisáu fue un régimen revolucionario de carácter acomodaticio que sufrió una considerable inestabilidad antes de ser devorado por una rebelión militar. El PAIGCV subió al poder en el transcurso de una violenta lucha por la independencia, transformó las estructuras de Estado coloniales y persiguió un cambio radical de la sociedad. No obstante, al cabo de un solo año, el PAIGCV había frenado muchas de sus propuestas radicales, dejó de definirse como socialista y mejoró sus relaciones con los Estados vecinos, Portugal y las potencias occidentales. Aunque aquel pragmatismo contribuyó a evitar una reacción contrarrevolucionaria, la ausencia de una amenaza existencial rebajó los incentivos para formar un Estado-Partido cohesivo. En su lugar, generó un contexto permisivo donde ciertas fisuras étnicas que no habían sido tan relevantes durante la guerra por la independencia tomaron mucha fuerza, culminando en un golpe palaciego en 1980. A partir de entonces, el régimen padecería tanto repetidos intentos de golpe como deserciones hasta sucumbir a una rebelión militar en 1999.

La Guinea Portuguesa (Guinea-Bisáu a partir de 1974) era una de las tres colonias —junto con Angola y Mozambique— que llevaban desde el siglo XVI siendo reclamadas por los portugueses, pero en la práctica solo llevaba ocupada desde principios del siglo XX.[566] Mientras que Mozambique, y Angola en particular, como colonias tenían a nivel estratégico una importancia relativa, la Guinea Portuguesa era un diminuto enclave en la costa occidental de África que atrajo a escasos colonos europeos.[567] Con una población de menos de un millón, su principal interés económico para los portugueses era el cultivo de cacahuetes, que producía un tipo de aceite vegetal.[568] Debido a la escasez de oportunidades económicas, la colonia atrajo a menos pobladores que Angola o Mozambique.[569]

Amílcar Cabral fundó el PAIGCV en 1956 junto con un reducido grupo de guineanos y caboverdianos, la mayoría de los cuales eran mestizos y educados en Portugal. Desde sus inicios, el PAIGCV fue diverso en su ideología. Influidos por el Partido Comunista Portugués (PCP), el grupo se identificaba con el socialismo.[570] Varios de los dirigentes del PAIGCV, como Vasco Cabral (sin parentesco con Amílcar), pertenecían al PCP.[571] No obstante, como el MNR en Bolivia, las facciones dominantes del PAIGCV eran las de carácter pragmático.[572] Aunque las ideas marxistas que impregnaban los colectivos africanos de Portugal de aquel momento formaban parte de sus influencias, Amílcar Cabral nunca fue miembro de un partido marxista y, a diferencia de sus homólogos de Angola y Mozambique, decidió no adoptar el marxismo-leninismo como ideología para su partido.

El PAIGCV en un principio se concentró en movilizar a los trabajadores urbanos contra el mandato colonial, con la esperanza de que conduciría a una transición pacífica a la independencia.[573] Sin embargo, su estrategia fracasó, y el dictador António Salazar, a contracorriente de la tendencia en todo el mundo, se negó a ceder las colonias portuguesas. En 1959, la policía lusa masacró a decenas de obreros y activistas que participaban en una huelga del PAIGCV en los muelles de Pidjiguiti, en Bisáu. Expulsados de las ciudades por la represión posterior, los dirigentes del PAIGCV cambiaron de estrategia y se empezaron a preparar para la lucha armada.[574] Los líderes del partido escaparon a la recién independizada Guinea-Conakri, cuyo Gobierno les permitió establecer un campo de entrenamiento guerrillero.[575]

Las condiciones para una lucha de guerrillas eran bastante propicias. El PAIGCV consiguió armas y asesores de Cuba y el bloque oriental.[576] Gracias a la eficaz diplomacia de Cabral, también se hizo con el apoyo de sus vecinos Senegal y Guinea, cuyos Gobiernos se negaron a defender a movimientos independentistas que compitieran con él.[577] Así, a diferencia de sus colegas de Angola y Mozambique, el PAIGCV no tuvo que enfrentarse a rivales significativos dentro del país, y pudo concentrarse en atacar a los portugueses.

Más relevante aún era que el PAIGCV se enfrentaba a un Estado colonial débil.[578] Con mucha diferencia, Portugal era la potencia imperial más pobre de África, mientras que la Guinea Portuguesa —con sus menos de 800.000 habitantes— era la colonia de menor importancia para la economía de Portugal.[579] Aunque la metrópolis no cesó en su empeño por defender su imperio hasta 1974, tan solo estableció una deshilachada estructura administrativa en la Guinea Portuguesa y dedicó escasos recursos a su control de la colonia.[580] El aislamiento internacional de Portugal —la única potencia europea que mantenía grandes colonias a finales de los años sesenta— también obraba a favor del PAIGCV.*

Al inicio de la campaña independentista, el PAIGCV dependió en enorme medida del apoyo de la población balanta del sur. Los balanta dominaban las tropas del Ejército guerrillero.[581] En un principio, los soldados balanta actuaban con poca supervisión y cometieron numerosos abusos.[582] No obstante, a comienzos de 1964 Cabral asumió un mayor control político sobre las guerrillas.[583] Varios balanta fueron ejecutados por sus

* Forrest (1992: 26-27); Chabal (2003: 9-20); International Crisis Group (2008: 2). Cerca de dos mil civiles europeos habitaban la colonia (MacQueen 1997: 37).

violentos ataques contra civiles,[584] y los combatientes fueron integrados en las nuevas Fuerzas Armadas Revolucionarias del Pueblo (FARP) junto al resto de sus seiscientos miembros.[585]

A pesar de sus pequeñas dimensiones, y la falta de armamento y formación, el PAIGCV gozó de un sorprendente éxito tras el inicio de sus operaciones armadas en 1963.[586] A finales de 1964, la colonia se había «cortado en dos», y los portugueses habían perdido el control de la frontera con Guinea-Conakri.[587] Temiendo que el éxito del PAIGCV inspiraría movimientos guerrilleros en las más estratégicas Angola y Mozambique, los portugueses llevaron a unos 20.000-25.000 hombres a combatir contra un Ejército rebelde que por entonces tenía 5.000 integrantes.[588] No obstante, la moral de la tropa colonial era escasa, y los portugueses no tenían recursos para mantener el control de grandes extensiones del territorio.[589] Las tropas se concentraban en sus guarniciones, que reseguían las vías principales, pero estaban casi ausentes en el interior.[590] A finales de la década, el PAIGCV controlaba un 60 por ciento de la colonia y había perturbado las actividades de las principales empresas comerciales portuguesas.[591]

El PAIGCV construyó embrionarias estructuras de Estado durante la lucha anticolonial, gestionando escuelas y hospitales en territorios «liberados», además de crear una red de tiendas del pueblo donde se distribuía material agrícola y de otros tipos.[592] Sus inversiones en infraestructura eran parte de una estrategia de estilo maoísta para consolidar el apoyo popular sobre el terreno.[593] Hubo algunas iniciativas para un cambio social radical en las zonas liberadas; el PAIGCV trató de colectivizar la agricultura y transformar las estructuras de poder en las aldeas colocando a jóvenes líderes ajenos a las familias que ostentaban el mando tradicional.[594] Sin embargo, la construcción del Estado antes de la toma del poder fue más limitada que en China, Vietnam o Yugoslavia.[595]

Aunque el PAIGCV se consideraba el movimiento anticolonial más eficaz del África lusitana,[596] no tuvo nunca mucho poder. El partido fue incapaz de controlar poblaciones grandes antes de 1974,[597] y a pesar de su declaración de intenciones, jamás pudo establecer a sus líderes en la propia Guinea

Portuguesa, sino que estos residían en la vecina Guinea-Conakri.[598] Los guerrilleros no recaudaron impuestos hasta la independencia; en su lugar, se basaban en asistencia internacional para financiar su infraestructura de escuelas y hospitales.[599] El PAIGCV tampoco poseía la capacidad de filtrar con diligencia a sus nuevos integrantes, facilitando que lo pudieran infiltrar.[600]

Si contamos con todas estas limitaciones, el PAIGCV logró importantes avances militares y diplomáticos a principios de los años setenta, elevando para los portugueses el coste de su ocupación.[601] Asistido por el bloque soviético, el PAIGCV pudo repeler una ofensiva portuguesa en 1970 y llegó a controlar un 80 por ciento del territorio.[602] En 1972, Amílcar Cabral obtuvo la bendición del papa Pablo VI y el apoyo de las Naciones Unidas.[603] Aquel mismo año, el PAIGCV eligió a la Asamblea Nacional del Pueblo en las zonas liberadas.[604] Para el año 1973, los misiles tierra-aire soviéticos ya permitían a las FARP mellar el control portugués sobre el espacio aéreo. Ello producía una percepción generalizada de que el PAIGCV estaba al borde de la victoria militar; en especial, porque los portugueses no tenían recursos para iniciar una contraofensiva prolongada.[605]

Después de una crisis de liderazgo en 1973 a raíz del asesinato de Amílcar Cabral (a manos de un comandante naval descontento con el PAIGCV, secundado por los portugueses),[606] el partido, dirigido a partir de entonces por Luis Cabral, medio hermano de Amílcar, acometió un impulso final hacia la independencia del país. El 24 de septiembre de 1973, la Asamblea Nacional del Pueblo declaró la independencia; una maniobra que respaldó la Asamblea General de las Naciones Unidas, pero no las potencias occidentales.[607]

La victoria final, sin embargo, llegó por otros medios. En abril de 1974, un golpe militar en Portugal llevó a un nuevo Gobierno al poder que no tardó en desmantelar el imperio colonial. Dieron fin a las actividades militares y, en septiembre de 1974, Portugal y el PAIGCV negociaron un traspaso de poderes.[608]

La secuencia reactiva: acomodación y reacción limitada

El Gobierno del PAIGCV era de signo revolucionario; desmanteló el Estado colonial y puso patas arriba las estructuras preexistentes de autoridad. Se abolieron las jefaturas tradicionales,[609] al tiempo que el Gobierno del PAIGCV llevó a cabo un violento «ajuste de cuentas» contra aquellos jefes que habían apoyado al régimen colonial.[610] Sus medidas económicas iniciales eran radicales. Una de las primeras actuaciones de la Asamblea Nacional fue la de nacionalizar toda la tierra.[611] El Gobierno revolucionario tomó el control sobre las sociedades mercantiles, la banca y demás propiedades portuguesas.[612] El potente conglomerado luso Casa Gouveia quedó incautado.[613] Buena parte de estas propiedades se transfirieron a las tiendas del pueblo, gestionadas por el Gobierno, que se contemplaban como un «arma del Estado contra el imperialismo y los capitalistas locales».[614] A mediados de 1970, las tiendas del pueblo controlaban el 60 por ciento del comercio de Guinea-Bisáu.[615] Algunos radicales como José Araújo, Mário Cabral o Vasco Cabral condujeron a «un posicionamiento relativamente dogmático» en varios frentes.[616] Por ejemplo, Vasco Cabral, antiguo miembro del PCP, exigía el establecimiento inmediato de una economía planificada central.[617]

Sin embargo, el PAIGCV no siguió mucho tiempo una senda radical. El nuevo partido de gobierno, en términos generales, era menos doctrinario que otros movimientos del período. El líder fundador, Amílcar Cabral, había sido reconocido por su «pragmatismo sin límites»,[618] mientras que los dirigentes que más destacaban de entre la vanguardia revolucionaria superviviente —el presidente Luis Cabral, el primer ministro João Bernardo Vieira y el jefe del partido, Aristides Pereira— exhibían un pragmatismo semejante. De hecho, había personas en el entorno del régimen descontentas porque el Gobierno revolucionario funcionaba dentro de un «vacío ideológico».[619]

Así, a diferencia de los Gobiernos revolucionarios de Angola y Mozambique, el PAIGCV abandonó al poco sus pretensiones de radicalidad y se concentró en hacerse con un amplio respaldo internacional y en el propio país.[620] En el terreno local, el Gobierno de Cabral ponía menos énfasis en la transformación de la sociedad que en construir bases de apoyo. La escasez producida por sus tempranas medidas radicales convenció al Gobierno del PAIGCV de abandonar sus esfuerzos por establecer el socialismo.[621] La plataforma del PAIGCV en 1977 no mencionaba el socialismo ni una sola vez, sino que declaraba la primacía de la unidad nacional por encima del conflicto de clases. Los radicales en el seno del régimen pronto se desilusionaron ante esta «deriva derechista».[622]

En el plano internacional, el Gobierno revolucionario estableció buenas relaciones con Portugal.[623] Luis Cabral se convirtió en el primero entre los líderes de sus excolonias en visitar Lisboa. Convirtió el «no alineamiento en una de las bellas artes», y trató de «atraer tanta asistencia y préstamos como fuera posible, de Occidente, del Este, y de los árabes».[624] De hecho, a pesar de haber recibido cuantiosas ayudas del bloque soviético durante la lucha por la independencia, el PAIGCV se distanció de la URSS, y pasó a obtener la mayor parte de sus ayudas de Occidente, Arabia Saudí y la dictadura derechista de Brasil.[625]

Por último, es importante señalar que el radicalismo inicial del PAIGCV no conllevó el mismo grado de conflicto que se había observado en otros regímenes poscoloniales revolucionarios. A diferencia de Angola o Mozambique, por ejemplo, Guinea-Bisáu no albergaba una gran población de colonos blancos, y no compartía fronteras con Estados coloniales. En consecuencia, un Gobierno negro no amenazaba tantos grandes intereses como en otros Estados lusitanos independientes. Por otro lado, el sector privado en Guinea-Bisáu fue reducido desde un principio. No existía una clase propietaria de consideración en el momento de la independencia, lo que implicaba que nacionalizar la tierra era poco más que una formalidad.[626] Como en Argelia, medidas que parecían ser radicales como la nacionalización hallaron una resistencia relativa.

La orientación acomodaticia del PAIGCV, junto con el escaso coste que le reportó su primer radicalismo, contribuyeron a impedir una reacción contrarrevolucionaria. El Gobierno del PAIGCV se enfrentaba a muy pocos opositores —armados o no— durante los años setenta.[627] No hubo insurgencias reseñables, y el Ejecutivo se topó con escasa hostilidad de las potencias occidentales. Estas dinámicas contrastaban de forma visible con lo acontecido en Angola y Mozambique, donde la radicalidad de las políticas nacionales y su apoyo a las rebeliones contra los Gobiernos blancos de Namibia, Sudáfrica y Rodesia desencadenaron una insurgencia que hundió a ambos países en sendas cruentas guerras civiles.[628] De este modo, mientras que los regímenes de Angola y Mozambique veían amenazada su supervivencia a finales de los años setenta, Guinea-Bisáu se consideraba «en lo político, uno de los países más pacíficos y estables de África».[629]

Un frágil complejo Estado-Partido

Las apariencias, no obstante, pueden ser engañosas. Aunque las políticas de acomodación del PAIGCV le ayudaron a repeler amenazas contrarrevolucionarias, también contribuyeron al desarrollo de un régimen de cierta debilidad. El PAIGCV de hecho sí exhibía algunos de los elementos del Partido-Estado revolucionario ideal-típico. Ante todo, haber creado unas fuerzas armadas propias facilitó una considerable fusión entre partido y Ejército. Durante la lucha por la liberación, los brazos militar y político eran indistinguibles entre sí. El PAIGCV penetró en el Ejército con comisarios políticos, mientras que los dirigentes del Ejército se incorporaron a la cúpula del partido.[630]

Con todo, sin una amenaza existencial a la vista, el PAIGCV fue incapaz de formar un Estado fuerte o de mantener la cohesión entre las élites. El colonialismo había dejado a Guinea-Bisáu con una raquítica infraestructura estatal, además de con escaso personal calificado con el que ocupar la nueva burocracia.[631] Años después de la independencia, al Gobierno central le faltarían aún representantes en muchas localidades.[632] El Ejército, que obtuvo la independencia sobre todo a causa de la incapacidad de Portugal, siempre fue débil. Durante la guerra independentista, las FARP habían funcionado como un «Ejército trirregional» descentralizado, en el que los soldados a menudo se negaban a combatir en sus regiones nativas.[633] Al no temer una amenaza militar, el PAIGCV tenía pocos incentivos para robustecer el Ejército. En consecuencia, el Ejército siguió siendo reducido —en términos per cápita— si lo comparamos con otros casos de revolución.[634]

El partido en el gobierno también era endeble. Como los movimientos revolucionarios de Rusia, Cuba, Nicaragua u otros países, el PAIGCV no desarrolló una fuerte organización durante la lucha por el poder. No llegó a establecer un cuartel general en la colonia, mientras que su vulnerabilidad ante infiltraciones contribuyó al asesinato de Amílcar Cabral en 1973.[635] A diferencia de otros casos radicales, el PAIGCV se fue debilitando y perdió su cohesión una vez alcanzó el poder.[636] Los veteranos del conflicto armado siguieron teniendo un considerable prestigio,[637] pero sin la «presión ideológica del combate»,[638] los «antiguos combatientes» tenían pocos motivos por los que permanecer unidos.[639] De hecho, muchos militantes del PAIGCV se sintieron desmoralizados una vez el Gobierno empezó a desaconsejar las proclamas anticoloniales y antiamericanas para conseguir ayudas occidentales.[640] A causa de todo ello, el partido cayó en la inacción y la pasividad; a finales de los años setenta, apenas quedaba una «carcasa» de lo que había sido durante la lucha por la liberación.[641]

Al mismo tiempo, las fracturas dentro del régimen se vieron exacerbadas por la división entre los caboverdianos —de piel más clara— que ocupaban la mayor parte de los altos cargos, y los balanta u otros negros nativos de la Guinea-Bisáu continental que predominaban entre la soldadesca.[642] Estas divisiones no eran en absoluto inevitables; las tensiones étnicas habían desaparecido casi por completo a finales de los años sesenta, cuando los portugueses representaban una amenaza para su existencia.[643] Los portugueses fracasaron en su empeño por atizar diferencias entre etnias,[644] mientras que la cúpula del PAIGCV siguió yendo a una durante toda la lucha por la independencia.

Ahora bien, una vez esta se alcanzó, la ausencia de un peligro existencial creó una atmósfera de permisividad en la que las divisiones latentes socavaron tanto la cohesión de las élites como la lealtad en el Ejército. Aunque la fusión entre partido y Estado era considerable, la reducida cohesión en el seno del PAIGCV dejó al Gobierno desprotegido ante una rebelión militar. El presidente Luis Cabral, que no representó más que un papel secundario en la lucha armada y que pasó buena parte de la guerra en Senegal como representante del PAIGCV, carecía de los vínculos militares profundos o el prestigio del que Mao, Ho, Tito, Castro y otros líderes revolucionarios disfrutaban.[645] Debido a la falta de amenazas externas que sirvieran para fortalecer los vínculos de la élite revolucionaria, Cabral estaba desprotegido. En efecto, se tuvo que enfrentar a intentos de golpe en 1975 y 1978.[646]

La caída de Cabral tuvo como origen un conflicto con el primer ministro João «Nino» Vieira, un comandante de alto rango que había dirigido el frente sur durante el conflicto de liberación. Entre 1979 y 1980, la incapacidad del Gobierno para retribuir a los soldados exacerbó las tensiones entre Cabral y Vieira.[647] Como en Ghana en los sesenta, la paradoja fue que el miedo al golpismo convenció al presidente de tomar decisiones que conllevaron una intervención militar. Cabral liberó a Vieira de sus responsabilidades militares en 1979 y, un año después, anunció cambios en la Constitución que habrían despojado a Vieira de su cargo de primer ministro.[648] La respuesta de este fue la de servirse del resentimiento de los balanta contra los líderes de piel más clara, sobrepasando el apoyo militar que habría necesitado para un golpe. El 14 de noviembre de 1980, detuvieron a Cabral, a quien obligaron a exiliarse.

En cualquier caso, el golpe no acabó con el régimen. Vieira era un líder de alto nivel del PAIGCV, y su ascenso al poder durante un tiempo fortaleció el estatus del partido.[649]

Inestabilidad y caída del régimen, 1980-1999

La falta de cohesión entre las élites siguió minando la estabilidad del régimen después de 1980. En medio de una crisis cada vez más profunda, Vieira se enfrentó a intentonas golpistas en 1982, 1983 y 1985.[650] Durante la más importante de ellas —la de 1985—, el vicepresidente Paulo Correia junto con cinco importantes oficiales conspiraron para destituir a Vieira.[651] Como respuesta, Vieira inició un ataque prolongado contra la élite de los balanta, provocando un conflicto entre el Gobierno y esta comunidad.[652]

Como otras autocracias africanas de la era posterior a la Guerra Fría,[653] Guinea-Bisáu se liberalizó a principios de los años noventa. En 1991, el Gobierno revolucionario legalizó otros partidos y consensuó celebrar elecciones multipartidistas.[654] Una facción de los diputados del PAIGCV, conocido como el «Grupo 121», inició una campaña para que el partido gobernante fuera más democrático.[655] Muchos de ellos acabarían por salir del partido. Dirigentes destacados del PAIGCV como Rafael Barbosa Miranda, Víctor Saude Maria, Víctor Mandinga, Aristides Menezes o Kumba Ialá lo abandonaron, y este último se convirtió en el principal candidato de la oposición en las presidenciales de 1994.[656] Vieira derrotó a Ialá por poco margen —con un 52 por ciento del voto— en una segunda vuelta, y el PAIGCV ganó por los pelos una mayoría parlamentaria.

El régimen acabó sucumbiendo al colapso a causa de la rebelión militar. A finales de los años noventa, Guinea-Bisáu cayó en una severa crisis económica. La carestía alimentaria aumentó las tensiones entre civiles y militares, al tiempo que muchos soldados abandonaban sus puestos y volvían a sus poblaciones natales por falta de comida.[657] A principios de 1998, Vieira suspendió al jefe del Estado Mayor Ansumane Mané, acusándolo de vender de forma ilegal armamento a rebeldes senegaleses. Mané respondió iniciando una revuelta militar que gozaba de considerable apoyo de las tropas. En mayo de 1999, las fuerzas progubernamentales se rindieron, y Vieira se exilió en Portugal, acabando con veinticinco años de dominio del PAIGCV.[658] Una nueva junta militar organizó las elecciones presidenciales del año 2000, en las que Ialá resultó vencedor.[659]

Como Bolivia, Guinea-Bisáu ilustra los riesgos a largo plazo de la acomodación. A diferencia de la mayoría de los casos revolucionarios ideal-típicos que hemos visto, el PAIGCV era una coalición de nacionalistas pragmáticos y marxistas radicales en la que los primeros llevaban la voz cantante.[660] La decisión del PAIGCV de moderarse al poco de alcanzar el poder despojó al nuevo régimen de una razón de ser prominente y de la motivación para establecer un Estado-Partido poderoso. En consecuencia, el PAIGCV se atrofió después de la independencia. Al no contar con amenazas serias, los líderes del partido tenían escasos incentivos para trascender las divisiones internas. Las consecuencias fueron el golpe palaciego de 1980, la deserción a gran escala de los años noventa y la rebelión militar de 1999 con la que el régimen llegó a su fin.

El impacto de la acomodación en Guinea-Bisáu es evidente si lo comparamos con Angola y Mozambique, donde gobernaban también regímenes revolucionarios surgidos de violentas luchas nacionalistas contra Portugal en los años setenta (véase el capítulo 9). Como ya hemos señalado, el radicalismo del Movimiento Popular de Liberación de Angola (MPLA) y el Frente de Liberación de Mozambique (Frelimo) contribuyeron a las insurgencias financiadas por potencias extranjeras en ambos países. Estos conflictos contrarrevolucionarios hicieron más fuertes a ambos regímenes. En Mozambique, el Frelimo pasó de ser un partido escindido en los años sesenta a uno de los más cohesionados de toda África.[661] Esta cohesión fue crucial para sortear un golpe militar,[662] y sobrevivir tanto al colapso soviético como a la transición a un Gobierno multipartidista. En Angola, el conflicto contrarrevolucionario transformó al MPLA de un régimen débil y fragmentado a un poderoso y cohesionado Estado-Partido,[663] facilitando que el régimen siga durando tras medio siglo después.

En suma, Guinea-Bisáu demuestra tanto las ventajas como las trampas de la vía acomodaticia. Por un lado, el veloz cambio en las políticas radicales permitió al Gobierno del PAIGCV evitar las traumáticas luchas contrarrevolucionarias que sufrieron el resto de las excolonias lusitanas. Por otro lado, la facilidad con la que se produjo la transición inicial llevó al surgimiento de un régimen débil y, con el tiempo, inestable.

Bolivia, Guinea-Bisáu y, en menor grado, Nicaragua se adaptan dentro de nuestro marco teórico a los Gobiernos revolucionarios que abandonaron su primer radicalismo en pos de estrategias de acomodación, lo que en Bolivia y Guinea-Bisáu (pero no en Nicaragua) condujo a niveles más bajos de cohesión en las élites, un complejo Estado-Partido más endeble y, en consecuencia, regímenes menos duraderos. En Nicaragua, el FSLN se enfrentó a una tremenda reacción contrarrevolucionaria y desarrolló un complejo Estado-Partido muy fuerte,[664] pero no llegó a destruir los centros de poder independientes, lo que en última instancia acabó mermando su estabilidad como régimen.

Sin embargo, estos casos también apuntan a algunos factores ajenos a nuestra teoría. Uno es la idoneidad del momento histórico, y el contexto geopolítico. Por ejemplo, que el MNR llegara al poder en 1952, cuando el patrocinio de la URSS todavía no estaba disponible, determinó con fuerza su decisión de adaptarse a los intereses de Estados Unidos. Cuando en 1960 los soviéticos ya pudieron ofrecerles 150 millones de dólares y una «fundición de estaño que codiciaban desde hacía mucho»,[665] la cercanía del MNR a Estados Unidos era tal que el Gobierno de Paz tuvo que rechazar la oferta.[666] De modo parecido, la subida al poder de Gorbachov y el distanciamiento de los soviéticos incentivaron a los sandinistas a pasarse a la vía acomodaticia a finales de los años ochenta. Por último, la insignificancia geopolítica de Guinea-Bisáu redujo las probabilidades de que el PAIGCV incitara a Occidente a financiar una insurgencia.

Asimismo, estos ejemplos subrayan el papel de la contingencia histórica. Un ejemplo de ello es que si Reagan no hubiera ganado las elecciones presidenciales estadounidenses en 1980, la mezcla de radicalismo y acomodación de los sandinistas podría no haber desencadenado una guerra contrarrevolucionaria total. Una cosa que no queda tan clara es si al seguir ese camino habrían llegado a consolidar su régimen, o si se habrían acabado cristalizando en un régimen menos cohesivo, más como Bolivia que como Cuba.

Capítulo 9

Conclusiones

Los regímenes revolucionarios se encuentran entre algunas de las autocracias más duraderas del mundo. También son los más imprudentes; no es casualidad. Como ha demostrado este libro, los ataques revolucionarios a los grandes intereses nacionales y extranjeros con frecuencia instigan una secuencia de reacción que, pasado un tiempo, sienta las bases para la durabilidad del sistema autoritario. Un primer radicalismo genera un conflicto contrarrevolucionario violento y que puede llegar a amenazar al régimen. En los regímenes que sobreviven a estos conflictos se tiende a formar una élite cohesionada y un aparato coercitivo leal y poderoso capaz tanto de reprimir con baja intensidad como, cuando resulta necesario, servirse de mano dura y alta intensidad en la represión. En ellos también se tiende a debilitar o destruir tanto a políticos rivales como a los centros alternativos de poder social. Estas tres características —cohesión de las élites, un aparato coercitivo fuerte y leal y ausencia de centros de poder alternativos— son pilares centrales en los que se fundamenta un mandato autoritario duradero. Las élites, si están cohesionadas, inhiben divisiones en los regímenes. Las cúpulas del partido y del Ejército, fusionadas, reducen la posibilidad de un golpe militar. Por último, la enorme asimetría que genera un Estado con un aparato coercitivo muy desarrollado, por un lado, y una sociedad cuyos centros independientes de poder han sido castrados, por el otro, pueden impedir que la oposición se movilice durante décadas. Así sucede en el caso de los regímenes revolucionarios cuyas trayectorias se aproximan más a esta secuencia reactiva de tipo ideal —como la Unión Soviética, China, México, Vietnam, Cuba o Irán—, que son algunos de los más longevos de la historia moderna.

Más allá de esta vía, este ensayo identifica dos caminos alternativos que un régimen puede seguir. En algunos casos, el conflicto violento que desencadena un primer radicalismo llega a destruir a un régimen revolucionario en gestación, cancelando así la secuencia reactiva. Los regímenes de Hungría, Camboya y Afganistán se encuentran entre los que sufrieron una muerte prematura. Todos ellos, mediante una intervención militar exterior. En otros casos, los Gobiernos revolucionarios moderaron sus iniciativas radicales para adaptarse a los grandes intereses, locales o internacionales, amortiguando así la secuencia contrarrevolucionaria. Cuando no existía un conflicto prolongado de signo contrarrevolucionario, los regímenes no desarrollaban élites cohesionadas; tampoco invertían en organismos coercitivos poderosos, ni mermaban de forma drástica los centros de poder alternativos. De ello resultaban regímenes que morían en su relativa juventud (Bolivia o Nicaragua), o que sobrevivían durante más tiempo pero padecían una inestabilidad endémica (Argelia o Guinea-Bisáu).

Sopesando nuestro razonamiento

El razonamiento principal de este libro se puede dividir en tres tesis principales. La primera es que las iniciativas radicales que propugnan los Gobiernos radicales generan reacciones contrarrevolucionarias violentas, mientras que eso no sucede con las medidas acomodaticias. La segunda propone que, en los regímenes que no acaban destruidos por la primera reacción contrarrevolucionaria, la secuencia reactiva supone el origen de los tres pilares de un autoritarismo duradero: una élite cohesionada, un aparato de coerción desarrollado y leal y la destrucción de los centros alternativos del poder en la sociedad. Según la tercera tesis, la construcción revolucionaria del Estado —la construcción de estos tres pilares— contribuye a un autoritarismo duradero. Los trece estudios de caso expuestos en este ensayo ofrecen evidencias históricas que corroboran estas tres tesis. La tabla 9.1 resume hasta qué punto ha sido válida nuestra teoría en cada caso.

Radicalismo y reacción contrarrevolucionaria

Hemos encontrado amplias pruebas de que un radicalismo temprano está vinculado con la potencia de la subsiguiente reacción contrarrevolucionaria. Todo Gobierno revolucionario que ha desplegado políticas radicales ha confrontado una contrarrevolución violenta. En Hungría, Afganistán y Camboya, estas reacciones aniquilaron a unos regímenes revolucionarios que se estaban formando. En otros casos, supusieron una clara amenaza para su existencia. Es el caso de Rusia, por ejemplo, donde el asalto bolchevique contra la propiedad y las clases sociales preexistentes llevó a quienes defendían el antiguo régimen a movilizar contra ellos cualquier cosa de la que pudieran disponer, y donde el ataque del Gobierno revolucionario al orden capitalista internacional llevó a una coalición de poderes occidentales a defender las labores contrarrevolucionarias. Los bolcheviques solo se salvaron de su destrucción porque los Estados occidentales se encontraban demasiado exhaustos por la Primera Guerra Mundial como para invertir con fuerza en su derrota. En China, los ataques del Partido Comunista al capitalismo y a las élites rurales pusieron a los comerciantes del lado de Chiang Kai-shek, desembocando en una guerra civil de veintidós años que por poco borró a los comunistas del mapa. En Cuba, el Gobierno de Castro y sus ataques contra el capital local e internacional provocaron décadas de hostilidades estadounidenses, incluyendo una invasión respaldada por el país norteamericano que podría haber destruido el régimen. En Vietnam, los empeños del Gobierno revolucionario por subvertir el régimen del Sur originaron una larga y destructiva guerra con Estados Unidos. En Irán, las maniobras para crear un Estado islámico desencadenaron una insurgencia izquierdista, así como un colapso en las fuerzas armadas que animó a Irak a iniciar una invasión —con ayuda de Estado Unidos y las monarquías del golfo Pérsico— que estuvo muy cerca de destruir el régimen.

Tabla 9.1. Clasificación de casos

			Los tres pilares de la durabilidad autoritaria[1]					
				Ejército fuerte /leal				
	Políticas iniciales	Reacción contrarrevolucionaria	Cohesión	Fuerte	Leal	Destrucción de los centros independientes de poder	Puntuación global	Duración del régimen
China	Radicales	Sí	Sí	Sí	Sí	Total	3/3	71+
Cuba	Radicales	Sí	Sí	Sí	Sí	Total	3/3	62+
URSS	Radicales	Sí	Sí	Sí	Sí	Total	3/3	74
Vietnam	Radicales	Sí	Sí	Sí	Sí	Total	3/3	67+
Irán	Radicales	Sí	Sí	Sí	Sí	Parcial	2,5/3	42+
México	Segmentadas[2]	Sí	Sí	No	Sí	Parcial	2/3	85
Nicaragua	Radicales, luego acomodaticias	Sí	Sí	Sí	Sí	No	2/3	11
Algeria	Acomodación	No	No	No	Sí	Parcial	1/3	59+
Bolivia	Acomodación	No	No	No	Sí[3]	No	.5/3	12
Guinea-Bisáu	Acomodación	No	No	No	No	Parcial	.5/3	25
Afganistán	Radicales	Sí/muerte prematura						5
Camboya	Radicales	Sí/muerte prematura						4
Hungría	Radicales	Sí/muerte prematura						<1

1 Según nuestro marco teórico, los tres pilares del autoritarismo se miden tras la resolución del conflicto contrarrevolucionario inicial (la naturaleza y las fechas de la resolución de estos conflictos en cada caso se presentan en el apéndice II). En los casos en que no hay un conflicto contrarrevolucionario, aplicamos los criterios cinco años después de la formación del régimen. Los casos de muerte prematura (sombreados) no se puntúan porque, debido a no haber sobrevivido a la secuencia reactiva, no pueden estar sujetos a predicciones teóricas.

2 México es un caso de acomodación en política económica y de exteriores, pero de radicalismo hacia la Iglesia católica, que resultó en una guerra civil con los campesinos católicos, aunque una contrarrevolución más limitada en otros aspectos.

3 La lealtad se ha medido con una puntuación tan alta porque solo hubo una cuasirrebelión militar entre 1952 y 1964. Sin embargo, como se muestra en el capítulo 8, el Movimiento Nacionalista Revolucionario (MNR) nunca obtuvo control sobre el Ejército y acabó derrotado por un golpe militar en 1964.

Por contra, allá donde los Gobiernos revolucionarios rebajaron sus reformas —a menudo para evitar conflictos con Occidente—, estos se toparon con amenazas contrarrevolucionarias menos intensas. En Argelia, el Gobierno del Frente de Liberación Nacional (FLN) y su cooperativa relación con Francia redujeron las perspectivas de que un esfuerzo bélico financiado desde el extranjero acabara con el régimen. En Guinea-Bisáu, la decisión del Partido Africano para la Independencia de Guinea y Cabo Verde (PAIGCV) de desvincularse de la Unión Soviética y mejorar sus relaciones con Portugal contribuyó a evitar un conflicto armado, y le reportó sustanciales ayudas de Occidente, mientras que en Bolivia, la cautela del Movimiento Nacionalista Revolucionario (MNR) a la hora de nacionalizar y reformar el campo le permitió mantener relaciones cordiales con Estados Unidos.

México y Nicaragua son casos ambiguos. El radicalismo en México fue segmentado, ya que la élite revolucionaria se enzarzó en un profundo asalto contra la Iglesia católica, pero a su vez adoptó estrategias de acercamiento al capital extranjero y a Estados Unidos. Como consecuencia, hubo una reacción contrarrevolucionaria más restringida, pero, aun así, significativa. El Gobierno revolucionario no se enfrentó a agresiones externas graves, pero sus iniciativas anticlericales le reportaron una guerra civil de tres años (la guerra Cristera). En Nicaragua, el Gobierno sandinista también combinó radicalismo y acomodación, pero la línea dura de la Administración de Reagan llevó a una onerosa guerra contrarrevolucionaria.

Conflicto contrarrevolucionario y construcción revolucionaria del Estado

Los estudios de caso también demuestran con evidencias el vínculo entre el conflicto contrarrevolucionario y la construcción de los tres pilares del autoritarismo duradero que hemos listado más arriba. En primer lugar, en casi todos los casos de conflicto contrarrevolucionario, las amenazas militares existentes contribuyeron a que la élite resultante tuviera una cohesión inusual. Así, cuando Trotski perdió contra Stalin la batalla de la sucesión de Lenin en Rusia, en un principio este hizo todo cuanto estuvo en sus manos para preservar la unidad del partido; a pesar del odio que sentía hacia Stalin. Aunque este último se enfrentó a muchos rivales internos, ninguno de ellos osó siquiera pasarse a la oposición, algo que habría amenazado al régimen revolucionario. Del mismo modo, en Vietnam, las décadas de guerra contra Francia y Estados Unidos generaron mentalidad de asedio, además de una disciplina de estilo militar que persistió hasta finales del siglo XX. La cúpula del Partido Comunista de Vietnam no tuvo ninguna deserción relevante entre 1954 y 1975. En Cuba, donde la persistente amenaza que representaba Estados Unidos convenció a la élite revolucionaria de cerrar filas en torno a Castro, tampoco hubo ningún abandono significativo durante más de medio siglo. En China, la experiencia compartida de la Larga Marcha de 1934-1935 engendró a un grupo de líderes de excepcional cohesión que dominarían el partido hasta los años noventa. Incluso en el muy fracturado Irán, la polarización y el conflicto violento que generó el precipitado salto de Jomeini a un sistema clerical terminó favoreciendo la cohesión de una élite que no deseaba importunar al Gobierno religioso.

En segundo lugar, el conflicto contrarrevolucionario fomentaba el desarrollo de fuerzas armadas leales y poderosas que resultaban indisociables del partido. En casi todos los casos de conflicto contrarrevolucionario, las élites de la revolución crearon sus fuerzas de seguridad desde cero, y en sus filas colocaron a veteranos de confianza de la lucha de liberación. En China, Cuba, México, Nicaragua, Rusia, Vietnam e Irán —de un modo diferente—,* la construcción revolucionaria del Estado fusionó las cúpulas del partido y del Ejército, y permitía a las élites infiltrarse en las fuerzas armadas de arriba abajo. Aquel gran nivel de fusión entre partido y Ejército mejoraba con mucho la

* En Irán, el Gobierno clerical mantuvo el Ejército prerrevolucionario, al tiempo que también estableció la poderosa Guardia Revolucionaria Islámica, a la que tenía estrechamente controlada, y de la que dependía muchísimo para la seguridad del régimen.

lealtad del Ejército. En los regímenes revolucionarios radicales apenas se producían intentos de golpe o golpes palaciegos, incluso frente a crisis económicas de gravedad.

El conflicto contrarrevolucionario también fortalecía las estructuras coercitivas de los regímenes. En Rusia, la guerra civil condujo a la construcción de las fuerzas de seguridad interna más grandes y poderosas de la historia moderna. En China, la guerra civil contra el Kuomintang motivó a sus líderes a armar un Ejército regular con capacidad para enfrentarse a Estados Unidos a principios de los años cincuenta. En Vietnam, el conflicto bélico con Estados Unidos fue el origen del mayor y más potente Ejército de los países en vías de desarrollo, mientras que, en Cuba, la invasión de la bahía de Cochinos —en 1961— convenció a Castro de cuadruplicar su Ejército y crear un enorme aparato, y muy eficaz, de inteligencia.

En tercer lugar, el conflicto contrarrevolucionario llevó al debilitamiento o destrucción de los centros alternativos de poder que existían en la sociedad. La guerra civil rusa destruyó la antigua monarquía, el Ejército zarista, la burguesía y las clases terratenientes, además del resto de los partidos socialistas. De modo parecido, la larga guerra civil china permitió al Partido Comunista deshacerse de la tupida red de señoríos, sociedades secretas, bandas criminales y del resto de las fuerzas que habían dominado tanto la vida urbana como la rural durante siglos. En Vietnam, las guerras contra Francia y Estados Unidos fueron el contexto en el que los comunistas liquidaron a los rivales nacionalistas y debilitaron a los propietarios de tierras, a la Iglesia católica y a las sectas religiosas. En Cuba, la invasión de bahía de Cochinos y el fantasma de la intervención estadounidense representaron la ocasión idónea para que Castro mutilara la Iglesia y acelerara la destrucción del sector privado. Por último, en Irán, la contrainsurgencia y la guerra contra Irak de principios de los años ochenta fomentaron e hicieron posible que la élite revolucionaria aplastara las insurgencias marxistas, pudiera prohibir el Partido Comunista y marginara a los imanes rivales.

Por el contrario, los Gobiernos acomodaticios formaron Estados-Partidos más débiles. Para empezar, sus partidos exhibían menos cohesión. En Argelia, el FLN no tardó en dividirse; al cabo de un año de la independencia, todos los miembros vivos de la élite fundadora del partido —excepto el presidente Ben Bella— se habían pasado a la oposición. En Bolivia, de modo similar, todos los líderes del MNR, excepto el presidente Paz, habían desertado a principios de los años sesenta, mientras que en Guinea-Bisáu, el Gobierno del PAIGCV se fragmentó en divisiones étnicas, culminando en un golpe de palacio en 1980.

Los Gobiernos que eligieron la acomodación también resultaban menos propensos a desarrollar estructuras de coerción fuertes y leales. Ni el MNR en Bolivia ni el PAIGCV en Guinea-Bisáu lo hicieron. El Ejército argelino también fue modesto en tamaño hasta los años noventa, cuando tuvo que enfrentarse a una insurgencia islamista de mucha envergadura. Los Ejércitos también eran menos disciplinados en los casos acomodaticios. Los partidos gobernantes de Argelia y Guinea-Bisáu se enfrentaron a golpes palaciegos en su primera década en el poder.

Por último, en los casos de conflicto contrarrevolucionario limitado, los centros de poder alternativos tenían más números de sobrevivir. En Argelia, por ejemplo, el Gobierno del FLN carecía de incentivos para eliminar las redes autónomas de mezquitas y asociaciones islámicas, mientras que en Bolivia el MNR permitió que las organizaciones obreras y campesinas siguieran intactas.

Los dos casos mixtos, México y Nicaragua, se caracterizaban por sus diferentes destinos. En México, la élite revolucionaria no formó su propio partido; a resultas de ello, el régimen sufrió una serie de escisiones que lo debilitaron entre 1917 y 1929. No obstante, la guerra Cristera provocó que la élite revolucionaria se uniera de nuevo tras la figura del presidente Calles y sus esfuerzos por crear un partido, tras lo cual la cohesión de las élites aumentó de forma notable. La fusión de partido y Ejército contribuía a asegurar la lealtad militar. México era el único país en Latinoamérica que no sufrió un solo golpe y ni un solo alzamiento exitoso entre 1929 y el 2000. Sin embargo, a falta de una amenaza militar prolongada, la élite revolucionaria no desarrolló un aparato coercitivo de grandes dimensiones ni tampoco eliminó los centros independientes de poder.

En Nicaragua, la élite del Frente Sandinista de Liberación Nacional respondió a una guerra contrarrevolucionaria participada por Estados Unidos cerrando filas y desarrollando un aparato poderoso y leal de coerción. No obstante, las previsiones de aislamiento internacional tras el inminente ocaso soviético llevaron a los sandinistas a liberalizarse tras 1986, al tiempo que dejaron centros de poder clave de la sociedad nicaragüense, como la Iglesia y el sector privado, intactos.

Estos estudios de caso, por lo tanto, ofrecen numerosas evidencias de que un conflicto contrarrevolucionario contribuyó al desarrollo de los tres pilares del autoritarismo duradero: una élite cohesionada, un Ejército fuerte y leal y la merma o eliminación de los demás centros de poder social. Por el contrario, conflictos contrarrevolucionarios más limitados permitían a los regímenes sobrevivir, pero sin ir a la una ni hacer grandes inversiones en la construcción del Estado. Como muestra la tabla 9.1, la mayoría de los casos corroboran nuestra teoría.*

La construcción revolucionaria del Estado y la durabilidad del régimen

En estos capítulos también se ha examinado hasta qué punto la construcción revolucionaria del Estado afectaba a la longevidad de cada régimen. Encontramos abundantes evidencias de que existe un vínculo entre los tres pilares de la durabilidad autoritaria que hemos resumido y la capacidad de los regímenes para sobrevivir (o anticiparse) a crisis. El impacto de la cohesión de las élites ya era perceptible en los estudios de caso. En Rusia, por ejemplo, el pánico a la contrarrevolución unió al Estado bolchevique ante las grandiosas protestas campesinas y la rebelión de las fuerzas navales del Kronstadt, tanto en 1921

* Los regímenes de Afganistán, Camboya y Hungría no sobrevivieron a sus respectivas secuencias reactivas y, por lo tanto, no nos sirven para demostrar esta parte de nuestra tesis.

como tras la muerte de Lenin en 1924. Las contadas deserciones entre las élites en los años veinte y treinta nos dicen que el gigantesco descontento que crearon la colectivización, la hambruna y el terror no se tradujeron en apuros graves para el régimen. De modo parecido, en Vietnam y en Cuba, la ausencia de cismas dentro del régimen tras el colapso soviético (o, en el caso cubano, en medio de la extraordinaria crisis económica que vino después) dejó a los disidentes aislados e incapaces de trasladar el descontento social al tipo de desafíos al régimen que se han visto en tantas transiciones de la tercera ola. En Irán, el conflicto entre facciones fomentó que los opositores de la república islámica defendieran a reformistas sobre conservadores. Sin embargo, la poca disposición de los reformistas a oponerse al sistema clerical desmoralizó a la oposición, la despejó de liderazgo e hizo que las protestas fueran complicadas de mantener.

La lealtad militar también resultaba crucial para la supervivencia del régimen. Por ejemplo, el Ejército soviético podría haberse rebelado contra Stalin durante el Gran Terror o tras el desastre de las primeras semanas de invasión nazi en 1941; sin embargo, no lo hizo. En México, durante los años treinta, cuando el Gobierno revolucionario tenía una mala acogida y se enfrentaba a una fuerte reacción derechista, las fuerzas armadas no intervinieron contra él como hicieron en otros sitios de Latinoamérica. De modo parecido, en los años sesenta y setenta, cuando la polarización y el auge de los movimientos izquierdistas radicales llevaron a una oleada de golpes de Estado en toda Latinoamérica, el Ejército mexicano jamás intervino. En Cuba, a pesar del considerable descontento entre las tropas tras la ejecución en 1989 del popular general Arnoldo Ochoa y la debacle económica de principios de los noventa, el Ejército jamás se rebeló. Por último, se diría que Mao hizo todo lo posible para incitar un golpe militar durante la Revolución Cultural —provocar un conflicto armado entre facciones y animar ataques politizados contra el Ejército—, pero nunca vio su poder cuestionado.

Estos capítulos también incluyen muestras fehacientes de que el desarrollo de un fuerte aparato de coerción contribuía a la supervivencia del régimen. En la Unión Soviética, unos servicios de seguridad muy poderosos resultaron clave para eliminar la resistencia a la colectivización y la oposición antisoviética durante las semanas iniciales de la invasión nazi. En China, la capacidad militar redujo el potencial de protestas por parte de la oposición tras el Gran Salto Adelante, y permitió al Gobierno comunista acabar con la protesta de modo eficaz en 1989. En Cuba, un poderoso aparato de seguridad ayudó a impedir que el gran descontento popular pasara a generar grandes protestas en los años noventa. En Irán, la capacidad coercitiva permitió al régimen reprimir con celeridad las protestas masivas en 2009 y 2019.

De modo más general, las enormes asimetrías de poder que auguraban la creación de un potente aparato de coerción, por un lado, y la destrucción de los centros alternativos de poder en la sociedad, por el otro, servían para que formar y mantener movimientos de oposición al régimen fuera de una dificultad extraordinaria. En la URSS, durante los tres años que pasaron tras la muerte de Stalin, hubo solo cuarenta y cinco actos de masas no organizados por el Estado (incluyendo disturbios en acontecimientos deportivos) de mil o más participantes.[1] Durante décadas, la resistencia al régimen se limitó a grupúsculos de intelectuales disidentes que no superaban un par de miles de ciudadanos (en un país de más de doscientos millones).[2] De hecho, en la Unión Soviética solo se llegaron a ver protestas duraderas a finales de los años ochenta —después de que Gorbachov relajara los controles y que el Estado-Partido se empezara a desmoronar—. A principios del siglo XXI, en Cuba y Vietnam, la oposición sigue hoy limitada a grupos de internet que no superan más de un puñado de cientos de participantes. Incluso en México, que nunca desarrolló controles totalitarios como los de la Unión Soviética, China, Vietnam o Cuba, el Partido Revolucionario Institucional (PRI) apenas encontró oposición nacional de la relevancia que fuera entre 1940 y 1982. A pesar de niveles comparables de modernización, el tipo de movilizaciones antiautoritarias que surgieron en Argentina, Brasil, Chile, Perú o Uruguay a lo largo de finales de los años setenta y ochenta jamás cristalizó en México.

Unas estructuras poderosas de coerción y la destrucción de los centros independientes de poder no lograron, claro está, eliminar a la oposición. En el México de 1968, la China de 1989 y el Irán de 2009 y 2019, las protestas a gran escala pusieron contra las cuerdas a estos regímenes. Sin embargo, estos se caracterizaban por una cohesión y una capacidad coercitiva para acabar a la fuerza con dichas protestas, mientras que la carestía de las estructuras de movilización social, junto con las deserciones de las élites dificultaron aún más a los opositores la tarea de aprovechar la ocasión y aguantar con la movilización antirrégimen cuando sufrían represión. Por lo tanto, incluso los movimientos de protesta a gran escala se podían acallar.

En cambio, cuando una secuencia reactiva más limitada no originaba un aparato de coerción potente ni la destrucción de centros de poder independientes, los regímenes eran más vulnerables a desafíos sociales. En Bolivia, donde el MNR no formó un Ejército propio ni eliminó a los centros de poder rivales, el Gobierno de Paz se vio avasallado por huelgas y protestas antes de que tuviera lugar un golpe que acabaría con el régimen en 1964. En Argelia, las redes autónomas de mezquitas sentaron las bases para una oposición masiva islamista en los años noventa.

La tabla 9.1 resume las pruebas que vinculan el desarrollo de estos pilares de un autoritarismo duradero con la supervivencia de cada uno de los regímenes revolucionarios. Ya que varios factores —que incluyen el entorno geopolítico, los ciclos de auge y la caída o la muerte de los líderes— afectan a la duración de cualquier régimen, a duras penas podría esperarse ver una correlación perfecta entre los sustentos del autoritarismo y la duración de un régimen. No obstante, los datos son sugerentes. Los cuatro regímenes que desarrollaron los tres pilares de autoritarismo duradero (y que, por lo tanto, se puntúan con un 3 de 3) sobrevivieron sesenta años o más. De modo contrario, los regímenes de Guinea-Bisáu y de Bolivia, que no desarrollaron ninguno de estos pilares, sobrevivieron períodos mucho más breves.*

* El régimen argelino, que tampoco fue capaz de desarrollar fuertes pilares autoritarios, sobrevivió más tiempo, pero resultó inestable.

Esta sección amplía el marco teórico del libro a los siete regímenes revolucionarios que no hemos tratado en los estudios de caso: Finlandia (1918), Albania (1944-1991), Yugoslavia (1945-1990), Angola (1975-) Mozambique (1975-), Eritrea (1993-) y Ruanda (1994-). Estos ejemplos ofrecen pruebas añadidas de que la durabilidad revolucionaria se fundamenta en la secuencia de revolución-reacción que hemos descrito en el libro. Solo uno de ellos —la Delegación del Pueblo Finlandés, que subió al poder en Helsinki en 1918— es un claro caso aparte. Aunque la Delegación del Pueblo Finlandés era de signo acomodaticio,[3] tuvo la mala fortuna de alcanzar el mando durante una guerra mundial justo después de la Revolución Bolchevique, un contexto que animó al conde Carl Mannerheim, anticomunista general de los blancos, a expulsar al régimen con la ayuda de Alemania tras solo setenta y cinco días.

Los seis casos que quedan se aproximan a la secuencia reactiva de tipo ideal que hemos descrito en el libro. En todos los casos, un Gobierno radical desencadenó un conflicto contrarrevolucionario y que —con la excepción de Mozambique, en parte— originó instituciones fuertes y regímenes duraderos. A su vez, estos ejemplos ilustran la importancia del momento histórico mundial. Los dos casos revolucionarios posteriores a la Guerra Fría —el Frente Patriótico Ruandés (FPR) y el Frente de Liberación del Pueblo Eritreo (FLPE)— sugieren cómo la trayectoria de una revolución puede ser moldeada por el contexto internacional. En particular, el FPR y el FLPE no sacaron partido de rivalidades ideológicas globales ni llevaron a conflictos financiados por superpotencias, y por lo tanto no llegaron a la mentalidad de asedio o a la cohesión de las élites que hemos observado en otros ejemplos.

Regímenes autoritarios de la Guerra Fría

Hubo cuatro países más en los que tuvo lugar una revolución social durante la Guerra Fría. Yugoslavia y Albania pasaron por lo que Samuel Huntington denominó revoluciones «orientales», en las que la mayor parte de la secuencia reactiva se desarrolló antes de la toma del poder.[4] En ambos casos, el conflicto revolucionario durante la Segunda Guerra Mundial acabó con las élites tradicionales y desembocó en regímenes comunistas con potentes Estados-Partido y escasos rivales significativos en el país. En Angola y Mozambique, los revolucionarios alcanzaron el poder como parte de su violenta lucha anticolonial. Ambos países se convirtieron en escenarios de batallas indirectas que llegaron a amenazar de verdad a los nuevos regímenes revolucionarios, pero que también originaron instituciones autoritarias robustas.

YUGOSLAVIA

La República Popular de Yugoslavia (1945-1990) tuvo una duración sorprendente. El Estado yugoslavo era un ente con una extraordinaria precariedad. Inexistente antes de la Primera Guerra Mundial, fue creado en 1918 con retazos de territorios serbios, croatas y eslovenos que habían quedado huérfanos con el colapso de los imperios austrohúngaro y otomano.[5] No obstante, persistieron en él fuertes movimientos nacionalistas, en especial entre croatas y serbios. Al no contar con una identidad nacional yugoslava fuerte, el nuevo Reino de Yugoslavia era frágil, y cayó al poco tiempo tras la invasión alemana en abril de 1941.[6] La Segunda Guerra Mundial trajo consigo un intenso conflicto —y violencia genocida— entre las fuerzas nacionalistas de croatas y serbios.[7] Así, construir un Estado y un régimen multinacional viable tras la Segunda Guerra Mundial era una tarea formidable.

Las fuerzas partisanas de Josip Broz Tito fundaron la República Popular de Yugoslavia, comunista, tras hacerse con el poder en 1945 después de derrotar a los ocupantes nazis. Cuando los nazis los invadieron en 1941, Tito y el Partido Comunista de Yugoslavia (KPJ o PCY) —con la ayuda de unos cuantos miles de veteranos yugoslavos de la guerra civil española— iniciaron una guerra de guerrillas.[8] Descritos como «fanáticos», «temerarios» y «más marxistas ortodoxos que Moscú»,[9] Tito y sus partisanos pronto entraron en conflicto con Stalin por su insistencia en combinar la lucha con la ocupación extranjera y la «lucha de clases».[10] Los partisanos atacaron las rémoras de la antigua monarquía, destruyeron los registros de tierras y asaltaron las estructuras tradicionales de autoridad.[11] Las «brigadas proletarias», dirigidas por los comunistas, fueron movilizadas para arrancar de sus puestos y asesinar a los ilustres locales, a quienes reemplazaban por campesinos jóvenes que se enfrentaban a la autoridad de la familia, el clan u otras estructuras locales de poder.[12] Fue crucial, además, la guerra que declararon los partisanos a los chetniks serbios, monárquicos y muy vinculados a las élites tradicionales.[13]

El programa panyugoslavo de los comunistas les permitió obtener apoyo de las diversas nacionalidades del país,* lo que les otorgaba ventaja ante los chetniks, serbios en exclusiva.[14] A partir de una guerrilla inicial de 40.000 hombres en 1941, Tito formó un Ejército leal y efectivo que llegaría a alcanzar casi un millón de efectivos.[15] Yugoslavia era uno de los pocos países de Europa que las propias fuerzas habían liberado durante la Segunda Guerra Mundial.[16]

Entonces, del mismo modo que China y Vietnam, el régimen revolucionario yugoslavo nació en 1945 con un Estado-Partido de considerable robustez. La cohesión del partido, que ya era alta en el momento de la invasión del Eje, se reforzó aún más con la guerra.[17] Esta también motivó la creación de un aparato de seguridad poderoso; con 800.000 tropas al final de la Segunda Guerra Mundial, Yugoslavia tenía el cuarto Ejército de Europa.[18] Las fuerzas armadas tenían una «lealtad inquebrantable».[19] Formado y comandado por los partisanos, en él se infiltró una enorme red de comisarios políticos y agentes de seguridad,[20] por lo que el Ejército yugoslavo era una «organización política hasta el último detalle».[21] El KPJ también desarrolló unos servicios de seguridad interna eficaces y disciplinados. Creado durante la guerra, el Departamento para la Protección del Pueblo (Administración de la Seguridad Estatal, UDBA a

* Estos incluían a los croatas, montenegrinos, musulmanes, serbios y eslovenos.

partir de 1946) funcionaba como un «brazo extendido del partido», y sus agentes penetraron hasta muy adentro de la sociedad yugoslava.[22] A finales de los años cuarenta, Yugoslavia poseía «uno de los más rigurosos sistemas de seguridad del mundo».[23]

Además, la guerra propició la ocasión para que los comunistas destruyeran a rivales políticos, como la monarquía, las élites tradicionales y las fuerzas nacionalistas de los chetniks.[24] Al final del conflicto, las unidades partisanas masacraron a miles de colaboradores y chetniks derechistas.[25] Hacia finales de los años cuarenta, el Gobierno había eliminado la mayoría de los centros de poder independientes, con la notable excepción del clero católico.[26]

El Gobierno revolucionario de Yugoslavia era bastante radical. Tito inició una «avalancha de reformas económicas y sociales».[27] Descrito como «más estalinista que Stalin», sus comunistas nacionalizaron el 90 por ciento de todas las empresas, incluyendo todos los bancos y la gran mayoría de las industrias; decisiones que en Occidente se vieron como un atropello.[28] Toda la titularidad privada de terrenos fue eliminada.[29] Los comunistas expropiaron 1,6 millones de hectáreas de tierras cuyos principales propietarios eran la Iglesia católica, los bancos y la minoría alemana. En 1947, el sector estatal representaba el 90 por ciento de la producción.[30]

El Gobierno de Tito también abolió la monarquía y atacó la religión organizada.[31] Si bien la Iglesia ortodoxa serbia era relativamente endeble y fácil de captar,[32] las extremas posiciones anticomunistas de la Iglesia católica, con mucha presencia en Croacia y Eslovenia, representaban una amenaza mayor. Al final de la guerra, ya habían asesinado a cientos de sacerdotes y monjas, otros habían sido encarcelados, y otros obligados a emigrar.[33] El KPJ eliminó los símbolos religiosos de las instituciones públicas, ocupó todos los edificios y equipamientos sociales de la Iglesia y expropió grandes extensiones de terrenos eclesiásticos.[34] Todas las publicaciones y periódicos católicos de antes de la guerra se cerraron.[35] Cuando el arzobispo croata Alojzije Stepinac se negó a romper con Roma, fue arrestado por colaborar con los nazis y sentenciado en un juicio público amañado.[36]

El Gobierno de Tito intentó también debilitar a las fuerzas nacionalistas que —teniendo en cuenta el historial de conflicto interétnico en la región— suponían una amenaza en potencia para la estabilidad del régimen.[37] Instituciones como la Sociedad Cultural Croata fueron ilegalizadas; otras, como la centenaria organización Matica Hrvatska, sobrevivieron, pero acabaron bajo el control de fieles al régimen.[38]

El KPJ también adoptó una política exterior agresiva, con el propósito de transformar Yugoslavia en un núcleo de expansión comunista en el sureste europeo.[39] El nuevo Gobierno ofreció asistencia a los insurgentes comunistas de Grecia,[40] declaró soberanía yugoslava sobre la región de Carintia, en el sur de Austria,[41] y colaboró con los albaneses minando el canal de Corfú contra la presencia de acorazados británicos en 1946.[42] En mayo de 1945, las tropas yugoslavas entraron en la zona de Trieste, en la frontera de Italia, país con el que se la disputaba, provocando que Truman y Churchill amenazaran con intervenir.[43]

Las maniobras de Tito generaron peligrosas tensiones con Occidente. Tuvieron lugar más de 2.000 incidentes en las fronteras terrestres y marítimas durante los primeros años de posguerra.[44] En agosto de 1946, unos cazas yugoslavos derribaron a dos aviones militares de Estados Unidos, matando a cinco aviadores, y llevando la tensión entre ambos bloques a niveles máximos.[45] Cuando el ministro de Exteriores soviético Viacheslav Molotov protestó ante los oficiales yugoslavos, preguntándoles: «¿Es que no saben que ellos tienen la bomba atómica?», su respuesta fue: «Ellos tienen la bomba atómica, pero nosotros tenemos la partisana».[46]

Sin embargo, más crucial fue que Tito cuestionara la hegemonía regional de la Unión Soviética tratando de crear una federación de Estados balcánicos (con Albania y Bulgaria) para contrarrestar la influencia de Occidente y de la URSS.[47] Las ambiciones de Tito para liderar la región y, de modo más general, su insistencia en tener autonomía respecto de la Unión Soviética enfurecieron a Stalin, quien ordenó al movimiento comunista internacional (el Cominform) que expulsara a Tito.[48] El líder soviético se obsesionó con eliminar a Tito; ordenó su asesinato, tramó planes para invadir Yugoslavia y ordenó decenas de juicios contra «titoístas» en los Estados satélite de la URSS.[49]

Stalin suponía una amenaza extraordinaria para Tito. Habiendo presidido la derrota de los nazis, Stalin tenía tanto un prestigio incomparable como un desmesurado predominio militar sobre toda Europa del Este. Además, se solía dar por hecho que cualquier miembro de un Partido Comunista de cualquier lugar, en el bloque comunista en particular, debía seguir las directivas de Moscú.[50] Los soviéticos habían entrenado a muchos de los más importantes oficiales del Ejército y la inteligencia yugoslavos, y tenían numerosos agentes operativos en el Estado-Partido yugoslavo, incluyendo a parte de los guardaespaldas de Tito.[51] De este modo, no resultaba nada claro que Tito (que había sido nombrado jefe del KPJ por las autoridades soviéticas) pudiera seguir ejerciendo el control sobre el partido o el aparato de coerción. De hecho, Stalin se jactaba de que podría deshacerse de Tito con solo alzar el meñique.[52]

El cisma entre Stalin y Tito generó una crisis muy seria para el régimen.[53] Stalin reclutó a varios oficiales yugoslavos de alto rango, como el jefe del Estado Mayor Arso Jovanovich, el ministro de Finanzas Sretan Zhujovich y el jefe de Planificación Andrija Hebrang.[54] Yugoslavia se quedó sin aliados fuera del bloque comunista.[55] Así pues, que Stalin se volviera en contra de Tito arrojó al régimen en un mundo donde «literalmente, no tenía un solo amigo».[56]

Sin embargo, el régimen sobrevivió. La conspiración soviética fracasó ante una cúpula del partido unida y una Policía secreta poderosa.[57] Habiendo luchado juntos en la Segunda Guerra Mundial, la amplia mayoría del Estado-Partido yugoslavo defendía a Tito.[58] El Comité Central del KPJ, el Ejército y la Policía en su totalidad respaldaron a Tito durante el transcurso de la crisis.[59] Hebrang y Zhujovich fueron purgados antes de que pudieran actuar, mientras que Jovanovich, incapaz de convencer de rebelarse al Ejército, recibió un disparo antes de alcanzar Rumanía en su huida.[60] El sistema de seguridad interna también se mantuvo leal y fastidió los intentos soviéticos de asesinar a Tito.

El régimen yugoslavo mantuvo una relativa estabilidad desde 1948 hasta la muerte de Tito en 1980. La oposición al régimen desapareció, mientras que el Estado-Partido, dominado por veteranos de la revolución que habían combatido en la guerra,[61] retuvo su cohesión. Tras la ruptura de Yugoslavia con la URSS, el régimen se reconcilió con Occidente, y se convirtió en gran receptor de asistencia militar y económica occidental.[62] La economía se expandió, creciendo un 6 por ciento al año durante décadas.[63]

Al mismo tiempo, la destrucción incompleta de los centros de poder alternativos creó un potencial para la inestabilidad. En particular, tanto la Iglesia católica croata como la asociación cultural Matica Hrvatska sobrevivieron a la revolución.[64] Aunque la Iglesia se vio debilitada y obligada a ocupar un lugar marginal en política,[65] logró resistir la infiltración por parte del Gobierno, mientras que la ayuda económica del extranjero le permitió mantener una fuerte presencia social.[66] Matica Hrvatska y el episcopado católico —junto con un fuerte sentimiento nacionalista en muchas repúblicas— fueron el germen de latentes amenazas separatistas en contra del régimen.[67]

Una de aquellas amenazas hizo aparición a finales de los años sesenta, con la oleada de nacionalismo en Croacia conocida como «Primavera Croata».[68] Después de que se relajaran la censura y los controles sobre la vida asociativa en 1966, Matica Hrvatska, que había permanecido bajo control de defensores del régimen, volvió a la vida, y llevó a cabo una polémica campaña para aumentar el estatus de la lengua croata.[69] Hubo un gran *boom* de afiliación a Matica Hrvatska, que pasó de 2.000 miembros en 1970 a 30.000 un año después, poniendo en riesgo el monopolio del partido en la república. Las exigencias del grupo se fueron radicalizando, hasta el punto de pedir unas fuerzas militares croatas aparte.[70] Bajo presión nacionalista, los líderes croatas del partido trataron de conseguir más autonomía del centro, pero al poco tiempo perdieron su influencia sobre la república.[71] Durante un tiempo, pareció que Yugoslavia se exponía a la ruptura.

Sin embargo, el Estado-Partido pronto restableció el control. Cuando unos estudiantes nacionalistas de la Universidad de Zagreb iniciaron una huelga para exigir mayor soberanía croata, Tito puso toda la carne en el asador para reprimirlos.[72] Respaldado por una «camarilla unida» de oficiales del partido y el Ejército que habían dirigido a los partisanos durante la guerra, la intervención de Tito fue «rápida y definitiva».[73] Tras reunirse con Tito en su coto de caza de Karadjordjevo, los líderes del partido que se habían puesto del lado de las exigencias nacionalistas dimitieron, y al poco amainó la crisis.[74]

La cohesión revolucionaria, entonces, contribuyó a la supervivencia del régimen durante el conflicto de 1948 entre Stalin y Tito, y la Primavera Croata de 1967 a 1971. En ambos casos, los veteranos de la lucha partisana en la Segunda Guerra Mundial salvaguardaron la cohesión del Estado-Partido. Dirigida por Tito, la generación fundacional sirvió de baluarte vital contra un creciente nacionalismo, tanto en el ámbito federal como en el republicano.

Con el fallecimiento de la generación revolucionaria —marcada por la muerte de Tito en mayo de 1980— sobrevino un dilema considerable.[75] La desaparición de aquellos que se habían dejado la piel durante la lucha partisana despojó al régimen de una importante fuente de cohesión, y en un momento en que la deteriorada economía minaba el apoyo popular al régimen.[76] Frente a una crisis de legitimidad cada vez mayor en la década de 1980, los miembros más jóvenes del partido, como Slobodan Milošević, que solo guardaban recuerdos de infancia de la guerra, abandonaron el proyecto de Tito en favor de las exigencias nacionalistas.[77] Tecnócrata de buenas maneras que jamás había sentido un particular nacionalismo,[78] Milošević dio todo su apoyo a los nacionalistas serbios en 1987. Esta maniobra fue respondida con una subida correspondiente del nacionalismo en Croacia y otras repúblicas.[79] Toleradas por el Estado, las organizaciones nacionalistas proliferaron, y en 1990 el proceso electoral llevó a los nacionalistas al poder en toda Yugoslavia. En Croacia, el disidente Franjo Tuđman, líder de Matica Hrvatska en los años sesenta que gozaba de un gran apoyo entre el clero católico,[80] ganó de forma aplastante en 1990. Sin fuerzas que los compensaran, los movimientos nacionalistas pronto habían partido el Estado yugoslavo en pedazos, y el régimen comunista cayó.

En definitiva, la secuencia de revolución-reacción en Yugoslavia dio paso a un régimen de una sorprendente resistencia. A pesar de la debilidad del Estado prerrevolucionario y del poder de las fuerzas nacionalistas en Croacia y Serbia, aquel Estado comunista plurinacional que establecieron las fuerzas partisanas tras la Segunda Guerra Mundial aguantó cuarenta y cinco años; multiplicando casi por tres la vida de la autocracia media. No obstante, al igual que México, el caso yugoslavo muestra que si no se eliminan los centros alternativos de poder de una sociedad se puede estar sembrando una crisis futura.

ALBANIA

El régimen comunista de Albania (1944-1991), dirigido por el Partido Albanés del Trabajo (PAT), siguió algo más parecido a la trayectoria de tipo ideal.[81] Durante la Segunda Guerra Mundial, el movimiento de liberación de Albania englobaba tanto a los comunistas de Enver Hoxha, como al Balli Kombëtar (o Frente Nacional), basado en las estructuras de poder tradicionales en las aldeas.[82] Como en Yugoslavia (y en parte influido por los partisanos), Hoxha se negó a aliarse con los nacionalistas, y en su lugar luchó una guerra «a dos frentes» contra el Balli Kombëtar, por un lado, y Alemania por el otro.[83]

Aquella guerra con dos frentes dio lugar a un Estado-Partido robusto. El Partido Comunista, que se había dividido, evolucionó hasta convertirse en una organización ideológica y disciplinada.[84] El Ejército comunista creció hasta ser siete veces mayor que el Ejército real de preguerra y se convirtió en una fuerza disciplinada y capaz de suponer una seria amenaza para los ocupantes alemanes.[85] El partido y el Ejército estaban fusionados. El Ejército estaba dirigido por líderes del partido como Hoxha y Mehmet Shehu, y ocupaban todas sus estructuras comisarios del partido.[86] Hacia el final de la guerra, los comunistas no solo habían fulminado a sus rivales nacionalistas, sino también a las élites tradicionales que habían dominado la Albania anterior a la guerra.[87]

Los comunistas alcanzaron el poder a finales de 1944, y dieron forma a uno de los Gobiernos revolucionarios más radicales del mundo.[88] El Gobierno encarceló o mató a los miembros de las antiguas élites, ocupó sus propiedades y llevó a cabo una reforma agraria radical que acabó con la clase terrateniente.[89] Nacionalizaron todas las industrias. Hoxha declaró Albania un Estado ateo, derribando luego las iglesias y mezquitas. El Gobierno de Hoxha también adoptó una política de exteriores radical. En octubre de 1946, por ejemplo, el Gobierno minó el canal de Corfú en su enfrentamiento contra los acorazados británicos, a pesar de que estos habían prestado considerable asistencia a los partisanos durante la guerra.[90]

Sus maniobras se tradujeron en una intensa hostilidad de las potencias occidentales. Las amenazas resultaban en especial severas debido a la vulnerabilidad de Albania, en el extremo oeste del bloque comunista. La vulnerabilidad exterior aumentó en 1948, cuando Albania se distanció de Yugoslavia, un aliado importante y fuente de ayuda durante la Segunda Guerra Mundial y después.[91] Tras la ruptura entre Stalin y Tito, Hoxha rompió con Yugoslavia y ejecutó a uno de los líderes del partido, al proyugoslavo Koci Xoxe.[92]

Esta ruptura hizo de Albania un país más vulnerable. De hecho, a finales de los años cuarenta y principios de los cincuenta, los oficiales de inteligencia estadounidenses y británicos veían en Albania el eslabón más débil del bloque comunista, y se prepararon para derrocar al PAT.[93] Tales amenazas externas condujeron a una mentalidad de asedio entre la élite revolucionaria. El PAT «se asemejaba a una secta», a la que unía la amenaza existencial común.[94] Albania se convirtió en una de las autocracias más militarizadas del mundo, y se transformó en un campamento armado.[95] El Gobierno construyó cientos de miles de búnkeres, refugios antiaéreos, trincheras y otras fortificaciones militares por todo el país.[96] En la Policía secreta (Sigimuri), creada por el PAT tras la guerra, trabajaban veteranos combatientes cuya experiencia en tiempos de guerra fue una gran influencia.[97]

El régimen revolucionario de Albania sobrevivió a un gran número de problemáticas, como la escasez endémica de alimentos o las relaciones de hostilidad con casi todos los países del mundo.[98] La capacidad de Hoxha para sobreponerse al dejar la influencia yugoslava se puede atribuir al apoyo de Stalin. No obstante, la Unión Soviética no estaba en situación de respaldar al régimen con armamento. Debido a los profundos vínculos entre el PAT y los comunistas yugoslavos, se podría imaginar que muchos miembros de las élites del PAT desertarían tras la ruptura con Tito. Sin embargo, la cúpula del régimen se mantuvo incólume, en gran parte porque a Hoxha lo respaldaban un grupo de veteranos revolucionarios que habían sido «puestos a prueba en el combate, y en quienes se confiaba por su lealtad política».[99]

Las amenazas externas se profundizaron después de la ruptura de Albania con la Unión Soviética, su aliado más importante, como respuesta a la denuncia de Stalin por parte de Jrushchov en el vigésimo congreso del partido en 1956.[100] El vigésimo congreso hizo temblar toda Europa del Este, y provocó crisis en los regímenes de Alemania Oriental, Polonia y Hungría. También se hizo sentir entre la plana mayor comunista de Albania, llevando a un breve conflicto en la conferencia del partido en Tirana en abril de 1956. Sin embargo, a diferencia de otros casos de Europa del Este, la élite estalinista albanesa quedó intacta. Después de la aparición de Hoxha en la conferencia de Tirana, en la que denunció a los críticos de Stalin como «enemigos», los delegados se removieron en sus sillones, y la conferencia se transformó en un feroz juicio contra supuestos artífices de una conspiración contra el partido.[101] Hoxha siguió defendiendo el legado de Stalin,[102] respondiendo a la amenaza de Jrushchov de cortarles las ayudas que tanto él mismo como sus compatriotas preferían «comer hierba» antes que ceder a las presiones soviéticas.[103] Tras el cisma entre China y la URSS, Albania se alineó con China y cortó relaciones con los soviéticos, a pesar de que los chinos ofrecían una muy escasa asistencia económica.[104] Tras el acercamiento de China a Estados Unidos en los años setenta, Hoxha rompió con China y Albania decayó en un aislamiento internacional casi total.[105]

A pesar de las terribles condiciones económicas, como la pobreza generalizada y la persistente carestía alimentaria, el régimen comunista de Albania permaneció estable durante los años setenta y ochenta. No se produjeron golpes ni escisiones en su cúpula, como tampoco hubo ningún desafío desde la sociedad antes del colapso del régimen, en 1992.[106]

ANGOLA y MOZAMBIQUE

Las secuencias de revolución-reacción contribuyeron también a autoritarismos duraderos en Angola y Mozambique. Tanto el Movimiento Popular para la Liberación de Angola (MPLA) como el Frente de Liberación de Mozambique (Frelimo) alcanzaron el poder en medio de la lucha armada contra el mandato colonial portugués. Sus posteriores empeños en transformar las estructuras de poder nacional y regional conllevaron guerras contrarrevolucionarias que duraron décadas. Estas llevaron al desarrollo de autocracias cohesionadas defendidas por Ejércitos leales. La lucha armada fundamentó la creación de un potente Estado y la destrucción de los centros alternativos de poder en Angola, pero no en Mozambique, por lo que este último representa un caso menos congruente con nuestra teoría. Sin embargo, la pervivencia de ambos regímenes procede en ambos casos de forma muy clara de una secuencia reactiva.

Angola. El régimen del MPLA era débil en sus inicios. La insurgencia anticolonial, iniciada en 1961, unía a tres Ejércitos rivales: el MPLA, respaldado por Cuba; el Frente Nacional de Liberación de Angola (FNLA), que dirigía Holden Roberto; y la Unión Nacional para la Independencia Total de Angola (UNITA) que creó Jonas Savimbi en 1966. Los rebeldes no lograron alcanzar la victoria militar y permanecieron divididos hasta que el golpe en Portugal en 1974 abrió las puertas de la independencia. En enero de 1975, con la independencia inminente, los tres Ejércitos rebeldes decidieron formar una coalición de gobierno para la transición, crear un Ejército unificado y llamar a elecciones para la Asamblea Legislativa. El pacto quedó anulado, con todo, y cuando los portugueses abandonaron el país en noviembre, Angola se hundió en una guerra civil. El MPLA logró el control sobre Luanda, la capital, mientras que su líder, Agostinho Neto, fundó la República Popular de Angola —de la que se convirtió en presidente— el 11 de noviembre de 1975.

El MPLA tuvo un Gobierno vulnerable tras la independencia. El MPLA estaba «prácticamente consumido como organización combatiente».[107] No controlaba más que «un archipiélago de ciudades»,[108] y se enfrentaba a dos Ejércitos rivales que eran, según la mayoría de los recuentos, mayores que el suyo. El propio MPLA había estado dividido mucho tiempo, y vivió escisiones que lo debilitaron en los primeros años de los sesenta y de nuevo a principios de los setenta.[109] En los años iniciales del régimen, el MPLA se vio envuelto en graves conflictos internos cuando una facción radical —cuyos miembros se conocían como «fraccionistas»— dirigida por el antiguo ministro del Interior, Nito Alves, se enfrentó a la cúpula de Neto, culminando en una cruenta intentona de golpe que dejó tras de sí miles de muertos.[110]

No obstante, y a pesar de su temprana debilidad, el MPLA —respaldado por Cuba y la URSS— pudo llevar a cabo un conjunto de iniciativas radicales en el país y de cara al exterior. En el propio país, el Estado nacionalizó miles de granjas y empresas industriales de propiedad particular (la mayoría de las cuales habían sido abandonadas por los colonos portugueses que dejaron el país tras la independencia), junto con los sectores de la banca, el comercio y —los más cruciales— el petróleo y los diamantes.[111] También llevó a cabo un proceso radical de «aldeización» que transfirió a los campesinos de sus tierras a un control comunal.[112] En el frente exterior, el MPLA inició una estrategia muy arriesgada de añadirse al Congreso Nacional Africano (CNA) en Sudáfrica y al movimiento de independencia de Namibia, dirigido por la Organización del Pueblo del Sudoeste de África (SWAPO, por sus siglas en inglés).[113] La consecuencia de todo ello fue la rápida absorción de Angola en las batallas indirectas de la Guerra Fría contra sus vecinos. Zaire y el FNLA invadieron desde el norte, mientras que Sudáfrica y UNITA atacaron al nuevo Gobierno desde el sur.[114] Aunque pronto derrotaron al FNLA, la guerra contra UNITA llevó décadas y condujo a la muerte de hasta medio millón de personas.[115]

La guerra contrarrevolucionaria transformó Angola en un Estado-Partido cohesionado y poderoso.[116] Tras el fracaso del golpe de Estado, el presidente Neto purgó de forma severa el MPLA. La cohesión en el partido se incrementó y permaneció muy alta durante el resto de la guerra civil.[117] Con la guerra también surgió un poderoso aparato de coerción. En 1975, el MPLA creó una fuerza de Policía secreta, el Directorio de Información y Seguridad de Angola, con la que combatir a las numerosas amenazas contrarrevolucionarias.[118] Con los años, el régimen fue desarrollando un Ejército grande y poderoso.[119] En la década de los dos mil, las fuerzas policiales, militares y paramilitares angoleñas eran las mayores, per cápita, del África subsahariana, con la excepción de (la revolucionaria) Eritrea.[120] El Ejército revolucionario estaba fusionado hasta lo más hondo con el partido de gobierno, tanto por sus cúpulas solapadas como a causa de un extenso sistema de comisarios políticos.[121] Durante los años setenta y hasta bien entrados los ochenta, casi la mitad del Comité Central del MPLA lo formaba personal militar con experiencia guerrillera o en la guerra civil.[122]

Asimismo, las más de dos décadas de guerra civil permitieron al MPLA eliminar a toda la oposición organizada.[123] Hacia el final de la guerra, las organizaciones rivales ya habían sido derrotadas y todos los posibles orígenes de autonomía social, incluyendo las autoridades tradicionales, habían sido debilitados o cooptados por el Estado.[124]

El régimen ha sobrevivido por ahora más de medio siglo. El MPLA no solo logró derrotar a una insurgencia impulsada por Sudáfrica, sino que supo llevar a cabo una transición fluida tras la muerte del presidente Neto en 1979 y, de forma crucial, sobrevivió al colapso soviético de principios de los noventa. Aunque el MPLA renunció al marxismo y adoptó un sistema multipartidista después de llegar a acuerdos de paz internacionales en 1994, el partido ha mantenido su disciplina, su cohesión y el control absoluto de las fuerzas armadas.[125] A diferencia de Nicaragua, las elecciones multipartidistas no representaron una gran amenaza para el MPLA. De hecho, el régimen no se enfrentó a desafíos serios en el país durante las dos décadas que siguieron al fin de la guerra. Aunque es probable que con el rédito por los recursos minerales fortalecieran su brazo negociador,[126] está claro que las asimetrías de poder que crearon el enorme aparato coercitivo y la destrucción de los centros de poder independiente han apuntalado la estabilidad del régimen en el siglo XXI.

MOZAMBIQUE. El régimen revolucionario de Mozambique siguió una trayectoria similar, aunque la construcción del Estado fue más limitada. Un movimiento nacionalista poco estructurado y de ideología diversa fundó en Dar es-Salam el Frelimo en 1962. Este puso en marcha una lucha guerrillera contra el control portugués en 1964, y pronto marginó a los grupos rivales para convertirse en el movimiento nacionalista reinante en Mozambique.[127] En un principio, la guerrilla padeció duras luchas internas,[128] aunque se fue volviendo más cohesionada e ideológica después de que asesinaran a su líder fundador Eduardo Mondlane en 1969.[129] Un conflicto violento y la adopción de la ideología marxista con el nuevo dirigente, Samora Machel, hicieron que el Frelimo pasara de grupo anticolonial de escasa organización y base diversa a un partido disciplinado y comprometido con su ideología.[130]

El de Mozambique nació como un régimen revolucionario débil. Como el MPLA en Angola, el Frelimo fue incapaz de derrotar a los portugueses en el campo de batalla, pero logró poder después del golpe militar de 1974 en Portugal. Aunque de la guerra de independencia surgió un partido cohesivo de gobierno y un Ejército guerrillero muy unido a él, el Frelimo al principio tenía un escaso control sobre la mayor parte del país,[131] y las fuerzas armadas tenían pocos miembros, poca disciplina y estaban infrafinanciadas.[132]

A pesar de estas flaquezas iniciales, el Gobierno del Frelimo empezó una serie de reformas con la intención de implantar el socialismo y de crear un «hombre nuevo».[133] Una generalizada nacionalización desencadenó un éxodo de profesionales portugueses.[134] Se nacionalizaron las granjas abandonadas de los colonos y las transformaron en granjas estatales de estilo soviético para dar lugar a una «rápida proletarización» del campesinado. Este proyecto requería desarraigar a los campesinos de sus casas y reubicarlos a la fuerza en aldeas comunales.[135] El Frelimo también abolió el sistema de gobernanza por el sistema *regulado* de la antigua colonia, desplazando a los jefes tradicionales.[136] En el frente del exterior, el Gobierno del Frelimo ofreció bases a guerrilleros tanto del CNA como de la Unión Nacional Africana de Zimbabue.[137] Estas iniciativas desembocaron en una violenta insurgencia contrarrevolucionaria, la Resistencia Nacional Mozambiqueña (Renamo), a la que apoyaban de forma activa primero Rodesia, y luego Sudáfrica.[138] La guerra civil duró hasta 1992 y tuvo un coste aproximado de unas 800.000 vidas.[139]

Como en otros casos, la guerra contrarrevolucionaria reforzó la cohesión del régimen. Este no vivió escisiones de envergadura ni tampoco fue desertado durante los años ochenta, a pesar de grandes derrotas militares y dificultades económicas severas.[140] El Ejército, creado y comandado por líderes del Frelimo, e infiltrado al completo por el partido, mostró siempre lealtad.[141] Los excomandantes guerrilleros, conocidos como «la generación histórica» o los antiguos combatientes (*antigos combatentes*), hicieron del partido y el Ejército un todo y constituyeron una fuente primordial de cohesión del régimen.[142]

Con todo, a diferencia de otros ejemplos (incluyendo Angola), las instituciones coercitivas de Mozambique no se desarrollaron en exceso.[143] Asimismo, aunque el Frelimo sobrevivió a diecisiete años de guerra civil, no pudo acabar con el Renamo y, por tanto, tras los acuerdos de paz de 1992 y la transición a un sistema multipartidista siguió contando con su oposición.[144]

Aunque el Estado-Partido del Frelimo era más frágil que el de otros casos revolucionarios, el régimen sobrevivió hasta 2021. De hecho, el régimen no solo salió adelante tras las graves crisis económicas y militares de los años ochenta, sino también después del fin del patrocinio soviético tras el colapso de la URSS, el abandono del marxismo por parte del Frelimo y la transición al multipartidismo. Aparte de un amotinamiento fallido por parte de policías mal pagados y antiguos guerrilleros a finales de 1975, no hubo intentos serios de llevar a cabo un golpe.[145] La reestructuración militar a la que obligaban los acuerdos de paz de 1992 (en los que los oficiales del Renamo se integraron en los mandos del Ejército) parece haber sido el germen de conspiraciones golpistas entre algunos de los comandantes del Ejército. Sin embargo, la inteligencia militar descubrió la trama y el golpe jamás se materializó.[146] De este modo, gracias a la importante penetración del Ejército por parte del Frelimo, pudo desbaratar una amenaza procedente del Ejército.

La cohesión del partido permitió al Frelimo volver a consolidar el poder en los años noventa y la primera década del siglo XXI. A pesar de no obtener más que una escasa mayoría legislativa tras las elecciones de 1994, la férrea disciplina del partido, reafirmada por la preponderancia de su «generación histórica», ayudó al Frelimo a dominar el Parlamento, debilitar el sistema electoral y otras instituciones creadas por el acuerdo de paz en 1992, y establecer su hegemonía política.[147]

Regímenes revolucionarios posteriores a la Guerra Fría

Los casos posteriores a la Guerra Fría, como son el régimen del Frente Patriótico Ruandés (FPR) en Ruanda y el Frente de Liberación del Pueblo Eritreo (FLPE) en Eritrea, exhiben matices parecidos a la trayectoria radical de tipo ideal. Sin embargo, estos también ilustran los efectos del momento histórico mundial. Durante la Guerra Fría, el conflicto revolucionario se enmarcaba en una polarización ideológica muy prominente y una rivalidad entre superpotencias que aumentaba lo que estaba en juego con el conflicto, se fomentaban las percepciones de amenazas existenciales, y de este modo se fortalecía la cohesión de las élites. A diferentes niveles, en Albania, Angola, Cuba, Mozambique, Nicaragua y Vietnam, las alianzas con el bloque comunista dieron paso a serias amenazas por parte de Occidente que, a su vez, reforzaban dicha cohesión. Tras la guerra civil, lo que estaba en juego con el conflicto a nivel global disminuyó, debilitando así en potencia la cohesión de las élites. Así pues, tanto en Ruanda como en Eritrea, atacar grandes intereses nacionales e internacionales desencadenó un conflicto contrarrevolucionario de cierta amplitud que, a su vez, dio paso a la creación de fuerzas militares poderosas y leales. No obstante, estos conflictos no estaban conectados con las divisiones ideológicas endémicas de la Guerra Fría que podían seguir alimentando la polarización tras la derrota de las fuerzas contrarrevolucionarias. En parte debido a ello, parece ser, la cohesión de ambas élites era menor. Sin embargo, debido a que los Estados de ambos eran fuertes, los líderes de Ruanda y Eritrea pronto pudieron acabar con las amenazas que empezaban a depararles antiguos aliados.

RUANDA

El FPR fue fundado en Uganda en el año 1987 por parte de opositores exiliados del autócrata Juvénal Habyarimana. En 1990, el FPR y su brazo militar, el Frente Patriótico Ruandés (FPR), invadieron Ruanda. En 1994, el genocidio perpetrado por las fuerzas hutu, progubernamentales, contra la minoría tutsi llevó a la ruptura del orden social y al colapso de las instituciones estatales de Ruanda, fuertes desde antaño.[148] A finales de julio de 1994, el FPR había ocupado la capital y asumió el control del país. El líder del FPR, Paul Kagame, se convirtió en líder *de facto* del país (aunque tuvo el cargo nominal de vicepresidente hasta 2000), y el FPR se convirtió en el nuevo Ejército.

El Gobierno de Kagame era revolucionario; no solo reconstruyó el Estado, sino que inició un programa radical de ingeniería social y cultural con el que pretendía crear «una nueva Ruanda y un nuevo ruandés».[149] El FPR adoptó una ideología que contemplaba la división entre hutus y tutsis como un constructo extranjero propagado por las potencias coloniales de Alemania y Bélgica.[150] Así, el Gobierno del FPR prohibió las identidades hutu y tutsi a favor de la «ruandidad».[151] Una ley de ideologías genocidas criminalizó la identificación por etnias, y en la práctica prohibió cualquier debate público sobre la identidad étnica.[152] Decenas de miles de ruandeses fueron enviados a la fuerza a campos de reeducación (*ingandos*), y el sistema público de educación se revisó de forma radical.[153]

Kagame y su Gobierno se enfrentaron a amenazas contrarrevolucionarias de fuerzas del antiguo régimen, que organizaron una insurgencia en campos de refugiados del suroeste de Ruanda y el vecino Zaire (donde el presidente Mobutu Sese Seko les ofrecía asistencia crucial).[154] El Ejército paramilitar Interahamwe, que ya había aniquilado a un 75 por ciento de la población tutsi de Ruanda, conspiraba para «acabar el trabajo» pendiente del genocidio.[155] La insurgencia llevó a cabo una campaña de pogromos antitutsi, fijó en su diana a oficiales del FPR para asesinarlos y atentó contra soldados del FPR.[156]

El Gobierno del FPR respondió con una serie de medidas coercitivas radicales, que incluían una «aldeización» a gran escala, mediante la cual cientos de miles de ciudadanos fueron desplazados a la fuerza de sus casas a aldeas de planificación central.[157] Llegaron a morir en estas campañas hasta 10.000 personas.[158] En 1996, el FPR invadió el Zaire e hizo su parte en el derrocamiento de Mobutu para subir al poder a Laurent Kabila, un aliado, en 1997.[159]

La secuencia reactiva en Ruanda logró fortalecer de forma drástica el Estado, tras haber sido diezmado durante el genocidio.[160] Entre 1994 y 2002, el Ejército alcanzó más del doble de sus dimensiones anteriores: pasando de 30.000 a 70.000 tropas.[161] El FPR estableció un Ejército eficaz desde el principio. Las cúpulas del partido y las fuerzas armadas estaban entrelazadas. Kagame surgió de la guerrilla, y sus antiguos camaradas guerrilleros empezaron a dominar la política nacional.[162] Los comisionados del FPR estaban operativos en todas las unidades del Ejército.[163] El Estado del FPR alcanzaba hasta lo más hondo de la sociedad ruandesa, y a ello contribuía una gran red de «ojos y oídos» gubernamentales situados en casi toda empresa y organización.[164] El FPR ejercía un gran control sobre la población,[165] creando una organización de partido leninista con estructuras paralelas en todos los estratos del Estado.[166]

El conflicto contrarrevolucionario también contribuyó a destruir los centros alternativos de poder. A principios de los dos mil, la insurgencia había sido aniquilada y la oposición obligada a pasar a la clandestinidad o exiliada.[167] La Iglesia católica, que había sido una fuerza económica y política importante, fue «decapitada» y en gran medida debilitada.[168]

El régimen del FPR demostró ser firme. Nunca fue cuestionado por grupos de la oposición entre 1994 y 2021, ni se produjeron intentos de golpe.[169] Sin embargo, a diferencia de otros regímenes revolucionarios, en el FPR sí se produjeron deserciones entre sus altos cargos. Varios líderes del FPR tuvieron que irse al exilio tras romper con la cúpula de Kagame.[170] No obstante, su eficaz aparato de seguridad permitió que Kagame acaballara la disidencia con rapidez, impidiendo que las deserciones se tradujeran en crisis para el régimen. Así, en mayo de 1998, Seth Sendashonga, antiguo ministro del Interior que había abandonado el partido en 1995, murió tras ser disparado en su coche en Nairobi, mientras que en Nochevieja de 2014 Patrick Karegeya, exjefe de Inteligencia Exterior que había huido de Ruanda tras discutirse con Kagame, murió estrangulado en un hotel de Johannesburgo.[171]

En resumen, la secuencia de revolución-reacción en Ruanda no pudo generar una cohesión sostenida en sus élites. Sin embargo, sí logró un drástico fortalecimiento del Estado y la eliminación de los centros alternativos de poder, lo que ha hecho posible tres décadas de Gobierno autoritario y estable.

ERITREA

El FLPE siguió una trayectoria semejante. Surgió a principios de los setenta a partir de grupos disidentes del Frente de Liberación de Eritrea (FLE), que llevaba encabezando la lucha por su independencia de Etiopía desde 1960.[172] Liderado por Isaias Afwerki, formado en China en los años sesenta, el FLPE se fundamentaba en un compromiso ideológico por abolir las relaciones feudales en el campo, dar la vuelta a las jerarquías económicas, sociales, de género y demás, y crear un «nuevo hombre y una nueva mujer eritreos».[173] Inspirado en la experiencia comunista china de los años cuarenta, el FLPE llevó a cabo una reforma agraria e intentó transformar de forma radical las relaciones de género en los territorios que controlaba; maniobras que generaron una considerable oposición local.[174] Aunque el FLPE moderó su lenguaje marxista a finales de los ochenta con el fin de atraer respaldo occidental, aquellos cambios «eran sobre todo retóricos», ya que el FLPE seguía empeñado en llevar a cabo una transformación radical.[175]

En 1991, el FLPE tomó el control de Eritrea tras el colapso del régimen del Derg en Etiopía (Eritrea logró la independencia formal en 1993). Afwerki se convirtió en el presidente. Mientras que la mayoría de los movimientos de origen marxista (incluyendo los de Etiopía y Uganda) abandonaron muchas de sus metas más radicales tras el fin de la Guerra Fría, el Gobierno de Afwerki tenía un serio compromiso de transformar tanto la sociedad eritrea como el orden regional. Lo que hizo en el país fue acabar con los sistemas de tenencia agraria existentes, eliminar los derechos de titularidad de los campesinos y transferir toda la tierra al Estado.[176] Estas reformas supusieron una radical alteración en la vida y la organización social del campesinado.[177] El FLPE también quería abolir la *enda*, la unidad de familia extensa tradicional basada en el origen compartido en un antepasado común.[178]

En el plano internacional, el nuevo Gobierno, que se veía como la «vanguardia revolucionaria regional», inició un conflicto armado con todos y cada uno de los países limítrofes por tierra.[179] El FLPE dio apoyo a las rebeliones del este y el sur de Sudán y dio apoyo a los insurgentes islamistas de Somalia; acciones que condujeron a sanciones de las Naciones Unidas en 2009.[180] Eritrea se enfrentó con Yemen por las islas Hanish y se estancó en su conflicto militar con Yibuti.[181] De más relevancia fue su ataque de mayo de 1998 a Etiopía, un país cinco veces mayor, contra el que envió tropas a la disputada región fronteriza de Badme.[182]

Sus agresivas medidas desencadenaron un severo conflicto nacional e internacional que aisló a Eritrea de casi todos los demás países del mundo.[183] La incursión en Etiopía llevó a uno de los conflictos más sanguinarios en África desde la Guerra Fría. Etiopía respondió llevando a cabo un asalto hasta el interior del territorio eritreo, y ataques aéreos contra el aeropuerto de la capital, Asmara.[184] A resultas de la guerra, que duró hasta el año 2000, 19.000 soldados eritreos y entre 70.000 y 100.000 personas en total perdieron la vida.[185] Al mismo tiempo, Sudán respondió a la defensa de insurgencias por parte de Eritrea dando apoyo al Movimiento Eritreo Islámico por la Yihad, que realizó asaltos en el oeste del país.[186]

Con estos conflictos se fortaleció el Estado eritreo, al que treinta años de guerra por la independencia habían debilitado.[187] El Estado desarrolló una extraordinaria capacidad coercitiva.[188] En plena guerra con Etiopía, el Gobierno del FLPE reclutó a todas las personas que no desempeñaran oficios esenciales.[189] Las obligaciones del servicio nacional, a las que alistaba la policía con redadas en hogares, sitios de trabajo y reuniones sociales, se convirtieron en indefinidas en la práctica,[190] por lo que algunos testigos las compararon con trabajo esclavo.[191] En total, el personal militar se multiplicó casi por cuatro, de 55.000 en 1994 a 202.000 en el 2000.[192] Durante la década del 2000, Eritrea fue el segundo país más militarizado del mundo, solo un poco por detrás de Corea del Norte.[193]

El Estado-Partido revolucionario también se caracterizaba por una íntima fusión entre Ejército y partido, y el control de este último.[194] Como en China en los años cuarenta y cincuenta, no había una distinción organizativa clara entre el partido y el Ejército.[195] El FLPE tenía células en todos los rangos del Ejército. Los miembros de las fuerzas armadas y el partido estaban vigilados de cerca por el gran servicio de seguridad, Halewa Sewra ('Guardianes de la Revolución').[196] En parte a causa de esta fusión e infiltración, el Ejército eritreo mantuvo su lealtad y capacidad de coerción de alta intensidad,[197] a pesar de padecer una severa escasez de recursos o de tomar decisiones desastrosas como atacar Etiopía. En el transcurso de tres décadas, hubo solo dos intentos de amotinamiento (en 1993 y 2013), y ambos fueron sofocadas en pocas horas.[198]

A principios de los años 2000, el régimen del FLPE ya había acabado con toda la oposición organizada o esta se había exiliado, creando «uno de los peores regímenes totalitarios del mundo».[199] El FLE había sido derrotado y destruido a principios de los años ochenta.[200] Su único desafío importante en el país desde los años noventa era el Movimiento Eritreo Islámico por la Yihad, financiado por Sudán, aunque este grupo ya había sido eliminado en 2003.[201]

Por ahora, el régimen del FLPE ha sobrevivido casi tres décadas. Como en Ruanda, el régimen ha sufrido un número inusual de deserciones de alto nivel. Tras la desastrosa guerra contra Etiopía, un grupo de oficiales destacados del FLPE —conocidos como el «G15»— criticaron en público al presidente Afwerki por «actuar sin moderación, incluso de forma ilegal» y exigieron reformas políticas, como elecciones libres y justas.[202] El grupo incluía cargos de alto rango del Ejército y la política, como el cofundador del FLPE Petros Solomon.[203] Sin embargo, y como en Ruanda, el Gobierno supo acallar con celeridad la disidencia interna. Once de los quince disidentes fueron acusados de traición, se les arrestó y nunca más se ha vuelto a saber nada de ellos.[204] Los demás lograron huir al exilio, pero no se han dejado oír desde entonces.[205] Como Ruanda, Eritrea demuestra que, aunque es probable que con el fin de la Guerra Fría se redujera la cohesión entre las élites, la secuencia de revolución-reacción todavía podía generar regímenes muy duraderos.

La tabla 9.2 resume estos siete casos adicionales Como muestra la tabla, el caso finlandés, en el que el régimen quedó destruido de forma temprana por una reacción contrarrevolucionaria a pesar de haber adoptado estrategias acomodaticias, no cuadra con nuestra teoría. En los seis casos restantes, sus medidas radicales desencadenaron reacciones contrarrevolucionarias, que en todos ellos dieron lugar por lo menos a dos de los pilares del autoritarismo duradero.* Estos seis regímenes sobrevivieron por lo menos cuarenta años o permanecían intactos en el momento de la publicación de este libro.

Recapitulando a partir de las pruebas

Nuestro repaso a los veinte regímenes revolucionarios desde 1900 confirma en gran medida la teoría que presentamos en este

* Estos casos son Albania, Angola, Eritrea, Mozambique, Ruanda y Yugoslavia.

libro (véase la tabla 9.3). Aunque el radicalismo inicial llevara a la destrucción de varios de estos regímenes, los que sobrevivieron a maniobras contrarrevolucionarias violentas construyeron Estados-Partido poderosos que perduraron durante décadas, a menudo a pesar de múltiples y graves crisis. Por contra, los regímenes revolucionarios que adoptaron estrategias acomodaticias se evitaron las reacciones contrarrevolucionarias, pero establecieron regímenes más endebles y menos estables.

Estos casos ofrecen pruebas de las tres hipótesis que hemos expuesto en este ensayo. En primer lugar, confirman que las iniciativas radicales generan reacciones contrarrevolucionarias que amenazan a la supervivencia del régimen, mientras que las políticas acomodaticias no lo hacen. La totalidad de los catorce casos radicales, además de los dos casos ambiguos (Nicaragua y México) vivieron una reacción violenta de signo contrarrevolucionario. Por el contrario, solo uno de los cuatro casos acomodaticios (Finlandia) desencadenó un conflicto contrarrevolucionario de gravedad.

En segundo lugar, la evidencia nos hace suponer que, si los regímenes radicales sobreviven a la reacción contrarrevolucionaria, las secuencias reactivas dan paso a los tres pilares del autoritarismo duradero. En once de los catorce casos radicales, los regímenes sobrevivieron a guerras contrarrevolucionarias. Los once desarrollaron por lo menos dos de estos tres pilares; seis de ellos establecieron los tres, mientras que cinco desarrollaron por lo menos dos.* En los dos casos ambiguos, México y Nicaragua, se desarrollaron dos de los tres pilares. En cambio, ninguno de los casos acomodaticios desarrolló más que uno de los pilares.

En tercer lugar, hay pruebas de que la construcción de un Estado revolucionario contribuye a un autoritarismo duradero. En 2021, los regímenes que exhiben los tres pilares autoritarios han logrado, de promedio, durar sesenta y nueve años, mientras que los que tienen uno o menos han sobrevivido, de

* Incluye Mozambique, que no llegó a desarrollar un Estado fuerte ni tampoco acabar con todas las instituciones independientes, pero que aun así tiene dos de los tres pilares.

Tabla 9.2. Puntuación de los casos adicionales

	Políticas iniciales	Reacción contrarrevolucionaria	Los tres pilares de la durabilidad autoritaria[1]				Puntuación global	Duración del régimen
			Cohesión	Ejército fuerte /leal: Fuerte	Ejército fuerte /leal: Leal	Destrucción de los centros independientes de poder		
Albania	Radicales	Sí	Sí	Sí	Sí	Total	3/3	47
Angola	Radicales	Sí	Sí	Sí	Sí	Total	3/3	46+
Eritrea	Radicales	Sí	No	Sí	Sí	Total	2/3	28+
Mozambique	Radicales	Sí	Sí	No	Sí	Parcial	2/3	46+
Ruanda	Radicales	Sí	No	Sí	Sí	Total	2/3	27+
Yugoslavia	Radicales	Sí	Sí	Sí	Sí	Parcial	2,5/3	45
Finlandia	Acomodación	Sí/muerte prematura						< 1

1 Según nuestro marco teórico, los tres pilares del autoritarismo se miden tras la resolución del conflicto contrarrevolucionario inicial (la naturaleza y las fechas de la resolución de estos conflictos en cada caso se presentan en el apéndice II). En los casos en que no hay un conflicto contrarrevolucionario, aplicamos los criterios cinco años después de la formación del régimen. Los casos de muerte prematura (sombreados) no se puntúan porque, debido a no haber sobrevivido a la secuencia reactiva, no pueden estar sujetos a predicciones teóricas.

TABLA 9.3. Sumario de la eficacia de la teoría

Caso	Hipótesis 1: el radicalismo genera una reacción contrarrevolucionaria violenta; la acomodación no genera reacción contrarrevolucionaria o es limitada.	Hipótesis 2: la reacción contrarrevolucionaria conlleva una muerte temprana o el desarrollo de los tres pilares del autoritarismo;[1] casos sin reacción contrarrevolucionaria no los desarrollan.	Hipótesis 3: el desarrollo de por lo menos dos pilares de autoritarismo duradero contribuye a la persistencia del régimen; menos de dos pilares desemboca en inestabilidad del régimen.[2]	¿Cuadra este caso con la teoría?
Afganistán	**Sí**	**Sí (muerte prematura)**	No aplicable	**Del todo**
Albania	**Sí**	**Sí**	**Sí**	**Del todo**
Algeria	**Sí**	**Sí**	**Sí**	**Del todo**
Angola	**Sí**	**Sí**	**Sí**[3]	**Del todo**
Bolivia	**Sí**	**Sí**	**Sí**	**Del todo**
Camboya	**Sí**	**Sí (muerte prematura)**	No aplicable	**Del todo**
China	**Sí**	**Sí**	**Sí**	**Del todo**
Cuba	**Sí**	**Sí**	**Sí**	**Del todo**
Eritrea	**Sí**	En gran medida	**Sí**[3]	En gran medida
Finlandia	No	**Sí (muerte prematura)**	No aplicable	No
Guinea-Bisáu	**Sí**	**Sí**	**Sí**	**Del todo**
Hungría	**Sí**	**Sí (muerte prematura)**	No aplicable	**Del todo**
Irán	**Sí**	**En gran medida**	**Sí**	En gran medida
México	**Sí**[4]	**Sí**[5]	**Sí**	**Del todo**
Mozambique	**Sí**	En gran medida	**Sí**	En gran medida

Tabla 9.3. (*Continuación*)

Caso	Hipótesis 1: el radicalismo genera una reacción contrarrevolucionaria violenta; la acomodación no genera reacción contrarrevolucionaria o es limitada.	Hipótesis 2: la reacción contrarrevolucionaria conlleva una muerte temprana o el desarrollo de los tres pilares del autoritarismo;[1] casos sin reacción contrarrevolucionaria no los desarrollan.	Hipótesis 3: el desarrollo de por lo menos dos pilares de autoritarismo duradero contribuye a la persistencia del régimen; menos de dos pilares desemboca en inestabilidad del régimen.[2]	¿Cuadra este caso con la teoría?
Nicaragua	**Sí**[6]	En gran medida	No	Pacientemente
Ruanda	**Sí**	En gran medida	**Sí**	En gran medida
Unión Soviética	**Sí**	**Sí**	**Sí**	**Del todo**
Vietnam	**Sí**	**Sí**	**Sí**	**Del todo**
Yugoslavia	**Sí**	**En gran medida**	**Sí**	En gran medida

Nota: las dimensiones que no se conforman con nuestro argumento están en **negrita**.

1 Los casos radicales que desarrollan los tres pilares se consideran completamente coherentes con nuestra teoría. Los casos radicales que desarrollan dos pilares se consideran en gran medida consistentes con nuestra teoría. Los casos de acomodación que desarrollan uno o menos pilares se consideran consistentes con la teoría.

2 Definimos regímenes duraderos como aquellos que sobreviven por lo menos veinticinco años sin sufrir un golpe palaciego o más de un desafío grave por parte de la oposición a la supervivencia del régimen. Los regímenes inestables son aquellos que, o bien colapsan tras menos de veinticinco años o que, durante los primeros veinticinco años, viven un golpe palaciego o más de un desafío grave de la oposición a la supervivencia del régimen. En casos de conflicto contrarrevolucionario aplicamos los criterios al período posterior a la resolución del conflicto (siguiendo nuestra posición). En los casos en que no hay un conflicto contrarrevolucionario, aplicamos los criterios cinco años después de la formación del régimen. Véase el apéndice II para ver la codificación completa y una lista de la naturaleza y las fechas de los conflictos.

3 En el momento de la publicación, el régimen estaba en el poder, pero todavía no había sobrevivido veinticinco años después del conflicto contrarrevolucionario que predecimos en nuestra teoría. Véase el apéndice II para la codificación completa. (Al mismo tiempo, Eritrea había sobrevivido casi treinta años, y Angola más de cuarenta y cinco tras la fundación de su régimen.)

4 El radicalismo segmentado de México, en que el Gobierno revolucionario atacaba a la Iglesia pero se acomodaba a los Estados Unidos y al capital extranjero, provocó un conflicto contrarrevolucionario limitado (la guerra Cristera) donde no hubo un componente internacional significativo. Este resultado es coherente con nuestra teoría.

5 Ya que el conflicto contrarrevolucionario de México solo afectó a los campesinos y a la Iglesia católica (y no implicó a los Estados Unidos ni al sector privado urbano), que no desarrollara un gran aparato coercitivo ni destruyera todos los centros independientes de poder (dando paso a dos, y no a tres pilares de un autoritarismo duradero) es coherente con nuestra teoría.

6 El Gobierno revolucionario de Nicaragua intercaló elementos de radicalismo y acomodación, pero consideramos que su apoyo a los guerrilleros de El Salvador y su reforma agraria al estilo cubano son lo bastante radicales como para hacer esperable una reacción contrarrevolucionaria.

promedio, treinta y dos años. Excluyendo a Argelia, que sobrevivió cincuenta y nueve años a pesar de sus endebles pilares autoritarios, esta última cifra se rebaja a catorce años.

La tabla 9.3 resume el encaje general entre nuestra teoría y los veinte regímenes revolucionarios que surgieron en el siglo XX. En total, dieciocho de los veinte casos concuerdan del todo o casi con nuestra teoría, en tanto que se confirman nuestras hipótesis. En Afganistán, Camboya y Hungría, su radicalismo inicial llevó a una guerra contrarrevolucionaria y a una muerte prematura. El radicalismo inicial de Albania, Angola, China, Cuba, Rusia y Vietnam condujo a un conflicto contrarrevolucionario y al desarrollo de los tres pilares del autoritarismo duradero; de ellos nacieron regímenes longevos y duraderos. En México, un radicalismo segmentado conllevó una reacción contrarrevolucionaria más limitada y el desarrollo de dos de los tres pilares; su régimen también demostró estabilidad. Los regímenes acomodaticios de Bolivia y Guinea-Bisáu, que no se enfrentaron a un conflicto contrarrevolucionario, no lograron establecer instituciones autoritarias duraderas, y por ello su existencia fue más bien breve. En Argelia, un Gobierno acomodaticio no llegó a enfrentarse a una reacción contrarrevolucionaria de envergadura, con lo que su élite no llegó a estar tan cohesionada, su aparato coercitivo se desarrolló en menor medida y sobrevivieron los centros alternativos de poder, mezquitas en particular. En congruencia con nuestra teoría, el régimen argelino padeció más conflictos en el seno de su élite de lo que hemos observado en los casos radicales. Aunque el régimen sobrevivió durante seis décadas, su longevidad se explica, en una medida considerable, a causa de factores que no guardan relación con sus orígenes revolucionarios, como son sus recursos petrolíferos y el respaldo exterior.

Otros cinco casos concuerdan con nuestra teoría, en el sentido de que por lo menos dos de las tres hipótesis se confirman del todo. En Eritrea y Ruanda, el radicalismo inicial desencadenó conflictos contrarrevolucionarios, conduciendo al desarrollo de aparatos de coerción fuertes y leales, además de la destrucción de los centros alternativos de poder. Sin embargo, la cohesión de las élites era algo menor, tal vez por el contexto posterior a la Guerra Fría, menos polarizado, en el que surgieron. Aun así, resulta claro que la construcción revolucionaria del Estado contribuyó a la perdurabilidad de ambos regímenes. En Irán y Yugoslavia, la secuencia de revolución-reacción generó autocracias poderosas, pero no logró erradicar los centros de poder alternativos. En Irán, el conflicto contrarrevolucionario debilitó o destruyó a la mayoría de estos, pero dejó intacto a un alto clero de relativa autonomía con la capacidad latente de poner al régimen en apuros. En Yugoslavia, el Estado-Partido revolucionario demostró gran capacidad de supervivencia; sin embargo, la persistencia de influyentes élites comunitarias contribuyó al colapso del régimen —y del Estado— al final de la Guerra Fría. Por último, en Mozambique, el radicalismo condujo a una importante guerra contrarrevolucionaria que, en línea con nuestra teoría, produjo un Estado-Partido cohesionado que sobrevivió durante más de una generación. No obstante, y contradiciendo nuestra teoría, el Frelimo no desarrolló un aparato de coerción poderoso, ni tampoco destruyó del todo los centros de poder independientes.

Uno de los casos, Nicaragua, tan solo concuerda en parte con nuestro marco teórico en tanto que ahí se desarrollaron dos de los pilares de un autoritarismo duradero, pero que sin embargo colapsó tras solo once años. Este resultado puede atribuirse en gran medida a su contexto geopolítico. En primer lugar, aunque la guerra civil financiada por Estados Unidos dio lugar, como predijimos, a un complejo Estado-Partido poderoso, el fantasma del aislamiento internacional alentó al Frente Sandinista de Liberación Nacional (FSLN) a limitar sus ataques contra la Iglesia y el sector privado. En segundo lugar, debido al desmantelamiento de la Guerra Fría y a la inminente retirada soviética, el FSLN cada vez tomó un rumbo más acomodaticio, dejándolo más a la merced de sus adversarios. El régimen mantuvo cohesión y poderío militar, pero cuando la presión internacional empujó a los sandinistas a celebrar elecciones limpias en 1990, las fuerzas de la oposición, respaldadas por la Iglesia y el empresariado, pudieron derrotarlos.

Otro de los casos, Finlandia, no concuerda en absoluto con nuestra teoría. La Delegación del Pueblo Finlandés sufrió una muerte prematura a manos de poderosas fuerzas contrarrevolucionarias a pesar de haber adoptado una estrategia de acomodación.

Hipótesis alternativas

Este libro evalúa, frente a frente, nuestro marco teórico con tres series alternativas de hipótesis: condiciones precedentes, tesis institucionalistas y explicaciones sociocéntricas. En primer lugar, aunque no podemos descartar de manera irrefutable que haya *algún* factor precedente que provocara tanto las revoluciones como un autoritarismo duradero, nuestro análisis de los casos casi no nos ofrece ninguna prueba de que esto haya sido así. En casi todos los ejemplos que hemos examinado en estas páginas, el período prerrevolucionario se caracterizaba por una extrema debilidad del Estado que —según la práctica totalidad de los análisis académicos— contribuye a la *fragilidad* de un régimen, no a que perdure. En Argelia, Eritrea, Vietnam, Guinea-Bisáu, Mozambique y Angola, el mandato colonial y la descolonización dejaron detrás de sí instituciones estatales endebles. En Afganistán, Albania, Camboya, Finlandia y Yugoslavia, la guerra diezmó el Estado central. La China prerrevolucionaria, que no poseía un Estado central y que estaba controlada por caudillos rivales, era comparable al Afganistán de hoy en día. En Cuba y Nicaragua, un Gobierno neopatrimonial había saqueado Estados débiles de entrada. En Rusia, México, Irán y Ruanda, los regímenes revolucionarios fueron precedidos por Estados más fuertes y autocracias más duraderas. En Rusia y México, sin embargo, esos Estados habían perdido fuerza a principios del siglo XX, y a continuación sendas guerras civiles los diezmaron. En Irán y Ruanda, sus Estados colapsaron en el transcurso de la revolución. En estos cuatro casos, además, los revolucionarios rehicieron del todo el Estado. Las instituciones más poderosas de sus regímenes —el partido y el KGB en Rusia, el Partido Revolucionario Institucional (PRI) y el Ejército en México, las autoridades clericales y la Guardia Revolucionaria en Irán, y el FPR y el Ejército en Ruanda— eran nuevas creaciones de las fuerzas revolucionarias, y no guardaban vínculos con los antiguos regímenes. Hasta que los investigadores encuentren un factor que, de forma plausible, surta efecto tanto sobre la revolución como sobre la durabilidad autoritaria, nos mantendremos escépticos acerca de que los factores precedentes puedan explicar la longevidad de los regímenes revolucionarios modernos.

Asimismo, hemos examinado en el libro qué papel tienen las instituciones a la hora de explicar la durabilidad de un régimen. La literatura acerca del totalitarismo ofrece, por un lado, una explicación más antigua centrada en las instituciones sobre la durabilidad de los regímenes revolucionarios.[206] De las instituciones totalitarias —caracterizadas por un gran aparato de partido y de terror, control estatal total de la economía y monopolio sobre las comunicaciones— se dice que inhiben a la oposición de la sociedad y que, por ende, aumentan la estabilidad del régimen. Sin embargo, las estructuras totalitarias eficaces no son, en lo principal, producto de un diseño institucional.[207] Más bien, como demostramos en este libro, se fundamentan en el conflicto contrarrevolucionario. En Rusia, China, Vietnam, Cuba, Yugoslavia y con toda probabilidad Eritrea, fueron la revolución social y la violencia revolucionaria lo que permitió que los Estados penetraran hasta lo más hondo de la sociedad, y fue el conflicto contrarrevolucionario lo que motivó la expansión del aparato securitario y la destrucción de los reductos de autonomía en la sociedad.

Algunas tesis institucionalistas más recientes, con su hincapié en la centralidad de los partidos de gobierno, parecen más plausibles. En la mayoría de los regímenes revolucionarios gobernaban partidos institucionalizados que, según Barbara Geddes y otros, desincentivan la deserción otorgando a sus élites interés en que el régimen sobreviva. De hecho, las instituciones *a veces* influencian el resultado final de forma importante. Por ejemplo, que no hubiera un partido de gobierno en México en los años veinte casi sin duda alguna entorpeció la cohesión de las élites.[208] Lo que es más, las instituciones de un partido a menudo desempeñan un papel central en el mantenimiento de los regímenes revolucionarios tras la desaparición de la generación fundadora. En la Unión Soviética, China, México, Vietnam, Mozambique y Cuba, los orígenes revolucionarios, junto a años de hegemonía institucionalizada, potenciaron instituciones de partido capaces de moldear cuáles serían las expectativas de sus élites, tal y como Geddes, Jason Brownlee, Beatriz Magaloni y otros expertos teorizan.

En general, no obstante, las pruebas aportadas por estos casos sugieren que las instituciones de partido desempeñaban papeles secundarios en la supervivencia de los regímenes. Un origen revolucionario —y no instituciones de partido— explica por qué los regímenes de Rusia, China, México, Vietnam, Argelia, Cuba e Irán sobrevivieron a sus crisis más severas. En Irán, los órganos que conforman el máximo liderazgo (el líder supremo y la Guardia Revolucionaria) mantuvieron una sorprendente cohesión entre 1979 y 2021, incluso después de que el partido se desmantelara en 1987. Así pues, aunque puede que la ausencia de un partido de gobierno y la existencia de elecciones semilibres hayan fomentado una división entre facciones, estas se han caracterizado siempre por una casi total lealtad al régimen —incluso en períodos de grave crisis económica y de protestas contra el régimen a gran escala—. En China, durante la Revolución Cultural, y en Rusia durante el Gran Terror, ambos regímenes sobrevivieron incluso a pesar de que las organizaciones del partido quedaron hechas añicos. En muchos casos, además, que haya instituciones fuertes de partido se puede explicar por sus orígenes en la revolución. En Cuba, por ejemplo, el Partido Comunista no fue creado hasta mucho después de que el régimen revolucionario se hubiera consolidado. Por último, es importante fijarse en que la mayor parte de estos casos *ya* poseían un Estado cohesionado y eficaz. Por ello, aunque los partidos a menudo desempeñaban un papel importante tras la muerte de la generación fundacional, su efecto estaba casi siempre amplificado por haber sido asimilados en sus poderosos Estados (revolucionarios).[209]

Estos capítulos también han examinado hasta qué punto funcionan las explicaciones sociocéntricas. Una variante de estas explicaciones se puede caracterizar como «sociocultural».[210] Eric Selbin, por ejemplo, considera que una consolidación con éxito de un régimen revolucionario depende de hasta qué punto los ciudadanos aceptan e interiorizan el proyecto de la revolución.[211] Sin duda, existen pruebas de que el compromiso revolucionario de las bases importa. Por ejemplo, sus muy religiosos partidarios en el Irán rural parecen haber sido un sustento de la república islámica tras la reñida crisis de 2009, inyectando confianza al régimen para reprimir las protestas urbanas.

Sin embargo, en la mayoría de los casos hemos encontrado pocas pruebas de que el compromiso ideológico de las masas contribuya a la durabilidad de un régimen revolucionario. Por ejemplo, cuando los marineros del Kronstadt —uno de los mayores símbolos de la Revolución rusa— se rebelaron contra la traición bolchevique de las ideas revolucionarias, los líderes del partido se unieron y la rebelión fue aplastada por sus leales fuerzas de seguridad. De manera crucial, además, varios de los regímenes estudiados en el libro pasaron por muy profundas transformaciones ideológicas sin que ello conllevara resistencia popular. Si la adopción por parte de la sociedad de una ideología revolucionaria fuera vital para que sobreviviera un régimen, entonces el abandono de aquella ideología por el régimen debería desencadenar resistencia de las bases. Sin embargo, en Angola, China, Mozambique y Vietnam, los partidos abandonaron el socialismo en aras del capitalismo sin que ello implicara rechazo. Por último, algunos regímenes revolucionarios —en particular los de México y Argelia— existieron durante décadas sin un proyecto ideológico evidente. Dada la ausencia de ideología en sus dirigentes, es improbable que un compromiso ideológico de las masas hubiera contribuido a que en esos casos el régimen perdurara.

Otras tesis sociocéntricas conectan la durabilidad de un régimen revolucionario a las bases de apoyo que generan sus medidas redistributivas.[212] Según estas, los regímenes revolucionarios se sostendrían gracias a aquellos que se benefician de ellos en cuestiones materiales. Aunque la unión de los simpatizantes—constituida mediante reformas agrarias y, en algunos casos (China y Vietnam) reforzada por el crecimiento económico— puede contribuir a la estabilidad de un régimen,[213] hemos encontrado considerable evidencia de que los regímenes revolucionarios pueden sobrevivir *sin* tener tales apoyos. La mayoría de los regímenes revolucionarios sobrevivieron a períodos de profunda crisis económica (como México a finales de los años veinte y principios de los treinta, Vietnam a finales de los setenta, o Cuba y Mozambique a finales de los ochenta y principios de los noventa), escasez extrema (la URSS en los años treinta o Albania bajo el mandato de Hoxha), e incluso a una hambruna gigantesca (como la URSS en los años veinte y principios de los treinta o China a finales de los cincuenta), durante las que el reparto de los beneficios materiales era limitado y el respaldo popular casi sin lugar a dudas se desvaneció. Merece la pena señalar, además, que los líderes revolucionarios a menudo instituían y mantenían aparatos de seguridad interna muy grandes porque esperaban o temían una oposición popular a gran escala. Está claro que los Gobiernos revolucionarios que desarrollaron unos aparatos de coerción como los de la URSS, China, Vietnam, Cuba o Irán no tenían ninguna voluntad de confiar en exclusiva en el apoyo popular para conservar el poder.

Por último, como estudiosos como Theda Skocpol y Mark R. Beissinger han argumentado, las trayectorias revolucionarias también se ven afectadas por el momento histórico mundial.[214] La mayoría de las revoluciones sociales de las que hablamos en este libro tuvieron lugar durante la Guerra Fría. Las ideas marxistas, que fueron dominantes en la política revolucionaria del siglo XX, ofrecían a sus militantes una lente con la que interpretar el mundo, un proyecto de cambio social y la confianza en que sus esfuerzos darían su fruto.[215] La Unión Soviética se convirtió en un modelo para los regímenes revolucionarios, y una importante fuente de asistencia militar y económica.[216] Los primeros éxitos de los países comunistas de Rusia, China, Vietnam y Cuba inspiraron a los líderes revolucionarios de todo el mundo, mientras que la ayuda soviética —directa o a través de aliados como Cuba y Vietnam— contribuyó al éxito de los movimientos revolucionarios de Camboya, China, Guinea-Bisáu, Angola, Mozambique y Nicaragua. Por último, la geopolítica de la Guerra Fría a menudo exacerbaba y prolongaba los conflictos locales, incrementando así la secuencia de reacción que hemos descrito en el libro.[217]

Existen pruebas, además, de que el colapso soviético y el fin de la Guerra Fría debilitaron tanto el impulso para lograr un cambio social revolucionario como para la reacción contrarrevolucionaria.[218] Al mismo tiempo que el apoyo foráneo a la revolución comunista se agotó, muchos de los movimientos y líderes marxistas surgidos en la Guerra Fría —como Yoweri Museveni en Uganda, Laurent Kabila en el Zaire/Congo, la SWAPO en Namibia, el Movimiento de Liberación del Pueblo Sudanés en Sudán del Sur o el Frente de Liberación Popular de Tigray en Etiopía— abandonaron sus proyectos de transformación social radical al llegar al poder.[219] Incluso algunos regímenes revolucionarios, como los de Ruanda y Eritrea, exhibían un nivel más reducido de cohesión en la época posterior a la Guerra Fría.

El impacto de la Guerra Fría, no obstante, tampoco debería exagerarse. Aunque la asistencia aliada durante la Guerra Fría contribuyó al triunfo de los revolucionarios en algunos casos,* no explica la mayoría de las revoluciones del siglo XX. En buena parte de los casos, las revoluciones ocurrieron sin un gran apoyo de los patrocinadores en la Guerra Fría (Albania, Argelia, Bolivia, Cuba e Irán), o bien tuvieron lugar con anterioridad a esta (México y Rusia), o lo hicieron después (Afganistán, Eritrea y Ruanda). Es importante señalar, además, que la asistencia exterior, como mucho, explica solo en parte la longevidad de los regímenes revolucionarios. Durante la Guerra Fría, China y Yugoslavia sobrevivieron durante largos años sin apoyo de los soviéticos, mientras que la diminuta Albania subsistió durante décadas frente a la hostilidad de la URSS y los yugoslavos, y a pesar del aislamiento internacional

* Los Jemeres Rojos recibieron ayudas cruciales de Vietnam durante su surgimiento. El Partido Comunista Chino y los movimientos revolucionarios de Angola, Guinea-Bisáu y Mozambique se beneficiaron de un significativo apoyo del bloque soviético. En Vietnam y Yugoslavia, surgieron movimientos revolucionarios poderosos sin gran apoyo comunista pero sí obtuvieron asistencia al final de sus luchas armadas por el poder.

a partir de 1976. También, aunque Cuba, Vietnam, Angola y Mozambique se beneficiaron de la asistencia soviética, todos estos regímenes resistieron más de tres décadas *después* de que el apoyo soviético se agotara. Además, aunque el fin de la Guerra Fría puede haber reducido la cohesión de los regímenes marxistas nacidos después de 1989, las secuencias reactivas de Ruanda y Eritrea en cualquier caso han desembocado en la construcción de Estados autocráticos poderosos.

Para acabar, merece la pena recordar que la Guerra Fría, en sí misma, fue el producto de la revolución. La Guerra Fría se basaba en una rivalidad geopolítica e ideológica intensa generada por la Revolución rusa sumada a la derrota de los nazis por parte de la URSS, que fue por lo menos en parte atribuible a la secuencia de revolución y reacción (véase el capítulo 2).

Repercusiones para el estudio del autoritarismo

Aunque los regímenes revolucionarios son infrecuentes, en cualquier caso, podemos extraer de su estudio tres importantes lecciones para la investigación sobre la durabilidad autoritaria. Por un lado, nuestro análisis señala el papel de la ideología en la construcción de un Estado y de un régimen. La mayoría de los estudios contemporáneos acerca del autoritarismo consideran a los autócratas como actores racionales, según la estrecha definición que implica que su conducta tiene por meta una maximización del poder a corto plazo.[220] Estas hipótesis a menudo son útiles para explicar las dinámicas de un Gobierno autoritario. No obstante, no se puede entender el proceder inicial de los líderes revolucionarios —y, en consecuencia, las trayectorias de los regímenes revolucionarios a la larga— sin hacer referencia a la ideología. Aunque es posible que esta no suponga un «prototipo» de la revolución una vez desplegada,[221] de todos modos es lo que guía a los revolucionarios a emprender decisiones arriesgadas —temerarias, incluso— que acaban por desencadenar la secuencia de reacción que describimos en el libro. Puesto que emprender ciertas medidas como las expropiaciones a gran escala, la introducción de la *sharía* o los ataques militares a Estados fuertes de su entorno puede amenazar que los revolucionarios sigan en el poder, es difícil comprenderlas como imperativos para la supervivencia política. La ideología, así pues, ayuda a explicar por qué los revolucionarios toman ciertas decisiones —a sabiendas del riesgo que suponen— que contribuyen a la estabilidad del régimen a largo plazo, pero que a corto plazo ponen en riesgo al propio régimen... y a ellos mismos.

En segundo lugar, nuestro estudio contribuye a un creciente corpus de investigación acerca de los fundamentos no materiales de la cohesión y durabilidad de los regímenes.[222] En consonancia con los trabajos de Adrienne LeBas,[223] Dan Slater[224] y otros autores, creemos que la cohesión de las élites a menudo tiene como origen las amenazas existenciales a la supervivencia del grupo, y no tanto a las instituciones.[225] Aunque hemos encontrado en este libro algunos puntos a favor de las explicaciones institucionalistas, la base más importante de la cohesión de la élite es extrainstitucional. La polarización, el conflicto violento y las amenazas existenciales militares —condiciones a menudo generadas por la secuencia de revolución-reacción que describimos en este ensayo— pueden ser importantes argumentos para la disciplina en un régimen.[226] En Rusia, China, Vietnam, Cuba, Nicaragua, Irán, Mozambique y demás países, el miedo a la aniquilación en medio de una guerra civil o exterior genera un incentivo fuerte y con frecuencia duradero para cerrar filas. Una amenaza existencial militar puede originar una mentalidad de asedio que reduce las deserciones durante décadas. En este tipo de situaciones, los líderes siguen yendo todos a una, incluso en caso de producirse la clase de crisis económicas o de otro tipo que en los regímenes de origen no revolucionario suelen llevar a la división.[227] Este libro demuestra que en aquellos casos en los que las amenazas contrarrevolucionarias solo eran limitadas, como en Argelia, Bolivia o Guinea-Bisáu, el partido en el Gobierno a menudo padecía escisiones que lo dañaban. También que allá donde las amenazas existenciales se diluían con el tiempo, a menudo no bastaba con las propias instituciones del partido para impedir las deserciones (México, la URSS o Yugoslavia a finales de los años ochenta y principios de los noventa).

Una amenaza existencial es también una fuente importante de cohesión para las élites en las autocracias *no revolucionarias.*[228] Slater, por ejemplo, ha demostrado que las insurgencias radicales llevaron a las élites poscoloniales de Malasia o Singapur, entre otras, a cerrar filas y aceptar «pactos de protección» contrarrevolucionarios de los que surgía un Gobierno autoritario de larga duración. Es más probable que este tipo de pactos, según Slater, se produzcan donde «una amplia variedad de élites perciben que las propiedades, privilegios y personas corren peligro de forma endémica e incontrolable».[229] En Malasia y Singapur, como también en casos comparables como Taiwán o España a mediados del siglo XX, la cohesión de las élites contrarrevolucionarias constituye la base de dictaduras de una espectacular solidez.

La cohesión de las élites, con su origen en un miedo existencial, se puede dar también en casos de conflicto étnico. Allá donde etnias minoritarias controlan el Estado y las élites étnicas perciben que la pérdida de poder puede representar una amenaza existencial, una identidad étnica compartida puede ser un fundamento importante en la cohesión de un régimen. Este tipo de cohesión puede explicar la tenacidad con la que el Gobierno alauita de Bashar al-Ásad se aferró al poder en Siria —a pesar de una gigantesca insurrección y el colapso casi total del Estado— a principios del siglo XXI.[230] Otro ejemplo es Togo, donde la identidad en común de los kabye —en el contexto de un polarizado conflicto contra el grupo étnico de los ewe, más numeroso— fue un importante motivo de cohesión para las élites gracias al que se mantuvo el largo régimen de Eyadéma. El temor a que hubiera venganza por el asesinato del primer presidente, Sylvanus Olympio —de etnia ewe—, cometido por Gnassingbé Eyadéma, fomentó un sentimiento de amenaza existencial entre los líderes militares kabye que mantenían a Eyadéma en el poder.[231] Gracias a ello, el Gobierno permaneció unido a pesar de la movilización a gran escala de los opositores a principios de los años noventa, y el régimen pudo llevar a cabo acciones brutales de represión de alta intensidad.[232]

Una tercera contribución teórica se ubica en el ámbito de las relaciones cívico-militares y las causas de los golpes militares. Los golpes son una de las principales causas de colapso en los autoritarismos.[233] Es muy raro que los regímenes revolucionarios los padezcan. Una característica fundamental de los regímenes revolucionarios es que las élites revolucionarias crean desde cero sus Ejércitos y cuerpos de seguridad propios, y que en ellos emplean a los veteranos de la lucha por la liberación, para luego infiltrarlos con agentes del partido. Como hemos mostrado en los capítulos de este libro, la fusión de élites revolucionarias civiles y militares hacía más segura la lealtad del Ejército en circunstancias que en otros casos se suelen asociar a la rebelión militar, como son períodos de protestas masivas en los que se espera del Ejército que se encargue de reprimir con gran intensidad (México en 1968, China en 1989 e Irán en 2009); ataques contra los principales intereses militares (el Gran Terror de Stalin o la Revolución Cultural china); graves crisis económicas que dañen la moral de las fuerzas (Vietnam en los años setenta y Cuba en los noventa); o importantes derrotas militares (la URSS en 1941). Tanto en Estados comunistas (China, la URSS, Vietnam y Cuba) como en no comunistas (México e Irán), los regímenes revolucionarios sobrevivieron durante décadas sin sucumbir a un golpe. En Bolivia, por el contrario, el único de nuestra lista en que la élite revolucionaria no creó un nuevo Ejército, el Movimiento Nacionalista Revolucionario fue víctima de un golpe tras apenas doce años.

Nuestro veredicto según el cual los Ejércitos de nuevo cuño son menos proclives a la rebelión no se limita a los países revolucionarios.[234] Tómese, por ejemplo, el caso de Tanzania.[235] En el poder desde su independencia en 1962, el régimen del Chama Cha Mapinduzi (CCM; antigua Unión Nacional Africana de Tanganica o UNAT) es una de las autocracias más longevas del mundo. No fue un régimen nacido de una revolución social; la UNAT llegó al poder a través de un proceso de descolonización pacífico, no mediante la lucha violenta. Sin embargo, sí construyó un Ejército propio sobre el que ejercía gran control. Aunque el presidente Julius Nyerere en un principio dejó intacto el Ejército colonial, un motín en 1964 permitió a Nyerere desmantelarlo y, en sus palabras, «crear un Ejército casi desde cero».[236] En septiembre de 1964, el Gobierno de Nyerere creó las Fuerzas de Defensa del Pueblo Tanzano (FDPT).[237] La UNAT controlaba tanto el reclutamiento como la promoción de sus oficiales. El régimen también organizó un sistema de comisarios políticos,[238] y mantuvo operativa una «red omnipresente de informantes en el Ejército».[239]

La fusión de partido y Ejército ayuda a explicar por qué, a pesar de las malas condiciones económicas, los escasos recursos y una baja moral, en el régimen de la UNAT o CCM jamás se produjo un golpe que lograra sus objetivos. Durante los años setenta, el Ejército permaneció bastante inactivo ante la crisis económica que generaron las reformas radicales de Nyerere. Aunque algunos oficiales subalternos tramaron un golpe en 1983 en medio de una grave recesión económica, los leales del Ejército «sofocaron con facilidad» la intentona.[240] El FDPT se ha mantenido fiel al régimen desde entonces.

En aquellos casos en que las élites poscoloniales no crearon Ejércitos nuevos ni los vincularon al nuevo régimen resultaba más probable que tuviera lugar un golpe. Como mostramos en el capítulo 5, por ejemplo, el régimen poscolonial de Ghana se hundió en parte porque el Gobierno de Nkrumah dejó las fuerzas de la era colonial en esencia intactas. Los líderes militares no tenían interés en la supervivencia de Nkrumah, y respondieron a las sucesivas injerencias del presidente en cuestiones militares derrocándolo.

Por último, nuestros hallazgos sugieren que la investigación sobre la durabilidad de los sistemas autoritarios debería tomar más en cuenta al Estado. La mayoría de los partidos autoritarios resistentes del mundo están imbricados en Estados fuertes.[241] Que así sea no es en absoluto casual. La durabilidad autoritaria se ve incrementada allá donde las élites también poseen la capacidad institucional de contener las dificultades que le pueda plantear la oposición y, sobre todo, de inocularse contra el golpismo. A menudo se dice que los autócratas deben hacer malabares entre crear estructuras potentes de coerción, que tienen el potencial de acabar con ellos, y guardarse del golpismo, con lo que se tiende a fragmentar el aparato coercitivo y exponer al régimen a amenazas desde abajo.[242] Los regímenes revolucionarios se saltan este dilema. Muchos de ellos fundan cuerpos de seguridad que son lo bastante fuertes para acabar con las amenazas que vienen de más abajo pero que no poseen suficiente autonomía para llevar a cabo un golpe a causa de su fusión con el partido. Este aspecto parece ser fundamental para la supervivencia a largo plazo del régimen.

El porvenir de las revoluciones sociales

¿Es relevante todavía el concepto de «revolución social» en el siglo XXI? Con el desplome del marxismo, se podría concluir sin problemas que las revoluciones sociales quedan relegadas a los libros de historia.[243] El colapso de la Unión Soviética —y, con ella, la desaparición del modelo soviético y de las ayudas a su bloque— ocasionó la práctica extinción de los movimientos revolucionarios marxistas. Sin embargo, la revolución social no ha desaparecido. De hecho, con el debilitamiento de los Estados en toda la periferia global tras el hundimiento de la URSS, al tiempo que las autocracias periféricas perdieron el patrocinio de las superpotencias rivales, se crearon unas condiciones más favorables para la revolución. Sin la relación clientelar con las superpotencias, los Estados de Afganistán, Benín, Camboya, el Congo, Etiopía, Haití, Liberia, Madagascar, Ruanda, Sierra Leona, Somalia y Yemen menguaron o cayeron, provocando una cada vez mayor cantidad de «Estados fallidos» y guerras civiles en partes de Asia y el África subsahariana.[244] El colapso del Estado propició que las fuerzas revolucionarias encontraran varias ocasiones de subir al poder.

El desmoronamiento de los Estados tras la Guerra Fría se tradujo en una oportunidad para dos clases de movimientos revolucionarios: los dos «huérfanos del marxismo», Eritrea y Ruanda, fundados por movimientos guerrilleros nacidos durante la Guerra Fría, y los movimientos islamistas radicales como el de los talibanes en Afganistán o el Estado Islámico de Irak y Siria (ISIS, por sus siglas en inglés). Los movimientos islamistas surgieron en particular de la insurgencia antisoviética en Afganistán durante los años ochenta. De aquella insurgencia salieron decenas de miles de combatientes curtidos en la batalla y a quienes escuelas financiadas por Arabia Saudí y Pakistán inculcaron una ideología islámica radical.[245] Como hemos visto en el capítulo 7, estos actores facilitaron el auge de los talibanes mientras se derruía el Estado en Afganistán.[246]

De modo parecido, el ISIS apareció tras la invasión estadounidense de Irak, después de que las autoridades norteamericanas desmantelaran el Ejército iraquí y excluyeran de forma sistemática del poder a los exmiembros del Partido Baaz, sustituyendo la autoridad estatal por un «agujero negro» caracterizado por la falta de ley y el pillaje indiscriminado.[247] Asistido por exoficiales del Baaz, Abu Musab al Zarqawi, un jordano que había dirigido un campo de entrenamiento para terroristas en Afganistán a finales de los años noventa, orquestó una serie de bombardeos suicidas contra potencias extranjeras y autoridades chiitas en Irak.[248] En 2004, Al Zarqawi se hizo con el control de la ciudad iraquí de Ramadi y de inmediato prohibió la educación femenina a la vez que instituía un durísimo código moral que proscribía el tabaco o la moda y los peinados occidentales.[249] El ISIS siguió creciendo aún más tras la guerra civil de la vecina Siria.[250] En 2014, ocupó la ciudad siria de Al Raqa y las poblaciones iraquíes de Tikrit y Mosul, además de yacimientos de gas y petróleo que daban cerca de mil millones de dólares al año.[251] En junio de 2014, el ISIS anunció que creaba un califato cuya autoridad se extendía sobre todos los musulmanes del mundo. Instauró un muy severo Gobierno teocrático en los territorios que controlaba e inició un genocidio contra la minoría yazidí.[252] Célebres en todo el mundo fueron sus explícitos vídeos en los que se degollaba a cautivos estadounidenses y de otras nacionalidades. El ISIS en última instancia reclamaba el control sobre un proto-Estado consistente en un «archipiélago de provincias» en Siria e Irak.[253]

Los casos de los talibanes y el ISIS nos pueden dar dos lecciones de interés. La primera es que tanto Afganistán como el ISIS, junto con los ejemplos de Hungría y Camboya (capítulo 7), nos sugieren que, debido a que los regímenes revolucionarios nacen siendo frágiles, un esfuerzo internacional coordinado a tiempo para destruirlos puede ser eficaz. Muchos regímenes revolucionarios en el siglo XX sobrevivieron el suficiente tiempo para consolidarse porque los Estados más fuertes —cuyos Ejércitos estaban exhaustos tras la Segunda Guerra Mundial, la lucha contra el fascismo o las complejidades geopolíticas de la Guerra Fría— no llevaron a cabo un esfuerzo sostenido y coordinando para destruirlos. Por contra, la derrota militar de los regímenes islamistas embrionarios de Afganistán e Irak fue posible gracias al amplio esfuerzo internacional para derrotar a fuerzas revolucionarias emergentes antes de que pudieran construir Estados y regímenes fuertes.

Como hemos desarrollado en el capítulo 7, el apoyo de los talibanes a Al Qaeda generó estupor internacional y llevó a Estados Unidos a una invasión de Afganistán tras los ataques del 11 de septiembre de 2001 que acabó con el régimen en diciembre de ese mismo año. De modo similar, la provocación cometida por el ISIS atentando contra las fuerzas estadounidenses y contra el Gobierno de Ásad de Siria, financiado por los rusos, propició una respuesta seria y de moderada unidad internacional para destruir al movimiento antes de que pudiera consolidar su poder como Estado. A mediados de 2014, fuerzas internacionales capitaneadas por Estados Unidos, con tropas de treinta países, llevaron a cabo miles de ataques aéreos contra el ISIS. Estas acciones fueron acompañadas de los ataques liderados por Rusia contra el ISIS en Siria. En 2017, el ISIS perdió el control de Mosul y Al Raqa, y en marzo de 2019, las fuerzas estadounidenses eliminaron al ISIS de su último bastión territorial en Baghuz (Siria).[254]

La segunda lección es que los talibanes y el ISIS demuestran la perseverancia de las ideologías radicales tras la caída del marxismo, en especial en coyunturas de colapso estatal. A pesar de sus derrotas militares, los talibanes (y en menor grado) el ISIS continuaron pugnando por el poder.[255] De hecho, los talibanes sobrevivieron a dos décadas de desgaste bélico contra Estados Unidos, usando el nacionalismo, una ideología religiosa y un gran respaldo de Pakistán e Irán para desarrollar una fuerza de combate capaz de resistir al Estado afgano, financiado por Estados Unidos.[256] Cuando las fuerzas estadounidenses abandonaron Afganistán en agosto de 2021, los talibanes no tardaron en reconquistar el poder.

Así, por mucho que el ocaso del marxismo modificará sin duda el carácter de las revoluciones sociales del futuro, no significa que se vayan a acabar los intentos de transformar las sociedades de manera radical. De un modo u otro, las ideologías radicales subsistirán. Mientras sigan existiendo ideologías radicales y Estados frágiles, seguirá existiendo también la posibilidad de la revolución social. Es casi seguro que se producirán nuevas revoluciones en el siglo XXI. Queda por ver si de estas surgirán autocracias duraderas.

Apéndice I

Análisis estadístico de los regímenes revolucionarios y no revolucionarios

Para poner a prueba nuestra hipótesis de que las revoluciones sociales conducen a regímenes estables, compararemos la supervivencia de las dieciocho autocracias revolucionarias con la de todas las autocracias no revolucionarias desde 1900 (hay un total de 355 autocracias).[1] Demostramos la solidez de la asociación entre supervivencia de un régimen con sus orígenes revolucionarios a través de una regresión de supervivencia multivariable. Elegimos un modelo de Cox semiparamétrico porque impone un mínimo de supuestos acerca de la forma de los riesgos de referencia.

Estimamos una ecuación de la fórmula:

$$h_i(t) = h_0(t)e^{\beta 1Ri + \beta 2Xi}$$

en que la variable dependiente *hi(t)* es el peligro para el régimen *i* en el momento *t*, *R* es un indicador binario que es igual a 1 si el régimen fue producto de una revolución, y 0 si no lo fue. *Xi* es un vector de los controles económicos, políticos y demográficos y $h_0(t)$ es un peligro de referencia dependiente del tiempo que comparten todos los regímenes. Evaluamos la bondad de ajuste realizando pruebas de tasa de probabilidad que comparan el modelo que incluye una revolución con el modelo anidado que no la incluye.

Controlamos varios factores que se consideran capaces de predecir la supervivencia de un sistema autoritario. El primero es el PIB per cápita, que según sostiene la teoría de la modernización es fuente de democratización, y por ende de colapso autoritario.[2] El segundo es el crecimiento del PIB, del que se dice que fomenta la supervivencia de un régimen.[3] Por otro lado, los ingresos procedentes de petróleo y gas pueden ampliar los horizontes de un régimen al ofrecer recursos «gratuitos» con los que comprar a la oposición y costear las fuerzas de seguridad.[4] Por último, controlamos la población total para asegurarnos de que la durabilidad no es una función del hecho de que muchos regímenes revolucionarios sean grandes potencias regionales (Rusia y China). Para asegurar la exogeneidad de nuestros controles, usamos el valor de la covariable de un año antes de la fundación del régimen.[5]

Estimamos las regresiones con y sin estratificación de los riesgos de referencia en las rupturas de regímenes autoritarios anteriores en el mismo país. Este método tiene en cuenta la posibilidad de que anteriores rupturas puedan tener efecto sobre las futuras.[6] Asimismo, estimamos regresiones con y sin estratificación de los riesgos de referencia según regiones geográficas para tener en cuenta la presencia de variables de confusión específicas a una región e invariantes en el tiempo.[7]

También contemplamos la posibilidad de que el tipo de régimen pueda desviar los resultados (por ejemplo: las revoluciones crean regímenes centrados en partidos, que, según los investigadores son muy longevos) realizando varias regresiones añadidas que controlan el tipo de régimen (es decir, si el régimen es liderado por un partido, el Ejército, un monarca o un dirigente personalista). El tipo de régimen es una variable postratamiento en estos análisis (porque las revoluciones producen partidos fuertes) y, por lo tanto, hay que ser cauteloso a la hora de interpretar los resultados. Estas regresiones adicionales no estiman el efecto causal de la revolución sobre la supervivencia. En lugar de eso, estiman —bajo ciertos supuestos fuertes de ignorabilidad—[8] la parte de efecto de la revolución sobre la durabilidad que no es mediada por el tipo de régimen, ofreciendo así una prueba más fuerte de nuestra teoría de que las instituciones de partido explican de modo importante pero no del todo la durabilidad de los regímenes autoritarios. El partido es una variable binaria que toma el valor 1 en todos los regímenes que poseen un componente de partido y 0 en el resto de los casos.[9] Militar toma el valor 1 si el tipo de régimen es puramente militar, y 0 si no. Monarquía toma el valor 0 en los regímenes monárquicos y 0 en los demás, y personalista toma el valor 1 para todos los regímenes con componente personalista. Por último, controlamos la variable comunismo, también postratamiento (el comunismo toma el valor 1 si el régimen era comunista y 0 en el resto de los casos). Añadimos un indicador de imposición extranjera del comunismo para tener en cuenta el hecho de que varios regímenes comunistas fueron impuestos directamente por potencias foráneas, y por lo tanto reafirmados por una intervención externa potencial.* La variable *comunista instaurado desde el exterior* toma el valor 1 si el régimen comunista fue impuesto por una potencia extranjera y 0 si no. La tabla AI.1 muestra las estadísticas descriptivas de todas las variables.

Nuestros datos contienen observaciones incompletas (véase la tabla AI.5). Las tratamos usando imputación múltiple.[10] Siguiendo a Lall, añadimos niveles de democracia, tal y como se miden en Polity IV,[11] y la década al modelo de imputación, ya que la tasa de datos faltantes es mayor cuanto menos democrático sea un país y más antigua sea la observación.[12] Se imputaron veinte empates independientes de datos faltantes con la rutina Amelia II.[13] Por cada conjunto de datos imputados, usamos errores estándares consistentes con heterocedasticidad, y combinamos los resultados de los veinte análisis usando las reglas de Rubin. Los tests de tasa de probabilidad se realizaron siguiendo a Meng y Rubin.[14] Para asegurarnos de que cumplimos el supuesto de proporcionalidad del modelo de Cox, realizamos tests diagnósticos, disponibles a petición.

Resultados

La columna 1 en la tabla AI.2 muestra el modelo de referencia que controla las variables de revolución, PIB per cápita, creci-

* Aunque Checoslovaquia tenía un popular Partido Comunista propio, se codifica como impuesto por el extranjero porque el comunismo se instauró mediante un golpe de 1948 por parte de las fuerzas de seguridad por orden directa de la Unión Soviética.

miento del PIB per cápita y tamaño poblacional. De forma consistente con nuestra hipótesis, el coeficiente estimado para la revolución es muy significativo al nivel de 0,0001 y grande en términos absolutos. Los orígenes revolucionarios se asocian a una reducción del 72 por ciento del riesgo (con un 95 por ciento de intervalo de confianza del 49-85 por ciento), y que indica la tasa de riesgo de exp (-1,282) = 0,28. Además, la variable de revolución mejora el ajuste del modelo, tal y como muestra una prueba de tasa de probabilidad que compara los modelos con y sin revolución (que mostramos en la fila inferior). La prueba rechaza la hipótesis nula de no mejora del ajuste ($p < 0{,}001$).

El modelo 2 controla la producción de petróleo y gas. La estimación de coeficiente del petróleo tiene el signo esperado (aunque no llega a ser significativo en términos estadísticos). Incluir este control no afecta a nuestros resultados: la estimación de coeficiente de la revolución sigue siendo negativa y significativa en un 0,0001. El modelo 3 estratifica los riesgos de referencia por región geográfica para tener en cuenta las variables de confusión invariables en el tiempo y específicas a una región. Al estratificar el peligro, la estimación de coeficiente para la revolución aumenta en valor absoluto (-1,671) y sigue siendo significativa a 0,001. El modelo 4 estratifica los riesgos de referencia por número de colapsos autoritarios anteriores para tener en cuenta el efecto de la historia pasada de cada país.[15] La estimación de coeficiente para la revolución es -1,586 en el modelo 4, que corresponde a un decrecimiento del peligro en un 80 por ciento ($p < 0{,}001$).

Los modelos 5 y 6 muestran que la relación entre orígenes revolucionarios y durabilidad es resistente al condicionamiento por tipo de régimen. La estimación de coeficiente para la revolución sigue siendo significativa cuando se condiciona según Gobierno de un partido, del Ejército o bien personalista o monárquico.[16] Los orígenes revolucionarios se asocian a un decrecimiento del 58 por ciento en los peligros en el modelo 5 (sin estratificación) y a un descenso del 67 por ciento en el modelo 6 (con estratificación por cantidad de colapsos previos). Asimismo, la revolución explica una variación en supervivencia que no se explica a través del tipo de régimen. Las pruebas de tasa de probabilidad que comparan modelos controlando o no la variable de revolución rechazan la hipótesis nula que condicionar por revolución no mejora el ajuste del modelo ($p = 0{,}009$ en el modelo 5 y $p = 0{,}002$ en el modelo 6).[17] Estos resultados sugieren que el tipo de régimen, en el que se ha puesto el énfasis en un gran acervo de estudios académicos, ofrece una explicación incompleta de la supervivencia de los regímenes autoritarios.

Los modelos 7 y 8 muestran que el vínculo entre revolución y durabilidad sigue siendo significativo estadísticamente cuando lo condicionamos por comunismo. La revolución se asocia a un descenso del 62 por ciento en los peligros en el modelo 7 ($p < 0{,}05$), y este vínculo se vuelve más importante cuando tenemos en cuenta la imposición extranjera del comunismo (modelo 8). La revolución se asocia a un descenso del 70 por ciento en los peligros cuando también condicionamos por la variable de imposición extranjera del comunismo.

Solidez

Hemos llevado a cabo varias comprobaciones por solidez. En primer lugar, valoramos la sensibilidad de nuestros resultados ante diferentes operacionalizaciones de episodios de régimen autoritario. Con ello abordamos la preocupación de Lust-Okar ante el hecho de que los resultados de los estudios cuantitativos sobre la supervivencia de regímenes tiendan a ser sensibles a la elección del conjunto de datos sobre el régimen.[18] Para ocuparnos de esta posibilidad replicamos los análisis de la tabla AI.2, modelo 2, usando tres conjuntos de datos alternativos sobre autoritarismos: el conjunto «Autocratic Breakdown and Regimes Transitions» de Geddes *et al.*,[19] el de «Ruling Coalitions in Dictatorships, 1946-2008» de Svolik,[20] y el «Autocracies of the World 1950-2012» de Magaloni *et al.*[21] (usamos el modelo 2 de la tabla AI.2 como referencia en esta sección).

Aparte, replicamos el análisis añadiendo los dos Gobiernos revolucionarios que murieron en su infancia —Finlandia (1918) y Hungría (1919)— a nuestra serie de datos sobre regímenes. Este conjunto de datos ampliado a 357 regímenes omite grandes números de Gobiernos autoritarios no revolucionarios que duraron menos de un año, y de este modo pone a prueba nuestra hipótesis de modo más rígido. La figura AI.1 traza la estimación del efecto de la revolución junto con intervalos de confianza del 95 por ciento usando los cuatro conjuntos de datos alternativos. Como hemos mostrado, la estimación de coeficiente sigue siendo negativa y significativa a un 0,05 en los cuatro análisis, indicando así que los resultados no se ven afectados por la elección de un conjunto de datos u otro.[22]

En segundo lugar, debido al reducido número de regímenes revolucionarios, una preocupación era que nuestros resultados estuvieran condicionados por unos cuantos casos atípicos que resultan ser de una duración excepcional por motivos inexplicados. Para tratar esta posibilidad, repetimos el análisis de regresión de Cox tras descartar los seis regímenes revolucionarios más duraderos de nuestro conjunto de datos: México (85 años), la URSS (74 años), China (> 66 años), Vietnam (> 61 años), Cuba (> 56 años) y Argelia (> 53 años). Al descartar estas observaciones deberían afectar los resultados seriamente en contra de nuestras hipótesis. Sin embargo, el coeficiente estimado de revolución sigue siendo negativo y significativo a un nivel de confianza del 0,05 tras eliminar estos seis regímenes del modelo de referencia. Estos resultados sugieren que nuestros hallazgos no se ven influidos por varios casos excepcionales (ver tabla AI.3).[23]

En tercer lugar, al tratar problemas potenciales dependientes del hecho de que el número de casos revolucionarios es pequeño, utilizamos dos métodos de preprocesamiento de datos para reducir la dependencia del modelo.[24] El primero consiste en reevaluar las observaciones del grupo de control usando un puntaje de propensión para el balanceo de covariables (CBPS)[25] y estimar el efecto promedio del tratamiento en la muestra (ATT). El segundo método consiste en aplicar emparejamiento exacto en los datos agrupados[26] y estimar el efecto promedio factible del tratamiento en los tratados en la muestra (FSATT).[27] Ya que ambos métodos se basan en supuestos diferentes, usar ambos debería aumentar la confianza en la validez de los resultados.

Para el preprocesamiento de los datos, elegimos variables de condicionamiento basadas en estudios existentes sobre revoluciones. Los investigadores consideran que el colapso económico y la guerra aumentan el riesgo de revolución. Por lo tanto, consideramos el PIB per cápita, el crecimiento del PIB y el conflicto militarizado entre Estados.[28] También incluimos el tipo de régimen previo (democracia, de partido, personalista, militar o monárquico) con el fin de tener en cuenta que los Gobiernos personalistas pueden promover la revolución por la reducida base de apoyo de tales regímenes, además de que sus conductas represivas llaman a una oposición unificada entre una cantidad diversa de grupos e intereses.[29] Hemos usado la rutina Amelia con las observaciones que faltan (veinte imputaciones). Con cada grupo de datos imputados utilizamos errores estándares consistentes con heterocedasticidad[30] y computamos las estimaciones finales usando las reglas de Rubin.

La figura AI.2 presenta medidas de equilibrio de covariables entre regímenes revolucionarios y no revolucionarios. Muestra, en todos los conjuntos de datos imputados, las diferencias promedias estandarizadas antes y después de la reponderación de CBPS. En consonancia con la bibliografía existente, los lugares que sufren una crisis económica, bajo desarrollo, guerra y autoritarismo tienen un mayor riesgo de revolución, como muestran las diferencias promedias absolutas, relativamente altas (> 0,1) en esas variables. Reponderando las observaciones usando CBPS mejora sobremanera el equilibrio de covariables (la diferencia promedia absoluta está por debajo de 0,1 en todas las variables de todas las imputaciones), indicando que el procedimiento de reponderación surtió efecto. Usando estas ponderaciones en una regresión de Cox ponderada descubrimos que el efecto promedio de la revolución en el grupo muestreado es -1,286 ($p < 0,0001$), lo que corresponde a una reducción del 72 por ciento en los peligros.

A continuación, utilizamos emparejamiento exacto agrupado.[31] Agrupamos las covariables y eliminamos las unidades que no pudieran emparejarse con exactitud en la escala agrupada para reducir aún más la dependencia del modelo.[32] Este procedimiento generó un nuevo conjunto de datos con setenta observaciones: doce casos revolucionarios y cincuenta y ocho no revolucionarios.[33] Estimamos el efecto promedio factible del tratamiento en los tratados en la muestra (FSATT) de la revolución usando una regresión ponderada de Cox.[34] La estimación de efecto promedio de la revolución (usando la muestra de doce casos revolucionarios emparejables a las observaciones de control) que obtuvimos con este procedimiento es -1,19 con $p > 0{,}001$.

FIGURA AI.1. Regresiones de Cox utilizando conjuntos de datos alternativos de los regímenes

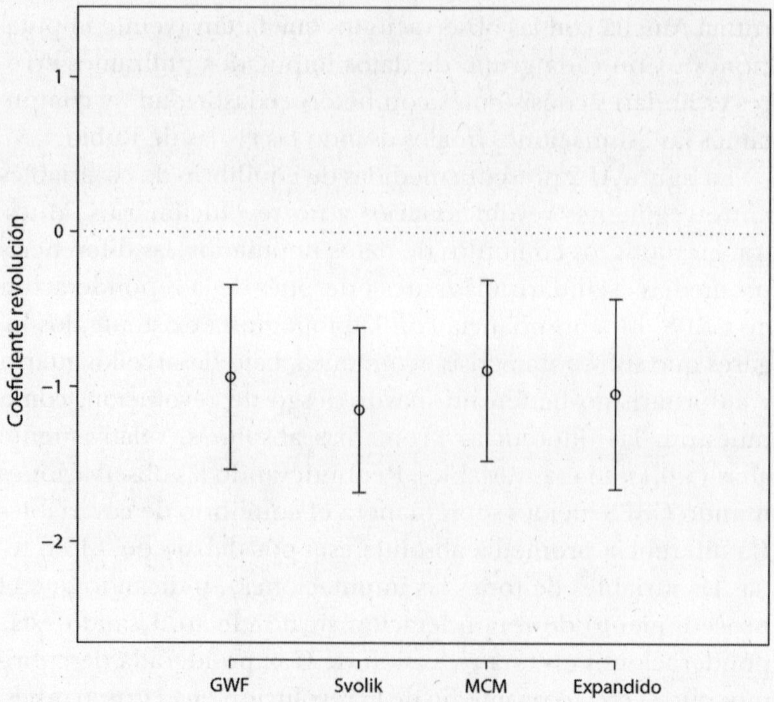

Notas: el gráfico muestra las estimaciones de los coeficientes e intervalos del 95 por ciento de las regresiones de supervivencia de Cox usando cuatro series de datos alternativas sobre cambio de régimen: «Autocratic Breakdown and Regimes Transitions» de Geddes *et al.* (2014) (GWF), el de «Ruling Coalitions in Dictatorships, 1946-2008» de Svolik (2012) y el «Autocracies of the World 1950-2012» de Magaloni *et al.* (2013) (MCM), además de un conjunto de datos ampliado que incluye Finlandia (1918) y Hungría (1919).

FIGURA AI.2. Equilibrio de covariables antes y después del ajuste

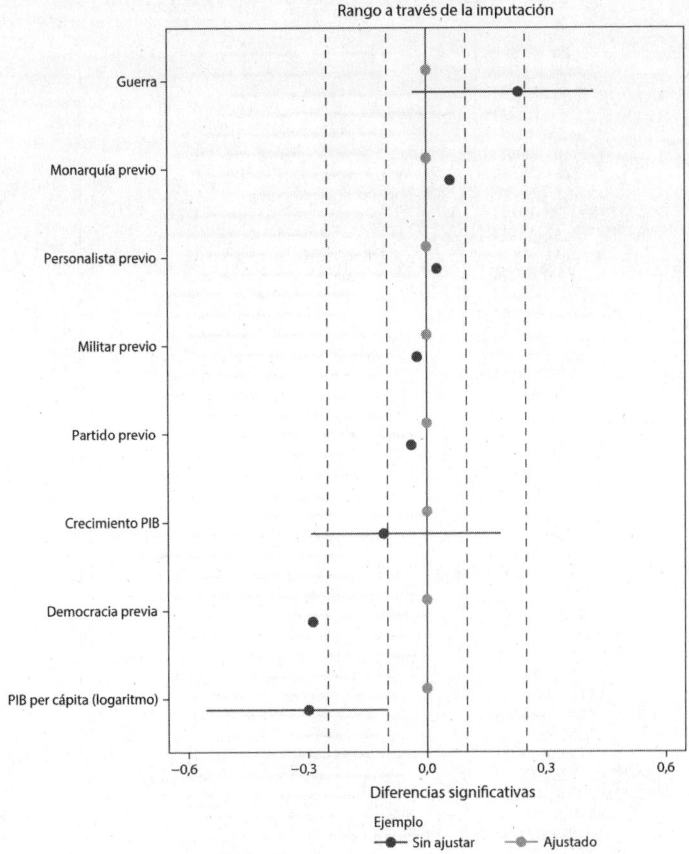

Nota a las figuras AI.3-AI.5: sensibilidad ante codificaciones alternativas. Rehicimos los análisis después de cambiar las codificaciones para casos plausiblemente liminales. Generamos treinta y un conjuntos de datos alternativos que se correspondían con todas las combinaciones de las siguientes recodificaciones: tratar Yemen del Sur (1967-1990) como revolucionario, tratar Ruanda (1994-) como no revolucionaria, tratar Corea del Norte (1948-) como revolucionaria, tratar Zimbabue (1980-) como revolucionario, tratar el golpe de 1992 como colapso del régimen en Argelia, e incluir a las Finlandia y Hungría revolucionarias en la serie de datos. Las figuras A.3, A.4 y A.5 muestran estimaciones de coeficiente junto con intervalos de regresiones de Cox del 90 por ciento (línea gruesa) y del 95 por ciento (línea fina) que utilizan estos treinta y un conjuntos de datos alternativos. La figura A.3 utiliza la especificación de modelo de referencia (tabla A.3, modelo 2), la figura A.4 controla el tipo de régimen (tabla A.3, modelo 6) y la figura A.5 controla el tipo de régimen junto con la variable del comunismo (tabla A.3, modelo 8). CN = Corea del Norte, YS = Yemen del Sur, RU = Ruanda, ZM = Zimbabue y HU/FI = Hungría y Finlandia. Así, la etiqueta CN+YS+RU indica que Corea del Norte, Yemen del Sur y Ruanda fueron recodificadas.

FIGURA AI.3. Modelos de Cox, codificaciones alternativas y especificación de modelo de referencia

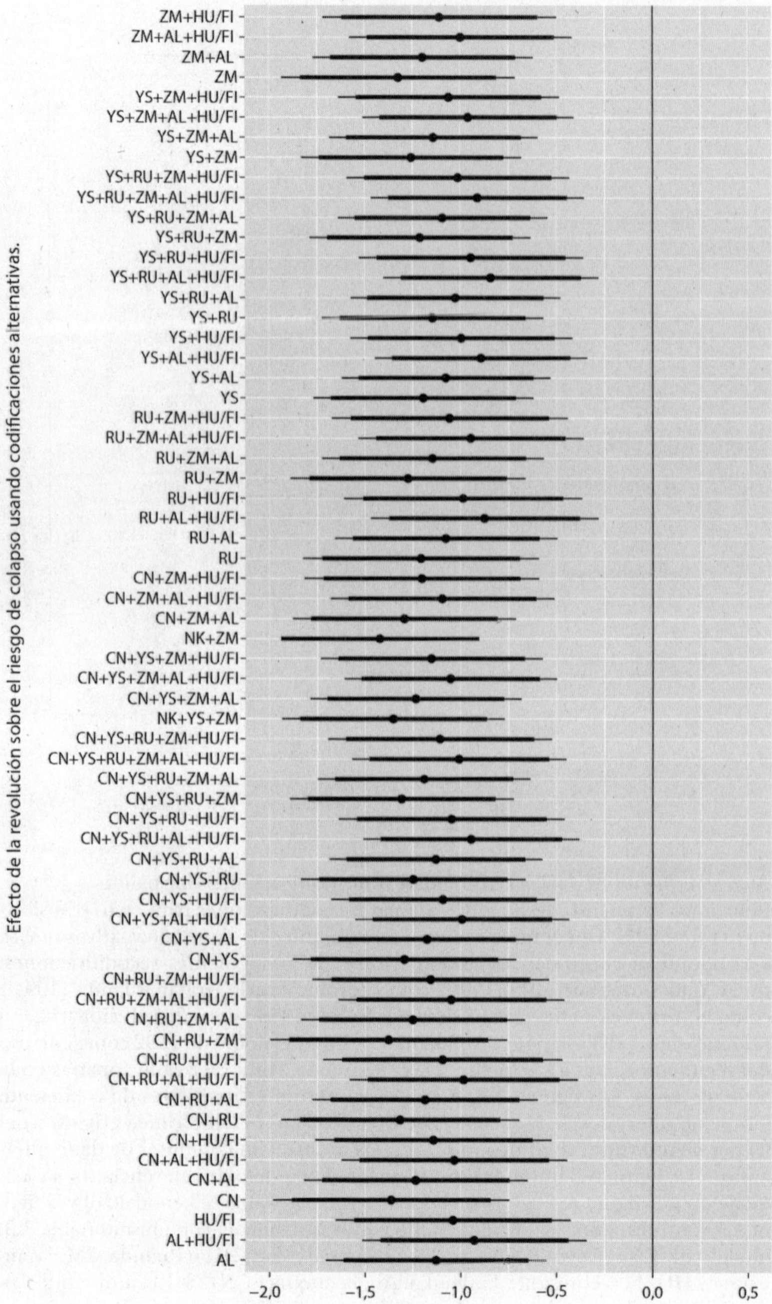

Figura AI.4. Modelos de Cox, codificaciones alternativas y control por tipo de régimen (postratamiento)

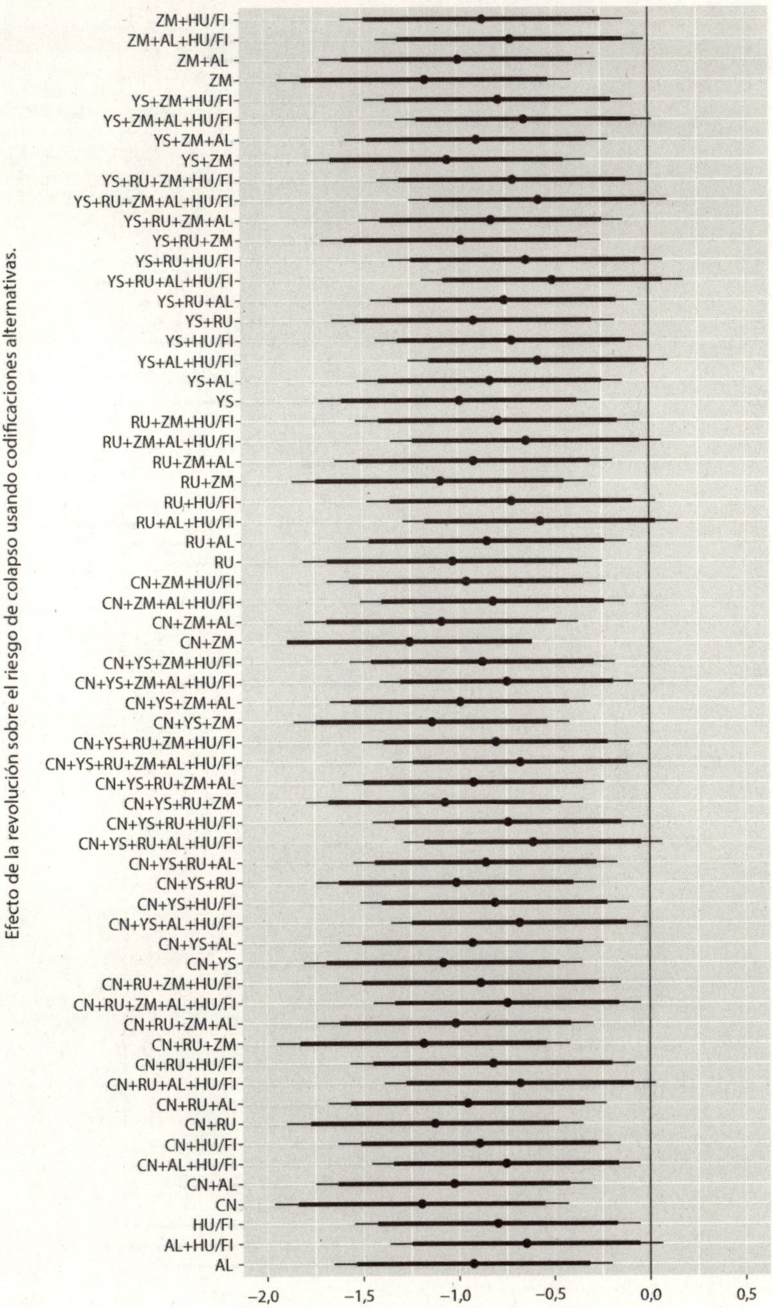

FIGURA AI.5. Modelos de Cox, codificaciones alternativas, control por tipo de régimen y comunismo (postratamiento)

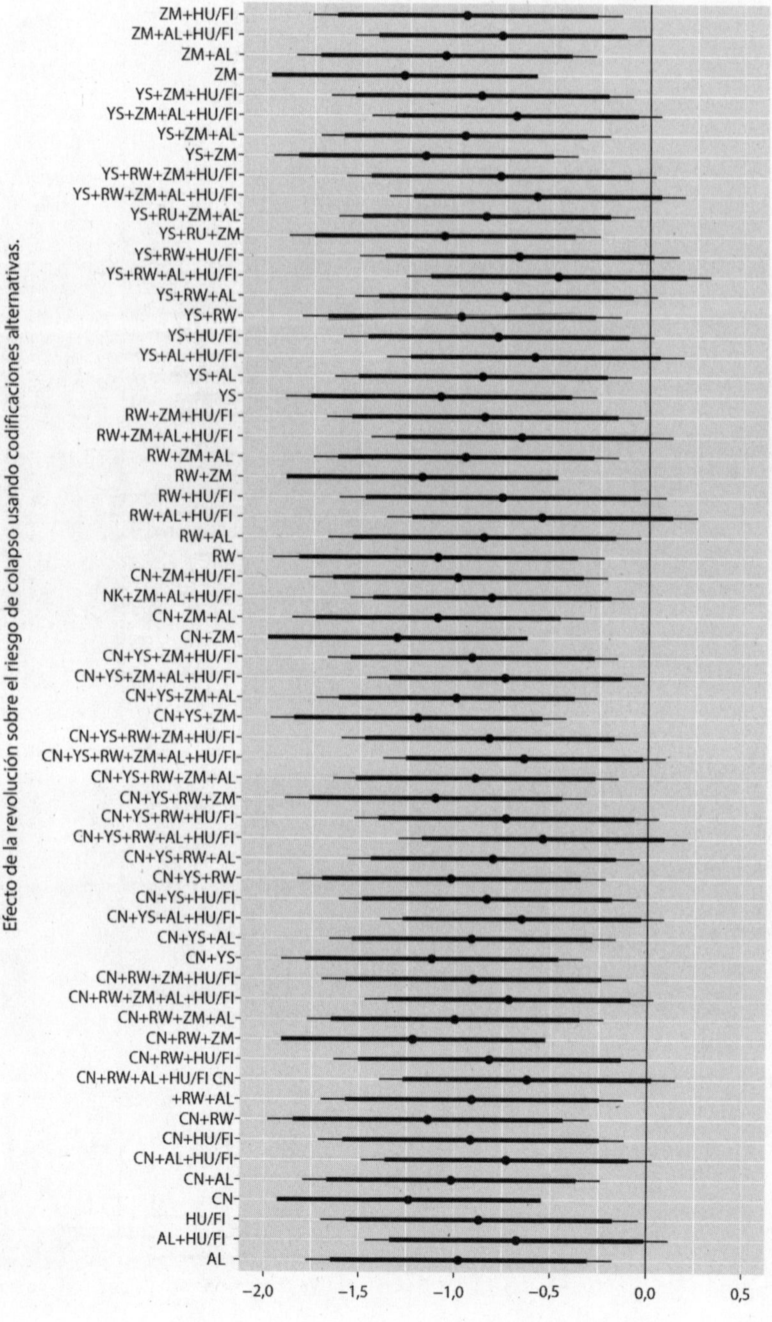

Tabla AI.1. Estadísticas descriptivas, 1900-2015

Estadística	N	Media	St. Dev.	Mín.	Pctl.(25)	Pctl.(75)	Máx.
Revolución	355	0,05	0,22	0	0	0	1
PIB per cápita (log)	281	7,64	0,77	4,90	7,10	8,00	10,28
Crecimiento del PIB (%)	268	0,01	0,08	−0,31	−0,02	0,04	0,43
Población (log)	279	8,79	1,36	6,11	7,85	9,60	13,24
Petróleo y gas per cápita (log)	224	1,82	2,44	0,00	0,00	3,33	10,43
Partido	355	0,25	0,43	0	0	0,5	1
Personalista	355	0,50	0,50	0	0	1	1
Militar	355	0,19	0,40	0	0	0	1
Monárquico	355	0,06	0,23	0	0	0	1
Comunismo	355	0,07	0,26	0	0	0	1
Imposición extranjera comunismo	355	0,03	0,17	0	0	0	1

TABLA AI.2. Regresiones de Cox en colapsos de regímenes autoritarios

	No estratificado		Estratificado		Controlando por tipo de régimen (postratamiento)		Controlando variable comunismo (postratamiento)	
	(1)	(2)	(3)	(4)	(5)	(6)	(7)	(8)
Revolución	−1,282***	−1,260***	−1,671***	−1,586***	−0,878**	−1,103***	−0,955**	−1,204***
	(0,308)	(0,312)	(0,406)	(0.357)	(0,358)	(0,395)	(0,406)	(0,432)
PIB per cápita (log)	−0,079	0,001	−0,025	0,017	−0,125	−0,095	−0,104	−0,100
	(0,082)	(0.098)	(0,104)	(0,101)	(0,102)	(0,106)	(0,108)	(0,109)
Crecimiento del PIB (%)	0,107	0,117	0,125	0,397	−0,074	−0,102	−0,021	0,018
	(0,771)	(0,775)	(0,839)	(0,844)	(0,786)	(0,853)	(0,844)	(0,852)
Población (log)	−0,045	−0,025	0.044	−0,009	−0,077	−0,055	−0,051	−0,052
	(0,062)	(0,065)	(0,065)	(0,060)	(0,061)	(0,060)	(0,062)	(0,062)
Petróleo y gas per cápita (log)		−0,048	−0,030	−0,061*	−0,001	−0,012	−0,014	−0,013
		(0,031)	(0,034)	(0,032)	(0,035)	(0,036)	(0,037)	(0,037)
Partido					−1,018***	−0,989***	−0,872***	−0,821**
					(0,222)	(0,239)	(0,240)	* (0,240)
Personalista					−0,195	−0,192	−0,198	−0,214
					(0,225)	(0,223)	(0,225)	(0,225)
Militar					0,734***	0,660**	0,633**	0,631**
					(0261)	(0,269)	(0,269)	(0,268)
Monárquico					−1,661***	−1,486***	−1,508***	−1,511***
					(0,404)	(0,399)	(0,404)	(0,405)
Comunista							−0,607***	−0,207
							(0,205)	(0,240)
Imposición extranjera comunismo								−0,851**
								(0,347)

(Continúa)

TABLA AI.2. *(Continuación)*

	No estratificado		Estratificado		Controlando por tipo de régimen (postratamiento)		Controlando variable comunismo (postratamiento)	
	(1)	(2)	(3)	(4)	(5)	(6)	(7)	(8)
Estratificado por n.º evento	*No*	*No*	*No*	*Sí*	*No*	*Sí*	*Sí*	*Sí*
N.º observaciones	355	355	355	355	355	355	355	355
N.º colapsos	300	300	300	300	300	300	300	300
Múltiple imputación	*Sí*	*Sí*	*Sí*	*Sí*	*Sí*	*Sí*	*Sí*	*Sí*
valor- p prueba de significancia:	0,000	0,000	0,000	0,000	0,009	0,002	0,010	0,003

* $p < 0,1$; ** $p < 0,05$; *** $p < 0,01$.

Notas: la unidad de análisis es un régimen autoritario. Las variables de control se miden un año antes del inicio del régimen. Los modelos 3 y 4 estratifican los riesgos de referencia según su región geográfica y la cantidad de colapsos de regímenes anteriores, respectivamente. La fila de abajo muestra los valores p de las pruebas de tasa de probabilidad siguiendo la hipótesis nula de que controlar según revolución no mejora el ajuste si lo comparamos con el mismo modelo sin controlar según revolución. Los valores que faltan se imputaron usando la rutina Amelia (veinte imputaciones). Usamos errores estándares consistentes con heterocedasticidad en cada análisis y combinamos los resultados usando las reglas de Rubin. Las pruebas de tasa de probabilidad se realizaron siguiendo a Meng y Rubin (1992).

TABLA AI.3. Pruebas de solidez, regresiones de Cox tras descartar los regímenes revolucionarios que han sobrevivido más tiempo

a) Sin controlar tipo de régimen

	N-1 (1)	N-2 (2)	N-3 (3)	N-4 (4)	N-5 (5)	N-6 (6)
Revolución	-1,254*** (0,344)	-1,283*** (0,378)	-1,180*** (0,366)	-1,043*** (0,353)	-0,885*** (0,334)	-0,762*** (0,318)
PIB per cápita (log)	-0,001 (0,097)	-0,0003 (0,096)	-0,004 (0,096)	-0,006 (0,096)	0,003 (0,097)	0,001 (0,096)
Crecimiento del PIB (%)	0,124 (0,770)	0,135 (0,770)	0,153 (0,765)	0,179 (0,763)	0,181 (0,759)	0,203 (0,753)
Población (log)	-0,026 (0,064)	-0,027 (0,064)	-0,021 (0,065)	-0,020 (0,064)	-0,021 (0,064)	-0,021 (0,065)
Petróleo y gas per cápita (log)	-0,047 (0,031)	-0,047 (0,030)	-0,048 (0,031)	-0,049 (0,031)	-0,052* (0,031)	-0,051 (0,031)
Estratificado por región geográfica	*No*	*No*	*No*	*No*	*No*	*No*
Estratificado por n.º evento	*No*	*No*	*No*	*No*	*No*	*No*
N.º observaciones	354	353	352	351	350	349
N.º colapsos	299	298	298	298	298	298
Múltiple imputación	*Sí*	*Sí*	*Sí*	*Sí*	*Sí*	*Sí*
valor-*p* prueba de significancia:	0,000	0,000	0,000	0,001	0,007	0,026

b) Controlando tipo de régimen

	N-1 (1)	N-2 (2)	N-3 (3)	N-4 (4)	N-5 (5)	N-6 (6)
Revolución	-0,835** (0,387)	-0,865** (0,421)	-0,768* (0,414)	-0,619 (0,405)	-0,482 (0,411)	-0,345 (0,399)
PIB per cápita (log)	-0,127 (0,102)	-0,126 (0,102)	-0,130 (0,102)	-0,133 (0,103)	-0,122 (0,104)	-0,126 (0,103)
Crecimiento del PIB (%)	-0,070 (0,783)	-0,061 (0,785)	-0,032 (0,784)	0,009 (0,783)	0,025 (0,778)	0,061 (0,776)
Población (log)	-0,079 (0,061)	-0,078 (0,060)	-0,072 (0,061)	-0,072 (0,061)	-0,073 (0,061)	-0,073 (0,061)
Petróleo y gas per cápita (log)	-0,0004 (0,035)	-0,001 (0,035)	-0,002 (0,035)	-0,004 (0,035)	-0,008 (0,036)	-0,006 (0,036)
Partido	-1,015*** (0,223)	-1,031*** (0,222)	-1,032*** (0,223)	-1,031*** (0,223)	-1,007*** (0,225)	-1,005*** (0,225)
Militar	0,740*** (0,262)	0,723*** (0,260)	0,720*** (0,260)	0,722*** (0,261)	0,754*** (0,264)	0,756*** (0,264)
Monárquico	-1,607*** (0,397)	-1,606*** (0,388)	-1,606*** (0,389)	-1,608*** (0,390)	-1,576*** (0,393)	-1,580*** (0,393)

(*Continúa*)

Tabla AI.3. *(Continuación.)*

b) Controlando tipo de régimen

	N - 1 (1)	N - 2 (2)	N - 3 (3)	N - 4 (4)	N - 5 (5)	N - 6 (6)
Personalista	–0,191 (0,226)	–0,206 (0,224)	–0,207 (0,224)	–0,206 (0,224)	–0,168 (0,230)	–0,168 (0,230)
Estratificado por región geográfica	*No*	*No*	*No*	*No*	*No*	*No*
Estratificado por n.º evento	*No*	*No*	*No*	*No*	*No*	*No*
N.º observaciones	354	353	352	351	350	349
N.º colapsos	299	298	298	298	298	298
Múltiples imputaciones	*Sí*	*Sí*	*Sí*	*Sí*	*Sí*	*Sí*
valor-*p* prueba significancia:	0,017	0,016	0,033	0,094	0,209	0,382

* $p < 0{,}1$; ** $p < 0{,}05$; *** $p < 0{,}01$.

Notas: una observación es un régimen autoritario. Todas las variables excepto la revolución se miden un año antes del establecimiento del régimen. El modelo 1 muestra los resultados tras descartar México (1915-2000). El modelo 2 muestra los resultados tras descartar México y la URSS (1917-1991). El modelo 3 muestra los resultados tras descartar México, la URSS y China (1949-). El modelo 4 muestra los resultados tras descartar México, la URSS, China y Vietnam (1954-). El modelo 5 muestra los resultados tras descartar México, la URSS, China, Vietnam y Cuba (1959-). El modelo 6 muestra los resultados tras descartar México, la URSS, China, Vietnam, Cuba y Argelia (1962-). Los resultados se muestran sin (*arriba*) y con (*debajo*) controles por tipo de régimen. Los valores que faltan se imputaron usando la rutina Amelia (veinte imputaciones). Usamos errores estándares consistentes con heterocedasticidad en cada análisis y combinamos los resultados usando las reglas de Rubin.

TABLA AI.4. Pruebas de solidez, regresiones de Cox una vez incluidas Finlandia (1918) y Hungría (1919)

	No estratificado		Estratificado		Controlando por tipo de régimen (postratamiento)		Controlando variable comunismo (postratamiento)	
	(1)	(2)	(3)	(4)	(5)	(6)	(7)	(8)
Revolución	–1,064***	–1,041***	–1,387***	–1,290***	–0,657*	–0,798**	–0,666*	–0,870**
	(0,309)	(0,314)	(0,387)	(0,346)	(0,357)	(0,381)	(0,384)	(0,423)
PIB per cápita (log)	–0,076	0,008	–0,024	0,025	–0,115	–0,083	–0,091	–0,088
	(0,081)	(0,097)	(0,103)	(0,100)	(0,102)	(0,105)	(0,106)	(0,107)
Crecimiento del PIB (%)	0,056	0,066	0,092	0,387	–0,116	–0,078	–0,019	0,014
	(0,759)	(0,764)	(0,826)	(0,825)	(0,778)	(0,835)	(0,826)	(0,833)
Población (log)	–0,052	–0,031	0,034	–0,016	–0,083	–0,061	–0,056	–0,057
	(0,062)	(0,065)	(0,065)	(0,060)	(0,061)	(0,060)	(0,061)	(0,061)
Petróleo y gas per cápita (log)		–0,050	–0,033	–0,062*	–0,005	–0,016	–0,019	–0,018
		(0,031)	(0,034)	(0,032)	(0,036)	(0,036)	(0,036)	(0,036)
Partido					–1,000***	–0,973***	–0,875***	–0,828***
					(0,219)	(0,234)	(0,235)	(0,236)
Personalista					–0,190	–0,204	–0,208	–0,223
					(0,221)	(0,222)	(0,219)	(0,219)
Militar					0,731***	0,644**	0,626**	0,625**
					(0,256)	(0,262)	(0,263)	(0,262)
Monárquico					–1,633***	–1,470***	–1,489***	–1,491***
					(0,398)	(0,393)	(0,397)	(0,398)
Imposición extranjera comunismo								–0,741*
								(0,429)
Comunista							–0,499**	–0,163
							(0,204)	(0,244)

(*Continúa*)

Tabla AI.4. *(Continuación)*

	No estratificado		Estratificado		Controlando por tipo de régimen (postratamiento)		Controlando variable comunismo (postratamiento)	
	(1)	(2)	(3)	(4)	(5)	(6)	(7)	(8)
Estratificado por región geográfica	*No*	*No*	*Sí*	*No*	*No*	*No*	*No*	*No*
Estratificado por n.º eventos	*No*	*No*	*No*	*Sí*	*No*	*Sí*	*Sí*	*Sí*
N.º observaciones	357	357	357	357	357	357	357	357
N.º colapsos	302	302	302	302	302	302	302	302
Múltiples imputaciones	*Sí*	*Sí*	*Sí*	*Sí*	*Sí*	*Sí*	*Sí*	*Sí*
valor-*p* prueba de significancia:	0,000	0,000	0,000	0,000	0,040	0,018	0,057	0,021

* $p < 0{,}1$; ** $p < 0{,}05$; *** $p < 0{,}01$.

Notas: una observación es un régimen autoritario. Los variables de control se midieron un año antes del inicio del régimen. Este análisis incluye a Finlandia (1918) y Hungría (1919). Estos casos no se incluyen en la base de datos de regímenes autoritarios porque estos Gobiernos no estaban en el poder el 1 de enero. Los valores que faltan se imputaron usando la rutina Amelia (veinte imputaciones). Utilizamos errores estándares consistentes con heterocedasticidad en cada análisis y combinamos los resultados usando las reglas de Rubin.

TABLA AI.5. Regresiones de Cox con covariables del tiempo, múltiple imputación

	No estratificado		Estratificado		Controlando por tipo de régimen (postratamiento)		Controlando variable comunismo (postratamiento)	
	(1)	(2)	(3)	(4)	(5)	(6)	(7)	(8)
Revolución	–1,399***	–1,355***	–1,715***	–1,651***	–0,932***	–1,165***	–1,017**	–1,255***
	(0,334)	(0,334)	(0,392)	(0,380)	(0,357)	(0,407)	(0,404)	(0,438)
PIB per cápita (log)	–0,119	–0,027	–0,053	–0,004	–0,125	–0,090	–0,103	–0,096
	(0,077)	(0,098)	(0,100)	(0,106)	(0,102)	(0,109)	(0,110)	(0,111)
Crecimiento del PIB (%)	–2,029***	–2,070***	–1,874**	–2,387***	–2,176***	–2,541***	–2,548***	–2,540***
	(0,738)	(0,759)	(0,902)	(0,832)	(0,795)	(0,881)	(0,877)	(0,879)
Población (log)	0,019	0,039	0,110**	0,031	–0,054	–0,036	–0,033	–0,034
	(0,043)	(0,045)	(0,048)	(0,049)	(0,050)	(0,052)	(0,052)	(0,052)
Petróleo y gas per cápita (log)		–0,051*	–0,026	–0,064**	–0,014	–0,025	–0,026	–0,027
		(0,028)	(0,029)	(0,029)	(0,031)	(0,032)	(0,032)	(0,031)
Partido					–0,990***	–0,949***	–0,826***	–0,774***
					(0,194)	(0,202)	(0,209)	(0,210)
Personalista					–0,184	–0,192	–0,198	–0,208
					(0,205)	(0,213)	(0,210)	(0,211)
Militar					0,794***	0,710***	0 689***	0,693***
					(0,232)	(0,239)	(0. 39)	(0,240)
Monárquico					–1,617***	–1,444***	–1,470***	–1,470***
					(0,357)	(0,349)	(0,347)	(0,348)
Imposición extranjera comunismo								–0,846*
								(0,508)
Comunista							–0,629**	–0, 30
							(0,268)	(0,343)

(*Continúa*)

Tabla AI.5. *(Continuación)*

	No estratificado		Estratificado		Controlando por tipo de régimen (postratamiento)		Controlando variable comunismo (postratamiento)	
	(1)	(2)	(3)	(4)	(5)	(6)	(7)	(8)
Estratificado por región geográfica	*No*	*No*	*Sí*	*No*	*No*	*No*	*No*	*No*
Estratificado por n.º evento	*No*	*No*	*No*	*Sí*	*No*	*Sí*	*Sí*	*Sí*
N.º observaciones	5,723	5,723	5,723	5,723	5,723	5,723	5,723	5,723
N.º colapsos	300	300	300	300	300	300	300	300
Múltiples imputaciones	*Sí*	*Sí*	*Sí*	*Sí*	*Sí*	*Sí*	*Sí*	*Sí*
valor-*p* prueba de significancia:	0,000	0,000	0,00	0,000	0,006	0,002	0,008	0,003

* $p < 0{,}1$; ** $p < 0{,}05$; *** $p < 0{,}01$.

Notas: una observación es un régimen autoritario. Los valores faltantes se imputaron usando la rutina Amelia. Utilizamos errores estándares consistentes con heterocedasticidad en cada análisis y combinamos los resultados usando las reglas de Rubin. Las pruebas de tasa de probabilidad se realizaron siguiendo a Meng y a Rubin (1992).

TABLA AI.6. Regresiones de Cox con covariables de tiempo, eliminación de casos completos

	No estratificado		Estratificado		Controlando por tipo de régimen (postratamiento)		Controlando variable comunismo (postratamiento)	
	(1)	(2)	(3)	(4)	(5)	(6)	(7)	(8)
Revolución	−1,224***	−1,226***	−1,468***	−1,464***	−1,035**	−1,164***	−1,006**	−1,233***
	(0,334)	(0,340)	(0,394)	(0,386)	(0,418)	(0,420)	(0,423)	(0,463)
PIB per cápita (log)	−0,099	−0,120	−0,245**	−0,087	−0,289**	−0,205*	−0,214*	−0,207*
	(0,079)	(0,113)	(0,119)	(0,122)	(0,122)	(0,123)	(0,124)	(0,124)
Crecimiento del PIB (%)	−1,882***	−1,483*	−1,037	−1,852**	−1,097	−2,126**	−2,158**	−2,145**
	(0,721)	(0,772)	(0,899)	(0,840)	(0,962)	(0,920)	(0,919)	(0,923)
Población (log)	0,016	0,072	0,104*	0,060	−0,011	−0,007	−0,004	−0,005
	(0,047)	(0,054)	(0,057)	(0,059)	(0,064)	(0,061)	(0,062)	(0,061)
Petróleo y gas per cápita (log)		−0,020	0,005	−0,037	0,004	−0,003	−0,005	−0,006
		(0,.032)	(0,033)	(0,034)	(0,036)	(0,035)	(0,035)	(0,035)
Partido					−0,906***	−0,821***	−0,683**	−0,646**
					(0,265)	(0,269)	(0,282)	(0,283)
Personalista					−0,353	−0,337	−0,321	−0,338
					(0,274)	(0,292)	(0,292)	(0,295)
Militar					0,554*	0,658**	0,653**	0,647**
					(0,316)	(0,322)	(0,326)	(0,328)
Monárquico					−1,158**	−1,012**	−1,001**	−1,010**
					(0,559)	(0,424)	(0,421)	(0,421)
Comunista							−0,610**	−0,222
							(0,.307)	(0,399)
Imposición extranjera comunismo								−0,781
								(0,558)

(*Continúa*)

TABLA AI.6. *(Continuación)*

	No estratificado		Estratificado		Controlando por tipo de régimen (postratamiento)		Controlando variable comunismo (postratamiento)	
	(1)	(2)	(3)	(4)	(5)	(6)	(7)	(8)
Estratificado por región geográfica	*No*	*No*	*Sí*	*No*	*No*	*No*	*No*	*No*
Estratificado por n.º evento	*No*	*No*	*No*	*Sí*	*Sí*	*Sí*	*Sí*	*Sí*
N.º observaciones	4,806	4,182	4,182	4,182	4,182	4,182	4,182	4,182
N.º colapsos	257	220	220	220	220	220	220	220
Múltiples imputaciones	*No*	*No*	*No*	*No*	*No*	*No*	*No*	*No*
valor-*p* prueba de significancia:	0,00	0,00	0,00	0,00	0,01	0,00	0,00	0,00

* $p < 0{,}1$; ** $p < 0{,}05$; *** $p < 0{,}01$.

Notas: una observación es año-país. Todas las variables están atrasadas un año. Usamos eliminación de casos completos para tratar las observaciones que faltan.

TABLA AI.7. Tabla de correlación

	Rev.	PIB	Crec.	Pob.	Petr./Gas	Partido	Pers.	Mil.	Mon.	Com	CIE
Rev.	1	–0,014	–0,059	–0,012	0,005	0,345	–0,155	–0,123	–0,021	0,218	–0,026
PIB	–0,014	1	0,176	0,251	0,599	–0,172	0,012	0.115	–0,094	–0,144	–0,162
Crec.	–0,059	0,176	1	0.057	0,185	–0,055	–0,131	0.159	–0,023	–0,133	–0,061
Pob.	–0,012	0,251	0,057	1	0,399	–0,060	0,027	0.066	0,039	–0,046	–0,022
Petr./Gas	0,005	0,599	0,185	0.399	1	–0,076	0,106	–0.034	0,017	–0,072	–0,036
Partido	0,345	–0,172	–0,055	–0,060	–0,076	1	–0,228	–0,295	–0,050	0,346	0,270
Pers.	–0,155	0,012	–0,131	0.027	0,106	–0,228	1	–0,661	–0,112	0,010	–0,051
Mil.	–0,123	0,115	0,159	0.066	–0,034	–0,295	0,661	1	–0,065	–0,140	–0,080
Mon.	–0,021	–0,094	–0,023	0.089	0,017	–0,050	–0,112	–0,065	1	–0,024	–0,013
Com.	0,218	–0,144	–0,133	–0,046	–0,072	0,346	0,010	–0,140	–0,024	1	0,568
CIE	–0,026	–0,162	–0,061	–0,022	–0,036	0,270	–0,051	–0,080	–0,013	0,568	1

Notas: una observación es un régimen autoritario. *Rev.* denota régimen revolucionario. *PIB* denota PIB per cápita (en logaritmos) (fuente: Maddison Project Database 2018, en Coppedge *et al.* 2019). *Crec.* significa crecimiento del PIB. *Pob.* es la cantidad de población en logaritmos (fuente: datos de Correlates of War «National Material Capabilities», versión 5 [Singer 1988]). *Petr./Gas* indica logaritmo del valor per cápita de la producción de petróleo y gas +1 (Ross y Mahdavi 2015). *Partido* es un indicador binario de si el régimen tiene un elemento de partido. *Pers.* es un indicador binario de si el régimen tiene un elemento personalista. *Mil.* es un indicador binario de si el régimen es puramente militar. *Mon.* es un indicador binario de si el régimen es una monarquía. *Com.* es un indicador binario de si el régimen es comunista, de Svolik. *CIE* denota aquellos regímenes comunistas instalados por una potencia foránea.

Tabla AI.8. Regresiones de Cox con errores estándar en Bootstrap

	(1)	(2)	(3)
Revolución	–0,998**	–0,849*	-1,062**
	(0,458)	(0,468)	(0,497)
Partido	-1,012***	–0,903***	–0,874***
	(0,244)	(0,246)	(0,247)
Personalista	–0,209	–0,213	–0,228
	(0,238)	(0,240)	(0,242)
Militar	0,655**	0,646**	0,640**
	(0,278)	(0,281)	(0,281)
Monárquico	-1,684**	-1,703***	-1,721***
	(0,446)	(0,455)	(0,459)
Comunista		–0,533**	–0,174
		(0,213)	(0,285)
Comunista de imposición extranjera			–0,700
			(0,538)
N.º observaciones	355	355	355
N.º colapsos	300	300	300
Estratificados por región geográfica	*No*	*No*	*No*
Estratificados por n.º evento	*No*	*No*	*No*
valor-*p* prueba de significancia:	0,002	0,011	0,017

* $p < 0,1$; ** $p < 0,05$; *** $p < 0,01$.

Notas: una observación es un régimen autoritario. Los errores estándar se computaron con Bootstrap (cien mil réplicas).

Tabla AI.9. Solidez, regresiones de Cox estratificadas por país

	(1)	(2)
Revolución	–1,539**	–1,538**
	(0,635)	(0,636)
PIB per cápita (log)	–0,017	–0,024
	(0,159)	(0,182)
Crecimiento del PIB (%)	0,080	0,066
	(1,176)	(1,185)
Población (log)	0,074	0,074
	(0,097)	(0,100)
Petróleo y gas per cápita (log)		0,005
		(0,050)
Estratificadas por región geográfica	*No*	*No*
Estratificadas según número de eventos	*No*	*No*
N.º observaciones	355	355
N.º colapsos	300	300
Múltiples imputaciones	*Sí*	*Sí*
valor-*p*-prueba de significancia:	0,004	0,004

* $p < 0{,}1$; ** $p < 0{,}05$; *** $p < 0{,}01$.

Notas: los riesgos de referencia están estratificados por país. Una observación es un régimen autoritario. Las variables de control se miden un año antes del inicio del régimen. Los valores faltantes se imputaron con la rutina Amelia (veinte imputaciones). Utilizamos errores estándares consistentes con heterocedasticidad, y combinamos los resultados usando las reglas de Rubin.

Apéndice II

Operacionalización de las principales variables

Autocracias revolucionarias

Las autocracias revolucionarias son regímenes políticos surgidos de revoluciones sociales.[1] Definimos una revolución social como el derrocamiento violento de un régimen existente desde abajo, acompañado de movilización de masas y colapso del Estado, conduciendo a una rápida transformación del Estado y el orden social existente.

1. *Toma del poder violenta e irregular*: transferencia del poder que tiene lugar fuera de las instituciones del régimen existente y que está acompañada de violencia. Esta incluye transiciones negociadas que siguen a una lucha armada exitosa.
2. *Régimen gobernado por un movimiento de masas que surge del exterior del Estado*: esto incluye:

   - movimientos guerrilleros y
   - partidos políticos o movimientos que movilizan grandes masas.

Excluye:

- a todas las facciones militares y
- a todo Gobierno en manos de individuos o grupos que tuvieran una alta posición en el antiguo régimen.

3. *Transformación del Estado*: colapso del aparato coercitivo preexistente y creación de nuevas fuerzas armadas.

   a. Las fuerzas armadas se disuelven o se ven incapacitadas. El Ejército se considera incapacitado cuando hay una perturbación en la cadena de mando, un motín a gran escala y/o una deserción generalizada entre las tropas que impide que funcione como un ente coherente.
   b. Creación de nuevas fuerzas de seguridad que desempeñan un papel de primer orden en la defensa externa y la seguridad interior, o bien una reconstrucción de gran calado del aparato de seguridad existente.

Ejemplos:

- Purga a gran escala de los mandos militares prerrevolucionarios y su reemplazo por veteranos revolucionarios.
- Creación de nuevas fuerzas de seguridad que dominan a las fuerzas armadas preexistentes.

4. *Intento de transformación del orden social y/o geopolítico existente*: al concluir su primer año en el poder, los máximos oficiales del Gobierno se embarcan en una transformación radical del orden social y/o geopolítico existente que amenaza de gravedad los intereses de otros Estados o el modo de vida de actores poderosos en el propio país (como pueden ser los terratenientes) o grandes porciones de la sociedad (campesinos y mujeres).

Ejemplos:

- Transformación de los derechos de propiedad: expropiación y redistribución a gran escala de la propiedad (por ejemplo, reforma agraria).
- Transformación del orden racial/étnico existente.
- Transformación cultural radical, incluyendo esfuerzos para debilitar o destruir las instituciones religiosas do-

minantes o imponer un cambio radical en las leyes que rigen el comportamiento social (por ejemplo, la introducción de la ley *sharía*).

- Importante desafío al orden regional y/o geopolítico.
  - Apoyo a intentos para derrocar Gobiernos extranjeros.
  - Comportamiento que amenaza seriamente los intereses económicos o de seguridad de las potencias regionales o globales.

Sendas revolucionarias

Senda revolucionaria radical

Se considera que un caso sigue una senda radical cuando el Gobierno revolucionario inicia medidas radicales durante su primer año en el poder y las mantiene en su mayoría pasado el primer año.

Senda revolucionaria acomodaticia

Se considera que un caso sigue una senda acomodaticia cuando, tras un año de haber puesto en marcha iniciativas radicales, el Gobierno revolucionario las abandona o reduce su efecto de forma sustancial en su mayoría.

Secuencia de revolución y reacción

La secuencia de revolución y reacción se inicia cuando el Gobierno revolucionario fundacional pone en marcha medidas que pretenden transformar el orden nacional y/o internacional de forma radical, desembocando en una reacción contrarrevolucionaria violenta (nacional o externa).

La secuencia reactiva termina cuando el principal conflicto contrarrevolucionario se resuelve.

La secuencia de revolución-reacción se codifica de la siguiente manera:

Afganistán

Radicalismo inicial: introducción de la *sharía*; formación de una alianza con radicales árabes en 1996.[2]

Principales conflictos contrarrevolucionarios: conflicto con la Alianza del Norte; conflicto militar con Estados Unidos.

Resolución del conflicto contrarrevolucionario: derrota estadounidense de los talibanes en 2001.

Albania

Radicalismo inicial: incautación de la propiedad; inicio de una guerra a dos frentes contra el Balli Kombëtar, que representaba a la antigua élite social, y contra Alemania en 1942-1943.[3]

Principales conflictos contrarrevolucionarios: conflictos con el Balli Kombëtar y Alemania.

Resolución del conflicto contrarrevolucionario: derrota comunista de Alemania en 1944.

Argelia

No hay un conflicto contrarrevolucionario significativo.

Angola

Radicalismo inicial: «aldeización» en 1975-1976;[4] apoyo al Congreso Nacional Africano en Sudáfrica y a la Organización del Pueblo del Sudoeste de África (SWAPO) en Namibia en 1976.[5]

Principales conflictos contrarrevolucionarios: conflicto con el Frente Nacional de Liberación de Angola y los rebeldes de la Unión Nacional para la Independencia Total de Angola (UNITA).

Resolución del conflicto contrarrevolucionario: derrota final de la UNITA en 2002.[6]

Bolivia

No hay un conflicto contrarrevolucionario significativo.

Camboya

Radicalismo inicial: vaciamiento de las ciudades en 1975; masacres masivas de vietnamitas y ataques fronterizos en Vietnam en 1977.[7]

Principales conflictos contrarrevolucionarios: conflicto con Vietnam.

Resolución del conflicto contrarrevolucionario: derrota vietnamita de los Jemeres Rojos en 1979.

China

Radicalismo inicial: amenazas comunistas a los intereses empresariales y propietarios de tierras durante la «Gran Revolución» de 1925-1927.[8]

Principales conflictos contrarrevolucionarios: conflicto con el Kuomintang.

Resolución del conflicto contrarrevolucionario: victoria sobre el Kuomintang en 1949.

Cuba

Radicalismo inicial: reforma agraria en mayo de 1959; expropiación de propiedades estadounidenses en junio-agosto de 1960; apoyo a los levantamientos revolucionarios de otros lugares de Latinoamérica en 1959-1960.

Principales conflictos contrarrevolucionarios: insurgencias contrarrevolucionarias financiadas por Estados Unidos, a partir de 1959, con su clímax en la invasión de la bahía de Cochinos en abril de 1961.[9]

Resolución del conflicto contrarrevolucionario: derrota de las insurgencias en territorio nacional en 1965.[10]

Eritrea

Radicalismo inicial: ataque eritreo a Sudán en 1995; ataque eritreo a la frontera etíope en 1998.[11]

Principales conflictos contrarrevolucionarios: guerra contra Etiopía.

Resolución del conflicto contrarrevolucionario: Acuerdo de Argel entre Etiopía y Eritrea en el 2000.

Finlandia

Radicalismo inicial: reforma agraria; nacionalización de las fábricas y bancos.[12]

Principales conflictos contrarrevolucionarios: ataque de los blancos, apoyados por los alemanes y liderados por el general y conde Carl Mannerheim, a la Delegación del Pueblo Finlandés en enero de 1918.

Resolución del conflicto contrarrevolucionario: derrota de la Delegación del Pueblo Finlandés por los blancos en abril de 1918.[13]

Guinea-Bisáu

No hay un conflicto contrarrevolucionario significativo.

Hungría

Radicalismo inicial: reforma agraria, incautación de propiedades; invasión de Checoslovaquia en junio de 1919; declaración de guerra contra Rumanía en julio de 1919.[14]

Principales conflictos contrarrevolucionarios: guerra con Rumanía, apoyada por Francia.[15]

Resolución del conflicto contrarrevolucionario: derrota rumana de la República Soviética de Hungría en agosto de 1919.[16]

Irán

Radicalismo inicial: ocupación de la embajada estadounidense en 1979; Jomeini llama a alzarse en Irak y otros Estados del golfo Pérsico; establecimiento de un Gobierno clerical en 1981.[17]

Principales conflictos contrarrevolucionarios: contrainsurgencia contra Mojahedin-e-Khalq; invasión de Irak en 1980.[18]

Resolución del conflicto contrarrevolucionario: fin de la guerra entre Irán e Irak en 1988.

México

Radicalismo inicial: aprobación de la Constitución de 1917 y de provisiones anticlericales radicales a partir de 1925.

Principales conflictos contrarrevolucionarios: la guerra Cristera a partir de 1926.

Resolución del conflicto contrarrevolucionario: Acuerdos de 1929, con los que acabó la guerra Cristera.

Mozambique

Radicalismo inicial: puesta en marcha de medidas de «aldeización» en 1976-1977;[19] ofrecimiento de bases a la Unión Nacional Africana de Zimbabue en 1976.[20]

Principales conflictos contrarrevolucionarios: guerra civil contra la Resistencia Nacional Mozambiqueña (Renamo).

Resolución del conflicto contrarrevolucionario: Acuerdos de Paz de Roma en 1992, que señalan el fin de la guerra civil.

Nicaragua

Radicalismo inicial: incautación de las propiedades somocistas y del sistema bancario en 1979; apoyo a guerrilleros en El Salvador en 1980; reforma agraria en 1981.

Principales conflictos contrarrevolucionarios: guerra de la Contra, respaldada por Estados Unidos, iniciada en 1981.

Resolución del conflicto contrarrevolucionario: Acuerdos de Paz de Esquipulas II en agosto de 1987, fin de la amenaza contrarrevolucionaria apoyada por Estados Unidos.[21]

Rusia

Radicalismo inicial: ataque contra la burguesía y confiscación de la propiedad;[22] fin de la alianza con las potencias de la Entente; cese de los pagos de bonos en 1917.[23]

Principales conflictos contrarrevolucionarios: guerra civil contra los Ejércitos Blancos.

Resolución del conflicto contrarrevolucionario: derrota de los principales Ejércitos Blancos a finales de 1920.

Ruanda

Radicalismo inicial: inicio de un programa radical de ingeniería social y cultural, que trataba de crear «una nueva Ruanda y un nuevo ruandés».[24]

Principales conflictos contrarrevolucionarios: contrainsurgencia contra Interahamwe; guerra contra Zaire/Congo en 1996.[25]

Resolución del conflicto contrarrevolucionario: fin de la primera guerra del Congo entre Ruanda y Congo en 1997.

Vietnam

Radicalismo inicial: reforma agraria en 1953-1954; apoyo a guerrillas del Vietnam del Sur a partir de 1959.

Principales conflictos contrarrevolucionarios: guerra con Estados Unidos, en especial a partir de 1965.

Resolución del conflicto contrarrevolucionario: Acuerdos de Paz de París de 1973, con el fin del conflicto militar entre Estados Unidos y Vietnam.

Yugoslavia

Radicalismo inicial: ataques contra la élite terrateniente; inicio de una guerra a dos frentes entre chetniks y alemanes en 1941.[26]

Principales conflictos contrarrevolucionarios: guerra contra chetniks y alemanes.

Resolución del conflicto contrarrevolucionario: derrota de Alemania en 1945.

Los tres pilares del autoritarismo duradero

Nuestra teoría predice que los regímenes revolucionarios radicales habrán establecido estos tres pilares al final de la secuencia de revolución y reacción.

Una élite cohesionada

Una élite cohesionada existe ahí donde el paso a la oposición de oficiales del Gobierno nacional o del partido resulta infrecuente (no más de uno por década) e inconsecuente, en el sentido de que pocas personas pertenecientes a las élites o a los cuadros los siguen.

Un aparato de coerción fuerte y leal

1. *Un aparato de coerción fuerte*: un aparato de seguridad interna de grandes dimensiones, bien entrenado y bien equipado con presencia por todo el territorio nacional; existencia de inteligencia especializada o de agencias de seguridad interna con capacidad demostrada de penetrar en la sociedad civil y de vigilar y reprimir las actividades de la oposición en las poblaciones y en los barrios de todo el país.
2. *Un aparato de coerción leal*: las rebeliones militares y los intentos de golpe contra el régimen son muy infrecuentes (no más de uno por década).

Destrucción de los centros alternativos de poder en la sociedad

La destrucción o incapacitación de todas aquellas instituciones, organizaciones y clases sociales que tienen recursos o poder simbólico/legitimidad para movilizar una oposición significativa contra el régimen. Estos incluyen a los Ejércitos prerrevolucionarios, monarquías, autoridades tradicionales locales, propietarios, industriales, instituciones y asociaciones religiosas, movimientos políticos o partidos rivales y asociaciones independientes obreras, campesinas, nacionalistas, étnicas o de otro tipo.

- *Destrucción total*: la élite revolucionaria asalta los centros de poder de la sociedad sistemáticamente, y no dejan a ningún actor social capaz de movilizar una oposición sustancial al régimen.
- *Destrucción parcial*: algunos centros de poder independientes se ven debilitados o destruidos, pero por lo menos un centro de poder independiente sigue poseyendo la capacidad de movilizarse contra el régimen.*

* Consideramos destrucción parcial aquellos casos en los que las élites revolucionarias no asaltan sistemáticamente los centros de poder social porque son sociedades que carecen de ellos (o estos son muy frágiles) debido a factores estructurales como el subdesarrollo.

- *No destrucción*: la mayoría de los centros de poder independiente, o todos, siguen intactos.

Fortunas del régimen

Muerte prematura

Los casos en los que tiene lugar una muerte prematura son aquellos en los que el poder del partido revolucionario, coalición o camarilla al frente del Gobierno cae en el transcurso del conflicto contrarrevolucionario.

Autoritarismo duradero

Un régimen se considera duradero si sigue en el poder durante al menos veinticinco años y si, durante este período:[27]

- no tiene lugar ningún golpe de palacio que llegue a buen término;[28]
- no se enfrenta a episodios (exitosos o no) de movilización de la oposición nacional que sean recurrentes (más de uno) que se puedan ver como una amenaza para la supervivencia del régimen.

Régimen inestable

Un régimen se considera inestable si:[29]

1. El régimen cae tras menos de veinticinco años.
2. Durante los primeros veinticinco años, el régimen sufre por lo menos uno de los siguientes:

- un golpe de palacio exitoso,
- episodios recurrentes (más de uno) de movilización de la oposición nacional que se puedan ver como una amenaza para la supervivencia del régimen.

Apéndice III

Codificación resumida de todos los regímenes autoritarios, 1900-2015

País	Primer líder/partido oficial	Años en el poder	Motivo de exclusión
Afganistán	A. Rahman	1919-1929	Parte del Estado
Afganistán	Mohammed Nadir Shah	1929-1973	No hubo cambio social
Afganistán	Mohammed Daoud Khan	1973-1978	Parte del Estado
Afganistán	Abdul Qadir, Partido Democrático Popular	1978-1992	Parte del Estado
Afganistán	Mohammed Omar, talibanes	1996-2001	Revolución
Afganistán	Hamid Karzai	2009-2014	Transferencia regular
Albania	Hamed Zogu (rey Zog I)	1925-1939	Parte del Estado
Albania	Enver Hoxha, Partido Comunista de Albania	1944-1991	Revolución
Alemania	Adolf Hitler, Partido Nacionalsocialista Obrero Alemán (PNOA)	1933-1945	Transferencia regular
Alemania	East Wilhelm Pieck, Partido de Unidad Socialista	1949-1990	Control extranjero
Angola	Agostinho Neto, Movimiento Popular para la Liberación de Angola (MPLA)	1975-	Revolución
Arabia Saudí	Ibn Saud	1927-	No hubo cambio social
Argelia	Ferhat Abbas, Frente de Liberación Nacional (FLN)	1962-	Revolución
Argentina	José Félix Uriburu	1930-1943	Parte del Estado
Argentina	Edelmiro Julian Farrell	1943-1946	Parte del Estado
Argentina	Juan Perón, Partido Peronista	1951-1955	Transferencia regular
Argentina	Pedro Eugenio Aramburu	1955-1958	Parte del Estado
Argentina	Arturo Frondizi, Unión Cívica Radical Intransigente (UCRI)	1958-1966	Transferencia regular

País	Primer líder/partido oficial	Años en el poder	Motivo de exclusión
Argentina	Juan Carlos Ongania	1966-1973	Parte del Estado
Argentina	Jorge Rafael Videla	1976-1983	Parte del Estado
Armenia	Levon Ter-Petrosyan, Movimiento Nacional Panarmenio	1994-1998	Transferencia regular
Armenia	Robert Kocharian	1998-	Parte del Estado
Austria	Engelbert Dollfuss, Partido Social Cristiano, Landbund, Heimwehr, Frente Patriótico	1933-1938	Transferencia regular
Azerbaiyán	Ayaz Mutalibov	1991-1992	Parte del Estado
Azerbaiyán	Heydar Aliyev, Nuevo Partido Azerí (NPA)	1993-	Parte del Estado
Bangladés	Sheikh Mujibur Rahman, Liga Awami	1971-1975	Sin Estado nuevo
Bangladés	Sheikh Mujibur Rahman, Liga Bangladesh Krishak Sramik Awami	1975-1982	Parte del Estado
Bangladés	Hussain Muhammad Ershad, Jatiya	1982-1990	Parte del Estado
Bangladés	Iajuddin Ahmed	2007-2008	Parte del Estado
Bangladés	Abdul Hamid, Bangladesh Liga Awami	2014-	Transferencia regular
Benín	Hubert Maga, Partido Democrático Dahomeyano (PDD)	1960-1963	Transferencia regular
Benín	Christophe Soglo	1963-1965	Parte del Estado
Benín	Christophe Soglo	1965-1967	Parte del Estado
Benín	Maurice Kouandete	1967-1969	Parte del Estado
Benín	Paul-Émile de Souza	1969-1970	Parte del Estado
Benín	Mathieu Kerekou	1972-1990	Parte del Estado
Bielorrusia	Vyacheslav Kebich	1991-1994	Transferencia regular
Bielorrusia	Alexander Lukashenko	1994-	Transferencia regular
Birmania	Ne Win, Partido del Programa Socialista de Birmania	1958-1960	Parte del Estado
Birmania	Ne Win, Partido del Programa Socialista de Birmania	1962-1988	Parte del Estado
Birmania	Saw Maung	1988-	Parte del Estado
Bolivia	Carlos Blanco Galindo	1930-1931	Parte del Estado
Bolivia	Daniel Salamanca Urey, Partido Republicano Genuino (PRG)	1931-1936	Transferencia regular

País	Primer líder/partido oficial	Años en el poder	Motivo de exclusión
Bolivia	David Toro	1936-1940	Parte del Estado
Bolivia	Enrique Peñaranda, Concordancia	1940-1943	Transferencia regular
Bolivia	Alfredo Ovando Candia	1969-1971	Parte del Estado
Bolivia	Hugo Banzer	1971-1979	Parte del Estado
Botsuana	Seretse Khama, Partido Democrático de Botsuana (PDB)	1966-	Transferencia regular
Brasil	Getúlio Vargas	1930-1945	Parte del Estado
Bulgaria	Kimon Georgiev, Partido Comunista Búlgaro	1944-1989	Control extranjero
Burkina	Faso Maurice Yameogo, Agrupación Democrática Africana (ADA)	1960-1966	Transferencia regular
Burkina Faso	Sangoula Lamizana	1966-1980	Parte del Estado
Burkina Faso	Saye Zerbo	1980-1982	Parte del Estado
Burkina Faso	Thomas Sankara	1982-1987	Parte del Estado
Burkina	Faso Blaise Compaore	1987-2014	Parte del Estado
Burundi	Mwambutsa IV	1962-1966	Parte del Estado
Burundi	Michel Micombero, Unión por el Progreso Nacional (UPRONA)	1966-1987	Parte del Estado
Burundi	Pierre Buyoya, Unión por el Progreso Nacional (UPRONA)	1987-1993	Parte del Estado
Burundi	Pierre Buyoya, Unión por el Progreso Nacional (UPRONA)	1996-2003	Parte del Estado
Burundi	Pierre Nkurunziza, Consejo Nacional por la Defensa de la Democracia-Fuerzas para la Defensa de la Democracia	2010-	Transferencia regular
Camboya	Norodom Sihanouk	1953-1970	Parte del Estado
Camboya	Lon Nol, Sangkum/Fuerzas Armadas Nacionales Jemeres (FANJ)	1970-1975	Parte del Estado
Camboya	Sihanouk, Jemeres Rojos	1975-1979	Revolución
Camboya	Partido Revolucionario del Pueblo Jemer	1979-	Control extranjero
Camerún	Ahmadou Ahidjo, Unión Camerunesa (UC)	1960-1983	Parte del Estado

País	Primer líder/partido oficial	Años en el poder	Motivo de exclusión
Camerún	Paul Biya, Unión Nacional Camerunesa (UNC)	1983-	Transferencia regular
Chad	François Tombalbaye, Partido Progresista del Chad (PPC)	1960-1975	Transferencia regular
Chad	Felix Malloum	1975-1979	Parte del Estado
Chad	Hissene Habre, Fuerzas Armadas del Norte (FAN)/ Unión Nacional para la Independencia y la Revolución (UNIR)	1982-1990	No hubo cambio social
Chad	Idriss Deby, Movimiento Patriótico de Salvación (MPS)	1990-	No hubo cambio social
Checoslovaquia	Klement Gottwald, Partido Comunista de Checoslovaquia	1948-1989	Control extranjero
Chile	Carlos Ibáñez del Campo	1927-1931	Parte del Estado
Chile	Augusto Pinochet	1973-1989	Parte del Estado
China	Yuan Shih-Kai, Beiyang	1912-1916	Parte del Estado
China	Chiang Kai-shek, Kuomintang (KMT)	1927-1949	No hubo cambio social
China	Mao Zedong, Partido Comunista Chino (PCC)	1949-	Revolución
Colombia	Laureano Gómez Castro, conservador	1949-1953	Transferencia regular
Colombia	Gustavo Rojas Pinilla	1953-1958	Parte del Estado
Congo, República	Abbe Fulbert Youlou, Unión Democrática por los Intereses Africanos (UDIA)	1960-1963	Parte del Estado
Congo, República	Alphonse Massamba-Debat, Movimiento Nacional de la Revolución (MNR)	1963-1968	Parte del Estado
Congo, República	Marien Ngouabi, Partido Congolés del Trabajo (PCT)	1968-1991	Parte del Estado
Congo, República	Denis Sassou-Nguesso, Partido Congolés del Trabajo (PCT)	1997-	No hubo cambio social
Congo, República	Joseph-Desire Mobutu, Movimiento Popular de la Revolución	1960-1997	Parte del Estado
Congo, República	Laurent Kabila, Alliances des Forces Democratiques pour la Liberation du Congo-Zaire (AFDL)	1997-	Control extranjero

País	Primer líder/partido oficial	Años en el poder	Motivo de exclusión
Corea, Norte	Kim Il-sung, Partido de los Trabajadores de Corea del Norte	1948-	Control extranjero
Corea, Sur	Syngman Rhee, Asociación Nacional	1948-1960	Control extranjero
Corea, Sur	Park Chung Hee	1961-1987	Parte del Estado
Costa de Marfil	Felix Houphouet-Boigny, Partido Democrático de la Costa de Marfil (PDCM-RDA)	1960-1999	Transferencia regular
Costa de Marfil	Robert Guei	1999-2000	Parte del Estado
Costa de Marfil	Laurent Gbagbo, Frente Popular Marfileño (FPM)	2000-2011	Transferencia regular
Costa Rica	Federico Tinoco Granados, peliquista	1917-1919	Parte del Estado
Costa Rica	José Figueres Ferrer	1948-1949	No hubo cambio social
Cuba	Tomas Estrada Palma, republicano	1902-1906	Transferencia regular
Cuba	José Miguel Gómez, liberal	1909-1933	Transferencia regular
Cuba	Fulgencio Batista, Acción Progresista	1933-1944	Parte del Estado
Cuba	Fulgencio Batista, Acción Progresista	1952-1959	Parte del Estado
Cuba	Osvaldo Dorticós Torrado, Movimiento 26 de julio	1959-	Revolución
Ecuador	Eloy Alfaro, Partido Liberal Radical Ecuatoriano	1906-1911	Parte del Estado
Ecuador	Isidro Ayora, Partido Liberal Radical Ecuatoriano	1925-1931	Parte del Estado
Ecuador	José María Velasco Ibarra	1934-1935	Transferencia regular
Ecuador	Federico Páez	1936-1937	Parte del Estado
Ecuador	Alberto Enríquez Gallo	1937-1938	Parte del Estado
Ecuador	Aurelio Mosquera Narváez, Partido Liberal Radical Ecuatoriano	1938-1944	Transferencia regular
Ecuador	José María Velasco Ibarra	1944-1947	Parte del Estado
Ecuador	Ramón Castro Jijón	1963-1966	Parte del Estado
Ecuador	José María Velasco Ibarra	1970-1972	Transferencia regular
Ecuador	Guillermo Rodríguez Lara	1972-1979	Parte del Estado
Egipto	Fuad I	1922-1952	Parte del Estado
Egipto	Mohamed Naguib, Gamal Nasser, Concentración de la Liberación	1952-2011	Parte del Estado

País	Primer líder/partido oficial	Años en el poder	Motivo de exclusión
Egipto	Mohamed Hussein al-Tantawi/Consejo Supremo de las Fuerzas Armadas	2011-2012	Parte del Estado
Egipto	Abdel Fattah el-Sisi	2013-	Parte del Estado
El Salvador	Maximiliano Hernández Martínez, Partido Nacional Pro-Patria	1931-1948	Parte del Estado
El Salvador	Oscar Osorio Hernández, Partido Revolucionario de Unificación Democrática	1948-1982	Parte del Estado
El Salvador	Álvaro Alfredo Magana Borja, Partido de Acción Democrática	1982-1994	Transferencia regular
Emiratos Árabes Unidos	Zayed bin Sultan Al Nahyan	1971-	Parte del Estado
Eritrea	Isaias Afwerki, Frente de Liberación del Pueblo Eritreo (FLPE)	1993-	Revolución
España	Miguel Primo de Rivera	1923-1930	Parte del Estado
España	Francisco Franco, Movimiento Nacional	1939-1976	Parte del Estado
Estonia	Konstantin Pats, Liga Patriótica	1934-1940	Transferencia regular
Esuatini	Sobhuza II	1968-	Parte del Estado
Etiopía	Mengistu Haile Mariam	1974-1991	Parte del Estado
Etiopía	Meles Zenawi, Frente de Liberación del Pueblo del Tigray/Frente Revolucionario Democrático del Pueblo Etíope (EPRDF)	1991-	No hubo cambio social
Filipinas	Ferdinand Marcos	1972-1986	Transferencia regular
Finlandia	Kullervo Manner, Delegación del Pueblo Finlandés	1918	Revolución
Gabón	Leon M'ba, Partido Democrático de Gabón (PDG)	1960-	Parte del Estado
Gambia	Dawda Jawara, Partido Progresista Popular	1965-1994	Transferencia regular
Gambia	Yahya Jammeh, Consejo de Gobierno Provisional de las Fuerzas Armadas	1994-	Parte del Estado
Georgia	Zviad Gamsakhurdia, Mesa Redonda-Georgia Libre	1991-1992	Transferencia regular

País	Primer líder/partido oficial	Años en el poder	Motivo de exclusión
Georgia	Eduard Shevardnadze, Unión de Ciudadanos de Georgia	1992-2003	Parte del Estado
Ghana	Kwame Nkrumah, Partido de la Convención Popular (PCP)	1960-1966	Transferencia regular
Ghana	Joseph Arthur Ankrah, Consejo de Liberación Nacional	1966-1969	Parte del Estado
Ghana	Ignatius Kutu Acheampong, Consejo de Redención Nacional	1972-1979	Parte del Estado
Ghana	Jerry Rawlings, Consejo Nacional de Defensa Provisional	1981-2000	Parte del Estado
Grecia	Ioannis Metaxas, Partido de los Librepensadores	1936-1941	Transferencia regular
Grecia	Georgios Papadopoulos	1967-1974	Parte del Estado
Guatemala	Jose María Orellana, liberal	1921-1930	Parte del Estado
Guatemala	Jorge Ubico, Partido Progresista Liberal	1931-1944	Parte del Estado
Guatemala	Carlos Castillo Armas, Movimiento de Liberación Nacional	1954-1958	Sin Estado nuevo
Guatemala	Miguel Ydigoras Fuentes, Reconciliación Democrática Nacional (REDENCION)	1958-1963	Transferencia regular
Guatemala	Enrique Peralta Azurdia, Partido Democrático Institucional	1963-1966	Parte del Estado
Guatemala	Julio Cesar Méndez Montenegro, Partido Revolucionario	1966-1970	Transferencia regular
Guatemala	Carlos Manuel Arana Osorio, Partido Democrático Institucional	1970-1985	Transferencia regular
Guatemala	Vinicio Cerezo, Democracia Cristiana Guatemalteca	1985-1995	Transferencia regular
Guinea	Ahmed Sekou Toure, Partido Democrático de Guinea-Partido Democrático Africano (PDG-PDA)	1958-1984	Transferencia regular
Guinea	Lansana Conte, Partido Unidad y Progreso (PUP)	1984-2008	Parte del Estado
Guinea	Moussa Dadis Camara	2008-2010	Parte del Estado

País	Primer líder/partido oficial	Años en el poder	Motivo de exclusión
Guinea-Bisáu	Luis Cabral, Partido Africano para la Independencia de Guinea y Cabo Verde (PAIGCV)	1974-1999	Revolución
Guinea-Bisáu	Kumba Ialá, Partido de la Renovación Social (PRS)	2002-2003	Transferencia regular
Guinea-Bisáu	Mamadu Ture Kuruma, Fuerzas Armadas Revolucionarias Populares (FARP)	2012-2014	Parte del Estado
Haití	Pierre Nord Alexis	1902-1911	Parte del Estado
Haití	Cincinnatus Leconte, Partido Nacional	1911-1914	Parte del Estado
Haití	Joseph Davilmar Theodore	1914-1915	Parte del Estado
Haití	Stenio Vincent	1934-1941	Transferencia regular
Haití	Elie Lescot, Partido Liberal	1941-1946	Transferencia regular
Haití	Paul Magloire, Movimiento Obrero Campesino	1950-1956	Parte del Estado
Haití	François Duvalier, Partido Unidad Nacional	1957-1986	Parte del Estado
Haití	Henri Namphy	1986-1988	Parte del Estado
Haití	Prosper Avril	1988-1990	Parte del Estado
Haití	Raoul Cedras	1991-1994	Parte del Estado
Haití	René Preval, Fanmi Lavalas	1999-2004	Transferencia regular
Honduras	Manuel Bonilla, nacional	1903-1907	Parte del Estado
Honduras	Miguel Dávila, liberal	1907-1911	Parte del Estado
Honduras	Manuel Bonilla, nacional	1912-1919	Transferencia regular
Honduras	Rafael López Gutiérrez, liberal	1920-1924	Parte del Estado
Honduras	Francisco Bueso, liberal	1924-1929	Transferencia regular
Honduras	Tiburcio Carias Andino, nacional	1933-1956	Transferencia regular
Honduras	Oswaldo López Arellano	1963-1971	Parte del Estado
Honduras	Oswaldo López Arellano	1972-1981	Parte del Estado
Hungría	Mihály Károlyi, Partido de la Independencia y del 48 (F48P)	1918-1919	Transferencia regular
Hungría	Sándor Garbai/Béla Kun, Partido Comunista de Hungría (PCH)	1919	Revolución
Hungría	Miklos Horthy	1919-1944	Sin cambio social

País	Primer líder/partido oficial	Años en el poder	Motivo de exclusión
Hungría	Zoltan Tildy, Partido Independiente Cívico de los Pequeños Propietarios y de los Trabajadores Agrarios	1947-1990	Control extranjero
Indonesia	Sukarno, Partido Nacionalista de Indonesia	1949-1966	Sin cambio social
Indonesia	Suharto, Partido Golkar	1966-1999	Parte del Estado
Irak	Faysal II	1932-1958	Parte del Estado
Irak	Abd al-Karim Kassem	1958-1963	Parte del Estado
Irak	Abd al Salam Aref	1963-1968	Parte del Estado
Irak	Ahmed Hassan al-Bakr, Partido Ba'ath	1968-1979	Parte del Estado
Irak	Saddam Hussein, Partido Ba'ath	1979-2003	Transferencia regular
Irak	Jalal Talabani, Unión Patriótica del Kurdistán	2010-	Transferencia regular
Irán	Reza Pahlavi	1925-1979	Parte del Estado
Irán	Ruhollah Khomeini	1979-	Revolución
Italia	Luigi Facta, Unión Liberal/ Partido Liberal Italiano	1922-1943	Transferencia regular
Japón	Saito Makoto	1932-1945	Parte del Estado
Jordania	Abdullah I bin Al-Hussein	1946-	Parte del Estado
Kazajistán	Nursultan Nazarbayev, Partido Comunista Kazajo (PCK)	1991-	Parte del Estado
Kenia	Jomo Kenyatta, Unión Nacional Africana de Kenya	1963-2002	Transferencia regular
Kuwait	Mubarak al-Sabah	1961-	Parte del Estado
Kirguistán	Askar Akayev	1991-2005	Parte del Estado
Kirguistán	Kurmanbek Bakiyev	2005-2010	Parte del Estado
Laos	Phoumi Nosavan	1959-1960	Parte del Estado
Laos	Phoumi Nosavan	1960-1962	Parte del Estado
Laos	Souphanouvong	1975-	Control extranjero
Letonia	Karlis Ulmanis	1934-1940	Parte del Estado
Lesoto	Leabua Jonathan, Partido Nacional Basotho	1970-1986	Transferencia regular
Lesoto	Justin Metsing Lekhanya	1986-1993	Parte del Estado
Liberia	William Tubman, Partido Whig Auténtico	1944-1980	Transferencia regular
Liberia	Samuel Doe, Partido Nacional Democrático	1980-1990	Parte del Estado
Liberia	Charles Taylor, Partido Nacional Patriótico	1997-2003	Sin cambio social

País	Primer líder/partido oficial	Años en el poder	Motivo de exclusión
Libia	Sayyid Idris	1951-1969	Control extranjero
Libia	Muammar al-Gaddafi, Unión Socialista Árabe	1969-2011	Parte del Estado
Lituania	Antanas Smetona	1926-1940	Parte del Estado
Madagascar	Philibert Tsiranana, Partido Socialdemócrata de Madagascar (PSM)	1960-1972	Transferencia regular
Madagascar	Gabriel Ramanantsoa	1972-1975	Parte del Estado
Madagascar	Didier Ratsiraka, Asociación para el Renacer de Madagascar (AREMA)	1975-1993	Transferencia regular
Madagascar	Andry Rajoelina, Jóvenes Malayos Decididos (JMD)	2009-2013	Ningún Estado nuevo
Malaui	Hastings Banda, Partido del Congreso de Malaui	1964-1994	Transferencia regular
Malasia	Tunku Abdul Rahman, Partido de la Alianza (PA)	1957-	Parte del Estado
Mali	Modibo Keita, Unión Sudanesa-Reagrupamiento Democrático Africano (US-RDA)	1960-1968	Transferencia regular
Mali	Moussa Traore, Unión Democrática del Pueblo Maliense (UDPM)	1968-1991	Parte del Estado
Mali	Amadou Sanogo	2012-2013	Parte del Estado
Mauritania	Moktar Ould Daddah, Partido de Reagrupamiento Mauritano (PRM)/Partido del Pueblo Mauritano (PPM)	1960-1978	Parte del Estado
Mauritania	Mustafa Ould Salek	1978-2005	Parte del Estado
Mauritania	Ely Ould Mohamed Vall	2005-2007	Parte del Estado
Mauritania	Mohamed Ould Abdel Aziz	2008-	Parte del Estado
México	Victoriano Huerta	1913-1914	Parte del Estado
México	Venustiano Carranza, Partido Liberal Constitucionalista	1915-2000	Revolución
Mongolia	Partido del Pueblo de Mongolia	1921-1993	Control extranjero
Marruecos	Mohammed ben Yusef	1956-	Sin Estado nuevo
Mozambique	Samora Machel, Frente de Liberación de Mozambique (Frelimo)	1975-	Revolución

País	Primer líder/partido oficial	Años en el poder	Motivo de exclusión
Namibia	Sam Nujoma, Organización del Pueblo del Sudoeste de África (SWAPO)	1990-	Sin cambio social
Nepal	Tribhuvan Bir Bikram Shah	1951-1991	Sin Estado nuevo
Nepal	Gyanendra Bir Bikram Shah	2002-2006	Transferencia regular
Nicaragua	Juan Bautista Sacasa, liberal	1933-1936	Transferencia regular
Nicaragua	Anastasio Somoza García, Partido Liberal Nacionalista (PLN)	1936-1979	Parte del Estado
Nicaragua	Daniel Ortega, Frente Sandinista de Liberación Nacional (FSLN)	1979-1990	Revolución
Níger	Hamani Diori, Partido Progresista Nigeriano-Reagrupamiento Democrático Africano (PPN-RDA)	1960-1974	Parte del Estado
Níger	Seyni Kountche	1974-1991	Parte del Estado
Níger	Ibrahim Bare Mainassara, Unión Nacional de Independientes para la Renovación Democrática (UNIRD)/Reagrupación por la Democracia y el Progreso (RDP Jama'a)	1996-1999	Parte del Estado
Níger	Mamadou Tandja	2009-2010	Transferencia regular
Níger	Salou Djibo	2010-2011	Parte del Estado
Nigeria	Yakubu Gowon	1966-1979	Parte del Estado
Nigeria	Muhammadu Buhari	1983-1993	Parte del Estado
Nigeria	Sani Abacha	1993-1999	Parte del Estado
Omán	Taimur bin Faisal	1920-	Parte del Estado
Pakistán	Muhammad Ali Jinnah, Liga Musulmana de Pakistán	1947-1958	Parte del Estado
Pakistán	Ayub Khan	1958-1971	Parte del Estado
Pakistán	Fazal Ilahi Chaudhry, Partido del Pueblo Pakistaní	1975-1977	Transferencia regular
Pakistán	Muhammad Zia-ul-Haq	1977-1988	Parte del Estado
Pakistán	Pervez Musharraf	1999-2008	Parte del Estado
Panamá	Juan Demóstenes Arosemena, Partido Liberal Nacional	1936-1941	Transferencia regular
Panamá	Ricardo Adolfo de la Guardia Arango	1941-1945	Transferencia regular
Panamá	Arnulfo Arias, Partido Panameñista	1949-1951	Parte del Estado

País	Primer líder/partido oficial	Años en el poder	Motivo de exclusión
Panamá	José Antonio Remón Cantera, Coalición Patriótica Nacional	1953-1955	Transferencia regular
Panamá	Omar Torrijos	1968-1982	Parte del Estado
Panamá	Manuel Noriega	1982-1989	Parte del Estado
Paraguay	Juan Antonio Escurra, Asociación Nacional Republicana-Partido Colorado (ANR-PC)	1902-1904	Parte del Estado
Paraguay	Albino Jara, liberal	1908-1911	Parte del Estado
Paraguay	Eduardo Schaerer, liberal	1912-1936	Parte del Estado
Paraguay	Rafael Franco	1936-1937	Parte del Estado
Paraguay	Ramón Paredes	1937-1939	Parte del Estado
Paraguay	José Félix Estigarribia, liberal	1940-1948	Transferencia regular
Paraguay	Juan Natalicio González, Asociación Nacional Republicana-Partido Colorado (ANR-PC)	1948-1954	Parte del Estado
Paraguay	Alfredo Stroessner, Asociación Nacional Republicana-Partido Colorado (ANR-PC)	1954-1993	Parte del Estado
Perú	Óscar Benavides	1914-1915	Parte del Estado
Perú	Augusto Leguía, Partido Democrático Reformista	1919-1930	Transferencia regular
Perú	Luis Miguel Sánchez Cerres, Unión Revolucionaria	1930-1945	Parte del Estado
Perú	Manuel Odría	1948-1956	Parte del Estado
Perú	Ricardo Pérez Godoy	1962-1963	Parte del Estado
Perú	Juan Velasco Alvarado	1968-1980	Parte del Estado
Perú	Alberto Fujimori, fujimorismo	1992-2000	Transferencia regular
Polonia	Jozef Pildsudski	1926-1939	Parte del Estado
Polonia	Boleslaw Bierut, Partido Obrero Unificado Polaco	1944-1989	Control extranjero
Portugal	Sidónio Bernardino Cardoso da Silva País	1917-1918	Parte del Estado
Portugal	Antonio de Oliveira Salazar	1926-1974	Parte del Estado
República Centroafricana	David Dacko, Movimiento para la Evolución Social del África Negra (MESAN)	1960-1965	Parte del Estado
República Centroafricana	Jean-Bedel Bokassa	1966-1979	Parte del Estado

País	Primer líder/partido oficial	Años en el poder	Motivo de exclusión
República Centroafricana	David Dacko, Movimiento para la Evolución Social del África Negra MESAN)	1979-1981	No hubo cambio social
República Centroafricana	André Kolingba	1981-1993	Parte del Estado
República Centroafricana	François Bozize	2003-2013	Parte del Estado
República Centroafricana	Michel Djotodia	2013-2014	Parte del Estado
República Dominicana	Horacio Vásquez, Red	1924-1930	Transferencia regular
República Dominicana	Rafael Trujillo, Confederación de Partidos/ Partido Dominicano (PD)	1930-1962	Parte del Estado
República Dominicana	Elías Wessin y Wessin	1963-1965	Parte del Estado
República Dominicana	Joaquín Balaguer, Partido Reformista Social Cristiano (PRSC)	1966-1978	Transferencia regular
Rumanía	Carol II	1938-1940	Parte del Estado
Rumanía	Ion Antonescu	1940-1944	Parte del Estado
Rumanía	Constantin Sanatescu	1944-1945	Parte del Estado
Rumanía	Petru Groza, Partido Comunista de Rumanía	1945-1989	Control extranjero
Rusia	Boris Yeltsin	1993-	Transferencia regular
Rusia	Vladímir Lenin, Partido Bolchevique	1917-1991	Revolución
Ruanda	Gregoire Kayibanda, Parmehutu	1962-1973	Transferencia regular
Ruanda	Juvénal Habyarimana, Movimiento Nacional Republicano por la Democracia y el Desarrollo	1973-1994	Parte del Estado
Ruanda	Pasteur Bizimungu, Frente Patriótico Ruandés (FPR)	1994-	Revolución
Senegal	Leopold Sedar Senghor, Partido Socialista del Senegal (PSS)	1960-2000	Transferencia regular
Sierra Leona	Andrew Juxon-Smith	1967-1968	Parte del Estado
Sierra Leona	John Amadu Bangura	1968-1992	Transferencia regular
Sierra Leona	Valentine Strasser	1992-1996	Parte del Estado
Sierra Leona	Johnny Paul Koroma	1997-1998	Parte del Estado

País	Primer líder/partido oficial	Años en el poder	Motivo de exclusión
Singapur	Lee Kuan Yew, Partido de Acción Popular	1965-	Transferencia regular
Somalia	Siad Barre, Partido Socialista Revolucionario Somalí	1969-1991	Parte del Estado
Sudáfrica	Louis Botha, Partido Sudafricano	1910-1994	Transferencia regular
Sudán del Sur	Salva Kiir Mayardit, Movimiento de Liberación del Pueblo Sudanés	2011-	No hubo cambio social
Sri Lanka	J. R. Jayewardene, Partido Nacional Unido	1978-1994	Transferencia regular
Sri Lanka	Mahinda Rajapaksa, Partido de la Libertad de Sri Lanka	2010-	Transferencia regular
Sudán	Ibrahim Abboud	1958-1964	Parte del Estado
Sudán	Jaafar Nimeiry, Unión Socialista Sudanesa	1969-1985	Parte del Estado
Sudán	Abdel Rahman Swar al-Dahab	1985-1986	Parte del Estado
Sudán	Hassan 'Abd Allah al-Turabi	1989-	Parte del Estado
Siria	Shukri al-Quwatli, Bloque Nacional/Partido Nacional	1946-1947	Parte del Estado
Siria	Adib Shishakli, Partido Social Nacionalista Sirio	1949-1951	Parte del Estado
Siria	Adib Shishakli, Partido Social Nacionalista Sirio	1951-1954	Parte del Estado
Siria	Zahr al-Din	1962-1963	Parte del Estado
Siria	Amin al-Hafiz, Partido Ba'ath	1963-	Parte del Estado
Tailandia	Phahonphonphayuhasena, Khana Ratsadon	1933-1944	Parte del Estado
Tailandia	Khuang Aphaiwong	1944-1947	Transferencia regular
Tailandia	Plaek Phibun Songkhram, conservador	1947-1957	Parte del Estado
Tailandia	Sarit Thanarat	1957-1973	Parte del Estado
Tailandia	Sangad Chalayu	1976-1988	Parte del Estado
Tailandia	Suchinda Kraprayoon	1991-1992	Parte del Estado
Tailandia	Sonthi Boonyaratglin	2006-2007	Parte del Estado
Tailandia	Prayut Chan-o-cha	2014-	Parte del Estado
Taiwán	Chiang Kai-shek, Kuomintang (KMT)	1949-2000	Parte del Estado
Tanzania	Julius Nyerere, Unión Nacional Africana de Tanganica (UNAT)	1964-	Transferencia regular
Tayikistán	Rahmon Nabiyev, comunista	1991-	Parte del Estado

País	Primer líder/partido oficial	Años en el poder	Motivo de exclusión
Togo	Sylvanus Olympio, Partido de la Unidad Togolesa (PUT)	1960-1963	Transferencia regular
Togo	Gnassingbé Eyadéma	1963-	Parte del Estado
Túnez	Habib Bourguiba, Neo-Destour	1956-2011	No hubo cambio social
Turkmenistán	Saparmurat Niyazov, Partido Comunista de Turkmenistán	1991-	Parte del Estado
Turquía	Mustafa Kemal Atatürk, Partido Republicano del Pueblo	1923-1950	Parte del Estado
Turquía	Celal Bayar, Partido Demócrata	1957-1960	Transferencia regular
Turquía	Cemal Gursel	1960-1961	Parte del Estado
Turquía	Kenan Evren	1980-1983	Parte del Estado
Uganda	Milton Obote, Congreso Popular de Uganda	1966-1971	Transferencia regular
Uganda	Idi Amin	1971-1979	Parte del Estado
Uganda	Paulo Muwanga, Congreso Popular de Uganda (CPU)	1980-1985	Transferencia regular
Uganda	Yoweri Museveni, Movimiento de Resistencia Nacional	1986-	No hubo cambio social
Ucrania	Viktor Yanukovych, Partido de las Regiones	2012-2014	Transferencia regular
Uruguay	Gabriel Terra, colorado	1933-1938	Transferencia regular
Uruguay	Chiappe Posse	1973-1984	Parte del Estado
Uzbekistán	Islam Karimov, Partido Comunista de la Unión Soviética	1991-	Parte del Estado
Venezuela	Juan Vicente Gómez	1908-1945	Parte del Estado
Venezuela	Carlos Delgado Chalbaud	1948-1958	Parte del Estado
Venezuela	Hugo Chávez, Partido Socialista Unido	2005-	Transferencia regular
Vietnam	Ho Chih Minh, Partido Comunista Indochino (PCI)	1954-	Revolución
Vietnam, Sur	Ngo Dinh Diem, Can Lao	1954-1963	Parte del Estado
Vietnam, Sur	Duong Van Minh	1963-1975	Parte del Estado
Yemen	Yahya Muhammad Hamid ed-Din	1918-1962	Sin cambio social
Yemen	Abdullah al-Sallal	1962-1967	Parte del Estado
Yemen	Abdul Rahman Iryani	1967-1974	Parte del Estado

País	Primer líder/partido oficial	Años en el poder	Motivo de exclusión
Yemen	Ibrahim al-Hamdi	1974-1978	Parte del Estado
Yemen	Ali Abdullah Saleh	1978-2012	Transferencia regular
Yemen, Sur	Qahtan Muhammad al-Shaabi, Frente de Liberación Nacional	1967-1990	Sin Estado nuevo
Yugoslavia	Alexander Karadjordjevic	1929-1941	Transferencia regular
Yugoslavia	Ivan Ribar, Partido Comunista de Yugoslavia (Liga de Comunistas de Yugoslavia)	1945-1990	Revolución
Yugoslavia (Serbia)	Slobodan Milošević, Partido Socialista de Serbia	1991-2000	Transferencia regular
Zambia	Kenneth Kaunda, Partido Unido de la Independencia Nacional (PUIN)	1967-1991	Transferencia regular
Zambia	Frederick Chiluba, Movimento por la Democracia Multipartidista	1996-2011	Transferencia regular
Zimbabue	Canaan Banana, Unión Nacional Africana de Zimbabue	1980-	Sin Estado nuevo

Agradecimientos

Este libro es el fruto de casi tres décadas de colaboraciones. Tuvo como origen un razonamiento que hicimos en nuestro primer ensayo, *Competitive Authoritarianism* [Autoritarismo competitivo], donde se vinculaba el origen de los regímenes violentos con la existencia de un Estado-Partido autoritario. Sin embargo, en muchos sentidos este libro jamás habría sido posible sin la colaboración de dos jóvenes investigadores que empezaron sus carreras en la Universidad de Toronto: Adam Casey y Jean Lachapelle. Adam fue quien encabezó nuestra misión de codificar todas las autocracias que ha habido desde 1900. Su conocimiento enciclopédico sobre los regímenes autoritarios, su determinación de *bulldog* y su rapidez para poner a prueba nuestras ideas preconcebidas acerca de casos particulares dio como resultado el «Revolutionary Autocracies Data Set 900-2015», respaldado por casi quinientas fuentes, y que constituye la base del análisis estadístico del libro (resumido en el apéndice III). Jean, en primer lugar, fue responsable del análisis estadístico en sí, con el que se demuestra que los regímenes revolucionarios resultan particularmente longevos (hay un resumen en el apéndice I). En este libro han contribuido sobremanera la minuciosa labor y la perspicacia analítica de Jean. El análisis estadístico se presenta con mayor detalle en Jean Lachapelle, Steven Levitsky, Lucan Way y Adam Casey, «Social Revolution and Authoritarian Durability» ['Revolución social y durabilidad autoritaria'], *World Politics* 72, n.º 4 (2020). También agradecemos a Gabriel Koehler-Derrick y a Kai Thaler su ayuda en la investigación.

No habríamos logrado escribir este ensayo sin un importante apoyo institucional, como el que brindó la generosa beca del Consejo de Investigación en Ciencias Sociales y Humanidades de Canadá (Beca Insight n.º 435120767, a Lucan Way). Esta nos permitió que el germen de nuestra idea acabara convirtiéndose en un libro de verdad. Steve ha sacado un gran provecho de una excedencia en la facultad gracias a una dotación del Centro Weatherhead de Asuntos Internacionales de la Universidad de Harvard, además de otras e incontables formas de apoyo. Agradecemos a la Academia Harvard de Estudios Internacionales y Regionales su generosidad al patrocinar nuestra conferencia sobre el libro. Lucan también agradece a sus colegas del Centro de Estudios Europeos, Rusos y Euroasiáticos de la Universidad de Toronto su intrépido entusiasmo y apoyo, así como a la fantástica colección de la Biblioteca Robarts de la Universidad de Toronto.

Este proyecto se ha enriquecido gracias a los comentarios de numerosos amigos y colegas. James Mahoney, cuya obra ha influenciado este manuscrito de diversas maneras, nos ayudó desde el principio y nos ha ido ofreciendo generosas sugerencias mientras lo escribíamos. Dan Slater ha sido una fuente constante de perspicacia crítica desde los primeros estadios del proyecto. Nuestra ya larga colaboración con Dan, junto con su investigación, ha mejorado el libro de infinitas maneras. Los autores también agradecen a Alicia Holland la idea del radicalismo segmentado en México. Eva Bellin, James Mahoney, Tom Pepinsky, Dan Slater, Milan Svolik y David Waldner tuvieron la generosidad de dedicar un día a explorar nuestro proyecto en una conferencia, lo que mejoró drásticamente este ensayo. Mark Beissinger no ha dejado de animarnos, nos ha dado consejos detallados sobre análisis estadístico y se ha asegurado de que no nos olvidemos de Finlandia en el análisis. Lynne Viola, con toda su generosidad, nos dio respaldo continuo y varias rondas de comentarios sobre el capítulo soviético. Kevin Luo leyó con atención las primeras versiones del capítulo sobre China y nos ayudó a evitar varios errores lamentables. Ajmal Burhanzoi, que vivió la toma del poder de los talibanes en 1996, nos hizo comentarios muy útiles sobre el caso de Afganistán. Numerosos colegas nos han proporcionado sugerencias en varios puntos del proyecto, como son Robert Austin, Nancy Bermeo, Keith Darden, Larry Diamond, Jorge Domínguez, Henry Erlich, Mark Erlich, Tulia Falleti, Diana Fu, Jack Goldstone, Jeff Goodwin, Peter Gourevitch, Frances Hagopian, Randall Hansen, Stephen Hanson, Jingkai He, Alisha Holland, Pavlo Kutuev, Adrienne LeBas, James Loxton, Julie Lynch, Andrei Melville, Anne Meng, Lynette Ong, Mitch Ornstein, Adam Przeworski, Phil Roessler, Mariano Sánchez Talanquer, Ed Schatz, Oxana Shevel, Kai Thaler, Kathleen Thelen, Josh Tucker, Yuhua Wang, Joe Wright y los participantes de seminarios en Harvard, la Universidad de Toronto, la Universidad de Pennsylvania, la Universidad Brigham Young, la Universidad de California en Berkeley, la Universidad de Fudan en Shanghái, la Universidad de Gotemburgo, el Instituto Superior de Economía de Moscú, el Instituto Politécnico de Kiev, la Universidad de Míchigan, la Universidad de Nueva York, la Universidad de Notre Dame, la Universidad de Stanford, la Universidad de Estocolmo, la Universidad de Sídney, la Universidad Tulane y el College of William and Mary de la Universidad de Yale.

John Donohue y Amelie Tolvin han hecho un trabajo espléndido revisando nuestro manuscrito y localizando innumerables citas que faltaban.

También estamos en deuda con Princeton University Press, y en particular con Eric Crahan y Bridget Flannery-McCoy. El compromiso de Bridget con nuestro proyecto y sus numerosos comentarios de los primeros borradores de los capítulos han aumentado drásticamente la calidad de este libro.

Por último, algunas notas personales de agradecimiento. Ron Suny ha sido testigo de la transformación de Lucan de chaval inconsciente a profesor despistado y le ha inspirado toda una vida de interés por la política soviética. La esposa de Lucan, Zareen, y sus gemelos Idris y Kamran le proporcionaron ánimos a la vez que soportaron la montaña de libros sobre Stalin que siguen esparcidos por toda la casa.

Steve da las gracias a sus dos grandes modelos a seguir, Liz Mineo y Alejandra Mineo-Levitsky, a quienes dedica este libro.

Lucan dedica este libro a su abuelastro, Victor (*dziadzio*) Erlich (1914-2007). Victor apenas empezaba a andar en Petrogrado, durante la Revolución rusa; sufrió la muerte de su padre durante la represión estalinista y se escapó por los pelos del Holocausto antes de migrar hacia Estados Unidos, donde tuvo una larga y distinguida carrera como profesor de Literatura Rusa. A pesar de sus encontronazos con algunas de las peores tragedias del siglo XX, Victor era un hombre feliz de manera sobrenatural, increíblemente cercano, y que hasta su último aliento exudó una calidez y un humor contagiosos. Con enorme dolor lo echamos de menos.

Notas y bibliografía

Debido a la extensión de las notas y de la bibliografía del presente libro, hemos decidido colgar ambas en línea. Para consultarlas, puede escanear el código QR o dirigirse al enlace que encontrará a continuación.

https://go.adobe.io/url/etl53Q3BTX9

Índice analítico

Nota: los números de página en cursiva corresponden a las figuras y tablas.